İngilizce-Türkçe/Türkçe-İngilizce

ÖĞRENCİ SÖZLÜĞÜ

English-Turkish/Turkish-English

LEARNER'S DICTIONARY

MILET
LONDON

Milet Publishing Limited
19 North End Parade
London W14 0SJ

Published in the UK by Milet Publishing Limited, 2001

Copyright © Milet Publishing Limited

ISBN 1 84059 048 3

Printed in Turkey

ÖNSÖZ

Bu sözlükte, İngilizce'de en sık kullanılan yaklaşık 35.000 sözcüğün en çok kullanılan anlamlarına gelişen ve özleşen Türkçe'nin sözvarlığı göz önünde tutularak, kısa ve özlü karşılıklar verilmiştir. Sözlük, gündelik dilde kullanılan binlerce sözcük ve deyimin yanı sıra, çeşitli bilim dallarına ait binlerce terimi de içine almaktadır.

Bir sözcüğe birden çok karşılık verilmesi durumunda eşanlamlı ve/veya yakın anlamlı karşılıklar virgül ile, değişik bir anlamı yansıtan karşılıklar ise noktalı virgül ile ayrılmıştır. Temel girişleri izleyen / / içindeki okunuşlar, okura kolaylık olması açısından Türk harfleri ile gösterilmiştir. Türkçe'de olmayan sesler, koyu bir harfle verilmiş, bunların tanımı ve nasıl çıkarılacağı sözlüğün kullanımı bölümünde açıklanmıştır.

İngilizce'de en çok kullanılan düzensiz eylemler ve ülkeler-insanlar (diller), bir liste halinde sözlüğün sonuna eklenmiştir.

Orta ve lise öğrencilerine olduğu gibi İngilizce ile ilgili hemen herkesin orta boy bir İngilizce-Türkçe sözlüğe duyacakları gereksinimler göz önüne alınarak hazırlanan bu sözlüğün güvenilir ve yararlı bir kılavuz olacağı inancındayız.

FONO

SÖZLÜĞÜN KULLANIMI

<u>Girişler:</u>

Madde başı sözcükler **temel giriş** olarak adlandırılır. Bu girişlerin altında yer alan türevler, deyimler ve deyişler **yan giriş**i oluşturur.

forest /'forist/ *a.* orman *forester* ormancı *forestry* ormancılık

guard /ga:d/ *e.* korumak; beklemek… *on guard* nöbette, tetikte *keep guard* nöbet beklemek

<u>Okunuşlar:</u>

Bütün temel girişlerin sesletimi (telaffuz) verilmiş, yerden kazanmak amacıyla yan girişlerinki verilmemiştir. Ancak yan girişin okunuşu ana girişten farklı ise, bu durum belirtilmiştir.

forest /'forist/ *a.* orman *forester* ormancı *forestry* ormancılık

Aşağıda abecesel sırayla bir liste halinde verilen sonekler yardımıyla türev niteliğindeki bu yan girişlerin okunuşları kolayca öğrenilebilir. Buna göre, sözgelimi, **-er** soneki /ı/, **-ry** soneki /ri/ olarak okunduğuna göre, yukarıdaki yan girişlerin sesletimi şöyle olur:

forest /`forist/ *a.* orman *forester* /`foristı/ ormancı *forestry* /`foristri/ ormancılık

Bir türevin sesletimi temel girişin sesletiminden ayrı ise, bu ayrılık belirtilmiştir:

microscope /ˈmaykrıskoup/ *a.* mikroskop **microscopic** /-ˈskopik/
mikroskobik

mortal /ˈmoːtl/ *s.* ölümlü **mortality** /-ˈtelıti/ ölümlülük

Türkçe'de Olmayan Sesler:

Bu sözlükte okura kolaylık olması düşüncesiyle, uluslararası sesçil
abece ya da başka bir yöntem yerine, söz konusu sese en yakın sesi
gösteren bir Türk harfi kullanılmıştır. Aşağıda koyu bir tonla
verilen bu harflerin sağında yerini tuttuğu uluslararası sesçil
abecenin harfi, altında ise bu sesin tanımı verilmiştir.

/ı/ ➔ /ə/
Ağız Türkçe'deki /ı/ sesini çıkarmak için açıldığından biraz daha
fazla açılarak /ı/ denirse bu ses çıkartılmış olur.

Örn: **about** /ıˈbaut/, **banana** /bıˈnaːnı/, **butter** /ˈbatı/

/e/ ➔ /æ/
Ağız /a/ demek için açılmışken /e/ sesi çıkarılırsa bu ses elde
edilmiş olur.
Örn: **bad** /bed/, **cat** /ket/, **sat** /set/

/öː/ ➔ /əː/
Yukarıdaki /ı/ sesinin uzun biçimi olan bu ses Türkçe'deki uzun
/ö/ sesine çok yakındır.
Örn: **urge** /öːc/, **bird** /böːd/, **fur** /föː/

/o/ ➔ /ɒ/
Ağız /a/ demek için açılmışken /o/ sesi çıkarılırsa bu ses elde
edilmiş olur.
Örn: **on** /on/, **dog** /dog/, **want** /wont/

/t/ → /θ/

Dilin ucu, üst dişlerin uç kısmına hafifçe dokunur durumdan
ayrılırken /t/ denecek olursa bu ses çıkarılmış olur.
Örn: **thing** /tɪŋg/, **method** /ˋmetɪd/, **tooth** /tu:t/

/d/ → /ð/

Dilin ucu üst dişlerin uç kısmına hafifçe dokunur durumdan
ayrılırken /d/ denecek olursa bu ses çıkarılmış olur.
Örn: **this** /dis/, **father** /ˋfa:dı/, **smooth** /smu:d/

/w/

Bunlara ekleyeceğimiz Türkçe'de olmayan bir ses de /w/ sesidir.
Uluslararası sesçil abecede de aynı biçimde gösterilen bu ses,
/duvak/ ve /duvar/'daki gibi dudakları yuvarlayarak söylenen /v/
sesine benzer.

:

Ünlüleri izleyen üst üste iki nokta (:), o sesin uzun okunacağını
gösterir.

Örneğin: **car** /ka:/'daki /a:/ sesi, "ağlamak" ve "talim"
sözcüklerindeki /a/ gibi biraz uzun okunur.

<u>Sözcük Türleri:</u>

Bütün temel girişlerin, dilbilgisel açıdan hangi sözcük türüne ait
olduğu sözcüğün sesletiminden hemen sonra kullanılan
kısaltmalarla belirtilmiştir. Türev niteliğindeki yan girişlerin
sözcük türleri verilmemiş olmasına rağmen bunları Türkçe
karşılıklarından ya da kullanılan soneklerinden kolayca anlamak
olanaklıdır.

KISALTMALAR

Sözcük Türleri

a.	_ ad	(noun -isim)
adl.	_ adıl	(pronoun -zamir)
bağ.	_ bağlaç	(conjunction)
be.	_ belirteç	(adverb -zarf)
e.	_ eylem	(verb -fiil)
ilg.	_ ilgeç	(preposition -edat)
s.	_ sıfat	(adjective)
tnm.	_ tanımlık	(article)
ünl.	_ ünlem	(exclamation)

Diğer Kısaltmalar

AE.	_ Amerikan İngilizcesi	(American English)
arg.	_ argo	(slang)
BE.	_ İngiliz İngilizcesi	(British English)
bkz.	_ bakınız	(see)
ç.	_ çoğul	(plural)
hkr.	_ hakaret	(derogatory)
kon.	_ konuşma dili	(colloquial)
mec.	_ mecaz	(figurative)
sb	_ somebody	(birisi)
sth	_ something	(bir şey)

* imi sözcük türünün değiştiğini gösterir.

BİLİM TERİMLERİ

anat.	_ anatomi	(anatomy)
ask.	_ askerlik	(military)
bitk.	_ bitkibilim	(botany)
biy.	_ biyoloji	(biology)
coğ.	_ coğrafya	(geography)
den.	_ denizcilik	(nautical)
elek.	_ elektrik	(electricity)
dilb.	_ dilbilim	(linguistics)
fel.	_ felsefe	(philosophy)
fiz.	_ fizik	(physics)
hayb.	_ hayvanbilim	(zoology)
hek.	_ hekimlik	(medical)
huk.	_ hukuk	(law)
kim.	_ kimya	(chemistry)
mat.	_ matematik	(mathematics)
müz.	_ müzik	(music)
oto.	_ otomobil	(automobile)
ruhb.	_ ruhbilim	(psychology)
sp.	_ spor	(sports)
tek.	_ teknoloji	(technology)
tic.	_ ticaret	(commerce)
topb.	_ toplumbilim	(sociology)
yaz.	_ yazın	(literature)

BAŞLICA SONEKLER

-able	/-ıbl/	**-er**	/-ı/
-age	/-ic/	**-ery**	/-(ı)ri/
-al	/-(ı)l/	**-ese**	/-iːz/
-an	/-(ı)n/	**-esque**	/-esk/
-ance	/-(ı)ns/	**-ess**	/-ıs,-is,-es/
-ant	/-(ı)nt/	**-ette**	/-et/
-arian	/-eıriın/	**-fic**	/-fik/
-ary	/-(ı)ri/	**-fold**	/-fould/
-ate	/-ıt, it/	**-form**	/-foːm/
-ation	/-eyşn/	**-ful**	/-fl/
-ative	/-ıtiv/	**-gamy**	/-gımi/
-ator	/-eytı/	**-gon**	/-gın,-gon/
-cide	/-sayd/	**-gram**	/-grem/
-cracy	/-krısi/	**-graph**	/-graːf/
-crat	/-kret/	**-hood**	/-hud/
-cy	/-(ı)si/	**-ial**	/-iıl,-I/
-d	/-d, -t, -id/	**-ially**	/-iıli,-li/
-dom	/-dım/	**-ian**	/-iın,-n/
-ed	/-d, -t, -id/	**-(i)ana**	/-(i)anı/
-ee	/-iː/	**-ible**	/-ıbl/
-eer	/-iı/	**-ic**	/-ik/
-en	/-(ı)n/	**-ical**	/-ikl/
-ence	/-(ı)ns/	**-ically**	/-ikli/

-ent	/-(ı)nt/	**-ician**	/-işın/
-ics	/-iks/	**-ly**	/-li/
-(i)fy	/-(i)fay/	**-man**	/-mın,-men/
-ing	/-ing/	**-mania**	/-meynıı/
-ise	/-ayz/	**-maniac**	/-meyniek/
-ish	/-iş/	**-ment**	/-mınt/
-ism	/-izm/	**-most**	/-moust/
-ist	/-ist/	**-ness**	/-nıs/
-ite	/-ayt/	**-oid**	/-oyd/
-ition	/-işn/	**-or**	/-ı/
-itis	/-aytis/	**-ory**	/-ıri/
-ity	/-ıti/	**-ous**	/-ıs/
-ive	/-iv/	**-ry**	/-ri/
-ize	/-ayz/	**-ship**	/-şip/
-less	/-lıs/	**-sion**	/-şn/
-lessly	/-lısli/	**-some**	/-sım/
-lessness	/-lısnıs/	**-tion**	/-şn/
-let	/-lıt/	**-tude**	/-tyu:d/
-like	/-layk/	**-ure**	/-yuı/
-ling	/-ling/	**-ward**	/-wıd/
-logue	/-log/	**-wise**	/-wayz/
-logy	/-lıci/	**-y**	/-i/

A

a /ı, ey/ *tnm.* (herhangi) bir
abacus /'ebıkıs/ *a.* hesap cetveli, sayıboncuğu
abandon /ı'bendın/ *e.* terk etmek, bırakmak
abase /ı'beys/ *e.* küçük düşürmek, aşağılamak
abashed /ı'beşt/ *s.* şaşırmış; utanmış
abate /ı'beyt/ *e.* (rüzgâr, fırtına, ağrı) azalmak, hafiflemek
abbey /'ebi/ *a.* manastır
abbreviate /ı'bri:vieyt/ *e.* kısaltmak **abbreviation** kısaltma
abdicate /'ebdikeyt/ *e.* vazgeçmek, çekilmek
abdomen /'ebdımın/ *a.* karın
abduct /eb'dakt/ *e.* (birini) zorla kaçırmak
aberration /ebı'reyşın/ *a.* doğru yoldan ayrılma, sapkınlık
abet /ı'bet/ *e.* (suça) katılmak
abhor /ıbho:/ *e.* nefret etmek, tiksinmek **abhorrence** nefret **abhorrent** nefret verici
abide /ı'bayd/ *e.* katlanmak, çekmek, tahammül etmek **abiding** sonsuz, ebedi
ability /ı'biliti/ *a.* yetenek, beceri
ablative /'eblıtiv/ *a. dilb.* ismin -den hali, çıkma durumu
ablaze /ı'bleyz/ *s.* tutuşmuş, yanan
able /eybıl/ *s.* yetenekli, becerikli **be able to** -ebilmek, -abilmek **able-bodied** sağlıklı, sağlam
ablution /ı'blu:şın/ *a.* aptes
abnormal /eb'no:mıl/ *s.* anormal **abnormality** anormallik
aboard /ı'bo:d/ *ilg. be.* gemide, gemiye; uçakta, uçağa, trende, trene
abolish /ı'boliş/ *e.* yürürlükten

kaldırmak, durdurmak
abolition /ebı'lişın/ *a.* yürürlükten kaldırma
A-bomb /'eybom/ *a.* atom bombası
abominable /ı'bominıbıl/ *s.* iğrenç, tiksindirici; *kon.* berbat, rezil
abort /ı'bo:t/ *e.* çocuk düşürmek **abortion** çocuk düşürme; düşük **abortive** başarısız
about /ı'baut/ *ilg.* hakkında; aşağı yukarı, yaklaşık; şurada burada, şuraya buraya; çevresin(d)e; yakın(lar)da **be about to** -mek üzere olmak **What/how about ...** - e ne dersin?, ya ...?, -den ne haber?
above /ı'bav/ *be.* yukarıda, yukarı; daha çok * *ilg.* üstünde, üstünden; -den yüksek, -den üstün; -den çok * *s.* sözü edilen, yukarıdaki **above all** her şeyden önce **above mentioned** yukarıda sözü geçen **over and above** -den başka, -nin yanı sıra
abrasion /ı'breyjın/ *a.* aşınma, aşındırma
abrasive /ı'breysiv/ *s.* aşındırıcı, törpüleyici
abreast /ı'brest/ *be.* bir hizada, yan yana
abridge /ı'bric/ *e.* kısaltmak, özetlemek **abridgement** kısaltma, özet
abroad /ı'bro:d/ *be.* yurtdışında, yurtdışına
abrupt /ı'brapt/ *s.* ani, beklenmedik; (davranış, söz) kaba
abscess /'ebses/ *a.* çıban, apse, irinşiş
abscond /ıb'skond/ *e.* gizlice kaçıp gitmek, sıvışmak
absence /'ebsıns/ *a.* yokluk, bulunmayış
absent /'ebsınt/ *s.* yok, bulunmayan **absent-minded** dalgın
absentee /ebsınti:/ *a.* (işe) gelmeyen kişi

absolute /'ebsɪlu:t/ s. tam, eksiksiz; kesin, mutlak, salt **absolutely** tümüyle; kesinlikle

absolve /ɪb'zolv/ e. bağışlamak, kurtarmak

absorb /ɪb'so:b/ e. emmek, içine çekmek, soğurmak **absorbent** emici, soğurucu **absorbing** sürükleyici **absorption** emme, içine çekme, soğurma

abstain /ɪb'steyn/ e. uzak durmak, kaçınmak

abstinence /'ebstɪnɪns/ a. uzak durma, kaçınma

abstract /ɪb'strekt/ s. soyut, kuramsal * a. özet * e. çıkarmak, ayırmak, çekmek

absurd /ɪb'sö:d/ s. saçma, anlamsız

abundance /ɪ'bandıns/ a. bolluk **abundant** bol, çok

abuse /ɪ'byu:z/ e. kötüye kullanmak

abusive /ɪ'byu:sıv/ s. küfürbaz, ağzı bozuk

abysmal /ɪ'bizmɪl/ s. berbat, çok kötü

abyss /ɪ'bis/ a. cehennem çukuru

acacia /ɪ'keyşɪ/ a. akasya

academic /ekɪ'demik/ s. akademik

academy /ɪ'kedımi/ a. akademi

accelerate /ık'selıreyt/ e. hızlandırmak; hızlanmak **acceleration** hızlandırma; fiz. ivme **accelerator** gaz pedalı

accent /'eksınt/ a. vurgu; şive, ağız

accept /ık'sept/ e. kabul etmek, almak; razı olmak **acceptable** kabul edilebilir; uygun, makul **acceptance** kabul, onama

access /'eksɪs/ a. giriş, yol; hek. nöbet **accessible** elde edilebilir, ulaşılabilir

accessory /ık'sesɪri/ a. aksesuar; eklenti; yardımcı, suçortağı

accident /'eksidɪnt/ a. kaza; rastlantı **by accident** kazara, tesadüfen **accidental** tesadüfi **accidentally** tesadüfen, rasgele

acclaim /ɪ'kleyın/ e. alkışlamak

acclimatize /ɪ'klaymıtayz/ e. yeni bir iklime/ortama alışmak/alıştırmak

accommodate /ɪ'komıdeyt/ e. barındırmak, yerleştirmek **accommodation** kalacak yer, yatacak yer

accompany /ɪ'kampıni/ e. eşlik etmek **accompaniment** eşlik

accomplice /ɪ'kamplis/ a. suçortağı, yardakçı

accomplish /ɪ'kampliş/ e. başarmak, üstesinden gelmek **accomplished** becerikli, hünerli **accomplishment** yerine getirme, yapma; başarı

according to /ɪ'ko:ding tı/ ilg. -e göre

accordingly /ɪ'ko:dinglı/ be. bu nedenle

accordion /ɪ'ko:dıın/ müz. akordeon

account /ɪ'kaunt/ a. hesap; rapor, açıklama; neden **on account of** yüzünden **on no account** hiçbir surette, asla **accountant** muhasebeci, sayman

accumulate /ɪ'kyu:myuleyt/ e. toplamak, biriktirmek; çoğalmak, yığılmak **accumulation** birikim; birikinti, yığın

accurate /'ekyırıt/ s. kesin, doğru, yanlışsız, tam

accuse /ɪ'kyu:z/ e. (of) suçlamak **the accused** sanık(lar) **accusation** /ekyu'zeyşın/ suçlama

accustom /ɪ'kastım/ e. alıştırmak **accustomed** her zamanki; alışkın **be accustomed to** -e alışmak

ace /eys/ a. as, birli, bey; as, yıldız

ache /eyk/ a. ağrı * e. ağrımak

achieve /ɪ'çi:v/ e. başarmak; ulaşmak, elde etmek **achievement** başarma, yapma; başarı

acid /'esid/ s. ekşi; dokunaklı, acı * a. asit, ekşi

acknowledge /ık'nolic/ e. kabul etmek, onaylamak, tanımak;

aldığını bildirmek **acknowledge-ment** kabul, onaylama; aldığını bildirme

acne /'ekni/ *a.* sivilce

acorn /'eyko:n/ *a. bitk.* meşe palamudu

acoustic /ı'ku:stik/ *s.* akustik, işitsel **acoustics** akustik, yankıbilim; akustik, yankılanım

acquaint /ı'kweynt/ *e.* bilgi vermek, bildirmek; göstermek, öğretmek **be acquainted (with)** (-den) haberi olmak, bilmek; (ile) tanışık olmak **acquaintance** tanıdık, tanış, haber; bilgi

acquire /ı'kwayı/ *e.* edinmek, kazanmak

acquisition /ekwi'zişın/ *a.* kazanma, edinme; kazanç, edinti

acquit /ı'kwit/ *e.* temize çıkarmak, aklamak **acquittal** beraat, aklanma

acre /'eykı/ *a.* İngiliz dönümü (0.404 hektar)

acrid /'ekrid/ *s.* acı, keskin, sert

acrobat /'ekrıbet/ *a.* akrobat, cambaz **acrobatic** akrobatik **acrobatics** cambazlık, akrobasi

acronym /'ekrınim/ *a.* sözcüklerin baş harflerinden oluşan sözcük

across /ı'kros/ *be. ilg.* bir yanından öteki yanına; öbür yanında, karşısında; çaprazlama(sına)

act /ekt/ *e.* hareket etmek, davranmak; (rol) oynamak; etki yapmak, etkilemek * *a.* hareket, iş; (oyun) perde; gösteri, numara **acting** oyunculuk; vekil, yerine bakan

action /'ekşın/ *a.* hareket, iş, eylem; etkinlik, işleme, etki; dava **out of action** bozuk, işlemez

activate /'ektiveyt/ *e.* harekete geçirmek, etkili hale getirmek

active /'ektiv/ *s.* çalışan, işleyen; faal, çalışkan; etkin, canlı; *dilb.* etken

activity /'ektiviti/ *a.* faaliyet, etkinlik

actor /'ektı/ *a.* erkek oyuncu, aktör

actress /'ektris/ *a.* kadın oyuncu, aktris

actual /'ekçuıl/ *s.* gerçek; şimdiki, bugünkü, güncel *in actual fact* aslında, gerçekte *actually* gerçekten, hakikaten; aslında

acumen /'ekyumın/ *a.* çabuk kavrayış

acupuncture /'ekyupankçı/ *a.* akupunktur

acute /ı'kyu:t/ *s.* zeki; şiddetli, ağır; (hastalık) ağır, ivegen

ad /ed/ *a. kon.* ilan, reklam

Adam's apple /edımz'epıl/ *a. anat.* gırtlak çıkıntısı

adapt /ı'dept/ *e.* uyarlamak, adapte etmek **adaptable** kolayca uyum sağlayan **adaptation** /edep'teyşın/ adaptasyon, uyarlama **adapter, adaptor** adaptör

add /ed/ *e.* eklemek, katmak; toplamak

adder /'edı/ *a. hayb.* engerek

addict /'ıdikt/ *be addicted to* alışmak, bağımlı olmak

addict /'edikt/ *a.* düşkün, tiryaki, meraklı; (uyuşturucu) bağımlı

addition /ı'dişın/ *a.* ekleme, katma; *mat.* toplama; zam *in addition (to)* bundan başka, ayrıca *additional* katma, ek

address /ı'dres/ *a.* adres; söylev * *e.* hitap etmek, söz yöneltmek; adres yazmak

adequate /'edikwit/ *s.* elverişli, yeterli

adhere /ıd'hiı/ *e.* yapışmak; bağlı kalmak **adherence (to)** bağlılık, sadakat **adherent** taraftar, üye

adhesive /ıd'hi:siv/ *s.* yapışkan * *a.* yapıştırıcı

adjacent /ı'ceysınt/ *s.* bitişik, komşu

adjective /'eciktiv/ *a. dilb.* sıfat, niteleç

adjourn /ı'cö:n/ e. ertelemek
adjust /ı'cast/ e. ayarlamak; uyum
göstermek **adjustment** ayarlama;
uyum
administer /ıd'ministı/ e. idare
etmek, yönetmek; vermek,
sağlamak; uygulamak **admini-
stration** idare, yönetim; hükümet
administrative yönetimsel, idari
administrator idareci, yönetici
admirable /'edmınbıl/ s. çok güzel,
beğenilen
admiral /'edmınl/ a. amiral
admiration /edmi'reyşın/ a. takdir,
hayranlık
admire /ıd'mayı/ e. hayran olmak,
bayılmak **admirer** hayran
admission /ıd'mişın/ a. giriş; giriş
ücreti; kabul
admit /ıd'mit/ e. kabul etmek, itiraf
etmek **admittance** giriş; kabul
adolescence /edı'lesıns/ a. ergenlik
adolescent ergen
adopt /ı'dopt/ e. kabul etmek,
benimsemek; evlat edinmek
adore /ı'do:/ e. taparcasına sevmek;
kon. bayılmak, bitmek **adorable**
çok güzel **adoration** /edı'reyşın/
tapma
adorn /ı'do:n/ e. süslemek
adult /'edalt/ a. s. yetişkin, ergin
adultery /ı'daltırı/ a. eşini aldatma,
zina
advance /ıd'va:ns/ e. ilerlemek;
ilerletmek; yükselmek; yükselt-
mek * a. ilerleme; yükselme;
avans, öndelik **in advance** önce-
den **advanced** ileri **advancement**
ilerleme
advantage /ıd'va:ntıc/ a. yarar,
çıkar; üstünlük **advantageous**
avantajlı
advent /'edvent/ a. geliş; baş
gösterme
adventure /ıd'vençı/ a. serüven;
tehlike, riziko **adventurer** macer-
acı serüven düşkünü

adverb /'edvö:b/ a. dilb. zarf, be-
lirteç
adversary /'edvısıri/ a. düşman,
hasım
adverse /'edvö:s/ s. ters, karşı,
karşıt, zıt
advertise /'edvıtayz/ e. ilan etmek;
ilan vermek
advertisement /ıd'vö:tismınt/ a.
reklam, ilan
advice /ıd'vays/ a. öğüt, tavsiye;
bilgi
advise /ıd'vayz/ e. tavsiye etmek,
öğüt vermek, haberdar etmek,
uyarmak **adviser** danışman **ad-
visable** makul, mantıklı
advocate /'edvıkit/ a. savunucu,
yanlı; avukat * e. desteklemek,
savunmak
aerial /'eırıl/ a. anten
aerodrome /'eırıdroum/ a. havaalanı
aerodynamics /eırouday'nemiks/ a.
aerodinamik (bilimi)
aeroplane /'eırıpleyn/ a. uçak
aerosol /'eırısol/ a. aerosol
aesthetic(al) /i:s'tetik(ıl)/ s. estetik
aesthetics estetik
afar /ı'fa:/ be. uzak, uzakta **from
afar** uzaktan
affair /ı'feı/ a. mesele, iş; cinsel
ilişki
affect /ı'fekt/ e. etkilemek; gibi
görünmek, taslamak **affectation**
yapmacık, gösteriş, özenti
affection /ı'fekşın/ a. sevgi;
düşkünlük, eğilim **affectioned**
sevecen
affiliate /ı'filieyt/ e. (with/to) bir-
leştirmek, üye etmek; birleşmek,
üye olmak
affinity /ı'finiti/ a. hoşlanma,
eğilim; benzerlik
affirm /ı'fö:m/ e. doğrulamak **af-
firmation** /efı'meyşın/ doğrulama
affirmative (yanıt) olumlu
affix /ı'fiks/ a. önek, sonek
afford /ı'fo:d/ e. (parası, zamanı,

olanağı) olmak, gücü yetmek

afraid /ı'freyd/ *s.* korkar, korkmuş *be afraid of* -den korkmak *I'm afraid ...* maalesef, üzgünüm ki

after /'a:ftı/ *be. bağ. ilg.* -den sonra; peşinden, ardından; -e karşın; -e göre, uyan; -dığı için, yüzünden; tarzında, biçeminde *after all* her şeye rağmen, yine de *after you!* Önce siz buyurun!

aftermath /'a:ftımet/ *a.* sonuç

afternoon /a:ftı'nu:n/ *a.* öğleden sonra *in the afternoon* öğleden sonra *this afternoon* bugün öğleden sonra

afterwards /'a:ftıwıdz/ *be.* sonradan, sonra

again /ı'gen/ *be.* tekrar, yeniden, gene; bundan başka, ayrıca *again and again* sık sık, ikide bir, habire *now and again* arada sırada, kimi kez, bazen *once/yet again* bir kez daha

against /ı'genst/ *ilg.* -e karşı; -ye, -ya

age /eyc/ *a.* yaş; devir, dönem; *kon.* çok uzun süre * *e.* yaşlanmak, kocalmak *old age* yaşlılık *the Middle Ages* Ortaçağ *under age* reşit olmayan, küçük

aged /'eycid/ *s.* ... yaşında; yaşlı *middle aged* orta yaşlı

agency /'eycınsi/ *a.* acenta, büro

agenda /ı'cendı/ *a.* gündem

agent /'eycınt/ *a.* acenta, temsilci

aggravate /'egrıveyt/ *e.* ağırlaştırmak; *kon.* sinir etmek, kızdırmak

aggregate /'egrigıt/ *s.* toplam, toplu, bütün

aggression /ı'greşın/ *a.* saldırı

aggressive /ı'gresiv/ *a.* saldırgan

agility /ı'ciliti/ *a.* çeviklik, atiklik

agitate /'eciteyt/ *e.* çalkalamak, sallamak *agitation* heyecan, acı, üzüntü; kışkırtma, tahrik *agitator* tahrikçi; karıştırıcı

ago /ı'gou/ *be.* önce

agony /'egıni/ *a.* şiddetli acı

agree /ı'gri:/ *e.* aynı fikirde olmak, katılmak; kabul etmek, razı olmak; uyuşmak; anlaşmak *agreeable* hoş, tatlı *agreed!* tamam! *agreement* anlaşma, uyuşma; ittifak

agriculture /'egrikalçı/ *a.* tarım *agricultural* tarımsal

aground /ı'graund/ *be.* karaya oturmuş, batık

ahead /ı'hed/ *s. be.* önde, ileride; ileri, ileriye *straight ahead* dosdoğru

aid /eyd/ *a.* yardım * *e.* yardım etmek *first aid* ilkyardım

Aids /eydz/ *a.* Aids *Aids victim* Aids kurbanı *Aids virus* Aids virüsü

aim /eym/ *e.* nişan almak, yöneltmek; niyetinde olmak; amaçlamak * *a.* amaç; nişan, hedef *aimless* amaçsız, başıboş *aimlessly* amaçsızca

air /eı/ *a.* hava * *e.* havalandırmak *airbase* hava üssü *air-conditioning* havalandırma *aircraft* uçak *airfield* havaalanı *air-force* hava kuvvetleri *airhostess* hostes *airless* havasız, boğucu *airline* havayolu *airmail* uçak postası; havayolu taşımacılığı *airplane* AE. uçak *airport* havalimanı *air raid* askeri hava saldırısı *airs* hava, gösteriş *give oneself airs* havalara girmek *put on airs* havalara girmek, hava atmak *airways* hava yolları *by air* uçakla *in the open air* açık havada, açıkta *on the air* radyoda, dinlenebilir

aisle /ayl/ *a.* (sinema, uçak, vb.'de) ara yol, geçit

ajar /ı'ca:/ *s.* (kapı) yarı açık, aralık

akin /ı'kin/ *s.* benzer

alarm /ı'la:m/ *a.* alarm, korku *alarm clock* çalar saat

16

alas /ı'les/ *ünl.* vah! yazık! tüh!
albino /el'bi:nou/ *a.* akşın, çapar
album /'elbım/ *a.* albüm; uzunçalar
alcohol /'elkıhol/ *a.* alkol; alkollü
içki *alcoholic* alkollü; ayyaş *alcoholism* alkolizm
ale /eyl/ *a.* (açık renkli) bir tür bira
alert /ı'lö:t/ *s.* tetik, uyanık * *a.*
alarm
algebra /'elcıbrı/ *a.* *mat.* cebir
alias /'eylius/ *a.* takma ad * *be.*
diğer adıyla
alibi /'elibay/ *a.* suçun işlenmesi
sırasında başka yerde olduğunu
kanıtlama
alien /'eyliin/ *a.* yabancı
align /ı'layn/ *e.* sıraya dizmek, aynı
hizaya getirmek
alignment /ı'laynmınt/ *a.* sıraya
dizme, düzenleme
alike /ı'layk/ *s.* aynı, benzer
alimentary /eli'mentıri/ *s.* beslenmeyle ilgili, besleyici *alimentary canal* sindirim borusu
alimony /'elimıni/ *a.* nafaka
alive /ı'layv/ *s.* canlı, hareketli
alkali /'elkılay/ *a.* *kim.* alkali
all /o:l/ *s.* bütün, tüm; her * *a.* her
şey * *adl.* hep, hepsi; herkes; her
şey * *be.* bütün bütün, tümüyle
above all her şeyden önce,
hepsinden çok *after all* her şeye
karşın, yine de *at all* hiç, hiç de
for all -e karşın *in all* topu topu,
hepsi *not at all* bir şey değil,
estağfurullah *all alone* yapayalnız, tek başına, yardımsız *all night* bütün gece süren/açık *all of a sudden* birdenbire, ansızın *all over* her tarafına, her tarafında;
her taraf(ını); her tarafta *all right*
peki, tamam; fena değil, idare
eder; (sağlığına) bir şey olmamış,
iyi
Allah /'elı/ *a.* Allah
allegiance /ı'li:cıns/ *a.* bağlılık,
sadakat

allegory /'eligıri/ *a.* kinaye
allergy /'elıci/ *a.* alerji; *kon.*
hoşlanmama, sevmeme *allergic*
alerjik; *kon.* nefret eden
alley /'eli/ *a.* dar yol
alliance /ı'layıns/ *a.* müttefik,
bağlaşık
allied /'elayd/ *s.* müttefik, bağlaşık
alligator /'eligeytı/ *a.* *hayb.* timsah
alliteration /ılitı'reyşın/ *a.* *yaz.*
aliterasyon
allocate /'elıkeyt/ *e.* paylaştırmak,
dağıtmak *allocation* tahsisat,
ödenek
allow /ı'lau/ *e.* izin vermek, bırakmak; kabul etmek; ayırmak,
tahsis etmek; olanak vermek *allowable* izin verilebilir *allowance*
izin; gelir, aylık, haftalık; indirim
alloy /'eloy/ *a.* metal alaşımı
allude /ı'lu:d/ *e.* dolaylı olarak
anlatmak *allusion* dokundurma,
ima, kinaye
ally /ı'lay/ *a.* müttefik ülke; dost,
arkadaş * *e.* birleşmek; birleştirmek
almanac /'o:lmınek/ *a.* almanak,
yıllık
almighty /o:l'mayti/ *s.* her şeye
kadir *the Almighty* Allah
almond /'a:mınd/ *a.* badem
almost /'o:lmoust/ *be.* hemen hemen, neredeyse
alms /a:mz/ *a.* sadaka
alone /ı'loun/ *s.* *be.* tek başına,
yalnız *let/leave sb/sth alone*
kendi haline bırakmak, ilişmemek
along /ı'long/ *be.* ileri, ileriye,
yanına, yanında, birlikte * *ilg.*
boyunca; süresince *all along* öteden beri *along with* ile birlikte
be along gelmek, varmak *get along (with)* geçinmek, anlaşmak; gitmek
alongside /ılong'sayd/ *be.* yan yana
* *ilg.* yanına, yanında

aloof /ı'lu:f/ *be.* ayrı, uzakta

aloud /ı'laud/ *be.* yüksek sesle

alphabet /'elfibet/ *a.* alfabe, abece
alphabetical alfabetik, abecesel

already /o:l'redi/ *be.* daha şimdiden, çoktan, bile, zaten

alright /o:l'rayt/ *be. bkz. all right*

also /'o:lsou/ *be.* de, da, dahi; hem de, üstelik

altar /'o:ltı/ *a.* sunak, kurban taşı

alter /'o:ltı/ *e.* değişmek; değiştirmek **alteration** değiştirme; değişiklik

alternate /o:l'tö:nit/ *s.* (iki şey için) değişimli, bir o, bir öteki * *e.* birbirini ardından gelmek, birbirini izlemek; sıra ile yapmak **on alternate days** günaşırı **alternate angles** ters açılar **alternating current** dalgalı akım

alternative /o:l'tö:nitiv/ *s.* yerine geçebilen, başka * *a.* ikisinden birisini seçme; seçenek

although /o:l'ðou/ *bağ.* her ne kadar, ise de, -e karşın

altitude /'eltityu:d/ *a.* (denizden) yükseklik; *coğ.* yükselti, rakım

alto /'eltou/ *a. müz.* alto

altogether /o:ltu'getı/ *be.* tamamen, tümüyle, bütün bütün

aluminium /elyu'miniım/ *a. kim.* alüminyum

always /'o:lwiz, 'o:lweyz/ *be.* her zaman, daima, hep

am /ım, em/ `to be` fiilinin `I` ile kullanılan biçimi, -ım, -im, -um, -üm

amateur /'emıtı/ *a.* amatör; deneyimsiz

amaze /ı'meyz/ *e.* hayrette bırakmak **be amazed** şaşırmak **amazing** şaşırtıcı **amazement** şaşkınlık

ambassador /em'besıdı/ *a.* büyükelçi

amber /'embı/ *a.* kehribar; kehribar rengi

ambience /'embiıns/ *a.* bir yerin havası, ambiyans

ambiguity /embi'gyu:iti/ *a.* anlam belirsizliği; çokanlamlı söz **ambiguous** belirsiz, muğlak; çokanlamlı

ambition /em'bişın/ *a.* hırs, tutku **ambitious** hırslı, tutkulu; çok istekli

ambulance /'embyulıns/ *a.* cankurtaran

ambush /'embuş/ *e.* pusuya düşürmek, tuzak kurmak * *a.* pusu, tuzak

amen /a:'men/ *ünl.* amin

amenable /ı'mi:nıbıl/ *s.* uysal; uyumlu

amendment /ı'mendmınt/ *a.* değişiklik, düzeltme

amends /ı'mendz/ a: **make amends** tazmin etmek, telafi etmek

amenity /ı'mi:niti/ *a.* rahatlık, konfor

amiable /'eymıbıl/ *s.* sevimli, samimi

amicable /'emikıbıl/ *s.* dostça

amid /ı'mid/ *ilg.* ortasında, arasında

ammonia /ı'mouniı/ *a.* amonyak

ammunition /emyu'nişın/ *a.* cephane, mühimmat

amnesia /em'ni:ziı/ *a. hek.* bellek yitimi

amnesty /'emnısti/ *a.* genel af

amoeba /ı'mi:bı/ *a. biy.* amip

amount /ı'maunt/ *a.* miktar; tutar, yekûn **amount to** olmak, etmek, varmak

ampere /'empiı/ *a. fiz.* amper

amphibian /em'fibiın/ *a. biy.* ikiyaşayışlı, amfibi; *ask.* yüzergezer, amfibi **amphibious** ikiyaşayışlı; amfibi, yüzergezer

amphitheatre /'emfitiıtı/ *a.* amfiteatr

ample /'empıl/ *s.* bol, yeterli; geniş, büyük

amplify /'emplifay/ *e.* ayrıntıların

amplitude

anlatmak, genişletmek; yükselt-
mek, güçlendirmek *amplification*
büyütme, genişletme; geniş
açıklama; yükseltme,
güçlendirme *amplifier tek.* am-
plifikatör, yükselteç
amplitude /'emplityu:d/ *a. fiz.* gen-
lik
ampoule /'empu:l/ *a. hek.* ampul
amulet /'emyulit/ *a.* muska, nazarlık
amuse /ı'myu:z/ *e.* eğlendirmek;
güldürmek *amusement* eğlence;
gülünçlük *amusing* eğlenceli,
güldürücü
an /ın, en/ *tnm.* (herhangi) bir
anaemia /ı'ni:mıı/ *a. hek.* kansızlık
anaesthesia /enis'ti:zıı/ *a.* anestezi,
uyuşturum, duyum yitimi
anaesthetic /enis'tetik/ *a. s.* uyuştu-
rucu
anaesthetist /ı'ni:stitist/ *a.* narkozcu
anaesthetize /ı'ni:stitayz/ *e.* anestezi
yapmak, narkoz vermek
anagram /'enıgrem/ *a.* (name-mean
gibi) çevrik sözcük, evirmece
analogous /ı'nelıgıs/ *s.* (to/with)
benzer; yakın, paralel
analogue /'enılog/ *a.* bir şeyin
benzeri olan şey
analogy /ı'nelıci/ *a.* benzerlik;
örnekseme
analyse /'enılayz/ *e.* analiz etmek,
çözümlemek
analysis /ı'nelisis/ *a.* çözümleme,
analiz etme, analiz, tahlil *analyst*
/'enılist/ analiz yapan kimse,
analist; *AE.* psikanalist, ru-
hçözümcü *analytical* /enı'litikıl/
çözümsel, analitik
anarchy /'enıki/ *a.* anarşi, kargaşa
anarchic anarşik *anarchism*
anarşizm, başsızlık, kargaşacılık
anatomy /ı'netımi/ *a.* anatomi,
yapıbilim *anatomical* anatomik,
yapısal
ancestor /'ensıstı/ *a.* ata, cet *an-
cestral* atalara ilişkin, atadan

kalma *ancestry* soy; atalar
anchor /'enkı/ *a.* gemi demiri,
çapa; güven veren şey/kimse,
güven kaynağı * *e.* demir atmak
anchovy /'ençıvı/ *a. hayb.* hamsi
ancient /'eynşınt/ *s.* çok eski; Ro-
malılar ve Yunanlılar zamanına
ait
ancillary /en'silıri/ *s. tek.* yardımcı,
yan
and /ınd, ın, end/ *bağ.* ve; ile *and so
on* vesaire
anecdote /'enikdout/ *a.* eğlendirici
kısa öykü, fıkra, anekdot
angel /'eyncıl/ *a.* melek; melek gibi
kimse
angelica /en'celikı/ *a. bitk.* mele-
kotu
anger /'engı/ *a.* öfke, kızgınlık,
hiddet * *e.* kızdırmak
angle /'engıl/ *a.* açı; köşe; bakım;
görüş, açı; olta * *e.* oltayla balık
tutmak *acute angle* dar açı *right
angle* dik açı *obtuse angle* geniş
açı
Anglican /'englikın/ *a. s.* Anglikan
angry /'engrı/ *s.* kızgın, öfkeli;
dargın
anguish /'engwiş/ *a.* şiddetli acı
angular /'engyulı/ *s.* köşeli, açılı,
sivri; bir deri bir kemik, sıska
animal /'enimıl/ *a.* hayvan * *s.*
hayvani
animate /'enimeyt/ *e.* canlandırmak
animated hareketli; canlı *ani-
mated cartoon* çizgi film *anima-
tion* animasyon, çizgi film;
canlılık
animosity /eni'mositi/ *a.* kin,
düşmanlık
ankle /'enkıl/ *a.* ayak bileği, topuk
annex /ı'neks/ *e.* istila etmek,
müsadere etmek, eklemek *an-
nexation* müsadere, ilhak
annexe /'eneks/ *a.* ek yapı,
müştemilat, ek
annihilate /ı'nayıleyt/ *e.* yok etmek

annihilation yok etme

anniversary /eni'vö:sırı/ *a.* yıldönümü

annotate /'enıteyt/ *e.* notlar koymak, çıkmalar yapmak

announce /ı'nauns/ *e.* bildirmek, duyurmak **announcement** bildiri, duyuru **announcer** spiker

annoy /ı'noy/ *e.* rahatsız etmek, canını sıkmak; kızdırmak **annoyance** rahatsızlık, sıkıntı; baş belası, dert **annoying** can sıkıcı

annual /'enyuıl/ *s.* yıllık, yılda bir kez

annuity /ı'nyu:ıti/ *a.* yıllık maaş, yıllık emekli maaşı

annul /ı'nal/ *e.* yürürlükten kaldırmak, bozmak **annulment** yürürlükten kaldırma

anode /'enoud/ *a.* anot, artıuç

anomalous /ı'nomılıs/ *s.* normal olmayan, anormal

anonymous /ı'nonimıs/ *s.* anonim, adsız, yazarı bilinmeyen

anorak /'enırek/ *a.* anorak, parka

another /ı'natı/ *s.* başka bir; başka, diğer, öbür * *adl.* bir başkası; başkası; diğeri, öbürü **one after another** birbiri arkasından **one another** birbirini

answer /'a:nsı/ *a.* yanıt, cevap, karşılık; (problem) cevap, sonuç * *e.* yanıtlamak, karşılık vermek; (çağrılınca) gitmek, gelmek; (kapıya/telefona) bakmak **answer back** terbiyesizce cevap vermek **answerable (to, for)** sorumlu

ant /ent/ *a.* hayb. karınca

antagonism /en'tegınızım/ *a.* düşmanlık, kin **antagonist** hasım, rakip

antagonize /en'tegınayz/ *e.* düşman etmek

antarctic /en'ta:ktik/ *s.* Güney Kutbuyla ilgili **the Antarctic** Güney Kutbu ve çevresi, Antarktika

antecedent /enti'si:dınt/ *s.* önceki *

a. bir olaydan önce olan olay; *dilb.* adılın yerini tutan ad, öncül

antelope /'entiloup/ *a.* hayb. antilop

antenatal /enti'neytıl/ *s.* doğum öncesi

antenna /en'tenı/ *a.* anten; *hayb.* duyarga, anten

anthem /'entım/ *a.* şükran ve sevinç duası **national anthem** ulusal marş

anther /'entı/ *a.* bitk. başçık

anthology /en'tolıci/ *a.* antoloji, seçki

anthracite /'entrısayt/ *a.* antrasit, parlak kömür

anthrax /'entreks/ *a.* hek. şarbon, karakabarcık

anthropoid /'entrıpoyd/ *s.* insan benzeri, insansı, maymunsu

anthropology /entrı'polıci/ *a.* antropoloji, insanbilim

anthropologist /entrı'polıcist/ *a.* antropolog, insanbilimci

antiaircraft /'entieıkra:ft/ *a. s.* uçaksavar

antibiotic /entibay'otik/ *a.* antibiyotik

antibody /'entibodi/ *a.* antikor

anticipate /en'tisıpeyt/ *e.* ummak, beklemek **anticipation** umma, bekleme

anticlockwise /enti'klokwayz/ *be. s.* saat yelkovanının döndüğü yönün tersine

antics /'entiks/ *a.* maskaralık, soytarılık

antidote /'entidout/ *a.* panzehir, karşıtağı

antifreeze /'entifri:z/ *a.* antifriz, donmaönler

antigen /'enticın/ *a.* biy. antijen, bağışıran

antipathy /en'tipıti/ *a.* hoşlanmama, antipati, sevmezlik **antipathetic** /entipı'tetik/ hoşlanılmayan, beğenilmeyen, antipatik, sevimsiz

antiquarian /enti'kweırıın/ *a.* antika
meraklısı, antikacı

antiquated /'entikweytid/ *s.* eski,
modası geçmiş; yaşı ilerlemiş

antique /en'ti:k/ *s.* antik; eski moda;
antika * *a.* Eski Yunan ya da
Roma sanatı; antika eşya *antiq-
uity* /en'tikwiti/ eski çağlar, eski
yapıtlar

antiseptic /enti'septik/ *a. s.* anti-
septik, arıtkan

antitank /'entitenk/ *a. s. ask.* tank-
savar

antithesis /en'titisis/ *a.* tezat,
karşıtlık; antitez, karşısav

antonym /'entınim/ *a. dilb.*
zıt/karşıt anlamlı sözcük

anus /'enıs/ *a. anat.* anüs, makat

anvil /'envil/ *a.* örs kemiği

anxiety /eng'zayıti/ *a.* tasa, kaygı,
korku; şiddetli istek

anxious /'enkşıs/ *s.* kaygılı, üzün-
tülü; çok istekli

any /'eni/ *s.* herhangi bir, bir; hiç;
bazı, birkaç *any longer* artık,
daha fazla *any more* daha çok,
biraz daha *in any case* ne olursa
olsun

anybody /'enibodi/ *adl.* (bir) kimse,
birisi; herkes; hiç kimse *anybody
else* başka birisi

anyhow /'enihau/ *adl.* hiçbir şek-
ilde, ne olursa olsun; her şeye
karşın, yine de; nasıl olsa, nasılsa

anyone /'eniwan/ *adl. bkz. anybody*

anything /'eniting/ *adl.* (herhangi)
bir şey; hiçbir şey; her şey, ne
olsa *anything but* hiç değil, -den
çok uzak *anything else* başka bir
şey *like anything kon.* deli gibi,
çılgınca

anyway /'eniwey/ *be. kon.* ne olursa
olsun, yine de; neyse, her neyse

anywhere /'eniweı/ *be.* her/hiç bir
yerde/yere; neresi/nereye/nerede
olursa olsun

aorta /ey'o:tı/ *a.* aort, ana atar-
damar

apart /ı'pa:t/ *be.* ayrı; bir yana, bir
yanda *apart from* -den başka
joking apart şaka bir yana

apartheid /ı'pa:theyt/ *a.* ırk ayrımı

apartment /ı'pa:tmınt/ *a. AE.* daire;
BE. lüks daire, apartman dairesi
apartment house AE. apartman

apathy /'epıti/ *a.* duygusuzluk,
duyarsızlık; ilgisizlik *apathetic*
duygusuz, duyarsız; ilgisiz

ape /eyp/ *a.* (kuyruksuz) maymun

aperitif /ıperi'ti:f/ *a.* aperitif, açar

aperture /'epıçı/ *a.* açık, delik,
boşluk

apex /'eypeks/ *a.* (*kon. apexes,
apices* /'eypisi:z/) zirve, doruk;
uç, tepe

aphrodisiac /efrı'diziek/ *a. s.*
afrodizyak

apiculture /'eypikalçı/ *a.* arıcılık

apiece /ı'pi:s/ *be.* her biri(ne); adam
başı; tanesi

apish /'eypiş/ *s.* maymun gibi; salak

apocalypse /ı'pokılips/ *a.* kıyamet,
dünyanın sonu

apologetic /ıpolı'cetik/ *s.* özür
dileyen; savunan, savunmalı

apologize /ı'polıcayz/ *e.* özür dile-
mek

apology /ı'polıci/ *a.* özür; mazeret

apoplexy /'epıpleksi/ *a. hek.* felç,
inme; beyin kanaması

apostle /ı'posıl/ *a.* 12 havariden biri

apostrophe /ı'postrıfi/ *a. dilb.*
kesme işareti, apostrof

appal /ı'po:l/ *e.* şoka uğratmak,
sarsmak *appalling* korkunç; *kon.*
berbat, rezil

apparatus /epı'reytıs/ *a.* alet, cihaz

apparent /ı'perınt/ *s.* açık, ortada
apparently görünüşe göre, an-
laşılan

appeal /ı'pi:l/ *e.* yalvarmak, daha
yüksek bir mahkemeye başvur-
mak; hoşuna gitmek, sarmak * *a.*
yalvarış, yakarış; cazibe,

çekicilik, alımlılık; daha yüksek bir mahkemeye başvurma **appealing** çekici, hoş, tatlı; duygulandırıcı, dokunaklı

appear /ı'pıı/ *e.* görünmek, ortaya çıkmak; varmak, gelmek; gibi görünmek **appearance** ortaya çıkma, göze görünme; görünüş, görünüm

appease /ı'pi:z/ *e.* gidermek, dindirmek, yatıştırmak; tatmin etmek

append /ı'pend/ *e.* eklemek

appendicitis /ıpendi'saytis/ *a. hek.* apandisit, ekbağırsak yangısı

appendix /ı'pendiks/ *a.* (*ç. -es, -dices* /disı:z/) ek, ek bölüm; apandis, körbağırsak

appetite /'epitayt/ *a.* iştah, arzu; şehvet

appetizer /'epitayzı/ *a.* iştah açıcı yiyecek, meze, çerez **appetizing** iştah açıcı

applaud /ı'plo:d/ *e.* alkışlamak; beğenmek, onaylamak, benimsemek

applause /ı'plo:z/ *a.* alkış

apple /'epıl/ *a.* elma

appliance /ı'playıns/ *a.* alet, araç

applicable /ı'plikıbıl/ *s.* uygulanabilir

applicant /'eplikınt/ *a.* başvuran kişi, aday, istekli

application /epli'keyşın/ *a.* başvuru; uygulama, uygulamaya koyma; merhem, sürme; ilaç **application form** başvuru formu

apply /ı'play/ *e.* başvurmak; uygulamak; sürmek, koymak **applied** uygulamalı

appoint /ı'poynt/ *e.* atamak, görevlendirmek, tayin etmek; kararlaştırmak, saptamak **appointment** randevu, iş, görev

appraise /ı'preyz/ *e.* değer biçmek

appreciable /ı'prı:şıbıl/ *s.* fark edilir, kayda değer

appreciate /ı'pri:şieyt/ *e.* değer biçmek; takdir etmek, değerini bilmek; farkında olmak **appreciation** minnettarlık, teşekkür; takdir, değerlendirme

appreciative /ı'pri:şıtiv/ *s.* değer bilen; anlayan, beğenen

apprehend /epri'hend/ *a.* anlamak, kavramak; *huk.* tutuklamak

apprehension /epri'henşın/ *a.* anlayış, kavrayış; korku; *huk.* tutuklama **apprehensive (of)** korkan, endişeli; kuruntulu

apprentice /ı'prentis/ *a.* çırak * *e.* çırak olarak vermek **apprenticeship** çıraklık; çıraklık süresi

approach /ı'prouç/ *e.* yaklaşmak, yanaşmak; ele almak, ile konuşmak; başvurmak * *a.* yaklaşma, yanaşma; yol, geçit; ele alış biçimi, yaklaşım **approachable** yaklaşabilir, cana yakın, dostça

appropriate /ı'prouprieyt/ *e.* (for) ayırmak, tahsis etmek; kendine mal etmek, kendine ayırmak; çalmak

appropriate /ı'proupriıt/ *s.* uygun

approval /ı'pru:vıl/ *a.* onama, onaylama; uygun bulma, tasvip; resmi izin, onay **on approval** beğenilmediğinde geri verilmek koşuluyla

approve /ı'pru:v/ *e.* onaylamak, onamak, uygun bulmak, tasvip etmek **approvingly** onaylayarak

approximate /ı'proksimit/ *s.* yaklaşık **approximately** yaklaşık olarak

apricot /'eyprikot/ *a.* kayısı; zerdali

April /'eypril/ *a.* nisan **April fool** 1 nisanda aldatılan kimse **April Fools' Day** 1 nisan

apron /'eyprın/ *a.* önlük **tied to sb's apron** birine aşırı bağlı

apt /ept/ *s.* eğilimli, yatkın; uygun, yerinde; çabuk kavrayan **aptly**

uygun bir biçimde, yerinde
aptitude /'eptityu:d/ *a.* yetenek
aqualung /'ekwılang/ *a.* dalgıç ok-
sijen tüpü
aquarium /ı'kweırıım/ *a.* akvaryum
Aquarius /ı'kweırııs/ *a.* Kova (burcu)
aquatic /ı'kwotik/ *s.* suda yaşayan;
suyla ilgili *aquatic sports* su
sporları
aqueduct /'ekwıdakt/ *a.* sukemeri
arable /'erıbıl/ *s.* tarıma uygun,
ekilebilir
arbitrary /'a:bıtrıri/ *s.* isteğe bağlı,
keyfi
arbitrate /a:bi'treyt/ *e.* (hakem
sıfatıyla) karar vermek *arbitra-
tion* sorun ya da anlaşmazlığın
hakem kararıyla çözümü *arbi-
trator* yansız aracı, hakem
arbour /'a:bı/ *a.* çardak, gölgelik
arc /a:k/ *a.* kavis, yay
arcade /a:'keyd/ *a.* pasaj, kemeraltı
arch /a:ç/ *a.* kemer altı, pasaj
archaeology /a:ki'olıci/ *a.* arkeoloji,
kazıbilim *archaeological*
/a:kıı'locikıl/ arkeolojik,
kazıbilimsel *archaeologist*
arkeolog, kazıbilimci
archaic /a:'keyik/ *s.* modası geçmiş,
eski
archbishop /a:ç'bışıp/ *a.* başpisk-
opos
archer /'a:çı/ *a.* okçu *archery*
okçuluk
archipelago /a:ki'pelıgou/ *a.*
takımadalar
architect /'a:kitekt/ *a.* mimar
architectural /a:ki'tekçırıl/ *s.* mimari
architecture /'a:kitekçı/ *a.* mimarlık,
mimari
archives /'a:kayvz/ *a.* resmi evrak,
arşiv
archway /'a:çwey/ *a.* kemerli geçit
arctic /'a:ktik/ *s.* Kuzey Kutbuyla
ilgili *the Arctic* Kuzey Kutbu
ardent /'a:dınt/ *s.* ateşli, coşkun
ardour /'a:dı/ *a.* gayret, istek; heye-

can, heves, azim
arduous /a:'dyuıs/ *s.* güç, yorucu
are /ı, a:/ *e.* -sin, -iz, -siniz; -dirler
area /'eırıı/ *a.* alan, bölge,
yüzölçümü
arena /ı'ri:nı/ *a.* arena, oyun alanı
argue /'a:gyu:/ *e.* tartışmak,
atışmak; kanıtlamaya çalışmak;
neden olarak göstermek *argue
against* karşı çıkmak *argue for* -i
savunmak
argument /'a:gyumınt/ *a.* tartışma,
münakaşa, anlaşmazlık; tez,
kanıt, sav, düşünce *argumenta-
tive* /a:gyu'mentıtiv/ tartışmayı
seven
aria /'a:rıı/ *a.* müz. arya
arid /'erid/ *s.* kurak, kıraç
Aries /'eıri:z/ *a.* Koç burcu; Koç
Takımyıldızı
arise /ı'rayz/ *e.* *arose* /ı'rouz/,
arisen /ı'rizın/ yükselmek; baş
göstermek; ortaya çıkmak; ileri
gelmek, kaynaklanmak; (*from/out
of*) çıkmak
arisen /ı'rizn/ *bkz.* *arise*
aristocracy /eri'stoknısi/ *a.* soylular
sınıfı; aristokrasi
aristocrat /'eristıkret/ *a.* soylu,
aristokrat
arithmetic /ı'ritmıtik/ *a.* *s.* arit-
metik; ölçme, sayma, hesap;
aritmetiksel
ark /a:k/ *a.* Nuh'un gemisi
arm /a:m/ *a.* kol; giysi/koltuk kolu;
güç; otorite; dal, şube *arm in
arm* kol kola *at arm's length* kol
boyu uzaklıkta *keep sb at arm's
length* soğuk davranmak, yüz
vermemek
arm /a:m/ *e.* silahlandırmak, savaşa
hazırlamak
armada /a:'madı/ *a.* donanma, deniz
kuvvetleri
armament /'a:mımınt/ *a.* silah-
lanma; silahlandırma, donatım,
teçhizat; *kon.* silahlar; *kon.* silahlı

kuvvetler

armchair /'a:mçeı/ a. koltuk

armed /a:md/ s. silahlı **armed forces** silahlı kuvvetler

armistice /'a:mistis/ a. ateşkes

armour /'a:mı/ a. zırh; zırhlı güçler

armoured /'a:mıd/ s. zırhlı **armoured car** zırhlı araba **armoured division** zırhlı tümen

armpit /'a:mpit/ a. koltuk altı

arms /a:mz/ a. silahlar; cephane **arms race** silahlanma yarışı **under arms** silah altında, silahlanmış

army /'a:mi/ a. ordu, kara ordusu; kalabalık, sürü **army corps** kolordu **enter/join the army** askere gitmek, asker olmak

aroma /ı'roumı/ a. güzel koku, aroma **aromatic** /eı'metik/ güzel kokulu

arose /ı'rouz/ bkz. **arise**

around /ı'raund/ ilg. çevresin(d)e; dolayında, yakınında; ötesinde berisinde, sağında solunda, sağına soluna; sıralarında, sularında * be. çevrede, ortalıkta; her yanına, çevresine; ötede beride, öteye beriye; aşağı yukarı, yaklaşık; arkaya, geriye **all around** çepçevre, dört yandan **have been around** çok deneyimli olmak, görmüş geçirmiş olmak **up and around** hastalıktan kalkmış, iyileşmiş

arouse /ı'rauz/ e. uyandırmak; canlandırmak, harekete geçirmek

arrange /ı'reync/ e. dizmek, düzeltmek; düzenlemek, ayarlamak; kararlaştırmak, saptamak; halletmek, çözümlemek **arrangement** düzenleme; anlaşma; müz. uyarlama, düzenleme; kon. hazırlık

array /ı'rey/ a. sıra, düzen; sergi * e. sıraya koymak, dizmek

arrears /ı'rıız/ s. gecikmiş borç;

gecikmiş ve yapılmayı bekleyen iş

arrest /ı'rest/ e. tutuklamak; yakalamak; durdurmak, önlemek * a. tutuklama

arrival /ı'rayvıl/ a. geliş, varış; gelen

arrive /ı'rayv/ e. varmak, gelmek; dönmek; (zaman) gelmek, gelip çatmak

arrogant /'engınt/ s. kendini beğenmiş, küstah **arrogance** kibir, kendini beğenme

arrow /'erou/ a. ok; ok işareti

arsenal /'a:sınıl/ a. cephanelik

arsenic /'a:sınik/ a. kim. arsenik

arson /'a:sın/ a. kundakçılık, yangın çıkarma **arsonist** kundakçı

art /a:t/ a. sanat; sanat ürünü; deneyim; ustalık; kon. güzel sanatlar **Bachelor of Arts** Edebiyat Fakültesi mezunu **fine arts** güzel sanatlar **liberal arts** toplumsal bilimler **Master of Arts** lisansüstü öğretim görmüş Edebiyat Fakültesi mezunu **work of art** sanat yapıtı

artery /'a:tırı/ a. hek. atardamar, arter; merkez yol **arterial** atardamarla ilgili

artesian well /a:ti:zıın'wel/ a. artezyen kuyusu

artful /'a:tfıl/ s. aldatıcı, hileci; akıllıca düşünülmüş, beceriyle yapılmış

arthritis /a:'traytis/ a. hek. kireçlenme, eklem yangısı

artichoke /'a:tiçouk/ a. enginar **Jerusalem artichoke** yerelması

article /'a:tikıl/ a. eşya, parça; makale, yazı; madde, fıkra; dilb. artikel, tanımlık **leading article** başyazı

articulate /a:'tikyulit/ s. açık seçik, anlaşılır; düşünce ve duygularını rahatça dile getirebilen; eklemli, boğumlu * /a:'tikyuleyt/ e. açık seçik konuşmak, tane tane söylemek; eklemlerle birleştirmek **articulation** dilb. boğumlanma; eklem

artificial /a:tı'fışıl/ s. yapay, suni; yapmacık, yalancı **artificial insemination** suni döllenme **artificial respiration** suni solunum

artillery /a:'tılıri/ a. ask. topçu sınıfı, toplar

artisan /a:tı'zen/ a. zanaatçı, esnaf

artist /'a:tist/ a. sanatçı, artist; ressam **artistic** sanatsal, artistik

artless /'a:tlis/ s. doğal; içten, yalın

as /ız, ez/ be. aynı derecede, o kadar; örneğin, sözgelimi * bağ. -dığı sıra, -ken; -den dolayı; -dığı halde; -e karşın; -dığı gibi; gibi * ilg. olarak; gibi **as a rule** genellikle **as ... as ... ...** kadar **as follows** aşağıdaki gibi **as for** -e gelince **as if/though** -miş gibi, sanki **as is** olduğu gibi **as it is** gerçekte, hakikatte **as it were** bir yerde, bir bakıma **as long as** sürece, -dikçe, -mek koşuluyla, yeter ki **as regards** ... konusunda; ... ile ilgili olarak; -e göre **as to** konusunda, -le ilgili olarak; -e göre **as usual** her zamanki gibi **as well** de, da **as yet** şu ana kadar, şimdiye dek **so as** için, amacıyla, -cek biçimde **such as** gibi

asbestos /es'bestıs/ a. kim. asbest, amyant

ascend /ı'send/ e. yükselmek; tırmanmak, çıkmak

ascendancy /ı'sendınsi/ a. üstünlük, nüfuz, güç

ascent /ı'sent/ a. yükselme, tırmanma; yol, yokuş, yamaç

ascertain /esı'teyn/ e. doğrusunu bulmak, araştırmak

ascetic /ı'setik/ s. kendini her türlü dünyevi zevkten/işten soyutlamış

ascribe /ı'skrayb/ e. (to) atfetmek, yüklemek, -e yormak

ash /eş/ a. kül; dişbudak ağacı

ashes /'eşiz/ a. yakılmış cesedin külleri

ashamed /ı'şeymd/ s. utanmış, mahcup

ashen /'eşin/ s. kül renginde; küllü

ashore /ı'şo:/ be. kıyıda, kıyıya, karada, karaya

ashtray /'eştrey/ a. kül tablası

Asia /ey'şı/ a. Asya **Asian, Asiatic** Asya ile ilgili, Asyalı

aside /ı'sayd/ be. bir yana; kenara, yana

asinine /'esınayn/ s. aptalca, saçma

ask /a:sk/ e. sormak; rica etmek, istemek; çağırmak, davet etmek **ask for** istemek, aramak

askew /ı'skyu:/ be. yanlamasına

asleep /ı'sli:p/ s. uykuda; uyumakta

asparagus /ı'spengıs/ a. bitk. kuşkonmaz

aspect /'espekt/ a. görünüş; bakım, yön

asperity /e'speriti/ a. sertlik, haşinlik; kötü söz, davranış

aspersion /ı'spö:şın/ a. iftira, kara çalma

asphalt /'esfelt/ a. asfalt * e. asfaltlamak

aspiration /espi'reyşın/ a. tutku, istek

aspire /ı'spayı/ e. çabalarını bir amaca yöneltmek, çok istemek

ass /es/ a. eşek; kon. aptal, salak

assail /ı'seyl/ e. saldırmak **assailant** saldırgan

assassinate /ı'sesineyt/ e. suikast yapmak **assassin** suikastçı **assassination** suikast, cinayet

assault /ı'so:lt/ e. vahşice saldırmak * a. ani saldırı, tecavüz

assemble /ı'sembıl/ e. toplamak; toplanmak; kurmak, takmak

assembly /ı'sembli/ a. toplantı, montaj **assembly line** montaj hattı

assert /ı'sö:t/ e. ileri sürmek, savunmak **assertion** iddia, açıklama, bildiri **assertive** iddialı, hakkını savunan

assess /ı'ses/ e. değer biçmek; vergi koymak

asset /'eset/ a. servet, varlık, mal; **kon.** aktif, alacak **assets and liabilities** alacak verecek **real assets** taşınmaz mallar

assiduous /ı'sidyuıs/ s. çalışkan

assign /ı'sayn/ e. ayırmak, vermek, atamak, seçmek **assignment** görev; ayırma

assimilate /ı'simileyt/ e. özümlemek, sindirmek **assimilation** özümseme, sindirim

assist /ı'sist/ e. yardım etmek; yardımcı olmak **assistance** yardım, destek **assistant** yardımcı, asistan

assize /ı'sayz/ a. yargılama, muhakeme

associate /ı'souşieyt/ e. birleştirmek; birleşmek; arkadaşlık etmek * a. ortak çalışma arkadaşı

association /ısousı'eyşın/ a. dernek, kurum, birlik; çağrışım **association football** futbol

assort /ı'so:t/ e. sınıflandırmak, ayırmak **assorted** çeşitli **assortment** tasnif, sınıflandırma; cins, çeşit

assume /ı'syu:m/ e. varsaymak, farz etmek; (iş, görev) üzerine almak, üstlenmek; almak, takınmak

assumption /ı'sampşın/ a. üzerine alma; farz, zan; azamet, kibir

assurance /ı'şuırıns/ a. güven, özgüveni; teminat, güvence; sigorta

assure /ı'şuı/ e. inandırmaya çalışmak; güven vermek, garanti etmek; inandırmak; sigortalamak **assured** kendine güvenen, kendinden emin

asterisk /'estırisk/ yıldız imi

asteroid /'estıroyd/ a. Mars ve Jüpiter arasındaki çok küçük gezegenlerden biri

asthma /'esmı/ a. astım **asthmatic** astımlı

astigmatism /ı'stigmıtizım/ a. **hek.** astigmatizm, astigmatlık

astonish /ı'stoniş/ e. çok şaşırtmak, hayrete düşürmek **be astonished** hayret etmek **astonishing** hayret verici, şaşırtıcı **astonishment** hayret, şaşkınlık

astound /ı'staund/ e. hayretler içinde bırakmak

astray /ı'strey/ s. **be.** doğru yoldan çıkmış, sapıtmış

astride /ı'strayd/ **be.** bacakları iki yana açık olarak

astrology /ı'strolıci/ a. astroloji, yıldızbilim **astrologer** yıldızbilimci

astronaut /'estrıno:t/ a. astronot

astronomy /ı'stronımi/ a. astronomi, gökbilim **astronomer** gökbilimci

astronomical /estrı'nomikıl/ s. astronomik, gökbilimsel; çok fazla, aşırı

astute /ı'styu:t/ s. akıllı, cin gibi

asylum /ı'saylım/ a. sığınak, barınak; himaye, koruma **political asylum** siyasi iltica, sığınma

at /ıt; et/ ilg. -de, -da, -e, -a, -ye, -ya

ate /et, eyt/ bkz. **eat**

atheism /'eytiizm/ a. ateizm, tanrıtanımazlık **atheist** ateist, tanrıtanımaz

athlete /'etli:t/ a. atlet, sporcu

athletic /et'letik/ s. atletik, atletizmle ilgili; bedence güçlü, atletik **athletics** atletizm

atlas /'etlıs/ a. atlas

atmosphere /'etmısfıı/ a. atmosfer, havaküre, gazyuvar; çevre, hava

atmospheric /etmıs'ferik/ s. atmosferle ilgili, atmosferik

atom /'etım/ a. atom, öğecik; zerre

atom bomb atom bombası
atomic /ı'tomik/ atomik, atomal
atomic energy atom enerjisi
atomic number atom sayısı
atomic pile/reactor nükleer
reaktör *atomic weight* atom
ağırlığı
atone /ı'toun/ *e.* gönlünü almak, -i
telafi etmek
atrocious /ı'trouşıs/ *s.* zalim; berbat
attach /ı'teç/ *e.* bağlamak, iliştir-
mek, bitiştirmek, takmak;
yapıştırmak *attachment* bağ;
bağlılık, sevgi
attache /ı'teşey/ *a.* ataşe
attack /ı'tek/ *e.* saldırmak, basmak;
eleştirmek; çatmak; (işe)
girişmek * *a.* saldırı; nöbet, kriz
attain /ı'teyn/ *e.* elde etmek,
erişmek
attempt /ı'tempt/ *e.* kalkışmak,
girişmek, yeltenmek, çalışmak,
denemek * *a.* girişim, kalkışma;
çaba, deneme
attend /ı'tend/ *e.* bakmak, ilgilen-
mek; hazır bulunmak, katılmak,
gitmek; eşlik etmek *attendance*
hazır bulunma, katılma, gitme;
eşlik *attendant* yardımcı, hiz-
metçi; görevli
attention /ı'tenşın/ *a.* dikkat, özen;
bakım, ilgi *pay attention* dik-
katini vermek, kulak vermek,
dinlemek
attentive /ı'tentiv/ *s.* dikkatli; nazik,
kibar
attest /ı'test/ *e.* ispat etmek, kanıt-
lamak; tasdik etmek, doğrulamak
attic /'etik/ *a.* çatı odası, tavan arası
attire /ı'tayı/ *e.* giydirmek, süsle-
mek, donatmak * *a.* elbise, üst
baş, kıyafet
attitude /'etityu:d/ *a.* davranış,
tutum; duruş, durum; fikir,
düşünce
attorney /ı'tö:ni/ *a.* vekil, yetkili;
dava vekili, avukat *attorney gen-*

eral başsavcı
attract /ı'trekt/ *e.* cezbetmek, çek-
mek *attraction* cazibe, çekim;
alımlılık, çekicilik, cazibe *attrac-*
tive çekici, cazip
attribute /ı'tribyu:t/ *e.* (to) atfetmek,
bağlamak, vermek
attribute /'etribyu:t/ *a.* özellik, nite-
lik
aubergine /'oubıji:n/ *a. BE.* patlıcan
auburn /'o:bın/ *a. s.* kestanerengi;
(saç) kumral
auction /'o:kşın/ *a.* mezat, açık
artırma ile satış *by auction* açık
artırma ile *auctioneer* mezat tel-
lalı
audacious /o:'deyşıs/ *s.* gözü pek,
atılgan; arsız, yüzsüz
audible /'o:dibıl/ *s.* duyulabilir,
işitilir
audience /'o:dıns/ *a.* dinleyiciler,
izleyiciler, seyirciler; resmi
görüşme; duruşma
audio /'o:dıou/ önek işitme ile ilgili,
işitsel *audio-visual* işitsel-görsel
audit /'o:dit/ *a.* (yıllık) hesap
denetimi *auditor* murakıp,
denetçi
auditorium /o:di'to:rıım/ *a.* konfer-
ans salonu, konser salonu
augment /o:g'ment/ *e.* artırmak
August /'o:gıst/ *a.* ağustos
aunt /a:nt/ *a.* teyze; hala;
(dayı/amca karısı) yenge *auntie*
kon. teyze, hala, yenge
au pair /ou'peı/ *a.* yaptığı ev işler-
ine karşılık bir aile yanında kalan
kız
aura /'o:rı/ *a.* hava, gizemli ortam;
izlenim *aural* işitsel
auspices /'o:spisiz/ *a.* yardım, de-
stek
austere /o'stıı/ *s.* hoşgörüsüz, sert;
çetin, zor; yalın, süssüz *austerity*
sertlik, güçlük; ciddiyet, katılık;
idareli geçinme
authentic /o:'tentik/ *s.* esas, asıl,

doğru, otantik **authenticate** gerçekliğini/doğruluğunu kanıtlamak; belgelemek **authenticity** gerçek olma özelliği, doğruluk

author /'o:tı/ *a.* yazar; yaratıcı, yapan **authorship** yazarlık

authoritative /o:'torıtıtiv/ *s.* otoriter, sözünü geçirir; yetkili; güvenilir, inanılır

authority /o:'torıti/ *a.* otorite, yetkili; bilirkişi, uzman

authorize /'o:tırayz/ *e.* izin vermek; yetki vermek; onaylamak

autobiography /o:tıbay'ogrıfi/ *a.* özyaşamöyküsü, özgeçmiş

autocracy /o:'tokrısı/ *a.* otokrasi, saltıkçı yönetim **autocrat** /'o:tıkret/ otokrat, saltıkçı **autocratic** /o:tı'kretik/ zorba

autograph /'o:tıgra:f/ *a.* (ünlü) birinin imzası * *e.* (kitap, vb.) imzalamak

automate /'o:tımeyt/ *e.* otomatikleştirmek, makineleştirmek

automatic /o:tı'metik/ *s.* otomatik, farkında olmadan yapılan; istenç dışı **automatically** otomatik olarak, kendiliğinden

automation /o:tı'meyşın/ *a.* tek. otomasyon

automobile /'o:tımbi:l/ *a. AE.* otomobil, araba

autonomous /o:'tonımıs/ *s.* özerk

autonomy /o:'tonımi/ *a.* özerklik

autopsy /o:'topsi/ *a.* otopsi

autumn /'o:tın/ *a.* sonbahar, güz

auxiliary /o:g'zilyırı/ *s. a.* yardımcı **auxiliary verb** *dilb.* yardımcı fiil

available /ı'veylıbıl/ *s.* mevcut, elde; işe yarar, kullanılabilir, elde edilebilir **availability** hazır bulunma; işe yararlık; elde edilebilirlik

avalanche /'evılа:nş/ *a.* çığ

avenge /ı'venc/ *e.* öcünü almak

avenue /'evinyu:/ *a.* bulvar, geniş cadde

average /'evırıc/ *a. s.* ortalama, orta * *e.* ortalamasını almak

averse /ı'vö:s/ *s.* karşı, muhalif, isteksiz

aversion /ı'vö:şın/ *a.* nefret, tiksinti

avert /ı'vö:t/ *e.* başka yöne çevirmek; önlemek

aviary /'eyviırı/ *a.* kuşhane

aviation /eyvi'eyşın/ *a.* havacılık

avocado /evı'ka:dou/ *a. bitk.* avokado, amerikaarmudu

avoid /ı'voyd/ *e.* uzak durmak, kaçınmak, sakınmak; önüne geçmek, kurtarmak **avoidable** uzak durulabilir, kaçınılabilir

await /ı'weyt/ *e.* beklemek

awake /ı'weyk/ *e.* **awoke** /ı'wouk/ uyandırmak, uyanmak * *s.* uyanık

awaken /ı'weykın/ *e.* **awoke** /ı'wouk/ uyandırmak, uyanmak

award /ı'wo:d/ *e.* ödül; hüküm, karar * *e.* (ödül, vb.) vermek; hükmetmek, verilmesini istemek

aware /ı'weı/ *s.* farkında, haberdar, bilir **awareness** farkında olma

away /ı'wey/ *be.* uzağa, uzakta; -den, -dan; deplasmanda * *s.* uzak, deplasmanda oynanan; başka yerde, yok **far away** çok uzakta **right away** hemen **play away** deplasmanda oynamak **take away** alıp götürmek, kaldırmak

awe /o:/ *a.* (saygıdan ileri gelen) korku

awesome /'o:sım/ *s.* korku veren

awful /'o:fıl/ *s.* korkunç; *kon.* berbat, rezil **awfully** çok, oldukça

awhile /ı'wayl/ *be.* kısa bir süre, biraz

awkward /'o:kwıd/ *s.* kullanımı zor, kullanışsız; uygunsuz; sakar; beceriksiz

awoke /ı'wouk/ *bkz.* **awake**

awl /o:l/ *a.* biz, tığ

axe /eks/ *a.* balta * *e.* baltayla budamak; (gider, vb.) azaltmak,

kısmak
axiom /'eksiım/ *a.* aksiyom, belit
axis /'eksis/ *a.* eksen
axle /'eksıl/ *a.* dingil, mil
azure /'eji/ *a. s.* gök mavisi

B

babble /'bebıl/ *e.* gevezelik etmek, saçmalamak; mırıldanmak * *a.* gevezelik, boşboğazlık; mırıltı
babe /beyb/ *a.* bebek
baboon /bı'bu:n/ *a.* köpek maymunu
baby /'beybi/ *a.* bebek; hayvan yavrusu *babyish* çocuksu *babysit* çocuk bakıcılığı yapmak *babysitter* çocuk bakıcısı
bachelor /'beçılı/ *a.* bekâr erkek; üniversite mezunu
bacillus /bı'silıs/ *a.* basil, çomak bakteri; *kon.* bakteri
back /bek/ *a.* arka, sırt; belkemiği * *be.* arkaya, geriye; geçmişte, geçmişe; eski yerine, yine; önce * *e.* desteklemek, arka çıkmak; üzerine para koymak, üzerine oynamak *be back* geri dönmek *behind one's back* arkasından, yokken *get/put sb's back up* gıcık etmek *go back* dönmek *go back on* sözünden caymak *back down* hatalı olduğunu kabul etmek, boyun eğmek *back out* vazgeçmek, caymak *back up* desteklemek *turn one's back on* sırtını çevirmek *backache* sırt ağrısı, bel ağrısı
backbone /'bekboun/ *a.* belkemiği, omurga; en büyük destek
backdate /bek'deyt/ *e.* eski bir tarih atmak
backer /'bekı/ *a.* destekçi, destek olan kimse
backfire /bek'fayı/ *e.* (plan, vb.) geri

tepmek, olumsuz sonuç vermek
backgammon /'bekgemın/ *a.* tavla
background /'bekgraund/ *a.* arka plan; fon, zemin
backing /'beking/ *a.* destek, yardım
backlash /'bekleş/ *a.* geri tepme
backlog /'beklog/ *a.* geciktirilmiş, ihmal edilmiş işler
backmost /'bekmoust/ *s.* en geri, en arka
backside /'beksayd/ *a.* arka, kıç
backstage /bek'steyc/ *a.* perde arkasında * *s.* perde gerisinde olan
backstroke /'bekstrouk/ *a.* sırtüstü yüzme
backward /'bekwıd/ *s.* geriye doğru yapılan; geç öğrenen, kafasız
backwards /'bekwıdz/ *be.* geriye doğru, arkaya; arka tarafa
backwater /'bekwo:tı/ *a.* durgun yer
backyard /bek'ya:d/ *a.* avlu
bacon /'beykın/ *a.* domuz pastırması
bacteria /bek'tııni/ *a.* bakteriler
bad /bed/ *s.* kötü; bozuk, çürük; geçersiz; yaramaz; şiddetli, sert; ahlaksız; zararlı; sağlıksız * *a.* kötü şey, kötülük *bad fortune* şanssızlık, talihsizlik *not (so) bad* fena değil *not too bad* şöyle böyle *be bad of sth* pek iyi bilmemek *badly* kötü; *kon.* çok
badge /bec/ *a.* rozet
badger /'becı/ *a. hayb.* porsuk
badminton /'bedmintın/ *a. sp.* tenis benzeri bir oyun, badminton
baffle /'befıl/ *e.* şaşırtmak
bag /beg/ *a.* çanta; torba * *e.* çantaya/torbaya koymak
baggage /'begic/ *a.* bagaj
bail /beyl/ *a.* kefalet, kefalet ücreti
bailiff /'beylif/ *a.* mübaşir; çiftlik kâhyası; şerif yardımcısı
bait /beyt/ *a.* yem * *e.* (oltaya/tuzağa) yem koymak; kasten kızdırmak
baize /beyz/ *a.* yeşil masa çuhası

bake /beyk/ *e.* fırında pişirmek/pişmek **baker** fırıncı **bakery** fırın

balance /'belıns/ *a.* denge; terazi; bakiye, kalıntı * *e.* dengelemek; kıyaslamak **balance of payments** ödemeler dengesi **balance sheet** bilanço **balanced** dengeli, aklı başında

balcony /'belkıni/ *a.* balkon

bald /bo:ld/ *s.* kel, dazlak

bale /beyl/ *a.* balya, denk **bale out** paraşütle uçaktan atlamak

baleful /'beylfıl/ *s.* şeytani

balk /bo:k/ *a.* kütük * *e.* engel olmak; anlaşmaya yanaşmamak, duraksamak

ball /bo:l/ *a.* top; küre; yumak; balo **keep the ball rolling** devam etmek, sürdürmek **play ball kon.** birlikte çalışmak, imece yapmak

ballad /'belıd/ *a.* türkü; şiirsel öykü

ballast /'belıst/ *a.* safra, ağırlık; balast, kırmataş

ballcock /'bo:lkok/ *a.* (sifon, su deposu, vb.) şamandıra

ballerina /belı'ri:nı/ *a.* balerin

ballet /'beley/ *a.* bale

ballistics /bı'listiks/ *a.* balistik, atış bilimi

balloon /bı'lu:n/ *a.* balon

ballot /'belıt/ *a.* oy pusulası; gizli oylama **ballot box** oy sandığı

ballpoint /'bo:lpoynt/ *a.* tükenmezkalem

ballroom /'bo:lrum/ *a.* dans salonu

balm /ba:m/ *a.* melisa, oğulotu

balsam /'bolsım/ *a.* belesan yağı

bamboo /bem'bu:/ *a. bitk.* bambu

ban /ben/ *e.* yasaklamak * *a.* yasak, yasaklama

banal /bı'na:l/ *s.* adi, bayağı, banal, sıradan

banana /bı'na:nı/ *a.* muz

band /bend/ *a.* bağ, şerit, kayış, bant; *müz.* grup, topluluk

bandage /'bendic/ *a.* sargı * *e.* sarmak, bağlamak

bandit /'bendit/ *a.* haydut

bandy /'bendi/ *s.* çarpık bacaklı * *e.* lafa laf koymak; verip veriştirmek

bane /beyn/ *a.* felaket, kötülük, zarar, ziyan

bang /beng/ *a.* büyük patlama; şiddetli vuruş * *e.* hızla çarpmak, vurmak

banger /'bengı/ *a.* sosis; külüstür araba

bangle /'bengıl/ *a.* bilezik, halka

banish /'beniş/ *e.* sürgün etmek; aklından çıkarmak

banister /'benistı/ *a.* tırabzan

banjo /'bencou/ *a. müz.* banço

bank /benk/ *a.* banka; nehir/göl kıyısı, kenar; tümsek; yığın, küme; bayır; (oyun) banko **bank account** banka hesabı **bank holiday** resmi tatil **banknote** kâğıt para **bank rate** banka faiz oranı

banker /'benkı/ *a.* bankacı; çeşitli kumar oyunlarında kasa olan kişi, kasa

bankrupt /'benkrapt/ *s. a.* müflis, batkın, iflas etmiş **go bankrupt** iflas etmek **bankruptcy** iflas

banner /'benı/ *a.* bayrak; sancak, pankart

banquet /'benkwit/ *a.* ziyafet, şölen

baptize /'beptayz/ *e.* vaftiz etmek

baptism /'beptizım/ *a.* vaftiz

bar /ba:/ *a.* demir çubuk; engel, bariyer; sırık, çubuk; kalıp; bar * *e.* parmaklıklarla örtmek, kapatmak; hapsetmek; kısıtlamak

barbarian /ba:'beırıın/ *a. s.* barbar, uygarlaşmamış kimse **barbaric** barbar, vahşi **barbarism** barbarlık, vahşilik **barbarity** acımasızlık, vahşilik **barbarous** uygarlaşmamış, kaba, barbar

barbecue /'ba:bikyu:/ *a.* açık hava ızgarası, ızgara; açıkta ızgara yemeklerin yendiği toplantı

barbed wire /ba:bd'wayı/ *a.* dikenli

tel

barber /'ba:bı/ *a.* berber

bard /ba:d/ *a.* ozan, şair

bare /beı/ *s.* çıplak; yalın; tamtakır; kılsız ***bareback*** ata eyersiz binen ***barefaced*** arsız ***barefoot*** yalınayak

barely /'beıli/ *be.* ancak, zar zor

bargain /'ba:gin/ *a.* pazarlık, anlaşma; kelepir; ucuz şey * *e.* pazarlık etmek ***bargain for*** hesaba katmak, beklemek ***drive a hard bargain*** sıkı pazarlık etmek ***into the bargain*** üstelik, ayrıca

barge /ba:c/ *a.* mavna, salapurya * *e.* çarpmak, toslamak ***barge into*** (konuşmayı) kesmek, bölmek, müdahale etmek ***barge in*** hızla içeri dalmak

baritone /'beritoun/ *a. müz.* bariton

bark /ba:k/ *e.* havlamak * *a.* havlama, ağaç kabuğu

barley /'ba:li/ *a.* arpa

barmaid /'ba:meyd/ *a.* kadın barmen

barman /'ba:mın/ *a.* barmen

barn /ba:n/ *a.* ambar; ağıl, ahır

barnacle /'ba:nıkıl/ *a.* yapışıkça; kayalara/gemi diplerine yapışan bir tür midye

barnyard /'ba:nya:d/ *a.* çiftlik avlusu

barometer /bı'romitı/ *a.* barometre, basınçölçer

baron /'benın/ *a.* baron ***baroness*** baronun karısı; kadın baron

baroque /bı'rok/ *s. a.* barok

barrack /'benık/ *e. BE. kon.* bağırarak sözünü kesmek

barracks /'benıks/ *a.* kışla

barrel /'benl/ *a.* fıçı, varil; namlu

barren /'benın/ *s.* kıraç, çorak, verimsiz; kısır, sıkıcı, yavan

barricade /'berikeyd/ *a.* barikat, engel

barrier /'berıı/ *a.* engel; duvar, çit, korkuluk

barrister /'beristı/ *a.* avukat, dava

vekili

barrow /'berou/ *a.* el arabası

barter /'ba:tı/ *a.* takas, değiş tokuş * *e.* değiş tokuş etmek

base /beys/ *a.* temel; taban; esas; *ask.* üs; *mat.* doğru, düzlem; *kim.* baz; *dilb.* kök, gövde * *s.* aşağılık, alçak; değersiz * *e.* **(on)** dayandırmak; tesis etmek, kurmak

baseball /'beysbo:l/ *a. sp.* beysbol

basement /'beysmınt/ *a.* bodrum katı

bash /beş/ *e.* şiddetle vurmak * *a.* şiddetli darbe ***have a bash (at)*** bir denemek

bashful /'beşfıl/ *s.* utangaç, sıkılgan

basic /'beysik/ *s.* temel, ana, esas ***basics*** esaslar, temel ilkeler

basin /'beysın/ *a.* leğen; çanak, tas; havuz; lavabo; *coğ.* havza

basis /'beysis/ *a.* (*kon.* **bases** /-si:z/) temel, esas; temel ilke

bask /ba:sk/ *e.* tadını çıkarmak; güneşlenmek

basket /'ba:skit/ *a.* sepet; *sp.* basket, sayı

basketball /'ba:skitbo:l/ *a. sp.* basketbol

bass /beys/ *a. müz.* bas

bass /bes/ *a. hayb.* (*kon.* **bass**) levrek

bassoon /bı'su:n/ *a. müz.* fagot

bastard /'ba:stıd/ *a.* piç

bat /bet/ *a.* yarasa; *sp.* kriket/beysbol sopası; *sp.* pinpon raketi * *e.* topa sopayla vurmak ***off one's own bat*** kendi başına; kendisine söylenmeden

batch /beç/ *a.* dizi, grup, küme

bath /ba:t/ *a.* küvet; banyo yapma, yıkanma; banyo odası, banyo; *kon.* hamam; kaplıca; havuz * *e.* banyo yapmak yıkanmak ***bathroom*** banyo odası; *AE.* tuvalet ***bathrobe*** bornoz

bathe /beyt/ *e.* yüzmek; suya/ilaca

sokmak, yıkamak; yıkanmak
bathing yıkanma; yüzme *bathing
suit* kadın mayosu
batman /'betmın/ *a. BE.* emir eri
baton /'beton/ *a. müz.* baton; cop;
sopa .
batsman /'betsmın/ *a.* (kriket) vu-
rucu
battalion /bı'telın/ *a. ask.* tabur
batter /'betı/ *e.* dövmek; yumruk-
lamak * *a.* pasta hamuru
battery /'betırı/ *a.* akü, pil; *ask.*
batarya; takım, seri, dizi; *huk.*
müessir fiil, dövme
battle /'betıl/ *a.* savaş, muharebe;
çarpışma, vuruşma; mücadele *
e. savaşmak, çarpışmak;
mücadele etmek *battlefield* savaş
alanı *battleship* savaş gemisi
bauble /'bo:bıl/ *a.* ucuz mücevher,
incik boncuk
bauxite /'bo:ksayt/ *a.* boksit, alümi-
nyumtaşı
bawl /bo:l/ *e.* bas bas bağırmak
bay /bey/ *a.* körfez, koy; *bitk.* de-
fne; bölme, bölüm, kısım; çıkma,
cumba; havlama, uluma; doru at
* *e.* havlamak, ulumak *at bay*
köşeye sıkıştırılmış, çıkmazda
bayonet /'beyınit/ *a.* süngü, ka-
satura
bazaar /bı'za:/ *a.* çarşı
be /bi, bi:/ *e. was, were* /woz, wö:/,
been /bi:n/ olmak, var olmak,
bulunmak
beach /bi:ç/ *a.* kıyı, sahil; plaj,
kumsal
beacon /'bi:kın/ *a.* işaret ateşi;
deniz feneri
bead /bi:d/ *a.* boncuk; *kon.* tespih,
kolye
beak /bi:k/ *a.* gaga
beaker /'bi:kı/ *a.* büyük bardak;
deney şişesi
beam /bi:m/ *a.* ışık, ışın, ışık de-
meti; sinyal, dalga; kiriş, direk;
kalas * *e.* (ışık vb.) saçmak, yay-

mak
bean /bi:n/ *a.* fasulye; tane,
çekirdek *full of beans* hayat dolu,
yerinde duramayan *spill the
beans* baklayı ağzından kaçırmak
bear /beı/ *e.* *bore* /bo:/, *borne*
/bo:n/ taşımak, götürmek; kabul
etmek, üstlenmek, katlanmak,
çekmek; sahip olmak, taşımak;
(meyve, ürün) vermek *bearable*
katlanılır, çekilir, dayanılır *bear
down* yenmek, güç kullanmak
bear on ile ilgili olmak; üstüne
basmak, ezmek *bear out* doğru-
lamak *bear up* cesaretini elden
bırakmamak *bear with* sabır
göstermek, katlanmak
bear /beı/ *a.* ayı; spekülatör, vur-
guncu
beard /bıd/ *a.* sakal *bearded*
sakallı
bearer /'beın/ *a. tic.* taşıyan, hamil
bearing /'beırıng/ *a.* bedenin du-
ruşu, duruş biçimi; ilgi, ilişki;
taşıma, dayanma; bağıntı; yön;
mil yatağı
beast /bi:st/ *a.* (dört ayaklı) hayvan;
kaba kimse, hayvan
beat /bi:t/ *e. beat, beaten* /bi:tın/
dövmek, vurmak; yenmek; (kalp,
nabız) atmak; çırpmak; (davul,
vb.) çalmak * *a.* vurma, vuruş;
yürek atışı; *müz.* ritm, tempo;
devriye bölgesi *beat
about/around thebush* lafı
ağzında gevelemek *beat time*
tempo tutmak *beat about*
endişeyle aramak; rota değiştir-
mek *beat down* indirmek, azalt-
mak *beat into* kafasına sokmak,
öğretmek *beat off* defetmek,
püskürtmek *beat out* (ateş)
vurarak söndürmek *beat up*
pataklamak, döverek yaralamak
beat the air akıntıya kürek çek-
mek *beaten* (metal) vurularak
biçimlendirilmiş, dövme; (yol)

ayak izleriyle belirginleşmiş; yenik, mağlup *off the beaten track* herkesce pek bilinmeyen, sapa *beater* mikser *beating* dayak; (kalp, vb) atış, çarpma

beautician /'byu:'tişin/ *a.* güzellik uzmanı

beautiful /'byu:tiful/ *s.* güzel

beautify /'byu:tifay/ *e.* güzelleştirmek

beauty /'byu:ti/ *a.* güzellik; güzel kişi; güzel şey *beauty parlour/shop* güzellik salonu *beauty sleep* güzellik uykusu *beauty spot* güzelliğiyle bilinen yer

beaver /'bi:vı/ *a.* kunduz

became /bi'keym/ *bkz.* become

because /bi'koz/ *bağ.* çünkü, -dığı için *because of* -den dolayı

beckon /'bekın/ *e.* el etmek, çağırmak

become /bi'kam/ *e.* **became** /bi'keym/, *become* olmak; uymak, yakışmak; gitmek *becoming* uygun, üzerine yakışan; yerinde, doğru

bed /bed/ *a.* yatak; tarh; çiçeklik * *e.* yerleştirmek, oturtmak *bed and board* kalacak yer ve yiyecek *go to bed* yatmak *bedclothes* yatak takımı *bed ridden* yatalak *bedroom* yatak odası *bedsitter* bekâr odası, tek kişilik oda *bedspread* yatak örtüsü *bedstead* karyola

bedbug /'bedbag/ *a.* tahtakurusu

bedding /'beding/ *a.* yatak takımı

bedevil /bi'devıl/ *e.* bozmak; şaşırtmak

bedlam /'bedlım/ *a. kon.* gürültülü patırtılı yer, çıfıt çarşısı

bedraggled /bi'dregıld/ *s.* üstü başı darmadağınık, pejmürde

bee /bi:/ *a.* arı *beehive* arı kovanı *a bee in one's bonnet* fikri sabit, saplantı

beech /bi:ç/ *a. bitk.* kayın ağacı

beef /bi:f/ *a.* sığır; sığır eti *beefsteak* biftek

been /bi:n, bin/ *e. bkz. be*

beer /biı/ *a.* bira

beeswax /'bi:zweks/ *a.* balmumu

beet /bi:t/ *a.* pancar; şekerpancarı

beetle /'bi:tıl/ *a.* kanatlılardan herhangi bir böcek; iri kara böcek

beetroot /'bi:tru:t/ *a. bitk.* pancar

before /bi'fo:/ *ilg.* önünde; -den önce * *be.* önde, önden; (daha) önce * *bağ.* -meden önce *before long* çok geçmeden

beforehand /bi'fo:hend/ *be.* önceden

befriend /'bi'frend/ *e.* arkadaşça davranmak, yardım etmek

beg /beg/ *e.* rica etmek, istemek, yalvarmak; dilenmek *I beg your pardon* affedersiniz; efendim!

began /bi'gen/ *bkz.* begin

beggar /'begı/ *a.* dilenci

begin /bi'gin/ *e.* **began** /bi'gen/ **begun** /bi'gan/ başlamak; başlatmak *to begin with* evvela, bir kere *beginner* yeni başlayan, acemi *beginning* başlangıç

begrudge /bi'grac/ *e.* istemeyerek vermek; çok görmek, içine oturmak

beguile /bi'gayl/ *e.* aldatmak, kandırmak; büyülemek, cezbetmek

begun /bi'gan/ *bkz.* begin

behalf /bi'ha:f/ *a.* taraf, leh *on behalf of* -in adına/yararına

behave /bi'heyv/ *e.* hareket etmek, davranmak; (makine) çalışmak, işlemek *behave oneself* terbiyesini takınmak, uslu oturmak *well-behaved* terbiyeli, uslu

behaviour /bi'heyvıı/ *a.* davranış, hareket, tavır *behaviourism* davranışçılık

behead /bi'hed/ *e.* kellesini uçurmak

behind /bi'haynd/ *ilg.* arkasında,

gerisinde * *be*. arkada, arkaya, arkadan *behindhand* gecikmiş, geç

behold /bi'hould/ *e*. farkına varmak, görmek

beige /beyj/ *a. s*. bej

being /'bi:ing/ *a*. varoluş, varlık; yaratık

belch /belç/ *e*. geğirmek; püskürtmek

belfry /'belfri/ *a*. çan kulesi

belie /'bi'lay/ *e*. yanıltmak; gizlemek, maskelemek

belief /bi'li:f/ *a*. inanç; güven; kanı

believe /bi'li:v/ *e*. inanmak; güvenmek; sanmak *believable* inanılır *believe in* varlığına inanmak; -e inancı olmak, inanmak *believer* inanan

belittle /bi'litıl/ *e*. küçümsemek, küçük görmek

bell /bel/ *a*. çan, zil *bell-bottoms* İspanyol paça pantolon *bell boy* otel garsonu

belligerent /bi'licırınt/ *s*. (ülke) savaş halinde; (insan) kavgacı

bellow /'belou/ *e*. böğürmek

bellows /'belouz/ *a*. körük

belly /'beli/ *a*. karın, mide; göbek; *kon*. göbek deliği *bellyache* karın ağrısı *belly dance* göbek dansı *bellyful* çok fazla

belong /bi'long/ *e*. (to) ait olmak; (in) uygun olmak *belongings* birinin kişisel eşyaları

beloved /bi'lavd/ *s. a*. sevgili

below /bi'lou/ *be*. aşağı, aşağıda, altta * *ilg*. -in altında; -den aşağı * *s*. aşağıdaki, alttaki; *kon*. çok

belt /belt/ *a*. kemer, kuşak; kayış; bölge, yöre, kuşak * *e*. kemerle/kuşakla bağlamak; kemerle dövmek *tighten one's belt* *kon*. kemerleri sıkmak

bemoan /bi'moun/ *e*. kederlenmek, üzülmek; sızlanmak

bemused /bi'myu:zd/ *s*. aklı karışık, şaşkın

bench /benç/ *a*. sıra, bank; tezgâh; yargıç kürsüsü

bend /bend/ *e*. eğmek, bükmek; eğilmek, bükülmek * *a*. eğme, bükme; dönemeç, viraj *round the bend kon*. deli, çılgın

beneath /bi'ni:t/ *be*. altta, alta * *ilg*. altında, altına

benediction /beni'dikşın/ *a*. kutsama

benefaction /beni'fekşın/ *a*. iyilik, hayır *benefactor* hayırsever

beneficent /bi'nefisınt/ *s*. hayır sahibi, hayırsever

beneficial /beni'fişıl/ *s*. yararlı, hayırlı

beneficiary /beni'fişıri/ *a*. yararlanan kimse

benefit /'benifit/ *a*. yarar, çıkar, kâr, kazanç; avantaj * *e*. yaramak, yararı olmak *benefit from/by* -den yararlanmak

benevolence /bi'nevılıns/ *a*. hayırseverlik *benevolent* iyilikçi, hayırsever

benign /bi'nayn/ *s*. iyi huylu, tatlı, sevecen; (ur) tehlikesiz

bent /bent/ *a*. eğilim; yetenek

bent /bent/ *bkz. bend*

bequeath /bi'kwi:t/ *e*. miras olarak bırakmak

bequest /bi'kwest/ *a*. miras, kalıt

bereaved /bi'ri:vd/ *s*. yakınlarından birisi ölmüş

bereavement /bi'ri:vmınt/ *a*. büyük kayıp, matem

beret /'berey/ *a*. bere

berry /'beri/ *a*. (çilek, kiraz, vb. gibi) küçük, yumuşak meyve

berserk /bö:'sö:k/ *s*. çılgın gibi, delice

berth /bö:t/ *a*. (trende/gemide) yatak, kuşet; ranza; demirleme yeri * *e*. palamarla bağlamak; yatacak yer sağlamak

beseech /bi'si:ç/ *e*. yalvarmak, rica

etmek; istemek

beseem /bi'si:m/ e. uygun düşmek

beset /bi'set/ e. *beset* kuşatmak, sarmak

beside /bi'sayd/ ilg. yanında, yanına *beside oneself* çılgın gibi *beside the point* konunun dışında

besides /bi'saydz/ be. bunun yanı sıra, ayrıca, bununla birlikte, üstelik, bir de * ilg. -den başka, - e ilaveten

besiege /bi'si:c/ e. ask. kuşatmak; sıkıştırmak, rahat vermemek

best /best/ s. en iyi * be. en iyi biçimde; en çok, en fazla * a. en iyi taraf/yan/kısım; en iyi *best man* sağdıç *best seller* en çok satılan kitap *at (the) best* en iy- imser ihtimalle

bestial /'bestiıl/ s. hayvan gibi; kaba, hayvani *bestiality* kabalık, hayvanlık; acımasızlık

bestow /bi'stou/ e. bağışlamak

bet /bet/ e. *bet* ya da *betted* bahse girmek * a. bahis, iddia *betting shop* müşterek bahis oynanan dükkân, ganyan bayii *I bet* kon. Bahse girerim ki

betray /bi'trey/ e. ihanet etmek; ele vermek; ağzından kaçırmak *be- trayal* ihanet; ele verme *betrayer* hain

better /'betı/ s. be. daha iyi, daha güzel * e. gelişmek, iyileşmek, daha iyi hale gelmek *better half* kon. eş, karı *better off* daha zengin *get better* iyileşmek *get the better off* -i yenmek *had better* iyi olur

between /bi'twi:n/ be. ilg. (iki şeyin) arasına, arasında *between you and me* laf aramızda

bevel /'bevıl/ e. eğmek

beverage /'bevıric/ a. içecek, meşrubat

bewail /bi'weyl/ e. ağlamak, dövünmek

beware /bi'weı/ e. (of) sakınmak, kaçınmak

bewilder /bi'wildı/ e. şaşırtmak, sersemletmek *bewilderment* şaşkınlık

bewitch /bi'wiç/ e. büyülemek

beyond /bi'yond/ be. ötede, öteye, ileri * ilg. ötesinde, ötesine; -den başka

bi- /bay/ önek iki, çift

bias /'bayıs/ a. önyargı; eğilim *biased* önyargılı

bib /bib/ a. bebek önlüğü

Bible /'baybıl/ a. İncil, Kutsal Kitap

bibliography /bibli'ogrıfi/ a. kay- nakça, bibliyografi

bicarbonate /bay'ka:bınit/ a. bikar- bonat

bicentenary /baysen'ti:nıri/ a. iki yüzüncü yıldönümü

biceps /'bayseps/ a. pazı, iki başlı kol kası

bicker /'bıkı/ e. tartışmak, atışmak

bicycle /'baysıkıl/ a. bisiklet * e. bisiklete binmek, bisikletle gez- mek

bid /bid/ e. *bid* fiyat teklif etmek; deklare etmek * a. fiyat teklifi, teklif *bidding* buyruk, emir; dek- larasyon

bide /bayd/ e. (uygun zamanı) sabırla beklemek

biennial /bay'eniıl/ s. iki yılda bir olan

bier /biı/ a. cenaze teskeresi

bifocals /bay'foukılz/ a. çift odaklı gözlük

big /big/ s. büyük, iri; önemli; kon. popüler, ünlü

bigamy /'bigımi/ a. ikieşlilik, bigami

bigot /'bigıt/ a. dar kafalı kimse, bağnaz *bigoted* dar kafalı, yobaz

bigwig /'bigwig/ a. kon. önemli kimse, kodaman

bike /bayk/ a. bisiklet; motosiklet

bikini /bi'ki:ni/ a. bikini

bilateral /bay'letınl/ *s.* iki yönlü
bile /bayl/ *a.* safra, öd
bilingual /bay'lingwıl/ *s.* ikidilli
bill /bil/ *a.* hesap, fatura; yasa tasarısı; afiş, ilan; *AE.* kâğıt para; tahvil, poliçe; gaga *billboard* ilan tahtası
billet /'bilit/ *a.* kışla, baraka
billiards /'bilyıdz/ *a.* bilardo
billion /'bilyın/ *a. AE.* milyar; *BE.* trilyon
billow /'bilou/ *a.* büyük dalga
billy goat /'bili gout/ *a.* erkek keçi, teke
bin /bin/ *a.* kutu, sandık, teneke
binary /'baynıri/ *s.* çift, ikili
bind /baynd/ *e.* **bound** /baund/ bağlamak; yarayı sarmak; ciltlemek; yasal olarak bağlamak *binder* bağlayan şey; sicim, tutkal; ciltçi *bindery* ciltevi *binding* ciltçilik; kitap kapağı; kenar süsü; bağlayıcı, zorunlu
bingo /'bingou/ *a.* bingo oyunu
binoculars /bi'nokyulız/ *a.* dürbün
biochemistry /bayou'kemistri/ *a.* biyokimya
biography /bay'ogrıfi/ *a.* yaşamöyküsü, biyografi
biology /bay'olıci/ *a.* biyoloji *biologist* biyolog *biological* biyolojik
bionic /bay'onik/ *s.* insanüstü güçleri olan
biped /'bayped/ *a.* iki ayaklı yaratık
birch /bö:ç/ *a. bitk.* huş ağacı
bird /bö:d/ *a.* kuş *bird-brained* kuş beyinli, aptal *birdcage* kuş kafesi *bird's eye view* kuşbakışı görünüm *bird's nest* kuş yuvası *early bird* erken kalkan/gelen kimse *kill two birds with one stone* bir taşla iki kuş vurmak
biro /'bayırou/ *a.* tükenmezkalem
birth /bö:t/ *a.* doğum; doğurma *by birth* doğuştan *birth control* doğum kontrolü *birthday* doğum günü *birthmark* doğum lekesi

birthplace doğum yeri *birthrate* doğum oranı *birthright* doğuştan kazanılan ulusal hak, vatandaşlık hakkı
biscuit /'biskit/ *a.* bisküvi; *AE.* çörek, pasta
bisect /bay'sekt/ *e.* iki eşit parçaya bölmek
bisexual /bay'sekşuıl/ *s.* çift cinsiyetli, ikieşeyli, erselik
bishop /'bişıp/ *a.* piskopos
bison /'baysın/ *a. hayb.* bizon
bistro /'bi:strou/ *a.* küçük bar/lokanta
bit /bit/ *a.* miktar, parça; lokma, kırıntı; kısa süre; gem; matkap, delgi *a bit* biraz *bits and pieces* ıvır zıvır, ufak şeyler *bit by bit* azar azar, yavaş yavaş *not a bit* hiç değil, zerre kadar
bit /bit/ *bkz. bite*
bitch /biç/ *a.* dişi köpek, kancık; *kon.* orospu
bite /bayt/ *e. bit* /bit/, *bitten* /'bitın/ ısırmak; (böcek, yılan, vb.) sokmak; acıtmak; yakmak; aşındırmak; yemek * *a.* ısırık; ısırma; sokma; lokma; parça; keskinlik; acılık
biting /'bayting/ *s.* kaskin, acı
bitten /bitın/ *bkz. bite*
bitter /'bitı/ *a.* acı, keskin, yakıcı; üzücü, acı * *a.* acılık, keskinlik; acı bira *bitterish* acımsı *bitterly* acı acı *bitterness* acılık, keskinlik
bizarre /bi'za:/ *s.* acayip, garip, tuhaf
black /'blek/ *s.* siyah, kara; karanlık; kirli, pis; çok kızgın; koyu tenli; (kahve) sütsüz, sade; uğursuz * *a.* siyah renk; siyah giysi; zenci * *e.* karartmak; (göz) morartmak *black belt sp.* siyah kuşak *black box* (uçakta) kara kutu *black eye* morarmış göz *black letter* gotik matbaa harfi *black magic* kara büyü *black*

market karaborsa *black out* karartma yapmak; bayılmak *black pepper* karabiber *Black Sea* Karadeniz *black sheep* yüz karası, kara koyun

blackberry /'blekbıri/ *a. bitk.* böğürtlen

blackbird /'blekbö:d/ *a. hayb.* karatavuk

blackboard /'blekbo:d/ *a.* karatahta, tahta

blackcurrant /'blekkarınt/ *a. bitk.* kuşüzümü

blacken /'blekın/ *e.* karartmak; kara çalmak, kötülemek

blackjack /'blekcek/ *a.* yirmi bir oyunu

blacklist /'bleklist/ *a.* kara liste

blackmail /'blekmeyl/ *a.* şantaj * *e.* şantaj yapmak

blackout /'blekaut/ *a.* karartma; bayılma, baygınlık

blacksmith /'bleksmit/ *a.* nalbant, demirci

bladder /'bledı/ *a.* sidiktorbası, mesane

blade /bleyd/ *a.* (bıçak, jilet, vb.) ağız

blame /bleym/ *e.* suçlamak, kınamak; sorumlu tutmak * *a.* suç; kınama; sorumluluk *blameless* suçsuz *blameworthy* kusurlu, ayıp

blanch /bla:nç/ *e.* beyazlatmak, ağartmak; (**with/at**) (yüzünün rengi) solmak

bland /blend/ *s.* uysal, yumuşak başlı; (besin) hafif

blank /blenk/ *s.* yazısız, boş; (çek) açık; anlamsız, boş * *a.* boş yer; boşluk *blank cartridge* kurusıkı kurşun *blank cheque* açık çek *blank verse* serbest nazım, uyaksız şiir

blanket /'blenkit/ *a.* battaniye

blare /bleı/ *a.* boru sesi

blarny /'bla:ni/ *e.* yaltaklanmak

blast /bla:st/ *a.* şiddetli rüzgâr; patlama * *e.* havaya uçurmak; yok etmek; yakmak, kavurmak *blasted* kahrolası; yok olmuş *blast off* (uzay aracı) havalanma, fırlatılma

blatant /'bleytınt/ *s.* terbiyesiz, utanmaz

blaze /bleyz/ *a.* alev, ateş; parlak ışık * *e.* alev alev yanmak, tutuşmak

blazing /'bleyzing/ *s.* cayır cayır yanan; *kon.* aşikâr, gün gibi ortada

blazer /'bleyzı/ *a.* spor ceket, blazer

bleach /bli:ç/ *e.* beyazlatmak, ağartmak; beyazlamak, ağarmak * *a.* beyazlatıcı madde

bleak /bli:k/ *s.* soğuk, tatsız, nahoş

bleary /'blıiri/ *s.* (göz) kızarmış, sulanmış

bleat /bli:t/ *e.* melemek * *a.* meleme

bleed /bli:d/ *bled* /bled/ *e.* kanamak; (**for**) yüreği kan ağlamak, içi sızlamak

blemish /'blemiş/ *e.* güzelliğini bozmak, lekelemek * *a.* leke, kusur

blench /blenç/ *e.* (korkudan) irkilmek

blend /blend/ *e.* harmanlamak; karıştırmak; kaynaşmak * *a.* harman; karışım *blender* karıştırıcı, blendır

bless /bles/ *e.* kutsamak, takdis etmek; hayırdua etmek *blessed* /'blesid/ kutsal; mutlu, huzurlu

blessing /'blesing/ *a.* kutsama, takdis; lütuf, iyilik; şükran duası

blight /blayt/ *a.* bitki hastalığı; kötü etki * *e.* bozmak, kötü etkilemek

blind /blaynd/ *s.* kör; düşüncesiz, akılsızca; görünmez; gizli * *a.* perde, güneşlik * *e.* kör etmek, körleştirmek *blind alley* çıkmaz sokak *blindfold* gözbağı *blind*

man's buff körebe **blindly** gözü kapalı, körü körüne

blink /blink/ e. (göz) kırpmak/kırpıştırmak; (ışık) yanıp sönmek

blinkers /'blinkız/ a. at gözlüğü

blip /blip/ a. bip sesi

bliss /blis/ a. çok büyük mutluluk

blister /'blistı/ a. kabarcık, kabartı * a. su toplamak, kabarmak

blithe /blayt/ s. neşeli, kaygısız

blitz /blits/ a. ani saldırı

blizzard /'blizıd/ a. kar fırtınası, tipi

bloated /'bloutid/ s. davul gibi şişmiş; normalden fazla

blob /blob/ a. damla; leke

block /blok/ a. blok, birlik; kütük/kaya/taş parçası; blok; binalar dizisi, tıkanma, engel * e. tıkamak, önünü kesmek, engellemek

blockade /blo'keyd/ a. abluka, kuşatma

blockage /'blokic/ a. tıkanma; tıkanıklık

blockhead /'blokhed/ s. kon. dangalak; mankafa, aptal

bloke /blouk/ a. BE. kon. herif, adam

blond /blond/ a. s. (erkek) sarışın; (saç) sarı

blonde /blond/ a. s. (bayan) sarışın; (saç) sarı

blood /blad/ a. kan; mizaç, huy; aile, soy **blood bank** kan bankası **blood brother** kan kardeşi **blood feud** kan davası **blood group/type** kan grubu **blood poisoning** kan zehirlenmesi **blood pressure** tansiyon **blood sport** sürgün avı, zevk için hayvan öldürme **blood test** kan tahlili **blood vessel** kan damarı **fresh/new blood** taze kan, yeni eleman **in cold blood** soğukkanlılıkla **make sb's blood boil** tepesini attırmak, kudurtmak **make sb's blood run cold** ödünü

koparmak **blood bank** kan bankası **bloodbath** kıyım, katliam **bloodless** kansız; öldürücü olmayan **bloodshed** kan dökme, katliam

bloodshot (gözü) kanlanmış, kızarmış **bloodstain** kan lekesi **bloodstream** kan akımı **bloodthirsty** kana susamış **bloody** kanlı; kana susamış; acımasız; arg. lanet olası **bloody well** kesinlikle, pekâlâ, gayet iyi

bloom /blu:m/ a. çiçek; en güzel çağ/dönem, gençlik * e. çiçek açmak, çiçeklenmek

blot /blot/ a. mürekkep lekesi; kusur, ayıp * e. lekelemek, kirletmek **blotting paper** kurutma kâğıdı

blotch /bloç/ a. büyük leke

blouse /blauz/ a. bluz

blow /blou/ e. **blew** /blu:/, **blown** /bloun/ (rüzgâr) esmek; üflemek; çalmak; öttürmek; (sigorta, ampul) atmak, yanmak; açığa vurmak, söylemek * a. darbe, vuruş; talihsizlik, darbe, şok **blow in** çıkagelmek **blow out** üfleyerek söndürmek **blow over** geçmek, dinmek **blow up** havaya uçurmak; (fotoğraf) büyültmek; kızmak

blown /bloun/ bkz. **blow**

blowout /'blouaut/ a. (lastik) patlama

blow-up /blouap/ a. patlama

blubber /'blabı/ a. balina yağı

blue /blu:/ s. mavi; kon. üzgün, hüzünlü; morarmış * a. mavi renk; çivit; kon. hüzün, keder kon. Amerikalılara özgü bir tür ezgi, blues * e. maviye boyamak; çivitlemek **blue blood** doğuştan soyluluk **blue film** seks filmi **blue jacket** denizci, bahriyeli **once in a blue moon** kon. kırk yılda bir

bluebell /'blu:bel/ a. bitk. çançiçeği

blue-collar /blu:'kolı/ s. ağır işçi sınıfına ilişkin

blueprint /'blu:prınt/ a. mavi kopya, ozalit; ayrıntılı tasarı

bluff /blʌf/ a. blöf; uçurum; kurusıkı * s. dik, sarp * e. blöf yapmak

blunder /'blʌndı/ e. gaf yapmak, pot kırmak * a. gaf, pot

blunt /blʌnt/ a. keskin olmayan, kör; patavatsız bluntly dobra dobra, açıkça

blur /blö:/ a. net görülmeyen şey, karaltı * e. bulandırmak; bulanmak

blurt /'blö:t/ e. (out) ağzından kaçırmak, yumurtlamak

blush /blʌş/ e. yüzü kızarmak, utanmak * a. utanma, utanıp kızarma

bluster /'blʌstı/ e. kabadayılık taslamak; (rüzgâr) sert esmek blustery (hava) rüzgârlı

boa /bouı/ a. hayb. boa yılanı

boar /bo:/ a. hayb. (damızlık) erkek domuz; yaban domuzu

board /bo:d/ a. tahta, kereste; (satranç, dama, vb.) oyun tahtası; ilan tahtası; sofra, masa; yönetim kurulu; kon. sahne * e. tahta döşemek; (gemi, tren, vb.) binmek; pansiyoner olarak almak on board gemide, gemiye; trende, trene; uçakta; uçağa boarder pansiyoner; yatılı öğrenci boarding tahta kaplama boarding house pansiyon boarding school yatılı okul

boast /boust/ e. övünmek; iftihar etmek; kıvanç duymak * a. övünç; kıvanç boastful övüngen

boat /bout/ a. tekne; gemi; kayık; sandal * e. sandalla/kayıkla gezmek boathouse kayıkhane

bob /bob/ e. aşağı yukarı hareket etmek; sallamak * a. reverans; kon. şilin

bobbin /'bobin/ a. bobin, makara

bobsleigh /'bobsley/ a. kar kızağı

bodily /'bodili/ be. bütün olarak; tümüyle * s. bedensel

body /bodi/ a. beden, vücut; gövde; ceset; kitle; heyet, kurul bodyguard koruyucu, muhafız bodywork (taşıt) karoser

bog /bog/ a. bataklık boggy batak

boggle /'bogıl/ e. çekinmek, ürkmek

bogus /'bougıs/ s. yapmacık, sahte

bohemian /bou'hi:mıın/ a. s. bohem

boil /boyl/ e. kaynatmak; haşlamak; kaynamak; haşlanmak * a. kaynama; kaynatma; kaynama noktası; çıban boil away kaynayıp buharlaşmak boil over kaynayıp taşmak boil up tehlikeli bir boyuta ulaşmak, kızışmak

boisterous /'boystırıs/ s. gürültülü; (hava) kötü, sert

bold /bould/ s. cesur, yürekli, gözü pek, atılgan; küstah, arsız; (görünüş) keskin hatlı

bollard /'bolıd/ a. iskele babası; kısa kalın direk

boloney /bı'louni/ a. arg. zırva, palavra, boş laf

bolster /'boulstı/ a. uzun yastık * e. (up) desteklemek

bolt /boult/ a. cıvata; kapı sürgüsü, mandal; yıldırım; (kumaş, vb.) top

bomb /bom/ a. bomba * e. bombalamak

bombard /bom'ba:d/ a. bombardıman etmek; (soru, vb.) yağmuruna tutmak bombardment bombardıman

bomber /'bomı/ a. bombardıman uçağı

bonanza /bı'nenzı/ a. çok kârlı iş/şey

bond /bond/ a. bono, senet; sözleşme; zincir; bağ * e. yapıştırmak, birleştirmek;

yapışmak, birleşmek

bondage /'bondic/ *a.* kölelik

bone /boun/ *a.* kemik; kılçık * *e.* kemiklerini ayıklamak *bonedry* kupkuru *bone to pick* paylaşılacak koz *bonesetter* çıkıkçı *bony* kemikli, kılçıklı

bonfire /'bonfayı/ *a.* şenlik ateşi

bonnet /'bonit/ *a.* başlık, bone; motor kapağı

bonny /'boni/ *s.* sağlıklı, gürbüz, güzel; yeterli, iyi

bonus /'bounıs/ *a.* ikramiye; prim

boo /bu:/ *a. ünl.* yuh * *e.* yuhalamak

book /buk/ *a.* kitap; defter; *kon.* telefon rehberi *bookbinder* ciltçi *bookbinding* ciltçilik *bookcase* kitaplık *bookkeeper* muhasebeci, sayman *bookmaker* at yarışında müşterek bahisleri düzenleyen kimse *bookseller* kitapçı *bookshop* kitabevi *bookstore* kitabevi *bookstall* kitap, dergi vb. satıldığı yer

book /buk/ *e.* (yer) ayırtmak; deftere geçirmek, kaydetmek *booking* rezervasyon, yer ayırtma *booking clerk* BE. gişe memuru *booking office* BE. gişe

booklet /'buklit/ *a.* kitapçık, broşür

boom /bu:m/ *a. den.* seren; gümbürtü; hızlı büyüme, artış, yükseliş * *e.* gümbürdemek; birden artmak

boomerang /'bu:mıreng/ *a.* bumerang

boost /bu:st/ *e.* arttırmak, yükseltmek * *a.* artış, yükselme; teşvik, yardım, destek *booster* etkiyi artırıcı

boot /bu:t/ *a.* çizme, bot; oto, BE. bagaj * *e. kon.* tekmelemek; sepetlemek, kovmak

booth /bu:t/ *a.* kulübe, baraka

border /'bo:dı/ *a.* kenar; sınır * *e.* sınırdaş olmak, bitişik olmak

borderline sınır çizgisi, sınır

bore /bo:/ *e.* canını sıkmak; delmek, oymak * *a.* can sıkıcı şey/kimse, baş belası; delik, oyuk; kalibre, çap *be bored* canı sıkılmak *boredom* can sıkıntısı *boring* can sıkıcı

bore /bo:/ *bkz.* **bear**

born /bo:n/ *bkz.* **bear**, **be born** doğmak

borne /bo:n/ *bkz.* **bear**

borough /'barı/ *a.* İngiltere'de parlamentoya üye gönderen kent

borrow /'borou/ *e.* ödünç almak, borç almak *borrower* borç alan kimse *borrowing* ödünç alma, borç alma; alıntı

bosom /'buzım/ *a.* sine, koyun, göğüs

boss /bos/ *a.* patron; işveren * *e.* yönetmek *bossy* emretmeyi seven

botany /'botıni/ *a.* bitkibilim, botanik *botanical* /bı'tenikıl/ bitkibilimsel, botanik *botanist* bitkibilimci

botch /boç/ *e.* beceriksizce onarmak * *a.* baştan savma yapılmış şey

both /bout/ *adl.* her ikisi (de) *both ... and ...* hem ... hem de

bother /'botı/ *e.* canını sıkmak, üzmek; (**with/about**) zahmet etmek * *a.* sıkıntı, zahmet; *kon.* kavga, kargaşa, huzursuzluk

bottle /'botıl/ *a.* şişe; biberon *bottle-fed* biberonla beslenen *bottle-green* koyu yeşil *bottleneck* dar geçit; darboğaz

bottom /'botım/ *a.* alt; dip; kıç; etek *bottomless* dipsiz, çok derin

bough /bau/ *a.* ağaç (dal)

bought /bo:t/ *bkz.* **buy**

boulder /'bouldı/ *a.* büyük taş/kaya

boulevard /'bu:lva:d/ *a.* bulvar

bounce /bauns/ *e.* zıplamak; zıplatmak; hoplamak; *kon.* (çek) karşılıksız olduğu için geri çevrilmek * a. zıplama, hoplama, sıçrama

bouncing /'baunsing/ s. (bebek) sağlıklı

bound /baund/ s. (for) gitmeye hazır; giden, gitmek üzere olan * e. sınırlamak, sınır koymak * s. bağlı, bağlanmış; kesin; yükümlü, mecbur; ciltli; kesin niyetli

bound /baund/ a. sıçrama, hoplama; sınır * e. hoplamak, zıplamak, sıçramak; sekmek

boundary /'baundırı/ a. sınır

boundless /'baundlis/ s. sınırsız, sonsuz

bounty /'baunti/ a. cömertlik; cömertçe verilmiş şey; bağış

bouquet /bou'key/ a. buket; (şarap) koku

bourgeois /'buıjwa:/ a. s. kentsoylu, burjuva

bout /baut/ a. kısa dönem, devre; kriz, nöbet; boks maçı

boutique /bu:'ti:k/ a. butik

bow /bau/ e. başıyla selamlamak; reverans yapmak; eğmek; boyun eğmek * a. reverans, başla selamlama

bow /bou/ a. (ok atmakta kullanılan) yay; müz. yay; kavis; fiyonk; gökkuşağı **bow legged** çarpık bacaklı **bow tie** papyon

bowels /'bauılz/ a. bağırsak; iç kısımlar

bowl /boul/ a. kâse, tas, çanak; bovling topu * e. (kriket/bovling) topu atmak; bovling oynamak; yuvarlamak

bowling /'bouling/ a. bovling oyunu

box /boks/ a. kutu, sandık; (mahkeme) kürsü; tiy. loca; kulübe * e. kutuya/sandığa koymak **box office** bilet gişesi

box /boks/ e. yumruklaşmak; boks yapmak **boxer** boksör **boxing**

boks

boy /boy/ a. erkek çocuk, oğlan; oğul **boy friend** erkek arkadaş

boycott /'boykot/ a. boykot * e. boykot etmek

boyhood /'boyhud/ a. (erkek) çocukluk çağı

bra /bra:/ a. sutyen

brace /breys/ a. destek, bağ; dişlere takılan tel; kon. pantolon askısı * e. sağlamlaştırmak, desteklemek

bracelet /'breyslit/ a. bilezik

bracket /'brekit/ a. destek, dirsek; ayraç, parantez; grup * e. parantez içine almak

brackish /'brekiş/ s. (su) hafif tuzlu

brag /breg/ e. böbürlenmek

braid /breyd/ a. saç örgüsü; şerit, kordon * e. örmek

braille /breyl/ a. körler için kabartma yazı

brain /breyn/ a. beyin; zekâ, akıl, kafa; kon. zeki kimse **brain drain** beyin göçü **brainfag** zihin yorgunluğu **brainless** beyinsiz, kafasız **brainwash** beyin yıkamak **brainwashing** beyin yıkama **brainwave** (aniden akla gelen) parlak fikir **brainy** akıllı, kafalı

braise /breyz/ e. kapalı kapta ve ağır ateşte pişirmek

brake /breyk/ a. fren * e. fren yapmak

bramble /'brembıl/ a. bitk. böğürtlen çalısı

bran /bren/ a. kepek

branch /bra:nç/ a. dal; (akarsu, yol) kol; şube, bölüm

brand /brend/ e. dağlamak, damgalamak; derinden etkilemek * a. marka; damga, dağ **brand-new** yepyeni, gıcır gıcır

brandy /'brendi/ a. brendi

brash /breş/ s. küstah; toy, acemi

brass /bra:s/ a. pirinç; pirinçten yapılmış eşya **brassy** pirinç renkli

brave /breyv/ s. cesur, yiğit * e.

cesaretle karşılamak **bravery** cesaret, yiğitlik

bravo /'bra:vou/ *ünl.* Bravo! Aferin!

brawl /bro:l/ *e.* kavga, dalaş, dövüş * *e.* dalaşmak, sesli sesli tartışmak

brawn /bro:n/ *a.* kas; kas gücü

brawny /'bro:ni/ *s.* kaslı

bray /brey/ *e.* anırmak * *a.* anırma, anırtı

brazen /'breyzın/ *s.* arsız, yüzsüz, şımarık

brazier /'breyzıı/ *a.* mangal

breach /bri:ç/ *a.* (yasa) uymama, çiğneme; yerine getirmeme; gedik, yarık, oyuk * *e.* gedik açmak, yarmak

bread /bred/ *a.* ekmek; rızk; geçim, kazanç; *kon.* para **breadcrumb** ekmek kırıntısı

breadth /bredt, brett/ *a.* genişlik, en

break /breyk/ *e.* **broke** /brouk/, **broken** /'broukın/ kırmak, parçalamak; kırılmak; parçalanmak, kopmak; patlamak; bozmak; bozulmak; patlak vermek; çıkmak; uymamak; çiğnemek * *a.* ara, mola; teneffüs, dinlenme; açıklık; kırık; ani değişim, değişiklik; tan, şafak vakti **break away** birinden kaçmak **break down** bozulmak, parçalamak **break even** ne kâr ne zarar **break in** zorla girmek **break off** kesmek; son vermek **break out** patlak vermek, çıkmak **break up** sona erdirmek; sona ermek, dağılmak **break with** ile bağını koparmak

breakage /'breykıc/ *a.* kırma, kırılma kırık, çatlak

breakdown /'breykdaun/ *a.* arıza, bozulma; (sinirsel) bozukluk, çöküntü

breakfast /'brekfıst/ *a.* kahvaltı

breakthrough /'breyktru:/ *a.* atılım, ilerleme; ani saldırı, hücum

breakup /'breykap/ *a.* (arkadaşlık, birlik, vb.) sona erme, son bölüm, parsel

breakwater /'breykwo:tı/ *a.* dalgakıran

breast /brest/ *a.* meme, göğüs; gönül, sine **breaststroke** kurbağalama yüzüş

breath /bret/ *a.* soluk, nefes; hafif rüzgâr, esinti **breathless** soluk soluğa kalmış; soluk kesici **breathtaking** soluk kesici **draw one's last breath** son nefesini vermek **hold one's breath** nefesini tutmak; heyecanla beklemek **out of breath** nefes nefese **take one's breath away** birinin nefesini kesmek

breathe /bri:t/ *e.* solumak; nefes almak; fısıldamak; (koku, duygu, vb.) vermek **breather** *kon.* mola, ara

breeches /'briçiz/ *a.* golf pantolon

breed /bri:d/ *e.* (hayvan) doğurmak, yavrulamak; yetiştirmek, büyütmek * *a.* cins, soy çeşit, tür

breeze /bri:z/ *a.* meltem, esinti

brew /bru:/ *e.* (bira) yapmak; (çay ya da kahve) yapmak **brewery** bira fabrikası

bribe /brayb/ *e.* rüşvet vermek * *a.* rüşvet **bribery** rüşvetçilik, rüşvet

brick /brik/ *a.* tuğla **bricklayer** duvarcı **brickwork** tuğla işi

bridal /'braydıl/ *s.* gelin/düğün ile ilgili

bride /brayd/ *a.* gelin **bridegroom** damat, güvey **bridesmaid** gelinin nedimesi

bridge /bric/ *a.* köprü; *den.* kaptan köprüsü burun kemiği; briç * *e.* köprü kurmak

bridle /'braydıl/ *a.* at başlığı, yular * *e.* (at) dizginlemek; yular takmak; tutmak, dizginlemek

brief /bri:f/ *s.* kısa * *a.* özet; talimat, bilgi; *kon.* külot, don * *e.* gerekli bilgiyi vermek; son tali-

matı vermek *in brief* kısaca, özetle, kısacası *briefcase* evrak çantası *briefing* brifing
brier /'brayı/ *a.* yabangülü
brigade /bri'geyd/ *a. ask.* tugay; ekip, takım *fire brigade* itfaiye
brigadier /brigı'dıı/ *a.* tugay komutanı, tümgeneral
brigandage /'brigındıc/ *a.* haydutluk, eşkıyalık, kanunsuzluk
bright /brayt/ *s.* parlak; aydınlık; akıllı, zeki, parlak; umut verici
brighten /'braytın/ *e.* parlamak, canlanmak; parlatmak; canlandırmak
brilliant /'brilıınt/ *s.* ışıl ışıl, pırıl pırıl, parlak; görkemli; akıllı
brim /brim/ *a.* (bardak, kap) ağız, kenar
brine /brayn/ *a.* tuzlu su, salamura
bring /bring/ *e. brought* /bro:t/ getirmek; neden olmak; ikna etmek, kandırmak *bring about* neden olmak *bring down* (vurup) düşürmek; fiyat indirmek; sürdürmek *bring forward* ileri sürmek, ortaya atmak *bring in* kâr getirmek; öne almak; tanıtmak *bring into* başlatmak *bring off* üstesinden gelmek *bring out* üretmek, ortaya çıkarmak *bring round* ayıltmak *bring through* - den kurtarmak *bring up* (çocuk) büyütmek, yetiştirmek; ortaya atmak; kusmak
brink /brink/ *a.* kenar, kıyı
brisk /brisk/ *s.* çevik, canlı
bristle /'brisıl/ *a.* sert kıl * *e.* (tüy, kıl, saç, vb.) diken diken olmak
British /'britiş/ *s.* Britanya ile ilgili, Britanyalı, İngiliz
brittle /'britıl/ *s.* kırılgan, gevrek
broad /'bro:d/ *s.* geniş, enli; genel; serbest; hoşgörülü; açık, belli *broad bean* bakla *broad jump sp. AE.* uzun atlama *broad-minded* serbest fikirli, hoşgörülü

broadcast /'bro:dka:st/ *a.* radyo/televizyon yayını * *e.* (radyo/televizyon) yayın yapmak; yayınlamak; yaymak, bildirmek *broadcasting* radyo veya televizyon ile yayın yapma, yayın
broaden /'bro:dın/ *e.* genişlemek; genişletmek
brocade /brı'keyd/ *a.* işlemeli, simli kumaş
broccoli /'brokıli/ *a.* brokoli: karnabahara benzer bir bitki
brochure /'brouşı/ *a.* broşür, kitapçık
brogue /broug/ *a.* kalın ve dayanıklı ayakkabı; İrlanda aksanı
broil /broyl/ *e.* ızgara yapmak; kızartmak
broke /brouk/ *bkz. break; s. kon.* züğürt, meteliksiz
broken /'broukın/ *bkz. break; s.* kırık; kırılmış; bozuk
broker /'broukı/ *a.* komisyoncu, simsar
brolly /'broli/ *a. BE. kon.* şemsiye
bronchitis /brong'kaytis/ *a. hek.* bronşit
bronze /bronz/ *a.* bronz, tunç; bronz rengi
brooch /brouç/ *a.* broş, süs iğnesi
brood /bru:d/ *a.* (kuş) yavruları * *e.* kuluçkaya yatmak
brook /bruk/ *a.* dere, çay
broom /bru:m/ *a.* süpürge
broth /brot/ *a.* et suyu, çorba
brothel /'brotıl/ *a.* genelev
brother /'bratı/ *a.* erkek kardeş, birader *brotherhood* kardeşlik; birlik, camia, topluluk *brother-in-law* kayınbirader; enişte; bacanak
brought /bro:t/ *bkz. bring*
brow /brau/ *a.* kaş; alın; tepe, yamaç
brown /braun/ *a. s.* kahverengi * *e.* esmerleşmek; esmerleştirmek, kızartmak

browse /brauz/ *e.* otlamak; (kitap) gözden geçirmek, karıştırmak

bruise /bru:z/ *a.* çürük, bere, ezik * *e.* çürütmek, berelemek; çürümek

brunch /branç/ *a. kon.* geç kahvaltı/erken öğle yemeği

brunette /bru:'net/ *a.* esmer kadın

brush /braş/ *a.* fırça; fırçalama; çalı * *e.* fırçalamak; hafifçe değmek, sürtünmek

brusque /bru:sk/ *s.* kaba saba, ters

brussels sprout /brasılz'spraut/ *a. bitk.* brüksellahanası

brutal /'bru:tıl/ *s.* acımasız, vahşice, hayvanca

brute /bru:t/ *a.* hayvan; hayvan gibi kişi

brutish /'bru:tiş/ *s. hkr.* hayvani, hayvanlara yakışır, kaba

bubble /'babıl/ *a.* kabarcık; fokurtu **bubble gum** balonlu çiklet

buck /bak/ *a.* erkek geyik/tavşan; antilop; *AE. kon.* bir dolar * *e.* (at) sıçramak; (binicisini) üzerinden atmak

bucket /'bakit/ *a.* kova

buckle /'bakıl/ *a.* toka, kopça * *e.* toka ile tutturmak; eğilmek, bükülmek

bud /bad/ *a.* gonca, tomurcuk * *e.* tomurcuklanmak; gonca vermek

Buddhism /'budizım/ *a.* Budizm **Buddhist** Budist

buddy /'badi/ *a. kon.* arkadaş, kafadar, ahbap

budge /bac/ *e.* kıpırdatmak; kıpırdamak

budgerigar /'bacıriga:/ *a.* muhabbetkuşu

budget /'bacit/ *a.* bütçe

buff /baf/ *a. s.* soluk sarı, kösele rengi * *e.* yumuşak bir şeyle parlatmak

buffalo /'bafılou/ *a. hayb.* bufalo

buffer /'bafı/ *a.* tampon

buffet /'bufey/ *a.* büfe

buffoon /bı'fu:n/ *a.* soytarı, maskara

bug /bag/ *a. AE.* böcek; *kon.* mikrop, virüs; *kon.* gizli mikrofon; tahtakurusu

bugle /'byu:gıl/ *a.* borazan

build /bild/ *e.* kurmak, yapmak, inşa etmek **builder** inşaatçı, müteahhit **building** yapı, inşaat; inşaatçılık, inşa etme **building society** yapı kooperatifi **build up** gelişmek; büyümek; güçlenmek; geliştirmek; büyütmek

bulb /balb/ *a.* çiçek soğanı; ampul

bulge /balc/ *a.* şişkinlik, şiş * *e.* şişmek, kabarmak

bulk /balk/ *a.* oylum, hacim; hantal gövde **in bulk** büyük miktarda, toptan **bulky** iri cüsseli, hantal; hacimli

bull /bul/ *a. hayb.* boğa **bulldog** buldok

bulldozer /'buldouzı/ *a.* buldozer

bullet /'bulit/ *a.* kurşun, mermi **bulletproof** kurşun geçirmez

bulletin /'bulıtin/ *a.* ilan, bildiri; bülten

bullfight /'bulfayt/ *a.* boğa güreşi

bullion /'bulyın/ *a.* külçe altın

bullock /'bulık/ *a.* iğdiş edilmiş boğa

bullring /'bulrıng/ *a.* arena

bullshit /'bulşit/ *a. arg.* bok

bully /'buli/ *a.* kabadayı, zorba * *e.* kabadayılık etmek, zorbalık etmek

bulrush /'bulraş/ *a.* saz, hasırotu

bulwark /'bulwık/ *a.* siper, istihkâm

bum /bam/ *a. kon.* kıç, popo

bumblebee /'bambılbi:/ *a.* yabanarısı

bump /bamp/ *e.* çarpmak, vurmak, toslamak; çarpışmak * *a.* vurma, çarpma, gümbürtü; şişlik, yumru **bump into** rastlamak

bumper /'bampı/ *a.* tampon

bumpy /'bampi/ *s.* yamru yumru,

çıkıntılı, tümsekli

bun /ban/ *a.* kurabiye, çörek; (saç) topuz

bunch /'banç/ *a.* demet, deste, salkım; *kon.* grup * *e.* demet yapmak, bir araya toplamak

bundle /'bandıl/ *a.* bohça, çıkın; deste, tomar * *e.* paldır küldür gitmek; tıkıştırmak

bung /bang/ *a.* tapa, tıkaç

bungalow /'bangılou/ *a.* tek katlı ev, bungalov

bungle /'bangıl/ *e.* yüzüne gözüne bulaştırmak

bunk /bank/ *a.* ranza; kuşet, yatak

bunker /'bankı/ *a.* kömür ambarı, kömürlük; *ask.* yeraltı sığınağı

bunkum /'bankım/ *a.* palavra, zırva, boş laf

buoy /boy/ *a.* şamandıra; cankurtaran simidi *life buoy* cankurtaran simidi

buoyant /'boyınt/ *s.* batmaz, yüzen; neşeli, kaygısız

burden /'bö:dın/ *a.* ağır yük * *e.* yüklemek; sıkıntı vermek

bureau /'byuırou/ *a.* büro, yazıhane

bureaucracy /byuı'rokrısi/ *a.* bürokrasi

bureaucrat /'byuırıkret/ *a.* bürokrat

burglar /'bö:glı/ *a.* (ev, dükkân, vb. soyan) hırsız *burglary* ev soyma, hırsızlık

burial /'berıl/ *a.* defin, gömme

burlesque /'bö:lesk/ *a.* alaya alma, taşlama, yerme

burly /'bö:li/ *s.* iriyarı, yapılı

burn /bö:n/ *e.* *burnt* /bö:nt/ ya da *burned* yakmak; yanmak * *a.* yanık *burn up* yakıp kül etmek; yanıp kül olmak *burning* yanan, yakıcı

burnish /'bö:niş/ *e.* cilalamak, parlatmak

burrow /'barou/ *a.* oyuk, yuva, in

bursar /'bö:sı/ *a.* veznedarlık

burst /bö:st/ *a.* patlamak; patlatmak; dolup taşmak * *a.* patlama *burst into* aceleyle girmek *burst out* aniden söylemek, patlamak

bury /'beri/ *e.* gömmek, defnetmek; gizlemek, saklamak

bus /bas/ *a.* otobüs *bus stop* otobüs durağı

bush /buş/ *a.* çalı, çalılık *bushy* (saç, vb.) gür; çalılı, çalılık

business /'biznis/ *a.* iş; ticaret; işyeri *Mind your own business.* Sen kendi işine bak *none of your business* seni ilgilendirmez *businessman* işadamı *businesswoman* işkadını

bust /bast/ *a.* büst; (kadın) göğüsler; (kadın) göğüs çevresi ölçüsü

bustle /'basıl/ *e.* acele etmek * *a.* telaş

busy /'bizi/ *s.* meşgul; hareketli; işlek

but /bıt, bat/ *bağ.* ama, ancak; ne var ki; oysa * *ilg.* -den başka

butane /'byu:teyn/ *a.* bütan gazı

butcher /'buçı/ *a.* kasap; katil, cani * *e.* (hayvan) kesmek; öldürmek, doğramak

butler /'batlı/ *a.* baş kâhya

butt /bat/ *e.* toslamak * *a.* fıçı; sigara izmariti; dipçik

butter /'batı/ *a.* tereyağı *butter up kon.* yağlamak, yağ çekmek

butterfly /'batıflay/ *a.* kelebek

buttery /'batıri/ *s.* tereyağlı

buttock /'batık/ *a.* but, kaba et

button /'batın/ *a.* düğme * *e.* (up) düğmelemek *buttonhole* ilik, düğme iliği; yakaya takılan çiçek

buttress /'batris/ *a.* payanda, destek

buxom /'baksım/ *s.* (kadın) etli butlu, dolgun

buy /bay/ *e.* *bought* /bo:t/ satın almak *buyer* alıcı, müşteri

buzz /baz/ *e.* vızıldamak; (for) sinyalle çağırmak * *a.* vızıltı; sinyal

buzzard /'bazıd/ *a. BE.* bir tür şahin; *AE.* akbaba

by /bay/ *ilg.* yanında, yakınında; yanından; -dan, yoluyla; -e kadar; ile, vasıtasıyla; tarafından; -e göre; -e bakarak; (ölçü ve sayılarda) -le, -la; boyunca; -den, -dan * *be.* geçerek, geçip; yakında; bir kenara *by the way* aklıma gelmişken, bu arada

bye, byebye /bay, bay'bay/ *ünl.* güle güle; allahaısmarladık, hoşça kal

byproduct /'bayprodakt/ *a.* yan ürün; yan etki

bystander /'baystendı/ *a.* görgü tanığı, seyirci

C

cab /keb/ *a.* taksi; fayton

cabaret /'kebırey/ *a.* kabare

cabbage /'kebic/ *a. bitk.* lahana

cabin /'kebin/ *a. kon.* kamara; kulübe

cabinet /'kebinit/ *a.* dolap; bakanlar kurulu

cable /'keybıl/ *a.* kablo; telgraf, telyazı

cacao /kı'ka:ou/ *a.* kakao

cachet /'keşey/ *a.* kaşe, mühür, damga

cackle /'kekıl/ *e.* (tavuk) gıdaklamak * *a.* gıdaklama; kıkırtı

cactus /'kektıs/ *a. bitk.* kaktüs

cadaver /kı'deyvı/ *a.* kadavra

cadet /kı'det/ *a.* harp okulu öğrencisi

caesarean /si'zeırıın/ *a. hek.* sezaryen

café /'kefey/ *a.* kafe

cafeteria /kefi'tiırıı/ *a.* (selfservis) kafeterya

caffeine /'kefi:n/ *a.* kafein

caftan /'keften/ *a.* kaftan

cage /keyc/ *a.* kafes

cagey /'keyci/ *s. kon.* ağzı sıkı, ketum

cake /keyk/ *a.* pasta, kek; kalıp, topak

calamity /kı'lemiti/ *a.* felaket, afet

calcify /'kelsifay/ *e.* kireçlenmek; kireçlendirmek

calcium /'kelsıım/ *a.* kalsiyum

calculate /'kelkyuleyt/ *e.* hesaplamak *calculation* hesap *calculator* hesap makinesi

calculus /'kelkyulıs/ *a. mat.* hesap

calendar /'kelindı/ *a.* takvim

calf /ka:f/ *a.* buzağı, dana; baldır

calibre /'kelibı/ *a.* kalite; kalibre, çap

calico /'kelikou/ *a.* patiska

caliph /'keylif/ *a.* halife *caliphate* halifelik

call /ko:l/ *e.* seslenmek, bağırmak; telefon etmek; adlandırmak, demek * *a.* bağırış, sesleniş; çığlık; çağrı *call for* istemek; ihtiyaç duymak *call in* yardıma çağırmak *call on* uğramak *call up* telefon etmek *call box BE.* telefon kulübesi *caller* telefonla arayan kimse, arayan

calligraphy /kı'ligrıfı/ *a.* güzel el yazısı (sanatı); hattatlık

calling /'ko:ling/ *a.* istek, heves; meslek, ticari unvan

callipers /'kelipız/ *a.* çap pergeli; kumpas

callus /'kelıs/ *a.* nasır

calm /ka:m/ *a.* (hava) sakinlik; (deniz) durgunluk; rahat, huzur * *s.* (hava) rüzgârsız; (deniz) durgun, dalgasız; sakin, huzurlu * *e.* sakinleştirmek *calm down* sakinleşmek; sakinleştirmek

calorie /'kelırı/ *a.* kalori

calypso /kı'lipsou/ *a. müz.* kalipso

camel /'kemıl/ *a.* deve

camellia /kı'mi:lıı/ *a. bitk.* kamelya

camera /'kemırı/ *a.* fotoğraf makinesi

camomile /'kemɪmayl/ a. *bitk.* papatya; papatya çayı
camouflage /'kemɪfla:j/ a. kamuflaj * e. kamufle etmek
camp /kemp/ a. kamp * e. kamp yapmak
campaign /kem'peyn/ a. kampanya * e. kampanya yapmak
camphor /'kemfɪ/ a. kâfur
camping /'kemping/ a. kamping
campus /'kempɪs/ a. kampus, yerleşke
can /kɪn, ken/ e. (olumsuzu *cannot* /'kenɪt, kenot/, *can't* /ka:nt/ geçmiş biçimi *could* /kud/, olumsuzu *couldn't* /'kudɪnt/) - ebilmek, -abilmek
can /ken/ a. teneke kutu * e. konserve yapmak, konservelemek
canal /kɪ'nel/ a. kanal
canary /kɪ'neɪri/ a. kanarya
cancel /'kensɪl/ e. iptal etmek, feshetmek, bozmak *cancellation* iptal, fesih
cancer /'kensɪ/ a. Yengeç burcu; *hek.* kanser
candid /'kendid/ s. içten, samimi, dürüst; (kamera) gizli
candidate /'kendidit/ a. aday
candle /'kendɪl/ a. mum *candlestick* şamdan
candy /'kendi/ a. şeker, şekerleme
cane /keyn/ a. kamış; sopa, değnek
canine /'keynayn/ s. köpeklerle ilgili
canister /'kenistɪ/ a. teneke kutu
canker /'kenkɪ/ a. *hek.* pamukçuk
cannibal /'kenibɪl/ a. yamyam
cannon /'kenɪn/ a. *ask.* büyük top
cannot /'kenɪt, 'kenot/ e. *bkz.* can
canny /'keni/ a. kurnaz, akıllı, uyanık
canoe /kɪ'nu:/ a. kano
canon /'kenɪn/ a. genel kural, ilke
canopy /'kenɪpi/ a. gölgelik, tente örtü
can't /ka:nt/ *bkz.* can
cantankerous /'ken'tenkɪrıs/ s. huysuz, aksi, geçimsiz
canteen /ken'ti:n/ a. kantin; matara
canvas /'kenvɪs/ a. çadır bezi; çadır; tuval
canyon /'kenyɪn/ a. *coğ.* kanyon, kapız
cap /kep/ a. kasket, başlık, kep; kapak * e. kaplamak, örtmek
capability /keypɪ'biliti/ a. yetenek
capable /'keypɪbɪl/ s. yetenekli, elinden gelir
capacity /kɪ'pesiti/ a. kapasite; yetenek; sıfat, mevki
cape /keyp/ a. *coğ.* burun; pelerin
capillary /kɪ'pilɪri/ a. kılcal damar
capital /'kepitɪl/ a. başkent; büyük harf; sermaye, anamal *capital letter* büyük harf
capitalism /'kepitɪlizım/ a. kapitalizm *capitalist* kapitalist
capitulate /kɪ'piçuleyt/ e. (düşmana şartlı) teslim olmak, silahları bırakmak *capitulation* şartlı teslim olma, kapitülasyon
caprice /kɪ'pri:s/ a. kapris, şımarıklık
capricious /kɪ'prişɪs/ s. kaprisli; dönek, değişken
Capricorn /'keprikoːn/ a. Oğlak burcu
capsicum /'kepsikɪm/ a. *bitk.* (dolmalık/uzun) biber
capsize /kep'sayz/ e. alabora olmak; ters dönmek
capsule /'kepsyu:l/ a. kapsül
captain /'keptɪn/ a. *den.* kaptan; takım başı; *ask.* yüzbaşı; *den.* kaptan
caption /'kepşɪn/ a. manşet, başlık
captive /'keptiv/ a. s. tutsak *captivity* tutsaklık, esaret
captor /'keptɪ/ a. esir alan kişi
capture /'kepçɪ/ a. esir alma; ganimet * e. zapt etmek, ele geçirmek; tutsak etmek
car /ka:/ a. otomobil, araba; vagon *car park* otopark *dining car*

yemekli vagon *sleeping car* yataklı vagon

caramel /'kerımıl/ *a.* karamela

carat /'kent/ *a.* kırat, ayar

caravan /'kenven/ *a.* kervan; karavan

caravanserai /ken'vensıray/ *a.* kervansaray

carbohydrate /ka:bou'haydreyt/ *a.* karbonhidrat

carbon /'ka:bın/ *a. kim.* karbon; karbon kâğıdı

carbuncle /'ka:bankıl/ *a.* şirpençe, çıban

carburettor /ka:byu'retı/ *a.* karbüratör

carcass, carcase /'ka:kıs/ *a.* leş, ceset

card /ka:d/ *a.* oyun kâğıdı; kart; kartvizit; kartpostal

cardboard /'ka:dbo:d/ *a.* mukavva, karton

cardiac /'ka:diek/ *s. hek.* kalple ilgili

cardigan /'ka:dıgın/ *a.* hırka

cardinal /'ka:dınıl/ *s.* önemli, ana * *a.* kardinal *cardinal number* asal sayı

care /keı/ *a.* kaygı, dikkat, özen; ilgi, bakım * *e.* aldırmak, umursamak; ilgi duymak; kaygılanmak *medical care* tıbbi bakım *take care of* -e bakmak *care for* istemek; bakmak, ilgilenmek *care-free* kaygısız *careful* dikkatli; özenli *carefully* dikkatle; özenle *careless* dikkatsiz; aldırışsız, ilgisiz *carelessly* dikkatsizce *caretaker* hademe, odacı; ev bekçisi

career /kı'rıı/ *a.* meslek yaşamı, kariyer

caress /kı'res/ *a.* okşama; öpme * *e.* okşamak; öpmek

cargo /'ka:gou/ *a.* yük, kargo

caricature /'kerikıçuı/ *a.* karikatür

carnage /'ka:nic/ *a.* katliam, kırım

carnation /ka:'neyşın/ *a. bitk.* karanfil

carnival /'ka:nivıl/ *a.* karnaval, şenlik

carnivore /'ka:nivo:/ *a.* etobur hayvan *carnivorous* etobur, etçil

carol /'kerıl/ *a.* Noel şarkısı, neşeli şarkı

carp /ka:p/ *a.* sazanbalığı * *e. kon.* mızmızlanmak, dırdır etmek

carpenter /'ka:pıntı/ *a.* marangoz, doğramacı, dülger *carpentry* marangozluk, doğramacılık

carpet /'ka:pit/ *a.* halı; kilim * *e.* halı döşemek

carriage /'keric/ *a.* araba, at arabası; nakliye, taşıma

carrier /'kerıı/ *a.* taşıyıcı; *ask.* kariyer *carrier bag* saplı naylon çanta

carrot /'kent/ *a.* havuç

carry /keri/ *e.* taşımak, götürmek; ağırlığını çekmek *carry off* alıp götürmek; kazanmak *carry on* sürdürmek, yapmak; yönetmek *carry out (through)* uygulamak, gerçekleştirmek

cart /ka:t/ *a.* at arabası

cartilage /'ka:tilic/ *a.* kıkırdak

carton /'ka:tın/ *a.* karton kutu

cartoon /ka:'tu:n/ *a.* karikatür; çizgi film

cartridge /'ka:tric/ *a.* fişek; kartuş

carve /ka:v/ *e.* oymak; kesmek, dilimlemek *carving* oyma; oymacılık

cascade /ke'skeyd/ *a.* çağlayan

case /keys/ *a.* hal, durum; olay; sorun; *huk.* dava; kutu, sandık; çanta; kasa; *dilb.* ad durumu *in any case* ne olursa olsun *in case of* -dığı takdirde, ... durumunda *(just) in case* ne olur ne olmaz

casement /'keysmınt/ *a.* pencere kanadı

cash /keş/ *a.* nakit para * *e.* paraya çevirmek, bozdurmak *cash register* yazar kasa

cashew /'keşu:/ *a. bitk.* maun

cashier /ke'şıı/ *a.* kasiyer

cashmere /'keşmıı/ a. kaşmir

casino /kı'si:nou/ a. gazino

cask /ka:sk/ a. fıçı, varil

casket /'ka:skit/ a. küçük kutu; AE. tabut

casserole /'kesıroul/ a. güveç

cassette /kı'set/ a. kaset

cast /ka:st/ e. fırlatmak, atmak; dökmek; rol vermek * a. atma, atış; kalıp, döküm; oynayanlar, oyuncular; çeşit, tür **cast iron** dökme demir

castaway /'ka:stıwey/ a. deniz kazazedesi

caste /ka:st/ a. sınıf, kast

castigate /'kestigeyt/ e. cezalandırmak

casting /'ka:sting/ a. döküm; oyuncu seçme

castle /'ka:sıl/ a. şato, kale

castrate /ke'streyt/ e. hadım etmek

casual /'kejuıl/ s. tesadüfi; geçici; (giysi) günlük; gelişigüzel **casually** dikkatsizce, gelişigüzel

casualty /'kejuılti/ a. kazazede, yaralı; ask. zayiat, kayıp **Casualty Ward/Department** ilkyardım koğuşu

cat /ket/ a. kedi **rain cats and dogs** kon. şakır şakır yağmur yağmak

catalogue /'ketılog/ a. katalog, liste

catapult /'ketıpalt/ a. sapan; mancınık

cataract /'ketırekt/ a. büyük çağlayan; hek. katarakt, aksu

catarrh /kı'ta:/ a. hek. nezle, soğuk algınlığı

catastrophe /kı'testrıfi/ a. yıkım, felaket, facia

catch /keç/ e. **caught** /ko:t/ tutmak, yakalamak; yetişmek; anlamak; sıkıştırmak * a. yakalama, tutma; tutulan şey, av; bityeniği **catch on** sevilmek; anlamak **catch up with** -e yetişmek **catchword** slogan

catching /'keçing/ s. kon. bulaşıcı

catchy /'keçi/ s. kolayca akılda kalan

categorical /keti'gorikıl/ s. kesin, koşulsuz

categorize /'ketigırayz/ e. sınıflandırmak

category /'ketigırı/ a. sınıf, kategori

cater /'keytı/ e. yiyecek ve içecek sağlamak

caterpillar /'ketıpilı/ a. hayb. tırtıl

catfish /'ketfiş/ a. hayb. yayınbalığı

cathedral /kı'ti:drıl/ a. katedral, başkilise

cathode /'ketoud/ a. katot, eksiuç

catholic /'ketılik/ s. (beğeni, ilgi, vb.) genel, yaygın, geniş **Catholic** Katolik

catsup /'ketsıp/ a. ketçap, domates sosu

cattle /'ketıl/ a. büyükbaş hayvan, sığır

caught /ko:t/ bkz. **catch**

cauliflower /'koliflauı/ a. bitk. karnabahar

causative /'ko:zıtiv/ s. neden olan; dilb. ettirgen

cause /ko:z/ a. neden, sebep; huk. dava; amaç, hedef * e. -e neden olmak

causeway /'ko:zwey/ a. geçici yol, geçit

caution /'ko:şın/ a. dikkat, sakınma **cautious** dikkatli, tedbirli, sakıngan

cavalry /'kevılrı/ a. ask. süvari

cave /keyv/ a. mağara **caveman** mağara adamı

caviar /'kevia:/ a. havyar

cavity /'keviti/ a. çukur, oyuk, boşluk

cavy /'keyvi/ a. kobay

cayenne pepper /keyen'pepı/ a. bitk. arnavutbiberi

cease /si:s/ e. durdurmak, kesmek; durmak **without cease** sürekli, durmaksızın **cease-fire** ateşkes **ceaseless** sürekli, aralıksız

cedar /'si:dı/ a. *bitk.* sedir,
dağservisi

ceiling /'si:ling/ a. tavan

celebrate /'selibreyt/ e. kutlamak;
övmek *celebrated* ünlü, bilinen,
meşhur *celebration* kutlama;
tören

celebrity /si'lebriti/ a. ünlü kişi; ün,
şöhret

celery /'selıri/ a. *bitk.* kereviz

cell /sel/ a. hücre; *biy.* hücre, göze;
pil

cellar /'selı/ a. mahzen, kiler

cellist /'çelist/ a. *müz.* viyolonselist

cello /'çelou/ a. *müz.* viyolonsel

cellular /'selyulı/ s. hücresel, göze-
sel; hücreli, gözeli

celluloid /'selyuloyd/ a. selüloit

cellulose /'selyulous/ a. selüloz

Celsius /'selsıus/ a. s. santigrat

cement /si'ment/ a. çimento; tutkal,
macun, dolgu, çiriş

cemetery /'semitri/ a. gömütlük,
mezarlık

censor /'sensı/ a. sansürcü * e.
sansürden geçirmek *censorship*
sansür

censure /'senşı/ e. kınamak * a.
kınama

census /'sensıs/ a. nüfus sayımı,
sayım

cent /sent/ a. doların yüzde biri
değerindeki para, sent

centennial /sen'tenııl/ s. yüz yılda
bir olan

center /'sentı/ a. e. *AE. bkz. centre*

centenary /sen'ti:nırı/ a. yüzüncü
yıldönümü

Centigrade /'sen'tigreyd/ a. santigrat

centimetre /'sentimi:tı/ a. santime-
tre

centipede /'sentipi:d/ a. *hayb.*
kırkayak

central /'sentrıl/ s. merkezi; ana,
temel; uygun *central heating*
merkezi ısıtma sistemi

centralize /'sentrılayz/ e. merkez-

ileştirmek

centre /'sentı/ a. merkez; orta * e.
bir merkezde toplamak; ortaya
koymak

centrifugal /sentri'fyu:gıl/ s.
merkezkaç

century /'sençırı/ a. yüzyıl, asır

ceramic /si'remik/ s. seramikle
ilgili, seramik *ceramics* seramik,
çömlek; seramikçilik

cereal /'sırııl/ a. tahıl

cerebral /'seribrıl/ s. *hek.* beyinle
ilgili

ceremony /'serimını/ a. tören,
merasim; resmiyet

certain /'sö:tın/ s. kesin, kati; emin,
kuşkusuz; belirli, kesin *certainly*
kesinlikle; tabii, elbette

certainty /'sö:tınti/ a. kesinlik,
kuşkusuzluk; kesin olan şey

certificate /sı'tifikıt/ a. sertifika,
belge

certify /'sö:tifay/ e. doğrulamak,
onaylamak

cesarean /si'zeırıın/ a. *kon.*
sezaryen

cesspool /'sespu:l/ a. lağım çukuru

chafe /çeyf/ e. sürterek yaralamak,
ovarak acıtmak; kızmak, sinir-
lenmek

chaff /ça:f/ a. tahıl kabuğu; saman;
çöp

chain /çeyn/ a. zincir; sıra, dizi * e.
zincirle bağlamak *chain reaction*
zincirleme reaksiyon *chain store*
bir firmaya bağlı mağazalardan
biri

chair /çeı/ a. iskemle, sandalye;
makam, koltuk; profesörlük kür-
süsü * e. (toplantı) başkan ol-
mak, yönetmek, başkanlık yap-
mak

chairman /'çeımın/ a. başkan,
yönetici; toplantı başkanı

chalet /'şeley/ a. dağ evi, ahşap
yazlık

chalice /'çelis/ a. kadeh

chalk /ço:k/ a. tebeşir
challenge /'çelinc/ e. meydan oku-
mak; (düelloya, kavgaya, vb.)
davet etmek; karşı çıkmak * a.
meydan okuma;
(düelloya/kavgaya) davet; karşı
çıkma *challenger* meydan okuyan
kimse
chamber /'çeymbı/ a. oda; meclis,
kamara; toplantı salonu; yasama
meclisi; (tüfek) hazne *chamber-
maid* oda hizmetçisi *chamber or-
chestra* oda orkestrası
champagne /şem'peyn/ a. şampa-
nya
champion /'çempıın/ a. şampiyon;
savunucu, destekleyici
championship /'çempıınşip/ a. şam-
piyona; şampiyonluk
chance /ça:ns/ a. şans, talih; ihti-
mal, olasılık; fırsat, olanak * e.
tesadüfen olmak, şans eseri ol-
mak; riske girmek, göze almak
by chance tesadüfen, şans eseri
chancellor /'ça:nsılı/ a. bakan; şan-
sölye, başbakan; rektör
chandelier /şendı'lıı/ a. avize
change /çeync/ a. değiştirmek;
değişmek, değiş tokuş etmek;
üstünü değiştirmek * a.
değiştirme, değişme, değişiklik;
bozuk para; para üstü *change
one's mind* fikrini değiştirmek
changeable değişebilir
channel /'çenıl/ a. kanal; oluk * e.
yönlendirmek; kanal açmak
chant /ça:nt/ a. (dinsel) şarkı
chaos /'keyos/ a. karışıklık, kargaşa,
kaos
chap /çep/ a. (ciltte) çatlak; adam,
arkadaş * e. (cilt) çatlamak; çat-
latmak
chapel /'çepıl/ a. küçük kilise;
ibadet yeri
chaplain /'çeplin/ a. (okul, ordu,
vb.'de) papaz, vaiz
chapter /'çeptı/ a. (kitap, yazı, vb.)
bölüm
character /'kerıktı/ a. karakter,
kişilik; nitelik, özellik
characteristic /kerıktı'ristik/ s. tipik,
karakteristik
characterize /'kerıktırayz/ e.
nitelendirmek, tanımlamak; -in
ayırıcı özelliği olmak
charades /şı'ra:dz/ a. sessiz sinema
oyunu
charcoal /'ça:koul/ a. man-
galkömürü; odunkömürü
charge /ça:c/ e. fiyat istemek;
suçlamak; yüklemek; doldurmak;
saldırmak * a. yük; yükleme;
doldurma; saldırı *in charge of*
görevli, sorumlu
chariot /'çerııt/ a. savaş arabası
charitable /'çerıtıbıl/ s. cömert;
hayırsever
charity /'çerıti/ a. hayırseverlik;
sadaka; hayır kurumu
charlatan /'şa:lıtın/ a. *hkr.* şarlatan
charm /ça:m/ a. çekicilik, alım,
cazibe
* e. hayran bırakmak, büyüle-
mek *charming* çekici, büyüleyici,
hoş
chart /ça:t/ a. harita; grafik, çizim
charter /'ça:tı/ a. kiralama, tutma;
patent * e. patent vermek; kira-
lamak *charter flight* çarter seferi
chase /çeys/ e. peşine düşmek,
kovalamak; koşuşturmak * a.
takip, kovalama; av
chassis /'şesi/ a. şasi
chat /çet/ e. sohbet etmek * a.
sohbet, muhabbet, hoşbeş
chateau /'şetou/ a. şato
chatter /'çetı/ e. çene çalmak,
sohbet etmek
chatterbox /'çetıboks/ a. *kon.*
geveze
chatty /'çeti/ s. *kon.* geveze, çene-
baz
chauffeur /'şoufı/ a. özel şoför
cheap /çi:p/ s. ucuz; kalitesiz,

değersiz *cheapen* ucuzlamak; ucuzlatmak, itibarını düşürmek *cheaply* ucuz olarak

cheat /çi:t/ *a.* hile, aldatma, dolap; dolandırıcı * *e.* aldatmak, dolandırmak

check /çek/ *e.* kontrol etmek, denetlemek; engel olmak, tutmak * *a.* kontrol, denetim; zapt, tutma; emanet makbuzu, fiş; (satranç) şah; ekose desen *check in* gelip kayıt yaptırmak, giriş işlemlerini yaptırmak *check out* otelden ayrılmak *check-up* sağlık muayenesi

checkmate /'çekmeyt/ *e.* mat etmek; yenilgiye uğratmak * *a.* (satranç) mat

cheddar /'çedı/ *a.* çedar peyniri

cheek /çi:k/ *a.* yanak; *kon.* yüzsüzlük, arsızlık, küstahlık *cheekbone* elmacıkkemiği *cheeky kon.* küstah, arsız, yüzsüz

cheer /çiı/ *e.* alkış, bağırış; neşe, keyif * *e.* neşelendirmek; alkışlamak, "yaşa" diye bağırmak *cheerful* neşeli, şen; hoş, güzel *cheerfully* neşeyle *cheerless* keyifsiz, neşesiz

cheerio /'çiıri'ou/ *ünl. BE. kon.* hoşça kal!; güle güle!

cheerleader /'çiıli:dı/ *a.* amigo

cheese /çi:z/ *a.* peynir

cheetah /'çi:tı/ *a. hayb.* çita

chef /şef/ *a.* şef, aşçıbaşı

chemical /'kemikıl/ *s.* kimyasal * *a.* kimyasal madde

chemist /'kemist/ *a.* kimyager, kimyacı *chemistry* kimya

cheque /çek/ *a.* çek *cheque book* çek defteri

cherish /'çeriş/ *e.* sevmek; hatırasında yaşatmak

cherry /'çeri/ *a.* kiraz

chess /çes/ *a.* satranç

chest /çest/ *a.* sandık, kutu; *anat.* göğüs, bağır *chest of drawers*

konsol

chestnut /'çesnat/ *a.* kestane

chew /çu:/ *e.* çiğnemek * *a.* çiğneme; lokma *chewing gum* çiklet, sakız

chick /çik/ *a.* civciv

chicken /'çikin/ *a.* piliç, tavuk; piliç eti *chicken pox hek.* suçiçeği

chickpea /'çikpi:/ *a.* nohut

chief /çi:f/ *a.* başkan, baş, amir, şef; reis * *s.* baş; en önemli, ana

child /çayld/ *a.* (*kon. children* /'çildrın/) çocuk; evlat, çocuk *childhood* çocukluk *childish* çocuksu, çocuk gibi

chill /çil/ *e.* soğumak; soğutmak; ürpertmek * *s.* soğuk * *a.* titreme, ürperti; soğuk algınlığı *chilly* soğuk, serin

chilli /'çili/ *a. bitk.* kırmızıbiber

chime /çaym/ *a.* zil/çan sesi * *e.* (saat, zil, vb.) çalmak

chimney /'çimni/ *a.* baca; lamba şişesi *chimneysweep(er)* baca temizleyicisi

chimp /çimp/ *a. hayb.* şempanze

chimpanzee /'çımpen'zi:/ *a. hayb.* şempanze

chin /çin/ *a.* çene

china /'çaynı/ *a.* çini, porselen

chinaware /'çaynıweı/ *a.* çin işi, çini/porselen eşya

chink /çink/ *a.* yarık, çatlak * *e.* şıngırdamak, şıngırdatmak

chip /çip/ *a.* kırıntı, yonga; *ç. BE.* patates kızartması; *AE.* cips * *e.* yontmak; çentmek, dilimlemek

chipping /'çiping/ *a.* çakıltaşı

chiropody /ki'ropıdi/ *a.* ayak bakımı

chirp /çö:p/ *a.* cıvıltı * *e.* cıvıldamak *chirpy* neşeli, cıvıl cıvıl

chisel /'çizıl/ *a.* keski * *e.* oymak, yontmak

chivalry /'şivılri/ *a.* şövalyelik; yiğitlik, kahramanlık; incelik, kibarlık

chive /çayv/ *a. bitk.* frenksoğanı
chlorinate /'klo:rineyt/ *e.* klorlamak
chlorine /'klo:ri:n/ *a.* klor
chloroform /'klo:rfo:m/ *a.* kloroform
chlorophyll /'klo:rıfil/ *a.* klorofil
chocolate /'çoklit/ *a.* çikolata
choice /çoys/ *a.* seçme; seçim; seçilen kişi/şey; seçenek * *s.* seçkin
choir /'kwayı/ *a.* koro; koro üyelerinin yeri
choke /çouk/ *e.* boğmak; boğulmak; tıkamak; tıkanmak * *a.* jikle, hava kelebeği
choose /çu:z/ *e. chose* /çouz/, *chosen* /'çouzın/ seçmek; karar vermek; istemek *choosy* güç beğenen, titiz
chop /çop/ *e.* (balta, vb. ile) kesmek; kıymak, doğramak * *a.* balta, vuruşu; vuruş, darbe; (deniz) çırpıntı; pirzola, külbastı *first chop* birinci sınıf, kaliteli *chopper* balta; satır *choppy* (deniz) çırpıntılı, dalgalı; (rüzgâr) değişken *chopstick* Çinlilerin kullandığı yemek çubuğu
choral /'ko:rıl/ *s.* koro ile ilgili
chord /ko:d/ *a. müz.* tel; *müz.* akort; *mat.* kiriş
chore /ço:/ *a.* sıkıcı iş; günlük ev işi
choreography /kori'ogrıfi/ *a.* koreografi
chorus /'ko:rıs/ *a.* koro; nakarat; uğultu
chose, chosen /çouz, 'çouzın/ *bkz.* *choose*
Christ /krayst/ *a.* İsa
christen /'krisın/ *e.* vaftiz etmek; ad koymak
Christendom /'krisındım/ *a.* Hıristiyan âlemi
Christian /'krişçın/ *a. s.* Hıristiyan *Christian name* ön ad, vaftiz adı
Christianity /kristi'eniti/ *a.* Hıristiyanlık

Christmas /'krismıs/ *a.* Noel *Christmas Eve* Noel arifesi
chrome /kroum/ *a.* krom
chromium /'kroumiım/ *a.* krom
chromosome /'kroumısoum/ *a. biy.* kromozom
chronic /'kronik/ *s.* müzmin, süreğen
chronicle /'kronikıl/ *a.* kronik, vakayiname
chronological /'kronı'locikıl/ *s.* kronolojik, zamandizinsel
chronology /krı'nolıci/ *a.* kronoloji, zamandizin
chronometer /krı'nomitı/ *a.* kronometre, süreölçer
chrysanthemum /kri'sentimım/ *a. bitk.* kasımpatı, krizantem
chuck /çak/ *e.* atmak, fırlatmak
chuckle /'çakıl/ *e.* kıkır kıkır gülmek * *a.* kıkırdama
chug /çag/ *e.* (motor) pat pat etmek, teklemek
chum /çam/ *a. kon.* iyi arkadaş, ahbap *chummy* samimi, arkadaş canlısı
chump /çamp/ *a.* kütük, takoz
chunk /çank/ *a.* iri parça *chunky* bodur ve tıknaz
church /çö:ç/ *a.* kilise *churchyard* kilise mezarlığı
churlish /'çö:liş/ *s.* kaba, ters, aksi
churn /çö:n/ *a.* yayık * *e.* yayıkta tereyağı yapmak; çalkalamak
chute /şu:t/ *a.* küçük çağlayan; oluk
chutney /'çatni/ *a.* bir tür acı sos
cider /'saydı/ *a. BE.* elma şarabı, elma şırası
cigar /si'ga:/ *a.* puro
cigarette /sigı'ret/ *a.* sigara
cinder /'sındı/ *a.* kor, köz
cinema /'sinimı/ *a.* sinema
cinnamon /'sinımın/ *a.* tarçın
cipher, cypher /'sayfı/ *a.* sıfır; şifre
circa /'sö:kı/ *ilg.* tahminen; yaklaşık
circle /'sö:kıl/ *a.* çember, daire; halka; çevre; (tiyatro, vb.) balkon

* *e.* çember içine almak; çevresini dolaşmak

circuit /'sö:kit/ *a.* dolaşma, devir, tur; çevre; ring seferi; *fiz.* devre, çevrim *circuit breaker* şalter

circuitous /sö:'kyu:itıs/ *s.* dolambaçlı, kıvrımlı, dönemeçli

circular /'sö:kyulı/ *s.* dairesel; dolambaçlı ***** *a.* genelge

circulate /'sö:kyuleyt/ *e.* dolaşmak; dolaştırmak; yaymak; yayılmak *circulation* dolaşım; tiraj

circumcise /'sö:kımsayz/ *e.* sünnet etmek *circumcision* sünnet

circumference /sı'kamfırıns/ *a. mat.* çember, çevre

circumflex /'sö:kımfleks/ *a.* düzeltme/uzatma işareti

circumstance /'sö:kımstens/ *a.* durum, koşul, hal *in/under no circumstances* asla, hiçbir şekilde *in/under the circumstances* şartlar gerektirdiğinden

circumvent /sö:kım'vent/ *e.* -den kaçmak, kaçınmak; atlatmak

circus /'sö:kıs/ *a.* sirk; *BE.* alan, meydan

cirrus /'sirıs/ *a.* sirrus, saçakbulut

cistern /'sistın/ *a.* sarnıç

citadel /'sitıdıl/ *a.* kale

citation /say'teyşın/ *huk.* celpname; alıntı

cite /sayt/ *e. huk.* mahkemeye çağırmak; celpname göndermek; bahsetmek; örnek olarak vermek/göstermek

citizen /'sitizın/ *a.* vatandaş, yurttaş *citizenship* vatandaşlık, yurttaşlık

citric acid /sitrik'esid/ *a.* sitrik asit

citrus /'sitrıs/ *s.* turunçgillerle ilgili

city /'siti/ *a.* kent, şehir

civic /'sivik/ *a.* şehirle ilgili, kentsel; yurttaşlıkla ilgili *civics* yurttaşlık bilgisi

civil /'sivıl/ *s.* sivil; uygar; kibar, nazik; *huk.* medeni hukukla ilgili *civil defence* sivil savunma *civil*

law medeni hukuk *civil rights* vatandaşlık hakları *civil servant* devlet memuru *civil service* devlet memurluğu, devlet hizmeti; devlet memurları *civil war* iç savaş

civilian /si'vilıın/ *a. s.* sivil

civility /si'viliti/ *a.* incelik, nezaket, kibarlık

civilization /sivılay'zeyşın/ *a.* uygarlık, medeniyet; uygarlaştırma; uygarlaşma

civilize /'sivılayz/ *e.* uygarlaştırmak; adam etmek, kibarlaştırmak

claim /kleym/ *e.* hak talep etmek; almak, sahip çıkmak; iddia etmek ***** *e.* istek, talep; hak; iddia

clam /klem/ *a. hayb.* deniztarağı

clamour /klemı/ *a.* gürültü, patırtı

clamp /klemp/ *a.* mengene, kenet, kıskaç ***** *e.* mengeneyle sıkıştırmak

clan /klen/ *a.* kabile, oymak

clandestine /klen'destin/ *s.* gizli kapaklı, el altından yapılan

clang /kleng/ *e.* çınlamak ***** *a.* çınlama

clap /klep/ *e.* (el) çırpmak; alkışlamak ***** *a.* alkış; gürleme

clarify /'klerifay/ *e.* açıklamak, açıklığı getirmek; açıklanmak; arıtmak

clarinet /kleri'net/ *a. müz.* klarnet

clarity /'kleriti/ *a.* açık seçiklik

clash /kleş/ *e.* çarpışmak, çatışmak; (renk) uymamak ***** *a.* gürültü, patırtı; çatışma

clasp /kla:sp/ *a.* toka, kopça; sıkı tutma; kavrama ***** *e.* sıkıca tutmak; kavramak; kopça/toka ile tutturmak

class /kla:s/ *a.* sınıf, zümre; (okul) sınıf; ders; çeşit, tür ***** *e.* sınıflandırmak *first class* birinci mevki *middle class* orta sınıf *classmate* sınıf arkadaşı *classroom* derslik classic /'klesik/ s. klasik; bilinen, tipik * a. klasik yapıt, klasik

classical /'klesikıl/ s. klasik

classify /'klesifay/ e. sınıflandırmak

classification /klesifi'keyşın/ a. sınıflama; bölümleme, tasnif, sınıflandırma

classified /'klesifayd/ s. sınıflandırılmış, tasnif edilmiş; (askeri bilgi, vb.) gizli *classified ad* küçük gazete ilanı

clatter /'kletı/ e. tangırdamak; tangırdatmak * a. tangırtı

clause /klo:z/ a. *dilb.* cümlecik, yantümce; *huk.* madde, fıkra

claustrophobia /klo:strı'foubiı/ a. kapalı yer korkusu, klostrofobi

claw /klo:/ a. pençe; kıskaç * e. pençelemek, tırmalamak

clay /kley/ a. kil

clean /kli:n/ s. temiz; masum; düzgün, adil, kurallara uygun; net * *be. kon.* tam anlamıyla, bütünüyle * e. temizlemek; temizlenmek *clean-cut* biçimli, düzgün; belirgin, açık seçik *clean out* temizlemek; *kon.* soyup soğana çevirmek *clean up* temizlemek, tertemiz yapmak; *kon.* çok kâr etmek, vurgun vurmak *cleaner* temizlik işçisi; temizleyici *cleaner's* temizleyici dükkânı

cleanliness /'klenlinis/ a. temizlik

cleanly /'kli:nli/ *be.* temiz bir biçimde

cleanse /klenz/ e. temizlemek

clear /kliı/ s. açık, parlak; anlayışlı, kolayca kavrayan; emin; açık, engelsiz; masum, temiz; belirgin, ortada, aşikâr * *be.* açıkça; tamamen; uzağa, uzakta; dışarı * e. temizlemek, açmak; temizlemek; temize çıkarmak, aklamak *clear away* kaldırıp götürmek *clear off* çekip gitmek, defolmak *clear out* boşaltıp temizlemek, çekilip gitmek *clear up* (hava) açılmak; çözümlemek *clearly* kesinlikle

clearance /'kliırıns/ a. (gemi, vb.) geçiş izni

cleave /kli:v/ e. yarmak, ayırmak, bölmek *cleaver* kasap satırı

clef /klef/ a. *müz.* anahtar

clemency /'klemınsi/ a. acıma, merhamet; (hava) yumuşaklık

clench /klenç/ e. (diş, el, vb.) sıkmak, sımsıkı kapamak; sıkıca kavramak

clergy /'klö:ci/ a. ruhban sınıfı *clergyman* papaz, rahip

clerical /'klerikıl/ s. rahiplerle ilgili; daire/büro işleriyle ilgili

clerk /kla:k/ a. yazman, kâtip; tezgâhtar, satıcı

clever /'klevı/ s. akıllı, becerikli; usta

cliché /'kli:şey/ a. basmakalıp söz

click /klik/ a. tıkırtı * e. tıkırdamak; tıkırdatmak

client /'klayınt/ a. müşteri, alıcı; *huk.* müvekkil

clientele /kli:ın'tel/ a. müşteriler, müşteri

cliff /klif/ a. uçurum

climate /'klaymıt/ a. iklim

climatic /'klaymetik/ s. iklimsel

climatology /klaymı'tolıci/ a. klimatoloji, iklimbilim

climax /'klaymeks/ a. zirve, doruk

climb /klaym/ e. tırmanmak; yükselmek * a. tırmanış *climber* tırmanıcı; dağcı; *bitk.* sarmaşık

clinch /klinç/ e. çözümlemek; kucaklamak, sarılmad

cling /kling/ s. *clung* /klang/ tutunmak, yapışmak

clinic /'klinik/ a. klinik *clinical* klinik; soğuk, ilgisiz, umursamaz

clink /klink/ e. şangırdamak * a. şangırtı

clip /klip/ a. ataş; toka; klips; şarjör; klip; kesme, kırılma * e.

(ataş, vb. ile) tutturmak; kırkmak; vurmak

clippers /'klipız/ *a.* kırpma makası, saç kesme makinesi *nail clippers* tırnak makası

clipping /'kliping/ *a.* kupür, kesik

clique /kli:k/ *a.* klik, hizip

clitoris /'klitıris/ *a.* klitoris, bızır

cloak /klouk/ *a.* pelerin * *e.* gizlemek *cloakroom* vestiyer

clock /klok/ *a.* masa/duvar saati * *e.* saat tutmak *clockwise* saat yelkovanı yönünde

clod /klod/ *e.* tıkamak; tıkanmak

cloister /'kloystı/ *a.* manastır

clop /klop/ *a.* nal sesi

close /klouz/ *e.* kapatmak; kapanmak; bitirmek, son vermek * *a.* son, sonuç, nihayet * /klous/ *s.* yakın; samimi; sık, az aralıklı; dikkatli, titiz; (hava) sıkıntılı, boğucu; havasız, kapalı; az farklı, hemen hemen eşit * *be.* yakın, yakından, yakına *close call/shave/thing kon.* kıl payı kurtuluş *close fitting* dar *close season* av yasağı dönemi *close-up* yakından çekilen fotoğraf *closed circuit* kapalı devre televizyon sistemi *closely* yakından; dikkatle

closet /'klozit/ *a. AE.* gömme dolap; tuvalet; küçük oda

clot /klot/ *e.* pıhtılaşmak * *a.* pıhtı

cloth /klot/ *a.* kumaş; bez

clothe /klout/ *e.* giydirmek

clothes /kloutz/ *a.* giysi, elbise

clothing /'klouting/ *a.* giyecek, giyim, kıyafet

cloud /klaud/ *a.* bulut * *e.* bulutlanmak; karartmak; kararmak *cloudy* bulutlu; bulanık

clove /klouv/ *a.* karanfil; sarmısak dişi

clover /'klouvı/ *a.* yonca

clown /klaun/ *a.* palyaço; soytarı

club /klab/ *a.* kulüp, dernek; sopa; golf sopası; sinek, ispati

cluck /klak/ *a.* gıdaklama * *e.* gıdaklamak

clue /klu:/ *a.* ipucu

clump /klamp/ *a.* küme, yığın * *e.* ağır ve gürültülü adımlarla yürümek

clumsy /'klamzi/ *s.* beceriksiz, sakar; biçimsiz

cluster /'klastı/ *a.* salkım, demet, küme

clutch /klaç/ *e.* kavramak, yakalamak * *a.* kavrama, tutma; debriyaj; pençe

clutter /'klatı/ *a.* karışıklık, darmadağınıklık * *e.* karmakarışık etmek

coach /kouç/ *a.* at arabası, fayton; *be.* yolcu otobüsü; yolcu vagonu; *sp.* antrenör, koç, çalıştırıcı * *e.* çalıştırmak, yetiştirmek

coagulate /kou'egyuleyt/ *e.* koyulaşmak, pıhtılaşmak; koyulaştırmak, pıhtılaştırmak *coagulant* pıhtılaştırıcı madde *coagulation* pıhtılaşma

coal /koul/ *a.* kömür *coalgas* havagazı *coalminer* maden kömürü işçisi

coalesce /kouı'les/ *e.* birleşmek

coalescence /kouı'lesıns/ *a.* birleşme, bütünleşme

coalition /kouı'lişın/ *a.* koalisyon, birleşme

coarse /ko:s/ *s.* kaba, terbiyesiz; bayağı; adi; işlenmemiş

coast /koust/ *a.* kıyı, sahil; *AE.* kızakla kayılabilecek yokuş * *e.* kıyı boyunca gitmek; yokuş aşağı inmek *coastguard* sahil koruma görevlisi; sahil koruma *coastline* kıyı, sahil şeridi

coat /kout/ *a.* palto; ceket; mont; post; tabaka, kat * *e.* kaplamak

coating /'kouting/ *a.* tabaka, kat, astar

coax /kouks/ *e.* tatlılıkla ikna etmek; tatlılıkla elde etmek

cob /kob/ a. mısır koçanı

cobalt /'koubo:lt/ a. kobalt

cobble /'kobıl/ a. arnavut kaldırım taşı * e. kaldırım taşı döşemek

cobbler /'koblı/ a. ayakkabı tamircisi

cobra /'kobrı/ a. *hayb.* kobra

cobweb /'kobweb/ a. örümcek ağı

cocaine /kou'keyn/ a. kokain

cock /kok/ a. horoz; tetik; musluk * e. (silah) kurmak, tetiğe almak; (kulak, vb.) dikilmek, kalkmak

cockcrow /'kokkrou/ a. şafak, sabahın ilk saatleri

cockerel /'kokırıl/ a. yavru horoz

cockle /'kokıl/ a. bir tür midye

Cockney /'kokni/ a. s. (Doğu) Londralı

cockpit /'kokpit/ a. horoz dövüşü yapılan küçük alan; pilot kabini; yarış arabasında sürücü yeri

cockroach /'kokrouç/ a. *hayb.* hamamböceği

cocktail /'kokteyl/ a. kokteyl

coco /'koukou/ a. hindistancevizi ağacı

cocoa /'koukou/ a. *bitk.* kakao

coconut /'koukınat/ a. *bitk.* hindistancevizi

cocoon /kı'ku:n/ a. koza

cod /kod/ a. morina balığı

coda /'koudı/ a. *müz.* koda, final

coddle /'kodıl/ e. ağır ateşte kaynatmak; üzerine titremek, şımartmak

code /koud/ a. şifre; kod; kural * e. şifrelemek, şifreyle yazmak; kodlamak

codein /'koudi:n/ a. kodein

codify /'koudifay/ e. düzenlemek, kodlamak

coed /kou'ed/ s. (okul) karma eğitim yapan, karma

coeducation /kouecu'keyşın/ a. karma eğitim

coefficient /koui'fişınt/ a. katsayı

coerce /kou'ö:s/ e. zorlamak; baskı yapmak

coercion /kou'ö:şın/ a. zorlama, baskı

coexist /kouig'zist/ e. barış içinde birlikte yaşamak **coexistence** bir arada varoluş

coffee /'kofi/ a. kahve **coffeepot** cezve

coffer /'kofı/ a. sandık, kutu, çekmece

coffin /'kofin/ a. tabut

cog /kog/ a. çark dişi, diş

cogent /'koucınt/ s. ikna edici, inandırıcı, telkin edici

cogitate /'kociteyt/ e. (bir şey üzerinde) enine boyuna iyice düşünmek **cogitation** iyice düşünme

cognac /'konyek/ a. konyak

cognate /'kogneyt/ s. aynı kökenli, aynı soydan gelen, akraba

cognition /kog'nişın/ a. bilme, kavrama, idrak

cognitive /'kognitiv/ s. bilmeye, kavramaya ya da idrak etmeye ilişkin

cohabit /kou'hebit/ e. (nikâhsızca) birlikte yaşamak **cohabitation** birlikte yaşama

cohere /kou'hiı/ e. yapışmak; birbirini tutmak **coherent** uygun, tutarlı; yapışık

cohesion /kou'hi:jın/ a. yapışma

coiffeur /kwo'fö:/ a. kuaför

coil /koyl/ a. bobin, kangal * e. sarmak

coin /koyn/ a. madeni para * e. para basmak; (sözcük, vb.) uydurmak

coinage /'koynic/ a. madeni para basma; para sistemi; (yeni sözcük, vb.) uydurma

coincide /kouin'sayd/ e. aynı zamana rastlamak, çatışmak; (düşünce, vb.) uymak

coincidence /kou'insidıns/ a. rastlantı, tesadüf; uygunluk **coincidental** rastlantısal, tesadüfi

coke /kouk/ *a.* kok kömürü; *kon.* koka kola

cola /'koulı/ *a.* kolalı içecekler

colander /'kalındı/ *a.* süzgeç, kevgir

cold /kould/ *s.* soğuk * *a.* soğuk; nezle **cold-blooded** soğukkanlı **cold-hearted** soğuk, duygusuz **cold war** soğuk savaş **catch a cold** nezle olmak; üşütmek

collaborate /kı'lebıreyt/ *e.* işbirliği yapmak **collaboration** işbirliği

collage /'kola:j/ *a.* kolaj, kolaj resim

collapse /kı'leps/ *e.* çökmek; yıkılmak; açılır kapanır olmak * *a.* çöküş, yıkılış, çökme; ani düşüş, yıkım; başarısızlık **collapsible** açılır kapanır

collar /'kolı/ *a.* yaka; tasma; kolye **collarbone** *anat.* köprücükkemiği

collateral /kı'letırıl/ *s.* yan yana, paralel; yardımcı, ek; aynı soydan gelen

colleague /'koli:g/ *a.* meslektaş

collect /kı'lekt/ *e.* toplamak, biriktirmek; uğrayıp almak **collection** toplama; toplanma; koleksiyon, biriktiri; yığın **collector** toplayan

collective /kı'lektiv/ *s.* ortaklaşa, ortak, toplu **collective agreement** toplusözleşme **collective bargaining** toplu pazarlık **collective noun** *dilb.* topluluk adı

college /'kolic/ *a.* yüksekokul, fakülte

collide /kı'layd/ *e.* çarpışmak; çatışmak, zıt olmak

collier /'kolıı/ *a.* kömür işçisi; kömür gemisi

colliery /'kolyırı/ *a.* kömür ocağı, kömür madeni

collision /kı'lijın/ *a.* çarpışma; çatışma, düşünce ayrılığı

colloquial /kı'loukwıl/ *s.* konuşma diline özgü

collude /kı'lu:d/ *e.* dolap çevirmek,

tezgâh hazırlamak **collusion** gizli anlaşma, dolap, tezgâh

cologne /kı'loun/ *a.* kolonya

colon /'koulın/ *a.* iki nokta üst üste (:) * *anat.* kolon

colonel /'kö:nıl/ *a.* albay

colonial /kı'lounııl/ *s.* sömürgeci

colonialism /kı'lounıılizım/ *a.* sömürgecilik

colonize /'kolınayz/ *a.* kolonileştirmek, sömürgeleştirmek

colony /'kolını/ *a.* sömürge; koloni

color /'kalı/ *a. AE. bkz. colour*

colossal /kı'losıl/ *s.* dev gibi, kocaman

colossus /kı'losıs/ *a.* dev

colour /'kalı/ *a.* renk; boya; *kon.* bayrak * *e.* boyamak **colour bar/line** ırk ayrımı **oil colours** yağlıboya **water colours** suluboya **colour-blind** renk körü **coloured** renkli **colourfast** boyası çıkmaz, solmaz **colourful** renkli **colouring** boya, gıda boyası; boyama, renklendirme **colourless** renksiz; solgun; sıkıcı, itici; donuk

colt /koult/ *a.* tay; sıpa

column /'kolım/ *a.* sütun **columnist** köşe yazarı

coma /'koumı/ *a. hek.* koma

comb /koum/ *a.* tarak * *e.* taramak

combat /'kombet/ *a.* mücadele, savaşım; çarpışma, savaş * *e.* mücadele etmek; savaşmak **combatant** savaşçı

combination /kombi'neyşın/ *a.* birleştirme; birleşme; *kim.* bileşim, terkip

combine /kım'bayn/ *e.* birleşmek; birleştirmek **combine harvester** biçerdöver

combustible /kım'bastibıl/ *s.* yanabilir, kolayca tutuşabilir, yanıcı

combustion /kım'basçın/ *a.* yanma, tutuşma

come /kam/ *e.* **came** /keym/ *come*

/kæm/ gelmek; varmak; ulaşmak; olmak *come about* olmak *come across* karşılaşmak, rastlamak *come along* ilerlemek, gelişmek; (sağlık) iyiye gitmek; olmak, ortaya çıkmak; takip etmek *come apart* kopuvermek, dağılıvermek *come back* yeniden gözde olmak *come by* elde etmek, sahip olmak; karşılaşmak; tesadüfen edinmek *come down* aşağıya inmek; (fiyat) düşmek *come in* içeri girmek *come into* girmek; mirasa konmak *come off* çıkmak, kopmak *come on!* hadi!, haydi! *come on* gelişmek, ilerlemek; elini çabuk tutmak *come out* çıkmak *come round* uğramak; kendine gelmek, ayılmak *come through* kurtulmak; atlatmak *come to* ayılmak; tutmak, varmak *come true* gerçekleşmek *come up* çıkmak, yükselmek *comeback* eski gücüne kavuşma, yeniden başarma *comedown* düş kırıklığı, düşüş

comedian /kı'mi:dıın/ a. komedyen
comedy /'komidi/ a. komedi, güldürü
comet /'komit/ a. kuyrukluyıldız, komet
comfort /'kamfıt/ a. rahatlık; refah, konfor; teselli * e. rahatlatmak, teselli etmek
comfortable /'kamfıtıbıl/ s. rahat; konforlu; huzurlu
comic /'komik/ s. komik, gülünç * a. komedyen *comic strips* karikatür şeklinde öykü dizisi *comics* resimli mizah dergileri; karikatür öyküsü
coming /'kaming/ a. gelme, geliş, varış * s. gelen, gelmekte olan
comma /'komı/ a. virgül
command /kı'ma:nd/ e. emretmek, buyurmak; komuta etmek, yönetmek; hâkim olmak * a. buyruk, emir, komut; kontrol, komuta, kumanda yönetim; yetki; hâkimiyet
commandant /komın'dent/ a. komutan
commandeer /komın'dıı/ e. ask. el koymak
commander /kı'ma:ndı/ a. komutan; deniz yarbayı *commander-in-chief* başkomutan
commando /kı'ma:ndou/ a. ask. komando
commemorate /kı'memıreyt/ e. anmak, anısını kutlamak; anısı olmak
commence /kı'mens/ e. başlamak *commencement* başlangıç, başlama; diploma töreni
commend /kı'mend/ e. övmek, takdir etmek; emanet etmek; tavsiye etmek *commendable* övgüye layık *commendation* övgü; takdir; resmi takdirname, onurlandırma
commensurate /kı'menşırit/ s. uygun, oranlı, eşit
comment /'koment/ a. yorum * e. yorum yapmak; yorumlamak
commentary /'komıntıri/ a. açıklama, yorum; (maç, vb.) anlatma, nakil
commentate /'komınteyt/ e. (maç, vb.) anlatmak
commentator /'komınteytı/ a. (maç, vb.) anlatıcı
commerce /'komö:s/ a. ticaret, tecim *chamber of commerce* ticaret odası
commercial /kı'mö:şıl/ s. ticari * a. televizyon/radyo reklamı
commercialize /kı'mö:şılayz/ e. ticarete dökmek
commiserate /kı'mizıreyt/ e. (with) acısını paylaşmak *commiseration* acısını paylaşma, derdine ortak olma
commission /kı'mişın/ a. iş, görev;

yetki; kurul, heyet, komisyon; komisyon, yüzde * e. görevlendirmek

commissionaire /kımişı'neı/ a. (sinema, otel, vb.'de) kapıcı

commissioner /kı'mişını/ a. komisyon üyesi; hükümet temsilcisi; (devlet dairesinde) yetkili memur, şube müdürü

commit /kı'mit/ e. yapmak, işlemek; teslim etmek; üstlenmek *commitment* taahhüt, üstlenme; sorumluluk; söz; bağlantı *committed* kendini adamış

committee /kı'miti/ a. komisyon, heyet, komite

commodity /kı'moditi/ a. eşya, mal

commodore /'komıdo:/ a. tuğamiral

common /'komın/ s. ortak, genel; sıradan; toplumsal, kamusal; yaygın, bilinen * a. halka açık yeşil alan, park; ortak, müşterek *Common Market* Ortak Pazar *common noun* dilb. cins ismi *common sense* sağduyu *commonly* genellikle, çoğunlukla, ekseriya

commoner /'komını/ a. halk tabakasından olan kimse

commonplace /'komınpleys/ s. alelade, sıradan, basit

Commons /'komınz/ a. Avam Kamarası

commonwealth /'komınwelt/ a. ulus; cumhuriyet *The Commonwealth* İngiliz Uluslar Topluluğu

commotion /kı'mouşın/ a. kargaşa

communal /'komyunıl/ s. halka ait, toplumsal; ortaklaşa kullanılan

communicate /kı'myu:nikeyt/ e. (haber, düşünce, vb.) geçirmek, nakletmek, iletmek, bildirmek, açıklamak; (with) görüş alışverişi yapmak, iletişim kurmak; birleşmek *communication* iletişim, haberleşme, komünikasyon; haber, mesaj; *kon.* komünikasyon sistemi

communicative /kı'myu:nikıtiv/ s. konuşkan, geveze, boşboğaz

communion /kı'myu:niın/ a. görüş alışverişi; duygu, düşünce, vb. paylaşma

communiqué /kı'myu:nikey/ a. bildiri

communism /'komyunızım/ a. komünizm *communist* komünist

community /kı'myu:niti/ a. halk, toplum; topluluk; ortak iyelik, ortaklaşalık

commute /kı'myu:t/ e. (cezayı) hafifletmek; ev ile iş arasında gidip gelmek; değiş tokuş etmek

compact /kım'pekt/ s. yoğun, sıkı, sık

companion /kım'peniın/ a. arkadaş, yoldaş *companionship* arkadaşlık; dostluk

company /'kampıni/ a. şirket; arkadaşlık, eşlik; dost; birlik, grup; *den.* tayfa; *ask.* bölük

comparable /'kompırbıl/ s. karşılaştırılabilir

comparative /kım'pentiv/ s. karşılaştırmalı, mukayeseli; göreceli, nispi; *dilb.* üstünlük derecesi

compare /kım'peı/ e. karşılaştırmak, mukayese etmek; benzetmek

comparison /kım'perisın/ a. karşılaştırma, mukayese; benzerlik

compartment /kım'pa:tmınt/ a. bölme, daire; (tren) kompartıman; *oto.* torpido gözü, torpido

compass /'kampıs/ a. pusula; pergel; sınır, alan

compassion /kım'peşın/ a. acıma, şefkat *compassionate* merhametli, sevecen

compatible /kım'petıbıl/ s. bir arada olabilir, bağdaşabilir compatriot /kım'petrııt/ a. yurttaş, hemşeri

compel /kım'pel/ e. zorlamak

compensate /'kompınseyt/ e. tazminat ödemek; bedelini vermek, zararı ödemek, telafi etmek *compensation* bedel, tazminat; yerini doldurma, telafi

compére /'kompeı/ a. *BE.* (eğlence programında) sunucu * e. *BE* sunuculuk yapmak

compete /kım'pi:t/ e. yarışmak; yarışmaya katılmak

competence /'kompıtıns/ a. yetenek, beceri, ustalık; yetki *competent* yetenekli, usta; doyurucu; yetkili

competition /kompi'tişın/ a. yarışma, müsabaka; rekabet, çekişme

competitive /kım'petitiv/ s. rekabete dayanan; rekabetçi

competitor /kım'petitı/ a. yarışmacı; rakip

compilation /kompi'leyşın/ a. derleme

compile /kım'payl/ e. derlemek, bir araya getirmek *compiler* derleyen

complacent /kım'pleysınt/ s. halinden memnun, keyfi yerinde

complain /kım'pleyn/ e. şikâyet etmek, yakınmak *complaint* yakınma, şikâyet; hastalık; dert

complement /'komplimınt/ a. tamamlayıcı şey; tam; bütün * e. tamamlamak *complementary* /-'mentırı/ tamamlayıcı

complete /kım'pli:t/ s. tam, eksiksiz; tamam, bitmiş; yetkin * e. tamamlamak, bitirmek; bütünlemek *completely* tamamen, bütünüyle

complex /'kompleks/ s. çok parçalı; karmaşık, karışık * a. kompleks

complexion /kım'plekşın/ a. ten; ten rengi

compliance /kım'playıns/ a. rıza, uyum

compliant /kım'playınt/ s. yumuşak başlı, uysal, itaatkâr

complicate /'komplikeyt/ e. karıştırmak, güçleştirmek *complicated* karışık, zor *complication* karışıklık

complicity /kım'plisiti/ a. suçortaklığı

compliment /'komplimınt/ a. övgü, iltifat, kompliman; *kon.* selamlar, saygılar, iyi dilekler * e. övmek, tebrik etmek *complimentary* övgü niteliğinde; parasız

comply /kım'play/ e. **(with)** uymak; razı olmak

component /kım'pounınt/ a. (makine, vb.) parça; bileşen

compose /kım'pouz/ e. birleştirmek, oluşturmak; yazmak; bestelemek; yatıştırmak *composer* besteci

composite /'kompızit/ s. birçok parçalardan oluşan, karma, bileşik

composition /kompı'zişın/ a. bileşim; beste; kompozisyon; nitelik, yapı

compositor /kım'pozitı/ a. dizgici

compost /'kompost/ a. çürümüş organik maddeli gübre

composure /kım'pouji/ a. soğukkanlılık, kendine hâkimiyet

compound /kım'paund/ s. bileşik * e. katmak, eklemek; birleştirmek * a. bileşim *compound interest* bileşik faiz

comprehend /kompri'hend/ e. anlamak, kavramak *comprehensible* anlaşılabilir *comprehension* anlama, kavrama; (okulda) kavrama testi *comprehensive* geniş, ayrıntılı *comprehensive (school)* sanat okulu, çok amaçlı okul

compress /kım'pres/ e. basmak,

sıkıştırmak, bastırmak; birkaç sözcükle anlatmak, özetlemek *compression* sıkıştırma; özetleme

comprise /kım'prayz/ *e.* -den oluşmak; içermek, kapsamak

compromise /'komprımayz/ *a.* uzlaşma * *e.* uzlaşmak; şerefine gölge düşürmek

compulsion /kım'palşın/ *a.* zorlama, baskı *compulsiv* zorunlu, mecburi

compulsory /kım'palsıri/ *s.* zorunlu

compunction /kım'pankşın/ *a.* vicdan azabı, pişmanlık; utanma

computation /kompyu'teyşın/ *a.* ölçüm, hesap, hesaplama

compute /kım'pyu:t/ *e.* hesap yapmak, hesaplamak *computer* bilgisayar

computerize /kım'pyu:tırayz/ *e.* bilgisayarlaştırmak; bilgisayara yüklemek

comrade /'komrıd/ *a.* arkadaş, yoldaş

con /kon/ *a.* aleyhte nokta/kimse; *kon.* kazık, üçkâğıt * *e.* *kon.* kazıklamak, dolandırmak

concave /kon'keyv/ *s.* çukur, içbükey

conceal /kın'si:l/ *e.* gizlemek, saklamak

concede /kın'si:d/ *e.* teslim etmek; kabul etmek; vermek, bağışlamak

conceit /kın'si:t/ *a.* kendini beğenmişlik *conceited* kendini beğenmiş

conceive /kın'si:v/ *e.* tasarlamak, kurmak; gebe kalmak *conceivable* akla yatkın, olası

concentrate /'konsıntreyt/ *e.* toplanmak, derişmek; toplamak, deriştirmek; konsantre olmak

concentration /konsın'treyşın/ *a.* toplama; toplanma; konsantrasyon *concentration camp* toplama kampı

concentric /kın'sentrik/ *s.* eşmerkezli

concept /'konsept/ *a.* genel kavram, genel düşünce

conception /kın'sepşın/ *a.* anlayış, kavrayış, kavrama; düşünce, görüş, kavram, fikir; gebe kalma

concern /kın'sö:n/ *e.* ilgilendirmek, ilişiği olmak; kaygılandırmak, üzmek *concerned* ilgili, ilişkili; endişeli, kaygılı *as far as I'm concerned* bence, bana kalırsa *concerning* hakkında; -e dair, ile ilgili

concert /'konsıt/ *a.* konser *in concert* birlikte, işbirliği içinde

concerto /kın'çö:tou/ *a.* *müz.* konçerto

concession /kın'seşın/ *a.* ödün, taviz; ayrıcalık, imtiyaz

conciliate /kın'silieyt/ *e.* gönlünü almak, gönlünü yapmak *conciliation* gönül alma *conciliatory* gönül alıcı

concise /kın'says/ *s.* kısa, özlü

conclude /kın'klu:d/ *e.* bitirmek; bitmek; sonucuna varmak; karara varmak

conclusion /kın'klu:jın/ *a.* son; sonuç; yargı; anlaşma *in conclusion* neticede, sonuç olarak

conclusive /kın'klu:siv/ *s.* kesin, son

concord /'konko:d/ *a.* uyum, anlaşma; dostluk

concourse /'konko:s/ *a.* bir araya gelme, toplanma

concrete /'konkri:t/ *s.* somut; açık, kesin, belli * *a.* beton * *e.* beton dökmek

concur /kın'kö:/ *e.* anlaşmak, uyuşmak; aynı zamanda oluşmak *concurrent* aynı zamanda oluşan, rastlantısal

concussion /kın'kaşın/ *a.* beyin sarsıntısı

condemn /kın'dem/ *e.* kınamak, ayıplamak; mahkûm etmek

condensation /kondın'seyşın/ a. yoğunlaşma, sıvılaşma; buğu

condense /kın'dens/ e. (gaz) yoğunlaşmak; özetlemek

condenser /kın'densı/ a. kondansatör; kondansör

condescend /kondi'send/ e. tenezzül etmek; lütfetmek

condiment /'kondimınt/ a. baharat, sos, çeşni

condition /kın'dişın/ a. durum, hal, vaziyet; koşul, şart; genel sağlık durumu, kondisyon, form * e. şart koşmak; şartlandırmak; koşullandırmak; alıştırmak *on condition that* eğer, şartıyla *on no condition* asla, hiçbir surette

conditional /kın'dişınıl/ s. şartlı, koşullara bağlı *conditional clause* dilb. koşul yantümcesi

condolence /kın'doulıns/ a. başsağlığı; acısını paylaşma, avutma

condom /'kondım/ a. kaput, prezervatif

condone /kın'doun/ e. bağışlamak, göz yummak

conduce /kın'dyu:s/ e. (to/towards) yardım etmek, katkıda bulunmak

conducive /kındyu:siv/ s. yardım eden, olanak sağlayan

conduct /'kondakt/ a. davranış; yönetme, idare

conduct /'kın'dakt/ e. davranmak, hareket etmek; yönetmek, yürütmek; götürmek, kılavuzluk etmek, taşımak, nakletmek; (elektrik, ısı, vb.) iletmek, geçirmek; *müz.* orkestra yönetmek *conduction* taşıma, götürme; iletme *conductive* iletken *conductor* orkestra şefi; biletçi, kondüktör; iletken

cone /koun/ a. koni; kozalak; külah

confection /kın'fekşın/ a. şekerleme *confectioner* şekerci *confectionery* şekerleme; şekerci dükkânı

confederacy /kın'fedırısi/ a. konfederasyon, birlik

confederate /kın'fedırıt/ s. konfedere, birleşik * a. müttefik; suçortağı *confederation* konfederasyon, birlik

confer /kın'fö:/ e. (on/upon) (unvan, vb.) vermek; (with) danışmak, görüşmek

conference /'konfırıns/ a. (fikir alışverişi için düzenlenen) toplantı, görüşme, müzakere

confess /kın'fes/ e. itiraf etmek; kabul etmek; günah çıkarmak

confession /kın'feşın/ a. itiraf; günah çıkarma

confetti /kın'feti/ a. konfeti

confidant /'konfident/ a. sırdaş, dert ortağı

confide /kın'fayd/ e. (sır, vb.) vermek, açmak; (in) güvenmek, açılmak

confidence /'konfidıns/ a. güven; sır, gizli şey *in confidence* gizlilikle *confident* kendinden emin *confidential* gizli; güvenilir

configuration /konfigyu'reyşın/ a. biçim, şekil

confine /kın'fayn/ e. kapatmak, hapsetmek; sınırlandırmak *confinement* hapsedilme, kapatılma; hapis; loğusalık

confines /'konfaynz/ a. sınırlar

confirm /kın'fö:m/ e. doğrulamak; pekiştirmek; onaylamak *confirmation* /konfı'meyşın/ doğrulama, onaylama *confirmed* /kın'fö:md/ alışkanlıklarını değiştirmez

confiscate /'konfiskeyt/ e. el koymak *confiscation* el koyma

conflict /'konflikt/ a. çatışma, çarpışma; uyuşmazlık, zıtlık, anlaşmazlık * e. bağdaşmamak, çatışmak

conform /kın'fo:m/ e. uymak .

conformity /kın'fo:miti/ a. uymacılık; uyum

confound /kın'faund/ *e.* karıştırmak, allak bullak etmek, şaşırtmak

confront /kın'frant/ *e.* karşı koymak, göğüs germek; **(with)** yüzleştirmek

confuse /kın'fyu:z/ *e.* şaşırtmak, kafasını karıştırmak **confusion** kargaşa; karışıklık

congeal /kın'ci:l/ *e.* dondurmak, donmak

congenial /kın'ci:niıl/ *s.* hoş, kafa dengi, kafasına uygun

congenital /kın'cenitıl/ *s.* (hastalık) doğuştan

congestion /kın'cescın/ *a. hek.* kan birikmesi; tıkanıklık

conglomerate /kın'glomırit/ *a.* küme, yığın; büyük işletme/şirket; *tek.* çakıl kayaç

congratulate /kın'greçuleyt/ *e.* kutlamak, tebrik etmek **congratulation** kutlama, tebrik **Congratulations!** Tebrikler!

congregate /'kongrigeyt/ *e.* bir araya gelmek, toplanmak **congregation** cemaat, topluluk

congress /'kongres/ *a.* kongre, kurultay, toplantı **Congress** (ABD'de) Millet Meclisi **congressman** ABD Millet Meclisi üyesi

congruous /'kongruıs/ *s.* uygun, yakışır

conical /"konikıl/ *s.* koni biçiminde, konik

conifer /"kounifı/ *a. bitk.* kozalaklı ağaç

conjecture /kın'cekçı/ *a.* varsayım; tahmin

conjugal /'koncugıl/ *s.* evlilikle ilgili

conjugate /"koncugeyt/ *e. dilb.* (eylem) çekmek; (eylem) çekilmek **conjugation** *dilb.* eylem çekimi

conjunction /kın'cankşın/ *a. dilb.* bağlaç; birleşme, birleşim *in*

conjunction with ile birlikte

conjure /'kancı/ *e.* hokkabazlık yapmak; el çabukluğu ile çıkarmak *conjurer* hokkabaz, sihirbaz

connect /kı'nekt/ *e.* bağlamak, birleştirmek *connected* bağlı, ilgili

connection /kı'nekşın/ *a.* bağlantı; ilişki, bağ; aktarma *in connection with* ile ilgili olarak

connive /kı'nayv/ *e.* gizlice işbirliği yapmak; **(at)** görmezlikten gelmek

connoisseur /konı'sö:/ *a.* uzman, ehil

connotation /konı'teyşın/ *a.* yan anlam

conquer /'konkı/ *e.* fethetmek, zapt etmek; yenmek *conqueror* fatih

conquest /'konkwest/ *a.* fetih, fethetme; alt etme

conscience /'konşıns/ *a.* vicdan

conscientious /konşi'enşıs/ *s.* vicdanlı, dürüst; özenli

conscious /'konşıs/ *s.* bilinçli; farkında, bilincinde; kasti *consciousness* bilinç

conscript /kın'skript/ *e.* askere almak

consecrate /'konsikreyt/ *e.* kutsamak; adamak

consecutive /kın'sekyutiv/ *s.* art arda gelen, ardışık

consensus /kın'sensıs/ *a.* ortak karar, oybirliği, anlaşma

consent /kın'sent/ *e.* izin vermek, razı olmak * *a.* izin, rıza *age of consent* rüşt, erginlik

consequence /'konsikwıns/ *a.* sonuç, önem *consequently* sonuç olarak, bu nedenle

conservation /konsı'veyşın/ *a.* koruma *conservatism* tutuculuk

conservative /kın'sö:vıtiv/ *s.* muhafazakâr

conservatoire /kın'sö:vıtwa:/ *a.* konservatuvar

conservatory /kın'söːvıtırı/ *a.* konservatuvar; limonluk, ser

conserve /kın'söːv/ *e.* korumak

consider /kın'sidı/ *e.* düşünüp taşınmak; olduğunu düşünmek, saymak; göz önünde tutmak

considerable /kın'sidırıbıl/ *s.* büyük, önemli, hatırı sayılır **considerably** çok

considerate /kın'sidırit/ *s.* düşünceli, saygılı

consideration /kınsidı'reyşın/ *a.* göz önüne alma; saygı; husus, etmen; önem

considering /kın'sidıring/ *ilg.* -e göre, -e karşın

consign /kın'sayn/ *e.* mal göndermek; vermek, teslim etmek; tahsis etmek **consignment** mal gönderme; gönderilen mal

consist /kın'sist/ *e.* (of) oluşmak; (in) bağlı olmak, dayanmak

consistency /kın'sistınsı/ *a.* koyuluk, yoğunluk; tutarlılık, uyum

consistent /kın'sistınt/ *s.* istikrarlı, tutarlı; devamlı, sürekli **consistent with** -e uygun olarak **consistently** sürekli olarak

console /kın'soul/ *e.* avutmak, teselli etmek **consolation** /konsı'leyşın/ teselli; avuntu

console /'konsoul/ *a.* konsol; dirsek

consolidate /kın'solideyt/ *e.* sağlamlaştırmak; birleştirmek; birleşmek **consolidation** sağlamlaştırma; birleşim, ünite; birleştirme, birleşme

consommé /kın'somey, 'konsımey/ *a.* et suyu

consonant /'konsınınt/ *a. dilb.* ünsüz harf, ünsüz

consort /'konsoːt/ *a.* karı, koca, eş

consortium /kın'soːtiım/ *a.* konsorsiyum, birlik

conspicuous /kın'spikyuıs/ *s.* göze çarpan, çarpıcı, dikkat çekici

conspiracy /kın'spirısı/ *a.* komplo

conspirator komplocu

conspire /kın'spayı/ *e.* plan yapmak, komplo kurmak; suikast hazırlamak

constable /'kanstıbıl/ *a. BE.* polis memuru

constancy /'konstınsi/ *a.* karar, metanet, sebat; tutarlılık

constant /'konstınt/ *s.* değişmeyen; sadık; bağlı **constantly** sürekli olarak

constellation /konsti'leyşın/ *a.* takımyıldız

consternation /konstı'neyşın/ *a.* şaşkınlık, dehşet, korku

constipation /konsti'peyşın/ *a.* kabızlık, peklik

constituency /kın'stiçuınsı/ *a.* seçmenler; seçim bölgesi

constituent /kın'stiçuınt/ *a.* seçmen; bileşen; öğe * *s.* kurucu

constitute /'konstityuːt/ *e.* oluşturmak; kurmak

constitution /konsti'tyuːşın/ *a.* oluşum, bileşim; yapı, bünye; anayasa **constitutional** yapısal; bünyesel; anayasal

constrain /kın'streyn/ *e.* zorlamak, zorla yaptırmak **constraint** zorlama; baskı, tehdit

constrict /kın'strikt/ *e.* daraltmak; sıkmak; kısmak

construct /kın'strakt/ *e.* inşa etmek, yapmak; kurmak **construction** yapılış, yapım, inşa **constructive** yapıcı, yardımcı, yararlı

construe /kın'struː/ *e.* yorumlamak, anlam vermek; *dilb.* (cümle) analiz etmek

consul /'konsıl/ *a.* konsolos

consulate /'konsyulit/ *a.* konsolosluk

consult /kın'salt/ *e.* danışmak, başvurmak **consultant** danışman **consultation** danışma, başvurma

consume /kın'syuːm/ *e.* tüketmek; yok etmek, yakmak

consumer /kın'syuːmı/ *a.* tüketici

consummate /'konsımeyt/ e. tamamlamak, mükemmelleştirmek

consumption /kın'sampşın/ a. tüketim; verem

contact /'kontekt/ a. dokunma, temas; bağlantı, irtibat; kontak * e. görüşmek, bağlantı kurmak contact lens kontaklens

contagious /kın'teycıs/ s. bulaşıcı

contain /kın'teyn/ e. içermek, kapsamak; tutmak, bastırmak

container /kın'teynı/ a. (kutu, şişe, vb.) kap

contaminate /kın'temineyt/ e. bulaştırmak, kirletmek; zehirlemek, bozmak

contemplate /'kontımpleyt/ e. bakmak; niyetinde olmak, tasarlamak; üzerinde düşünmek contemplation düşünceye dalma contemplative /kın'templıtiv/ düşünceli, dalgın

contemporary /kın'tempırıri/ s. çağdaş * a. çağdaş; yaşıt

contempt /kın'tempt/ a. küçümseme; saygısızlık contemptible alçak, aşağılık contemptuous /-çuıs/ hor gören, aşağılayıcı

contend /kın'tend/ e. yarışmak; iddia etmek

content /kın'tent/ s. memnun, hoşnut * e. doyurmak, tatmin etmek * a. içerik contented memnun, hoşnut

contents /'kontents/ a. içindekiler

contest /'kontest/ a. mücadele; yarışma

contestant /kın'test/ e. yarışmak, çekişmek; doğruluğu hakkında tartışmak contestant yarışmacı

context /'kontekst/ a. bağlam

continent /'kontinınt/ a. coğ. kıta, anakara the Continent BE. Britanya dışındaki Avrupa ülkeleri continental /konti'nentıl/ kıtasal

contingency /kın'tincınsi/ a. olasılık

contingent /kın'tincınt/ s. -e bağlı; şans eseri olan, umulmadık * a. ask. birlik, grup; bölüm

continual /kın'tinyuıl/ s. sürekli, devamlı

continue /kın'tinyu:/ e. devam etmek, sürmek; devam ettirmek, sürdürmek

continuity /konti'nyu:iti/ a. süreklilik

continuous /kın'tinyuıs/ s. sürekli, devamlı

contort /kın'to:t/ e. burmak, bükmek; çarpıtmak

contour /'kontuı/ a. dış hatlar; (haritada) yükseklik çizgisi, kontur

contraband /'kontrıbend/ a. kaçak eşya; kaçakçılık

contraception /kontrı'sepşın/ a. doğum kontrolü contraceptive gebelik önleyici

contract /'kontrekt/ a. sözleşme, kontrat

contract /kın'trekt/ e. sözleşme yapmak; (hastalık, vb.) kapmak; küçülmek, büzülmek

contraction /kın'trekşın/ a. küçülme, büzülme; küçültme; hastalık kapma; (kas) kasılma

contractor /kın'trektı/ a. müteahhit

contradict /kontrı'dikt/ e. inkâr etmek; yalanlamak; birbirini tutmamak, çelişmek contradiction tersini söyleme, inkâr; yalanlama; zıtlık, çelişki contradictory çelişkili, tutarsız

contrary /'kontrırı/ s. karşıt, aksi; ters on the contrary aksine, tersine

contrast /'kontra:st/ a. karşıtlık, tezat

contravene /kontrı'vi:n/ e. karşı gelmek; ihlal etmek

contribute /kın'tribyu:t/ e. katkıda bulunmak, katılmak; -de payı olmak; yazı hazırlamak *contribution* katılım; katkı, yardım *contributory* payı olan, neden olan

contrite /'kontrayt/ s. pişman

contrition /kın'trişın/ a. pişmanlık

contrive /kın'trayv/ e. bulmak, icat etmek; planlamak; bir yolunu bulup becermek

control /kın'troul/ e. kontrol etmek; dizginlemek; denetlemek * a. denetim, kontrol; idare, hâkimiyet; *kon.* (uçak, vb.) kumanda donanımı *out of control* kontrolden çıkmış *under control* kontrollü, disiplinli

controversial /kontrı'vö:şıl/ s. tartışmaya yol açan

controversy /'kontrıvö:si/ a. tartışma; anlaşmazlık, uyuşmazlık

convalesce /konvı'les/ e. iyileşmek *convalescence* nekahet, iyileşme dönemi *convalescent* iyileşen

convection /kın'vekşın/ a. *fiz.* konveksiyon, ısıyayım

convene /kın'vi:n/ e. toplantıya çağırmak; buluşmak, toplanmak

convenience /kın'vi:nıns/ a. uygunluk, elverişlilik; rahat, çıkar; uygun zaman *convenient* uygun, elverişli

convent /'konvınt/ a. rahibe manastırı

conventional /kın'venşınıl/ s. törel, geleneksel; (silah) konvansiyonel

converge /kın'vö:c/ e. bir noktada birleşmek

conversant /kın'vö:sınt/ s. (with) bilgisi olan, bilen

conversation /konvı'seyşın/ a. konuşma; sohbet, muhabbet

converse /kın'vö:s/ e. konuşmak

converse /'konvö:s/ a. s. zıt, ters, karşıt

conversion /kın'vö:şın/ a. değişme, dönüşme; din değiştirme .

convert /kın'vö:t/ e. değiştirmek,

dönüştürmek *convertible* (para) konvertibl; üstü açılır araba

convex /kon'veks/ s. dışbükey

convey /kın'vey/ e. taşımak, götürmek; ifade etmek *conveyance* taşıma, nakil; taşıt, vasıta *conveyor* taşıyıcı

convict /'konvikt/ e. suçluluğunu kanıtlamak * a. mahkûm

conviction /kın'vikşın/ a. mahkûmiyet; inanç, kanı, kanaat

convince /kın'vins/ e. inandırmak, ikna etmek *convincing* inandırıcı

convoke /kın'vouk/ e. toplantıya çağırmak

convoy /'konvoy/ e. (korumak amacıyla) eşlik etmek

convulse /kın'vals/ e. şiddetle sarsmak *convulsion* çırpınma

coo /ku:/ e. (kumru gibi) ötmek

cook /kuk/ a. aşçı * e. (yemek) pişirmek; pişmek *cook up* uydurmak, kafadan atmak

cooker /'kukı/ a. ocak *cookery* aşçılık

cookie /'kuki/ a. kurabiye, bisküvi

cooky /'kuki/ a. bkz. *cookie*

cool /ku:l/ s. serin; sakin, soğukkanlı, serinkanlı; (davranış) soğuk, uzak * e. soğumak, serinlemek; soğutmak, serinletmek

coop /ku:p/ a. kümes

co-op /'kouop/ a. *kon.* kooperatif

cooperate /kou'opıreyt/ e. işbirliği yapmak *cooperation* işbirliği, elbirliği; destek *cooperative* yardımcı; kooperatif

coordinate /kou'o:dineyt/ e. düzenlemek, ayarlamak *coordination* koordinasyon, eşgüdüm

cop /kop/ a. *kon.* polis, aynasız

cope /koup/ e. (with) başa çıkmak, üstesinden gelmek

copious /'koupıs/ s. bol, çok

copper /'kopı/ a. bakır; *BE. kon.* polis, aynasız

copse /kops/ a. çalılık; koru

copulate /'kopyuleyt/ e. (hayvan) çiftleşmek

copy /'kopi/ a. kopya, suret; gazete vb.'nin bir tek sayısı, nüsha * e. kopyasını çıkarmak; örnek almak, taklit etmek; *hkr.* kopya çekmek

copyright /'kopirayt/ a. telif hakkı

coral /'konl/ a. mercan

cord /ko:d/ a. ip, sicim; tel, şerit; (ses) tel *spinal cord* omurilik *vocal cords* ses telleri

cordial /'ko:diıl/ s. candan, yürekten, içten * a. meyve suyu; likör

cordially /'ko:dıli/ be. içtenlikle, yürekten

cordon /'ko:dın/ a. kordon

corduroy /'ko:dıroy/ a. fitilli kadife

core /ko:/ a. (meyve) göbek, koçan; öz, çekirdek

cork /ko:k/ a. şişe mantarı *corkscrew* tirbuşon; burgu, spiral

cormorant /'ko:mırınt/ a. *hayb.* karabatak

corn /ko:n/ a. *BE.* tahıl; buğday; *AE.* mısır; tahıl; ekin, tane; nasır *corn flour* mısır unu

cornea /'ko:niı/ a. *anat.* kornea

corner /'ko:nı/ a. köşe * e. kıstırmak, köşeye sıkıştırmak

cornet /'ko:nit/ a. *müz.* kornet; dondurma külahı, kornet

cornflakes /'ko:nfleyks/ a. mısır gevreği

cornice /'ko:nis/ a. pervaz, korniş; saçak silmesi

coronary /'konınıri/ s. *anat.* kalple ilgili

coronation /kon'neyşın/ a. taç giyme töreni

coroner /'konını/ a. sorgu yargıcı

coronet /'konnit/ a. küçük taç

corporal /'ko:pınl/ s. bedensel * a. *ask.* onbaşı

corporate /'ko:pırit/ s. birleşmiş; *huk.* tüzel

corporation /ko:pı'reyşın/ a. dernek, kurum; lonca; tüzel kişi; kuruluş,

şirket

corps /ko:ps/ a. kurul, heyet; *ask.* kolordu

corpse /ko:ps/ a. ceset, ölü

corpulent /'kopyulınt/ s. çok şişman, şişko

corpuscle /'ko:pısıl/ a. *anat.* yuvar

corral /ko'ra:l/ a. ağıl

correct /kı'rekt/ e. düzeltmek * s. doğru; kurala uygun *correction* düzeltme; düzelti; ceza, cezalandırma *corrective* düzeltici

correlation /kon'leyşın/ a. karşılıklı bağıntı, ilişki

correspond /kon'spond/ e. uymak, uyuşmak; -in karşılığı olmak; (düzenli olarak) yazışmak, mektuplaşmak *corresponding* uyan, benzeyen

correspondence /kon'spondıns/ a. uygunluk, mutabakat; benzerlik; mektuplaşma, yazışma, muhaberat *correspondence course* mektupla öğretim *correspondent* mektup arkadaşı; muhabir

corridor /'korido:/ a. koridor, aralık

corroborate /kı'robıreyt/ e. desteklemek; güçlendirmek

corrode /kı'roud/ e. aşındırmak, çürütmek; paslanmak

corrosion /kı'roujın/ a. aşınma, aşındırma; korozyon *corrosive* aşındırıcı

corrugated /'kongeytid/ s. dalgalı, kıvrımlı

corrupt /kı'rapt/ e. baştan çıkarmak; ayartmak, bozmak * s. namussuz; bozuk; laçka

corset /'ko:sit/ a. korsa

cortege /ko:'teyj/ a. kortej, tören alayı

cosmetic /koz'metik/ s. a. kozmetik, güzelleştirici

cosmic /'kozmik/ s. evrensel; engin, geniş, sınırsız

cosmonaut /'kozmıno:t/ a. uzayadamı

cosmopolitan · /kozmı'politın/ s. kozmopolit; evrendeş
cosmos /'kozmos/ a. evren
cost /kost/ a. fiyat; değer, paha; masraf, maliyet * e. değerinde olmak; mal olmak *at all costs* ne pahasına olursa olsun *cost of living* geçim gideri
co-star /'kousta:/ a. başrol oyuncularından biri
costume /'kostyum/ a. giysi, kostüm
cosy /'kouzi/ s. rahat, sıcacık * a. örtü, kılıf
cot /kot/ a. beşik; baraka, kulübe
cotangent /'kou'tencınt/ a. kotanjant
cottage /'kotic/ a. küçük ev, kulübe
cotton /'kotın/ a. pamuk *cotton wool* ham pamuk
couch /kauç/ a. sedir, kanape
couchette /ku:'şet/ a. (trende) kuşet
cougar /'ku:gı/ a. *hayb.* puma
cough /kof/ e. öksürmek * a. öksürük; öksürme
could /kıd, kud/ e. *bkz.* *can*
council /'kaunsıl/ a. konsey, danışma kurulu, meclis
counsel /'kaunsıl/ a. öneri, tavsiye; avukat * e. önermek *counsellor* danışman
count /kaunt/ e. (sayı) saymak; içermek, kapsamak; göz önünde tutmak, saymak * a. sayma, sayım; hesap; toplam; *huk.* şikâyet maddesi *count out* hesaba katmamak, saymamak
countable /'kauntıbıl/ s. sayılabilen, sayılabilir
countdown /'kauntdaun/ a. geri-sayım
countenance /'kauntinıns/ a. yüz ifadesi; uygun bulma, destek * e. desteklemek, onaylamak
counter /'kauntı/ a. tezgâh; *BE.* marka, fiş; sayaç * e. karşı çıkmak; karşılık vermek * s. *be.* karşı
counterattack /'kauntırıtek/ a. karşı saldırı
counterbalance /'kauntıbelıns/ a. eş ağırlık, karşılık * e. denkleştirmek
counterclockwise /kauntı'klokwayz/ s. *be.* saat yönünün tersine
counterfeit /'kauntıfit/ s. sahte, taklit * e. (para, vb.) sahtesini yapmak
counterfoil /'kauntıfoyl/ a. makbuz dip koçanı
counterpane /'kauntıpeyn/ a. yatak örtüsü
counterpart /'kauntıpa:t/ a. tam benzeri, kopyası
countersign /'kauntısayn/ a. *ask.* parola; onay imzası * e. (onay için) ayrıca imzalamak
countess /'kauntis/ a. kontes
countless /'kauntlis/ s. çok fazla, sayısız
country /'kantri/ a. ülke, yurt; kır, taşra, kırsal kesim; ulus, halk; bölge, yöre
countryside /'kantrisayd/ a. kırsal bölge
county /'kaunti/ a. *AE.* ilçe; kontluk; il idare bölgesi
coup /ku:/ a. darbe *coup d'état* /ku:dey'ta:/ hükümet darbesi
coupé /'ku:pey/ a. iki kapılı spor araba
coupe /ku:p/ a. *bkz.* *coupé*
couple /'kapıl/ a. çift; karı koca, çift; (of) *kon.* birkaç * e. bağlamak, birleştirmek; cinsel ilişkide bulunmak, çiftleşmek
couplet /'kaplit/ a. beyit
coupon /'ku:pon/ a. kupon
courage /'karic/ a. yüreklilik, cesaret, mertlik *courageous* /kı'reycıs/ cesur, yiğit, mert
courier /'kurı/ a. haberci, kurye
course /ko:s/ a. yön, rota; pist; akış; alan, pist; kurs; dizi, seri; kap, tabak; yemek *in due course* zamanında, vaktinde *of course*

elbette, tabii

court /ko:t/ *a.* mahkeme; mahkeme üyeleri; oturum; avlu; saray, saray halkı; *sp.* kort, saha; konak * *e.* gözüne girmeye çalışmak; kur yapmak *courthouse* mahkeme; adliye sarayı *court-yard* avlu, iç bahçe

courteous /'kö:tıɪs/ *s.* nazik, kibar

courtesy /'kö:tisi/ *a.* nezaket, kibarlık

courtier /'ko:tıı/ *a.* saraylı

court-martial /ko:t'ma:şıl/ *a.* askeri mahkeme, divanıharp

cousin /'kazın/ *a.* kuzen

cove /kouv/ *a.* koy, körfezcik

cover /'kavı/ *e.* örtmek, kaplamak; katetmek, yol almak; içine almak, kapsamak * *a.* kapak, örtü; kılıf; sığınak; (kitap) kap *covering* kat, örtü

covert /'kavıt/ *s.* gizli, saklı, örtülü

covet /'kavit/ *e.* göz dikmek

cow /kau/ *a.* inek * *e.* gözünü korkutmak, yıldırmak *cowboy* kovboy, sığırtmaç *cowhand* sığırtmaç *cowhide* sığır derisi

coward /'kauıd/ *a.* korkak *cowardice* korkaklık *cowardly* korkak

cower /'kauı/ *e.* sinmek, büzülmek

cowslip /'kauslip/ *a. bitk.* çuhaçiçeği

cox /koks/ *a. kon.* dümenci

coy /koy/ *s.* çekingen, utangaç; nazlı, cilveli

crab /kreb/ *a. hayb.* yengeç

crack /krek/ *e.* çatlamak; çatlatmak; şaklamak; şaklatmak * *a.* çatlak; çatırtı; vuruş, darbe; *kon.* girişim

crackle /'krekıl/ *e.* çatırdamak; çıtırdatmak

cradle /'kreydıl/ *a.* beşik

craft /kra:ft/ *a.* beceri, hüner, ustalık; kurnazlık, hile; gemi, uçak; teknik eleman *craftsman* usta, zanaatçı *crafty* kurnaz

crag /kreg/ *a.* yalçın kayalık *craggy*

dik ve pütürlü

cram /krem/ *e.* tıkmak, sıkıştırmak; tıka basa doldurmak; acele ile sınava hazırlanmak

cramp /kremp/ *a.* kramp, kasınç; mengene; engel * *e.* engel olmak

cranberry /'krenbırı/ *a. bitk.* yabanımersini

crane /kreyn/ *a.* vinç; *hayb.* turna

cranium /'kreynıım/ *a. anat.* kafatası

crank /krenk/ *a. tek.* dirsek, kol; *kon.* saplantılı kimse; deli, kaçık

crash /kreş/ *e.* (araba, vb.) gürültüyle çarpmak; çarptırmak; düşmek; düşürmek * *a.* çatırtı, gürültü; (uçak, otomobil, vb.) kaza; iflas

crate /kreyt/ *a.* kafesli sandık, kasa

crater /'kreytı/ *a.* krater, yanardağ ağzı

cravat /krı'vet/ *a. BE.* boyunbağı, kravat

crawl /kro:l/ *e.* emeklemek, sürünmek; (böcek, vb. ile) dolu olmak; ürpermek * *a.* krol yüzme; çok yavaş hareket; ağır gidiş

crayfish /'kreyfiş/ *a. hayb.* kerevit, kerevides

crayon /'kreyın/ *a.* renkli kalem, boyalı kalem

craze /kreyz/ *e.* çılgına çevirmek; çıldırtmak, deli etmek * *a.* geçici akım, moda

crazy /'kreyzi/ *s.* deli, çılgın *crazy about* -e hayran, tutkun

creak /kri:k/ *a.* gıcırtı *creaky* gıcırtılı

cream /kri:m/ *a.* kaymak, krema; krem; merhem * *a. s.* krem rengi * *e.* kaymağını almak; kaymağını yemek

crease /kri:s/ *a.* buruşukluk, kırışıklık; kat, pli * *e.* buruşmak, kırışmak

create /kri'eyt/ *e.* yaratmak *creation*

yaratma; yaradılış; evren; kreasyon

creator /kri'eytı/ a. yaratıcı *the Creator* Tanrı, Yaradan

creature /'kri:çı/ a. yaratık

crèche /kreş/ a. kreş, bebekevi, yuva

credentials /kri'denşılz/ a. güven belgesi, itimatname

credible /'kredıbıl/ s. inanılır, güvenilir

credit /'kredit/ a. inanç, güven, sadakat; övgü, onur; kredi; saygınlık * e. inanmak, güvenmek, itimat etmek; para yatırmak *creditable* şerefli *creditor* alacaklı *credit card* kredi kartı

creed /kri:d/ a. inanç, iman, itikat

creek /kri:k/ a. *BE.* çay, ırmak kolu

creep /kri:p/ e. *crept* /krept/ sürünmek; sessizce sokulmak; (sarmaşık, vb.) sarılmak

creepy /'kri:pi/ s. tüyler ürpertici

cremate /kri'meyt/ e. (ölüyü) yakmak

crepe /kreyp/ a. krep

crept /krept/ *bkz. creep*

crescendo /kri'şendou/ a. *müz.* kreşendo

crescent /'kresınt/ a. hilal, ayça, yeniay

cress /kres/ a. *bitk.* tere

crest /krest/ a. ibik, taç; tepe, doruk

crew /kru:/ a. tayfa, mürettebat; ekip

crick /krik/ a. boyun tutulması, kasılma

cricket /'krikit/ a. *hayb.* cırcırböceği; *sp.* kriket

crime /kraym/ a. suç

criminal /'kriminıl/ s. suçla ilgili; cezai * a. suçlu

crimson /'krimzın/ s. a. koyu kırmızı

cripple /'kripıl/ a. sakat, topal, kötürüm * e. sakatlamak

crisis /'kraysis/ a. bunalım, kriz

crisp /krisp/ s. gevrek; körpe, taze; (hava) soğuk * a. *BE.* cips

crispy /'krispi/ s. gevrek, körpe, taze

criterion /kray'tiırın/ a. ölçüt, kriter

critic /'kritik/ a. eleştirmen

critical /'kritikıl/ s. kritik, çok önemli; her şeye kusur bulan, eleştiren; eleştirel

criticism /'kritisizım/ a. eleştiri

criticize /'kritisayz/ e. eleştirmek

croak /krouk/ e. kurbağa gibi bağırmak * a. kurbağa sesi, vırak

crock /krok/ a. çanak, çömlek, toprak kap *crockery* çanak, çömlek

crocodile /'krokıdayl/ a. *hayb.* timsah

crocus /'kroukıs/ a. *bitk.* çiğdem

croissant /'krwa:song/ a. ayçöreği

crook /kruk/ a. kanca; sopa, değnek; *kon.* hırsız, dolandırıcı * e. kıvırmak, bükmek

crooked /'krukid/ s. eğri, yamuk; *kon.* namussuz

crop /krop/ a. ekin, ürün, mahsul * e. (hayvan) otlamak, yemek; (saç/kuyruk) kesmek

cross /kros/ a. çarpı/artı işareti; çarmıh; haç; üzüntü, gam, elem; çapraz * e. karşıdan karşıya geçmek; (kol, bacak) kavuşturmak, üst üste atmak; karşı koymak; engellemek * s. kızgın, sinirli, aksi

crossbred /'krosbred/ s. melez

cross-country /kros'kantri/ s. *be.* kırlar boyunca, kırlarda

cross-examine /krosig'zemin/ e. çaprazlama sorguya çekmek

cross-eyed /'krosayd/ s. şaşı

crossfire /'krosfayı/ a. *ask.* çapraz ateş

crossing /'krosing/ a. deniz yolculuğu; geçiş yeri, geçiş

crossroads /'krosroudz/ a. birkaç yolun kesiştiği yer; dönüm noktası

cross-section /'krossekşın/ a. yatay kesit

crossword (puzzle) /'kroswö:d (pazıl)/ a. çapraz bulmaca

crotch /kroç/ a. kasık; pantolon ağı, apışlık

crouch /krauç/ e. çömelmek, sinmek

croupier /'kru:piı/ a. krupiye

crow /krou/ a. karga * e. (horoz) ötmek

crowd /kraud/ e. toplanmak, doluşmak, kalabalık oluşturmak * a. kalabalık; yığın **crowded** kalabalık, tıkış tıkış, dopdolu

crown /kraun/ a. taç giydirmek * a. taç; 25 penny değerinde madeni para; şampiyonluk

crucial /'kru:şıl/ s. çok önemli, kesin, son

crucifix /'kru:sifiks/ a. İsa'lı haç **crucifixion** çarmıha germe

crucify /'kru:sifay/ e. çarmıha germek

crude /kru:d/ s. ham, işlenmemiş; kaba

cruel /'kru:ıl/ s. acımasız, zalim, gaddar **cruelty** acımasızlık, gaddarlık, zulüm

cruise /kru:z/ e. gemiyle gezmek, deniz gezisi yapmak * a. deniz gezisi, tekne gezisi

cruiser /'kru:zı/ a. kotra; kruvazör

crumb /kram/ a. ekmek kırıntısı, kırıntı

crumble /'krambıl/ e. ufalamak; ufalanmak

crumpet /'krampit/ a. hamburger ekmeği

crumple /'krampıl/ e. buruşturmak, kırıştırmak

crunch /kranç/ e. çatır çutur yemek; çatırdamak; çatırdatmak * a. çatırtı, çuturtu

crusade /kru:'seyd/ a. Haçlı Seferi; mücadele, savaşım

crush /kraş/ e. ezmek; izdiham oluşturmak * a. izdiham, kalabalık; sıkma meyve suyu

crust /krast/ a. kabuk, ekmek kabuğu; tabaka

crusty /'krasti/ s. kabuklu, gevrek; ters, huysuz

crutch /kraç/ a. koltuk değneği; kasık; pantolon ağı

cry /kray/ e. ağlamak; bağırmak * a. çığlık, feryat; haykırma, bağırma

crypt /kript/ a. yeraltı türbesi

cryptic /'kriptik/ s. gizli, kapalı, örtük

crystal /'kristıl/ a. kristal; kırılca; billur

cub /kab/ a. yavru ayı/aslan/kaplan/tilki; yavrukurt, izci; acemi

cube /kyu:b/ a. küp * e. (bir şeyi) küp biçiminde kesmek, doğramak; mat. küpünü almak

cubic /'kyu:bik/ s. küp biçiminde, kübik

cubicle /'kyu:bikıl/ a. küçük oda, kabin, odacık

cuckoo /'kuku:/ a. guguk kuşu

cucumber /'kyu:kambı/ a. bitk. salatalık, hıyar

cuddle /'kadıl/ e. sarılmak, kucaklamak

cudgel /'kacıl/ a. kısa kalın sopa

cue /kyu:/ a. işaret; ipucu; bilardo sopası, isteka

cuff /kaf/ a. kolluk, manşet, yen; tokat

cuisine /kwi'zi:n/ a. yemek pişirme yöntemi, aşçılık

cul-de-sac /'kaldısek/ a. çıkmaz sokak

culminate /'kalmineyt/ e. (in) doruğuna yükselmek; sonuçlanmak **culmination** sonuç, son; doruk

culprit /'kalprit/ a. sanık, suçlu

cult /kalt/ a. mezhep; tapınma;

rağbet, moda
cultivate /'kaltiveyt/ *e.* toprağı işlemek, ekip biçmek; yetiştirmek *cultivated* kültürlü, terbiyeli *cultivation* toprağı işleme
culture /'kalçı/ *a.* kültür *cultural* kültürel *cultured* kültürlü
cumbersome /'kambısım/ *s.* biçimsiz, kullanışsız, taşıması zor
cumin /'kamin/ *a.* kimyon
cumulative /'kyu:myulıtiv/ *s.* gittikçe artan
cunning /'kaning/ *s.* kurnaz
cup /kap/ *a.* fincan; kupa
cupboard /'kabıd/ *a.* dolap
curative /'kyuıntiv/ *s.* iyileştirici
curb /kö:b/ *a.* fren, engel, zapt, kontrol * *e.* tutmak, engellemek, dizginlemek
curd /kö:d/ *a.* kesmik, lor
curdle /'kö:dıl/ *e.* (süt) kesilmek
cure /kyuı/ *e.* (hastayı) iyileştirmek, tedavi etmek; tuzlamak; tütsülemek * *a.* tedavi; ilaç, çare; iyileşme
curfew /'kö:fyu:/ *a.* sokağa çıkma yasağı
curio /'kyuıriou/ *a.* nadir ve değerli eşya, antika
curiosity /kyuıri'ositi/ *a.* merak; antika
curious /'kyuırııs/ *s.* meraklı; garip, acayip
curl /kö:l/ *a.* büklüm, kıvrım; bukle * *e.* (saç) kıvırmak; kıvrılmak, bükülmek *curler* bigudi *curly* kıvırcık
curlew /'kö:lyu:/ *a.* çulluk
currant /'karınt/ *a.* kuşüzümü; frenküzümü
currency /'karınsi/ *a.* geçerlilik, revaç; para
current /'karınt/ *s.* şimdiki, bugünkü, güncel; yaygın, geçerli, genel, cari * *a.* akıntı; akım, cereyan *current/checking account* cari hesap

curriculum /kı'rikyulım/ *a.* müfredat programı *curriculum vitae* özgeçmiş belgesi
curry /'kari/ *a.* köri, acılı bir Hint yemeği
curse /kö:s/ *a.* lanet; lanetleme; küfür * *e.* lanetlemek, beddua etmek; küfür etmek
curtail /kö:'teyl/ *e.* kısa kesmek; kısmak, azaltmak
curtain /'kö:tın/ *a.* perde; tiyatro perdesi
curtsy /'kö:tsi/ *a.* (kadınların yaptığı) reverans
curve /kö:v/ *a.* eğri, kavis, dönemeç * *e.* eğmek; eğilmek
cushion /'kuşın/ *a.* minder, yastık; (bilardo) bant, kenar
custard /'kastıd/ *a. BE.* muhallebi; krema
custodian /ka'stoudiın/ *a.* (kütüphane, müze, vb.) sorumlu, yönetici kimse
custody /'kastıdi/ *a.* gözetim, bakım; nezaret, gözaltı
custom /'kastım/ *a.* gelenek, görenek, töre; alışkanlık, âdet *customary* geleneksel, alışılmış
customer /'kastımı/ *a.* alıcı, müşteri
customs /'kastımz/ *a.* gümrük vergisi; gümrük
cut /kat/ *e. cut* /kat/ kesmek; biçmek; dilimlemek; (ders) asmak; kesilmek * *a.* kesik, yarık, yara; dilim, parça; kısıntı, kesinti; indirim *cut across* kestirmeden gitmek *cut back (on)* azaltmak *cut down* kesip düşürmek, devirmek; azaltmak, kısmak *cut in* sözünü kesmek; (arabayla) araya girmek, araya dalmak *cut off* kesmek *cut out* kesip çıkarmak; (içki, sigara, vb.) bırakmak *cut up* parçalamak *cutback* indirim *cut-out* elektrik akımını kesen aygıt
cute /kyu:t/ *s.* şirin, hoş, sevimli

cuticle /'kyu:tikıl/ a. tırnakların çevresindeki ölü deri, üst deri

cutlery /'katlıri/ a. çatal-bıçak-kaşık, sofra takımı

cutlet /'katlit/ a. pirzola, külbastı

cyanide /'sayınayd/ a. siyanür

cybernetics /saybı'netiks/ a. sibernetik, güdümbilim

cybersex /'saybıseks/ a. sanal seks

cyberspace /'saybıspeys/ a. sanal âlem

cyclamen /'sıklımın/ a. bitk. siklamen, tavşankulağı

cycle /'saykıl/ a. devir, tur, dönüş; bisiklet; motosiklet * e. bisiklet sürmek cyclist bisikletçi

cyclone /'saykloun/ a. kasırga, siklon

cylinder /'silindı/ a. silindir cylindrical silindirik

cymbal /'simbıl/ a. müz. büyük zil

cynical /'sinikıl/ s. iyiliğe inanmayan

cypher /'sayfı/ a. bkz. cipher

cypress /'saypris/ a. bitk. servi

cyst /sist/ a. hek. Kist

D

dab /deb/ a. dokunma, hafif vuruş * e. hafifçe dokunmak, hafifçe vurmak

dabble /'debıl/ e. (at/in) bir işle amatörce uğraşmak, takılmak

dad /ded/ a. kon. baba

daddy /'dedi/ a. kon. baba, babacığım

daffodil /'defıdil/ a. bitk. zerrin, fulya, nergis

daft /da:ft/ s. kon. aptal, salak, budala

dagger /'degı/ a. hançer, kama

daily /'deyli/ s. günlük * be. her gün * a. günlük gazete

dainty /'deynti/ s. narin, sevimli; zarif

dairy /'deıri/ a. mandıra; süthane

dais /'deyis, deys/ a. konuşmacı kürsüsü

daisy /'deyzi/ a. papatya

dale /deyl/ a. yaz. vadi

dally /'deli/ e. (about/over) oyalanmak, sallanmak

dam /dem/ a. baraj, set * e. baraj yapmak; set çekmek

damage /'demic/ a. zarar, hasar * e. zarar vermek

damask /'demısk/ a. Şam kumaşı

dame /deym/ a. AE. kon. kadın

damn /dem/ e. lanetlemek, sövmek, mahkûm etmek damn it arg. Allah kahretsin! damnation lanetleme damned melun; çok

damp /demp/ a. ıslaklık, nem * s. nemli, rutubetli * e. ıslatmak; söndürmek, azaltmak

dampen /'dempın/ e. ıslatmak, ıslanmak

damson /'demzın/ a. bitk. mürdümeriği

dance /da:ns/ e. dans etmek * a. dans dancer dansör; dansöz

dandelion /'dendilayın/ a. bitk. karahindiba

dandruff /'dendrıf/ a. (saçta) kepek

dandy /'dendi/ a. züppe, çıtkırıldım

danger /'deyncı/ a. tehlike

dangerous /'deyncırıs/ s. tehlikeli

dangle /'dengıl/ e. sarkıtmak; sarkmak

dank /denk/ s. nemli, soğuk, yaş

dappled /'depıld/ s. benekli, puanlı

dare /deı/ e. cüret etmek; kalkışmak; cesaret etmek I daresay galiba, sanırım daredevil gözü pek, yiğit

daring /'deıring/ s. cüretkâr, cesur

dark /da:k/ s. karanlık; koyu; esmer * a. karanlık darkness karanlık

darling /'da:ling/ a. sevgili

darn /da:n/ e. örerek onarmak, yamamak * a. örülen yer

dart /da:t/ *a.* küçük ok; ani hareket; (dikiş) pens * *e.* (across/out/towards) fırlamak, atılmak; fırlatmak *darts* dart oyunu

dash /deş/ *e.* çarpmak, vurmak; fırlamak, hızla koşmak; (ümit, vb.) yıkmak * *a.* saldırma; fırlama; atılma; darbe; vuruş; az miktar; eser; çizgi; tire (-) işareti; kısa mesafe koşusu *dashboard* gösterge tablosu *dashing* canlı, atılgan, enerjik

data /'deytı/ *a.* veri *data processing* veri işlem, bilgi işlem

date /deyt/ *a.* tarih; randevu; flört edilen (kimse); kurma * *e.* tarih atmak; tarihli olmak; birisiyle çıkmak *out of date* modası geçmiş *dated* tarihli; modası geçmiş

dative /'deytiv/ *a. dilb.* ismin -e hali, yönelme durumu

daub /do:b/ *e.* (with/on) sıvamak, (yumuşak bir şeyle) kaplamak, sürmek * *a.* harç, sıva; acemice yapılmış resim

daughter /'do:tı/ *a.* kız (evlat) *daughter-in-law* gelin

daunt /do:nt/ *e.* yıldırmak, korkutmak *dauntless* gözü pek, korkusuz

dawdle /'do:dıl/ *e. kon.* salınmak, zaman harcamak

dawn /do:n/ *a.* şafak, tan * *e.* (gün) ağarmak

day /dey/ *a.* gün; gündüz; zaman, çağ, ömür *day by day* günden güne *from day to day/day by day* günden güne, günbegün *one day* bir gün, günün birinde *some day* (gelecekte) bir gün *make sb's day* birini çok mutlu etmek, sevindirmek *the other day* geçen gün, geçenlerde *daybreak* tan, şafak, seher *daydream* hayal, düş *daylight* gün ışığı, gündüz *daytime* gündüz

daze /deyz/ *e.* sersemletmek, afallatmak

dazzle /'dezıl/ *e.* (gözlerini) kamaştırmak

dead /ded/ *s.* ölü; uyuşmuş, uyuşuk; durgun; solgun; sıkıcı *dead asleep* derin uykuda *dead drunk* zilzurna sarhoş *dead end* açmaz, çıkmaz; çıkmaz sokak *the dead* ölüler *deadly* öldürücü; çok

deaden /'dedın/ *e.* hafifletmek, azaltmak

deadline /'dedlayn/ *a.* son teslim/bitirme tarihi

deadlock /'dedlok/ *a.* çözümlenemeyen anlaşmazlık, çıkmaz

deaf /def/ *s.* sağır *deafen* sağırlaştırmak *deafmute* sağırdilsiz

deal /di:l/ *e.* pay etmek; dağıtmak; vermek; alışveriş etmek; ele almak, işlemek * *a.* oyun kâğıtlarını dağıtma; alışveriş; iş *a great deal of* pek çok *dealer* satıcı; oyunda kâğıtları dağıtan kişi *dealings* ilişkiler; alışveriş, iş

dealt /delt/ *bkz.* **deal**

dean /di:n/ *a.* dekan; baş papaz

dear /dıı/ *s.* sevgili; değerli; pahalı; (mektup başında) sevgili, sayın *Oh dear!* Aman Allahım!, Hay Allah! *dearly* pek çok

dearth /dö:t/ *a.* yokluk, kıtlık

death /det/ *a.* ölüm *put to death* öldürmek *deathless* ölümsüz

debar /di'ba:/ *e.* (from) mahrum bırakmak; engel olmak

debase /di'beys/ *e.* itibarını düşürmek

debatable /di'beytıbıl/ *s.* şüpheli, kuşku uyandıran

debate /di'beyt/ *a.* tartışma, müzakere * *e.* tartışmak, görüşmek

debauch /di'bo:ç/ *a.* sefahat; ahlaksızlık * *e.* ayartmak, baştan çıkartmak *debauchery* sefahat, uçarılık; alemcilik

debilitate /di'biliteyt/ *e.* güçsüzleştirmek, takatten düşürmek **debility** /di'biliti/ güçsüzlük, takatsızlık

debit /'debit/ *a.* deftere kaydedilen borç * *e.* zimmetine geçirmek

debris /'debri, 'deybri/ *a.* enkaz, yıkıntı, çöküntü

debt /det/ *a.* borç **debtor** borçlu

debut /'deybyu:/ *a.* sosyal bir alanda ilk beliriş, sahneye ilk kez çıkış

decade /'dekeyd/ *a.* on yıl

decadent /'dekıdınt/ *s.* gözden düşen, itibarını yitiren

decanter /di'kentı/ *a.* şarap sürahisi

decathlon /di'ketlon/ *a. sp.* dekatlon, onlu yarış

decay /di'key/ *e.* çökmek, çürütmek * *a.* çürüme, bozulma; çöküş

decease /di'si:s/ *a.* ölüm, vefat * *e.* ölmek **deceased** merhum, ölü

deceit /di'si:t/ *a.* aldatma, hile, yalan **deceitful** hilekâr, yalancı; aldatıcı

deceive /di'si:v/ *e.* aldatmak

December /di'sembı/ *a.* aralık (ayı)

decent /'di:sınt/ *s.* terbiyeli; saygılı; uygun, makul; hoş; *kon.* nazik, ince, kibar

decentralize /di:'sentrılayz/ *e.* merkezden birkaç yere yetki dağıtmak

deception /di'sepşın/ *a.* aldatma; aldanma; hile

deceptive /di'septiv/ *s.* aldatıcı, yanıltıcı

decibel /'desibel/ *a. tek.* desibel

decide /di'sayd/ *e.* karar vermek, kararlaştırmak **decided** açık, kesin; kararlı **decidedly** kuşkusuz

deciduous /di'sidyuıs/ *s.* (ağaç) her yıl yaprakları dökülen

decimal /'desimıl/ *s. a.* ondalık **decimal fraction** ondalık kesir **decimal system** ondalık sistem

decimalize ondalık sisteme çevirmek

decimate /'desimeyt/ *e.* büyük kısmını yok etmek

decipher /di'sayfı/ *e.* şifresini çözmek

decision /di'sijın/ *a.* karar

decisive /di'saysıv/ *s.* kararlı; kesin, sonuca götüren; şüphesiz

deck /dek/ *a.* güverte; *AE.* (iskambil) deste; kat * *e.* süslemek, donatmak **deckchair** şezlong

declaim /di'kleym/ *e.* yüksek sesle ve el kol hareketleriyle konuşmak/söylemek

declaration /deklı'reyşın/ *a.* bildiri; demeç

declare /di'kleı/ *e.* ilan etmek; bildirmek; iddia etmek; *huk.* deklare etmek

decline /di'klayn/ *e.* geri çevirmek; çökmek; gerilemek * *a.* iniş, gerileme, çöküş

decode /di:'koud/ *e.* şifresini çözmek

decompose /di:kım'pouz/ *e.* çürümek, bozulmak; ayrışmak

décor /'deyko:/ *a.* dekor

decorate /'dekıreyt/ *e.* süslemek, donatmak, dekore etmek; badanalamak, boyamak; (for) nişan vermek **decoration** süsleme, dekorasyon; süs; nişan, madalya **decorative** süsleyici, dekoratif **decorator** dekoratör

decoy /'di:koy/ *a.* tuzak; yem; hile

decrease /di'kri:s/ *e.* azalmak; azaltmak

decree /di'kri:/ *a.* emir, kararname; *huk.* karar, hüküm * *e.* emretmek

decry /di'kray/ *e.* kötülemek, yermek

dedicate /'dedikeyt/ *e.* adamak; ithaf etmek **dedicated** (işine) kendini adamış **dedication**

adama; ithaf

deduce /di'dyu:s/ *e.* sonuç çıkarmak

deduct /di'dakt/ *e.* çıkarmak, azaltmak

deduction /di'dakşın/ *a.* kesinti, indirme, azaltma; tümdengelim, türetim; sonuç

deed /di:d/ *a.* iş, hareket, eylem; *huk.* senet, tapu senedi

deem /di:m/ *e.* saymak, sanmak, zannetmek

deep /di:p/ *s.* derin; (renk) koyu; (ses) boğuk, alçak; (duygu) derin, içten; yoğun, ciddi * *be.* derine, dibe, derinden *deep freeze* dipfriz, derin dondurucu *deep seated* köklü

deepen /'di:pın/ *e.* derinleşmek; derinleştirmek

deer /dıı/ *a. hayb.* geyik, karaca

deface /di'feys/ *e.* görünüşünü bozmak, çirkinleştirmek

defame /di'feym/ *e.* kara çalmak, ününe leke sürmek

default /di'fo:lt/ *e.* yapmama, savsama, gelmeme, hazır bulunmayış

defeat /di'fi:t/ *e.* yenmek, bozguna uğratmak * *a.* yenilgi, bozgun

defect /'di:fekt/ *a.* kusur, eksiklik

defect /di'fekt/ *e.* kendi ülke/parti, vb.'ni terk etmek; iltica etmek

defective /di'fektiv/ *s.* hatalı, kusurlu, eksik

defence /di'fens/ *a.* savunma

defend /di'fend/ *e.* savunmak, korumak, müdafaa etmek *defendant* sanık, davalı *defender* savunucu; koruyucu

defensive /di'fensiv/ *s.* savunan, savunmalı, koruyucu

defer /di'fö:/ *e.* ertelemek, sonraya bırakmak *defer to* saygı göstermek, kabul etmek *deference* /'defırıns/ uyma, saygı gösterme, riayet etme

defiant /di'fayınt/ *s.* meydan

okuyan, küstah

deficiency /di'fişınsi/ *a.* eksiklik, kusur; yetersizlik

deficient /di'fişınt/ *s.* yetersiz; eksik

deficit /'defisit/ *a.* (bütçe, hesap) açık

defile /di'fayl/ *e.* kirletmek

define /di'fayn/ *e.* tanımlamak; açıklamak

definite /'definit/ *s.* belirli, açık, kesin *definitely* kesinlikle

definition /defi'nişın/ *a.* tanım; (foto vb.) netlik

definitive /di'finitiv/ *s.* nihai, kesin

deflate /di:'fleyt, di'fleyt/ *e.* havasını boşaltmak, söndürmek; sönmek; piyasadaki para miktarını azaltmak *deflation* deflasyon, paradarlığı

deflect /di'flekt/ *e.* saptırmak, çevirmek, sapmak

deform /di'fo:m/ *e.* biçimini bozmak *deformation* deformasyon, bozunum *deformed* biçimi bozulmuş *deformity* biçimsizlik, sakatlık

defraud /di'fro:d/ *e.* dolandırmak, aldatmak

defrost /di:'frost/ *e.* buzlarını çözmek/temizlemek

deft /deft/ *s.* becerikli, usta

defunct /di'fankt/ *s.* ölü, ölmüş

defy /di'fay/ *e.* karşı gelmek, başkaldırmak; kafa tutmak; meydan okumak

degenerate /di'cenıreyt/ *e.* yozlaşmak *degeneration* yozlaşma

degrade /di'greyd/ *e.* küçük düşürmek, alçaltmak

degree /di'gri:/ *a. tek.* derece; düzey, derece, kademe; öğrenim derecesi

deify /'di:ifay, 'deyfay/ *e.* tanrılaştırmak, yüceltmek

deign /deyn/ *e. hkr.* tenezzül etmek

deity /'di:iti, 'deyti/ *a.* tanrı, tanrıça

dejected /di'cektid/ *s.* üzgün,

hüzünlü

delay /di'ley/ e. gecikmek; geciktirmek; ertelemek * a. gecikme

delectable /di'lektıbıl/ s. nefis

delegate /'deligit/ a. temsilci, delege * e. temsilci olarak görevlendirmek/atamak; delege olarak göndermek

delegation /deli'geyşın/ a. delegasyon; yetki verme, görevlendirme

delete /di'li:t/ e. silmek, çıkarmak *deletion* silme, çıkarma

deliberate /di'libırıt/ s. kasıtlı, temkinli, dikkatli *deliberately* kasten, bile bile

delicacy /'delikısi/ a. duyarlılık, narinlik; az bulunur/pahalı/leziz yiyecek

delicate /'delikıt/ s. narin, zarif, ince; nazik; (yemek) leziz ve hafif

delicatessen /deliki'tesın/ a. mezeci dükkânı, şarküteri

delicious /di'lişıs/ s. nefis, leziz

delight /di'layt/ e. zevk vermek, sevindirmek; (in) zevk almak * a. zevk, haz; sevinç *Turkish delight* lokum *delightful* zevkli, hoş

delinquency /di'linkwınsi/ a. görevi ihmal etme; kurallara uymama *delinquent* suçlu

delirious /di'lirıus/ s. sayıklayan; çılgın gibi, azgın

delirium /di'lirıım/ a. sayıklama; coşma

deliver /di'livı/ e. teslim etmek, götürmek; dağıtmak; serbest bırakmak; doğurtmak

delivery /di'livıri/ a. teslim, dağıtım, servis; doğum

delta /'deltı/ a. *coğ.* delta, çatalağız

delude /di'lu:d/ e. kandırmak, aldatmak

deluge /'delyu:c/ a. büyük sel, su baskını; şiddetli yağmur * e. ... yağmuruna tutmak

delusion /di'lu:jın/ a. aldatma; aldanma; saplantı; yanlış inanç,

kuruntu

de luxe /di'laks/ s. lüks, kaliteli

demagogic /demı'gogik/ s. demagojik

demagogue /'demıgog/ a. demagog, halkavcısı

demand /di'ma:nd/ a. istek, talep; rağbet * e. istemek, talep etmek; gerektirmek *in demand* rağbette

demarcation /dima:'keyşın/ a. ayırma, sınırlarını belirtme

demean /di'mi:n/ e. küçük düşürmek, alçaltmak

demeanour /di'mi:nı/ a. davranış biçimi, tavır, tutum

demented /di'mentid/ s. deli, çılgın

demo /'demou/ a. *kon.* gösteri

demobilize /di:'moubilayz/ e. terhis etmek

demobilization /dimoubilay'zeyşın/ a. *ask.* terhis; seferberliğin bitmesi

democracy /di'mokrısi/ a. demokrasi

democrat /'demıkret/ a. demokrat *democratic* demokratik

demography /di'mogrıfi/ a. demografi, nüfusbilim

demolish /di'moliş/ e. yıkmak, yok etmek

demolition /demı'lişın/ a. yıkma, yok etme; yıkılma, yıkım

demon /'di:mın/ a. şeytan

demonstrate /'demınstreyt/ e. göstermek; kanıtlamak; gösteri yapmak/düzenlemek *demonstration* gösteri; kanıt *demonstrative* duygularını gizlemeyen; *dilb.* işaret zamiri, gösterme adılı

demoralize /di'monlayz/ e. cesaretini kırmak, moralini bozmak

demote /di'mout/ e. rütbesini indirmek

demure /di'myuı/ s. ağırbaşlı, uslu

den /den/ a. in, mağara; yatak, uğrak; *kon.* çalışma odası

denial /di'nayıl/ a. inkâr; yalanlama

denim 78

denim /'denim/ *a.* blucin kumaşı,
kot; *ç. kon.* blucin, kot
denomination /dinomi'neyşın/ *a.*
mezhep; birim; ad
denote /di'nout/ *e.* belirtmek,
göstermek, anlamına gelmek
denounce /di'nauns/ *e.* alenen
suçlamak, kınamak
dense /dens/ *s.* yoğun; koyu; *kon.*
aptal, kalın kafalı
density /'densiti/ *a.* yoğunluk; sıklık
dent /dent/ *a.* ezik, çukur; *kon.*
incinme * *e.* göçürmek, yamult-
mak
dental /'dentıl/ *s.* dişlerle ilgili, diş
...
dentist /'dentist/ *a.* dişçi, diş hekimi
dentistry dişçilik
denture /'dençı/ *a.* takma diş
denude /di'nyu:d/ *e.* soymak, çıplak
hale getirmek
denunciation /dinansi'eyşın/ *a.* ale-
nen suçlama, kınama; kınanma
deny /di'nay/ *e.* inkâr etmek;
yalanlamak, tanımamak
deodorant /di:'oudırınt/ *a.* de-
odoran, kokugideren
depart /di'pa:t/ *e.* ayrılmak, hareket
etmek, kalkmak
department /di'pa:tmınt/ *a.* kısım,
bölüm, reyon; şube, daire, kol
department store (çeşitli reyon-
lardan oluşan) büyük mağaza
departure /di'pa:çı/ *a.* hareket,
gidiş, kalkış
depend /di'pend/ *e.* bağlı olmak;
(on) güvenmek; göre değişmek
dependable güvenilir
dependant /di'pendınt/ *a.*
başkasının eline bakan, muhtaç
dependence /di'pendıns/ *a.*
bağımlılık; güven, güvenme
dependent /di'pendınt/ *s.*
başkasının eline bakan; muhtaç
(on) bağlı
depict /di'pikt/ *e.* göstermek; dile
getirmek

deplete /di'pli:t/ *e.* tüketmek;
boşaltmak
deplore /di'plo:/ *e.* teessüf etmek,
üzülmek
deploy /di'ploy/ *e. ask.* mevzilen-
mek, konuşlanmak; mevz-
ilendirmek, konuşlandırmak
deployment /di'ploymınt/ *a. ask.*
yayılma
deport /di'po:t/ *e.* sınır dışı etmek
depose /di'pouz/ *e.* tahttan indir-
mek; azletmek, görevden çıkar-
mak
deposit /di'pozit/ *e.* koymak,
bırakmak; (bankaya) yatırmak;
(kaparo) vermek; (tortu) bırak-
mak * *a.* yatırılan para, mevduat;
kaparo, depozit; tortu **deposit ac-
count** mevduat hesabı
depositor /di'pozitı/ *a.* mudi,
yatıran
depot /'depou/ *a.* depo, ambar; *ask.*
cephanelik; küçük istasyon
deprave /di'preyv/ *e.* ahlak-
sızlaştırmak
depraved /di'preyvd/ *s.* ahlaksız
depreciate /di'pri:şieyt/ *e.* (para,
vb.) değer kaybetmek; küçüm-
semek, hor görmek
depress /di'pres/ *e.* üzmek, keyfini
kaçırmak, içini karartmak; dur-
gunlaştırmak
depression /di'preşın/ *a. hek.* de-
presyon, çöküklük, çöküntü,
bunalım; alçak basınç alanı
deprive /di'prayv/ *e.* (of) yoksun
bırakmak, mahrum etmek
depth /dept/ *a.* derinlik
deputation /depyu'teyşın/ *a.* temsil-
ciler heyeti
depute /di'pyu:t/ *e.* vekil tayin et-
mek, yetki vermek
deputy /'depyuti/ *a.* vekil; millet-
vekili
derby /'da:bi, 'dö:bi/ *a. AE.* melon
şapka **the Derby** İngiltere'de Ep-
som'da her yıl yapılan geleneksel

at yarışı

derelict /'derilikt/ s. terk edilmiş, sahipsiz

deride /di'rayd/ e. ile alay etmek

derision /di'rijın/ a. alay, alay etme *object of derision* alay konusu

derive /di'rayv/ e. (**from**) elde etmek, çıkarmak; türemek *derivation* türetme *derivative* türev

derogatory /di'rogıtıri/ s. küçültücü, onur kırıcı, aşağılayıcı

derrick /'derik/ a. vinç; petrol sondaj kulesi

descend /di'send/ e. (aşağı) inmek, alçalmak *descendant* torun

descent /di'sent/ a. iniş, inme; soy, nesil; baskın

describe /di'skrayb/ e. tanımlamak; (**as**) görmek, saymak, gözüyle bakmak; çizmek

description /di'skripşın/ a. tanımlama; tanım, tarif; *kon.* çeşit, tür *descriptive* tanımlayıcı; betimsel

desecrate /'desikreyt/ e. kutsallığını bozmak

desert /'dezıt/ a. çöl

desert /di'zö:t/ e. terk etmek; firar etmek, kaçmak *deserter* asker kaçağı

deserve /di'zö:v/ e. hak etmek, layık olmak

design /di'zayn/ e. çizmek; plan çizmek; tasarlamak *designer* tasarımcı, tasarçizimci, dizayncı * a. plan, proje; tasarım, çizim, dizayn; desen, taslak

designate /'dezıgneyt/ e. göstermek, işaret etmek; görevlendirmek; (**as**) unvanlandırmak

desirable /di'zayırıbıl/ s. istenilir, hoş

desire /di'zayı/ e. arzu etmek, istemek * a. arzu, emel; istek, dilek

desist /di'zist/ e. vazgeçmek

desk /desk/ a. okul sırası; yazı masası; kürsü; resepsiyon

desolate /'desılıt/ s. ıssız, boş;

yalnız

despair /di'speı/ e. (**of**) umudunu kesmek * a. umutsuzluk

despatch /di'speç/ a. e. *bkz. dispatch*

desperate /'despırıt/ a. umutsuz, çaresiz; gözü dönmüş; çok ciddi

desperation /despı'reyşın/ a. gözü dönmüşlük, çaresizlik

despicable /di'spikıbıl/ s. aşağılık, adi

despise /di'spayz/ e. küçümsemek, hor görmek, aşağılamak

despite /di'spayt/ *ilg.* -e rağmen, -e karşın

despot /'despot/ a. despot, zorba

dessert /di'zö:t/ a. (yemeğin sonunda yenen) tatlı

destination /desti'neyşın/ a. gidilecek/gönderilen yer

destine /'destin/ e. kaderini/geleceğini önceden belirlemek

destiny /'destini/ a. alınyazısı, yazgı, kader

destitute /'destityu:t/ s. yoksul; -den yoksun

destroy /di'stroy/ e. yok etmek, mahvetmek; yıkmak *destroyer* destroyer, muhrip

destruction /di'strakşın/ a. yıkma, yok etme; yıkım

destructive /di'straktiv/ s. yıkıcı

detach /di'teç/ e. ayırmak, sökmek *detached* ayrı; yansız; (ev) müstakil *detachment* ayırma, çıkarma; ayrılma; *ask.* müfreze

detail /'di:teyl/ a. ayrıntı, detay

detailed /'di:teyld/ s. ayrıntılı, detaylı

detain /di'teyn/ e. alıkoymak, tutmak

detect /di'tekt/ e. bulmak, ortaya çıkarmak *detection* bulma, ortaya çıkarma *detector* dedektör, bulucu

detective /di'tektiv/ a. dedektif,

hafiye

detention /di'tenşın/ *a.* alıkoyma, engelleme; alıkonma

deter /di'tö:/ *e.* vazgeçirmek, caydırmak

detergent /di'tö:cınt/ *a.* deterjan, arıtıcı

deteriorate /di'tıırıreyt/ *e.* kötüleşmek; kötüleştirmek

determination /ditö:mi'neyşın/ *a.* azim, kararlılık; belirleme, saptama

determine /di'tö:min/ *e.* karar vermek; kararlaştırmak; belirlemek **determined** kararlı, azimli **determiner** *dilb.* belirtici, bir adın anlamını sınırlayan ve bu adı tanımlayan sözcük

determinism /di'tö:minizım/ *a. fel.* determinizm, gerekircilik

detest /di'test/ *e.* nefret etmek

detonate /'detıneyt/ *e.* patlamak; patlatmak

detour /'di:tuı/ *a.* dolambaçlı yol

detract /di'trekt/ *e.* **(from)** düşürmek, eksiltmek, azaltmak

detriment /'detrımınt/ *a.* zarar, hasar **detrimental** zararlı

deuce /dyu:s/ *a.* (tenis) düs, beraberlik; (zar) dü

devaluation /di:velyu'eyşın/ *a.* devalüasyon, değer düşürümü

devalue /di:'velyu:/ *e.* paranın değerini düşürmek; değerini düşürmek

devastate /'devısteyt/ *e.* harap etmek **devastation** harap etme/olma

develop /di'velıp/ *e.* gelişmek, büyümek; geliştirmek, büyütmek; harekete geçirmek; (filmi) banyo etmek **development** gelişme; geliştirme; kalkınma; (film) banyo

deviate /di:vieyt/ *e.* sapmak, ayrılmak **deviation** sapma

device /di'vays/ *a.* aygıt, alet; hile;

oyun

devil /'devıl/ *a.* **(the)** şeytan; kötü ruh

devious /'di:vııs/ *s.* dolambaçlı

devise /di'vayz/ *e.* planlamak, bulmak

devoid /di'voyd/ *s.* **(of)** yoksun

devote /di'vout/ *e.* **(to)** -e adamak, vermek **devoted** sadık, bağlı **devotee** hayran, düşkün **devotion** adama; bağlılık, düşkünlük; dindarlık

devour /di'vauı/ *e.* yiyip yutmak; bitirmek, yok etmek

devout /di'vaut/ *s.* dindar; içten, samimi

dew /dyu:/ *a.* çiy, şebnem **dewdrop** çiy damlası

dexterity /dek'steriti/ *a.* yetenek, el becerisi **dexterous** becerikli, usta

diabetes /dayı'bi:ti:z/ *a. hek.* şeker hastalığı, diyabet **diabetic** /-'betik/ diyabetik; şeker hastası

diagnose /'dayıgnouz/ *e.* teşhis etmek, tanılamak **diagnosis** /-'nousis/ teşhis, diyagnoz

diagonal /day'egınıl/ *a.* köşegen * *s.* çapraz

diagram /'dayıgrem/ *a.* diyagram, çizenek

dial /'dayıl/ *a.* (saat/telefon, vb.) kadran * *e.* (telefon) numaraları çevirmek

dialect /'dayılekt/ *a.* lehçe, diyalekt

dialectic /dayı'lektik/ *a.* diyalektik, eytişim

dialogue /'dayılog/ *a.* diyalog, söyleşme

diameter /day'emıtı/ *a.* çap

diamond /'dayımınd/ *a.* elmas; baklavabiçimi; (iskambil) karo

diaper /'dayıpı/ *a. AE.* çocuk bezi

diaphragm /'dayıfrem/ *a. anat.* diyafram; *fiz.* diyafram, ışık beğeli, zar

diarrhea /dayı'rıı/ *a. bkz.* **diarrhoea**

diarrhoea /dayı'rıı/ *a.* ishal, amel

diary /'dayıri/ *a.* günlük; anı defteri; not defteri

dice /days/ *a.* zar, oyun zarları

dictate /dik'teyt/ *e.* (söyleyerek) yazdırmak

dictation /dik'teyşın/ *a.* dikte, yazdırma

dictator /dik'teytı/ *a.* diktatör

diction /'dikşın/ *a.* telaffuz, diksiyon

dictionary /'dikşınıri/ *a.* sözlük

didactic /day'dektik/ *s.* (konuşma ya da yazı) didaktik, öğretici

die /day/ *e.* ölmek; sona ermek * *a.* metal kalıp; oyun zarı *die away* (ses, ışık, rüzgâr, vb.) azalmak *die out* tamamen yok olmak *be dying for* -i çok istemek

diesel /'di:zıl/ *a.* dizel, içten yanmalı *diesel oil* mazot

diet /'dayıt/ *a.* perhiz, rejim; günlük besin *go on a diet* rejim yapmak * *e.* perhiz yapmak, rejim yapmak

differ /'difı/ *e.* (**from**) farklı olmak; (**with**) farklı görüşte olmak

difference /'difrıns/ *a.* fark, ayrım *different* farklı; başka, değişik; ayrı; çeşitli

differential /difı'renşıl/ *a.* ücret farkı; diferansiyel

differentiate /difı'renşieyt/ *e.* ayırmak; fark gözetmek

difficult /'difikılt/ *s.* zor, güç; güç beğenir; huysuz *difficulty* zorluk, güçlük

diffident /'difidınt/ *s.* çekingen

diffuse /di'fyu:s/ *s.* yayılmış, dağınık * *e.* yaymak, dağıtmak; yayılmak *diffusion* yayma; yayılma

dig /dig/ *e.* **dug** /dag/ kazmak; kazı yapmak; *arg.* hoşlanmak * *a.* kazı yeri; iğneli söz *dig out* kazıp ortaya çıkarmak

digest /day'cest/ *e.* sindirmek; anlamak, kavramak; sindirilmek * *a.* özet

digestion /day'cesçın, di'cesçın/ *a.* sindirim

digit /'dicit/ *a.* rakam; parmak *digital* sayısal

dignified /'dignifayd/ *s.* ağırbaşlı

dignitary /'dignitıri/ *a.* yüksek mevki sahibi, ileri gelen

dignity /'digniti/ *a.* değer; saygınlık; ciddiyet; ağırbaşlılık

digress /day'gres/ *e.* konu dışına çıkmak

digs /digz/ *a. BE. kon.* pansiyon

dike /dayk/ *a.* set, bent; hendek

dilate /day'leyt/ *e.* genişlemek; büyümek; genişletmek

dilemma /di'lemı/ *a.* ikilem

diligent /'dilicınt/ *s.* dikkatli, çalışkan, gayretli *diligence* dikkat, çalışkanlık

dilute /day'lu:t/ *e.* seyreltmek; sulandırmak

dim /dim/ *s.* loş, sönük, bulanık; *kon.* ahmak, budala

dime /daym/ *a. AE.* (ABD ve Kanada'da) 10 sent değerindeki madeni para

dimension /day'menşın, di'menşın/ *a.* boyut *dimensional* ... boyutlu

diminish /di'miniş/ *e.* azalmak; azaltmak

diminutive /di'minyutiv/ *s.* çok küçük, minik

dimple /'dimpıl/ *a.* gamze

din /din/ *a.* gürültü

dine /dayn/ *e.* akşam yemeği yemek *diner* yemek yiyen kimse; *AE.* vagon restoran *dine out* akşam yemeğini dışarıda yemek

dingdong /'ding'dong/ *a.* çan/zil ses

dinghy /'dingi/ *a.* küçük sandal; lastik bot *rubber dinghy* lastik bot

dingy /'dinci/ *s.* kirli; soluk

dining room /'dayning ru:m/ *a.* yemek odası

dinner /'dinı/ *a.* akşam yemeği; (bazen) öğle yemeği; yemek, iş yemeği *dinner jacket* smokin

dinosaur /'daynıso:/ *a. hayb.* dinozor

dip /dip/ *e.* daldırmak, batırmak; (güneş, vb.) batmak; azalmak, azaltmak * *a.* dalma, batma; *kon.* kısa yüzüş, dalıp çıkma

diphtheria /dif'tıırı/ *a. hek.* difteri

diphthong /'diftong/ *a. dilb.* diftong, ikili ünlü

diploma /di'ploumı/ *a.* diploma

diplomacy /di'ploumısi/ *a.* diplomasi, diplomatik *diplomat* diplomat *diplomatic* diplomatik

dire /'dayı/ *s.* korkunç; müthiş

direct /di'rekt, day'rekt/ *s.* doğru, düz; dolaysız * *be.* dosdoğru, duraklamadan * *e.* yolu tarif etmek; emretmek; yöneltmek; çevirmek; yönetmek *direct current* doğru akım *direct object* dolaysız tümleç *direct speech* dolaysız anlatım *directly* doğrudan doğruya; derhal; hemen

direction /di'rekşın, day'rekşın/ *a.* yön; idare, yönetim; talimat, yönerge

directive /di'rektiv/ *a.* direktif, yönerge

director /di'rektı/ *a.* müdür, yönetici; yönetmen

directory /di'rektırı/ *a.* adres rehberi; telefon rehberi

dirge /dö:c/ *a.* ağıt

dirt /dö:t/ *a.* kir, pislik; toz, toprak, çamur *dirty* pis, kirli; iğrenç; çirkin; *kon.* (hava) bozuk, fırtınalı; *kon.* adi, alçakça

disable /dis'eybıl/ *e.* sakatlamak; mahrum etmek *the disabled* sakatlar

disadvantage /disıd'va:ntic/ *a.* dezavantaj; zarar, kayıp

disagree /disı'gri:/ *e.* (with) aynı düşüncede olmamak; yaramamak, dokunmak *disagreeable* ters, huysuz; nahoş; tatsız *disa-*

greement anlaşmazlık, uyuşmazlık

disappear /disı'pii/ *e.* gözden kaybolmak; ortadan kalkmak, yok olmak *disappearance* kayboluş, kaybolma, gözden kayboluş

disappoint /disı'poynt/ *e.* hayal kırıklığına uğratmak *disappointed* düş kırıklığına uğramış *disappointing* düş kırıklığına uğratıcı *disappointment* düş kırıklığı; düş kırıklığına uğratan şey/kimse

disapprove /disı'pru:v/ *e.* (of) uygun görmemek *disapproval* uygun görmeme, onaylamama

disarm /dis'a:m/ *e.* silahsızlandırmak; silahsızlanmak; yatıştırmak, yumuşatmak *disarmament* silahsızlanma

disaster /di'za:stı/ *a.* felaket, yıkım, facia *disastrous* felaket getiren, feci

disbelief /disbi'li:f/ *a.* inançsızlık, güvensizlik, inanmazlık

disc /disk/ *a.* yuvarlak yüzey; yuvarlak şey; disk, plak *disc jockey* diskcokey, plak sunucu

discard /dis'ka:d/ *e.* atmak, ıskartaya çıkarmak, başından atmak

discern /di'sö:n/ *e.* fark etmek, ayırt etmek *discerning* zeki, anlayışlı

discharge /dis'ça:c/ *e.* (yük) yerine getirmek, yapmak; boşaltmak; tahliye etmek; (borç) ödemek; (silah, ok, vb.) ateşlemek, atmak; (gaz, sıvı, vb.) akıtmak * *a.* boşaltma; ateş etme; tahliye; terhis; akma

disciple /di'saypıl/ *a.* mürit, havari

discipline /'disiplin/ *a.* disiplin; bilgi dalı * *e.* kontrol altında tutmak, eğitmek

disclaim /dis'kleym/ *e.* -e ile ilişkisi olmadığını söylemek; vazgeçmek

disclose /dis'klouz/ *e.* açığa vurmak

disco /'diskou/ *a. kon.* disko

discolour /dis'kalı/ *e.* rengini değiştirmek; rengi değişmek, bozulmak

discomfort /dis'kamfıt/ *a.* rahatsızlık; sıkıntı

disconnect /dis'kınekt/ *e.* bağlantısını kesmek; ayırmak

discontent /diskın'tent/ *a.* hoşnutsuzluk

discontinue /diskın'tinyu:/ *e.* devam etmemek, bırakmak, kesmek; durmak

discord /'disko:d/ *a.* düşünce ayrılığı, uyuşmazlık; ihtilaf; *müz.* ahenksizlik

discotheque /'diskıtek/ *a.* diskotek, disko

discount /'diskaunt/ *a.* indirim * *e.* (senet, bono) kırmak

discourage /dis'karic/ *e.* cesaretini kırmak; vazgeçirmek, engellemek

discourse /'disko:s/ *a.* söylev

discourteous /dis'kö:tııs/ *s.* kaba, saygısız *discourtesy* kabalık, saygısızlık

discover /dis'kavı/ *e.* keşfetmek, bulmak; farkına varmak, anlamak *discoverer* kâşif *discovery* keşif, buluş

discredit /dis'kredit/ *e.* gözden düşürmek; kuşkuyla bakmak * *a.* gözden düşme; yüzkarası, leke; inanmama, şüphe

discreet /di'skri:t/ *s.* sağduyulu, saygılı

discretion /di'skreşın/ *a.* sağduyu; denlilik

discriminate /di'skrimineyt/ *e.* ayırmak; farkı görmek; fark gözetmek, ayrım yapmak *discrimination* ayrım, fark gözetme; ince farkları görebilme yeteneği *racial discrimination* ırk ayrımı

discus /'diskıs/ *a. sp.* disk

discuss /di'skas/ *e.* ele almak, tartışmak, görüşmek *discussion* tartışma, görüşme

disdain /dis'deyn/ *e.* hor görmek, tepeden bakmak; tenezzül etmemek

disease /di'zi:z/ *a.* hastalık *diseased* hastalıklı

disembark /disim'ba:k/ *e.* karaya çıkmak

disembody /disim'bodi/ *e.* gövdeden ayırmak

disgrace /dis'greys/ *e.* küçük düşürmek, itibarını zedelemek; gözden düşürmek, rezil etmek * *a.* yüzkarası; gözden düşme

disgruntled /dis'grantıld/ *s.* (at/with) üzgün, canı sıkılmış

disguise /dis'gayz/ *e.* görünüşünü/kılığını değiştirmek; saklamak, gizlemek * *a.* sahte kılık; maske, numara

disgust /dis'gast/ *a.* iğrenme, tiksinme, tiksinti * *e.* tiksindirmek, iğrendirmek *disgusting* iğrenç

dish /diş/ *a.* tabak; yemek *dishes* tabak çanak; bulaşık *dishwasher* bulaşık makinesi *dishwater* bulaşık suyu *wash the dishes* bulaşıkları yıkamak

dishonest /dis'onist/ *s.* namussuz

dishonour /dis'onı/ *e.* namusuna leke sürmek * *a.* onursuzluk, şerefsizlik; leke

disillusion /disi'lu:jın/ *e.* gözünü açmak, yanlış bir düşünceden kurtarmak

disillusioned /disi'lu:jınd/ *s.* üzgün, kırgın, hayal kırıklığına uğramış

disinfect /disin'fekt/ *e.* dezenfekte etmek

disinfectant /disin'fektınt/ *a.* dezenfektan

disintegrate /dis'intigreyt/ *e.* parçalamak, dağıtmak, ufalamak; parçalanmak, dağılmak

disinterested /dis'intristid/ *s.* kişisel duygularla etkilenmeyen, yansız,

disjoint 84

önyargısız; *kon.* ilgisiz, umursamaz

disjoint /dis'coynt/ *e.* parçalarına ayırmak

disjointed /dis'coyntid/ *s.* (konuşma, yazı, vb.) bağlantısız, kopuk

disk /disk/ *a. AE. bkz.* **disc**

dislike /dis'layk/ *e.* sevmemek, hoşlanmamak * *a.* sevmeme, hoşlanmama

dislocate /'dislıkeyt/ *e.* (kemik) yerinden çıkarmak; altüst etmek

disloyal /dis'loyıl/ *s.* vefasız *disloyalty* vefasızlık

dismal /'dizmıl/ *s.* kasvetli, iç kararıcı

dismantle /dis'mentıl/ *e.* sökmek

dismay /dis'mey/ *e.* dehşete düşürmek, korkutmak * *a.* korku, dehşet

dismiss /dis'mis/ *e.* (işten) çıkarmak, yol vermek; gitmesine izin vermek *dismissal* çıkarma, kovma; izin, bırakma, gönderme

dismount /dis'maunt/ *e.* (at, bisiklet, vb.'den) inmek

disobedience /dısı'bi:dıns/ *a.* söz dinlemezlik, itaatsizlik *disobedient* itaatsiz, söz dinlemez

disobey /dısı'bey/ *e.* söz dinlememek, itaat etmemek; (kural, yasa, vb.) çiğnemek, uymamak

disorder /dis'o:dı/ *a.* karışıklık, düzensizlik; kargaşa, patırtı; hastalık, rahatsızlık * *e.* karıştırmak, bozmak

disorganized /dis'o:gınayzd/ *s.* düzensiz

dispatch, despatch /di'speç/ *e.* göndermek; bitirivermek * *a.* yollama, gönderme; mesaj; telyazı, telgraf

dispel /di'spel/ *e.* dağıtmak, def etmek; yok etmek, gidermek

dispense /di'spens/ *e.* dağıtmak, vermek; (ilaç reçetesini) hazırla-

mak

dispensable /di'spensıbıl/ *s.* gereksiz; vazgeçilebilir

dispensary /di'spensıri/ *a.* dispanser, bakımevi

dispense /di'spens/ *e.* dağıtmak, vermek; (ilaç/reçete, vb.) hazırlamak

disperse /di'spö:s/ *e.* dağılmak, yayılmak; yaymak, dağıtmak

displace /dis'pleys/ *e.* yerinden çıkarmak; -in yerine geçmek; ülkesinden çıkarmak

display /di'spley/ *e.* göstermek; sergilemek * *a.* gösterme; gösteri; sergi

displease /dis'pli:z/ *e.* canını sıkmak; gücendirmek *displeasure* hoşnutsuzluk, gücenme

dispose /di'spouz/ *e.* (**of**) kurtulmak, başından atmak; alt etmek; düzenlemek, yerleştirmek *disposable* kullandıktan sonra atılan *disposal* elden çıkarma; düzenleme; idare, yönetim; kurtulma

disposition /dıspı'zişın/ *a.* yaradılış, huy; düzenleme; eğilim, istek

disproportionate /dısprı'po:şınıt/ *s.* oransız, çok fazla ya da çok az

disprove /dis'pru:v/ *e.* yanlış olduğunu kanıtlamak

dispute /di'spyu:t/ *e.* tartışmak; çekişmek; karşı çıkmak, itiraz etmek, kabul etmemek * *a.* tartışma; çekişme, kavga; anlaşmazlık, uyuşmazlık *disputable* tartışılabilir, kuşkulu, su götürür

disqualify /dis'kwolifay/ *e.* diskalifiye etmek

disregard /disrı'ga:d/ *e.* aldırmamak, önemsememek * *a.* aldırmazlık, önemsememe; ihmal

disrepute /disrı'pyu:t/ *a.* kötü ün *disreputable* adı çıkmış, kötü ünlü

disrespect /disrı'spekt/ *a.* saygısızlık, kabalık

ditch

disrupt /dis'rapt/ *e.* dağıtmak, bozmak, bölmek

dissatisfy /dis'setisfay/ *e.* doyuramamak, memnun edememek **dissatisfaction** doyumsuzluk, hoşnutsuzluk

dissect /di'sekt/ *e.* incelemek üzere kesip ayırmak; dikkatle incelemek

disseminate /di'semineyt/ *e.* (düşünce, haber, vb.) yaymak, saçmak

dissent /di'sent/ *e.* aynı görüşte olmamak * *a.* görüş ayrılığı, uyuşmazlık, anlaşmazlık **dissenter** muhalif **dissension** anlaşmazlık, kavga

dissidence /'disidıns/ *a.* görüş ayrılığı, muhalefet; anlaşmazlık

dissident /'disidınt/ *a. s.* muhalif

dissimilar /di'simili/ *s.* benzemez, ayrı

dissipate /'disipeyt/ *e.* dağıtmak, yok etmek; çarçur etmek, aptalca harcamak

dissociate /di'souşieyt/ *e.* ayırmak, ayrı tutmak

dissolve /di'zolv/ *e.* erimek; eritmek; feshetmek, dağıtmak; sona erdirmek, bozmak **dissolution** erime, eritme; sona erme; bozma, bozulma

dissuade /di'sweyd/ *e.* caydırmak, vazgeçirmek **dissuasion** caydırma, vazgeçirme

distance /'distıns/ *a.* mesafe, uzaklık; ara; süre *in the distance* uzakta

distant /'distınt/ *s.* uzak, uzakta; (akraba) uzaktan, uzak; soğuk, ilgisiz, mesafeli

distaste /dis'teyst/ *e.* sevmeme, hoşlanmama, nefret **distasteful** tatsız, nahoş

distend /di'stend/ *e.* şişmek; şişirmek

distil /di'stil/ *e.* imbikten çekmek,

damıtmak; (konu, vb.) özünü çıkarmak, özünü almak **distillation** damıtma; damıtma; damıtık madde **distillery** içki yapan fabrika

distinct /di'stinkt/ *s.* farklı, ayrı; açık, belirgin

distinction /di'stinkşın/ *a.* fark, ayırım; üstünlük; ün, şan; şeref; ödül

distinctive /di'stinktiv/ *s.* diğerlerinden ayrı, ayıran, özel

distinguish /di'stingwiş/ *e.* ayırt etmek, ayırmak; kendini göstermek; sivrilmek; görmek, seçmek **distinguishable** ayırt edilebilir; görülebilir **distinguished** seçkin, ünlü

distort /di'sto:t/ *e.* biçimini bozmak; bükmek; çarpıtmak, saptırmak; değiştirmek

distract /di'strekt/ *e.* (dikkatini) başka yöne çekmek **distraction** dikkat dağıtıcı şey; dikkatini dağıtma; eğlence

distraught /di'stro:t/ *s.* aklı başından gitmiş, çılgına dönmüş

distress /di'stres/ *a.* acı, ıstırap, üzüntü * *e.* sıkıntı vermek **distressing** acı veren, üzücü

distribute /di'stribyu:t/ *e.* dağıtmak, vermek; pay etmek, bölüştürmek; yaymak, saçmak **distribution** dağıtma, dağıtım **distributor** dağıtıcı, dağıtımcı; *tek.* distribütör

district /'distrikt/ *a.* bölge

distrust /dis'trast/ *e.* güvenmemek, itimat etmemek * *a.* güvenmeme, itimatsızlık

disturb /di'stö:b/ *e.* rahatsız etmek; bozmak; karıştırmak **disturbance** rahatsızlık; karışıklık **disturbed** rahatsız, huzursuz

disuse /dis'yu:s/ *a.* kullanılmayış, geçersizlik

ditch /diç/ *a.* hendek * *e.* *kon.* başından atmak, bırakmak

dither /'dıtı/ e. kon. telaşa kapıl-
mak

ditto /'ditou/ a. aynı şey; denden (")
işareti

ditty /'diti/ a. kısa ve basit şarkı

divan /di'ven/ a. divan, sedir

dive /dayv/ e. (suya) balıklama
atlamak; dalmak *diver* dalgıç

diverge /day'vö:c/ e. (yol, görüş,
vb.'den) ayrılmak, uzaklaşmak
divergence ayrılma, uzaklaşma
divergent birbirinden ayrılan

diverse /day'vö:s/ s. çeşitli; farklı,
değişik *diversity* farklılık; çeşitli-
lik

diversify /day'vö:sifay/ e.
çeşitlendirmek

diversion /day'vö:şın/ a. yönünü
değiştirme, saptırma; eğlence;
oyun

divert /day'vö:t/ e. başka yöne
çevirmek; oyalamak, eğlendir-
mek

divide /di'vayd/ e. bölmek; ayırmak

dividend /di'vidınd/ a. kâr hissesi;
mat. bölünen

dividers /di'vaydız/ a. pergel

divine /di'vayn/ s. kutsal, tanrısal;
ilahi; *kon.* süper, çok iyi

divinity /di'viniti/ a. ilahiyat

divisible /di'vizıbıl/ s. bölünebilir

division /di'vijın/ a. bölme;
bölünme; parça; fikir ayrılığı;
ask. tümen

divisor /di'vayzı/ a. *mat.* bölen

divorce /di'vo:s/ a. boşanma * e.
boşanmak; boşamak

divorcé /di'vo:si:, di'vo:sey/ a. dul
erkek

divorcee /divo:'si:/ a. boşanmış
kimse, dul kimse

divorcée /di'vo:si:/ a. dul kadın

divulge /day'valc/ e. açığa vurmak

dizzy /'dizi/ s. başı dönen; baş
döndürücü; *kon.* aptal *feel dizzy*
başı dönmek

do /du:/ e. *did* /did/ *done* /dan/

yapmak, etmek *do away with*
ortadan kaldırmak; yok etmek,
öldürmek *do with* -e ihtiyacı ol-
mak *do without* idare etmek, ol-
madan yapmak *have to do with*
ile bir ilgisi olmak

dock /dok/ a. rıhtım; gemi havuzu,
dok; (mahkemede) sanık yeri * e.
(kuyruğunu) kesmek; (ücret, vb.)
kısmak, azaltmak; (gemi) limana
girmek *be in the dock* sanık ol-
mak *put in the dock* suçlamak

dockage /'dokic/ a. kesinti

dockyard /'dokya:d/ a. tersane

doctor /'doktı/ a. doktor, hekim;
doktora yapmış kişi; *AE.* diş
doktoru * e. kon. tedavi etmek;
onarmak; değiştirmek

doctorate /'doktırıt/ a. doktora

doctrinaire /doktri'neı/ s. kuramcı

doctrine /'doktrin/ a. öğreti, doktrin

document /'dokyumınt/ a. belge *
e. belgelemek *documentation*
/dokyumen'teyşın/ belgelerle
kanıtlama, belgeleme

documentary /dokyu'mentıri/ s.
belgesel; belgeli * a. belgesel
(film)

dodge /doc/ e. hızla yana çekilmek;
hile ile kurtulmak, atlatmak * a.
yana kaçış; *kon.* üçkâğıt, oyun;
kon. plan, yol

dodgy /'doci/ s. *BE. kon.* riskli,
tehlikeli; üçkâğıtçı, namussuz

doe /dou/ a. dişi geyik ya da tavşan

dog /dog/ a. köpek; it * e. izlemek,
peşini bırakmamak *dog-cheap*
sudan ucuz, çok ucuz *dog days*
yılın en sıcak günleri *dogtooth*
köpekdişi

dogma /'dogmı/ a. dogma *dog-
matic* /-metik/ s. dogmatik *dog-
matism* dogmatizm

doh /dou/ a. *müz.* do notası

doing /'du:ing/ a. (birisinin yaptığı)
iş; sıkı çalışma

dole /doul/ a: *go/be on the dole BE.*

kon. hükümetten işsizlik maaşı almak * *e.* (out) yoksullara (para, yiyecek, vb.) dağıtmak *doleful* üzgün, kederli, mahzun

doll /dol/ *a.* oyuncak bebek; *kon.* (aptal) güzel kadın, bebek

dollar /'dolı/ *a.* dolar

dolly /'dolı/ *a. kon. bkz. doll*

dolphin /'dolfin/ *a. hayb.* yunus-balığı

domain /dı'meyn/ *a.* beylik arazi; alan

dome /doum/ *a.* kubbe

domestic /dı'mestik/ *s.* evle ilgili, aileyle ilgili; evcil; yerli * *a.* hiz-metçi *domesticate* (hayvan) evcilleştirmek; ev işlerine alıştırmak

dominant /'dominınt/ *s.* egemen; üstün; *biy.* başat, dominant

dominate /'domineyt/ *e.* egemen olmak; en önemli yeri tutmak *domination* egemenlik, hâkimiyet

domineering /domi'nining/ *s.* des-potça davranan, zorba

dominion /dı'minıin/ *a.* egemenlik; yönetme hakkı; dominyon; yönetilen bölge/ülke

domino /'dominou/ *a.* domino taşı; *kon.* domino oyunu

don /don/ *a.* (İngiltere'de) üniver-sitede öğretim görevlisi

donate /dou'neyt/ *e.* (para, vb.) bağışta bulunmak

donation /dou'neyşın/ *a.* bağış

done /dan/ *s.* bitmiş, sona ermiş; çok yorgun; pişmiş *Done!* *Tamam!, Kabul!*

donkey /'donki/ *a.* eşek *donkey-work* ağır ve sıkıcı iş

donor /'dounı/ *a.* bağışta bulunan kimse

doom /du:m/ *a.* kötü kader, yazgı; ölüm *doomsday* kıyamet günü

door /do:/ *a.* kapı; giriş *next door* kapı komşu, yakın *out of doors* açık havada, dışarıda *doorbell*

kapı zili *doorkeeper* kapıcı *door-mat* paspas *doorstep* eşik *door-way* kapı yeri, giriş

dope /doup/ *a.* uyuşturucu madde; budala, salak; *arg.* bilgi * *e.* doping yapmak *doping test* doping testi

dormant /'do:mınt/ *s.* hareketsiz, etkin olmayan; uykuda

dormitory /'do:mitıri/ *a.* yatakhane, koğuş; *AE.* öğrenci yurdu

dormouse /'do:maus/ *a. hayb.* fındıkfaresi

dorsal /'do:sıl/ *s. anat.* sırtla ilgili, sırt ..., arka ...

dosage /'dousic/ *a.* dozaj, düzem

dose /dous/ *a.* doz; miktar

dosshouse /'dohaus/ *a.* çok ucuz pansiyon

dot /dot/ *a.* nokta; benek * *e.* nok-tasını koymak

dotage /'doutic/ *a.* bunaklık

double /'dabıl/ *s.* çift, iki; iki kişilik; iki misli, iki kat; ikili, çifte * *a.* benzer, eş; (içki) duble * *be.* iki misli, iki katı * *e.* iki katına çıkarmak; iki misli olmak *dou-blebreasted* (giysi) kruvaze *dou-blecross* iki yüzlülük etmek *dou-bledealer* ikiyüzlü *doubledecker* iki katlı otobüs; iki katlı ev *dou-blefaced* ikiyüzlü *doubleglazing* çift cam *doublejointed* iki eklemli

doubles /'dabılz/ *a.* (tenis) çiftler maçı

doubly /'dabli/ *be.* iki misli, iki kat

doubt /daut/ *e.* -den kuşkulanmak; emin olmamak, kuşkusu olmak *no doubt* kuşkusuz *doubtful* kuşkulu, güvenilmez; kesin ol-mayan, şüpheli *doubtless* kuşkusuz, şüphesiz, kesin; mu-htemelen

dough /dou/ *a.* hamur; *kon.* para

doughnut /'dounat/ *a.* lokma benzeri bir tür tatlı

douse /daus/ *e.* ıslatmak, sulamak;

kon. söndürmek

dove /dav/ *a.* güvercin, kumru

down /daun/ *be.* aşağı, aşağıya; aşağıda * *ilg.* aşağısına; aşağısında *down with ...!* kahrolsun ...! *down to earth* gerçekçi

downcast /'daunka:st/ *s.* üzgün, mahzun; (gözler) yere doğru bakan

downfall /'daunfo:l/ *a.* düşüş, çöküş, mahvolma; ani yağış, sağanak

downgrade /'daungreyd/ *e.* (rütbe, derece, vb.) indirmek, alçaltmak

downhearted /daun'ha:tid/ *s.* üzgün, mutsuz

downhill /'daunhil/ *be.* yokuş aşağı *go downhill* kötüye gitmek

downpour /'daunpo:/ *a.* sağanak

downstairs /daun'steız/ *be.* alt katta, aşağıda; alt kata, aşağıya

downstairs /daun'steız/ *a. s.* alt kat

downward /'daunwıd/ *s.* aşağı inen, düşen; *AE* aşağıya doğru

downwards /'daunwıdz/ *be.* aşağıya doğru

downwind /'daunwind/ *s. be.* rüzgâr yönünde

dowry /'dauıri/ *a.* çeyiz

doze /douz/ *a.* şekerleme, kestirme, kısa uyku * *e.* şekerleme yapmak, kestirmek, uyuklamak

dozen /'dazın/ *a.* düzine

draft /dra:ft/ *e.* taslak; karalama, müsvedde; poliçe; *AE.* askere alma * *e.* taslağını çizmek; *AE.* askere almak

drag /dreg/ *a.* çekme, sürükleme; sürüklenen şey; tırmık, tarak * *e.* sürüklemek, sürümek, çekmek; (ağ, kanca, vb.) dibini yoklamak, taramak *drag on* gereksiz yere uzamak

dragon /'dregın/ *a.* ejder, ejderha *dragonfly* yusufçuk, kızböceği

drain /dreyn/ *e.* akmak; akıtmak; kurumak; kurutmak;

güçsüzleşmek * *a.* pissu borusu; kanal, lağım; akaç; masraf *drainage* suları akıtma; kanalizasyon *drainpipe* pissu akıtma borusu

drake /dreyk/ *a.* erkek ördek

dram /drem/ *a.* dirhem

drama /'dra:mı/ *a.* (radyo, televizyon ya da tiyatroda oynanan) oyun; drama, tiyatro sanatı; heyecanlı olaylar dizisi *dramatic* tiyatroyla ilgili, dramatik; heyecanlandırıcı *dramatics* oyun yazma (sanatı) *dramatist* oyun yazarı

dramatize /'dremıtayz/ *e.* oyunlaştırmak, sahneye uyarlamak; (olayı) heyecanlı bir biçimde anlatmak; abartmak

drape /dreyp/ *e.* (kumaş, vb. ile) üstünü örtmek, kaplamak; kumaşla süslemek *draper BE.* kumaşçı *drapery BE.* kumaşçılık; kumaş

drastic /'drestik/ *s.* güçlü, şiddetli, etkili

draught /dra:ft/ *a.* cereyan, hava akımı; yudum; geminin yüzebileceği derinlik; *BE.* dama taşı *draught beer* fıçı birası

draughts /'dra:fts/ *a. BE.* dama oyunu *draughtsman* teknik ressam; dama taşı

draw /dro:/ *e.* **drew** /dru:/, **drawn** /dro:n/ (resim) çizmek; çekmek; ilgisini çekmek, cezbetmek; (oyun, savaş, vb.) berabere bitirmek/bitmek * *a.* kura, çekiliş; (maç, vb.) beraberlik; ilgi toplayan şey/kimse *draw away* hızla çekmek, uzaklaştırmak *draw back* gerilemek; düşünmekten/yapmaktan çekinmek *draw on/upon* kullanmak, yararlanmak *draw out* (zaman içinde) uzatmak, yaymak; hesabından para çekmek; konuşturmak *draw up* oluşturmak; (taşıt) belli bir noktaya ulaşıp durmak; düzenlemek, yazmak; sıralamak, dizmek

drawback /'dro:bek/ *a.* dezavantaj; engel; sorun, güçlük

drawer /'dro:/ *a.* çekmece, göz

drawing /'dro:ing/ *a.* çizim; eskiz; plan, tasar, kroki *drawing pin* raptiye *drawing room* salon, misafir odası

drawn /dro:n/ *bkz.* **draw**

dread /dred/ *e.* çok korkmak * *a.* korku, dehşet; korku nedeni *dreadful* korkutucu, ürkütücü, korkunç *dreadfully* çok; çok fena, korkunç bir şekilde

dream /dri:m/ *e.* *dreamed, dreamt* /dremt/, rüya görmek; rüyasında görmek; düşlemek, düş kurmak * *a.* düş, rüya; hayal; *kon.* çok güzel şey *dream away* (zaman) çarçur etmek *dreamer* rüya gören kimse; hayalperest kimse *dreamy* hayalci; *kon.* harika, nefis

dreamt /dremt/ *bkz.* **dream**

dreary /'driiri/ *s.* can sıkıcı, kasvetli

dredge /drec/ *e.* (ırmak ya da denizin) dibini taramak * *a.* dip tarama aracı, tarak

dregs /dregz/ *a.* tortu, çökelti

drench /drenç/ *e.* ıslatmak, sırılsıklam etmek

dress /dres/ *a.* giydirmek; giyinmek; yaraya pansuman yapmak, sarmak; saç yapmak; (yemeği) hazırlamak, süslemek * *a.* giysi, elbise; kılık kıyafet, giyim * *s.* elbiselik; (giysi) uygun, düzgün

dresser /'dresı/ *a.* mutfak rafı, tabaklık; *AE.* şifonyer

dressing /'dresing/ *a.* giydirme; giyinme, kuşanma; pansuman, sargı; salça, sos, terbiye *dressing gown* sabahlık *dressing table* tuvalet masası

drew /dru:/ *bkz.* **draw**

dribble /'dribıl/ *e.* (salya, vb.) damlamak; damlatmak, salya akıtmak; *sp.* top sürmek

drift /drift/ *a.* sürükleme, sürüklenme; sürüklenen şey; genel anlam * *e.* sürüklemek; sürüklenmek; biriktirmek, yığmak; birikmek *drifter* avare, başıboş

drill /dril/ *e.* (matkapla delik) açmak, delmek; alıştırmak, eğitmek, talim yaptırmak * *a.* delgi, matkap; alıştırma; talim

drink /drink/ *e.* **drank** /drenk/ **drunk** /drank/ içmek; içki içmek; emmek; yutmak * *a.* içilecek şey, içecek; (alkollü) içki *drinkable* içilebilir, içilir *drinker* içkici

drip /drip/ *e.* damlamak; damlatmak * *a.* damlama; damla; *arg.* sevimsiz, renksiz kimse

drip-dry /'dripdray/ *s.* (giysi) asılarak kurutulan, ütü istemeyen

dripping /'driping/ *a.* pişirilen etten damlayan yağ

drive /drayv/ *e.* **drove** /drouv/ **driven** /'drivın/ sürmek; (taşıt) kullanmak; (araba, vb. ile) götürmek; -e zorlamak; sıkıştırmak * *a.* taşıtta yolculuk; (park yerine) giriş yolu; girişim; dürtü; pratik zekâ; (araba, vb.) çekiş *drive-in* otomobille girilen (sinema, lokanta, vb. yer) *driver* sürücü, şoför *driver's license AE.* sürücü belgesi, ehliyet *driving licence* sürücü belgesi, ehliyet

driven /'drivın/ *bkz.* **drive**

drizzle /'drizıl/ *e.* (yağmur) ince ince yağmak, çiselemek * *a.* ince yağmur, çisenti

drone /droun/ *a.* erkek arı; asalak, parazit

droop /dru:p/ *e.* sarkmak, eğilmek * *a.* düşüş uzaklığı, düşüş

drop /drop/ *e.* (yere) düşürmek; düşmek; *kon.* (arabadan) indirmek; bırakmak; son vermek, kesmek; (artık) görüşmemek * *a.* damla, azıcık şey; düşüş, iniş *drop by/in/on* şöyle bir uğramak *drop off* uyuyakalmak; azalmak *drop out* ayrılmak, bırakmak *dropper* /'dropı/ damlalık

droppings /'dropingz/ *a.* ters, hayvan dışkısı

dross /dros/ *a.* cüruf, süprüntü, artık

drought /draut/ *a.* kuraklık, susuzluk

drove /drouv/ *bkz.* **drive;** *a.* sürü *drover* davar çobanı, celep

drown /draun/ *e.* (suda) boğulmak; suda boğmak; (ses) bastırmak, boğmak

drowse /drauz/ *e.* kestirmek, uyuklamak *drowsy* uykulu; uyutan, uyutucu

drudge /drac/ *e.* ağır, zor ve tatsız iş yapmak *drudgery* ağır, tatsız iş

drug /drag/ *a.* ilaç; uyuşturucu madde * *e.* ilaç vermek; uyuşturucu vermek, ilaçla uyutmak *druggist* AE. eczacı *drugstore* AE. eczane

drum /dram/ *a.* davul, bateri, dümbelek * *e.* davul çalmak; davul sesi çıkartmak *drummer* davulcu, baterist *drumstick* davul sopası, baget

drunk /drank/ *a. s.* sarhoş, içkili

drunkard /'drankıd/ *a.* ayyaş, sarhoş

drunken /'drankın/ *s.* sarhoş

dry /dray/ *s.* kuru; kurumuş, kupkuru, susuz; susamış; yavan, sevimsiz; basit, sade; (içki) sek * *e.* kurumak; kurutmak *dry-clean* kuru temizleme yapmak *dry cleaner's* kuru temizleme dükkânı

dryer /'drayı/ *a.* kurutma makinesi

dual /'dyu:ıl/ *s.* ikili, iki eş parçalı, dual, çift

dub /dab/ *e.* (film, vb.) seslendirmek, dublaj yapmak

dubious /'dyu:bıs/ *s.* kuşkulu, belirsiz

duchess /'daçis/ *a.* düşes

duck /dak/ *a.* ördek * *e.* (görülmemek, vurulmamak için) başını eğmek; (başını) suya daldırmak; *kon.* kaçmak, kaytarmak

duckling /'dakling/ *a.* yavru ördek

duct /dakt/ *a.* guddelerden salgıları akıtan kanal; boru

dud /dad/ *s. kon.* işe yaramaz; bozuk

due /dyu:/ *s.* hak edilen, gerekli; tam, uygun, yeterli; (para) ödeme zamanı gelmiş; beklenen * *a.* hak, kişinin hakkı * *be.* direkt olarak, tam olarak, doğruca *due to* ... yüzünden

duel /'dyu:ıl/ *a.* düello * *e.* düello yapmak

dues /dyu:z/ *a.* resmi vergiler, aidat

duet /dyu:'et/ *a. müz.* düet

dugout /'dagaut/ *a.* kütükten oyularak yapılmış kayık; *ask.* yeraltı sığınağı

duke /dyu:k/ *a.* dük

dulcet /'dalsit/ *s.* (ses, vb.) tatlı, hoş, huzur veren

dull /dal/ *s.* sönük, donuk; boğuk; yavaş düşünen; sıkıcı; tekdüze * *e.* sönükleştirmek, donuklaştırmak, köreltmek; körelmek

duly /'dyu:li/ *be.* zamanında; tam olarak, layıkıyla, hakkıyla

dumb /dam/ *s.* dilsiz; dilini yutmuş, sessiz, suskun; *kon.* aptal

dumbfound /dam'faund/ *e.* hayretten konuşamaz hale getirmek

dummy /'dami/ *a.* (cansız) manken; emzik; yapma şey, taklit; *arg.* aptal, salak

dump /damp/ *e.* yere dökmek; düşürmek; indirim yapmak, fiyatta damping yapmak * *a.* çöplük/artık yığma yeri; *arg.*

çöplük, batakhane

dumpling /'dampling/ *a.* meyveli bir tatlı; etli hamur

dumpy /'dampi/ *s.* tıknaz, bodur

dunce /dans/ *a.* kolay öğrenemeyen kimse; aptal

dune /dyu:n/ *a.* kum tepesi, kumul

dung /dang/ *a.* hayvan gübresi

dungarees /dangı'ri:z/ *a.* kalın işçi tulumu

dungeon /'dancın/ *a.* zindan

dunk /dank/ *e.* (çaya, kahveye, vb.) batırmak, banmak

duo /'dyu:ou/ *a. müz.* düo, ikili

dupe /dyu:p/ *a.* kandırılan, aldatılan, kazıklanan * *e.* kandırmak, aldatmak, kazıklamak

duplicate /'dyu:plikit/ *a. s.* diğerinin aynısı, kopyası, eşi; iki kısımlı, ikili, çift * *e.* kopya etmek, aynısını yapmak **duplicator** teksir makinesi

duplicity /dyu:'plisiti/ *a.* ikiyüzlülük, düzenbazlık, hile

durable /'dyuırbıl/ *s.* dayanıklı, uzun ömürlü **durability** dayanıklılık

duration /dyu'reyşın/ *a.* süre

duress /dyu'res/ *a.* zorlama, baskı

during /'dyuiring/ *be.* sırasında, esnasında, süresince

dusk /dask/ *a.* akşam karanlığı

dust /dast/ *a.* toz; pudra; toz toprak, çöp; toz bulutu * *e.* toz almak **dustbin** çöp kutusu, çöp tenekesi **dustcart** *BE.* çöp kamyonu **duster** toz bezi; silgi **dustman** çöpçü **dustpan** faraş **dusty** tozlu; sıkıcı

Dutch /daç/ *s.* Hollandaya/Hollanda diline ilişkin; Hollanda'lı **Dutch treat** Alman usulü **go Dutch** masrafları paylaşmak

dutiful /'dyu:tifıl/ *s.* sorumluluk taşıyan, görevine bağlı

duty /'dyu:ti/ *a.* görev, sorumluluk; hizmet, iş; vergi **on duty** nöbetçi,

işbaşında, nöbette **duty-free** gümrüksüz, gümrükten muaf

dwarf /dwo:f/ *a.* cüce * küçük göstermek, gölgede bırakmak

dwell /dwel/ *e.* **dwelt** /dwelt/ yaşamak, hayat sürmek; oturmak, ikamet etmek **dweller** sakin, oturan kimse **dwelling** ikametgâh

dwelt /dwelt/ *bkz.* **dwell**

dwindle /'dwindıl/ *e.* azalmak, küçülmek

dye /day/ *a.* kumaş boyası, boya maddesi * *e.* boyamak

dynamic /day'nemik/ *s.* enerjik, hareketli **dynamics** devimbilim, dinamik

dynamism /'daynımizım/ *a.* devingenlik, canlılık, hareketlilik

dynamite /'daynımayt/ *a.* dinamit

dynamo /'daynımou/ *a.* dinamo

dynasty /'dinısti/ *a.* hanedan

dysentery /'disıntıri/ *a. hek.* dizanteri

E

each /i:ç/ *s.* her, her biri * *be.* her biri, tanesi * *adl.* her biri; herkes **each other** birbiri(ni)

eager /'i:gı/ *s.* istekli, hevesli; sabırsız **eagerly** büyük bir istekle **eagerness** şevk, istek

eagle /'i:gıl/ *a.* kartal

ear /ıı/ *a.* kulak; başak **earache** kulak ağrısı **eardrum** kulakzarı **earlobe** kulakmemesi **earmark** bir kenara koymak, ayırmak **earphone** kulaklık **earrings** küpe **earshot** işitme mesafesi

earl /ö:l/ *a.* İngiliz lordu

early /'ö:li/ *s. be.* erken; önceki, ilk; eski

earn /ö:n/ *e.* kazanmak

earnest /'ö:nist/ *s.* ciddi, azimli *in*

earnest ciddiyetle **earnestly** ciddiyetle, istekle
  earnestness ciddiyet, içtenlik; istek
earnings /'ö:nıngz/ a. kazanç
earth /ö:t/ a. yerküre, dünya; toprak, yer; doğa; *elek.* toprak hattı; hayvan ini **earthly** dünyevi; maddi; olanaklı
earthenware /'ö:tınweı/ a. çanak, çömlek
earthquake /'ö:tkweyk/ a. deprem
earthworm /'ö:twö:m/ a. solucan
ease /i:z/ a. rahatlık, kolaylık, rahat, huzur * e. hafifletmek, dindirmek, yatıştırmak; azalmak, dinmek; yavaşlatmak
easel /'i:zıl/ a. ressam sehpası
easily /'i:zili/ be. kolayca; kuşkusuz
east /i:st/ a. doğu the **Far East** Uzakdoğu the **Middle East** Ortadoğu **eastern** doğu ... **easterly** doğudan, doğuda **eastward(s)** doğuya (doğru)
Easter /'i:stı/ a. Paskalya yortusu
easy /'i:zi/ s. kolay; rahat **easy chair** koltuk **easy-going** kaygısız, yüreği geniş
eat /i:t/ e. **ate** /et/ **eaten** /'i:tın/ yemek, yemek yemek; **(away/into)** çürütmek, aşındırmak, kemirmek, yemek **eatable** yenebilir
eaten /'i:tın/ bkz. **eat**
eau de cologne /ou dı kı'loun/ a. kolonya
eaves /i:vz/ a. dam saçağı
ebb /eb/ a. suların alçalması, çekilme * e. (deniz) çekilmek; azalmak
ebony /'ebıni/ a. s. abanoz
eccentric /ik'sentrik/ s. tuhaf; *mat.* dışmerkezli
ecclesiastical /ikli:zi'estıkıl/ s. Hıristiyan kilisesine ilişkin
echo /'ekou/ a. yankı * e. yankı yapmak; yankılanmak

eclipse /i'klips/ a. güneş/ay tutulması; düşüş, çöküş * e. (güneş/ay) tutmak; gölgede bırakmak, geçmek
ecology /i'kolıci/ a. çevrebilim, ekoloji
economic /ekı'nomik/ s. ekonomik, iktisadi **economical** az masraflı, ekonomik
economics /ekı'nomiks/ a. ekonomi, iktisat bilimi **economist** /i'konımist/ ekonomist, iktisatçı
economize /i'konımayz/ e. idareli harcamak, masrafları kısmak
economy /i'konımi/ a. ekonomi, iktisat
ecstasy /'ekstısi/ a. kendinden geçme, aşırı mutluluk, coşku
eczema /'eksımı/ a. hek. egzama, mayasıl
eddy /'edi/ a. burgaç, anafor, girdap
edge /ec/ a. kenar, uç; ağız, keskin kenar, yalman * e. kenar yapmak; kenardan yavaş yavaş ilerlemek **be on the edge** sinirli olmak **have the edge on** -den üstün olmak
edging /'ecing/ a. kenar, şerit
edible /'edıbıl/ s. yenilebilir
edit /'edit/ e. (kitap, film, vb.) yayına hazırlamak; (bilgisayar) edit etmek; biçimlemek
edition /i'dişın/ a. baskı, yayın
editor /'editı/ a. yayıncı, editör **editorial** (gazetede) başyazı
educate /'edyukeyt, 'ecıkeyt/ e. eğitmek, öğretmek, okutmak
education /ecu'keyşın/ a. eğitim; tahsil; öğretim **educational** eğitimsel, eğitsel
eel /i:l/ a. hayb. yılanbalığı
efface /i'feys/ e. silmek; silerek yüzeyini bozmak
effect /i'fekt/ a. sonuç; etki; anlam * e. gerçekleştirmek; sonuçlandırmak; başarmak *in*

effect yürürlükte, geçerli; etki itibariyle *into effect* yürürlüğe, uygulamaya *take effect* yürürlüğe girmek; sonuç vermeye başlamak

effective /i'fektiv/ *s.* etkili; yürürlükte, geçerli *effectiveness* etki; geçerlilik

effectual /i'fekçuıl/ *s.* etkili, istenen sonucu veren

effervesce /efı'ves/ *e.* köpürmek, kabarmak, köpüklenmek

efficiency /i'fişınsi/ *a.* işbilirlik, yeterlik; etki; verim

efficient /i'fişınt/ *s.* iyi çalışan, hızlı ve verimli, becerikli

effluent /'efluınt/ *a.* fabrika artığı sıvı

effort /'efıt/ *a.* çaba, emek; uğraş; çaba harcama *effortless* zahmetsiz; çaba göstermeyen

effrontery /i'frantıri/ *a.* arsızlık, yüzsüzlük

effusive /i'fyu:siv/ *s.* taşkın, azgın

egg /eg/ *a.* yumurta *boiled egg* rafadan yumurta *fried egg* sahanda yumurta *egg-cup* yumurta kabı

eggplant /'egpla:nt/ *a. bitk.* patlıcan

ego /'i:gou/ *a.* ben, benlik, ego

egocentric /i:gou'sentrik/ *s. hkr.* bencil

egoism /'i:gouizım/ *a.* bencillik, egoizm *egoist* bencil, egoist

egotism /'i:goutizım/ *a.* hep kendinden söz etme *egotist* benlikçi

eiderdown /'aydıdaun/ *a.* kuştüyü yorgan

eight /eyt/ *a. s.* sekiz *eighth* /eitt/ sekizinci

eighteen /ey'ti:n/ *a. s.* on sekiz *eighteenth* /-tınt/ on sekizinci

eightieth /'eytiıt/ *a. s.* sekseninci

eighty /'eyti/ *a. s.* seksen

either /'aytı/ *s. adl.* ikisinden biri; iki; her iki * *be.* (olumsuz cümlelerde) de, da *either ... or* ya ...

ya da

ejaculate /i'cekyuleyt/ *e.* fışkırtmak, atmak *ejaculation* fışkırtma, atma; haykırma

eject /i'cekt/ *e.* kovmak, dışarı atmak

eke /i:k/ *e.* (out) idareli kullanmak *eke out a living* güçlükle geçinmek

elaborate /i'lebıt/ *s.* ayrıntılı, detaylı; özenle hazırlanmış

elapse /i'leps/ *e.* (zaman) geçmek

elastic /i'le☆:k/ *s.* esnek *elasticity* esneklik

elated /i'leytid/ *s.* mutlu, sevinçli

elbow /'elbou/ *a.* dirsek * *e.* dirsek atmak, dirsekle dürtmek

elder /'eldı/ *s.* (yaşça) büyük *elderly* yaşlıca, geçkin *eldest* yaşça en büyük

elect /i'lekt/ *e.* oylayarak seçmek; (önemli bir) karar vermek *elector* seçmen *electoral* seçimle ilgili *electorate* seçmenler

election /i'lekşın/ *a.* seçim *by-election* ara seçim *general election* genel seçim *local election* yerel seçim

electric /i'lektrik/ *s.* elektrikle ilgili; elektrikli *electrical* elektrikle ilgili, elektrik ... *electrical engineer* elektrik mühendisi

electrician /ilek'trişın/ *a.* elektrikçi

electricity /ilek'trisiti/ *a.* elektrik

electrify /ilek'trifay/ *e.* elektriklendirmek; heyecanlandırmak

electrode /i'lektroud/ *a.* elektrot

electron /i'lektron/ *a.* elektron

electronic /ilek'tronik/ *s.* elektronik *electronics* elektronik, elektronik bilimi

elegant /'eligınt/ *s.* zarif, ince, güzel, şık *elegance* incelik, güzellik, zarafet

elegy /'elici/ *a.* ağıt

element /'elimınt/ *a.* öğe, unsur, eleman; element *the element* hava *the four elements* dört temel öğe: toprak, su, ateş, hava

elementary /eli'mentırı/ s. basit; ilk, temel

elephant /'elifint/ a. *hayb.* fil

elevate /'eliveyt/ e. yükseltmek, kaldırmak; (aklı) geliştirmek

elevation /eli'veyşın/ a. yükseltme; yüksek yer

elevator /'eliveytı/ a. *AE.* asansör

eleven /i'levın/ a. s. on bir *eleventh* /i'levınt/ on birinci

elf /elf/ a. cin, peri

elicit /i'lisit/ e. çıkartmak, ortaya çıkarmak

eligible /'elicıbıl/ s. hak sahibi, haklı; uygun, seçilebilir

eliminate /i'limineyt/ e. elemek, atmak; -den kurtarmak, çıkarmak *elimination* eleme, çıkarma, atma

elite /ey'li:t/ a. seçkinler, elit

ellipse /i'lips/ a. elips

elm /elm/ a. karaağaç

elocution /elı'ku:şın/ a. hitabet

elope /i'loup/ e. sevgilisi ile kaçmak

else /els/ be başka, daha *or else* yoksa *elsewhere* başka yerde, başka yere

elucidate /i'lu:sideyt/ e. açıklamak

elude /i'lu:d/ e. -den kurtulmak, atlatmak

elusive /i'lu:siv/ s. yakalanması/bulunması zor; bir türlü akla gelmeyen

emaciated /i'meyşieytid/ s. sıska, bir deri bir kemik

e-mail /'i:meyl/ a. imeyl, e-posta

emanate /'emıneyt/ e. (from) çıkmak, meydana gelmek

emancipate /i'mensipeyt/ e. özgürlüğüne kavuşturmak, bağlarından kurtarmak, serbest bırakmak

embalm /im'ba:m/ e. (ölüyü) mumyalamak

embankment /im'benkmınt/ a. toprak set, set, bent

embargo /im'ba:gou/ a. ambargo * *e.* ambargo koymak

embark /im'ba:k/ e. gemiye binmek; gemiye bindirmek

embarrass /im'berıs/ e. utandırmak, bozmak *embarrassed* sıkılgan, çekingen *embarrassing* can sıkıcı; utandırıcı *embarrasment* utanma, sıkılma, bozuntu

embassy /'embısı/ a. elçilik

embed /im'bed/ e. iyice yerleştirmek, oturtmak, sokmak, gömmek

embellish /im'beliş/ e. süsleyerek güzelleştirmek

ember /'embı/ a. kor, köz

embezzle /im'bezıl/ e. (para) zimmetine geçirmek, çalmak

embitter /im'bitı/ e. üzmek, canından bezdirmek

emblem /'emblım/ a. simge, amblem

embody /im'bodi/ e. somutlaştırmak; katmak, eklemek, dahil etmek

emboss /im'bos/ e. üzerine kabartma yapmak

embrace /im'breys/ a. kucaklama, bağrına basma, sarılma * *e.* kucaklamak, sarılmak; içine almak, kapsamak; benimsemek, kabul etmek

embroider /im'broydı/ e. nakış işlemek *embroidery* nakış

embryo /'embriou/ a. embriyon, oğulcuk

emerald /'emıld/ a. s. zümrüt; zümrüt yeşili

emerge /i'mö:c/ e. ortaya çıkmak *emergence* ortaya çıkma, belirme

emergency /i'mö:cınsi/ a. acil vaka, olağanüstü durum

emery /'emırı/ a. zımpara

emetic /i'metik/ a. kusturucu ilaç

emigrant /'emigrınt/ a. göçmen

emigrate /'emıgreyt/ e. (başka bir

ülkeye) göç etmek **emigration** göç, dışgöç

eminence /'eminins/ *a.* şöhret, saygınlık, ün

eminent /'eminint/ *s.* seçkin, ünlü, saygın **eminently** çok; son derece; müthiş

emirate /'emirıt/ *a.* emirlik

emissary /'emisiri/ *a.* kurye, gizli ajan

emit /i'mit/ *e.* göndermek, yollamak, vermek, yaymak, salmak

emolument /i'molyumınt/ *a.* ücret

emotion /i'mouşın/ *a.* heyecan, duygu **emotional** duygusal, duygulu

emotive /i'moutiv/ *s.* duygulandırıcı

emperor /'empın/ *a.* imparator

emphasis /'emfisis/ *a.* vurgu; bir şeye verilen önem, üzerinde durma

emphasize /'emfisayz/ *e.* üzerinde durmak, belirtmek, vurgulamak

emphatic /im'fetik/ *s.* vurgulu, önemli

empire /'empayı/ *a.* imparatorluk

employ /im'ploy/ *e.* iş vermek, çalıştırmak; kullanmak **employee** /im'ployi:/ işçi, hizmetli, çalışan **employer** /im'ployı/ işveren **employment** /im'ploymınt/ çalıştırma, iş verme

empower /im'pauı/ *e.* yetki vermek

empress /'empris/ *a.* imparatoriçe

empty /'empti/ *s.* boş * *e.* boşaltmak, içini boşaltmak, dökmek **empty-handed** eli boş **empty-headed** boş kafalı, ahmak **emptiness** boşluk

emulate /'emyuleyt/ *e.* bir diğer kişiden daha iyisini yapmaya çalışmak

emulsion /i'malşın/ *a.* merhem; sübye, emülsiyon

enable /i'neybıl/ *e.* imkân tanımak

enact /i'nekt/ *e.* (yasa) çıkarmak

enamel /i'nemıl/ *a.* emay; (diş) mine

enamoured /i'nemıd/ *s.* (of/with) düşkün, hayran

encampment /in'kempmınt/ *a.* kamp yeri

encase /in'keys/ *e.* kılıfa sokmak, kutulamak, örtmek

enchant /in'ça:nt/ *e.* büyülemek **enchanting** büyüleyici **enchantment** büyülenme; büyüleyici şey

encircle /in'sö:kıl/ *e.* kuşatmak, çevrelemek

enclose /in'klouz/ *e.* çevresini sarmak, kuşatmak; içine koymak, iliştirmek

enclosure /in'kloujı/ *a.* çevirme, kuşatma; çit, duvar; ilişikte gönderilen şey

encompass /in'kampıs/ *e.* kuşatmak, çevrelemek

encounter /in'kauntı/ *e.* (tehlike, sorun, vb. ile) karşılaşmak; (biriyle) tesadüfen karşılaşmak * *a.* karşılaşma, rast gelme

encourage /in'karic/ *e.* yüreklendirmek, cesaretlendirmek

encroach /in'krouç/ *e.* ileri gitmek, haddini aşmak; (birinin hakkına) tecavüz etmek

encrusted /in'krastid/ *s.* (mücevher, vb.) kaplı, kaplanmış

encyclopedia /insaykılı'pi:dıı/ *a.* ansiklopedi, bilgilik

end /end/ *a.* son; uç; amaç * *e.* sona erdirmek, bitirmek *in the end* sonunda **endless** sonsuz **endlessly** sürekli olarak, durmadan

endanger /in'deyncı/ *e.* tehlike yaratmak

endear /in'dıı/ *e.* (to) sevdirmek

endeavour /in'deyvı/ *e.* çalışmak, çabalamak * *a.* emek, çaba

endemic /en'demik/ *s.* (hastalık, vb.) belli biryere özgü

endorse /in'do:s/ *e.* desteklemek;

ciro etmek; (ceza, isim, vb.) yaz-
mak
endow /in'dau/ *e.* (okul, hastane,
vb.'ne) bağışta bulunmak
endurance /in'dyuırıns/ *a.* dayanma;
tahammül, sabır
endure /in'dyuı/ *e.* dayanmak,
katlanmak, sürmek *enduring*
dayanıklı; sürekli
enemy /'enımı/ *a.* düşman
energetic /enı'cetik/ *s.* çalışkan,
enerjik
energy /'enıcı/ *a.* enerji, güç
enforce /in'fo:s/ *e.* zorlamak, zorla
yaptırmak; uygulamak, yürütmek
enforcement zorlama; uygulama
enfranchise /in'frençayz/ *e.* oy hakkı
vermek
engage /in'geyc/ *e.* çalıştırmak;
birbirine geçirmek, tutturmak;
saldırmak *engaged* nişanlı;
(telefon hattı) meşgul *engage-
ment* nişan, nişanlanma; söz,
randevu
engine /'encin/ *a.* motor; makine
engineer /enci'niı/ *a.* mühendis
engineering mühendislik
English /ingliş/ *s. a.* İngiliz;
İngilizce *the English* İngilizler
engrave /in'greyv/ *e.* oymak, hak-
ketmek
engrossing /in'grousing/ *s.* çok
ilginç, sürükleyici
engulf /in'galf/ *e.* içine çekmek,
yutmak
enhance /in'ha:ns/ *e.* (değer, güç,
güzellik, vb.) artırmak, çoğalt-
mak
enigma /i'nigmı/ *a.* muamma, an-
laşılmaz şey *enigmatic*
/enig'metik/ bilmece gibi; an-
laşılmaz
enjoy /in'coy/ *e.* zevk almak,
hoşlanmak, beğenmek *enjoy
oneself* mutlu olmak, eğlenmek
enjoyable zevkli, eğlenceli *en-
joyment* zevk, haz

enlarge /in'la:c/ *e.* büyütmek,
genişletmek; büyümek, genişle-
mek; (on) uzatmak *enlargement*
büyütme, genişletme
enlighten /in'laytın/ *e.* aydınlatmak,
bilgi vermek, açıklamak
enlist /in'list/ *e.* askere almak;
asker olmak; (yardım, sempati,
vb.) kazanmak
enliven /in'layvın/ *e.* canlandırmak,
hareketlendirmek
enmity /'enmiti/ *a.* düşmanlık,
husumet
enormity /i'no:miti/ *a.* büyük
kötülük, alçaklık; büyüklük
enormous /i'no:mıs/ *s.* çok geniş,
çok büyük, koskoca, kocaman
enormously pek çok
enough /i'naf/ *s. be.* yeterli; yeteri
kadar * *a.* yeter miktar
enquire /in'kwayı/ *e.* soruşturmak
enquiry soruşturma
enrage /in'reyc/ *e.* çileden çıkarmak
enrich /ın'rıç/ *e.* zenginleştirmek
enrol, enroll /in'roul/ *e.* üye olmak;
üye etmek, kaydetmek
en route /on'ru:t/ *be.* yolda, ...
yolunda
ensemble /on'sombıl/ *a.* birlik,
grup, takım; küçük müzik toplu-
luğu
ensign /'ensayn, 'ensın/ *a.*
(donanma, vb.) bayrak; *AE.* deniz
teğmeni
ensue /in'syu:/ *e.* (sonuç olarak ya
da sonra) ortaya çıkmak, ardın-
dan gelmek
ensure /in'şuı/ *e.* (olmasını) kesin-
leştirmek; sağlama almak,
garantiye almak
entail /in'teyl/ *e.* gerektirmek,
zorunlu kılmak, istemek
entangle /in'tengıl/ *e.* (ip, saç, vb.)
dolaştırmak, karıştırmak
enter /'entı/ *e.* girmek; yazmak,
kaydetmek; üyesi olmak *enter
into* başlamak, girişmek; yer al-

mak, katılmak

enterprise /'entıprayz/ *a.* girişim, yatırım; girişkenlik, açıkgözlülük *enterprising* girişken

entertain /entı'teyn/ *e.* eğlendirmek, hoşça vakit geçirtmek; (konuk) ağırlamak *entertaining* eğlendirici *entertainment* eğlence

enthral, enthrall /in'tro:l/ *e.* (bir şey anlatarak) büyülemek

enthrone /in'troun/ *e.* tahta çıkarmak, taç giydirmek

enthusiasm /in'tyu:ziezım/ *a.* heves, büyük ilgi, isteklilik *enthusiastic* şevkli, ateşli

entice /in'tays/ *e.* ayartmak, kandırmak

entire /in'tayı/ *s.* bütün, tüm, tam; saf *entirely* bütünüyle, tümüyle

entirety /in'tayırti/ *a.* bütünlük, tamlık

entitle /in'taytıl/ *e.* ad vermek; yetki vermek

entity /'entiti/ *a.* varlık, mevcudiyet

entrails /'entreylz/ *a.* sakatat

entrance /'entrıns/ *a.* giriş

entrance /in'tra:ns/ *e.* kendinden geçirmek, büyülemek

entreat /in'tri:t/ *e.* yalvarmak, yakarmak

entrenched /in'trençt/ *s.* yerleşik, köklü

entrepreneur /ontrıprı'nö:/ *a.* müteşebbis, girişimci; müteahhit

entrust /in'trast/ *e.* emanet etmek

entry /'entri/ *a.* giriş; yarışmacı(lar)

entwine /in'twayn/ *e.* sarmak, dolaştırmak

enumerate /i'nyu:mıreyt/ *e.* sıralamak, belirtmek

enunciate /i'nansieyt/ *e.* telaffuz etmek; düşünceleri açıkça belirtmek

envelop /in'velıp/ *e.* sarmak, örtmek

envelope /'envıloup/ *a.* zarf

enviable /'envıbıl/ *s.* imrenilecek; başarılı

envious /'envııs/ *s.* kıskanç

environment /in'vayırınmınt/ *a.* çevre, ortam *environmental* çevresel

envisage /in'vizic/ *e.* gözünün önüne getirmek

envoy /'envoy/ *a.* delege; elçi

envy /'envi/ *e.* gıpta etmek, kıskanmak, imrenmek * *a.* kıskançlık, çekememezlik

enzyme /'enzaym/ *a.* enzim

epaulet, epaulette /epı'let/ *a.* apolet

ephemeral /i'femırıl/ *s.* kısa ömürlü, geçici

epic /'epik/ *a.* epik, destan

epidemic /epi'demik/ *a. hek.* salgın

epigram /'epigrem/ *a.* nükteli şiir/söz

epilepsy /'epilepsi/ *a. hek.* sara

epilogue /'epilog/ *a.* son deyiş; son bölüm, kapanış

episode /'episoud/ *a.* olay, serüven; (roman, vb.) bölüm

epitaph /'epita:f/ *a.* mezar taşı kitabesi

epitome /i'pitımi/ *a.* somut örnek, ideal

epitomize /i'pitımayz/ *e.* somut örneği olmak

epoch /'i:pok/ *a.* dönem, çağ

equable /'ekwıbıl/ *s.* değişmez, dengeli, sakin

equal /'i:kwıl/ *s.* eşit, eş, denk * *e.* eşit olmak * *a.* eş, akran *equality* /i'kwoliti/ eşitlik *equalize* /'i:kwılayz/ eşitlemek *equally* /'i:kwıli/ eşit olarak, aynı derecede

equanimity /i:kwı'nimiti/ *a.* soğukkanlılık, temkin, sakinlik

equate /i'kweyt/ *e.* eşit yapmak, eşit saymak, eşitlemek

equation /i'kweyjın/ *a. mat.* denklem

equator /i'kweytı/ *a.* ekvator

equestrian /i'kwestriın/ s. a. binicilikle ilgili; atlı, binici

equilateral /i:kwi'letınl/ s. (üçgen) eşkenar

equilibrium /i:kwi'librım/ a. denge

equip /i'kwip/ e. donatmak, teçhiz etmek *equipment* /i'kwipmınt/ donatım, teçhizat, gereç

equity /'ekwiti/ a. adalet, dürüstlük

equivalent /i'kwivilınt/ a. s. eşdeğer, denk, eşit * a. karşılık

equivocal /i'kwivıkıl/ s. (sözcük) iki anlamlı, iki anlama gelebilen

era /'iın/ a. devir, çağ, dönem

eradicate /i'redikeyt/ e. yok etmek, kökünü kurutmak

erase /i'reyz/ e. (yazı, vb.) silmek; kazımak *eraser* silgi

erect /i'rekt/ e. dikmek; yapmak, inşa etmek *erection* inşa; yapma, kurma, dikme, yapı, bina

ermine /'ö:min/ a. *hayb.* ermin, as

erode /i'roud/ e. yemek, aşındırmak, yıpratmak; aşınmak

erosion /i'roujın/ a. aşınma, aşındırma

erotic /i'rotik/ s. erotik

err /ö:/ e. yanılmak, hata etmek

errand /'erınd/ a. ayak işi; olmayacak iş

erratic /i'retik/ s. değişen, kararsız, düzensiz

erroneous /i'rounııs/ s. hatalı, yanlış

error /'erı/ a. yanlışlık, hata

erudite /'erudayt/ s. bilgili, engin bilgili

erupt /i'rapt/ e. (yanardağ) patlamak, püskürmek; patlak vermek *eruption* patlama, püskürme

escalate /'eskıleyt/ e. (savaşı) kışkırtmak; (fiyat, ücret) yükselmek

escalator /'eskıleytı/ a. yürüyen merdiven

escapade /'eskıpeyd/ a. çılgınlık, aptalca hareket

escape /i'skeyp/ e. kaçmak; atlatmak, kurtulmak; hatırından çıkmak * a. kaçış, firar; kurtuluş; (gaz, sıvı, vb.) sızıntı, kaçak

escort /'esko:t/ a. muhafız, maiyet; kavalye, refakatçi

escort /i'sko:t/ e. eşlik etmek

esoteric /esı'terik/ s. belirli bir kesime hitap eden

especial /i'speşıl/ s. özel, ayrı, müstesna *especially* özellikle

espionage /'espiına:j/ a. casusluk

esquire /i'skwayı/ a. bay, efendi

essay /'esey/ a. deneme *essayist* deneme yazarı

essence /'esıns/ a. öz, esas; esans

essential /i'senşıl/ s. gerekli; başlıca, esaslı, öz *essentially* esasen, aslında

establish /i'stebliş/ e. kurmak, tesis etmek; yerleştirmek; kanıtlamak *establishment* kuruluş, kurum, tesis

estate /i'steyt/ a. arazi, mülk, emlak; arsa *estate agent* emlak komisyoncusu *estate car* pikap *personal estate* taşınabilir mallar *real estate* taşınamaz mallar

esteem /i'sti:m/ a. saygı, itibar * e. saygı göstermek; gözüyle bakmak

estimate /'estimeyt/ e. değer biçmek, tahmin etmek *estimation* tahmin, takdir

estimate /'estimit/ a. tahmin, hesap

estuary /'esçuıri/ a. *coğ.* haliç

et cetera /et'setın/ be. vesaire, ve benzeri

etch /eç/ e. asitle maden üzerine resim oymak

eternal /i'tö:nıl/ s. sonsuz, öncesiz sonrasız, ebedi *eternally* ebediyen

eternity /i'tö:niti/ a. sonsuzluk

ether /'i:tı/ a. *kim.* eter

ethic /'etik/ a. ahlak sistemi

ethical /'etikıl/ s. ahlaki, törel;

(davranış, vb.) ahlaklı **ethics** törebilim, ahlak bilimi; ahlak, ahlak kuralları

ethnic /'etnik/ s. budunsal, etnik

ethnology /et'nolıci/ a. budunbilim, etnoloji

etiquette /'etiket/ a. görgü kuralları

etymology /eti'molıci/ a. kökenbilim, etimoloji

eucalyptus /yu:kı'liptıs/ a. bitk. okaliptüs, sıtmaağacı

eulogize /'yu:lıcayz/ e. övmek, methetmek

eulogy /'yu:lıci/ a. övgü, methiye

eunuch /'yu:nık/ a. hadım, haremağası

Europe /yuın'p/ a. Avrupa

European /yuın'pıın/ s. Avrupa ile ilgili * a. Avrupalı **European Community** Avrupa Topluluğu, AT

euthanasia /yu:tı'neyzıı/ a. acısız ölüm

evacuate /i'vekyueyt/ e. tahliye etmek; tehlikeden uzaklaştırmak

evade /i'veyd/ e. hkr. -den kaçmak, kaytarmak; sıvışmak

evaluate /i'velyueyt/ e. değer biçmek

evangelical /i:ven'celikıl/ s. İncil ya da İsa'nın öğretisi ile ilgili

evaporate /i'vepıreyt/ e. buharlaşmak; buharlaştırmak; uçup gitmek, yok olmak

evasion /i'veyjın/ a. hkr. kaçma, atlatma

eve /i:v/ a. arife, öngün

even /'i:vın/ s. düz; yatay, pürüzsüz; eşit, aynı; (sayı) çift * be. bile; hatta **even if though** -se bile, -e rağmen, öyle olsa da **even now so then** ona rağmen, yine de **even out** denklemek, eşitlemek **get even with sb** birisinden öcünü almak, acısını çıkarmak

evening /'i:vning/ a. akşam

event /i'vent/ a. olay; sonuç; sp. karşılaşma **eventful** olaylı

eventual /i'vençuıl/ s. sonuç olarak **eventually** sonunda, neticede

ever /'evı/ be. hiç; her zaman; hep **ever so such** BE. kon. çok

evergreen /'evıgri:n/ s. a. yaprak dökmeyen

everlasting /evı'la:sting/ s. ölümsüz, sonsuz

evermore /evı'mo:/ be. her zaman, sonsuza kadar

every /'evri/ s. her, her bir **everybody** herkes **everyday** her günkü, günlük **everything** her şey **everywhere** her yerde, her yere

evict /i'vikt/ e. huk. tahliye ettirmek

evidence /'evidıns/ a. kanıt, delil

evident /'evidınt/ s. besbelli, açık

evil /'i:vıl/ s. kötü, kem; uğursuz, aksi * a. fenalık, kötülük

evoke /i'vouk/ a. uyandırmak; anımsatmak

evolution /i:vı'luşın, evı'lu:şın/ a. değişim, gelişim; evrim

evolve /i'volv/ e. gelişmek, evrim geçirmek

ewe /yu:/ a. dişi koyun

ewer /'yuıı/ a. ibrik

exacerbate /ig'zesıbeyt/ e. kötüleştirmek, ağırlaştırmak

exact /ig'zekt/ s. tam, kesin, doğru, kati * e. tehditle elde etmek, zorla almak; ısrarla istemek **exactly** tam, tamamen, tam olarak

exaggerate /ig'zecıreyt/ e. abartmak **exaggeration** abartma, şişirme

exalt /ig'zo:lt/ e. övmek, göklere çıkarmak; (rütbe) yükseltmek, paye vermek; yüceltmek

exam /ig'zem/ a. sınav

examination /igzemi'neyşın/ a. sınav; yoklama, muayene

examine /ig'zemin/ e. incelemek; muayene etmek; sınamak, sınavdan geçirmek

example 100

example /ig'za:mpıl/ *a.* örnek *for example* örneğin, mesela

exasperate /ig'za:spıreyt/ *e.* kızdırmak, sinirlendirmek

excavate /'ekskıveyt/ *e.* kazmak, (çukur) açmak *excavation* kazı

excavator /ekskı'veytı/ *a.* kazı makinesi

exceed /ik'si:d/ *e.* aşmak, geçmek *exceedingly* çok, son derece

excel /ik'sel/ *e.* üstün olmak, geçmek

excellence /'eksılıns/ *a.* üstünlük, mükemmellik

Excellency /'eksılınsi/ *a.* ekselans

excellent /'eksılınt/ *s.* mükemmel, çok iyi, üstün, kusursuz

except /ik'sept/ *ilg.* hariç, -den başka * *e.* hariç tutmak, dışlamak *except for* -den başka

exception /ik'sepşın/ *a.* istisna *with the exception of* -in dışında, -hariç *exceptional* olağanüstü, istisnai

excerpt /'eksö:pt/ *a.* alıntı

excess /'ekses/ *s.* aşırı, fazla * *a.* aşırılık, fazlalık *excessive* aşırı, çok fazla

exchange /iks'çeync/ *e.* değiş tokuş etmek; değiştirmek * *a.* değiştirme, değiş tokuş; (borsa) kambiyo *exchange rate* döviz kuru

exchequer /iks'çekı/ *a.* finans kaynağı, mali kaynak; *BE.* devlet hazinesi, maliye

excise /'eksayz/ *a.* bir ülkede üretilen ve kullanılan kimi mallardan alınan vergi

excite /ik'sayt/ *e.* heyecanlandırmak; yol açmak, uyandırmak, tahrik etmek *excitable* kolayca heyecanlanır *excited* heyecanlı, heyecanlanmış *excitement* heyecan *exciting* heyecanlı, heyecan verici

exclaim /ik'skleym/ *e.* bağırmak,

haykırmak *exclamation* bağırış, haykırış; ünlem *exclamation mark* ünlem işareti

exclude /ik'sklu:d/ *e.* kabul etmemek, içeri sokmamak; dışlamak, hesaba katmamak; dışarı atmak, kovmak

excluding /iks'klu:ding/ *ilg.* hariç, -den başka, -in dışında

exclusion /iks'klu:jın/ *a.* çıkarma, çıkarılma; hariç tutma

exclusive /ik'sklu:siv/ *s.* herkese açık olmayan; lüks; pahalı *exclusive of* ... hariç, -in dışında *exclusively* sadece, yalnız

excommunicate /ekskı'myu:nikeyt/ *e.* aforoz etmek

excrement /'ekskrimınt/ *a.* dışkı

excreta /ik'skri:tı/ *a.* dışkı, sidik, ter

excrete /ik'skri:t/ *e.* (dışkı, sidik, ter) vücuttan çıkarmak

excursion /ik'skö:şın/ *a.* kısa gezi, gezinti

excusable /ik'skyu:zıbıl/ *s.* bağışlanabilir, affedilebilir

excuse /ik'skyu:z/ *e.* bağışlamak, mazur görmek *Excuse me* Affedersiniz

excuse /ik'skyu:s/ *a.* özür, mazeret; bahane

execute /'eksikyu:t/ *e.* yürütmek, uygulamak; idam etmek; *müz.* çalmak, icra etmek *execution* yapma, yürütme; idam; infaz *executioner* cellat

executive /ig'zekyutiv/ *a.* yönetici, idareci * *s.* yürütücü, yürütmeye ilişkin

executor /ig'zekyutı/ *a.* *huk.* vasiyet hükümlerini yerine getiren kimse

exemplary /ig'zemplıri/ *s.* örnek niteliğinde, örnek

exemplify /ig'zemplifay/ *e.* örneklerle açıklamak

exempt /ig'zempt/ *s.* bağışık, muaf * *e.* muaf tutmak

exercise /'eksısayz/ *a.* antrenman,

idman; *ask.* talim, tatbikat * *e.* egzersiz/alıştırma yapmak; egzersiz yaptırmak; uygulamak

exert /ig'zö:t/ *e.* (çaba, gayret, vb.) sarf etmek *exertion* çaba, gayret, güç harcama

exhale /eks'heyl/ *e.* (soluk) dışarı vermek; (koku, gaz, vb.) çıkarmak, yaymak

exhaust /ig'zo:st/ *e.* çok yormak; tüketmek, bitirmek; boşaltmak * *a.* egzoz *exhausted* çok yorgun, bitkin *exhaustion* yorgunluk, bitkinlik

exhaustive /ig'zo:stiv/ *s.* ayrıntılı, etraflı, eksiksiz

exhibit /ig'zibit/ *e.* sergilemek; göstermek * *a.* sergilenen şey **exhibition** /eksi'bişın/ *a.* sergi *exhibitionist* teşhirci

exhilarate /ig'zilıreyt/ *e.* keyif vermek, neşelendirmek

exhort /ig'zo:t/ *e.* hararetle öğütlemek, teşvik etmek

exile /'eksayl, 'egzayl/ *e.* sürgüne göndermek * *a.* sürgün

exist /ig'zist/ *e.* var olmak, mevcut olmak, olmak, bulunmak; yaşamak *existence* varlık, var oluş; yaşam

exit /'egzit, 'eksit/ *a.* çıkış; çıkış yeri

exonerate /ig'zonıreyt/ *e.* suçsuz çıkarmak; beraat ettirmek

exorbitant /ig'zo:bitınt/ *s.* fahiş, aşırı

exorcist /'ekso:sist/ *a.* kötü ruhları kovan kimse

exorcize /'ekso:sayz/ *e.* dua ya da büyü ile şeytan kovmak

exotic /ig'zotik/ *s.* egzotik, yabancıl; çekici

expand /ik'spend/ *e.* genişlemek, büyümek; genişletmek; büyütmek

expanse /ik'spens/ *a.* geniş alan **expansion** /ik'spenşın/ *a.* genişleme, genleşme, büyüme

expect /ik'spekt/ *e.* (olmasını) beklemek; ummak, ümit etmek; *kon.* sanmak *expectancy* ümit, beklenti *expectant* bekleyen, uman, umutlu *expectation* umut, beklenti

expedient /ik'spi:diınt/ *s.* uygun; yararlı

expedite /'ekspidayt/ *e.* çabuklaştırmak, kolaylaştırmak

expedition /ekspi'dişın/ *a.* yolculuk, sefer

expel /ik'spel/ *e.* çıkarmak, dışarı atmak

expend /ik'spend/ *e.* tüketmek, harcamak

expenditure /ik'spendiçı/ *a.* masraf, gider, harcama

expense /ik'spens/ *a.* masraf, gider, harcama *at the expense of* -i yitirerek *at sb's expense of* -in hesabından/parasıyla

expensive /ik'spensiv/ *s.* pahalı, masraflı

experience /ik'spiırıns/ *a.* tecrübe, deneyim * *e.* görmek, görüp geçirmek

experienced /ik'spiırınst/ *s.* deneyimli, tecrübeli

experiment /ik'sperimınt/ *a.* deney * *e.* deney yapmak *experimental* deneysel

expert /'ekspö:t/ *a.* uzman, bilirkişi

expertise /ekspö:'ti:z/ *a.* uzmanlık; bilirkişi raporu

expire /ik'spayı/ *e.* süresi dolmak, sona ermek * *a.* süresi dolma

explain /ik'spleyn/ *e.* açıklamak *explanation* /ekspli'neyşın/ açıklama

explanatory /ik'splenıtıri/ *s.* açıklayıcı

explicit /ik'splisit/ *s.* açık, belirgin

explode /ik'sploud/ *e.* patlamak; patlatmak

exploit /'eksployt/ *a.* olağanüstü başarı, yiğitlik

exploit /ik'sployt/ *e.* işletmek, sömürmek

explore /ik'splo:/ *e.* keşfe çıkmak, inceleme gezisi yapmak; araştırmak **exploration** /eksplı'reyşın/ araştırma, keşif **explorer** /ik'splorı/ kâşif

explosion /ik'sploujın/ *a.* patlama

explosive /ik'splousiv/ *a. s.* patlayıcı

exponent /ik'spounınt/ *a.* (görüş, inanç) taraftar; *mat.* üs

export /ik'spo:t/ *e.* ihraç etmek * /'ekspo:t/ dışsatım, ihracat; ihraç malı **exporter** ihracatçı

expose /ik'spouz/ *e.* maruz bırakmak, karşı karşıya getirmek, ortaya çıkarmak

exposition /ekspı'zişın/ *a.* açıklama

exposure /ik'spoujı/ *a.* maruz kalma, açık olma; açığa vurma; poz

expound /ik'spaund/ *e.* açıklamak

express /ik'spres/ *e.* dile getirmek, anlatmak, göstermek * *s.* açık, kesin; ekspres, hızlı * *a.* ekspres tren

expression /ik'spreşın/ *a.* anlatım, ifade

expressionism /ik'spreşınizım/ *a.* dışavurumculuk

expressive /ik'spresiv/ *s.* anlamlı

expressway /ik'spreswey/ *a. AE.* otoyol, otoban

expropriate /ik'sprouprieyt/ *e.* kamulaştırmak, istimlak etmek

expulsion /ik'spalşın/ *a.* kovma, çıkarma

exquisite /ik'skwizit/ *s.* mükemmel, enfes, harika, ince

extend /ik'stend/ *e.* uzatmak; genişletmek; büyütmek; uzanmak; yayılmak

extension /ik'stenşın/ *a.* uzatma; genişletme; büyütme; ek; (telefon) dahili hat

extensive /ik'stensiv/ *s.* geniş, yaygın

extent /ik'stent/ *a.* uzunluk, genişlik, büyüklük, alan; derece; ölçü

exterior /ik'stiirıı/ *s.* dış, harici

exterminate /ik'stö:mineyt/ *e.* yok etmek, kökünü kazımak

external /ik'stö:nıl/ *s.* dış, harici

extinct /ik'stinkt/ *s.* (hayvan, vb.) nesli tükenmiş; sönmüş

extinguish /ik'stingwiş/ *e.* (ışık, ateş) söndürmek **extinguisher** yangın sö.dürücü

extort /ik'sto:t/ *e.* (from) tehditle almak, gasp etmek

extra /'ekstrı/ *a.* ek, ilave, ekstra * *s.* gereğinden çok, ek; üstün * *a.* ek; (gazete) özel baskı; ek ücret; figüran

extract /ik'strekt/ *e.* çekmek, çekip çıkarmak; elde etmek, çıkarmak; parça, vb. seçmek; aktarmak * *a.* öz, ruh, esans; özet **extraction** çekme, çıkarma; soy, köken

extracurricular /ekstrıkı'rikyulı/ *s.* ders programının dışında, müfredat dışı

extraordinary /ik'stro:dınırı/ *s.* olağanüstü, görülmemiş

extraterrestrial /ekstrıtı'restrıl/ *s.* dünya dışından gelen, dünya dışı

extravagance /ik'strevıgıns/ *a.* savurganlık, israf

extravagant /ik'strevıgınt/ *s.* savurgan, müsrif; aşırı

extreme /ik'stri:m/ *s.* en uçtaki, son, aşırı; çok büyük, son derece, çok * *a.* en uzak nokta, sınır, uç; son derece **extremely** son derece, çok

extremity /ik'stremiti/ *a.* (acı, üzüntü, vb.) en yüksek derece; *kon.* eller ve ayaklar

extrovert /'ekstrıvö:t/ *a.* dışadönük kişi

exuberant /ig'zyu:bırınt/ *a.* coşkun, taşkın; (bitki) bol, verimli

exude /ig'zyu:d/ *e.* sızmak; sızdırmak, akıtmak

exult /ıg'zalt/ *e.* çok sevinmek,
bayram etmek
eye /ay/ *a.* göz; görme gücü, görüş;
iğne deliği; dişi kopça; bakış,
nazar * *e.* gözden geçirmek; dik-
katle bakmak *eyeball* göz küresi,
göz yuvarlağı *eyebrow* kaş *eye-
catching* dikkat çekici, göze çar-
pan *eyelash* kirpik *eyelid* gözka-
pağı *eyesight* görme gücü,
görme yeteneği *eyesore* gözü ra-
hatsız eden *eyestrain* göz
yorgunluğu *eyewitness* görgü
tanığı, şahit *in the eyes of* -in
gözünde *keep an eye on* kon. göz
kulak olmak *keep an eye out for*
anımsamaya çalışmak *un-
der/before one's very eyes* -in
gözü önünde *with one's eyes
open* göz göre göre, bile bile

F

fable /'feybıl/ *a.* masal, hayvan
masalı, fabl
fabric /'febrik/ *a.* dokuma, kumaş,
bez; yapı, iskelet, bünye
fabricate /'febrikeyt/ *e.* uydurmak,
yalan söylemek, bir araya getir-
mek, yapmak
fabrication /'febrikeyşın/ *a.* yapım;
imalat; uydurma, yalan
fabulous /'febyulıs/ *s.* inanılmaz,
şaşılacak; *kon.* mükemmel,
harika, müthiş
facade /fı'sa:d/ *a.* binanın ön yüzü,
bina cephesi
face /feys/ *a.* yüz, surat, çehre;
görünüş, şekil * *e.* cesaretle
karşılamak, karşı koymak;
yüzüne -e ye doğru çevirmek; -in
karşısında olmak *face to face* yüz
yüze *have the face* yüzü tutmak,
cüret etmek *in the face of* -e
karşın, -e rağmen *to sb's face*

yüzüne karşı *facecloth* el-yüz
havlusu *face-lift* yüz gerdirme
ameliyatı
facial /'feyşıl/ *s.* yüze ilişkin, yüzle
ilgili
facile /'fesayl/ *s.* kolay yapılmış
facilitate /fı'siliteyt/ *e.* kolaylaştır-
mak
facility /fı'siliti/ *a.* kolaylık *kon.*
vasıta, bina, tesis, olanak
facsimile /fek'simili/ *a.* kopya,
suret, tıpkısı, tıpkıbasım
fact /fekt/ *a.* gerçek, olgu, olmuş
şey; durum *as a matter of fact, in
(actual) fact, in point of fact*
gerçekten, hakikatte, işin
doğrusu, hatta
faction /'fekşın/ *a.* hizip, grup
factor /'fektı/ *a.* etmen, faktör; *mat.*
çarpan
factory /'fektıri/ *a.* fabrika, üretim-
lik
factual /'fekçuıl/ *s.* gerçeklere,
olgulara dayanan
faculty /'fekılti/ *a.* fakülte; yetenek,
beceri
fad /fed/ *a.* geçici heves/merak
fade /feyd/ *e.* solmak; soldurmak
fade away ortadan kaybolmak,
yok olmak *fade out* (ses, vb.)
yavaş yavaş kısmak; kısılmak
fag /feg/ *a.* kon. angarya; *BE.* si-
gara
faggot /'fegıt/ *a.* çalı çırpı demeti,
çıra demeti
fail /feyl/ *e.* başaramamak, be-
cerememek, başarısız olmak;
(sınavda) kalmak; (sınıfta) bırak-
mak; yetersiz kalmak * *a.*
başarısızlık
failure /'feylyı/ *a.* başarısızlık; ye-
tersizlik, eksiklik; yetmezlik
faint /feynt/ *s.* zayıf, güçsüz; soluk,
donuk, sönük, zayıf, silik * *e.*
bayılmak güçsüzleşmek * *a.*
baygınlık, bayılma
fair /feı/ *s.* adil, dürüst, doğru;

sarışın, kumral; (hava) açık; orta, şöyle böyle * a. fuar, panayır, pazar, sergi * be. adilane, hakça, dürüstçe, kurallara uygun **fair and square** dürüst bir şekilde; doğrudan, direkt **fair play** centilmence oyun; dürüst davranış, yansızlık **fairly** dürüst bir biçimde, hakça; oldukça

fairy /'feırı/ a. peri **fairy tale** peri masalı; palavra, uydurma, yalan

faith /feyt/ a. güven, güçlü inanç, itikat **faithful** sadık, bağlı; aslına uygun, doğru **faithfully** içtenlikle; tam olarak **yours faithfully** (mektup sonlarında) saygılarımla **faithless** vefasız

fake /feyk/ a. sahte, taklit; sahtekâr * s. sahte * e. taklidini/sahtesini yapmak

falcon /'fo:lkın/ a. **hayb.** şahin, doğan

fall /fo:l/ e. **fell** /fel/, **fallen** /'fo:lın/ e. düşmek, azalmak, düşüş göstermek; inmek; yıkılmak, çökmek; rastlamak, denk gelmek * a. düşüş, düşme; azalma; çöküş, yıkılma; **AE.** sonbahar, güz **fall back** geri çekilmek **fall back on** (başka bir yola/şeye) başvurmak **fall behind** zamanında bitirememek **fall for** kazıklanmak, aldatılmak; **kon.** -e âşık olmak **fall off** (kalite, miktar, vb.) düşmek

fallen /'fo:lın/ **bkz. fall**

false /fo:ls/ s. yanlış; takma, sahte; yapma, taklit **false teeth** takma dişler **falsehood** yalan; yalancılık

falsify /'fo:lsıfay/ e. değiştirmek, tahrif etmek, saptırmak * a. yanlışlık, yanlış olma; yalan

falter /'fo:ltı/ e. sendelemek, duraksamak, bocalamak, tereddüt etmek

fame /feym/ a. ün, şöhret

familiar /fı'mılıı/ s. bildik, tanıdık;

bilen, anlayan; alışık **familiarity** aşinalık; yakınlık, içtenlik; samimilik; laubalilik

family /'femıli/ a. aile; soy; çoluk çocuk; **biy.** familya **family planning** aile planlaması **family tree** soyağacı, şecere

famine /'femin/ a. kıtlık

famish /'femiş/ e. çok acıkmak **kon.** açlıktan ölmek

famous /'feymıs/ s. ünlü, meşhur

fan /fen/ a. yelpaze; pervane, vantilatör

fan /fen/ a. hayran

fanatic /fı'netik/ s. bağnaz, fanatik

fanciful /'fensifıl/ s. hayal ürünü

fancy /'fensi/ e. imgelemek, aklında canlandırmak, düşünmek; sanmak; hoşlanmak, beğenmek * a. hayal gücü; kuruntu; istek, arzu * s. süslü **fancy-dress party** maskeli balo

fantastic /fen'testik/ s. düşsel, inanılmaz, hayal ürünü; acayip; **kon.** harika, süper

fantasy /'fentısi/ a. düş, fantezi

far /fa:/ s. uzak * be. uzakta, uzağa; epeyce; çok; bir hayli **far from** -den ziyade; -in yerine **how far** ne kadar **so far** şimdiye dek; bir yere kadar **far better** çok daha iyi **as far as I know** bildiğim kadarıyla **far sighted** ileriyi görür; öngörülü; uzağı gören

farce /fa:s/ a. sulu komedi, kaba güldürü

fare /feı/ a. yol parası; yiyecek

farewell /feı'wel/ a. veda * ünl. elveda!

farm /fa:m/ a. çiftlik; çiftlik evi * e. çiftçilik yapmak **farmer** çiftçi **farmhouse** çiftlik evi **farming** çiftçilik **farmyard** çiftlik avlusu

farther /'fa:tı/ s. uzak, daha uzaktaki, ötedeki * be. daha ileri, daha uzağa, daha uzakta

farthest /'fa:tıst/ s. be. en uzak, en

ileri, en uzağa, en uzakta

fascinate /'fesıneyt/ *e.* etkilemek, büyülemek *fascinating* etkileyici, büyüleyici

fascism /'feşızım/ *a.* faşizm *fascist* faşist

fashion /'feşın/ *a.* moda; biçim, tarz, üslup; tavır, davranış *fashion parade* defile *fashion plate* elbise modeli *fashionable* modaya uygun, moda *out of fashion* demode, modası geçmiş

fast /fa:st/ *s.* hızlı, süratli, çabuk; sıkı, sağlam; (renk) sabit, solmaz;(saat) ileri * *be.* hızla, süratle; sıkıca, sağlamca *fast asleep* derin uykuda

fast /fa:st/ *e.* oruç tutmak * *a.* oruç

fasten /'fa:sın/ *e.* bağlamak; iliştirmek, tutturmak; (giysi) iliklemek *fastener* tutturucu, bağlayıcı şey; bağ, toka

fastidious /fe'stidiıs/ *s.* müşkülpesent, zor beğenir

fat /fet/ *s.* şişman, tombul; (et) yağlı * *a.* yağ, içyağı * *fatty* (yiyecek) yağlı

fatal /'feytıl/ *s.* ölümcül, öldürücü *fatalism* kadercilik

fatality /fi'teliti/ *a.* ölümle sonuçlanan kaza, ölüm, felaket

fate /feyt/ *a.* alınyazısı; kader; kısmet *fateful* alında yazılı olan; kaçınılmaz; çok önemli

father /'fa:tı/ *a.* baba; papaz *Father Christmas* Noel Baba *The father* Tanrı *fatherhood* babalık *father-in-law* kayınpeder *fatherly* babacan, baba gibi

fathom /'fedım/ *a.* kulaç * *e.* anlamak

fatigue /fi'ti:g/ *a.* aşırı yorgunluk, bitkinlik; *tek.* malzeme yorgunluğu * *e.* yormak, yorgunluk vermek

fatten /'fetın/ *e.* şişmanlatmak, semirtmek

fatuous /'feçuıs/ *s.* saçma, akılsız

faucet /'fo:sıt/ *a. AE.* musluk

fault /fo:lt/ *a.* hata, yanlışlık; suç; kusur, arıza, bozukluk; *coğ.* fay, çatlak * *e.* hata bulmak, kusur bulmak *faultless* hatasız, kusursuz *faulty* hatalı; arızalı

favour /'feyvı/ *a.* dostça davranış, güler yüz, yakınlık; iyilik; yardım; destek * *e.* lütfetmek, vermek; uygun görmek, desteklemek *in favour of* -in yanında, tarafında, lehinde *do sb a favour* birisine bir iyilikte bulunmak *favourable* olumlu, lehte; uygun

favourite /'feyvırıt/ *a.* en çok sevilen, gözde * *a.* favori

fear /fiı/ *a.* korku * *e.* korkmak, ürkmek, çekinmek; (for) endişe etmek, telaşlanmak *I fear* korkarım, korkarım ki *fearful* korkunç; endişeli, kaygılı *fearless* korkusuz, yürekli

feasible /'fi:zıbıl/ *s.* yapılabilir, makul, mantıklı

feast /fi:st/ *a.* şölen, ziyafet; bayram * *e.* ziyafet vermek; bol bol yiyip içmek

feat /fi:t/ *a.* ustalık isteyen hareket, marifet

feather /'fetı/ *a.* kuştüyü, tüy *feather duster* tüy süpürge *featherweight* (boks) tüysıklet

feature /'fi:çı/ *a.* özellik, yüzün herhangi bir kısmı; uzun film; makale * *e.* -in belirleyici/göze çarpan özelliği olmak; yer/rol vermek; yer/rol almak

February /'februıri/ *a.* şubat

feckless /'feklıs/ *s.* dikkatsiz, düşüncesiz, sorumsuz

fed /fed/ *bkz.* feed; *be fed up with* -den bıkıp usanmak

federal /'fedırıl/ *s.* federal, birleşik

federate /'fedıreyt/ *e.* federasyon halinde birleştirmek; birleşmek *federation* federasyon, birlik

fee /fi:/ *a.* ücret, vizite; giriş ücreti

feeble /'fi:bıl/ *s.* zayıf, güçsüz **feebleminded** geri zekâlı

feed /fi:d/ *e.* **fed** /fed/ beslemek, yiyecek vermek; beslenmek * *a.* yiyecek, besin; yem, ot; mama

feedback /'fi:dbek/ *a.* geribesleme, besleni

feel /fi:l/ *e.* **felt** /felt/ hissetmek, duymak; dokunmak, ellemek; kanısında olmak; anlamak, sezmek **feel cold** üşümek **feel like** canı istemek

feeling /'fi:ling/ *a.* duygu, his; dokunma; hassasiyet; sezgi; izlenim

feign /feyn/ *e.* ... numarası yapmak, gibi yapmak; bahane uydurmak

feint /feynt/ *a.* savaş hilesi, sahte saldırı

feline /'fi:layn/ *s. a. hayb.* kedigil

fell /fel/ *bkz.* **fall**

fell /fel/ *e.* (ağaç) kesmek; düşürmek

fellow /'felou/ *a. kon.* adam, herif, ahbap; arkadaş; akademi üyesi **fellowship** dernek, grup; üniversite bursu

felony /'felıni/ *a.* ağır suç

felt /felt/ *bkz.* **feel**, *a.* keçe, fötr **felttip pen** keçeli kalem

female /'fi:meyl/ *a.* dişi; kadın

feminine /'feminin/ *s.* kadınla ilgili; kadınsı **femininity** kadınsılık **feminism** feminizm

fen /fen/ *a.* bataklık arazi, bataklık

fence /fens/ *a.* çit, tahta perde, parmaklık * *e.* çitle çevirmek; eskrim sporu yapmak

fencing /'fensing/ *a. sp.* eskrim; çit; duvar

fender /'fendı/ *a.* şömine paravanası; *AE. oto.* çamurluk

ferment /fı'ment/ *e.* mayalanmak; mayalamak; heyecanlanmak, telaşlanmak **fermentation** may-

alanma

fern /fö:n/ *a. bitk.* eğreltiotu

ferocious /fı'rouşıs/ *s.* vahşi, yırtıcı

ferret /'ferit/ *a. hayb.* yaban gelinciği

ferrous /'ferıs/ *s.* demirle ilgili

ferry /'feri/ *a.* feribot, araba vapuru **ferryboat** feribot, araba vapuru

fertile /'fö:tayl/ *s.* verimli, bereketli, doğurgan

fertility /'fö:tiliti/ *a.* verimlilik, bereketlilik, doğurganlık

fertilize /'fö:tılayz/ *e.* döllemek, aşılamak, gübrelemek **fertilizer** kimyasal gübre

fervent /'fö:vınt/ *s.* ateşli, coşkun

fester /'festı/ *e.* (yara) mikrop kapmak, irinlenmek

festival /'festivıl/ *a.* şenlik, festival

festive /'festiv/ *s.* festival/şenlik ile ilgili **festivity** şenlik, eğlence

festoon /fe'stu:n/ *a.* çiçek ya da yaprak zinciri

fetch /feç/ *e.* gidip getirmek, gidip almak; para getirmek, para kazandırmak

fête /feyt/ *a.* eğlence, şenlik, şölen

fetish /'fetiş/ *a.* fetiş, tapıncak

fetter /'fetı/ *a.* pranga, zincir * *e.* pranga vurmak; engellemek

fetus /'fi:tıs/ *a. bkz.* **foetus**

feud /fyu:d/ *a.* kan davası, düşmanlık

feudal /'fyu:dıl/ *s.* derebeyliğe ilişkin, feodal **feudalism** derebeylik, feodalizm

fever /'fi:vı/ *a. hek.* ateş, hararet; heyecan, telaş **feverish** ateşli, hararetli; heyecanlı, telaşlı

few /fyu:/ *s. adl. a.* az **a few** birkaç **no fewer than** en azından, hiç yoksa **quite a few** birçok

fez /fez/ *a.* fes

fiancé /fi'onsey/ *a.* (erkek) nişanlı

fiancée /fi'onsey/ *a.* (kız) nişanlı

fiasco /fi'eskou/ *a.* başarısızlık, fiyasko

fib /fıb/ e. küçük yalan söylemek

fiberglass /'faybıgla:s/ a. AE. bkz. fibreglass

fibre /'faybı/ a. lif; tel, elyaf; iplik

fibreglass /'faybıgla:s/ a. fiberglas, camyünü

fickle /'fıkıl/ s. vefasız, dönek

fiction /'fıkşın/ a. hayal ürünü; uyduruk; roman, öykü türü

fictitious /fik'tişıs/ s. gerçek olmayan, uydurma, kurmaca

fiddle /'fıdıl/ a. keman; dolandırıcılık, üçkâğıt, dalavere * e. keman çalmak; (with/about/around) oyalanmak; zaman öldürmek fiddler kemancı; arg. düzenbaz, üçkâğıtçı

fidelity /fi'deliti/ a. bağlılık, sadakat; aslına uygunluk

fidget /'ficit/ e. kıpırdanmak, yerinde duramamak

field /fi:ld/ a. tarla; alan, saha; açık arazi; kırlık; iş, etkinlik alanı field events atlama ve atma karşılaşmaları field glasses arazi dürbünü field marshal mareşal field research alan araştırması field sports açık hava sporları

fiend /fi:nd/ a. şeytan, iblis, kötü ruh

fierce /fıs/ s. azılı, acımasız, vahşi, kızgın

fiery /'fayıri/ s. ateşten, ateşli, ateş gibi, kızgın

fiesta /fi'estı/ a. yortu, bayram, fiesta

fifteen /fif'ti:n/ a. s. on beş fifteenth on beşinci

fifth /'fift/ a. s. beşinci

fifty /'fifti/ a. s. elli fiftyfifty yarı yarıya, eşit olarak

fig /fig/ a. bitk. incir; incir ağacı

fight /fayt/ e. fought /fo:t/ savaşmak, çarpışmak; kavga etmek * a. dövüş, kavga; savaş fight off ile mücadele etmek; def etmek fighter kavgacı, savaşçı;

ask. avcı uçağı

figment /'figmınt/ a. hayal ürünü ya da uydurma şey

figurative /'figyuıntiv/ s. değişmeceli, mecazi

figure /'figı/ a. biçim, şekil, figür; beden yapısı, boy bos, endam; sayı, rakam figure on planlamak, hesaba katmak figure out çözmek; hesaplamak

filament /'filımınt/ a. filaman, ince tel

file /fayl/ a. eğe, törpü; dosya, klasör * e. eğelemek, törpülemek; dosyalamak; sıralamak

filings /'faylingz/ a. eğe talaşı

fill /fil/ e. doldurmak; dolmak; dolmak, kaplamak; yerine getirmek * a. istiap haddi fill in doldurmak, tamamlamak; bilgi vermek fill up dolmak; doldurmak

fillet /'filit/ a. kemiksiz/kılçıksız et, fileto

fillet /'filit/ e. (eti) fileto kesmek

filling /'filing/ a. doldurma; dolgu, diş dolgusu filling station benzinci, benzin istasyonu

filly /'fili/ a. yavru kısrak, dişi tay

film /film/ a. film; ince tabaka; zar * e. film çekmek, filme almak

filter /'filtı/ a. süzgeç, filtre * e. süzmek, filtreden geçirmek; süzülmek

filth /'filt/ a. pislik filthy pis, kirli, kaba, çirkin

fin /fin/ a. hayb. yüzgeç; palet

final /'faynıl/ s. sonda gelen, sonuncu, son; kesin, kati * a. sp. final, son karşılaşma; dönem sonu sınavı finalist finalist finally sonunda; kesin olarak

finale /fi'na:li/ a. müz. final

finance /'faynens, fi'nens/ a. maliye; iş kurmada gereken para; kon. mali durum * e. paraca desteklemek, finanse etmek financial

mali, parasal *financier* sermay-
edar

finch /finç/ *a. hayb.* ispinoz

find /faynd/ *e. found* /faund/ bul-
mak; anlamak, fark etmek *find
out* çözmek, keşfetmek, anlamak,
öğrenmek *finder* bulan kimse,
bulucu; vizör *finding* bulgu; *huk.*
sonuç, karar

fine /fayn/ *s.* güzel; çok ince; (hava)
güzel, açık; sağlıklı, keyfi yer-
inde; (iş) dikkatli, iyi; (maden)
saf, som * *be.* ince ince; çok iyi *
a. para cezası * *e.* para cezasına
çarptırmak *fine arts* güzel
sanatlar *finely* ince ince; çok iyi
bir biçimde

finery /'faynıri/ *a.* süslü takılı güzel
elbise

finesse /fi'nes/ *a.* (insan ilişkiler-
inde) yönetme yeteneği, ustalık

finger /'fingı/ *a.* parmak * *e.* par-
makla dokunmak *fingernail*
tırnak *fingerprint* parmak izi *fin-
gertip* parmak ucu *keep one's
fingers crossed* en iyisini dilemek

finicky /'finiki/ *s.* huysuz; güç
beğenir

finish /'finiş/ *e.* bitirmek, tamam-
lamak, sona erdirmek; bitmek *
a. bitiş, son; *sp.* finiş; cila, per-
dah, rötuş *finished* bitmiş, hazır;
bitmiş, yıkılmış *finish with* ile
işini bitirmek, ilişkisini kesmek

finite /'faynayt/ *s.* sonu olan, sonlu,
sınırlı

fiord /'fi:o:d/ *a. bkz. fjord*

fir /fö:/ *a. bitk.* köknar

fire /'fayı/ *a.* ateş, alev, yanma;
yangın; parıltı, parlaklık; ateş
etme * *e.* yakmak, tutuşturmak;
(silah) ateş etmek, atmak; tahrik
etmek, teşvik etmek; *kon.* işten
çıkarmak, kovmak *catch fire* alev
almak, tutuşmak *fire alarm*
yangın alarmı *fire brigade* itfaiye
fire engine itfaiye arabası *fire es-*

cape yangın merdiveni *fire sta-
tion* itfaiye merkezi *on fire* alev-
ler içinde, yanmakta *firearm*
ateşli silah *firefly* ateşböceği
fireguard şömine ızgarası *fire-
man* itfaiyeci *fireplace* şömine,
ocak *fireraising* kundakçılık *fire-
side* (ev içinde) şömine yanı, ocak
başı *firewood* odun *firework* ha-
vai fişek *firing line* ateş hattı

firm /fö:m/ *s.* sert, katı; sağlam;
sıkı; kararlı * *a.* firma *firmly*
sıkıca, sımsıkı; metanetle

first /fö:st/ *s. a.* birinci, ilk * *be.*
önce, ilk önce, başta, ilk kez *at
first* başlangıçta, önceleri *first
aid* ilkyardım *first class* birinci
sınıf, birinci mevki *first floor BE.*
birinci kat, *AE.* zemin kat *first
lady* başbakanın karısı *first of all*
en önce, ilkin *first name* isim, ad
first rate birinci sınıf, en iyi *first-
hand* ilk elden, dolaysız *firstly*
önce, ilk önce, ilk başta

fiscal /'fiskıl/ *s.* mali

fish /fiş/ *a.* balık; balık eti * *e.* balık
tutmak *fisherman* balıkçı *fishing*
balıkçılık *fishing line* olta *fish-
monger* balık satıcısı, balıkçı
fishy balık gibi; şüpheli, kuşku
uyandıran

fission /'fişın/ *a.* bölünme, yarılma,
yarma

fissure /'fişı/ *a.* çatlak, yarık

fist /fist/ *a.* yumruk

fit /fit/ *s.* uygun, elverişli; sağlıklı,
zinde * *a.* hastalık nöbeti, sara;
galeyan, kriz * *e.* uymak; uydur-
mak; yakışmak, uymak; tutmak;
prova etmek *fitness* zindelik,
form; uygunluk

fitting /'fiting/ *a.* terzi provası; bina
tesisatı, tertibat

five /fayv/ *a. s.* beş

fix /fiks/ *e.* saptamak, belirlemek,
düzenlemek; tutturmak; (on)
(zihnini) vermek; (on) gözlerini

dikmek, kararlaştırmak; *kon.* ile ilgilenmek, icabına bakmak

fixation /fik'seyşın/ *a.* yerleştirme, oturtma, takma; saplantı

fixed /fikst/ *s.* sabit, oynamaz; değişmez; belirlenmiş

fixture /'fiksçı/ *a. sp.* fikstür; sabit eşya, demirbaş

fizz /fiz/ *a.* (gazoz gibi) vızlamak, fışırdamak * *a.* fışırtı, vızıltı; *kon.* şampanya

fizzle /'fizıl/ *e.* (**out**) boşa çıkmak

fjord /'fyo:d/ *a. coğ.* fiyort

flabby /'flebi/ *s.* sarkık, pörsük

flag /fleg/ *a.* bayrak, sancak; *den.* bandıra, flama * *e.* canlılığını yitirmek, güçsüzleşmek **flagpole** bayrak direği

flagon /'flegın/ *a.* bir tür kulplu sürahi

flagrant /'fleygrınt/ *s.* (kötü bir şey) alenen yapan/yapılan

flail /fleyl/ *e.* sağa sola sallamak/sallanmak

flair /fleı/ *a.* özel yetenek, beceri

flake /fleyk/ *a.* ince tabaka, ince parça

flamboyant /flem'boyınt/ *s.* gösterişli, havalı, tantanalı

flame /fleym/ *a.* alev; ateş * *e.* alev alev yanmak

flamingo /flı'mingou/ *a. hayb.* flaman kuşu, flamingo

flammable /'flemıbıl/ *s.* çabuk yanar, kolay tutuşur

flan /flen/ *a.* meyveli pasta

flank /flenk/ *a.* böğür, yan; *ask.* kanat, cenah

flannel /'flenıl/ *a.* pazen, flanel; fanila

flap /flep/ *a.* (aşağı sarkan) kapak, flap

flare /fleı/ *a.* ışık; alev; işaret fişeği * *e.* birden alev almak, parlamak

flared /fleıd/ *s.* (etek, pantolon) alt kısmı geniş

flash /fleş/ *e.* parlamak, ışıldamak;

(telgraf ya da radyo mesajı) yollamak, göndermek; etmek * *a.* parıltı, ışıltı; flaş **flashback** (film) geriye dönüş **flashbulb** flaş **flasher** (oto) flaşör **flashlight** sinyal, flaş; *AE.* cep feneri **flashy** gösterişli

flask /fla:sk/ *a.* dar boyunlu küçük şişe; termos

flat /flet/ *s.* düz, yassı; havasız, patlak; yavan, sıkıcı, tekdüze; mat, donuk; yüzüstü, sırtüstü; *müz.* bemol * *a.* apartman dairesi

flatten /'fletın/ *e.* düzleştirmek, yassılaştırmak; düzleşmek

flatter /'fletı/ *e.* dalkavukluk etmek, yağlamak, yağ çekmek **flattery** dalkavukluk, yağcılık

flavour /'fleyvı/ *a.* tat, lezzet, çeşni * *e.* tat vermek **flavouring** tatlandırıcı şey, çeşni

flaw /flo:/ *a.* kusur

flawless /'flo:lis/ *s.* kusursuz, mükemmel

flaxen /'fleksın/ *s.* soluk sarı, lepiska

flea /fli:/ *a. hayb.* pire **flea market** bitpazarı

fleck /flek/ *a.* benek

fled /fled/ *bkz.* **flee**

fledge /flec/ *e.* tüy takmak

flee /fli:/ *e.* **fled** /fled/ kaçmak

fleece /fli:s/ *a.* koyun postu, yapağı * *e.* soymak, yolmak, kazıklamak

fleet /fli:t/ *a.* filo **merchant fleet** ticaret filosu

flesh /fleş/ *a.* et; vücut, beden **fleshy** etli; şişmanca, toplu

flex /fleks/ *e.* bükmek, germek * *a.* tel, kordon, esnek kablo **flexibility** bükülgenlik, esneklik **flexible** bükülgen, esnek

flick /flik/ *a.* fiske, hafif vuruş * *e.* hafifçe vurmak, fiske vurmak

flicker /'flikı/ *e.* titremek, titreşmek, yanıp sönmek * *a.* titreme, titreşme

flight /flayt/ *a.* uçuş, hava yolculuğu; (kuş, uçak, vb.) sürü; filo; kaçış

flimsy /'flimzi/ *s.* zayıf, güçsüz; çürük, dayanıksız

flinch /flinç/ *e.* geri çekilmek; kaçınmak; ürkmek

fling /fling/ *e.* **flung** /flang/ fırlatıp atmak, savurmak * *a.* atma, atış; deneme, girişim

flint /flint/ *a.* çakmaktaşı

flip /flip/ *e.* fiske vurmak * *a.* fiske

flippant /'flipınt/ *s.* saygısız, küstah

flipper /'flipı/ *a.* palet

flirt /flö:t/ *e.* flört etmek, kur yapmak

float /'flout/ *e.* yüzmek, batmamak; yüzdürmek * *a.* şamandıra, duba

flock /flok/ *a.* sürü; küme * *e.* toplanmak, üşüşmek

flog /flog/ *e.* dövmek, kırbaçlamak **flogging** kırbaç cezası, kamçılama

flood /flad/ *a.* su basması, sel * *e.* su basmak, sel basmak **floodlight** /'fladlayt/ projektör

floor /flo:/ *a.* zemin, döşeme; kat

flop /flop/ *e.* birdenbire düşmek, çöküvermek; *kon.* (plan, vb.) suya düşmek **floppy** gevşek, sarkık

flora /'flo:rı/ *a.* bitey, flora

florist /'flo:rist/ *a.* çiçekçi

flotilla /flı'tilı/ *a.* küçük filo, filotilla

flounder /'flaundı/ *e.* çırpınmak, çabalamak * *a.* dilbalığı, dere pisisi

flour /flauı/ *a.* un

flourish /'flariş/ *e.* gelişmek, ilerlemek, savurmak, sallamak * *a.* gelişme; sallama, savurma

flout /flaut/ *e.* zıddına gitmek, burun kıvırmak

flow /flou/ *e.* (sıvı) akmak; sallanmak, sarkmak; çıkmak, doğmak * *a.* akış; akıntı; akın; met, kabarma

flower /'flauı/ *a.* çiçek * *e.* çiçek açmak **flowerbed** çiçek tarhı **flowered** çiçekli, çiçeklerle süslü **flowerpot** çiçek saksısı **flowery** çiçekli, çiçeklerle süslü

flu /flu:/ *a.* grip

fluctuate /'flakçueyt/ *e.* inip çıkmak, dalgalanmak

flue /flu:/ *a.* boru, baca borusu

fluency /'flu:ınsi/ *a.* (konuşma) akıcılık **fluent** akıcı, rahat, pürüzsüz **fluently** akıcı bir biçimde, rahatça

fluid /'flu:id/ *s.* akıcı, akışkan * *a.* sıvı

fluke /flu:k/ *a. kon.* şans, talih

flung /flang/ *bkz.* **fling**

fluorescent /fluı'resınt/ *s. fiz.* ışınır, floresan

flurry /'flari/ *a.* coşku, heyecan; ani rüzgâr/kar/yağmur; sağanak * *e.* (birisinin) kafasını karıştırmak

flush /flaş/ *a.* fışkırma, fışkırtma; heyecan; kızarma, coşkunluk * *e.* fışkırmak; fışkırtmak; yüzü kızarmak * *s.* düz, bir hizada; *kon.* varlıklı

fluster /'flastı/ *e.* şaşırtmak, telaşlandırmak * *a.* telaş, şaşkınlık

flute /flu:t/ *a. müz.* flüt **flutist** AE. flütçü

flutter /'flatı/ *e.* (kanat) çırpmak; çırpınmak; telaşlanmak * *a. kon.* telaş, heyecan; *kon.* ufak bahis

flux /flaks/ *a.* akma, akış; değişim, oynaklık

fly /flay/ *e.* **flew** /flu:/, **flown** /floun/ uçmak; uçakla gitmek; çabuk gitmek; uçurmak; uçup gitmek; kaçmak * *a.* sinek **fly in the ointment** küçük ama mide bulandıran bir pürüz

flying /'flaying/ *a.* uçma, uçuş * *s.* uçan **flying saucer** uçandaire

flyover /'flayouvı/ *a.* üstgeçit

foal /foul/ *a.* tay

foam /foum/ *a.* köpük * *e.* köpürmek

focal point /foukıl 'poynt/ *a.* merkez noktası, ilgi merkezi

focus /'foukıs/ *a.* (*kon. focuses, foci* /'fouki:/) odak, fokus, merkez; merkez nokta * *e.* bir noktaya toplamak; odak ayarı yapmak

fodder /'fodı/ *a.* kuru ot, saman, yem

foe /fou/ *a. yaz.* düşman

foetus /'fi:tıs/ *a.* cenin, dölüt

fog /fog/ *a.* sis * *e.* sislenmek; (gözlük, vb.) buğulanmak; kafasını karıştırmak **foggy** sisli, dumanlı

foil /foyl/ *a.* yaldız kâğıdı; metal yaprak, varak; eskrim kılıcı, meç * *e.* işini bozmak, engel olmak

fold /fould/ *e.* katlamak; katlanmak; (elleri) kavuşturmak, bağlamak * *a.* kıvrım **folder** dosya

folio /'fouliou/ *a.* iki ya da dörde katlanmış kâğıt tabakası; bu biçimde katlanmış yapraklardan oluşmuş kitap

folk /fouk/ *a.* halk; insanlar, ahali **folk dance** halk oyunu **folk music** halk müziği **folk singer** halk türküleri sanatçısı **folk song** halk türküsü

folklore /'fouklo:/ *a.* halkbilim, folklor

follow /'folou/ *e.* takip etmek, izlemek; dinlemek, uymak; anlamak; sonucu çıkmak **as follows** aşağıdaki gibi **follower** taraftar, destekçi **follow through** sonunu getirmek, bitirmek **follow up** sonuna kadar götürmek

following /'folouing/ *ilg.* -den sonra, -in ardından * *s.* aşağıdaki; izleyen; ertesi

folly /'foli/ *a.* akılsızlık, aptallık

fond /fond/ *s.* sever, düşkün **be fond of** -e düşkün olmak, -den hoşlanmak **fondly** sevgiyle; safça

fondle /'fondıl/ *e.* okşamak, sevmek

food /fu:d/ *a.* yiyecek, besin, gıda

fool /fu:l/ *a.* aptal, budala, enayi * *e.* kandırmak, aldatmak, aptal yerine koymak **fool about/around** aylak aylak dolaşmak **fool away** çarçur etmek, israf etmek **fool with** ile oynamak, kurcalamak **foolery** aptallık **foolhardy** delifişek, çılgın

foolish /'fu:liş/ *s.* aptal, akılsız, budala; saçma, budalaca **foolishly** aptalca **foolishness** aptallık

foot /fut/ *a.* (*ç. feet* /fi:t/) ayak; 30.48 cm.; etek, dip **get/have cold feet** cesaretini yitirmek, korkmak **have one foot in the grave** bir ayağı çukurda olmak **on foot** yayan, yürüyerek **football** futbol; futbol topu **football pools** sportoto **footbridge** yaya köprüsü **foothill** dağ eteğindeki tepe **foothold** ayak basacak sağlam yer, basamak **footing** ayak basacak yer; karşılıklı ilişki **footlights** sahnenin önündeki ışıklar **footnote** dipnot **footpath** keçiyolu, patika **footprint** ayak izi **footsore** ayakları acımış/şişmiş **footstep** ayak sesi; ayak izi; adım; basamak **footwear** ayakkabı, ayak giyecekleri

for /fı, fo:/ *ilg.* için; adına, için; uğruna; lehine, lehinde; yüzünden, -den; karşılık; zarfında, -dır; süresince; yerine * *bağ.* çünkü, zira

foray /'forey/ *a.* akın, yağma, baskın

forbade *bkz.* **forbid**

forbear /fo:'beı/ *e.* **forbore** /fo:'bo:/, **forborne** /fo:'bo:n/ kendini tutmak, çekinmek, sakınmak

forbid /fı'bid/ *e.* **forbade** /fı'beyd/, **forbidden** /fı'bıdın/ yasaklamak **forbidden** yasak **forbidding** sert; ürkütücü; tehditkâr

force /fo:s/ *a.* güç, kuvvet; zor, baskı, şiddet; nüfuz, etki * *e.* zorlamak; mecbur etmek *by force* zorla *in force* yürürlükteki *forced* mecburi, zorunlu *forced landing* mecburi iniş *forceful* güçlü, etkili

forceps /'fo:seps/ *a.* *hek.* pens, kıskaç

forcible /'fo:sıbıl/ *s.* zorla yapılan

fore /fo:/ *s.* ön

forearm /'fo:ra:m/ *a.* önkol

foreboding /fo:'bouding/ *a.* önsezi

forecast /'fo:ka:st/ *e.* tahmin etmek * *a.* tahmin

forefather /'fo:fa:tı/ *a.* ata, cet

forefinger /'fo:fingı/ *a.* işaretparmağı

forefront /'fo:frant/ *a.* ön taraf, ön sıra

foregoing /'fo:gouing/ *s.* daha önce belirtilen; yukarıdaki

foregone /'fo:gon/ *s.* önceden bilinen, kaçınılmaz, beklenen

foreground /'fo:graund/ *a.* ön plan

forehead /'forid, 'fo:hed/ *a.* alın

foreign /'forin/ *s.* yabancı, dış, ecnebi *foreign affairs* dışişleri *foreign exchange* kambiyo *foreigner* yabancı

foreman /'fo:mın/ *a.* ustabaşı

foremost /'fo:moust/ *s.* en başta gelen, en önemli

forename /'fo:neym/ *a.* ad, ilk ad

forensic /fı'rensik/ *s.* mahkemeye ait, adli

forerunner /'fo:ranı/ *a.* haberci, müjdeci

foresee /fo:'si:/ *e.* *foresaw* /fo:'so:/, *foreseen* /fo:'si:n/ önceden görmek, tahmin etmek

foreshadow /fo:'şedou/ *e.* önceden göstermek, belirtisi olmak

foresight /'fo:sayt/ *a.* sağgörü, öngörü, seziş

forest /'forist/ *a.* orman *forester* ormancı *forestry* ormancılık

foretell /fo:'tel/ *e.* *foretold* /fo:'tould/ önceden haber vermek

forever /fı'revı/ *be.* ebediyen, sonsuza kadar, daima

forewarn /fo:'wo:n/ *e.* önceden uyarmak

foreword /'fo:wö:d/ *a.* önsöz

forfeit /'fo:fit/ *e.* kaybetmek, yoksun kalmak * *a.* ceza, kayıp

forge /'fo:c/ *a.* demirhane * *e.* sahtesini yapmak, kalpazanlık yapmak; demir dövmek *forger* sahtekâr; kalpazan *forgery* sahtekârlık; kalpazanlık

forget /fı'get/ *e.* *forgot* /fı'got/, *forgotten* /fı'gotın/ unutmak *forgetful* unutkan

forgivable /fı'gıvıbıl/ *s.* bağışlanabilir, affedilebilir

forgive /fı'gıv/ *e.* *forgave* /fı'geyv/, *forgiven* /fı'gıvın/ affetmek, bağışlamak *forgiveness* af; affetme *forgiving* bağışlayıcı

forgiven /fı'gıvın/ *bkz.* *forgive*

forgo /'fo:gou/ *e.* bırakmak, vazgeçmek

fork /fo:k/ *a.* çatallı bel, yaba * *e.* çatallaşmak *forked* çatallı *forklift* forklift

forlorn /fı'lo:n/ *s.* üzgün, mahzun

form /fo:m/ *a.* şekil, biçim; görünüş; basılı kâğıt; kondisyon * *e.* biçim vermek; düzenlemek; düzenlenmek

formal /'fo:mıl/ *s.* resmi; biçimsel

formality /fo:'meliti/ *a.* resmiyet; formalite

format /'fo:met/ *a.* kitap boyu, format; genel düzen

formation /fo:'meyşın/ *a.* oluşum

former /'fo:mı/ *s.* önceki *formerly* eskiden, önceden

formula /'fo:myulı/ *a.* formül; reçete

formulate /'fo:myuleyt/ *e.* açıkça belirtmek; formülleştirmek

fornicate /'fo:nikeyt/ *e.* zina yapmak

forsake /fi'seyk/ *e.* **foresook** /fi'suk/**,** **forsaken** /fi'seykın/ bırakmak, terk etmek

forswear /fo:'swei/ *e.* tövbe etmek, bırakmaya yemin etmek

fort /fo:t/ *a.* kale

forte /'fo:tey/ *a.* birinin en iyi yaptığı şey

forth /fo:t/ *be.* ileri; dışarı *and so* **forth** vesaire

forthcoming /fo:t'kamıng/ *s.* gelecek, gelecekte olacak

forthwith /fo:t'wıt, fo:t'wit/ *be.* hemen, derhal

fortieth /'fo:ti:t/ *a. s.* kırkıncı

fortification /fo:tifi'keyşın/ *a.* güçlendirme, sağlamlaştırma

fortify /'fo:tifay/ *e.* güçlendirmek, sağlamlaştırmak

fortitude /'fo:tityu:d/ *e.* dayanıklılık, yüreklilik, metanet

fortnight /'fo:tnayt/ *a.* iki hafta

fortress /'fo:tris/ *a.* büyük kale

fortunate /'fo:çınıt/ *s.* şanslı, talihli; uğurlu, hayırlı *fortunately* Allahtan, şükür ki, şansa

fortune /'fo:çın/ *a.* şans, talih; kısmet; servet *fortuneteller* falcı

forty /'fo:ti/ *a. s.* kırk

forum /'fo:rım/ *a.* forum

forward /'fo:wıd/ *s.* ön, öndeki; ileri; küstah, şımarık * *be. ilg.* ileri, ileriye; daha önceye * *e.* göndermek * *a.* forvet

fossil /'fosıl/ *a.* fosil, taşıl

foster /'fo:stı/ *e.* beslemek, bakmak

foul /faul/ *s.* iğrenç, pis; (hava) bozuk, fırtınalı; çirkin, ayıp; *sp.* faul

found /faund/ *bkz.* **find**

found /faund/ *e.* yapmak, inşa etmek; kurmak; yaptırmak *founder* kurucu

foundation /faun'deyşın/ *a.* kuruluş, tesis; temel

foundry /'faundri/ *a.* dökümhane

fountain /'fauntin/ *a.* çeşme; fıskiye *fountainpen* dolmakalem

four /fo:/ *a. s.* dört *fourth* dördüncü

fourteen /fo:'ti:n/ *a. s.* on dört *fourteenth* on dördüncü

fowl /faul/ *a.* kümes hayvanı

fox /foks/ *a.* tilki

foyer /'foyey/ *a.* fuaye, giriş, antre

fraction /'frekşın/ *a.* küçük parça, bölüm, kesim; *mat.* kesir

fracture /'frekçı/ *a.* kırılma; çatlama; kırık, çatlak

fragile /'frecayl/ *s.* kırılgan; narin

fragment /'fregmınt/ *a.* parça, kırıntı

fragrance /'freygrıns/ *a.* güzel koku *fragrant* güzel kokulu

frail /freyl/ *s.* zayıf, narin; kırılgan, kolay kırılır *frailty* zayıflık, dayanıksızlık, narinlik

frame /freym/ *a.* iskelet, çatı; beden; çerçeve * *e.* çerçevelemek *framework* çatı, iskelet, kafes

franc /frenk/ *a.* frank

franchise /'frençayz/ *a.* oy hakkı; isim hakkı

frank /frenk/ *s.* açıksözlü, içten, samimi * *e.* (mektup) damgalamak

frankfurter /'frenkfö:tı/ *a.* bir tür sosis

frantic /'frentik/ *s.* çılgın

fraternity /fn'tö:niti/ *a.* kardeşlik; birlik, cemiyet, dernek

fraternize /'fretınayz/ *e.* kardeşçe davranmak, dost olmak

fraud /fro:d/ *a.* sahtekârlık, dolandırıcılık; hile; dolandırıcı *fraudulent* /'fro:dyulınt/ hileli, hileyle kazanılan

fraught /fro:t/ *s.* dolu, yüklü

fray /frey/ *a. yaz.* kavga, arbede, çekişme * *e.* yıpranmak; yıpratmak

freak /fri:k/ *a.* hilkat garibesi, ucube; kaçık; *kon.* koyu hayran, düşkün

freckle /'frekıl/ *a.* çil

free /fri:/ *s.* özgür, hür; bağımsız; boş, serbest; parasız, bedava; (davranış) rahat * *be.* hür olarak; bedava * *e.* serbest bırakmak, özgürlüğüne kavuşturmak *freedom* özgürlük; bağımsızlık *free and easy* rahat, kaygısız, teklifsiz *freehold* mülkiyet; mülk *freely* çekinmeden, rahatça; serbestçe; açıkça *freeway AE.* karayolu *free will* irade özgürlüğü

freeze /fri:z/ *e. froze* /frouz/ *frozen* /'frouzın/ donmak; dondurmak; (hava) çok soğuk olmak; donakalmak * *a.* donma; don, dondurucu soğuk; (ücret fiyat, vb.) dondurma *freezer* soğutucu, dondurucu *freezing point* donma noktası

freight /freyt/ *a.* taşıma, nakliye; yük

French /frenç/ *s.* Fransız *French fries AE.* patates kızartması, patates tava *French* Fransızca; (the) Fransızlar

frenzy /'frenzi/ *a.* çılgınlık, cinnet, taşkınlık

frequency /'fri:kwınsi/ *a.* sık sık oluş, sıklık; frekans

frequent /'fri:kwınt/ *s.* yaygın, sık sık olan; olağan; alışılmış, sık görülen *frequently* sık sık

fresh /freş/ *s.* taze, körpe; yeni; temiz; taze pişmiş; sağlıklı

freshen /'freşın/ *e.* (rüzgâr) sertleşmek

freshman /'freşmın/ *a. kon.* üniversitede birinci sınıf öğrencisi

friar /'frayı/ *a.* keşiş, papaz

friction /'frikşın/ *a.* sürtme, sürtünme; anlaşmazlık, sürtüşme

Friday /'fraydi/ *a.* cuma

fridge /fric/ *a. kon.* buzdolabı

friend /frend/ *a.* arkadaş, dost *make friends (with)* (ile) arka-

daşlık kurmak *friendly* dost, dostça; yardımsever; içten, sıcak *friendship* dostluk, arkadaşlık

frieze /fri:z/ *a.* duvar ya da tavan süsü, friz

frigate /'frigit/ *a. ask.* fırkateyn

fright /frayt/ *a.* korku

frighten /'fraytın/ *e.* korkutmak, ürkütmek *frightened* korkmuş, ürkmüş *frightful* korkunç, ürkütücü

frigid /'fricid/ *s.* çok soğuk, buz gibi, dondurucu

frill /fril/ *a.* farbala, fırfır; gereksiz süs *frilly* fırfırlı

fringe /frinc/ *a.* saçak; perçem; kenar

frisk /frisk/ *e.* sıçrayıp oynamak, hoplayıp zıplamak, koşuşmak

frisky /'friski/ *s.* oynak, oyuncu, canlı

frizz /friz/ *e. kon.* (saç) kıvırmak *frizzy* (saç) kıvırcık

fro /frou/ *be: to and fro* öteye beriye

frock /frok/ *a.* kadın giysisi

frog /frog/ *a.* kurbağa

from /frım, from/ *ilg.* -den, -dan; - den beri; -den sonra; göz önünde tutulursa, göre

front /frant/ *a.* ön, ön taraf; çehre, yüz; *ask.* cephe * *e.* ile karşı karşıya olmak, -e bakmak *in front of* önünde

frontier /'frantiı/ *a.* sınır, hudut

frost /frost/ *a.* ayaz, don; kırağı * *e.* donmak, buzlanmak *frosty* dondurucu; içten olmayan, soğuk

froth /frot/ *a.* köpük * *e.* köpürmek, köpüklenmek *frothy* köpüklü

frown /fraun/ *e.* kaşlarını çatmak *frown on/upon* uygun görmemek, karşı çıkmak

fruit /fru:t/ *a.* meyve; sonuç, ürün * *e.* meyve vermek *fruitful* sonuç veren, verimli *fruitless* meyvesiz;

kısır

fruition /fru:'işın/ *a.* muradına erme, istediğini elde etme, gerçekleşme

frustrate /fra'streyt/ *e.* boşa çıkarmak, engellemek; düş kırıklığına uğratmak **frustration** düş kırıklığı; engelleme, bozma

fry /fray/ *e.* (yağda) kızartmak; kızarmak **frying pan** tava

fuchsia /'fyu:şı/ *a. bitk.* küpeçiçeği

fudge /fac/ *a.* bir çeşit yumuşak şekerleme

fuel /'fyuıl/ *a.* yakıt; yakacak; benzin

fugitive /'fyu:citiv/ *s.* kaçak; akılda tutulması zor; geçici, gidici ∗ *a.* kaçak

fulcrum /'fulkrım/ *a. tek.* (kaldıraç) dayanak noktası, taşıma noktası

fulfil /ful'fil/ *e.* yerine getirmek, yapmak; gerçekleştirmek **fulfilment** yapma, yerine getirme, ifa

full /ful/ *s.* dolu; tam, tüm, bol **to the full** tümüyle **in full** tamamen, tam olarak **full moon** dolunay **fullscale** aslının ölçüsünde; tüm gücünü kullanan **full stop** nokta (.) **fulltime** tam gün, tam gün olan/çalışan/yapılan **fully** en az, en azından; tamamen, tam olarak

fumble /'fambıl/ *e.* el yordamıyla aramak, yoklamak; beceriksizce yapmak

fume /fyu:m/ *a.* duman, buhar, gaz ∗ *e.* duman çıkarmak, tütmek; öfkelenmek, köpürmek

fun /fan/ *a.* oyunculuk, neşe; eğlence, zevk **for fun/for the fun of it** gırgırına, zevk olsun diye **make fun of** -e gülmek/güldürmek, alay etmek

function /'fankşın/ *a.* görev, iş, işlev, fonksiyon; amaç ∗ *e.* çalışmak, işlemek, iş görmek **functional** işlevsel, fonksiyonel; iş görür

fund /fand/ *a.* sermaye, para, fon; stok, birikim ∗ *e.* para sağlamak, finanse etmek

fundamental /fandı'mentıl/ *s.* esas, ana, belli başlı, temel ∗ *a.* kural, temel ilke

funeral /'fyu:nırıl/ *a.* cenaze töreni, gömme; cenaze alayı

funfair /'fanfeı/ *a. BE.* eğlence parkı, lunapark

fungus /'fangıs/ *a. bitk.* mantar

funnel /'fanıl/ *a.* huni; *tek.* baca

funny /'fani/ *s.* gülünç; acayip; garip

fur /fö:/ *a.* kürk, post

furious /'fyuırıs/ *s.* öfkeli; azgın

furlong /'fö:long/ *a.* 201 metre

furnace /'fö:nıs/ *a.* ocak, fırın

furnish /'fö:niş/ *e.* döşemek, donatmak; tedarik etmek

furniture /'fö:nıçı/ *a.* mobilya

furrier /'farıı/ *a.* kürkçü

furrow /'farou/ *a.* (toprakta) saban izi

furry /'fö:ri/ *s.* kürklü; kürk gibi

further /'fö:tı/ *be.* daha ileri; daha fazla; ayrıca ∗ *s.* daha çok; başka bir; daha uzaktaki ∗ *e.* ilerlemesine yardım etmek **furthermore** bundan başka, ayrıca, üstelik **furthermost** en uzak, en uzağa

furthest /'fö:tist/ *be. s.* en uzak

furtive /'fö:tiv/ *s.* gizli, kaçamak

fury /'fyuırı/ *a.* korkunç öfke, kızgınlık

fuse /fyu:z/ *a. elek.* sigorta; *ask.* tapa ∗ *e.* (metal) eritmek, eriterek birleştirmek

fuselage /'fyu:zılа:j/ *a.* uçak gövdesi

fusion /'fyu:jın/ *a.* birleşme, birleştirme

fuss /fas/ *a.* gürültü patırtı, yaygara, velvele ∗ *e.* gereksiz yere telaşlanmak **fussy** huysuz, yaygaracı; titiz, mızmız, kılı kırk yaran

futile /'fyu:tayl/ s. boş, boşuna, beyhude

future /'fyu:çı/ a. gelecek *in future* bundan sonra, artık

fuzzy /'fazi/ s. (saç) kıvırcık, kabarık; (kumaş, vb.) tüylü; bulanık, belirsiz

G

gab /geb/ a. kon. gevezelik

gabardine /'gebıdi:n/ a. gabardin

gabble /'gebıl/ e. çabuk çabuk ve anlaşılmaz biçimde konuşmak

gadget /'gecit/ a. kon. becerikli alet, dalga, zımbırtı

gag /geg/ a. ağız tıkacı; kon. şaka * e. ağzını tıkamak; susturmak

gaggle /'gegıl/ a. kaz sürüsü

gaiety /'geyiti/ a. neşe; şenlik, eğlence

gaily /'geyli/ be. neşeli bir şekilde, neşeyle

gain /geyn/ a. kazanç, kâr; çıkar, yarar; ilerleme, artma * e. kazanmak, elde etmek, edinmek

gait /geyt/ a. yürüyüş, gidiş, yürüyüş biçimi

gala /'ga:lı/ a. gala, şenlik

galaxy /'gelıksi/ a. galaksi *the Galaxy* Samanyolu

gale /geyl/ a. sert rüzgâr, bora

gall /go:l/ a. safra, öd; kin, nefret; küstahlık; sürtünme sonucu oluşan yara

gallant /'gelınt/ s. yürekli, yiğit, cesur; güzel, görkemli * s. (erkek) kibar, şık *gallantry* kadınlara karşı incelik, kibarlık; yiğitlik, cesaret

galleon /'gelın/ a. kalyon

gallery /'gelıri/ a. galeri

galley /'geli/ a. kadırga; gemi mutfağı

gallon /'gelın/ a. galon (*BE.* 54 lt;

gallop /'gelıp/ a. dörtnal * e. dörtnala gitmek

gallows /'gelouz/ a. darağacı

Gallup poll /'gelıp poul/ a. kamuoyu araştırması

galore /gı'lo:/ be. s. pek çok, bol bol

galvanize /'gelvınayz/ e. galvanizlemek; canlandırmak

galvanometer /gelvı'nomitı/ a. galvanometre, küçük akımölçer

gambit /'gembit/ a. (satranç) gambit; hesaplı hareket

gamble /'gembıl/ a. rizikolu iş, kumar * e. kumar oynamak; (away) kumarda kaybetmek *gambler* kumarbaz

game /geym/ a. oyun; av; hile * s. yiğit, gözü pek; topal, sakat *game-keeper* av bekçisi *game-licence* avlanma ruhsatı

gamma /'gemı/ a. gama *gamma rays* gama ışınları

gammon /'gemın/ a. tütsülenmiş jambon

gamut /'gemıt/ a. müz. nota dizisi, gam; bir şeyin tamamı

gander /'gendı/ a. erkek kaz

gang /geng/ a. arkadaş grubu, ekip; çete

gangplank /'gengplenk/ a. iskele tahtası

gangrene /'gengri:n/ a. hek. kangren

gangster /'gengstı/ a. gangster

gangway /'gengwey/ a. dar yol, geçit; borda iskelesi

gantry /'gentri/ a. (demiryolu) sinyal köprüsü

gaol /ceyl/ a. BE. cezaevi, hapishane

gap /gep/ a. boşluk, aralık, yarık; (görüş) ayrılık

gape /geyp/ e. (ağzı açık) alık alık bakmak; açılmak, yarılmak

garage /'gera:j, 'geric/ a. garaj; benzin istasyonu

garbage /'ga:bic/ *a.* süprüntü, çöp **garbage can** *AE.* çöp tenekesi

garbled /'ga:bıld/ *s.* karmaşık, karışık, yanlış

garden /'ga:dın/ *a.* bahçe **gardener** bahçıvan

gargle /'ga:gıl/ *e.* gargara yapmak * *a.* gargara

garish /'geıriş/ *s.* gösterişli, parlak, cafcaflı

garland /'ga:lınd/ *a.* çelenk

garlic /'ga:lik/ *a.* sarmısak

garment /'ga:mınt/ *a.* giyim eşyası, giysi

garnet /'ga:nit/ *a.* lal taşı

garnish /'ga:niş/ *a.* süs, garnitür * *e.* (yemek) süslemek

garret /'gerit/ *a.* tavan arası

garrison /'gerisın/ *a.* *ask.* garnizon

garter /'ga:tı/ *a.* jartiyer

gas /ges/ *a.* (hava) gaz; sıvı gaz; *AE. kon.* benzin * *e.* gazla zehirlemek; *kon.* uzun süre konuşmak **gas mask** gaz maskesi **gas station** *AE.* benzin istasyonu **step on the gas** gaza basmak

gaseous /'gesıus/ *s.* gaz gibi, gazlı

gash /geş/ *a.* derin yara * *e.* derin yara açmak

gasket /'geskit/ *a.* conta

gasoline /'gesıli:n/ *a.* *AE. kon.* benzin

gasp /ga:sp/ *e.* güçlükle solumak, soluğu kesilmek; nefes nefeseyken söylemek * *a.* soluk soluğa konuşma

gassy /'gesi/ *s.* gazlı, gaz dolu

gastritis /ge'straytis/ *a.* *hek.* gastrit, mide yangısı

gastronomy /ge'stronımi/ *a.* iyi yemek yeme ve pişirme sanatı, gastronomi

gasworks /'geswö:ks/ *a.* havagazı fabrikası

gate /geyt/ *a.* kapı; giriş yeri **gateway** giriş yeri, kapı

gather /'getı/ *e.* (**round**) toplanmak; bir araya gelmek; toplamak, koparmak; (bilgi, vb.) kazanmak; sonuç çıkarmak, anlamak **gathering** toplantı

gauche /gouş/ *s.* patavatsız, beceriksiz

gaudy /'go:di/ *s.* gösterişli, çok parlak

gauge /geyc/ *a.* ölçü, ayar; ölçü aygıtı * *e.* ölçmek; ölçüp biçmek

gaunt /go:nt/ *s.* sıska, bir deri bir kemik

gauntlet /'go:ntlit/ *a.* uzun eldiven

gauze /go:z/ *a.* tül

gawk /go:k/ *e.* aval aval bakmak

gay /gey/ *s.* şen, neşeli; parlak, canlı; *kon.* eşcinsel

gaze /geyz/ *e.* gözünü dikerek bakmak * *a.* sürekli bakış

gazelle /gı'zel/ *a.* *hayb.* ceylan, gazel

gazette /gı'zet/ *a.* resmi gazete

gear /gıı/ *a.* vites; dişli; tertibat, donatı; çark **out of gear** boşta **gear lever/stick/shift** vites kolu **gearbox** vites kutusu

geisha /'geyşı/ *a.* geyşa

gel /cel/ *e.* *bkz.* *jell*

gelatine /'celıtin/ *a.* jelatin

gem /cem/ *a.* değerli taş, mücevher

Gemini /'cemini, 'ceminay/ *a.* İkizler burcu

gendarme /'jonda:m/ *a.* jandarma

gender /'cendı/ *a.* *dilb.* cins

genealogy /ci:ni'elıci/ *a.* soy, soy kütüğü, şecere

general /'cenırıl/ *s.* genel; yaygın, genel; baş, şef **General Staff** Genelkurmay **general strike** genel grev

general /'cenırıl/ *a.* general **brigadier general** tuğgeneral **full general** orgeneral **lieutenant general** korgeneral **major general** tümgeneral

generalize /'cenırılayz/ *e.*

genelleştirmek; genelleme yapmak **generalization** genelleştirme; genelleme **generally** çoğunlukla, genellikle; genelde

generate /'cenıreyt/ e. üretmek

generation /cenı'reyşın/ a. nesil, kuşak; (elektrik, vb.) üretme, üretim

generator /'cenıreytı/ a. üreteç, jeneratör

generic /ci'nerik/ s. cinsle ilgili; genel

generosity /cenı'rosıti/ a. cömertlik

generous /'cenırıs/ s. eli açık, cömert

genesis /'cenisis/ a. başlangıç, başlama noktası

genetic /ci'netik/ s. kalıtsal, kalıtımsal **genetics** genetik, kalıtımbilim

genial /'ci:niıl/ s. hoş, tatlı, cana yakın

genital /'cinitıl/ s. üreme organlarıyla ilgili **genitals** cinsel organlar, üreme organları

genitive /'cenitiv/ a. dilb. -in hali, tamlayan durumu

genius /'ci:niıs/ a. üstün yetenek, deha; dahi

genocide /'cenısayd/ a. soykırım

gentle /'centıl/ s. ince, kibar, nazik; tatlı, yumuşak, hafif, yavaş **gentleman** centilmen; bey, beyefendi **gently** yavaşça; tatlılıkla

gents /cents/ a. BE. kon. erkekler tuvaleti

genuine /'cenyuin/ s. hakiki, gerçek

geography /ci'ogrıfi/ a. coğrafya **geographer** coğrafyacı **geographical** /ci'ıgrıfikıl/ coğrafi

geology /ci'olıci/ a. yerbilim, jeoloji

geometry /ci'omitri/ a. geometri **geometric** geometrik

geophysics /ci:ou'fiziks/ a. jeofizik, yer fiziği

geopolitics /ci:ou'politiks/ a. jeopolitik

geranium /cı'reyniım/ a. bitk. sardunya

geriatrics /ceri'etriks/ a. yaşlılık hekimliği

germ /cö:m/ a. mikrop; başlangıç

germinate /'cö:mineyt/ e. (tohum) filizlenmek, çimlenmek

gerund /'cerınd/ a. dilb. ulaç, isimfiil

gestation /ce'steyşın/ a. gebelik

gesture /'cesçı/ a. jest, el kol hareketi * e. el kol hareketi yapmak

get /get/ e. **got** /got/ almak, elde etmek; gidip getirmek; gidip almak; olmak, hale gelmek; varmak, ulaşmak; ettirmek, yaptırmak; hazırlamak; götürmek; anlamak; (hastalık, soğuk) kapmak, tutulmak; kon. kızdırmak, canını sıkmak **get sth done** yaptırmak, ettirmek, başına gelmek **have got** sahip olmak, -sı olmak **get about/around** iyileşmek; seyahat etmek, gezmek; (haber, vb.) yayılmak **get across** anlaşılmak, kabul edilmek; anlatmak, anlatmayı başarmak **get ahead** ilerlemek, önüne geçmek **get along** gitmek, ayrılmak; geçinmek, iyi ilişkiler içinde olmak; sürdürmek; ilerlemek **get around/round to** vakit bulmak, -e zaman ayırmak **get at** ulaşmak, erişmek; demek istemek **get away** kaçmak **getaway** kon. kaçış, firar **get away with** kötü bir şey yapmak ve cezasından kurtulmak **get back** dönmek, geri gelmek, geri dönmek **get back at sb** kon. -den intikam almak, öç almak **get by** yaşamını sürdürmek; şöyle böyle olmak **get down** yazmak, kaydetmek; güçlükle yutmak; rahatsız etmek, üzmek **get down to** dört elle sarılmak **get in** içeri girmek; varmak; (taşıta) binmek;

seçilmek **get into** binmek; öğrenmek, alışmak **get (sb) into** durumuna koymak; (derde, vb.) sokmak **get off** (bir araçtan, vb.) inmek; hareket etmek, yola çıkmak; (işten) paydos etmek; cezadan kurtulmak **get on** anlaşmak, geçinmek; (bir taşıta) binmek; ilerlemek, gitmek **get out** çıkmak, gitmek; sıvışmak, tüymek, kaçırmak; (sır, vb.) sızmak, yayılma **get out of** sorumluluktan kaçmak **get over** (hastalık) iyileşmek, kurtulmak; anlaşılmak; anlaşılmasını sağlamak **get round** ikna etmek; yararlanmak **get through** (telefonda) bulmak, görüşebilmek; anlaşılmak; anlaşılmasını sağlamak **gettogether** toplantı, buluşma **get together** toplanmak, bir araya gelmek **get up** yataktan kalkmak **get up to** varmak, yetişmek; (özellikle kötü bir şey) yapmak, yapmak üzere olmak

geyser /'gi:zı/ *a.* gayzer, kaynaç; *BE.* şofben

ghastly /'ga:stli/ *s.* sarı benizli, sapsarı, soluk; korkunç; *kon.* berbat

gherkin /'gö:kin/ *a.* turşuluk hıyar

ghetto /'getou/ *a.* azınlıkların ve yoksulların oturdukları mahalle, geto

ghost /goust/ *a.* hayalet, hortlak **ghostly** hayalet gibi

giant /'cayınt/ *a.* dev

gibbet /'cibit/ *a.* darağacı

giblets /'ciblits/ *a.* tavuk, kuş, vb.'nin yürek, ciğer, katı gibi iç organları

giddy /'gidi/ *s.* başı dönen; hoppa, uçarı

gift /gift/ *a.* armağan, hediye; Allah vergisi, yetenek **gifted** yetenekli

gigantic /cay'gentik/ *s.* devasa, kocaman

giggle /'gigıl/ *e.* kıkır kıkır gülmek, kıkırdamak **giggle** kıkırdama

gild /gild/ *e.* yaldızlamak

gill /cil/ *a.* solungaç

gilt /gilt/ *a.* yaldız

gin /cin/ *a.* (içki) cin

ginger /'cinci/ *a. bitk.* zencefil * *s.* kızıl renk, kızıl **ginger ale** zencefilli gazoz

gipsy /'cipsi/ *a.* çingene

giraffe /ci'ra:f/ *a. hayb.* zürafa

girder /'gö:dı/ *a.* kiriş, direk

girdle /'gö:dıl/ *a.* kuşak, kemer, korse

girl /gö:l/ *a.* kız; kız arkadaş **girlfriend** sevgili, kız arkadaş **girlhood** kızlık **girlish** kız gibi

girth /gö:t/ *a.* bel ölçüsü, çevre ölçüsü; kolan, çevre

gist /cist/ *a.* öz, ana fikir, ana noktalar

give /giv/ *e.* **gave** /geyv/, **given** /'givın/ vermek; armağan etmek; ödemek; (hastalık) geçirmek, bulaştırmak; indirmek, atmak **giveandtake** karşılıklı özveri **give away** vermek, armağan etmek; ele vermek **give back** geri vermek **give in** teslim olmak, boyun eğmek; teslim etmek **give off** (koku, vb.) çıkarmak, yaymak **give out** dağıtmak; sona ermek **give up** vazgeçmek, bırakmak; umudunu kesmek

gizzard /'gizıd/ *a.* (kuşlarda) katı, taşlık

glacial /'gleyşıl/ *s.* buz ya da buzulla ilgili

glacier /'glesiı/ *a.* buzul

glad /gled/ *s.* mutlu, memnun, hoşnut; memnun edici, sevinçli **gladly** gönülden, zevkle, istekle, seve seve

gladden /'gledın/ *a.* sevindirmek, mutlu etmek

glade /gleyd/ *e.* ormanda ağaçsız alan

gladiator /'gledieytı/ a. gladyatör

glamour /'glemı/ a. çekicilik, alım, büyü *glamorous* çekici, göz alıcı

glance /gla:ns/ e. göz atmak, bakmak * a. kısaca bakış; bir bakışta, hemen

gland /glend/ a. anat. bez

glare /gleı/ e. parıldamak; ters ters bakmak * a. parıltı; ters bakış * *glaring* göz kamaştırıcı

glass /gla:s/ a. cam; bardak *glasses* gözlük *glassware* zücaciye, cam eşya *glassy* cam gibi; (bakış) cansız, donuk

glaze /gleyz/ e. sırlamak; cam takmak; (bakış) anlamsızlaşmak * a. sır, perdah, cila

glazier /'gleyzıı/ a. camcı

gleam /gli:m/ a. ışık, parıltı, pırıltı * e. parıldamak, parlamak

glee /gli:/ a. sevinç, neşe

glib /glib/ s. güzel ve rahat konuşan

glide /glayd/ e. kaymak, akmak, süzülmek; planörle uçmak *glider* planör

glimmer /'glimı/ e. zayıf bir şekilde parlamak * a. donuk ışık; zerre

glimpse /glimps/ e. bir an için görmek, gözüne ilişmek * a. kısa bakış, gözüne ilişme

glint /glint/ e. parıldamak, parlamak * a. parıltı

glisten /'glisın/ e. parıldamak, parlamak

glitter /'glitı/ e. parlamak, parıldamak * a. parıltı *glittering* görkemli, parlak

globe /gloub/ a. top, küre; dünya; gezegen *global* geniş çaplı, ayrıntılı; dünya çapında, evrensel

gloom /glu:m/ a. karanlık; üzüntü, hüzün *gloomy* karanlık; üzüntülü, mahzun, karanlık

glorify /'glo:rifay/ e. övmek; yüceltmek; güzel göstermek

glorious /'glo:rııs/ s. şanlı, şerefli; görkemli, parlak

glory /'glo:ri/ a. şan, ün, şeref; görkem

gloss /glos/ a. parlaklık * a. açıklama, yorum *glossy* parlak ve düz

glossary /'glosıri/ a. ek sözlük

glove /glav/ a. eldiven

glow /glou/ e. parıldamak; içini ateş basmak; kızarmak * a. kızıl ışık, kızıllık; sıcaklık, hararet; çaba, gayret

glower /'glauı/ e. ters ters bakmak

glowworm /'glouwö:m/ a. ateşböceği

glucose /'glu:kous/ a. glikoz

glue /glu:/ a. tutkal, zamk

glum /glam/ s. asık suratlı, üzgün

glut /glat/ a. bolluk, furya

glutton /'glatın/ a. obur *gluttonous* obur, acgözlü

glycerin(e) /'glisırin/ a. gliserin

gnash /neş/ e. (diş) gıcırdatmak

gnat /net/ a. hayb. sivrisinek, tatarcık

gnaw /no:/ e. kemirmek

go /gou/ e. *went* /went/, *gone* /gan/ gitmek; hareket etmek; kalkmak; ayrılmak; işlemek; çalışmak; sığmak; kırılmak, kopmak; ilerlemek, gelişmek; götürmek; devam etmek; uymak * a. sınama, deneme; sefer *be going to* -ecek, -acak *go about* (birisiyle) birlikte olmak; dolaşmak *go after* peşinden koşmak, izlemek *go against* -e karşı gelmek *go ahead* ilerlemek, gelişmek; başlamak *go along* aynı fikirde olmak *go by* geçmek, geçip gitmek; -e göre davranmak *go down* inmek; batmak *go for* aramak, çağırmak; saldırmak; hoşlanmak, beğenmek *go in for* katılmak, yer almak; alışkanlık haline getirmek *go into* (yer, iş, vb.'e) girmek; girişmek, ilgilenmek **go off** kesilmek; sönmek; bozulmak, çürümek; (bomba) patlamak **go on** devam etmek; vakit geçirmek **go out** dışarı çıkmak; (ışık, vb.) sönmek; modası geçmek **go over** başarı kazanmak; tutmak, gözden geçirmek, incelemek **go through** gözden geçirmek, incelemek; araştırmak; yoklamak; kabul edilmek; harcamak, tüketmek; katlanmak, çekmek **go over** başarı kazanmak, tutmak; gözden geçirmek, incelemek **go with** uymak, gitmek; birbirini tamamlamak **go without** -sız idare etmek

goad /goud/ e. kışkırtmak, dürtmek

goal /goul/ a. amaç, hedef, gaye; sp. kale; gol **goalkeeper** kaleci

goat /gout/ a. keçi, teke

gobble /'gobıl/ e. çabuk çabuk yemek

goblet /'goblit/ a. kadeh

goblin /'goblin/ a. gulyabani, cin

god /god/ a. mabut, put, tapı

God /god/ a. Tanrı, Allah **for God's sake** Allah aşkına **God forbid/grant that** Allah göstermesin, Allah korusun **God (alone) knows** kon. Allah bilir **God willing** inşallah, Allah isterse **Oh God/My God/Good God** Aman Tanrım **Thank God** Allah'a şükür **godchild** vaftiz çocuğu **goddess** tanrıça **godfather** vaftiz babası

goggle /'gogıl/ e. hayretle bakmak

goggles /'gogılz/ a. koruyucu gözlük

going /'gouing/ a. gidiş, ayrılış; yol durumu; gidiş hızı * s. şu anki; mevcut, yaşayan; işleyen, çalışan **goingson** olup bitenler, gidişat

gokart /'gouka:t/ a. küçük yarış arabası, gokart

gold /gould/ a. altın; altın rengi **gold dust** altın tozu **goldfinch**

saka kuşu **goldmine** altın madeni **gold smith** kuyumcu

golden /'gouldın/ s. altından, altın; altın rengi **golden handshake** emeklilik ikramiyesi **golden jubilee** ellinci yıldönümü

golf /golf/ a. sp. golf **golf course/links** golf sahası **golf club** golf kulübü; golf sopası

gondola /'gondılı/ a. gondol

gone /gon/ bkz. go

gong /gong/ a. gong

good /gud/ s. iyi, güzel, hoş; uygun, yerinde; uslu; yararlı; yetenekli; sağlıklı; güvenilir, sağlam * a. iyilik; yarar, fayda **be good at** -de başarılı olmak, iyi olmak **do sb good** iyi gelmek; iyileştirmek **in good time** erken, erkenden **for good** temelli, ebediyen **good afternoon** tünaydın **good evening** iyi akşamlar **good morning** günaydın **good night** iyi geceler **no good** işe yaramaz **goodbye** allahaısmarladık, hoşça kal **goodfornothing** hiçbir işe yaramaz, haylaz **good-humoured** neşeli, şen, güler yüzlü **good-looking** yakışıklı **goodnatured** iyi huylu **goodness** iyilik **for goodness' sake** Allah aşkına **My goodness** Tanrım!, Yarabbim! **goodwill** iyi niyet

goods /gudz/ a. eşya, mal; yük

goofy /'gu:fi/ s. aptal, çatlak, kaçık

goose /gu:s/ a. hayb. kaz

gooseberry /'guzbıri/ a. bektaşiüzümü

gore /go:/ e. boynuzla yaralamak

gorge /go:c/ a. coğ. geçit, boğaz

gorgeous /'go:cıs/ s. harika, çok güzel, hoş

gorilla /gı'rılı/ a. hayb. goril

gorse /go:s/ a. bitk. karaçalı

gory /'go:ri/ s. kanlı

gosh /goş/ ünl. Allah Allah, vay canına, hayret

gosling /'gozling/ a. *hayb.* kaz palazı

goslow /gou'slou/ a. *BE.* işi yavaşlatma eylemi

gospel /'gospıl/ a. *kon.* hakikat; ilke *gospel truth* asıl gerçek *the Gospel* İncil

gossamer /'gosımı/ a. örümcek ağı; çok ince şey

gossip /'gosip/ a. dedikodu; dedikoducu * e. dedikodu yapmak

got /got/ *bkz. get*

Gothic /'gotik/ s. a. Gotik

gotta /'gotı/ e. *kon.* -meli, -malı

gotten /gotın/ *bkz. get*

gouge /gauc/ a. heykeltıraş kalemi; ucu kıvrık bıçak

goulash /'gu:leş/ a. tas kebabı

gourd /guıd/ a. *bitk.* sukabağı

gourmet /'guımey/ a. yemek ve içkinin iyisinden anlayan kimse

gout /gaut/ a. *hek.* gut, damla sayrılığı

govern /'gavın/ e. yönetmek, idare etmek; etkilemek

governess /'gavınıs/ a. mürebbiye

government /'gavımınt/ a. yönetim; hükümet

governor /'gavını/ a. vali; yönetici; şef, amir; *kon.* patron, işveren; *AE.* eyalet başkanı

gown /gaun/ a. uzun kadın giysisi, gece giysisi; cüppe

grab /greb/ e. kapmak * a. kapma

grace /greys/ a. zarafet, güzellik; lütuf; şükran duası *graceful* zarif, hoş

gracious /'greyşıs/ s. hoş, nazik; (Tanrı) bağışlayıcı, merhametli

gradation /grı'deyşın/ a. derece derece değişme

grade /greyd/ a. rütbe; derece; cins; *AE.* eğim, meyil; *AE.* sınıf; not * e. ayırmak, sınıflandırmak

gradient /'greydıınt/ a. eğim, eğiklik, meyil

gradual /'grecuıl/ s. derece derece

olan, aşamalı *gradually* azar azar

graduate /'grecuit/ a. üniversite mezunu

graduate /'grecueyt/ e. (üniversiteden) mezun olmak

graduation /grecu'eyşın/ a. mezuniyet; diploma töreni

graffiti /gre'fi:ti/ a. duvar yazıları

graft /gra:ft/ a. *bitk.* aşı; *hek.* (doku) yama * e. (ağaç) aşılamak; *hek.* doku yerleştirmek

grain /greyn/ a. tahıl, hububat; tane

gram /grem/ a. gram

grammar /'gremı/ a. dilbilgisi, gramer *grammar school BE.* (üniversiteye hazırlayan) orta dereceli okul *grammatical* dilbilgisel

gramme /'grem/ a. *bkz. gram*

gramophone /'gremıfoun/ a. gramofon

gran /gren/ a. *BE. kon.* büyükanne, nine

granary /'grenırı/ a. tahıl ambarı

grand /grend/ s. ulu, yüce, görkemli; gösterişli; en önemli, ana; tam; bütün; büyük, yüce *grand piano* kuyruklu piyano

grandad, granddad /grended/ a. *kon.* büyükbaba, dede

grandchild /'grençayld/ a. torun

granddaughter /'grendo:tı/ a. kız torun

grandeur /'grencı/ a. büyüklük, görkem

grandfather /'grenfa:tı/ a. büyükbaba, dede

grandiose /'grendious/ s. gösterişli, tantanalı, görkemli

grandma /'grenma:/ a. *kon.* büyükanne, nine

grandmother /'grenmatı/ a. büyükanne, nine

grandpa /'grenpa:/ a. *kon.* büyükbaba, dede

grandparent /'grenpeırınt/ a. büyükbaba ya da büyükanne

grandson /'grensan/ a. erkek torun

grandstand /'grendstend/ a. tribün

granite /'grenıt/ a. granit

granny /'greni/ a. kon. büyükanne, nine

grant /gra:nt/ e. vermek, bahşetmek; onaylamak; varsaymak; kabul etmek * a. bağış; burs; ödenek, tahsisat take sth/sb for granted itirazsız kabul etmek

granular /'grenyulı/ s. taneli

granulate /'grenyuleyt/ e. tanelemek granulated sugar tozşeker

granule /'grenyu:l/ a. tanecik

grape /greyp/ a. bitk. üzüm

grapefruit /'greypfru:t/ a. greyfurt, altıntop

grapevine /'greypvayn/ a. bitk. asma

graph /gra:f/ a. çizge, grafik

graphic /'grefik/ s. çizgesel, grafik; (anlatımı, vb.) canlı, açık, tam

grapple /'grepıl/ e. (with) boğuşmak

grasp /gra:sp/ e. yakalamak, kavramak, tutmak; anlamak, kavramak * a. sıkı sıkı tutma, kapma; anlama, kavrama

grass /gra:s/ a. ot, çimen; çayır, otlak grasshopper çekirge grassland otlak grassy otlu, çimenli

grate /greyt/ a. ocak ızgarası * e. rendelemek; gıcırdatmak; gıcırdamak

grateful /'greytfıl/ s. minnettar, müteşekkir

grater /'greytı/ a. rende

gratify /'gretifay/ e. sevindirmek, mutlu etmek

grating /'greyting/ a. ızgara, demir parmaklık

gratis /'gretis, 'gra:tis/ s. be. bedava, bedavadan, karşılıksız

gratitude /'gretityu:d/ a. minnettarlık

gratuitous /grı'tyu:itıs/ s. karşılıksız, bedava, karşılık beklemeden; nedensiz

gratuity /grı'tyu:iti/ a. bahşiş

grave /greyv/ a. mezar * s. ciddi; ağır gravestone mezar taşı graveyard mezarlık

gravel /'grevıl/ a. çakıl

gravitation /grevi'teyşın/ a. yerçekimi

gravity /'greviti/ a. yerçekimi; ciddiyet, ağırlık, önem

gravy /'greyvi/ a. et suyu; salça, sos

gray /grey/ s. a. AE. bkz. grey

graze /greyz/ e. otlamak; otlatmak; sıyırmak, sıyırıp geçmek * a. sıyrık

grease /gri:s/ a. (hayvansal) yağ; gres, katıyağ * e. yağlamak greasy yağlı

great /greyt/ s. büyük; kocaman; yüce, ulvi; önemli; kon. harika a great deal çok great-grandfather babasının dedesi great-grandson oğlunun/kızının erkek torunu greatly çokça, pek greatness büyüklük

greed /gri:d/ a. açgözlülük greedy açgözlü

green /gri:n/ s. yeşil; (meyve) ham, olmamış; kon. toy; benzi sararmış * a. yeşil renk; yeşil; çayır; kon. yeşil yapraklı sebzeler, yeşillik green belt yeşil alan, yeşil kuşak greenish yeşilimsi

greengage /'gri:ngeyc/ a. bitk. bardakeriği

greengrocer /'gri:ngrousı/ a. manav

greenhouse /'gri:nhaus/ a. limonluk, ser

greet /gri:t/ e. selamlamak, selam vermek; karşılamak greeting selam; iyi dilek, tebrik

gregarious /gri'geırıs/ s. sokulgan; sürü halinde yaşayan

grenade /grı'neyd/ a. el bombası

grey /grey/ s. gri, külrengi; kır saçlı * a. külrengi

greyhound /'greyhaund/ a. tazı

grid /grid/ a. ızgara, parmaklık
grief /gri:f/ s. acı, keder, üzüntü
grievance /'gri:vıns/ a. yakınma, şikâyet, dert
grieve /gri:v/ e. üzülmek, üzmek
grievous /'gri:vıs/ s. acı, üzücü
grill /gril/ a. ızgara; ızgara et * e. ızgarada pişirmek
grim /grim/ s. sert, acımasız; kon. zevksiz, neşesiz
grimace /gri'meys/ e. yüzünü ekşitmek, yüzünü buruşturmak
grime /graym/ a. kir tabakası, kir
grin /grin/ a. sırıtma, sırıtış * e. sırıtmak
grind /graynd/ e. **ground** /graund/ öğütmek; gıcırdatmak * a. öğütme; sıkıcı zor iş, angarya **grinder** öğütücü **grindstone** bileğitaşı
grip /grip/ e. sımsıkı tutmak, kavramak; ilgisini çekmek, etkilemek * a. sıkıca tutma, kavrama; sap
gripe /grayp/ e. (at/about) kon. yakınmak, sızlanmak
gripping /'griping/ s. dikkat çekici, sürükleyici
grisly /'grizli/ s. korkunç, ürkütücü
gristle /'grisıl/ a. anat. kıkırdak
grit /grit/ a. çakıl; kon. azim, kararlılık
groan /groun/ e. inlemek * a. inilti
grocer /'grousı/ a. bakkal **groceries** bakkaliye
groggy /'grogi/ s. kon. dizleri tutmayan, halsiz, dermansız, bitkin
groin /groyn/ a. anat. kasık
groom /gru:m/ a. damat; seyis * e. (at) tımar etmek; bir iş için hazırlamak, eğitmek
groove /gru:v/ a. yiv, oluk * a. yiv açmak
grope /group/ e. el yordamıyla aramak, yoklamak
gross /grous/ s. şişko, iriyarı; hantal; brüt; kaba * a. on iki düzine

grotesque /grou'tesk/ s. acayip, garip
grotto /'grotou/ a. mağara
grouch /grauç/ a. kon. yakınma; dırdır * e. yakınmak, şikâyet etmek
ground /graund/ a. yer, zemin; toprak; alan, saha; zemin; temel, esas * e. (gemi) karaya oturmak; (uçak) kalkışa izin vermemek **groundless** yersiz, nedensiz **groundnut** yerfıstığı
ground /graund/ bkz. **grind**
group /gru:p/ a. topluluk, grup, küme
grove /grouv/ a. koru, ağaçlık
grovel /'grovıl/ e. hkr. yerde sürünmek; ayaklarına kapanmak
grow /grou/ e. **grew** /gru:/, **grown** /groun/ büyümek, gelişmek; olmak; yetiştirmek, üretmek; (sakal) uzatmak **grower** yetiştirici
growl /graul/ a. hırıltı, hırıldama
grown /graun/ bkz. **grow**; **grown-up** yetişkin, olgun
growth /grout/ a. büyüme, gelişme; artış
grub /grab/ e. toprağı kazmak, eşelemek
grub /grab/ a. larva * e. kazmak, eşelemek
grubby /'grabi/ s. pis, kirli
grudge /grac/ e. esirgemek, vermek istememek, çok görmek * a. kin, garaz, haset
gruelling /gru:ling/ s. çok yorucu
gruesome /'gru:sım/ s. korkunç, ürkünç, tüyler ürpertici
gruff /graf/ s. sert, hırçın, kaba
grumble /'grambıl/ e. yakınmak, söylenmek, homurdanmak
grumpy /'grampi/ s. huysuz, aksi
grunt /grant/ e. (hayvan) hırıldamak; (insan) homurdanmak * a. hırıltı, homurtu
guarantee /gerın'ti:/ a. güvence, garanti; kefil * e. güvence ver-

mek, garanti etmek, kefil olmak
guarantor /gerın'to:/ *a.* kefil, garantör
guard /ga:d/ *a.* koruma; nöbetçi, bekçi * *a.* nöbet * *e.* korumak; beklemek; önlemler almak, korunmak *on guard* nöbette *keep guard* nöbet beklemek
guarded /'ga:did/ *s.* (söz) dikkatli
guardian /'ga:dın/ *a.* gardiyan, koruyucu; *huk.* veli, vasi
guerilla, guerrilla /gı'rılı/ *a.* gerilla
guess /ges/ *e.* tahmin etmek; sanmak * *a.* tahmin *guesswork* tahmin, tahmin işi
guest /gest/ *a.* misafir; otel müşterisi
guidance /'gaydıns/ *a.* rehberlik, kılavuzluk; öğüt; yol gösterme
guide /gayd/ *a.* kılavuz, rehber * *e.* kılavuzluk etmek, yol göstermek, rehberlik etmek *guidebook* turist kılavuzu *guided missile* güdümlü mermi
guild /gild/ *a.* dernek, lonca
guile /gayl/ *a.* hile, hilekârlık, kurnazlık
guillotine /'gilıti:n/ *a.* giyotin; kâğıt kesme makinesi * *e.* giyotinle başını uçurmak
guilt /gilt/ *a.* suçluluk *guilty* suçlu
guinea pig /'gıni pig/ *a. hayb.* kobay; denek
guise /gayz/ *a.* (aldatıcı) dış görünüş, kılık
guitar /gi'ta:/ *a.* gitar
gulf /galf/ *a.* körfez; (görüş) ayrılık
gull /gal/ *a. hayb.* martı; enayi, saf
gullet /'galit/ *a. kon.* boğaz, gırtlak
gulp /galp/ *e.* yutuvermek, aceleyle yutmak; yutkunmak
gum /gam/ *a.* dişeti; zamk; sakız; çiklet * *e.* zamkla yapıştırmak
gun /gan/ *a.* top; tüfek; tabanca *gunfire* top ateşi *gunman* silahlı haydut *gunner ask.* topçu *gunpowder* barut *gun running* silah

kaçakçılığı
gurgle /'gö:gıl/ *a.* lıkırtı * *e.* lıkırdamak
gush /gaş/ *e.* fışkırmak * *a.* fışkırma
gust /gast/ *a.* bora
gusto /'gastou/ *a.* zevk, haz, heves
gut /gat/ *a. anat.* bağırsak * *e.* bağırsaklarını çıkarmak
gutter /'gatı/ *a.* oluk, suyolu
guy /gay/ *a. kon.* adam, herif
guzzle /'gazıl/ *e.* hapur hupur yemek, höpür höpür içmek
gym /cim/ *a. kon.* spor salonu; jimnastik
gymnasium /cim'neyzıım/ *a.* jimnastik salonu; (Almanya'da) lise
gymnast /'cimnest/ *a.* jimnastikçi
gymnastics /cim'nestiks/ *a.* jimnastik
gynaecology /gayni'kolıci/ *a. hek.* jinekoloji
gypsum /'cipsın/ *a.* alçıtaşı
gypsy /'cipsi/ *a.* Çingene

H

haberdasher /'hebıdeşı/ *a. BE.* tuhafiye **haberdashery** /'hebıdeşıri/ *a.* tuhafiye; tuhafiye dükkânı
habit /'hebit/ *a.* alışkanlık; alışkı *be in the habit of* alışkanlığında olmak *fall/get into the habit of* -e alışmak
habitable /'hebitıbıl/ *s.* oturmaya elverişli, oturulabilir
habitat /'hebitet/ *a.* bir hayvan ya da bitkinin yetiştiği doğal ortam
habitation /hebi'teyşın/ *a.* oturma; konut, oturacak yer
habitual /hı'biçuıl/ *s.* alışılagelmiş, her zamanki
hack /hek/ *e.* kesmek, yarmak * *a.* kira beygiri

hackneyed /'heknıd/ s. (söz) bayat, beylik, eskimiş

hacksaw /'hekso:/ a. demir testeresi, vargel testere

haddock /'hedık/ a. hayb. mezgit

haggard /'hegıd/ s. (yüz) yorgun, kırışık, bitkin

haggle /'hegıl/ e. pazarlık etmek, çekişmek, tartışmak

hail /heyl/ a. dolu * e. dolu yağmak *hailstone* dolu tanesi *hailstorm* dolu fırtınası

hair /heı/ a. saç; kıl; tüy *hairbrush* saç fırçası *haircut* saç tıraşı; saç kesimi *hairdo* saç biçimi, saç tuvaleti *hairdresser* kuaför *hairgrip* saç tokası *hairnet* saç filesi *hairpiece* takma saç, peruka *hairpin* firkete, saç tokası *hairpin bend* keskin viraj *hairy* kıllı

hale /heyl/ s. sağlıklı, dinç, zinde

half /ha:f/ a. yarı, buçuk; yarım * s. yarı, yarısı; yarım * be. yarı yarıya *halfback* hafbek *halfbrother* üvey erkek kardeş *halfhearted* isteksiz, gönülsüz *halfmast* yarı gönder *half-sister* üvey kız kardeş *half time* haftaym, ara *halfway* yarı yolda *half-wit* aptal, geri zekâlı

hall /ho:l/ a. salon; (toplantı, vb.'nin yapıldığı) resmi bina; koridor, hol, giriş

hallelujah /heli'lu:yı/ ünl. Elhamdülillah! Allah'a şükür!

hallmark /'ho:lma:k/ a. altın ya da gümüşte ayar damgası * e. ayar damgası vurmak

hallo /hı'lou/ a. bkz. *hello*

hallow /'helou/ e. kutsamak, kutsallaştırmak

Halloween /helou'i:n/ a. Azizler Günü'nün arifesi (31 ekim gecesi)

hallucination /hılu:sı'neyşın/ a. halüsinasyon, sanrı

hallway /'ho:lwey/ a. AE. koridor,

geçit, hol

halo /'heylou/ a. ışık halkası, hale, ağıl

halt /ho:lt/ e. durmak; durdurmak * a. duruş, durma

halter /'ho:ltı/ a. yular, dizgin

halting /'ho:lting/ s. ara ara konuşan; duraksayan

halve /ha:v/ e. yarıya bölmek; yarıya indirmek

ham /hem/ a. jambon

hamburger /'hembö:gı/ a. hamburger

hamlet /'hemlit/ a. küçük köy

hammer /'hemı/ a. çekiç * e. çekiçle vurmak, çakmak

hammock /'hemık/ a. hamak

hamper /'hempı/ e. engellemek, zorluk çıkarmak * a. kapaklı sepet

hamster /'hemstı/ a. hayb. hamster, cırlak sıçan

hand /hend/ a. el; akrep, ibre; yardım, taraf, yan; yardımcı, işçi; işe karışma; kontrol; alkış * e. (elden ele) vermek, uzatmak *at hand* yakın; yanında, hazır *by hand* elle; elden *change hands* el değiştirmek *hand in hand* el ele, birlikte *Hands off!* Elleme!, Dokunma! *get/keep one's hand in* (işe) alışmak *give sb a free hand* arzusuna bırakmak *have a hand in* -de katkısı bulunmak *on hand* el altında, hazır *on the one hand* bir taraftan *on the other hand* diğer taraftan *hand down* kuşaktan kuşağa geçmek *hand in* teslim etmek, vermek *hand out* dağıtmak *hand over* teslim etmek, vermek *handbag* el çantası *handball* beyzbol *handbook* el kitabı, rehber *handbrake* el freni *handcuffs* kelepçe *handful* avuç dolusu *handshake* el sıkma, tokalaşma *handwriting* el yazısı

handicap /'hendikep/ a. engel;

engelli koşu * _e._ engellemek, engel olmak

handicraft /'hendikra:ft/ _a._ el becerisi, el sanatı

handiwork /'hendiwö:k/ _a._ el işi, el becerisi

handkerchief /'henkıçif/ _a._ mendil

handle /'hendıl/ _a._ sap, kulp, kol * _e._ el sürmek, ellemek; ele almak; idare etmek

handsome /'hensım/ _s._ yakışıklı; güzel; cömert

handy /'hendi/ _s._ kullanışlı, pratik; _kon._ el altında, hazır **handyman** elinden her iş gelen erkek

hang /heng/ _e._ **hung** /hang/ asmak; asılmak, asılı durmak; eğmek; sarkmak; sürtmek * _e._ idam etmek, asmak (bu anlamda düzenli bir fiildir) **hang about (around)** _kon._ aylak aylak dolaşmak **hang back** çekinmek, tereddüt etmek **hang on** sıkıca tutmak, beklemek **hang up** telefonu kapamak **hangman** cellat **hangover** akşamdan kalmışlık, humar

hangar /'hengı/ _a._ hangar

hanger /'hengı/ _a._ askı, elbise askısı

hang gliding /'heng glayding/ _a._ uçma sporu

hanging /'henging/ _a._ idam, asma

hanker /'henkı/ _e._ **kon.** (after/for) özlemini çekmek, can atmak

hanky /'henki/ _a._ **kon.** mendil

haphazard /hep'hezıd/ _s._ gelişigüzel, plansız, programsız

happen /'hepın/ _e._ olmak; başına gelmek, olmak; (to) tesadüfen - mek **happening** olay

happy /'hepi/ _s._ mutlu; memnun, sevinçli **happy-go-lucky** kaygısız, tasasız **happily** mutlulukla, neşeyle; bereket versin ki **happiness** mutluluk

harass /'hens/ _e._ usandırmak, bezdirmek **harassment** usanç

harbour, harbor /'ha:bı/ _a._ liman;

sığınak, barınak * _e._ barındırmak, korumak

hard /ha:d/ _s._ sert, katı; güç, zor; şiddetli; (su) kireçli, acı * _be._ sıkıca, kuvvetlice; hızla; gayretle, harıl harıl, çok **hardback** ciltli kitap **hardboard** kalın mukavva **hard-boiled** (yumurta) çok pişmiş, katı **hard cash** nakit para, madeni para **hard currency** sağlam döviz, sağlam para **hardcore** sabit fikirli, inatçı; müstehcen **hardheaded** mantıklı, açıkgöz **hardhearted** katı yürekli **hard luck** şansızlık, kör talih **hardware** madeni eşya, hırdavat; (bilgisayar) donanım

harden /'ha:dın/ _e._ sertleşmek, katılaşmak; sertleştirmek

hardly /'ha:dli/ _be._ hemen hemen, ancak; güçlükle; hemen hiç; az bir olasılıkla

hardy /'ha:di/ _s._ dayanıklı, güçlü

hare /heı/ _a._ _hayb._ yabani tavşan

harem /'heırım/ _a._ harem

haricot /'herikou/ _a._ fasulye **haricot bean** kuru fasulye

harm /ha:m/ _a._ zarar, ziyan, hasar; kötülük * _e._ zarar vermek, incitmek **harmful** zararlı **harmless** zararsız

harmonica /ha:'monikı/ _a._ _müz._ armonika

harmonize /'ha:mınayz/ _e._ uydurmak, bağdaştırmak

harmony /'ha:mıni/ _a._ _müz._ armoni; uyum, ahenk

harness /'ha:nis/ _a._ koşum takımı * _e._ (atı) koşmak; (doğal güçleri) kullanmak, yararlanmak

harp /ha:p/ _a._ _müz._ harp **harpist** harpçı **harp on (about)** dönüp dolaşıp aynı şeyi anlatmak

harpoon /ha:'pu:n/ _a._ zıpkın * _e._ zıpkınlamak

harrowing /'herouing/ _s._ üzücü, hırpalayıcı, acı veren

harsh /ha:ş/ *s.* sert; (renk) cırtlak; kaba, zalim, haşin

harvest /'ha:vist/ *a.* hasat, ekin toplama; mahsul, ürün * *e.* biçmek, tarladan kaldırmak

has /hız, hez/ *e. bkz. have*

hash /heş/ *a.* kıymalı yemek *make a hash of it* yüzüne gözüne bulaştırmak

hashish /'heşi:ş/ *a.* haşhaş, esrar

haste /heyst/ *a.* acele, telaş

hasten /'heysın/ *e.* acele etmek; acele ettirmek; hemen söylemek

hasty /'heysti/ *s.* acele, aceleyle/telaşla yapılan *hastily* acele ile, hemen

hat /het/ *a.* şapka

hatch /heç/ *e.* (civciv) yumurtadan çıkmak * *a.* ambar ağzı, ambar kapağı; (gemi, uçak) yolcu kapısı

hatchback /'heçbek/ *a.* steyşın araba

hatchet /'heçit/ *a.* küçük balta

hate /heyt/ *a.* nefret * *e.* nefret etmek; *kon.* hoşlanmamak, beğenmemek *hateful* nefret verici, tatsız, iğrenç

hatred /'heytrid/ *a.* nefret, kin

haughty /'ho:ti/ *s.* kibirli, kendini beğenmiş

haul /ho:l/ *e.* çekmek, sürüklemek; taşımak; çıkarmak * *a.* çekme, çekiş; taşıma uzaklığı

haunch /ho:nç/ *a.* kalça, kıç, but

haunt /ho:nt/ *e.* (cin, peri, vb.) uğramak, sık sık görünmek; dadanmak; hiç aklından çıkmamak * *a.* sık sık gidilen yer, uğrak *haunting* akıldan çıkmayan

have /hıv, hev/ *e.* *had* /hed/ geniş zamanda (I, **you**, **we**, **they**) özneleriyle *have*; **he**, **she**, **it** özneleriyle *has* biçiminde çekimlenir.) sahip olmak; yemek, içmek; doğurmak; görmek; geçirmek; karşılaşmak *had better* -sa iyi olur *have got* sahip olmak

have (got) to -meli, -malı, -mek zorunda olmak *have on* giymek; işi olmak; kandırmak, işletmek *have sth done* -tirmek, -tırmak *have done with* bitirmek, son vermek, -i kalmamak *have/be to do with* -le bir ilgisi olmak

haven /'heyvın/ *a.* *yaz.* sığınak, liman, barınak

havoc /'hevık/ *a.* hasar, zarar ziyan

hawk /ho:k/ *a.* *hayb.* doğan, atmaca * *e.* gezgin satıcılık yapmak

hay /hey/ *a.* saman, kuru ot *hay fever* saman nezlesi

hazard /'hezıd/ *a.* tehlike * *e.* riske etmek, tehlikeye atmak

haze /heyz/ *a.* ince sis, duman, pus

hazel /'heyzıl/ *a.* *bitk.* fındık ağacı * *a. s.* ela *hazel-nut* fındık

hazy /'heyzi/ *s.* bulutlu, sisli, puslu, bulanık

H-bomb /'eyç bom/ *a.* hidrojen bombası

he /hi:/ *adl.* (erkek) o; kendi

head /hed/ *a.* baş, kafa; baş taraf; akıl, kafa; lider, başkan; üst kısım; tuğra; (para) tura * *e.* başında olmak, başı çekmek; sorumlu olmak, baş olmak; (topa) kafa vurmak *a/per head* kişi başı, adam başı *come to a head* dönüm noktasına gelmek *go to sb's head* aklını başından almak *have one's head in the clouds* aklı bir karış havada olmak *lose one's head* sapıtmak, pusulayı şaşırmak *off one's head* *kon.* kaçık, üşütük *headache* baş ağrısı *headband* kafa bandı *headdress* başlık *headed* başlı; başlıklı *heading* (yazılarda) başlık *headles* kafasız *headlight* (oto) far *headline* başlık, manşet; özet haber *headmaster* okul müdürü *headphones* kulaklık *headquarters* karargâh

heal /hi:l/ e. (yara, vb.) iyileşmek; iyileştirmek; son vermek

health /helt/ a. sağlık **healthy** sağlıklı

heap /hi:p/ a. yığın, küme * e. yığmak

hear /hıı/ e. işitmek, duymak; haber almak; dinlemek **hear about** duymak, haberini almak **hear from** (mektup, vb.) haber almak **hear of** bahsini işitmek, (adını) duymak

hearing /'hiiring/ a. işitme duyusu, işitme; *huk.* duruşma, oturum

hearsay /'hiisey/ a. söylenti, şayia

hearse /hö:s/ a. cenaze arabası

heart /ha:t/ a. kalp, yürek; kalp, gönül, yürek; merkez; (iskambil) kupa **break sb's heart** kalbini kırmak **by heart** ezbere **set one's heart on** -e gönlünü vermek, çok istemek **take (sth) to heart** yüreğinde hissetmek, ciddiye almak **heartache** gönül yarası, ıstırap, acı **heart attack** kalp krizi **heartbeat** kalp atışı **heartbreak** ıstırap, acı, üzüntü **heartbreaking** kalp kırıcı, çok üzücü **heartbroken** kalbi kırık, kederli **heartburn** *hek.* mide ekşimesi **heart failure** kalp yetmezliği

hearten /'ha:tın/ e. yüreklendirmek, cesaret vermek; neşelendirmek

hearth /ha:t/ a. ocak, şömine

heartily /'ha:tili/ *be.* iştahla, istekle; çok, fazla, fazlasıyla

heartless /'ha:tlıs/ s. acımasız, katı yürekli, zalim, kalpsiz

hearty /'ha:ti/ s. içten, yürekten, samimi; (yiyecek) doyurucu, bol

heat /hi:t/ a. ısı; sıcaklık, sıcak; ısıtma * e. ısınmak; ısıtmak **heated** hararetli, ateşli **heater** ısıtıcı **heatwave** sıcak dalgası

heath /hi:t/ a. fundalık, kır, çalılık; funda, süpürgeotu

heathen /'hi:tın/ s. putperest, dinsiz

heather /'hetı/ a. *bitk.* funda, süpürgeotu

heating /'hi:ting/ a. ısıtma sistemi, ısıtma

heave /hi:v/ e. **heaved, hove** /houv/ kaldırmak, yukarı çekmek; *kon.* fırlatmak; inip kalkmak **heave a sigh** of çekmek

heaven /'hevın/ a. cennet **Heaven** Allah, Yaradan **For Heaven's sake** Allah aşkına **Heaven forbid** Allah göstermesin **Thank Heaven** Tanrıya şükür **heavenly** cennete ilişkin; tanrısal; *kon.* harika, nefis

heavy /'hevi/ s. ağır; yoğun, ağır, şiddetli; ciddi, ağır; yorucu, güç; (hava) boğucu; (deniz) dalgalı; üzgün **heavy-handed** sert, zalim; patavatsız **heavyweight** *sp.* ağırsıklet

Hebrew /'hi:bru:/ a. İbrani, Yahudi; İbranice * s. İbraniler/İbranice ile ilgili

heckle /'hekıl/ e. sıkıştırmak, sorularla sözünü kesmek

hectare /'hekteı/ a. hektar

hectic /'hektik/ s. heyecanlı, telaşlı, hareketli

hedge /hec/ a. çit * e. çitle çevirmek; kaçamak yanıt vermek, dolaylı konuşmak

hedgehog /'hechog/ a. *hayb.* kirpi

heed /hi:d/ e. dikkat etmek, önemsemek * a. dikkat, önem

heel /hi:l/ a. *anat.* topuk; ökçe, topuk

hefty /'hefti/ s. güçlü kuvvetli, etkili

hegemony /hi'gemını/ a. üstünlük, egemenlik, hegemonya

height /hayt/ a. yükseklik; *coğ.* yükselti; doruk, tepe **heighten** yükselmek; yükseltmek, artırmak

heir /eı/ a. varis, kalıtçı **heiress** kadın varis **heirloom** kuşaktan kuşağa geçen değerli şey

helicopter /'helikoptı/ a. helikopter

helium /'hi:liım/ a. *kim.* helyum

hell /hel/ *a.* cehennem * *ünl. kon.* kahrolasıca! kahretsin! **hellish** *kon.* berbat

hello /hı'lou/ *ünl.* merhaba; alo

helm /helm/ *a.* dümen **helmsman** dümenci

helmet /'helmit/ *a.* kask, miğfer, tolga

help /help/ *e.* yardım etmek; işe yaramak; önlemek; yemek/içecek vermek * *a.* yardım; yardımcı **Help** İmdat! Yetişin! **helper** yardımcı **helpful** yardımcı, yararlı **helpless** yardıma muhtaç, çaresiz, aciz **helping** yardım; (yemek) porsiyon **can't help** elinde olmamak, -dan, -den edememek

hem /hem/ *a.* (giysi) kenar, baskı * *e.* kıvırıp kenarını bastırmak

hemisphere /'hemisfıı/ *a.* yarıküre

hemlock /'hemlok/ *a. bitk.* köknara benzer bir çam ağacı; baldıran, ağıotu

hemoglobin /hi:mı'gloubin/ *a.* hemoglobin

hemorrhage /'hemıric/ *a. hek.* kanama

hemorrhoid /'hemıroyd/ *a. hek.* basur, hemoroit

hemp /hemp/ *a.* kenevir, kendir

hen /hen/ *a.* tavuk; dişi kuş

hence /hens/ *be.* bu nedenle, bundan dolayı; şu andan itibaren **henceforth/henceforward** bundan böyle, şimdiden sonra

henchman /'hençmın/ *a.* dalkavuk

henna /'henı/ *a. bitk.* kına

hepatitis /hepı'taytis/ *a. hek.* hepatit

her /hö:, hı/ *adl.* (dişil) onu, ona * *s.* onun

herald /'herıld/ *a.* haberci, müjdeci * *e.* bir şeyin müjdecisi olmak

heraldry /'herıldri/ *a.* arma, armacılık

herb /hö:b/ *a.* (nane, vb.) ot, bitki **herbal** otlarla ilgili **herbalist** şifalı bitkiler yetiştiren/satan kimse

herbivorous /hö:'bivırıs/ *s.* (hayvan) otobur, otçul

herd /hö:d/ *a.* hayvan sürüsü **herdsman** çoban, sığırtmaç

here /hiı/ *be.* burada, buraya **here and there** şurada burada **Here you are** işte, buyurun **hereabouts** buralarda, yakında **hereafter** bundan sonra, gelecekte; ölümden sonraki yaşam, ahret **hereby** şimdi, bu vesileyle, bundan ötürü **herewith** bununla, ilişikte

hereditary /hi'reditıri/ *s.* kalıtsal

heresy /'herisi/ *a.* dinsel/toplumsal değerlere aykırı görüş

heritage /'heritic/ *a.* miras, kalıt

hermetic /hö:'metik/ *s.* sımsıkı kapalı, havageçirmez

hermit /'hö:mıt/ *a.* münzevi kimse **hermitage** inziva yeri

hernia /'hö:niı/ *a. hek.* fıtık

hero /'hıırou/ *a.* kahraman **heroic** /hı'rouik/ *cesur*; yiğitçe, kahramanca **heroism** /'herouizım/ kahramanlık

heroin /'herouin/ *a.* eroin

heroine /'herouin/ *a.* kadın kahraman

heron /'herın/ *a. hayb.* balıkçıl

herring /'hering/ *a. hayb.* ringa balığı

hers /hö:z/ *adl.* (dişil) onunki, onun

herself /hö:'self, hı'self/ *adl.* (dişil) kendisi

hesitant /'hezitınt/ *s.* kararsız, ikircikli

hesitate /'heziteyt/ *e.* tereddüt etmek **hesitation** tereddüt

heterogeneous /hetırou'ci:niıs/ *s.* heterojen, çoktürel

hew /hyu:/ *e.* kesmek, yarmak

hexagon /'heksıgın/ *a.* altıgen

hey /hey/ *ünl.* hey

heyday /'heydey/ *a.* en parlak dönem, altın çağ

hi /hay/ *ünl. kon. bkz.* **hello**

hibernate /'haybıneyt/ *e.* kış uykusuna yatmak

hiccup /'hikap/ *a.* hıçkırık * *e.* hıçkırmak, hıçkırık tutmak

hid /hid/ *bkz.* **hide**

hidden /hidın/ *bkz.* **hide**

hide /hayd/ *e.* **hid** /hid/, **hidden** /hidın/ saklamak, gizlemek; gizlenmek, saklanmak * *a.* deri, post *hiding* saklama, saklanma; *kon.* dayak, kötek

hideous /'hidiıs/ *s.* çirkin, iğrenç

hierarchy /'hayıra:ki/ *a.* hiyerarşi, aşama düzeni, sıradüzen

hi-fi /'hayfay, hay'fay/ *a. s.* sesi çok doğal bir biçimde veren (müzik seti, pikap, vb.)

high /hay/ *s.* yüksek; yüce, ulu; (ses) tiz; (zaman) tam *high court* yüksek mahkeme *high jump* yüksek atlama *high life* sosyete yaşamı *high school* lise *highbrow* aydın (kimse) *high-class* kaliteli, birinci sınıf *higher education* yüksek öğrenim *high-handed* despot, zorba *high-heeled* yüksek ökçeli *highland* dağlık (bölge) *high-level* çok önemli, zirve; yüksek seviyeli *highlight* ışıklı kısım; en önemli/göze çarpan kısım *high-pitched* yüksek perdeli, çok tiz *high-powered* güçlü *high-pressure* enerjik, girgin *high-rise* yüksek (yapı) *highway* karayolu *highwayman* eşkıya, soyguncu

highly /'hayli/ *be.* son derece, pek çok

Highness /'haynis/ *a.* (His/Her/Your) Ekselansları

hijack /'haycek/ *e.* (uçak, gemi, vb.) kaçırmak *hijacker* uçak, gemi, vb. kaçıran kimse, korsan

hike /hayk/ *a.* (kırda) uzun yürüyüş * *e.* uzun yürüyüşe çıkmak

hilarious /hi'leırıs/ *s.* çok şamatalı, neşeli *hilarity* neşe, şamata

hill /hil/ *a.* tepe *hillock* küçük tepe, tepecik *hillside* yamaç

hilt /hilt/ *a.* kabza *(up) to the hilt* tamamen

him /im, him/ *adl.* (eril) onu, ona; o

himself /im'self, him'self/ *adl.* (eril) kendisi

hind /haynd/ *s.* arka

hinder /'hindı/ *e.* engellemek

hindrance /'hindrıns/ *a.* engel

Hindu /'hindu:/ *a.* Hinduizm dininden olan kimse, Hindu

hinge /hinc/ *a.* menteşe * *e.* menteşe takmak

hint /hint/ *a.* sezindirme, ima; belirti * *e.* ima etmek, çıtlatmak

hinterland /'hintıland/ *a.* iç bölge

hip /hip/ *a.* kalça

hippie /'hipi/ *a.* hippi

hippo /'hipou/ *a. kon.* suaygırı

hippopotamus /hipı'potımıs/ *a. hayb.* suaygırı

hire /'hayı/ *e.* kiralamak, tutmak * *a.* kira, kiralama *hire out* kiraya vermek *hire purchase, HP* taksit

his /hiz, iz/ *s.* (eril) onun * *adl.* onunki, onun

hiss /his/ *e.* tıslamak, ıslıklamak * *a.* tıslama, ıslık

history /'histıri/ *a.* tarih; tarihsel öykü/olay; geçmiş *historian* tarihçi *historic* (olay, yer) tarihi *historical* tarihi; tarihle ilgili

hit /hit/ *e.* vurmak; çarpmak; üzmek; varmak, ulaşmak * *a.* vurma, vuruş, çarpma; (şarkı, vb.) sevilen/tutulan şey *hit it off (with) kon.* iyi geçinmek

hitch /hiç/ *e.* bağlamak, takmak; *kon.* otostop yapmak * *a.* çekiş; düğüm, bağ; otostop

hitchhike /'hiçhayk/ *e.* otostop yapmak *hitchhiker* otostopçu

hive /hayv/ *a.* arı kovanı

hoard /ho:d/ *a.* istif * *e.* istif etmek, biriktirmek, stoklamak

hoarfrost /'ho:frost/ *a.* kırağı

hoarse /ho:s/ *s.* (ses) kısık, boğuk; kısık sesli

hoary /'ho:ri/ *s.* (saç) kır, ak

hoax /houks/ *a.* muziplik, şaka * *e.* işletmek, gırgır geçmek

hobble /'hobıl/ *e.* topallamak

hobby /'hobi/ *a.* hobi, düşkü

hockey /hoki/ *a. sp.* hokey

hod /hod/ *a.* tuğla ve harç tenekesi

hoe /hou/ *a.* çapa, bahçe çapası * *e.* çapalamak

hoist /hoyst/ *e.* yükseltmek, kaldırmak; (bayrak) çekmek * *a.* yükseltme; ağır yük asansörü

hold /hould/ *e.* **held** /held/ tutmak; tutturmak; düzenlemek; içine almak; elinde tutmak; işgal etmek; inanmak, saymak * *a.* tutma, tutuş; tutunacak yer; nüfuz, etki **hold back** zapt etmek, tutmak **hold down** (bir işi) yürütmek; aşağıda tutmak **hold off** uzakta tutmak, yaklaştırmamak **hold on** (telefonda) beklemek; devam ettirmek **hold out** dayanmak; uzatmak **hold over** ertelemek **hold to** korumak, bağlı kalmak **hold together** tutturmak, bir arada tutmak **hold up** geciktirmek; yolunu kesip soymak **hold with** uzlaşmak, aynı düşüncede olmak

holding /'houlding/ *a.* mal, arazi, tahvil **holding company** holding şirketi

holdup /'houldap/ *a.* (trafik nedeniyle) gecikme; *kon.* silahlı soygun

hole /houl/ *a.* delik, çukur; kovuk, in

holiday /'holidey, 'holidi/ *a.* tatil, dinlence **on holiday** tatilde

holiness /'houlinis/ *a.* kutsallık

holler /'holı/ *e.* AE. *kon.* bağırmak

hollow /'holou/ *s.* boş, oyuk; (ses) boğuk * *a.* çukur

holly /'holi/ *a. bitk.* çobanpüskülü

holocaust /'holıko:st/ *a.* büyük tahribat

holy /'houli/ *s.* kutsal

homage /'homic/ *a.* saygı, hürmet

home /houm/ *a.* ev, yuva, aile ocağı; yurt, vatan **at home** evde **be/feel at home** kendini evindeymiş gibi hissetmek **homeland** anayurt, memleket **home-made** evde yapılmış, yerli malı **homesick** sıla hasreti çeken **homeward** eve doğru giden **homework** ev ödevi

homely /'houmli/ *s.* sade, gösterişsiz

homicide /'homisayd/ *a.* adam öldürme

homogeneous /houmı'ci:nıis/ *s.* homojen, türdeş, tektürel

homonym /'homınim/ *a.* okunuş ve yazılışları özdeş, anlamları ayrı sözcük, eşadlı

homosexual /houmı'sekşuıl/ *a. s.* homoseksüel, eşcinsel

hone /houn/ *e.* (bıçak, kama, vb.) bilemek

honest /'onist/ *s.* dürüst, namuslu; içten, açık kalpli **honestly** dürüstçe; gerçekten **honesty** dürüstlük, doğruluk

honey /'hani/ *a.* bal; AE. tatlım, canım **honeycomb** petek **honeymoon** balayı

honeysuckle /'hanısakıl/ *a. bitk.* hanımeli

honk /honk/ *a.* korna sesi * *e.* ötmek; (korna) öttürmek

honor /'onı/ *a. e.* AE. *bkz.* **honour**

honorary /'onırıri/ *s.* onursal; fahri

honour /'onı/ *a.* onur, şeref, haysiyet * *e.* onur vermek, şereflendirmek **honourable** namuslu, onurlu; saygıdeğer

hood /hud/ *a.* kukuleta, başlık; AE. (oto) kaput

hoodwink /'hudwink/ *e.* kandırmak, aldatmak

hoof /hu:f/ *a.* toynak

hook /hu:k/ *a.* çengel, kanca; olta iğnesi; kopça; orak * *e.* olta ile tutmak; çengellemek

hooligan /'hu:ligın/ *a.* serseri, kabadayı

hoop /hu:p/ *a.* çember

hoot /hu:t/ *e.* (at/with) ötmek; öttürmek * *a.* baykuş sesi; yuhalama

hoover /'hu:vı/ *a.* elektrikli süpürge * *e.* elektrikli süpürgeyle temizlemek

hop /hop/ *e.* sekmek; sıçramak; hoplamak * *a.* sıçrama, sekme; *bitk.* şerbetçiotu

hope /houp/ *e.* umut etmek, ummak * *a.* umut, ümit *hopeful* umut verici; umutlu *hopefully* umarım, inşallah *hopeless* umutsuz; boşuna

hopscotch /'hopskoç/ *a.* seksek oyunu

horde /ho:d/ *a.* kalabalık, sürü

horizon /hı'rayzın/ *a.* ufuk, çevren *horizontal* yatay, düz

hormone /'ho:moun/ *a.* hormon

horn /ho:n/ *a.* boynuz; korna, klakson; *müz.* boru

hornet /'ho:nit/ *a. hayb.* eşekarısı

horoscope /'horıskoup/ *a.* yıldız falı, burç

horrible /'horıbıl/ *s.* korkunç; *kon.* berbat, iğrenç

horrid /'horid/ *s.* iğrenç; *kon.* berbat

horrify /'horifay/ *e.* korkutmak

horror /'horı/ *a.* korku, dehşet

hors d'oeuvre /o:'döːv/ *a.* ordövr, meze, çerez

horse /ho:s/ *a.* at, beygir; *sp.* atlama beygiri *horseback* at sırtı *horse chestnut* atkestanesi *horseman* atlı, binici *horseplay* eşek şakası *horsepower* beygirgücü *horse-racing* at yarışı *horseshoe* at nalı

horticulture /'ho:tikalçı/ *a.* bahçıvanlık

hose /houz/ *a.* su hortumu; *kon.* (külotlu) çorap

hosiery /'hoziıri/ *a.* çoraplar, iç çamaşırı

hospitable /'hospitıbıl/ *s.* konuksever

hospital /'hospitıl/ *a.* hastane

hospitality /hospi'teliti/ *a.* konukseverlik

hospitalize /'hospitılayz/ *e.* hastaneye yatırmak, hastaneye kaldırmak

host /houst/ *a.* ev sahibi, mihmandar; hancı, otelci; sunucu * *e.* ev sahipliği yapmak, konuk ağırlamak

hostage /'hostic/ *a.* rehine

hostel /'hostıl/ *a.* öğrenci yurdu *youth hostel* özellikle genç turistlerin kaldığı otel

hostess /'houstis/ *a.* ev sahibesi; hostes; konsomatris

hostile /'hostayl/ *s.* düşmanca, düşman

hostility /'ho'stiliti/ *a.* düşmanlık, kin; *ç.* savaş

hot /hot/ *s.* sıcak; biberli, acı; (haber) sıcak, taze *hot-blooded* ihtiraslı, tutkulu *hot dog* sosisli sandviç *hot-house* limonluk, ser, camlık

hotel /hou'tel/ *a.* otel

hound /haund/ *a.* av köpeği, tazı

hour /auı/ *a.* saat *at all hours* sürekli, her saat *visiting hours* ziyaret saatleri *working hours* çalışma saatleri *hourly* saatte bir, saat başı

house /haus/ *a.* ev; meclis, kamara * *e.* barındırmak *house detective* özel dedektif *housebreaker* ev hırsızı *household* ev halkı *householder* ev sahibi *housekeeper* (otel, ev) idarecisi; kâhya *housekeeping* ev idaresi *housemaid* orta hizmetçisi *housewife* ev kadını *housework* ev işi

housing /'hauzing/ *a.* barınak; iskân *housing estate* site, toplu konutlar

hovel /'hovıl/ *a.* mezbele, ahır gibi ev

hover /'hovı/ *e.* (over/around) havada belli bir noktada durmak; bekleyip durmak

hovercraft /'hovıkra:ft/ *a.* hoverkraft

how /haw/ *be.* nasıl; ne kadar; ne kadar, nasıl da * *bağ.* hangi yolla, nasıl *How come kon.* nasıl olur, neden *How do you do?* Memnun oldum; Nasılsınız? *How long* ne kadar zamandır *How many* kaç tane, kaç *How much* ne kadar; kaç para

however /haw'evı/ *be.* bununla birlikte, yine de

howl /haul/ *e.* ulumak, inlemek * *a.* uluma, inleme, inilti

hub /hab/ *a.* (oto) tekerlek göbeği

hubbub /'habab/ *a.* gürültü

huddle /'hadıl/ *e.* bir araya sıkışmak, toplanmak

hue /hyu:/ *a.* renk

huff /haf/ *a.* huysuzluk, dargınlık

hug /hag/ *e.* sevgiyle sarılmak, bağrına basmak * *a.* kucaklama, bağrına basma

huge /hyu:c/ *s.* çok büyük, kocaman

hulk /halk/ *a.* gemi enkazı *hulking* ağır, hantal, iri

hull /hal/ *a.* gemi omurgası, geminin tekne kısmı

hullabaloo /'halıbılu:/ *a.* gürültü, velvele, yaygara

hullo /ha'lou/ *ünl. a. bkz. hello*

hum /ham/ *e.* vızıldamak; (şarkı) mırıldanmak

human /'hyu:mın/ *s.* insana ilişkin, insani; insancıl, insanca * *a.* insan *human being* insan, insanoğlu

humane /hyu:'meyn/ *s.* insancıl, sevecen

humanism /'hyu:mınizm/ *a.* hümanizm, insancılık *humanist* hümanist, insancıl

humanitarian /hyu:meni'teırın/ *a. s.* yardımsever, insancıl

humanities /hyu:'menitiz/ *a.* (yazın, dil, tarih, vb.) konusu insan olan bilimler

humanity /hyu:'meniti/ *a.* insanlık

humble /'hambıl/ *s.* alçakgönüllü, gösterişsiz; fakir

humbug /'hambag/ *a.* saçmalık; *BE.* nane şekeri

humdrum /'hamdram/ *s.* sıradan, tekdüze, monoton, yavan

humid /'hyu:mid/ *s.* (hava) nemli *humidity* havadaki nem, nem oranı

humiliate /hyu:'milieyt/ *e.* küçük düşürmek, utandırmak *humiliation* aşağılama, utandırma

humility /hyu:'militi/ *a.* alçakgönüllülük

humorist /'hu:mırist/ *a.* şakacı kimse; güldürü yazarı

humorous /'hyu:mırıs/ *s.* komik, gülünç, güldürücü

humour /'hyu:mı/ *a.* gülünçlük, komiklik; mizah, güldürü; mizaç, huy * *e.* eğlendirmek; istediğini yerine getirmek *sense of humour* mizah/espri anlayışı

hump /hamp/ *a.* kambur; hörgüç; tümsek

humus /'hyu:mıs/ *a.* kara toprak, humus

hunch /hanç/ *a.* kambur * *e.* kamburlaştırmak *hunchback* kambur

hundred /'handrıd/ *a. s.* yüz *hundredth* yüzüncü

hunger /'hangı/ *a.* açlık *hunger march* açlık yürüyüşü *hunger strike* açlık grevi

hungry /'hangrı/ *s.* aç; acıktırıcı

hunk /hank/ *a.* iri parça

hunt /hant/ *e.* avlamak; araştırmak,

aramak * *a.* avlanma, av *hunter* avcı

hurdle /'hö:dıl/ *a.* engel, çit

hurl /hö:l/ *e.* fırlatmak, fırlatıp atmak * *a.* fırlatma, savurma

hurly-burly /'hö:libö:li/ *a.* gürültü, kargaşa, har gür

hurrah /hu'ra:/ *ünl. bkz. hurray*

hurray /hu'rey/ *ünl.* yaşa! hurra!

hurricane /'harikın/ *a.* kasırga *hurricane lamp* gemici feneri

hurry /'hari/ *e.* acele etmek; acele ettirmek * *a.* acele, telaş *be in a hurry* acelesi olmak *Hurry up!* Çabuk ol

hurt /hö:t/ *e.* acıtmak, incitmek; acımak, incinmek; kalbini kırmak, üzmek; ağrımak

hurtle /'hö:tıl/ *e.* hızla hareket etmek, fırlamak

husband /'hazbınd/ *a.* koca, eş

hush /haş/ *e.* susmak; susturmak * *a.* sessizlik

husk /hask/ *a.* (bitki) dış yapraklar, kabuk *husky* (ses) kısık, boğuk

hustle /'hasıl/ *e.* itip kakmak, acele ettirmek; acele etmek

hut /hat/ *a.* kulübe

hutch /haç/ *a.* küçük hayvan kafesi

hyacinth /'hayısint/ *a. bitk.* sümbül

hybrid /'haybrid/ *a.* melez

hydrant /'haydrınt/ *a.* yangın musluğu

hydraulic /hay'drolik/ *s.* hidrolik

hydroelectric /haydroui'lektrik/ *s.* hidroelektrik

hydrogen /'haydrıcın/ *a.* hidrojen

hydrophobia /haydrı'foubıı/ *a. hek.* kuduz

hyena /hay'i:nı/ *a. hayb.* sırtlan

hygiene /'hayci:n/ *a.* sağlık bilgisi; temizlik *hygienic* sağlıklı, hijyenik, sağlıksal; temiz

hymn /him/ *a.* ilahi

hyperbole /hay'pö:bıli/ *a.* abartma, büyütme

hypermarket /'haypıma:kit/ *a.* hipermarket

hyphen /'hayfın/ *a.* kısa çizgi, tire

hypnosis /hip'nousis/ *a.* (*kon. -ses* /-si:z/) hipnoz *hypnotism* hipnotizma *hypnotize* hipnotize etmek

hypocrisy /hi'pokrisi/ *a.* ikiyüzlülük

hypocrite /'hipıkrit/ *s.* ikiyüzlü *hypocritical* ikiyüzlü

hypodermic /haypı'dö:mik/ *a.* iğne, şırınga * *s.* deri altı ile ilgili

hypothesis /hay'potisis/ *a.* hipotez, varsayım *hypothetical* /haypı'tetikıl/ varsayımlı, varsayıma dayanan

hysteria /hi'stırıı/ *a. hek.* isteri

hysterical /hi'sterikıl/ *s.* isterik

I

I, i /ay/ *adl.* ben

ice /ays/ *a.* buz; dondurma *ice age* buzul çağı *ice cream* dondurma *ice skating* buz pateni *iceberg* buzdağı

icy /'aysi/ *s.* çok soğuk, buz gibi; buzlu

idea /ay'dıı/ *a.* düşünce, fikir; plan; görüş

ideal /ay'dıll/ *s.* ideal, mükemmel, kusursuz * *a.* ideal; ülkü *idealism* idealizm, ülkücülük *idealist* idealist, ülkücü

idealize /ay'dıılayz/ *e.* mükemmel olarak görmek

identical /ay'dentikıl/ *s.* (**with/to**) benzer; aynı

identification /aydentifi'keyşın/ *a.* tanıma; teşhis; kimlik, hüviyet

identify /ay'dentifay/ *e.* tanımak, kimliğini saptamak; fark gözetmemek, bir tutmak

identity /ay'dentiti/ *a.* benzerlik, özdeşlik; kimlik *identity (card)* kimlik (kartı)

ideology /aydi'olıci/ *a.* ideoloji

idiocy /'idisi/ *a.* aptallık, ahmaklık

idiom /'idiım/ *a.* deyim *idiomatic* /-
'metik/ deyimsel; deyimlerle dolu

idiot /'idiıt/ *a.* geri zekâlı kimse;
kon. aptal, salak

idle /'aydıl/ *s.* işsiz, aylak; tembel;
yararsız, sonuçsuz, boş

idol /'aydıl/ *a.* put, tapıncak; çok
sevilen kimse/şey

idolatry /ay'dolıtri/ *a.* puta tapma,
putperestlik

idolize /'aydılayz/ *e.* putlaştırmak,
tapmak

if /if/ *bağ.* eğer, ise *if I were you*
senin yerinde olsam *if only* keşke
as if sanki *even if* ise bile

igloo /'iglu:/ *a.* Eskimo evi

ignite /ig'nayt/ *e.* tutuşmak; tu-
tuşturmak

ignition /ig'nişın/ *a.* tutuşma, tu-
tuşturma; (oto) ateşleme, kontak

ignorance /'ignırıns/ *a.* bilgisizlik,
cahillik, cehalet

ignorant /'ignırınt/ *s.* bilgisiz, cahil;
kon. görgüsüz, kaba, inceliksiz

ignore /ig'no:/ *e.* aldırmamak,
görmemezlikten gelmek

ill /il/ *s.* hasta; kötü, fena *ill-
advised* düşüncesiz, tedbirsiz *ill-
bred* görgüsüz *ill-fated* şansız,
talihsiz; uğursuz *ill-natured* huy-
suz, ters

illegal /i'li:gıl/ *s.* yasadışı, yolsuz

illegible /i'lecıbıl/ *s.* okunaksız

illegitimate /ili'citimit/ *s.* yasalara
aykırı; (çocuk) evlilik dışı doğmuş

illicit /i'lisit/ *s.* yasadışı, yasak

illiterate /i'lıtırit/ *s.* okuma yazma
bilmeyen

illness /'ilnis/ *a.* hastalık, sayrılık

illogical /i'locikıl/ *s.* mantığa aykırı

illuminate /i'lu:mineyt/ *e.* aydınlat-
mak *illumination* ışıklandırma

illusion /i'lu:jın/ *a.* aldatıcı görünüş;
düş, kuruntu, hayal

illustrate /'ilıstreyt/ *e.* (kitap,
sözlük, vb. resimlemek; örnek-
lerle açıklamak *illustration*
resim; örnek *illustrative* açık-
layıcı, aydınlatıcı

illustrious /i'lastrıs/ *s.* ünlü

ill will /il'wil/ *a.* nefret, kin

image /'imic/ *a.* hayal, görüntü;
izlenim, imaj; kopya, eş, aynı

imaginary /i'mecınıri/ *s.* hayali,
düşsel

imagine /i'mecin/ *e.* hayalinde
canlandırmak, hayal etmek;
sanmak, düşünmek *imagination*
hayal gücü; *kon.* düş, düş ürünü
imaginative hayal gücü kuvvetli,
yaratıcı

imitate /'imiteyt/ *e.* taklit etmek;
örnek almak; benzemek *imitation*
taklit; taklit eser

immaculate /i'mekyulit/ *s.* tertemiz,
lekesiz; kusursuz, tam

immaterial /imı'tiırıl/ *s.* önemsiz;
maddi olmayan, manevi

immature /imı'çuı/ *s.* olgun-
laşmamış

immediate /i'mi:dııt/ *s.* acele, acil;
en yakın *immediately* hemen,
derhal

immense /i'mens/ *s.* kocaman;
harika *immensely* pek çok

immerse /i'mö:s/ *e.* daldırmak

immigrant /'imigrınt/ *a.* göçmen

immigrate /'imigreyt/ *e.* göç etmek
immigration göç

imminent /'imınınt/ *s.* yakın,
yakında olacak

immoral /i'morıl/ *s.* ahlaka aykırı,
ahlaksız, terbiyesiz

immortal /i'mo:tıl/ *s.* ölümsüz *im-
mortality* /-telıti/ ölümsüzlük
immortalize ölümsüzleştirmek

immune /i'myu:n/ *s.* bağışık, muaf
immunity bağışıklık; dokunul-
mazlık

imp /imp/ *a.* küçük şeytan;
yaramaz çocuk, afacan çocuk

impact /'impekt/ *a.* çarpma, çar-
pışma

impair /im'peı/ *e.* zarar vermek, bozmak

impartial /im'pa:şıl/ *s.* yansız, tarafsız

impassable /im'pa:sıbıl/ *s.* geçit vermez, geçilmez

impassioned /im'peşınd/ *s.* ateşli, heyecanlı, coşkun

impatience /im'peyşıns/ *a.* sabırsızlık *impatient* sabırsız

impeccable /im'pekıbıl/ *s.* kusursuz

impede /im'pi:d/ *e.* engel olmak

impediment /im'pedimınt/ *a.* engel

impending /im'pending/ *s.* olması yakın

imperative /im'pentiv/ *s.* zorunlu, gerekli * *a. dilb.* emir, buyruk

imperfect /im'pö:fikt/ *s.* kusurlu

imperial /im'pıırıl/ *s.* imparatorluk ile ilgili *imperialism* emperyalizm *imperialist* emperyalist

impersonal /im'pö:sınıl/ *s.* kişisel olmayan

impersonate /im'pö:sıneyt/ *e.* rolüne girmek, canlandırmak, taklidini yapmak

impertinent /im'pö:tinınt/ *s.* saygısız, kaba, terbiyesiz, küstah

impervious /im'pö:vııs/ *s.* sugeçirmez

impetuous /im'peçuıs/ *s.* tez canlı, düşünmeden hareket eden, aceleci

impetus /'impitıs/ *a.* şiddet, hız, enerji; yüreklendirme

impish /'impiş/ *s.* şeytani, yaramaz

implant /im'pla:nt/ *e.* kafasına sokmak, aşılamak

implement /'implimınt/ *a.* alet

implicate /'implikeyt/ *e.* (suç, vb.'de) ilişiği olduğunu göstermek

implication /impli'keyşın/ *a.* (suç) bulaştırma, karıştırma; ima, kinaye

implicit /im'plisit/ *s.* dolaylı olarak belirten, kapalı, örtük; tam, kesin

implore /im'plo:/ *e.* yalvarmak, dilemek

imply /im'play/ *e.* anlamına gelmek; dolayısıyla anlatmak, ima etmek; içermek, kapsamak

impolite /impı'layt/ *s.* kaba, terbiyesiz

import /im'po:t/ *e.* ithal etmek, getirtmek * *a.* ithal, dışalım; ithal malı

importance /im'po:tıns/ *a.* önem

important /im'po:tınt/ *s.* önemli

impose /im'pouz/ *e.* (vergi) koymak; zorla kabul ettirmek *imposing* görkemli

impossible /im'posıbıl/ *s.* imkânsız, olanaksız; çekilmez, güç, dayanılmaz

impotent /'impıtınt/ *s.* yetersiz; iktidarsız

impound /im'paund/ *e. huk.* haczetmek, el koymak

impractical /im'prektikıl/ *s.* yapılamaz, uygulanamaz; mantıksız; saçma

impregnable /im'pregnıbıl/ *s.* alınmaz, ele geçirilmez, zapt edilemez

impregnate /'impregneyt/ *e.* hamile bırakmak; emdirmek

impress /im'pres/ *e.* hayran bırakmak, etkilemek; kafasına sokmak

impression /im'preşın/ *a.* etki, izlenim; baskı *impressionism* empresyonizm

impressive /im'presiv/ *s.* etkileyici

imprint /im'print/ *e.* basmak, damgalamak * *a.* damga; iz

imprison /im'prızın/ *e.* hapsetmek *imprisonment* tutukluluk, hapis

improbable /im'probıbıl/ *s.* olmayacak, inanılmaz

impromptu /im'promptyu:/ *s. be.* hazırlıksız, önceden tasarlanmadan

improper /im'propı/ *s.* uygunsuz, yersiz; yanlış; ahlaksız

improve /im'pru:v/ e. geliştirmek, ilerletmek; gelişmek, iyiye gitmek *improvement* ilerleme, gelişme

improvise /'imprivayz/ e. irticalen söylemek; uyduruvermek, yapıvermek

impudence /'impyudıns/ a. arsızlık, yüzsüzlük, küstahlık

impudent /'impyudınt/ s. arsız, yüzsüz, saygısız, küstah

impulse /'impals/ a. itme, itiş, itici güç; içtepi, güdü

impulsive /im'palsiv/ s. itici; atılgan, düşüncesizce hareket eden

impure /im'pyuı/ s. pis, kirli; katışık

in /in/ ilg. içinde; içine; giymiş; sonunda, sonra; göre; bakımından * be. içeriye, içeride; evde; moda; iktidarda *in all* topu topu, hepsi *in that* mademki; çünkü

inability /inı'biliti/ a. yeteneksizlik; yetersizlik; yapamama

inaccessible /inık'sesıbıl/ s. ulaşılmaz, erişilmez

inaccurate /in'ekyurit/ s. yanlış, hatalı

inadequate /in'edikwit/ s. yetersiz

inane /i'neyn/ s. anlamsız, saçma, boş

inanimate /in'enimit/ s. cansız, ölü

inapplicable /in'eplikıbıl/ s. uygulanamaz

inappropriate /inı'prouprıt/ s. uygunsuz

inarticulate /ina:'tikyulit/ s. (konuşma) anlaşılmaz, belirsiz

inasmuch as /inız'maç ız/ bağ. çünkü, -dığı için

inaudible /in'o:dıbıl/ s. işitilemez, duyulamaz

inaugurate /i'no:gyureyt/ e. törenle açmak; törenle göreve getirmek

inborn /in'bo:n/ s. doğuştan

incalculable /'in'kelkyulıbıl/ s. hesaplanamaz

incapable /in'keypıbıl/ s. yeteneksiz,

güçsüz, gücü yetmeyen

incapacitate /inkı'pesiteyt/ e. yetersiz kılmak, âciz bırakmak

incarnate /in'ka:nit/ s. insan şeklinde olan *incarnation* vücut bulma, canlanma; somut örnek

incendiary /in'sendıri/ s. yangın çıkartan; fesatçı, kışkırtıcı * a. kundakçı

incense /'insens/ a. tütsü, günlük

insense /in'sens/ e. kızdırmak

incentive /in'sentiv/ a. dürtü, güdü

incessant /in'sesınt/ s. aralıksız, sürekli

incest /'insest/ a. hısımla cinsel ilişki

inch /inç/ a. inç, pus (2.54 cm.) *inch by inch* azar azar, milim milim *every inch* tam, komple, sapına kadar

incidence /'insidıns/ a. tekrar oranı, oran

incident /'insidınt/ a. olay *incidental* tesadüfi *incidentally* tesadüfen, bir ara

incinerate /in'sinıreyt/ e. yakıp kül etmek

incipient /in'sipıınt/ s. yeni başlamış

incision /in'sijın/ a. kesme, yarma; kesik, yarık *incisive* soruna doğrudan eğilen, direkt

incisor /in'sayzı/ a. ön diş, kesicidiş

incite /in'sayt/ e. kışkırtmak, körüklemek

inclination /inkli'neyşın/ a. eğilim; eğiklik, eğim

incline /in'klayn/ e. eğmek; eğilmek * a. yokuş, bayır, eğim *inclined* eğimli, yatkın, meyilli

include /in'klu:d/ e. dahil etmek; içine almak, kapsamak, içermek; eklemek *included* dahil *including* dahil *inclusion* /-jın/ dahil etme; alınma *inclusive* dahil, her şey dahil

incognito /inkog'ni:tou/ s. be. takma

adla

incoherent /inkou'hirrint/ s. tutarsız, anlamsız, abuk sabuk

income /'inkam/ a. gelir **income tax** gelir vergisi

incomparable /in'kompırbıl/ s. eşsiz

incompatible /inkım'petıbıl/ s. birbirine zıt, uyuşmaz, bağdaşmaz

incompetent /in'kompitınt/ s. a. yeteneksiz, yetersiz, beceriksiz (kimse)

incomplete /inkım'pli:t/ s. tamamlanmamış, bitmemiş, eksik

incomprehensible /inkompri'hensıbıl/ s. anlaşılmaz, akıl ermez

inconceivable /inkın'si:vıbıl/ s. tasavvur olunamaz, hayal edilemez, inanılmaz; kon. olanaksız, inanılamaz

inconclusive /inkın'klu:siv/ s. yetersiz, sonuçsuz

incongruous /in'kongruıs/ s. birbirine uymayan, uyuşmaz, bağdaşmaz

inconsiderate /inkın'sidırıt/ s. düşüncesiz, bencil

inconsistent /inkın'sistınt/ s. çelişkili, tutarsız, birbirini tutmayan; değişken, saati saatine uymayan

inconspicuous /inkın'spikyuıs/ s. göze çarpmayan, önemsiz

inconvenience /inkın'vi:nııns/ a. sıkıntı, rahatsızlık * e. zahmet olmak, işini zorlaştırmak

inconvenient /inkın'vi:nıınt/ s. rahatsız edici, zahmet verici; elverişsiz

incorporate /in'ko:pıreyt/ e. birleştirmek, dahil etmek; birleşmek **incorporated** birleşmiş, anonim **incorporation** birleşme; ortaklık

incorrect /inkı'rekt/ s. yanlış

incorrigible /in'korıcıbıl/ s. adam olmaz, düzelmez

increase /in'kri:s/ e. artmak, çoğalmak; artırmak, çoğaltmak * a. artış **increasingly** gittikçe

incredible /in'kredıbıl/ s. inanılmaz, akıl almaz; kon. harika, müthiş

increment /'inkrimınt/ a. artma, artış; zam

incriminate /in'krimineyt/ e. suçlu çıkarmak, suçlu olduğunu göstermek

incubate /'inkyubeyt/ e. kuluçkaya yatmak **incubation** kuluçkaya yatma **incubator** kuluçka makinesi

incur /ın'kö:/ e. -e uğramak, girmek, yakalanmak

incurable /in'kyuırbıl/ s. tedavi edilemez, çaresiz

incursion /in'kö:şın/ a. akın, baskın

indebted /ın'detid/ s. borçlu; minnettar

indecent /in'di:sınt/ s. uygunsuz; edepsiz; açık saçık, çirkin

indecision /indi'sijın/ a. kararsızlık

indecisive /indi'saysıv/ s. kararsız

indeed /ın'di:d/ be. gerçekten

indefensible /indi'fensıbıl/ s. savunulamaz; bağışlanamaz

indefinite /in'definit/ s. belirsiz; sınırsız, sonsuz **the indefinite article** dilb. belgisiz tanımlık **(a, an)**

indelible /in'delibıl/ s. silinmez, çıkmaz

indemnify /ın'demnifay/ e. zararını ödemek, tazmin etmek

indemnity /in'demniti/ a. tazminat

indent /in'dent/ e. çentmek, kertmek; (satır) içerden başlamak

independence /indi'pendıns/ a. bağımsızlık

independent /ındi'pendınt/ s. bağımsız

indescribable /indis'kraybıbıl/ s. anlatılamaz, tanımlanamaz, tarifsiz

indestructible /indi'straktıbıl/ s. yıkılamaz, yok edilemez

index /'indeks/ a. (ç. **-dexes, -dices** /'indısi:z/) fihrist, dizin, indeks; gösterge **index finger** işaretparmağı

Indian /'indı.n/ a. s. Hintli; Kızılderili **American Indian** Kızılderili

indicate /'indikeyt/ e. göstermek; belirtmek **indication** belirti; iz, işaret **indicative** gösterici, belirtici **indicator** oto. sinyal; ibre, gösterge

indices /'indısi:z/ a. ç. bkz. **index**

indict /in'dayt/ e. huk. suçlamak

indifferent /in'difırınt/ s. aldırışsız, kayıtsız **indifference** ilgisizlik, kayıtsızlık

indigestion /indi'cesçın/ a. sindirim güçlüğü

indignant /in'dignınt/ s. kızgın, dargın

indignity /in'digniti/ a. onur kırıcı/küçük düşürücü durum

indirect /indi'rekt/ s. dolaylı **indirect speech** dilb. dolaylı anlatım

indiscreet /indi'skri:t/ s. düşüncesiz, patavatsız, boşboğaz

indiscriminate /indi'skriminit/ s. rasgele, gelişigüzel; ayırım yapmayan

indispensable /indi'spensıbıl/ s. vazgeçilmez, kaçınılmaz, gerekli

indisposed /indi'spouzd/ s. isteksiz; rahatsız, keyifsiz

indisputable /indi'spyu:tıbıl/ s. tartışılmaz, kesin, su götürmez

indistinguishable /indi'stingwişıbıl/ s. ayırt edilemez, seçilemez

individual /indi'vicuıl/ s. bireysel; kişisel, özel; tek * a. kişi, birey; kon. insan **individually** teker teker

indivisible /indi'vizıbıl/ s. bölünmeyen, bölünmez

indoctrinate /in'doktrineyt/ e. (fikir) aşılamak, öğretmek, doldurmak

indolence /'indılıns/ a. tembellik, uyuşukluk, üşengeçlik

indolent /'indılınt/ s. tembel, üşengeç

indoor /'indo:/ s. ev içinde olan/yapılan **indoors** /'indo:z/ be. ev içinde, ev içine

induce /in'dyu:s/ e. ikna etmek, kandırmak **inducement** kandırma, ikna, teşvik; neden, güdü

induction /in'dakşın/ a. tümevarım **inductive** tümevarımlı

indulge /in'dalc/ e. isteklerini yerine getirmek, şımartmak, yüz vermek **indulgence** göz yumma, hoşgörü; şımartma; şımartılma, düşkünlük

industrial /in'dastrıl/ s. endüstriyel **industrialist** sanayici, fabrikatör **industrialize** sanayileştirmek; sanayileşmek

industrious /in'dastrııs/ s. çalışkan

industry /'indıstri/ a. endüstri, sanayi

inebriate /i'ni:brieyt/ e. sarhoş etmek

inedible /in'edıbıl/ s. yenmez

ineffective /ini'fektiv/ s. etkisiz, sonuçsuz

inefficient /ini'fişınt/ s. etkisiz, yetersiz, verimsiz

ineligible /in'elicıbıl/ s. uygun olmayan, seçilemez

inept /i'nept/ s. uygunsuz, yersiz

inequality /ini'kwoliti/ a. eşitsizlik; pürüzlülük

inert /i'nö:t/ s. hareketsiz, cansız; yavaş, tembel, uyuşuk

inertia /i'nö:şı/ a. atalet, süredurum; tembellik, uyuşukluk

inescapable /inis'keypıbıl/ s. kaçınılamaz

inevitable /i'nevitıbıl/ s. kaçınılmaz

inexcusable /inik'skyu:zıbıl/ s. bağışlanamaz, hoş görülemez

inexpensive /inik'spensiv/ s. ucuz

inexperience /inik'spiuruıns/ *a.* tecrübesizlik *inexperienced* tecrübesiz, deneyimsiz

inexplicable /inik'splikıbıl/ *s.* açıklanamaz

infallible /in'felibıl/ *s.* yanılmaz, şaşmaz

infamous /'infımıs/ *s.* alçak, rezil; ayıp, iğrenç

infancy /'infınsi/ *a.* bebeklik, çocukluk; başlangıç

infant /'infınt/ *a.* küçük çocuk, bebek

infantile /'infıntayl/ *s.* çocukla ilgili, çocuksu, çocukça

infantry /'infıntri/ *a. ask.* piyade

infect /in'fekt/ *e.* (hastalık) bulaştırmak, geçirmek *infection* mikrop kapma; (hastalık) bulaşma, bulaştırma *infectious* bulaşıcı

infer /in'fö:/ *e.* (from) sonucunu çıkarmak, anlamak

inferior /in'fıriı/ *s.* (to) aşağı, alt, ikinci derecede, ast

infernal /in'fö:nıl/ *s.* cehennemi, şeytani; *kon.* sinir bozucu

inferno /in'fö:nou/ *a.* cehennem

infertile /in'fö:tayl/ *s.* kısır; çorak

infest /in'fest/ *e.* (with) (fare, vb.) istila etmek, sarmak

infestation /infe'steyşın/ *a.* istila

infidel /'infidıl/ *a.* kâfir, imansız

infidelity /infi'deliti/ *a.* sadakatsizlik, aldatma

infiltrate /'infiltreyt/ *e.* süzülmek, girmek

infinite /'infinit/ *s.* sonsuz, sınırsız

infinitive /in'finitiv/ *a. dilb.* mastar, eylemlik

infinity /in'finiti/ *a.* sonsuzluk

infirm /in'fö:m/ *s.* halsiz, güçsüz

infirmary /in'fö:mıri/ *a.* revir, hastane

inflame /in'fleym/ *e.* tutuşturmak, alevlendirmek

inflammable /in'flemıbıl/ *s.* tutuşur,

yanar, yanıcı

inflammation /inflı'meyşın/ *a. hek.* iltihap, yangı

inflammatory /in'flemıtıri/ *s.* tahrik eden, alevlendiren, kışkırtıcı

inflate /in'fleyt/ *e.* şişirmek; şişmek *inflation* enflasyon, para bolluğu; şişkinlik

inflect /in'flekt/ *e. dilb.* çekmek; kullanıma göre sözcüğün biçimini değiştirmek

inflexible /in'fleksıbıl/ *s.* eğilmez, bükülmez; değişmez

inflict /in'flikt/ *e.* (on/upon) uğratmak, çektirmek, vermek

influence /'influıns/ *a.* etki; nüfuz, sözü geçerlik * *e.* etkilemek *under the influence of* -in etkisi altında

influential /influ'enşıl/ *s.* güçlü, etkili

influenza /influ'enzı/ *a. hek.* grip

influx /'inflaks/ *a.* istila, akın, üşüşme; içeriye akma

inform /in'fo:m/ *e.* haberdar etmek, bildirmek, bilgi vermek; ihbar etmek *informant* bilgi veren kimse, bilgi kaynağı *informer* muhbir

informal /in'fo:mıl/ *s.* resmi olmayan teklifsiz; gündelik

information /infı'meyşın/ *a.* bilgi, haber; danışma *information desk* danışma

informative /in'fo:mıtiv/ *s.* bilgi verici, aydınlatıcı

infrared /infrı'red/ *s.* kızılötesi

infrequency /in'fri:kwınsi/ *a.* seyreklik *infrequent* seyrek, nadir

infringe /in'frinc/ *e.* çiğnemek, bozmak

infuriate /in'fyuırieyt/ *e.* çileden çıkarmak

infuse /in'fyu:z/ *e.* demlemek; aşılamak

ingenious /in'ci:nıs/ *s.* becerikli, usta, ustaca yapılmış

ingenuity /inci'nyu:iti/ *a.* zekâ, ustalık, beceri

ingot /'ingıt/ *a.* külçe

ingrained /in'greynd/ *s.* kökleşmiş, yerleşmiş

ingratitude /in'gretityu:d/ *s.* nankörlük

ingredient /in'gri:diınt/ *a.* karışımı oluşturan madde

inhabit /in'hebit/ *e.* -de yaşamak, oturmak *inhabitant* sakin, oturan

inhale /in'heyl/ *e.* içine çekmek

inherent /in'hiırınt/ *s.* doğasında olan, doğal

inherit /in'herit/ *e.* miras olarak almak *inheritance* kalıt, miras

inhibit /in'hibit/ *e.* tutmak, dizginlemek *inhibited* çekingen, utangaç *inhibition* çekingenlik, utangaçlık

inhuman /in'hyu:mın/ *s.* acımasız, gaddar

initial /i'nişıl/ *s.* ilk, önceki * *a.* ilk harf * *e.* parafe etmek *initially* başlangıçta, ilkin

initiate /i'nişieyt/ *e.* başlamak, başlatmak; temel bilgileri vermek; göstermek

initiative /i'nişitiv/ *a.* ilk adım, başlangıç; inisiyatif *have/take the initiative* ilk adımı atmak, -e ön ayak olmak

inject /in'cekt/ *e.* iğne yapmak; zerk etmek *injection* iğne, enjeksiyon *injector* enjektör, püskürteç

injure /'incı/ *e.* incitmek, yaralamak; zarar vermek, incitmek *injured* yaralı

injury /'incıri/ *a.* hasar, zarar, ziyan

injustice /in'castis/ *a.* haksızlık, adaletsizlik *do sb an injustice* haksız davranmak

ink /ink/ *a.* mürekkep

inkling /'inkling/ *a.* seziş, kuşku

inland /'inlınd/ *s.* ülkenin iç kısmında olan, iç

in-laws /'inlo:z/ *a.* evlilik yoluyla akrabalar

inlet /'inlet, 'inlit/ *a.* körfezcik, koy; giriş, ağız

inmate /'inmeyt/ *a.* (hastane, hapishane, vb.) oda arkadaşı

inn /in/ *a.* han, otel

innate /i'neyt/ *s.* (nitelik) doğuştan

inner /'inı/ *s.* iç, içerdeki; merkeze en yakın *innermost* en içteki

innocent /'inısınt/ *s.* masum, suçsuz; zararsız; temiz kalpli

innocuous /i'nokyuıs/ *s.* zararsız, incitmeyen

innovate /'inıveyt/ *e.* yenilik yapmak *innovation* yenilik, buluş

innumerable /i'nyu:mırıbıl/ *s.* sayısız

inoculate /i'nokyuleyt/ *e.* aşılamak

inoffensive /inı'fensiv/ *s.* zararsız, incitmeyen

inopportune /in'opıtyu:n/ *s.* zamansız, sırasız, yersiz, uygunsuz, mevsimsiz

inorganic /ino:'genik/ *s.* inorganik

inpatient /in'peyşınt/ *a.* hastanede tedavi gören hasta

input /'input/ *a.* girdi; giriş

inquest /'inkwest/ *a.* soruşturma

inquire /in'kwayı/ *e.* sormak; bilgi almak, sorup öğrenmek, araştırmak *inquiring* araştırıcı, meraklı

inquiry /in'kwayıri/ *a.* soruşturma, araştırma

inquisition /inkwi'zişın/ *a. hkr.* sorgu, sorgulama

inquisitive /in'kwizitiv/ *s.* başkalarının işleriyle ilgilenen, meraklı

inroads /'inroudz/ *a.* akın, baskın; gedik

insane /in'seyn/ *s.* deli, çılgın

insanity /in'senıti/ *a.* delilik; çılgınlık

inscribe /in'skrayb/ *e.* yazmak, kaydetmek *inscription* /in'skripşın/ kitabe, yazıt

insect /'insekt/ *a.* böcek

insecticide /in'sektisayd/ *a.* böcek ilacı

insecure /insi'kyuı/ *s.* güvensiz, endişeli; emniyetsiz, güvenilmez **insecurity** emniyetsizlik

insensible /in'sensıbıl/ *s.* bilinçsiz, baygın; bilgisiz, habersiz

insensitive /in'sensitiv/ *s.* duygusuz, anlayışsız; duyarsız, etkilenmeyen

inseparable /in'sepırıbıl/ *s.* ayrılmaz, bağlı, yapışık

insert /in'sö:t/ *e.* sokmak, içine koymak

inshore /in'şo:/ *be.* kıyıya (doğru)

inside /in'sayd/ *a.* iç, iç kısım * *be.* içeriye, içerde **inside out** tersyüz

insidious /in'sidiıs/ *s.* sinsi, gizlice zarar veren

insight /'insayt/ *a.* kavrayış, anlayış

insignificant /insig'nifikınt/ *s.* değersiz, önemsiz

insincere /insın'sıı/ *s.* içtenliksiz, samimiyetsiz, ikiyüzlü

insinuate /in'sinyueyt/ *e.* üstü kapalı söylemek, ima etmek, anıştırmak

insipid /in'sipid/ *s.* tatsız, yavan, lezzetsiz

insist /in'sist/ *e.* **(on/upon)** ısrar etmek, dayatmak **insistence** ısrar; ısrarlılık **insistent** ısrarlı; sürekli

insolent /'insılınt/ *s.* arsız, saygısız

insoluble /in'solyubıl/ *s.* çözünmez, erimez; içinden çıkılmaz, çözülemez

insolvent /in'solvınt/ *s. a.* borcunu ödeyemeyen

insomnia /in'somniı/ *a.* uykusuzluk

inspect /in'spekt/ *e.* denetlemek, incelemek; gözden geçirmek, yoklamak **inspection** denetim, yoklama **inspector** müfettiş

inspiration /inspi'reyşın/ *a.* esin, ilham *kon.* parlak fikir

inspire /in'spayı/ *e.* esinlemek, ilham vermek

instability /instı'biliti/ *a.* kararsızlık, değişkenlik

install /in'sto:l/ *e.* (aygıt) döşemek, düzenlemek, kurmak; yerleştirmek **installation** tesisat, donanım; yerleştirme

instalment /in'sto:lmınt/ *a.* taksit; kısım, bölüm *by instalments* taksitle *instalment sale* taksitle satış

instance /'instıns/ *a.* örnek, misal *for instance* mesela, örneğin, sözgelimi *in the first instance* önce, başlangıç olarak

instant /'instınt/ *a.* an, dakika * *s.* hemen olan, acil; (yiyecek) çabuk ve kolay hazırlanabilen *instant coffee* neskafe *instantly* hemen, anında

instead /in'sted/ *be.* onun yerine *instead of*-nin yerine

instigate /'instigeyt/ *e.* ön ayak olmak, kışkırtmak *instigation* teşvik, öneri, uyarı *instigator* kışkırtıcı

instil /in'stil/ *e.* **(in/into)** fikir aşılamak

instinct /'instinkt/ *a.* içgüdü; sezgi *instinctive* içgüdüsel

institute /'instityu:t/ *a.* enstitü, kurum

institution /insti'tyu:şın/ *a.* kurum, kuruluş, dernek; yerleşmiş gelenek/yasa

instruct /in'strakt/ *e.* öğretmek, okutmak; talimat vermek *instruction* öğretim; talimat, yönerge *instructive* öğretici *instructor* eğitmen, öğretmen

instrument /'instrımınt/ *a.* aygıt, alet; *müz.* çalgı *instrumental (in)* yardımcı; *müz.* enstrümantal

insufferable /in'safırbıl/ *s.* (davranış) katlanılmaz, çekilmez

insufficient /insı'fişınt/ *s.* yetersiz, eksik

insular /'insyu:lı/ *s.* dar görüşlü

insulate /'insyuleyt/ *e.*

(from/against) izole etmek, yalıtmak; ayırmak *insulation* yalıtım, izolasyon; izolasyon maddesi

insult /in'salt/ *e.* aşağılamak, hakaret etmek * *a.* hakaret

insurance /in'şuırıns/ *a.* sigorta; sigortacılık; sigorta primi

insure /in'şu/ *e.* sigorta ettirmek; *AE.* garantilemek, sağlama almak

insurgent /in'sö:cınt/ *s. a.* asi, başkaldıran, ayaklanan

insurmountable /insı'mauntıbıl/ *s.* çok büyük, çok güç, yenilemez, başa çıkılmaz

insurrection /insı'rekşın/ *a.* isyan, ayaklanma

intact /in'tekt/ *s.* bozulmamış, tam

intake /'inteyk/ *a.* giriş, ağız

integer /'intıcı/ *a. mat.* tamsayı

integral /'intıgrıl/ *s.* gerekli, önemli; *mat.* integral, tümlev

integrate /'intıgreyt/ *e.* (with/into) bütünleşmek, kaynaşmak; katmak, kaynaştırmak

integrity /in'tegrıti/ *a.* güvenilirlik, doğruluk; bütünlük

intellect /'intilekt/ *a.* akıl, zihin *intellectual* /-'lekçuıl/ akli, zihinsel; akıllı, zeki; aydın

intelligence /in'telicıns/ *a.* zekâ; istihbarat, haber alma

intelligent /in'telicınt/ *s.* zeki, akıllı

intelligible /in'telicıbıl/ *s.* anlaşılabilir, açık, net

intend /in'tend/ *e.* tasarlamak, niyet etmek

intense /in'tens/ *s.* şiddetli, güçlü; heyecanlı, ateşli

intensify /in'tensifay/ *e.* yoğunlaşmak; yoğunlaştırmak

intensity /in'tensiti/ *a.* güçlülük, yoğunluk

intensive /in'tensiv/ *s.* yoğun; şiddetli *intensive care* yoğun bakım

intent /in'tent/ *a.* amaç, niyet * *s.* dikkatli; niyetli, azimli, istekli

intention /in'tenşın/ *a.* niyet, maksat; kasıt *intentional* kasıtlı *intentionally* kasten, bile bile

interact /intı'rekt/ *e.* (with) birbirini etkilemek *interaction* etkileşim

intercept /intı'sept/ *e.* yolunu kesmek

interchange /intı'çeync/ *e.* yerlerini değiştirmek; değiş tokuş etmek *interchangeable (with)* birbirinin yerine geçebilir

intercom /'intıkom/ *a.* iç telefon sistemi

intercommunication /intıkomyuni'keyşın/ *a.* dahili haberleşme, iç haberleşme

intercontinental /intıkonti'nentıl/ *s.* kıtalararası

intercourse /'intıko:s/ *a.* (cinsel) birleşme; görüşme, ilişki

interest /'intrist/ *a.* ilgi, merak; ilgi çekme; faiz; yarar; çıkar * *e.* ilgilendirmek; ilgisini çekmek *interested* ilgili, meraklı *interesting* ilginç, enteresan *be interested in* ile ilgilenmek

interfere /intı'fiı/ *e.* burnunu sokmak, karışmak; engel olmak

interior /in'tiırı/ *a. s.* iç

interject /intı'cekt/ *e.* arada söylemek, eklemek *interjection* ünlem

interlock /intı'lok/ *e.* birbirine bağlamak

interlude /'intılu:d/ *a.* ara, teneffüs; (tiyatro, vb.) perde arası; *müz.* ara faslı

intermediary /intı'mi:dıri/ *a.* arabulucu, aracı

intermediate /intı'mi:dııt/ *s.* arada bulunan, ara, orta

intermission /intı'mişın/ *a. AE.* perde arası, ara

intermittent /intı'mitınt/ *s.* kesik kesik, aralıklı, süreksiz

intern /in'tö:n/ *e.* enterne etmek, gözaltına almak * *a.* stajyer; stajyer doktor

internal /in'tö:nıl/ s. dahili, iç

international /intı'neşınıl/ s. uluslararası

internet /'in'tınet/ a. internet *on the internet* internette

interpose /intı'pouz/ e. araya girmek, lafa karışmak

interpret /in'tö:prit/ e. (konuşarak) tercümanlık yapmak; yorumlamak; anlamını açıklamak *interpretation* yorum, tefsir *interpreter* tercüman

interrogate /in'tengeyt/ e. soru sormak; sorguya çekmek *interrogation* sorgu *interrogative* soru sözcüğü

interrupt /intı'rapt/ e. sözünü kesmek; akışını durdurmak *interruption* kesilme, yarıda kesme

intersect /intı'sekt/ e. kesişmek, birbiri üzerinden geçmek *intersection* kesişme; kavşak

interval /'intıvıl/ a. ara, aralık; perde arası

intervene /intı'vi:n/ e. (in) araya girmek, karışmak, müdahale etmek

interview /'intıvyu:/ a. mülakat, görüşme; röportaj * e. görüşmek; röportaj yapmak

intestine /in'testin/ a. anat. bağırsak

intimacy /'intimısi/ a. mahremlik, kişisellik; yakın arkadaşlık, dostluk

intimate /'intimit/ s. içli dışlı, candan; kişisel, özel

intimidate /in'timideyt/ e. korkutmak, gözünü korkutmak, gözdağı vermek

into /'intı, 'intu, 'intu:/ ilg. içine, -ye, -ya; haline, biçimine

intolerable /in'tolırbıl/ s. çekilmez, dayanılmaz

intolerant /in'tolırınt/ s. hoşgörüsüz

intonation /intı'neyşın/ a. ses perdesi, titremleme

intoxicate /in'toksikeyt/ e. sarhoş etmek

intractable /in'trektıbıl/ s. kontrol edilmesi zor, ele avuca sığmaz

intransitive /in'trensitiv/ a. s. dilb. (eylem) geçişsiz

intrepid /in'trepid/ s. korkusuz, cesur

intricacy /'intrikısi/ a. karışıklık, anlaşılmazlık; karışık şey

intricate /'intrikit/ s. karmakarışık

intrigue /in'tri:g/ e. ilgisini çekmek; entrika çevirmek * a. entrika, dolap

intrinsic /in'trinsik/ s. gerçek, aslında olan, esas

introduce /intrı'dyu:s/ e. tanıştırmak, tanıtmak; ortaya çıkarmak

introduction /intrı'dakşın/ a. tanıtma, tanıtım, takdim; tanıştırma; önsöz; giriş, başlangıç

introductory /intrı'daktırı/ s. giriş niteliğinde, tanıtıcı

introvert /'ıntrıvö:t/ a. içedönük kimse

intrude /in'tru:d/ e. davetsiz olarak girmek *intruder* davetsiz misafir

intuition /intyu'işın/ a. sezgi, önsezi

inundate /'inındeyt/ e. sel basmak; gark etmek, boğmak

invade /in'veyd/ e. istila etmek; akın etmek; baskın yapmak

invalid /'invıli:d, 'invılid/ s. hasta, sakat * s. hükümsüz, geçersiz

invaluable /in'velyubıl/ s. çok değerli, paha biçilmez

invasion /in'veyjın/ a. akın, saldırı, istila

invective /in'vektiv/ a. hakaret, sövgü

invent /in'vent/ e. icat etmek, bulmak; uydurmak, kıvırmak *invention* icat, buluş *inventive* yaratıcı *inventor* mucit

inventory /'invıntri/ a. sayım çizelgesi, envanter

inverse /'invö:s/ *a. s.* ters
invert /in'vö:t/ *e.* tersyüz etmek;
sırasını değiştirmek *inverted commas* tırnak işareti
invertebrate /in'vö:tibrit, in'vö:tibreyt/ *s. a. hayb.* omurgasız
invest /in'vest/ *e.* (in) para yatırmak, yatırım yapmak *investment* yatırım *investor* yatırımcı
investigate /in'vestigeyt/ *e.* araştırmak, soruşturmak *investigation* araştırma, soruşturma *investigator* müfettiş
invidious /in'vidiıs/ *s.* gücendirici, kıskandırıcı, haksız
invigorate /in'vigıreyt/ *s.* güçlendirmek, canlandırmak, dinçleştirmek
invincible /in'vinsıbıl/ *s.* yenilmez
invisible /in'vizıbıl/ *s.* görünmez, görülemez
invitation /invi'teyşın/ *a.* davet, çağrı
invite /in'vayt/ *e.* davet etmek, çağırmak *inviting* davetkâr, çekici, göz alıcı
invoice /'invoys/ *a.* fatura
invoke /in'vouk/ *e.* yakarmak, dua etmek
involuntary /in'volıntıri/ *s.* istenilmeden yapılan, gönülsüzce yapılan
involve /in'volv/ *e.* (*in/with*) karıştırmak, sokmak, bulaştırmak; içermek, kapsamak
inward /'inwıd/ *s.* içeride olan, iç; *AE. bkz. inwards*
inwards /'inwıdz/ *be.* içeriye doğru
iodine /'ayıdi:n/ *a. kim.* iyot
ion /'ayın/ *a.* iyon
irate /ay'reyt/ *s.* kızgın, öfkeli
iris /'ayiris/ *a. bitk.* süsen çiçeği; *anat.* iris
irksome /'ö:ksım/ *s.* usandırıcı, bıktırıcı, sıkıcı
iron /'ayın/ *a.* demir; ütü * *e.*

ütülemek *ironing board* ütü sehpası *ironmonger* hırdavatçı
ironic /ay'ronik/ *s.* alaylı, alaycı, istihzalı
irony /'ayırıni/ *a.* istihza, ince alay
irrational /i'reşınıl/ *s.* akılsız, mantıksız
irregular /i'regyulı/ *s.* (biçim) çarpık, eğri; (zaman) düzensiz; başıbozuk; *dilb.* düzensiz
irrelevance /i'relivıns/ *a.* konu dışı olma *irrelevant* konu dışı, ilgisiz
irreplaceable /iri'pleysıbıl/ *s.* yeri doldurulamaz
irresistible /iri'zistıbıl/ *s.* karşı konulamaz, dayanılmaz, çok güçlü
irresponsible /iri'sponsıbıl/ *s.* sorumsuz
irrevocable /i'revıkıbıl/ *s.* dönülemez, geri alınamaz, değiştirilemez
irrigate /'irigeyt/ *e.* (toprağı) sulamak
irritable /'iritıbıl/ *s.* çabuk kızan, alıngan
irritant /'iritınt/ *s. a.* tahriş edici (madde)
irritate /'iriteyt/ *e.* kızdırmak, sinirlendirmek; tahriş etmek
is /iz/ *e. bkz. be*
Islam /'isla:m/ *a.* İslam, İslamiyet
island /'aylınd/ *a.* ada
isle /ayl/ *a. yaz.* ada
isolate /'aysıleyt/ *e.* ayırmak, izole etmek, yalıtmak *isolated* izole, ayrılmış, tek *isolation* izolasyon, yalıtım, yalnızlık
issue /'işu:, 'isyu:/ *a.* yayımlama; (dergi) sayı; emisyon, piyasaya çıkarma; çıkış * *e.* yayımlamak; çıkarmak; dağıtmak; ortaya çıkmak, doğmak; sonuçlanmak
it /it/ *adl.* o, onu, ona
italics /i'teliks/ *a.* italik yazı
itch /iç/ *e.* kaşınmak; *kon.* can atmak, çok istemek * *a.* kaşıntı;

güçlü istek, şiddetli arzu
itchy /'içi/ *s.* kaşıntılı, kaşınan
item /'aytim/ *a.* parça, adet; madde, fıkra *news item* kısa haber, özet haber
itinerary /ay'tınıriri/ *a.* yolculuk planı, yolculuk programı
its /its/ *s.* onun, -ın, -in
itself /it'self/ *adl.* kendisi, kendi
ivory /'ayvırı/ *a.* fildişi
ivy /'ayvı/ *a. bitk.* sarmaşık

J

jab /ceb/ *e.* dürtmek, itmek * *a.* dürtme, itme; *kon.* iğne, şırınga
jabber /'cebı/ *e.* hızlı ve anlaşılmaz bir biçimde konuşmak
jack /cek/ *a.* kriko; (iskambil) vale, bacak
jackal /'ceko:l/ *a. hayb.* çakal
jacket /'cekit/ *a.* ceket, mont; patates kabuğu; ciltli kitabın üzerine geçirilen kâğıt kap; *AE.* plak kabı
jackpot /'cekpot/ *a.* büyük ikramiye
jade /ceyd/ *a.* yeşimtaşı, yeşim
jagged /'cegid/ *s.* çentikli, sivri uçlu
jaguar /'cegyuı/ *a. hayb.* jaguar
jail /ceyl/ *a.* hapishane, cezaevi
jailer /'ceylı/ *a.* gardiyan
jam /cem/ *a.* reçel; sıkışıklık, tıkanıklık * *e.* sıkıştırmak; tıkamak; bastırmak; sıkışmak
jangle /'cengıl/ *e.* ahenksiz sesler çıkartmak
janitor /'cenitı/ *a.* kapıcı, hademe
January /'cenyuıri/ *a.* ocak (ayı)
jar /ca:/ *a.* kavanoz; şok, sarsıntı * *e.* sarsmak; (renk) gitmemek; sırıtmak; (kulak) tırmalamak
jargon /'ca:gın/ *a.* anlaşılmaz dil, teknik dil
jasmine /'cezmin/ *a. bitk.* yasemin
jaundice /'co:ndıs/ *a. hek.* sarılık

jaunt /co:nt/ *e.* **(about/around)** gezintiye çıkmak * *a.* kısa gezinti
javelin /'cevilin/ *a. sp.* cirit; kargı, mızrak
jaw /co:/ *a.* çene
jay /cey/ *a. hayb.* alakarga
jazz /cez/ *a.* caz *jazzy* göz alıcı, gösterişli
jealous /'celıs/ *s.* kıskanç *jealousy* kıskançlık
jeans /ci:nz/ *a.* blucin, kot pantolon
jeep /ci:p/ *a.* cip
jeer /ciı/ *e.* alay etmek, gülmek
jelly /'celi/ *a.* jöle, pelte; marmelat; jelatin
jellyfish /'celifiş/ *a.* denizanası
jeopardize /'cepıdayz/ *e.* tehlikeye atmak *jeopardy* tehlike
jerk /cö:k/ *e.* birdenbire çekmek; silkip atmak, silkelemek * *a.* ani çekiş; itiş, kakış; *AE. arg.* aptal, ayı, kazma
jersey /'cö:zi/ *a.* kazak
jest /cest/ *a.* şaka, espri *in jest* şakadan, gırgırına
jet /cet/ *a.* jet uçağı; fıskıye; siyah kehribar
jettison /'cetisın/ *e.* (tehlike anında eşyayı) gemiden atmak
jetty /'ceti/ *a.* dalgakıran, mendirek
Jew /cu:/ *a.* Yahudi
jewel /'cu:ıl/ *a.* değerli taş; mücevher, takı *jeweller* kuyumcu *jewellery* mücevherat; kuyumculuk
jiggle /'cıgıl/ *e. kon.* sallamak, çalkalamak
jigsaw /'cıgso:/ *a.* makineli oyma testeresi; bozyap (oyunu) *jigsaw puzzle* bozyap (oyunu)
jingle /'cingıl/ *e.* şıngırdamak; şıngırdatmak * *a.* şıngırtı; basit vezinli şiir
jinx /cinks/ *a.* uğursuzluk şey/kişi
job /cob/ *a.* iş, görev, meslek
jockey /'coki/ *a.* cokey
jog /cog/ *e.* yavaş yavaş koşmak;

itmek, dürtmek *jogging* yavaş koşu

join /coyn/ e. birleştirmek; birleşmek; katılmak

joiner /'coynı/ a. doğramacı, marangoz *joinery* doğramacılık, marangozluk

joint /coynt/ a. eklem, ek yeri; et parçası * s. ortak, birleşik

joist /coyst/ a. kiriş

joke /couk/ a. şaka; fıkra *play a joke on sb* oyun oynamak, işletmek

joker /'coukı/ a. şakacı kimse; (iskambil) joker

jolly /'coli/ s. mutlu, neşeli * be. BE. kon. çok

jolt /coult/ e. sarsmak * a. şok, sarsıntı

jostle /'cosıl/ e. itip kakmak, dürtüklemek

journal /'cö:nıl/ a. gazete, dergi *journalism* gazetecilik *journalist* gazeteci

journey /'cö:ni/ a. seyahat, yolculuk

jowl /caul/ a. gerdan, gıdık

joy /coy/ a. sevinç, neşe *joyful* neşeli, sevinçli; sevindirici *joyous* sevinçli *joystick* (uçak, bilgisayar, vb.'de) manevra kolu

jubilant /'cu:bilınt/ s. neşe dolu, çok sevinçli

jubilee /'cu:bili:, cu:bi'li:/ a. yıldönümü şenliği; jübile *diamond jubilee* altmışıncı yıldönümü *golden jubilee* ellinci yıldönümü *silver jubilee* yirmi beşinci yıldönümü

Judaism /'cu:deyizım/ a. Yahudilik

judge /cac/ e. -e yargıçlık etmek; (yarışma, vb.'de) değerlendirmek * a. hâkim, yargıç; hakem; bilirkişi

judgment /'cacmınt/ a. yargı, hüküm, karar; yargılama; görüş, düşünce *judgment day* kıyamet günü

judicial /cu:'dişıl/ s. adli, türel; hukuki, tüzel

judiciary /cu:'dişıri/ a. adliye, yargıçlar

judicious /cu:'dişıs/ s. sağgörülü, doğru karar veren

judo /'cu:dou/ a. sp. judo

jug /cag/ a. testi, sürahi

juggernaut /'cagıno:t/ a. BE. kon. büyük kamyon, tır

juggle /'cagıl/ e. hokkabazlık yapmak; yolsuzluk yapmak

juice /cu:s/ a. meyve/sebze/et suyu; (vücut) salgı *juicy* sulu; kon. ilginç, merak uyandırıcı

July /cu'lay/ a. temmuz

jumble /'cambıl/ e. birbirine karışmak; karmakarışık etmek * a. düzensizlik, karmakarışık şey *jumble sale* kullanılmış eşya satışı

jumbo /'cambou/ s. kocaman

jump /camp/ e. sıçramak, atlamak; üzerinden atlamak; fırlamak * a. sıçrama, atlama, zıplama, sıçrayış

jumper /'campı/ a. BE. kazak, süveter

jumpy /'campi/ s. sinirli, gergin

junction /'cankşın/ a. kavşak

June /cu:n/ a. haziran

jungle /'cangıl/ a. balta girmemiş orman, cengel

junior /'cu:niı/ a. s. yaşça küçük, daha genç; ast

junk /cank/ a. kon. ıvır zıvır, döküntü eşya, pılı pırtı

junta /'cantı/ a. cunta

Jupiter /'cu:pitı/ a. Jüpiter

jurisdiction /cuıris'dikşın/ a. huk. yargılama yetkisi

juror /'cuırı/ a. jüri üyesi

jury /'cuırı/ a. huk. jüri; yarışma jürisi, jüri

just /cast/ s. adil, doğru, dürüst * be. tam, tastamam; sadece, yalnız; az önce, demin; güçlükle, darı darına; hemen, şimdi

justice /'castis/ *a.* adalet; adliye, mahkeme; *AE.* yargıç

justify /'castifay/ *e.* haklı çıkarmak, doğruluğunu kanıtlamak *justifiable* savunulabilir, haklı çıkarılabilir

jut /cat/ *e.* (out) çıkıntı yapmak

jute /cu:t/ *a. bitk.* hintkeneviri

juvenile /'cu:vınayl/ *s.* genç, gençlere özgü

juxtaposition /cakstıpı'zişın/ *a.* yan yana koyma

K

kaleidoscope /kı'laydıskoup/ *a.* çiçek dürbünü, kaleydoskop

kangaroo /kengi'ru:/ *a. hayb.* kanguru

karate /kı'ra:ti/ *a.* karate

kebab /ki'beb/ *a.* kebap, şiş kebap

keel /ki:l/ *a.* gemi omurgası

keen /ki:n/ *s.* keskin; acı, sert; akıllı *keen on* meraklı, hevesli, hasta

keep /ki:p/ *e.* **kept** /kept/ tutmak; alıkoymak; korumak; saklamak; yerine getirmek; yönetmek; işletmek; geçindirmek, bakmak; engel olmak * *a.* yiyecek, yemek; kale *keep back* söylememek, vermemek *keep down* kontrol altına almak; baskı altında tutmak *keep in with* ile dost kalmak *keep off* -den uzak durmak *keep on* -e devam etmek, sürdürmek; elden çıkarmamak *keep out* girmemek, uzak durmak; sokmamak, uzak tutmak *keep to* bağlı kalmak, sadık olmak *keep up* ayakta tutmak; bakımını sağlamak; sürdürmek

keeper /'ki:pı/ *a.* bekçi, bakıcı

keg /keg/ *a.* küçük fıçı, varil

kennel /'kenıl/ *a.* köpek kulübesi

kerb /kö:b/ *a.* kaldırımın kenar taşı

kernel /'kö:nıl/ *a.* çekirdek içi; esas, öz

kerosene /'kerısi:n/ *a. AE.* gazyağı, gaz

kestrel /'kestrıl/ *a. hayb.* kerkenez

ketchup /'keçıp/ *a.* ketçap, domates sosu

kettle /'ketıl/ *a.* çaydanlık; güğüm; kazan; tencere

key /ki:/ *a.* anahtar; tuş * *e.* uydurmak, ayarlamak, uygun duruma getirmek *key ring* anahtarlık

keyboard /'ki:bo:d/ *a.* klavye, tuş

keyhole /'ki:houl/ *a.* anahtar deliği

keynote /'ki:nout/ *a.* temel düşünce, ana ilke, temel, dayanak

khaki /'ka:ki/ *a. s.* haki renk, haki

kick /kik/ *e.* tekmelemek, tekme atmak; (gol) atmak; çifte atmak * *a.* tekme; *kon.* heyecan, coşku

kickoff /'kikof/ *a.* (futbol) başlama vuruşu, ilk vuruş *kick out* kovmak, defetmek

kid /kid/ *a. kon.* oğlak; çocuk * *e. kon.* takılmak, aldatmak, işletmek

kidnap /'kidnep/ *e.* (adam/çocuk) kaçırmak *kidnapper* zorla insan kaçıran kimse

kidney /'kidni/ *a. anat.* böbrek *kidney beans* barbunya; börülce

kill /kil/ *e.* öldürmek; yok etmek *killer* katil *killjoy* neşe kaçıran kimse, oyunbozan

kiln /kiln/ *a.* ocak, fırın

kilo /'ki:lou/ *a. kon.* kilo

kilogram /'kilıgrem/ *a.* kilogram

kilometre /'kilımi:tı, ki'lomitı/ *a.* kilometre

kilt /kilt/ *a.* İskoç erkeklerinin giydiği eteklik

kimono /ki'mounou/ *a.* kimono

kin /kin/ *a.* akraba, hısım *next of kin* en yakın akraba

kind /kaynd/ *a.* tür, çeşit, cins; tip *

s. nazik, kibar; iyi kalpli, sevecen; candan, yürekten *a kind of* bir çeşit *It's very kind of you.* Çok naziksiniz. *kind-hearted* iyi kalpli, sevecen *kind of kon.* adeta, az çok *kindness* şefkat, sevecenlik; nezaket

kindergarten /'kindıga:tın/ *a.* anaokulu

kindle /'kindıl/ *e.* yakmak, tutuşturmak; yanmak, tutuşmak

kindling /'kindling/ *a.* (gaz, çıra, ot, vb.) tutuşturucu madde

kindly /'kayndli/ *s.* müşfik, sevecen * *be.* nazikçe, kibarca; lütfen

kindred /'kindrid/ *a.* akrabalık, soy

kinetic /ki'netik/ *s. tek.* kinetik, devimsel

king /king/ *a.* kral; (satranç) şah; (iskambil) papaz

kingdom /'kingdım/ *a.* krallık; *bitk. hayb.* âlem

kink /kink/ *a.* halat, tel, ip, saç, vb.'nin dolaşması; acayiplik, tuhaflık

kiosk /'ki:osk/ *a.* küçük kulübe; *BE.* telefon kulübesi

kiss /kis/ *e.* öpmek * *a.* öpücük, öpüş

kit /kit/ *a.* teçhizat, donatı; avadanlık

kitchen /'kıçın/ *a.* mutfak

kite /kayt/ *a.* uçurtma; *hayb.* çaylak

kitten /'kitın/ *a.* kedi yavrusu, yavru kedi

kiwi /'kiwi:/ *a. hayb.* kivi

kleptomania /kleptı'meynıı/ *a.* çalma hastalığı, kleptomani *kleptomaniac* çalma hastası, kleptoman

knack /nek/ *a. kon.* ustalık, beceri

knead /ni:d/ *e.* yoğurmak; ovmak

knee /ni:/ *a.* diz; (giyside) diz yeri

kneel /ni:l/ *e.* knelt /nelt/ **(down/on)** diz çökmek

knickers /'nikız/ *a.* kadın külotu

knife /nayf/ *a.* bıçak; çakı * *e.* bıçaklamak

knight /nayt/ *a.* şövalye *knighthood* şövalyelik

knit /nit/ *e.* örmek; birleşmek, kaynaşmak *knitting* örgü *knitting needle* örgü şişi *knitwear* örgü eşya

knob /nob/ *a.* top, yumru; topuz, tokmak

knock /nok/ *e.* vurmak; çarpmak; *kon.* kusur bulmak, eleştirmek * *a.* vurma, vuruş; *kon.* eleştiri *knock down* vurup yere sermek *knock out* nakavt etmek, yere sermek *knock up* uyandırmak; çok yormak

knock-out /'nokaut/ *a.* nakavt; çekici kimse/şey

knot /not/ *a.* düğüm; budak, boğum deniz mili *knotty* düğüm düğüm, düğümlü

know /nou/ *e.* **knew** /nyu:/, *known* /noun/ bilmek; tanımak *know-how* ustalık, beceri, teknik

knowledge /'nolic/ *a.* bilgi

known /noun/ *s.* tanınmış, bilinen, tanınan, ünlü

knuckle /'nakıl/ *a.* parmağın oynak yeri

koala /kou'a:lı/ *a. hayb.* koala

Koran /ko:'ra:n, kı'ra:n, 'ko:ren/ *a.* Kuran

kung fu /kang'fu:, kung'fu:/ *a.* kung fu

L

lab /leb/ *a. kon.* laboratuvar

label /'leybıl/ *a.* etiket, yafta * *e.* etiketlemek

laboratory /lı'borıtri/ *a.* laboratuvar

laborious /lı'bo:rııs/ *s.* yorucu, zahmetli, güç

labour /'leybı/ *a.* çalışma, emek, iş; işçi, işçi sınıfı; doğum, doğurma

* *e.* çalışmak, uğraşmak; ayrıntılara girmek *labour exchange* iş ve işçi bulma kurumu *labour union* işçi sendikası *labourer* işçi, emekçi

labyrinth /'lebırint/ *a.* labirent

lace /leys/ *a.* bağcık, bağ; dantela

lack /lek/ *e.* -sizlik çekmek, -den yoksun olmak * *a.* olmayış, eksiklik

lacquer /'lekı/ *a.* vernik

lad /led/ *a. kon.* delikanlı, genç

ladder /'ledı/ *a.* el merdiveni; çorap kaçığı * *e. BE.* (çorap) kaçmak; kaçırmak

laden /'leydın/ *s.* (*with*) yüklü, dolu

ladle /'leydıl/ *a.* kepçe

lady /'leydi/ *a.* hanımefendi; kadın, bayan *ladybird* uğurböceği *ladykiller* kadın avcısı, çapkın *lady like* hanım hanımcık, kibar

lag /leg/ *e.* yavaş ilerlemek

lager /'la:gı/ *a.* bir tür hafif bira

lagoon /lı'gu:n/ *a. coğ.* denizkulağı, kıyı gölü

laid /leyd/ *bkz. lay*

lain /leyn/ *bkz. lie*

lair /leı/ *a.* vahşi hayvan ini

lake /leyk/ *a.* göl

lamb /lem/ *a.* kuzu; kuzu eti

lame /leym/ *s.* topal, aksak; sakat

lament /lı'ment/ *e.* ağlayıp sızlamak * *a.* ağıt; ağlama, inleme *lamentable* içler acısı, acınacak

lamp /lemp/ *a.* lamba, ışık *lamppost* elektrik direği *lampshade* abajur

lance /la:ns/ *a.* mızrak, kargı

land /lend/ *a.* toprak, kara parçası; ülke; arsa * *e.* karaya çıkmak; (uçak) yere inmek *landlady* ev sahibesi; pansiyoncu kadın *landlocked* kara ile çevrili *landlord* mal sahibi; otelci, pansiyoncu *landmark* sınır taşı; dönüm noktası *landscape* kır manzarası; peyzaj *landslide* heyelan, toprak kayması

lane /leyn/ *a.* dar sokak; yol, şerit

language /'lengwic/ *a.* dil, lisan

lank /lenk/ *s.* (saç) düz ve cansız

lanky /lenki/ *s.* uzun boylu ve zayıf

lantern /'lentın/ *a.* fener

lap /lep/ *a.* kucak; (yarışta) tur * *e.* yalayarak içmek

lapel /lı'pel/ *a.* klapa

lapse /leps/ *a.* küçük kusur, hata, yanlış; ara * *e.* sona ermek; yanılmak

larceny /'la:sıni/ *a. huk.* hırsızlık

larch /la:ç/ *a. bitk.* çam

lard /la:d/ *a.* domuz yağı

larder /'la:dı/ *a.* kiler

large /la:c/ *s.* büyük, iri; geniş; bol *at large* başıboş, serbest; etraflı, ayrıntılı olarak; genelde *large scale* büyük çapta *largely* çoğunlukla *largeness* büyüklük

largesse /la:'ces/ *a.* ihsan, bağış

lark /la:k/ *a. kon.* şaka, gırgır; *hayb.* tarlakuşu

larva /'la:vı/ *a.* larva, tırtıl, kurtçuk

laryngitis /lerin'caytis/ *a. hek.* larenjit, gırtlak yangısı

larynx /'lerinks/ *a. anat.* gırtlak

lascivious /lı'sivıs/ *s.* şehvetli, şehvet düşkünü

laser /'leyzı/ *a.* lazer (aygıtı)

lash /leş/ *e.* kırbaçlamak; (about) aniden hareket etmek; sıkıca bağlamak * *a.* kamçı darbesi; ani ve haşin hareket

lasso /lı'su:, 'lesou/ *a.* kement

last /la:st/ *s.* sonuncu, son; geçen, önceki * *be.* en son * *a.* son * *e.* devam etmek, sürmek; dayanmak *at last* en sonunda *lasting* sürekli, kalıcı

latch /leç/ *a.* kapı mandalı; kapı kilidi

late /leyt/ *s.* geç, gecikmiş; sabık, eski; son zamanlardaki, yeni * *be.* geç *lately* son günlerde, son zamanlarda

latent

latent /'leytınt/ s. ortada olmayan, gizli

lateral /'letırıl/ s. tek. yan, yanal

latest /'leytist/ a. kon. en son haber/moda, vb. at (the) latest en geç

lathe /leyt/ a. torna tezgâhı

lather /'la:tı/ a. sabun köpüğü, köpük * e. (sabun) köpürmek; köpürtmek, sabunlamak

Latin /'letin/ a. s. Latin, Latince

latitude /'letityu:d/ a. coğ. enlem

latrine /lı'tri:n/ a. (özellikle kamplarda) hela

latter /'letı/ s. sonraki, son latter day çağdaş, yeni latterly son zamanlarda

lattice /'letis/ a. kafes

laugh /la:f/ e. (kahkahayla) gülmek * a. gülüş, kahkaha laughable gülünç, komik laugh at -e gülmek; gülüp geçmek laughter kahkaha, gülüş

launch /lo:nç/ e. (gemi) suya indirmek; (roket) fırlatmak * a. (gemiyi) suya indirme

launder /'lo:ndı/ e. (giysi) yıkayıp ütülemek

launderette /lo:n'dret/ a. çamaşırhane

laundromat /'lo:ndrımet/ a. AE. çamaşırhane

laundry /'lo:ndri/ a. çamaşırhane; çamaşır

laurel /'lorıl/ a. bitk. defne ağacı

lav /lev/ a. BE. kon. yüznumara

lava /'la:vı/ a. lav

lavatory /'levıtıri/ a. hela, tuvalet, yüznumara

lavender /'levindı/ a. bitk. lavanta

lavish /'leviş/ s. savurgan, tutumsuz

law /lo:/ a. kanun, yasa; kural; hukuk law-abiding yasaya saygı gösteren lawful yasal lawless yasadışı lawsuit dava

lawn /lo:n/ a. çimen, çimenlik;

patiska lawn mower çim biçme makinesi

lawyer /'lo:yı/ a. avukat

lax /leks/ s. umursamaz, kaygısız; savsak

laxative /'leksıtiv/ a. s. müshil

lay /ley/ e. laid /leyd/ yaymak, sermek; koymak; yatırmak; hazırlamak, kurmak; yumurtlamak * a. durum, duruş lay aside bir kenara koymak lay-by BE. (karayolunda) duraklama cebi, cep lay down belirlemek, saptamak lay off işten çıkarmak lay on temin etmek, sağlamak lay up (hastalık) yatağa düşürmek

layer /'leyı/ a. tabaka, kat

layout /'leyaut/ a. tertip, düzen; mizanpaj

lazy /'leyzi/ s. tembel; ağır, uyuşuk

lead /li:d/ e. led /led/ götürmek, komuta etmek, yönetmek; sürmek, yaşamak lead to -e yol açmak, neden olmak lead up to sözü belli bir noktaya getirmek

lead /led/ a. kurşun; kalem kurşunu, grafit; anterlin

leader /'li:dı/ a. lider, önder leadership liderlik, önderlik

leading /'li:ding/ s. başta gelen, en önemli leading article başyazı

leaf /li:f/ a. (bitki) yaprak; sayfa, yaprak

leaflet /'li:flit/ a. broşür

league /li:g/ a. dernek; birlik; lig

leak /li:k/ a. sızıntı, akıntı; delik, kaçak yeri * e. sızdırmak, akıtmak; sızmak leakage sızıntı, sızma leaky sızıntılı, delik

lean /li:n/ e. leaned ya da leant /lent/ dayanmak, yaslanmak, eğilmek * s. çok zayıf, sıska; (et) yağsız; verimsiz, kıt leaning eğilim

leap /li:p/ e. leaped, leapt /lept/ sıçramak, atlamak * a. sıçrayış, atlama leap year artıkyıl learn /lö:n/ *e.* öğrenmek *learned* bilgili *learner* öğrenci *learning* bilgi

lease /li:s/ *a.* kira kontratı * *e. (out)* kontratla kiralamak

least /li:st/ *be.* en küçük; en az *at least* en azından, hiç olmazsa

leather /'letı/ *a.* deri

leave /li:v/ *e. left* /left/ ayrılmak, bırakmak, terk etmek * *a.* izin *on leave* izinli *by/with your leave* izninizle *leave alone* rahat bırakmak *leave out* atlamak; dahil etmemek

lecture /'lekçı/ *a.* konferans; (üniversitede) ders * *e.* ders vermek; konferans vermek *lecturer* konferansçı; okutman; doçent

led /led/ *bkz. lead*

ledger /'lecı/ *a.* defteri kebir

leech /liç/ *a. hayb.* sülük; asalak, parazit

leek /li:k/ *a.* pırasa

left /left/ *bkz. leave*

left /left/ *s.* sol * *a.* sol taraf * *be.* sola, sol tarafa *left-hand* soldaki, sol *left-handed* solak *leftist* solcu

leftovers /'leftouvız/ *a.* artık yemek

leg /leg/ *a.* bacak; but *pull sb's leg* şaka yapmak, takılmak

legacy /'legısi/ *a.* miras, kalıt

legal /'li:gıl/ *s.* yasal, yasaya uygun *legality* yasallık

legalize /'li:gılayz/ *e.* yasallaştırmak

legation /li'geyşın/ *a.* ortaelçilik

legend /'lecınd/ *a.* efsane, söylence *legendary* efsanevi; ünlü

legible /'lecıbıl/ *s.* okunaklı

legion /'li:cın/ *a.* lejyon

legislate /'lecisleyt/ *e. (for/against)* yasa yapmak, yasamak *legislation* yasama

legislative /'lecislıtiv/ *s.* yasamaya ilişkin

legislature /'lecisleyçı/ *a.* yasama meclisi

legitimate /li'citimit/ *s.* yasal; meşru doğmuş; mantıklı, akla yatkın

legman /'legmen/ *a.* gazete muhabiri

legshow /'legşou/ *a.* yataktan kalkma

leisure /'lejı/ *a.* boş vakit *at leisure* boş, serbest; acelesiz *leisurely* acelesiz yapılan, yavaş, sakin

lemon /'lemın/ *a.* limon *lemonade BE.* gazoz; *AE.* limonata

lend /lend/ *e.* ödünç vermek, borç vermek

length /lengt/ *a.* uzunluk, boy; süre *at length* en sonunda *lengthen* uzatmak; uzamak *lengthways* /-weyz/, *lengthwise* /-wayz/ uzunluğuna *lengthy* upuzun

lenient /'li:nıınt/ *s.* müşfik, yumuşak

lens /lenz/ *a.* mercek; objektif

lent /lent/ *bkz. lend*

lentil /'lentıl/ *a.* mercimek

Leo /'li:ou/ *a.* Aslan burcu

leopard /'lepıd/ *a. hayb.* leopar *leopardess* dişi leopar

leper /'lepı/ *a.* cüzamlı

leprosy /'leprısi/ *a.* cüzam

lesbian /'lezbiın/ *s.* lezbiyen, sevici *lesbianism* sevicilik

lesion /'li:jın/ *a.* yara, bere

less /les/ *be. s.* daha az

lessen /'lesın/ *e.* azaltmak; azalmak

lesser /'lesı/ *s.* daha az/küçük

lesson /'lesın/ *a.* ders; ibret

lest /lest/ *bağ.* -mesin diye; korkusu ile

let /let/ *e.* izin vermek, bırakmak; kiraya vermek *let alone* rahat bırakmak *let down* yüzüstü bırakmak; düş kırıklığına uğratmak *let go* koyvermek, salıvermek *let in* içeri almak *let off* cezasını affetmek; patlatmak, ateşlemek *let on* söylemek, bildirmek *let out* salıvermek; (sır) ağzından kaçırmak

lethal /'li:tıl/ *s.* öldürücü

lethargy /'letıci/ *a.* uyuşukluk, ilgisizlik

letter /'letı/ *a.* mektup; harf *letterbox* mektup kutusu

lettuce /'letis/ *a.* salata, marul

leukemia /lu:'ki:miı/ *a. hek.* lösemi, kan kanseri

level /'levıl/ *a.* yüzey, yatay; eşit * *s.* düz; yatay; eşit * *e.* düzlemek; yıkmak *level-headed* makul; dengeli

lever /'li:vı/ *e.* manivela; kaldıraç

levy /'levi/ *a.* zorla toplama

lewd /lu:d/ *s.* şehvet düşkünü; açık saçık

lexicon /'leksikın/ *a.* sözlük

liability /layı'biliti/ *a.* sorumluluk; ödenecek borç; engel

liable /'layıbıl/ *s.* sorumlu; maruz; eğilimli

liaison /li'eyzın/ *a.* bağlantı

liar /'layı/ *a.* yalancı

lib /lib/ *a. kon.* özgürlük *woman's lib* kadın özgürlüğü

libel /'laybıl/ *a. huk.* onur kırıcı yayın, iftira

liberal /'libırıl/ *s.* liberal; cömert, eli açık; geniş görüşlü, hoşgörülü; özgür, serbest *liberalism* liberalizm

liberate /'libıreyt/ *e.* serbest bırakmak

liberty /'libıti/ *a.* özgürlük

Libra /'li:brı/ *a.* terazi burcu

library /'laybrıri/ *a.* kütüphane *librarian* kütüphaneci

licence /'laysıns/ *a.* ruhsat, izin, ehliyet

license /'laysıns/ *e.* ruhsat vermek, resmi izin vermek, yetki vermek

lick /lik/ *e.* yalamak; *kon.* dayak atmak, pataklamak * *a.* yalama, yalayış

lid /lid/ *a.* kapak; gözkapağı

lido /'li:dou/ *a.* halka açık havuz

lie /lay/ *e.* **lay** /ley/, **lain** /leyn/ yatmak, uzanmak; olmak, bulunmak *lie down* yatmak, uzanmak

lie /lay/ *e.* yalan söylemek * *a.* yalan

lieutenant /lef'tenınt/ *a.* teğmen

life /layf/ *e.* hayat, yaşam; canlılık, hayat *change of life* menopoz *come to life* canlanmak, hareketlenmek *not on your life* dünyada olmaz, kesinlikle hayır *lifeboat* cankurtaran sandalı *lifeguard* cankurtaran yüzücü *life jacket* can yeleği *lifeless* ölü, cansız; ruhsuz, donuk, ölgün, cansız *lifelong* ömür boyu *lifetime* ömür

lift /lift/ *e.* kaldırmak, yükseltmek * *a.* kaldırma, yükseltme; *BE.* asansör *give sb a lift* arabasına almak, parasız götürmek *lift-off* (uçak) kalkış, havalanma

ligament /'ligımınt/ *a. anat.* kiriş, bağ

light /layt/ *a.* ışık, aydınlık; lamba; elektrik; (kibrit, çakmak, vb.) ateş * *e.* **lit** /lit/ yakmak; yanmak; aydınlatmak; tutuşturmak *lighthouse* fener kulesi *light year* ışık yılı

light /layt/ *s.* hafif; (iş) kolay; aydınlık; (renk) açık *light-headed* neşeli, kaygısız *light-hearted* neşeli, kaygısız *lightweight* hafifsiklet

lighten /'laytın/ *e.* aydınlatmak; aydınlanmak; hafifletmek

lighter /'laytı/ *a.* yakıcı aygıt; çakmak

lightning /'laytning/ *a.* şimşek; ani/çabuk/kısa süren şey

likable, likeable /'laykıbıl/ *s.* hoşa giden, cana yakın, sevimli

like /layk/ *e.* beğenmek, sevmek, hoşlanmak * *a. ç.* sevilen şeyler *likes and dislikes* hoşlanılan ve hoşlanılmayan şeyler *How do you like Ankara?* Ankara'yı nasıl buluyorsunuz? *How do you like your coffee?* Kahvenizi nasıl istersiniz?

like /layk/ *s. ilg.* benzer, gibi *feel like* (canı) istemek *like that* öyle, o şekilde *look like* benzemek *something like* gibi bir şey, yaklaşık, civarında *What's he like?* Nasıl biri? Neye benziyor?

likelihood /'layklihud/ *a.* olasılık

likely /'laykli/ *s.* olası, muhtemel; uygun, mantıklı * *be.* galiba, muhtemelen *as likely as not* muhtemelen *not likely* kon. kesinlikle hayır

likeness /'layknis/ *a.* benzeyiş, benzerlik

likewise /'laykwayz/ *be.* aynı şekilde; -de, -da, ayrıca, bir de

liking /'layking/ *a.* (*for*) sevme, düşkünlük

lilac /'laylık/ *a. bitk.* leylak; leylak rengi

lily /'lili/ *a. bitk.* zambak

limb /lim/ *a.* uzuv, organ; dal

lime /laym/ *a.* kireç; kalsiyum; *bitk.* ıhlamur *limestone* kireçtaşı

limit /'limit/ *a.* limit, uç, sınır * *e.* (*to*) kısıtlamak, sınırlandırmak *limitation* sınırlama *limited* sınırlı; (şirket) limitet *limitless* sınırsız

limousine /'limızi:n/ *a.* limuzin (araba)

limp /limp/ *s.* gevşek, yumuşak * *e.* topallamak * *a.* topallama

linctus /'linktıs/ *a. BE.* öksürük şurubu

linden /'lindın/ *a. bitk.* ıhlamur ağacı

line /layn/ *a.* çizgi, hat, yol; dizi, sıra; ip, sicim; telefon hattı; satır, dize; mısra * *e.* (*with*) içini kaplamak, astarlamak; dizmek, sıralamak *Hold the line, please!* (telefonda) Ayrılmayın, lütfen! *in line with* ile bağıntılı, bağdaşık *line up* sıraya girmek; sıraya dizmek

lineage /'liniic/ *a.* nesil, soy

linear /'liniır/ *s.* doğrusal, çizgisel

linen /'linin/ *a.* keten kumaş

liner /'laynı/ *a.* büyük yolcu gemisi; astar, kaplama maddesi

linesman /'laynzmın/ *a. sp.* yan hakemi

linger /'lingı/ *e.* ayrılamamak, oyalanmak; (ağrı, vb.) kolayca geçmemek

lingerie /'lenjıri:/ *a.* kadın iç çamaşırı

linguist /'lingwist/ *a.* dilbilimci, dilci; çok dil bilen kişi *linguistic* /-'gwistik/ dilbilimsel, dilsel *linguistics* dilbilim

lining /'layning/ *a.* astar

link /link/ *a.* bağlantı, bağ; zincir halkası * *e.* (*together/up*) bağlamak, birleştirmek

linkage /'linkic/ *a.* zincir; bağlantı

linseed /'linsi:d/ *a. bitk.* keten tohumu

lint /lint/ *a. hek.* sargı bezi, keten tiftiği

lion /'layın/ *a.* aslan; Aslan burcu *the lion's share* aslan payı

lioness /'layınes/ dişi aslan

lip /lip/ *a.* dudak *lipstick* dudak boyası, ruj

liquefy /'likwifay/ *e.* sıvılaşmak; sıvılaştırmak

liqueur /li'kyuı/ *a.* likör

liquid /'likwid/ *a. s.* sıvı, likit

liquidate /'likwideyt/ *e.* kurtulmak, başından savmak; (iş) tasfiye etmek *liquidation* tasfiye

liquor /'likı/ *a.* alkollü içki; *AE.* (viski, vb.) alkollü sert içki

liquorice /'likıris/ *a. bitk.* meyankökü

list /list/ *a.* liste, dizelge * *e.* listesini yapmak

listen /'lisın/ e. dinlemek * a. kon. dinleme, kulak verme

listener /'lisını/ a. dinleyici

listless /'listlis/ s. yorgun, bitkin, cansız, uyuşuk

lit /lit/ bkz. light

literacy /'litırısi/ a. okuryazarlık

literal /'litırıl/ s. tam; kelimesi kelimesine, harfi harfine; yalın, sade

literary /'litırıri/ s. edebi, yazınsal

literate /'litırit/ s. okur yazar

literature /'litırıçı/ a. edebiyat, yazın

lithe /layt/ s. esnek, kıvrak

litmus /'litmıs/ a. turnusol

litre /'li:tı/ a. litre

litter /'litı/ a. çöp litter basket/bin çöp kutusu

little /'litıl/ s. küçük, ufak; az, kısa; önemsiz, değersiz * be. az miktarda, birazcık * a. az miktar a little biraz little by little azar azar, yavaş yavaş make little of küçümsemek

live /liv/ e. yaşamak; oturmak live off -den geçimini sağlamak live on ile geçinmek; ile beslenmek

live /layv/ s. diri, canlı; (bomba, vb.) patlamamış; yayın (canlı); (tel) cereyanlı; güncel

livelihood /'layvlihud/ a. geçim, geçinme

lively /'layvli/ s. canlı, hayat dolu, neşeli; gerçeğe uygun

liven /'layvın/ e. (up) canlandırmak; canlanmak

liver /'livı/ a. anat. karaciğer

livestock /'layvstok/ a. çiftlik hayvanları, mal

livid /'livid/ s. mor; kon. öfkeden kudurmuş, gözü dönmüş

living /'living/ s. canlı, yaşayan, sağ * a. geçim, yaşayış living room oturma odası

lizard /'lizıd/ a. hayb. kertenkele

llama /'la:mı/ a. hayb. lama

load /loud/ a. yük; taşınan miktar; elek. şarj * e. yüklemek; doldurmak, şarj etmek

loaf /louf/ a. ekmen somunu

loafer /'loufı/ a. aylaklık eden kimse, aylak

loan /loun/ a. ödünç verilen şey; ödünç verme * e. ödünç vermek

loathe /lout/ e. nefret etmek, iğrenmek, tiksinmek loathing tiksinme, iğrenme loathsome iğrenç

lobby /'lobi/ a. lobi, hol; kulis faaliyeti

lobe /loub/ a. kulak memesi

lobster /'lobstı/ a. hayb. ıstakoz

local /'loukıl/ s. yerel, yöresel, mahalli; hek. lokal * a. semt birahanesi local government yerel yönetim

locality /lou'keliti/ a. yer, yöre

locate /lou'keyt/ e. yerini öğrenmek; yerleştirmek, kurmak be located bulunmak location yer

loch /lok/ a. göl

lock /lok/ a. kilit; bukle, perçem * e. kilitlemek; kilitlenmek

locker /'lokı/ a. kilitli çekmece ya da dolap

locket /'lokit/ a. madalyon

lockout /'lokaut/ a. lokavt

locomotion /loukı'mouşın/ a. hareket

locomotive /loukı'moutiv/ s. harekete ilişkin * a. lokomotif

locust /'loukıst/ a. çekirge

lodge /loc/ e. (kısa süreli) kirada oturmak; takılıp kalmak * a. kulübe; kapıcı evi; bodrum kat lodger pansiyoner, kiracı

lodgings /'locingz/ a. pansiyon

loft /loft/ a. tavan arası

lofty /'lofti/ s. yüce, yüksek

log /log/ a. kütük; (gemi, uçak, vb.) seyir defteri

logarithm /'logırıtım/ a. logaritma

logic /'locik/ a. mantık logical

mantıksal; mantıklı
logistics /lɪ'cistiks/ *a. ask.* lojistik
loincloth /'loynklot/ *a.* peştemal
loins /loynz/ *a.* bel
loiter /'loytı/ *e.* (*about*) duraklayarak, oyalanarak yürümek
loll /lol/ *e.* (*about/around*) tembelce oturmak, uzanmak
lollipop /'lolipop/ *a.* saplı şeker, lolipop
lone /loun/ *s.* kimsesiz, yalnız, tek
loneliness /'lounlinıs/ *a.* yalnızlık
lonely /'lounli/ *s.* yalnız ve mutsuz, kimsesiz; ıssız
lonesome /'lounsım/ *s. AE. kon. bkz. lonely*
long /long/ *s.* uzun * *be.* uzun zamandır; süresince, boyunca *as/so long as* eğer, şartıyla *long ago* uzun süre önce *so long kon.* hoşça kal *long-distance* uzun mesafe; (telefon) şehirlerarası *long-range* uzun menzilli *long-sighted* hipermetrop *longstanding* uzun süredir var olan, çok eski *long-term* uzun vadeli *longways* uzunlamasına
long /long/ *e.* (*for/to*) çok istemek, can atmak *long for -*e can atmak, -i özlemek *longing* özlem
longitude /'loncityu:d/ *a. coğ.* boylam
longwinded /long'windid/ *s.* uzun ve sıkıcı, sözü bitmez
look /luk/ *e.* bakmak; görünmek * *a.* bakış; yüz ifadesi; *kon.* görüntü, görünüş *look after* bakmak, gözetmek *look down on* hor görmek, küçümsemek *look for* aramak *look forward to* dört gözle beklemek, iple çekmek *look into* araştırmak, incelemek *look like* benzemek *look out* dikkat etmek *look over* göz gezdirmek, kısaca incelemek *look through* gözden geçirmek, incelemek *look up* iyiye gitmek; (kitaptan) bul-

mak, aramak; ziyaret etmek *look up to -*e saygı göstermek
loom /lu:m/ *a.* dokuma tezgâhı * *e.* (**up**) daha büyük ve korkunç gözükmek
loop /lu:p/ *a.* ilmik, ilik * *e.* ilmik yapmak; bağlamak
loose /lu:s/ *s.* bağsız, serbest, başıboş; gevşek, sıkı olmayan; dağınık; (giysi) bol; şüpheli; hafifmeşrep *let loose* serbest bırakmak *loosen* gevşetmek; çözmek
loot /lu:t/ *a.* ganimet, yağma * *e.* yağma etmek *looter* çapulcu, yağmacı
lop /lop/ *e.* kesmek; (ağaç) budamak
lord /lo:d/ *a.* efendi, sahip; lort *The Lord* Allah, Tanrı *The House of Lords* Lortlar Kamarası *lordship* lortluk; lort
lorry /'lori/ *a.* kamyon
lose /lu:z/ *e. lost* /lost/ kaybetmek, yitirmek; yenilmek, kazanamamak; (elden) kaçırmak *lose oneself* kendini kaybetmek *lose one's head* kontrolünü kaybetmek *lose one's temper* tepesi atmak *loser* mağlup, yenilen
loss /los/ *a.* kaybetme; kayıp; zarar, ziyan *at a loss* şaşkın, afallamış; zararına
lost /lost/ *bkz. lose; s.* kayıp; yitirilmiş; boşa gitmiş *get lost* kaybolmak
lot /lot/ *a. kon.* çok miktar; hepsi; tümü; grup; kur'a; adçekme; talih, kısmet, yazgı *a lot of, lots of* birçok, bir sürü *a lot* pek çok, epey *draw lots* kura çekmek, adçekmek
lotion /'louşın/ *a.* losyon
lottery /'lotıri/ *a.* piyango
lotus /'loutıs/ *a. bitk.* nilüfer
loud /laud/ *s.* yüksek sesli, gürültülü; cırtlak, çiğ, cafcaflı *

be. yüksek sesle *loudspeaker* ho-
parlör

lounge /launc/ *a.* salon; hol; lobi *
e. (*about/around*) tembelce
uzanmak, yayılıp oturmak *lounge
suit* (erkek) günlük kıyafet

louse /laus/ *a.* (*kon. lice* /lays/) bit

lousy /'lauzi/ *s. kon.* berbat, rezil;
bitli

lout /laut/ *a.* hödük, ayı

love /lav/ *a.* aşk, sevgi, sevi; sevgili;
BE. canım; (tenis) sıfır * *e.*
sevmek *be in love with* -e âşık
olmak *fall in love with* -e âşık
olmak *make love* sevişmek *love
affair* aşk macerası *lover* âşık,
sevgili *lovemaking* sevişme *lov-
ing* seven

lovely /'lavli/ *s.* güzel, hoş; *kon.*
nefis, harika

low /lou/ *s.* alçak; düşük; zayıf;
(ses) az; rezil, aşağılık; adi
lownecked alçak yakalı, dekolte
low-pitched (ses) pes

low /lou/ *e.* (inek) böğürmek * *a.*
böğürtü

lower /'lou/ *s.* alt * *e.* azaltmak,
kısmak; azalmak; indirmek;
(kendini) küçük düşürmek *lower
class* aşağı tabaka

lowland /'louland/ *a.* ova

loyal /'loyıl/ *s.* vefalı, sadık *loyalty*
bağlılık, sadakat

lozenge /'lozinc/ *a.* pastil

lubricant /'lu:brikınt/ *a.* yağlayıcı
madde

lubricate /'lu:brikeyt/ *e.* yağlamak

lucid /'lu:sid/ *s.* kolay anlaşılır, açık

luck /lak/ *a.* şans, talih; uğur *bad
luck* aksilik, şanssızlık *Good luck!*
Bol şanslar! *luckily* çok şükür,
bereket versin ki *lucky* şanslı,
talihli; uğurlu

lucrative /'lu:krıtiv/ *s.* kârlı, kazançlı

ludicrous /'lu:dıkrıs/ *s.* gülünç

lug /lag/ *e. kon.* zorlukla çekmek

luggage /'lagıc/ *a.* bagaj

lukewarm /lu:k'wo:m/ *s.* (sıvı) ılık

lull /lal/ *e.* yatıştırmak; yatışmak

lullaby /'lalıbay/ *a.* ninni

lumbago /lam'beygou/ *a. hek.* bel
ağrısı

lumber /'lambı/ *e.* hantal hantal
yürümek *lumberjack* oduncu

luminous /'lu:mınıs/ *s.* parlak,
aydınlık

lump /lamp/ *a.* toprak; yumru, şiş;
(şeker) küp *lumpy* yumru yumru,
pütürlü

lunar /'lu:nı/ *s.* ayla ilgili, aya ait
lunar month kameri ay, 28 gün-
lük ay

lunatic /'lu:nıtik/ *a. s.* deli, kaçık
lunatic asylum tımarhane

lunch /lanç/ *a.* öğle yemeği

luncheon /'lançın/ *a.* öğle yemeği

lung /lang/ *a.* akciğer

lunge /lanc/ *a.* hamle, saldırış

lurch /lö:ç/ *a.* yalpa * *e.* yalpala-
mak

lure /luı/ *e.* ayartmak, çekmek * *a.*
yem, tuzak

lurid /'lurid/ *s.* parlak, pırıl pırıl;
korkunç, dehşetli

lurk /lö:k/ *e.* gizlenmek, pusuya
yatmak *lurk around/about* gizli
gizli dolaşmak

luscious /'laşıs/ *s.* çok tatlı, bal gibi;
(kız) çekici, güzel, enfes; (meyve)
olgun

lush /laş/ *s.* (bitki) verimli, bol, gür;
taze ve sulu, özlü

lust /last/ *a.* şehvet *lustful* şehvetli

lustre /'lastı/ *a.* parlaklık, parıltı

lute /lu:t/ *a. müz.* ut, kopuz

luxuriant /lag'zyuırınt/ *s.* bereketli,
bol

luxurious /lag'zyuırııs/ *s.* konforlu,
lüks

luxury /'lakşıri/ *a.* konfor, lüks

lynch /linç/ *e.* linç etmek

lynx /links/ *a. hayb.* vaşak

lyre /layı/ *a.* lir

lyric /'lirik/ *a.* lirik şiir * *s.* lirik

lyrical lirik, heyecanlı, coşkun *lyricist* şarkı sözü yazarı *lyrics* güfte, şarkı sözleri

M

ma /ma:/ *a. kon.* anne, ana

ma'am /mem, ma:m/ *a.* madam, bayan

macabre /mı'ka:brı/ *s.* korkunç

macadam /mı'kedım/ *a.* şose

macaroni /meki'rouni/ *a.* makarna

mace /meys/ *a.* gürz, topuz; tören asası

Mach /mek/ *a.* mak, uçağın ses hızına oranla hızı

machine /mı'şi:n/ *a.* makine *machinegun* makineli tüfek *machinist* makinist

machinery /mı'şi:nıri/ *a.* makineler; mekanizma

mackerel /'mekınl/ *a. hayb.* uskumru

mackintosh /'mekintoş/ *a.* yağmurluk

mad /med/ *s.* deli, çılgın; *kon.* kızgın, kudurmuş *drive sb mad* kızdırmak, deli etmek *go mad* delirmek *like mad kon.* deli gibi *madman* deli *madly* deli gibi, çılgınca; *kon.* çok *madness* delilik, çılgınlık

madam /'medım/ *a.* bayan, hanımefendi

madden /'medın/ *e.* çıldırtmak, deli etmek, kudurtmak

made /meyd/ *bkz. make;* *s.* -den yapılmış, -den

Madonna /mı'donı/ *a.* Meryem Ana

madrigal /'medrıgıl/ *a.* çalgısız söylenen çok sesli şarkı, madrigal

maestro /'maystrou/ *a.* orkestra şefi, maestro

magazine /megı'zi:n/ *a.* dergi,

magazin; depo, cephane; şarjör

maggot /'megıt/ *a.* kurtçuk, kurt

magic /'mecik/ *a.* büyü; büyücülük * *s.* büyülü *magical* büyülü *magician* /mı'cişın/ büyücü, sihirbaz

magistrate /'mecistreyt/ *a.* sulh yargıcı

magnanimous /meg'nenimıs/ *s.* yüce gönüllü, bağışlayıcı

magnate /'megneyt/ *a.* patron, kodaman

magnet /'megnit/ *a.* mıknatıs *magnetic* /meg'netik/ mıknatıslı *magnetism* manyetizma *magnetize* mıknatıslamak; çekmek, büyülemek

magnificent /meg'nifisınt/ *s.* görkemli, olağanüstü, muhteşem

magnify /'megnıfay/ *e.* büyütmek *magnifying glass* büyüteç

magnitude /'megnityu:d/ *a.* büyüklük; önem

magnolia /meg'nouliı/ *a. bitk.* manolya

magpie /'megpay/ *a. hayb.* saksağan

maharaja /ma:hı'ra:cı/ *a.* mihrace

mahogany /mı'hogıni/ *a.* mahun, maun

maid /meyd/ *a.* bayan hizmetçi

maiden /'meydın/ *a. yaz.* evlenmemiş kız *maiden name* kızlık soyadı

mail /meyl/ *a.* posta; zırh * *e.* postayla göndermek *mailbox AE.* posta kutusu *mailman AE.* postacı

maim /maym/ *e.* sakatlamak

main /meyn/ *s.* asıl, ana, temel *mainland* ana toprak, kara *mainly* başlıca; çoğunlukla

maintain /meyn'teyn/ *e.* sürdürmek; geçindirmek; bakmak; korumak; bakmak; savunmak

maintenance /'meyntınıns/ *a.* bakım; geçim; savunma

maize /meyz/ *a. BE.* mısır

majestic /mı'cestik/ s. görkemli, muhteşem, şahane

majesty /'mecisti/ a. görkem, haşmet, heybet *His Majesty* Kral Hazretleri

major /'meycı/ s. daha büyük, daha önemli * a. ask. binbaşı; huk. büyük, reşit, ergin; (üniversitede) .ana dal; müz. majör

majority /mı'coriti/ a. çoğunluk; sayı farkı, fark; huk. rüşt

make /meyk/ e. made /meyd/ yapmak, hazırlamak, düzeltmek; (para, başarı, vb.) kazanmak; yaratmak; elde etmek, sağlamak; -dırmak, -tirmek * a. yapı, biçim; marka, çeşit *make for* -e doğru yol almak; -e neden olmak *make off* kaçmak, tüymek *make off with* çalmak *make out* (güçlükle) anlamak, çözmek; yazmak *make over* devretmek, bırakmak *make up* uydurmak; hazırlamak; tamamlamak, makyaj yapmak *make up for* affettirmek, telafi etmek *make up to* gözüne girmeye çalışmak *make-believe* yapmacık, sahtelik *maker* yapımcı *make-up* makyaj; bileşim, mizaç, huy

maladjusted /melı'castid/ s. (çevreye) uyamayan, uyumsuz

malady /'melıdi/ a. hastalık, illet

malaria /mı'leırı/ a. hek. sıtma

male /meyl/ a. s. erkek

malice /'melis/ a. kötülük, kin; düşmanlık *malicious* /mı'lişıs/ kötücül, kinci

malignant /mı'lignınt/ s. kötü niyetli

mallard /'melıd/ a. hayb. yabanördeği

malleable /'melııbıl/ s. (maden) dövülgen; (insan) yumuşak, uysal

mallet /'melit/ a. tokmak

malnutrition /melnyu'trişin/ a. kötü beslenme

malt /mo:lt/ a. biralık arpa, malt

maltreat /mel'tri:t/ e. kötü davranmak, zulmetmek

mammal /'memıl/ a. hayb. memeli

mammoth /'memıt/ a. hayb. mamut

man /men/ a. (ç. men /men/) adam, erkek; insan, kişi; insanlık *manhood* erkeklik *the man in the street* sokaktaki adam *man-eater* yamyam *man of the world* görmüş geçirmiş kimse *man-made* insan yapımı; sentetik *man-of-war* savaş gemisi

manacle /'menıkıl/ a. kelepçe

manage /menic/ e. yönetmek, idare etmek; başarmak; becermek; menajerliğini yapmak *manageable* yönetilebilir; kullanışlı

management /'menicmınt/ a. yönetim, idare; yönetim kurulu

manager /'menicı/ a. müdür; yönetici *manageress* müdire, kadın yönetici *managerial* idari, yönetimle ilgili

mandate /'mendeyt/ a. buyruk, emir; vekillik

mandatory /'mendıtırı/ s. zorunlu

mandolin /mendı'lin/ a. müz. mandolin

mane /meyn/ a. yele

manganese /'mengını:z/ a. kim. manganez

mange /meync/ a. uyuz hastalığı

manger /'meyncı/ a. yemlik

mangle /'mengıl/ e. parçalamak, ezmek, yırtmak

mango /'mengou/ a. bitk. mango, hintkirazı

mania /'meynıı/ a. manyaklık, delilik; düşkünlük *maniac* manyak, deli

manicure /'menikyuı/ a. manikür

manifest /'menifest/ s. açık, belli * e. göstermek, ortaya koymak

manifesto /meni'festou/ a. bildirge, bildiri

manifold /'menifould/ s. türlü türlü, çok

manipulate /mɪ'nipyuleyt/ e. beceriyle kullanmak, ustalıkla yönetmek

mankind /men'kaynd/ a. insanlık, insanoğlu

manly /'menli/ s. mert, yiğit, erkek

manner /'menı/ a. tarz, biçim, yol; davranış **manners** görgü **all manner of** her tür

mannerism /'menırizım/ a. kişisel özellik

manoeuvre /mɪ'nu:vı/ a. manevra; hile, dolap

manor /'menı/ a. malikâne

manpower /'menpauı/ a. el emeği, insan gücü

mansion /'menşın/ a. konak

manslaughter /'menslo:tı/ a. huk. kasıtsız adam öldürme

mantelpiece /'mentlpi:s/ a. şömine rafı

mantle /'mentıl/ a. kolsuz manto, harmani; örtü

manual /'menyuıl/ s. elle yapılan, ele ait, el * a. el kitabı, kılavuz

manufacture /menyu'fekçı/ a. imal, yapım * e. imal etmek, yapmak, üretmek **manufacturer** imalatçı, yapımcı

manure /mɪ'nyuı/ a. gübre

manuscript /'menyuskript/ a. yazma, el yazması

many /meni/ s. adl. a. çok, birçok **how many** kaç tane? **many's the time** birçok kereler **too many** çok fazla

map /mep/ a. harita

maple /'meypıl/ a. bitk. akçaağaç

mar /ma:/ e. bozmak, lekelemek

marathon /'merıtın/ a. maraton

marauding /mı'ro:ding/ s. yağmacı, çapulcu

marble /'ma:bıl/ a. mermer; bilye, misket

March /ma:ç/ a. mart

march /ma:ç/ a. askeri yürüyüş; yürünen mesafe; ilerleme; müz. marş * e. düzenli adımlarla yürümek; ilerlemek

marchioness /ma:şı'nes/ a. markiz

mare /meı/ a. hayb. kısrak

margarine /ma:cı'ri:n/ a. margarin

margin /'ma:cin/ a. sınır, kenar; sayfa kenarındaki boşluk **marginal** kenarda olan

marina /mı'ri:nı/ a. marina, küçük liman

marine /mı'ri:n/ s. deniz/denizcilik ile ilgili * a. bahriye, denizcilik; bahriyeli

marital /'meritıl/ s. evlilikle ilgili **marital status** medeni hal

maritime /'meritaym/ s. denizle ilgili; denizcilikle ilgili, denizcilik ...

mark /ma:k/ a. işaret, çizgi; (okul) not, numara; damga; marka * e. işaretlemek; damgalamak; not vermek **marked** göze çarpan **marker** işaretleyen şey

mark /ma:k/ a. Alman parası, mark

market /'ma:kıt/ a. çarşı, pazar; piyasa; borsa **be on the market** satışa çıkarılmak **black market** karaborsa **market economy** piyasa ekonomisi **market price** piyasa fiyatı **market quotation** piyasa rayici **market research** piyasa araştırması **marketplace** pazaryeri **marketing** pazarlama

marksman /'ma:ksmın/ a. nişancı

marmalade /'ma:mıleyd/ a. marmelat

maroon /mı'ru:n/ a. s. kestane rengi

marquee /ma:'ki/ a. büyük çadır, otağ

marquis /'ma:kwis/ a. marki

marriage /'meric/ a. evlenme; evlilik

married /'merid/ s. evli **get married (to)** ile evlenmek

marrow /'merou/ a. bitk. sakız-

marry

kabağı; ilik, öz

marry /'meri/ *e.* evlendirmek; evlenmek

Mars /ma:z/ *a.* Mars

marsh /ma:ş/ *a.* bataklık **marshy** bataklık

marshal /'ma:şıl/ *a. ask.* mareşal; teşrifatçı; *AE.* (polis, itfaiye, vb.) şef * *e.* dizmek, sıralamak; yol göstermek

martial /'ma:şıl/ *s.* savaşla ilgili; savaşçı *martial law* sıkıyönetim

martin /'ma:tin/ *a. hayb.* kırlangıç

martyr /'ma:tı/ *a.* şehit * *e.* şehit etmek *martyrdom* şehitlik

marvel /'ma:vıl/ *a.* şaşılacak şey, mucize *marvellous* harika, müthiş, fevkalade

Marxist /'ma:ksist/ *a. s.* Marksist, Marksçı *Marxism* Marksizm

mascara /ma'ska:rı/ *a.* rimel, maskara

mascot /'meskıt/ *a.* uğur, maskot

masculine /'meskyulin/ *s.* erkeksi; *dilb.* eril

mash /meş/ *a.* lapa, ezme; *kon.* patates püresi * *e.* ezmek

mask /ma:sk/ *a.* maske; örtü; yüz kalıbı * *e.* maske takmak; gizlemek

masochist /'mesıkist/ *a.* mazoşist, özezer *masochism* mazoşizm, özezerlik

mason /'meysın/ *a.* duvarcı; mason *masonry* duvarcılık; masonluk; taş

masquerade /meskı'reyd/ *a.* maskeli balo; gerçeği gizleme

mass /mes/ *a.* yığın, küme; çokluk; kütle *mass media* kitle iletişim *mass production* seri üretim *the masses* çalışan sınıf, emekçiler

massacre /'mesıkı/ *a.* katliam, kırım * *e.* katliam yapmak

·massage /'mesa:j/ *a.* masaj * *a.* masaj yapmak

masseur /me'sö:/ *a.* masör

massive /'mesiv/ *s.* iri, kocaman; güçlü; som, yekpare

mast /ma:st/ *a.* gemi direği; gönder

master /'ma:stı/ *a.* sahip; patron; müdür; (erkek) öğretmen; usta * *e.* hâkim olmak, iyi bilmek *masterful* dediğini yaptıran, egemen *master key* maymuncuk *masterly* ustaca, mükemmel *mastermind* çok zeki kimse *masterpiece* şaheser, başyapıt

masturbate /'mestıbeyt/ *e.* mastürbasyon yapmak *masturbation* mastürbasyon

mat /met/ *a.* hasır; paspas; altlık * *s.* donuk, mat

matador /'metıdo:/ *a.* boğa güreşçisi, matador

match /meç/ *a.* kibrit; fitil; eş, denk; benzer; maç, karşılaşma * *e.* birbirine uymak *matchbox* kibrit kutusu *matching* uyumlu *matchless* eşsiz, benzersiz *matchmaker* çöpçatan

mate /meyt/ *a.* arkadaş, dost; *BE. kon.* ahbap, arkadaş; (hayvan) eş; satranç (mat) * *e.* çiftleşmek; çiftleştirmek

material /mı'tiırıl/ *a.* madde; malzeme, gereç; kumaş * *s.* maddi *materialism* materyalizm, özdekçilik *materialist* materyalist

maternal /mı'tö:nıl/ *s.* anaya özgü, ana ...; (akrabalık) ana tarafından

maternity /mı'tö:nıti/ *a.* analık; gebelik *maternity hospital* doğumevi

mathematics /meti'metiks/ *a.* matematik *mathematical* matematiksel; *mec.* tam, kesin *mathematician* matematikçi

maths /mets/ *a. BE. kon.* matematik

matiné /'metiney/ *a.* matine

matrimony /'metrimıni/ *a.* evlilik

matt /met/ *s.* donuk, mat

matter /'metı/ *a.* madde, cisim; iş,

sorun, konu, mesele; konu, içerik; aksilik, dert; cerahat, irin; mesele, sorun * *e.* önemi olmak *a matter of* ... meselesi *a matter of course* olağan bir şey, sıradan olay *a matter of death* ölüm kalım meselesi *as a matter of fact* aslında, işin doğrusu *It doesn't matter.* Önemi yok. *printed matter* basılı yazı, matbua *What's the matter?* Ne var? Ne oluyor?

matting /'meting/ *a.* hasır

mattock /'metık/ *a.* kazma

mattress /'metris/ *a.* döşek, şilte

mature /mı'çuı/ *s.* olgun * *e.* olgunlaşmak *maturity* olgunluk

maul /mo:l/ *e.* hırpalamak; yaralamak

mausoleum /mo:sı'liım/ *a.* anıtkabir

mauve /mouv/ *a. s.* leylak rengi

maxim /'meksim/ *a.* özdeyiş

maximum /'meksimım/ *a.* en yüksek derece * *s.* en yüksek, maksimum

may /mey/ *e.* (olasılık, izin ve dilek belirtir) -ebilmek, -abilmek

May /mey/ *a.* mayıs

maybe /'meybi/ *be.* belki

mayonnaise /meyı'neyz/ *a.* mayonez

mayor /meı/ *a.* belediye başkanı

maze /meyz/ *a.* labirent

me /mi, mı:/ *adl.* beni; bana; ben

meal /mi:l/ *a.* yemek, öğün

mean /mi:n/ *e.* anlamına gelmek, demek olmak; demek istemek, kastetmek; niyet etmek * *s.* pinti, cimri; adi; alçak; ortalama * *a.* orta; ortalama; *kon.* servet, para; *kon.* vasıta; araç *by any means* her ne şekilde olursa olsun *by no means* kesinlikle, hiç *by means of* vasıtasıyla, yardımıyla

meander /mi'endı/ *a.* dolambaç

meaning /'mi:ning/ *a.* anlam *meaningful* anlamlı *meaningless* anlamsız

meant /ment/ *bkz.* **mean**

meantime /'mi:ntaym/ be bu arada *in the meantime* bu arada

meanwhile /'mi:nwayl/ *be.* bu arada

measles /'mi:zılz/ *a. hek.* kızamık

measure /'mejı/ *a.* ölçü; tedbir, önlem * *e.* ölçmek *measurement* ölçüm; ölçü

meat /mi:t/ *a.* et *meatball* köfte

mechanic /mi'kenık/ *a.* makinist; tamirci *mechanical* makineyle ilgili, mekanik *mechanics* mekanik

mechanism /'mekınızım/ *a.* mekanizma

mechanize /'mekınayz/ *e.* makineleştirmek

medal /medıl/ *a.* madalya

medallion /mi'delıın/ *a.* madalyon

meddle /'medıl/ *e.* karışmak, burnunu sokmak

media /'mi:dıı/ *a.* kitle iletişim araçları

mediate /'mi:dieyt/ *e.* arabuluculuk etmek *mediator* arabulucu

medical /'medikıl/ *s.* tıbbi

medicate /'medikeyt/ *e.* içine ilaç katmak

medicinal /mi'disınıl/ *s.* iyileştirici

medicine /'medsın/ *a.* ilaç; tıp, hekimlik

medieval /medi'i:vıl/ *s.* ortaçağ ..., ortaçağa ait

mediocre /mi:di'oukı/ *s.* orta, şöyle böyle

meditate /'mediteyt/ *e.* enine boyuna düşünmek; tasarlamak

medium /'mi:dıım/ *a. (ç.* *media* /'mi:dıı/) çevre, ortam; vasıta, araç *medium sized* orta boylu

medley /'medli/ *a.* karışım; *müz.* potpuri, medley

meek /mi:k/ *s.* uysal, alçakgönüllü

meet /mi:t/ *e.* *met* /met/ rastlamak, karşılaşmak; karşılamak; tanışmak; buluşmak; toplanmak

meeting /'mi:ting/ *a.* buluşma; toplantı

megaphone /'megıfoun/ a. megafon

melancholy /'melınkıli/ a. melankoli, hüzün * s. hüzünlü

mellow /'melou/ s. olgun, tatlı, sulu; yumuşak, tatlı

melodious /mı'loudıs/ s. kulağa hoş gelen, uyumlu, melodik

melodrama /'melıdra:mı/ a. melodram

melon /'melın/ a. bitk. kavun

melt /'melt/ e. erimek; eritmek; kaybolmak melt away eriyip kaybolmak

member /'membı/ a. üye; organ; uzuv membership üyelik; üyeler

membrane /'membreyn/ a. ince zar

memo /'memou/ a. kısa not

memoirs /'memwa:z/ a. yaşam öyküsü

memorable /'memırbıl/ s. anılmaya değer

memorandum /memı'rendım/ a. not; nota, muhtıra; tezkere, memorandum

memorial /mı'mo:rııl/ a. anıt

memorize /'memırayz/ e. ezberlemek

memory /'memıri/ a. hafıza; anı, hatıra in memory of-ın anısına

menace /'menis/ a. tehdit, tehlike * e. tehdit etmek

mend /mend/ e. onarmak, tamir etmek; yamamak; düzeltmek on the mend iyileşen, düzelen

menstruation /menstru'eyşın/ a. âdet, aybaşı

mental /'mentıl/ s. zihinsel, akli mental hospital akıl hastanesi mental illness akıl hastalığı

mentality /men'teliti/ a. düşünüş, zihniyet; akıl, zekâ, zihin

menthol /'mentol/ a. mentol

mention /'menşın/ e. -den söz etmek, bahsetmek, anmak Don't mention it! Bir şey değil! Estağfurullah!

menu /'menyu:/ a. yemek listesi, mönü

mercenary /'mö:sınıri/ a. paralı asker

merchandise /'mö:çındayz/ a. ticaret eşyası, mal

merchant /'mö:çınt/ a. tüccar, tacir

merciful /'mö:sifıl/ s. sevecen, bağışlayıcı, merhametli

merciless /'mö:silis/ s. merhametsiz, acımasız, amansız

mercury /'mö:kyuri/ a. cıva

Mercury /'mö:kyuri/ a. Merkür

mercy /'mö:si/ a. merhamet, acıma

mere /miı/ s. sırf, sadece, yalnız the merest en ufak, en önemsiz merely sadece, yalnızca

merge /mö:c/ e. birleştirmek; birleşmek merger birleşme

meridian /mı'rıdiın/ a. meridyen

merit /'merit/ a. değer, liyakat; erdem

mermaid /'mö:meyd/ a. denizkızı

merriment /'merımınt/ a. şenlik, neşe, keyif

merry /'meri/ s. neşeli, şen, güleç merry-go-round atlıkarınca

mesh /meş/ a. ağ gözü; tuzak * e. (çark dişleri) birbirine geçmek

mess /mes/ a. karışıklık, dağınıklık; kirlilik, pislik; ask. yemekhane; ask. karavana in a mess pislik içinde make a mess of yüzüne gözüne bulaştırmak, berbat etmek

message /'mesic/ a. haber, mesaj

messenger /'mesıncı/ a. haberci, ulak

messiah /mi'sayı/ a. kurtarıcı; İsa Peygamber

met /met/ bkz. meet

metabolism /mi'tebılizım/ a. metabolizma

metal /'metıl/ a. metal, maden metallic /mi'telik/ madeni

metallurgy /'metılö:ci, mi'telıci/ a. metalürji, metalbilim

metaphor /'metıfı/ a. eğretileme,

istiare

meteor /'mi:tıı/ *a.* göktaşı, meteor *meteorite* /-rayt/ göktaşı

meteorology /mi:tıı'rolıci/ *a.* meteoroloji, havabilgisi

meter /'mi:tı/ *a.* ölçme aygıtı, sayaç, saat; *AE.* metre

method /'metıd/ *a.* yöntem *methodical* /mi'todikıl/ sistemli, yöntemli

meticulous /mi'tikyulıs/ *s.* titiz

metre /'mi:tı/ *a.* metre; ölçü, vezin *metric* /'metrik/ metrik

metropolis /mi'tropılis/ *a.* büyük şehir, anakent, metropol; başkent *metropolitan* başkentle/büyük şehirle ilgili

mettle /'metıl/ *a.* yiğitlik, cesaret

mew /nyu:/ *e.* miyavlamak

miaow /mi'au/ *a.* miyav, miyavlama * *e.* miyavlamak

mica /'maykı/ *a.* mika

microbe /'maykroub/ *a.* mikrop

microchip /'maykrıçip/ *a.* miniyonga, mikroçip

microfilm /'maykrıfilm/ *a.* mikrofilm

microorganism /maykrou'o:gınizım/ *a.* mikroorganizma

microphone /'maykrıfoun/ *a.* mikrofon

microprocessor /maykrou'prousesı/ *a.* (bilgisayar) mikroişlem birimi, mikroişlemci

microscope /'maykrıskoup/ *a.* mikroskop

microwave /'maykrıweyv/ *a.* mikrodalga

mid /mid/ *s.* ortasında

midday /mid'dey/ *a.* öğle vakti * *s.* öğle

middle /'midıl/ *a.* orta; vasat; merkezi *Middle Ages* ortaçağ *middle class* orta sınıf *Middle East* Ortadoğu *in the middle of sth/doing sth* ile meşgul, -mekte, -makta *middleman* komisyoncu, aracı *middleweight* (boks) or-

tasıklet

midge /mic/ *a.* hayb. tatarcık

midget /'micit/ *s.* cüce; çok küçük

midland /'midlınd/ *a.* bir ülkenin iç kısmı *the Midlands* orta İngiltere

midnight /'midnayt/ *a.* gece yarısı

midriff /'midrif/ *a.* anat. diyafram

midway /mid'wey/ *s. be.* yarı yolda, ortasında

midwife /'midwayf/ *a.* ebe

might /mayt/ *bkz. may;* *a.* kudret, güç *mighty* güçlü, kudretli

migraine /'mi:greyn, 'maygreyn/ *a. hek.* migren

migrant /'maygrınt/ *a.* göçmen

migrate /may'greyt/ *e.* göç etmek, göçmek *migration* göç

mike /mayk/ *a. kon.* mikrofon

mild /mayld/ *s.* yumuşak başlı, uysal; ılımlı

mildew /'mildyu:/ *a.* küf

mile /mayl/ *a.* mil (1609 m.) *milestone* kilometre taşı; dönüm noktası

mileage /'maylic/ *a.* mil hesabıyla uzaklık

militant /'militınt/ *s.* saldırgan, savaşçı * *a.* militan

military /'militıri/ *s.* askeri

militia /mi'lişı/ *a.* milis

milk /milk/ *a.* süt * *e.* sağmak *milkman* sütçü *milky* sütlü *the Milky Way* Samanyolu

mill /mil/ *a.* değirmen; imalathane * *e.* öğütmek; çekmek

millennium /mi'lenıım/ *a.* bin yıl

miller /'mılı/ *a.* değirmenci

millet /'mılit/ *a.* darı

milliner /'milinı/ *a.* kadın şapkacısı

million /'mılyın/ *a.* milyon

millionaire /milyı'neı/ *a.* milyoner

mime /maym/ *a.* pandomim; pandomim oyuncusu * *e.* pandomim yapmak

mimic /'mimik/ *a.* taklitçi * *e.* taklidini yapmak

minaret /mini'ret/ *a.* minare

mince /mins/ *e.* kıymak, doğramak * *a.* kıyma

mind /maynd/ *a.* akıl; düşünce; kanı; hatır, bellek; dikkat *change one's mind* fikrini değiştirmek *in one's right mind* aklı başında *make up one's mind* kararını vermek *out of one's mind* deli

mind /maynd/ *e.* bakmak, ilgilenmek; aldırış etmek, önemsemek, sakıncalı bulmak *do/would you mind* sizce bir sakıncası var mı *mind you* şunu da göz önünde bulundurun ki *Mind your own business* Sen kendi işine bak. *Never mind* Boş ver; Önemi yok; Aldırma; Sağlık olsun *mindful* -e dikkat eden, önem veren *mindless* akılsız, aptal; aldırış etmeyen

mine /mayn/ *adl.* benimki * *a.* maden ocağı; *ask.* mayın * *e.* (maden, vb.) çıkarmak; mayın döşemek *minefield* mayın tarlası *miner* madenci

mineral /'minırıl/ *a. s.* mineral *mineral water* madensuyu

mingle /'mingıl/ *e.* karıştırmak; karışmak

mini /'mini/ *s.* küçük, mini

miniature /'miniıçı/ *a.* minyatür

minibus /'minibas/ *a.* minibüs

minimal /'minimıl/ *s.* en az, en küçük

minimize /'minimayz/ *e.* en aza indirgemek, azaltmak

minimum /'minimım/ *s.* en küçük, en az * *a.* en küçük miktar *minimum wage* asgari ücret

mining /'mayning/ *a.* madencilik

minister /'ministı/ *a.* bakan; orta elçi; papaz

ministry /'ministri/ *a.* bakanlık; papazlık

mink /mink/ *a. hayb.* vizon; vizon kürk

minor /'maynı/ *s.* daha az; önemsiz,

küçük; *müz.* minör * *a. huk.* ergin olmayan çocuk

minority /may'noriti/ *a.* azınlık

minster /'ministı/ *a.* büyük kilise

minstrel /'minstrıl/ *a.* ortaçağ halk ozanı

mint /mint/ *a. bitk.* nane; darphane

minus /'maynıs/ *a. s. ilg.* eksi

minute /'minit/ *a.* dakika; kısa süre, an

minutes /'minits/ *a.* tutanak

miracle /'minkıl/ *a.* mucize, harika *miraculous* /mi'rekyulıs/ mucizevi, şaşılacak

mirage /'mira:j/ *a.* serap, ılgın

mirror /'mirı/ *a.* ayna

misadventure /misıd'vençı/ *a.* kaza, talihsizlik

misapprehend /misepri'hend/ *e.* yanlış anlamak

misbehave /misbi'heyv/ *e.* terbiyesizlik etmek, kötü davranmak

miscalculate /'mis'kelkyuleyt/ *e.* yanlış hesaplamak

miscarriage /mis'keric/ *a.* çocuk düşürme, düşük; başarısızlık

miscarry /mis'keri/ *e.* (çocuk) düşürmek; başarısız olmak, boşa gitmek

miscellaneous /misı'lenyıs/ *s.* çeşitli

mischance /mis'ça:ns/ *a.* şanssızlık, talihsizlik

mischief /'misçif/ *a.* kötülük; yaramazlık *mischievous* zararlı; yaramaz

misconduct /mis'kondakt/ *a.* kötü davranış; kötü yönetim; zina

misdemeanour /misdi'mi:nı/ *a.* hafif suç

miser /'mayzı/ *a.* cimri, para canlısı

miserable /'mizırıbıl/ *s.* sefil, perişan; mutsuz; kötü, berbat

misery /'mizıri/ *a.* sefalet, perişanlık, dert; yoksulluk

misfire /mis'fayı/ *e.* (silah) tutukluk yapmak; bekleneni vermemek

misfortune /mis'fo:çın/ *a.* şanssızlık,

talihsizlik; felaket, kaza

misgiving /mis'giving/ *a.* kuşku, kaygı

mishap /'mishep/ *a.* talihsizlik, kaza

misinterpret /misin'tö:prit/ *e.* yanlış anlamak, yanlış yorumlamak

mislay /mis'ley/ *e.* **misled** /misled/ *e.* nereye koyduğunu unutmak

mislead /mis'li:d/ *e.* **misled** /misled/ *e.* yanıltmak; baştan çıkarmak

mismanage /mis'menic/ *e.* kötü yönetmek

misogynist /mi'socinist/ *a.* kadın düşmanı

misplace /mis'pleys/ *e.* yanlış yere koymak

misprint /mis'print/ *a.* baskı hatası

mispronounce /mispri'nauns/ *e.* yanlış telaffuz etmek

miss /mis/ *e.* vuramamak, ıskalamak; kaçırmak; özlemek * *a.* vuramama, ıskalama **miss out** atlamak, kaçırmak **missing** namevcut, eksik

miss /mis/ *a.* hanımefendi, bayan

missile /'misayl/ *a.* füze; mermi

mission /'mışın/ *a.* özel görev; kurul **missionary** misyoner

misspell /mis'spel/ *e.* **misspelt** /mis'spelt/ harflerini yanlış söylemek

mist /mist/ *a.* sis, duman; buğu **misty** sisli, dumanlı

mistake /mis'teyk/ *e.* **mistook** /mi'stuk/*, mistaken* /mi'steykın/ yanlış anlamak; başkasına benzetmek * *a.* hata, yanlış, yanlışlık; kusur **make a mistake** hata yapmak **mistaken** yanlış, hatalı, yersiz

Mister /'mistı/ *a.* Bay

mistletoe /'misıltou/ *a. bitk.* ökseotu

mistook /mi'stuk/ *bkz.* **mistake**

mistress /'mistris/ *a.* evin hanımı; kadın öğretmen; metres

mistrust /mis'trast/ *e.* güvenmemek * *a.* güvensizlik

misunderstand /misandı'stend/ *e.* **misunderstood** /misandı'stud/ yanlış anlamak **misunderstanding** yanlış anlaşılma

misuse /mis'yu:z/ *e.* yanlış yerde kullanmak; kötü kullanmak * *a.* yanlış kullanma; kötüye kullanma

mitigate /'mitigeyt/ *e.* hafifletmek, azaltmak

mitten /'mitın/ *a.* parmaksız eldiven

mix /miks/ *e.* karıştırmak; karışmak; kaynaşmak, uyum sağlamak **mixed** karışık, karma **mixer** karıştırıcı, mikser

mixture /'miksçı/ *a.* karışım; karışma, karıştırma

moan /moun/ *a.* inilti * *e.* inlemek

mob /mob/ *a.* ayaktakımı; kalabalık

mobile /'moubayl/ *s.* hareket eden, oynak; seyyar, gezici **mobile phone** cep telefonu

mobilize /'moubilayz/ *e.* silah altına almak, seferber etmek **mobilization** seferberlik

moccasin /'mokısin/ *a.* makosen

mock /mok/ *e.* alay etmek * *s.* yapmacık, sahte **mockery** alay; gülünç taklit

modal /moudıl/ *s. dilb.* kiplerle ilgili, kip; *müz.* makamla ilgili

mode /moud/ *a.* tarz, yol, biçim

model /'modıl/ *a.* örnek, model; model, manken; kalıp * *e.* modelini yapmak, örneğini çıkarmak; mankenlik yapmak **model on/upon** -e örnek almak

modem /'moudem/ *a.* modem

moderate /'modırıt/ *s.* orta; görüşleri aşırıya kaçmayan, ılımlı

moderate /'modıreyt/ *e.* hafifletmek, azaltmak; hafiflemek, azalmak

moderation /modı'reyşın/ *a.* ılımlılık

modern /'modın/ *s.* çağdaş, modern **modernize** yenileştirmek, modernize etmek

modest 168

modest /'modist/ s. alçakgönüllü; sade, gösterişsiz modesty alçakgönüllülük

modify /'modifay/ e. değişiklik yapmak, değiştirmek modification /-fi'keyşın/ değiştirme; değişiklik

module /'modyu:l/ a. ölçü birimi; modül

mohair /'mouheı/ a. tiftik

Mohammedan /mou'hemidın/ a. s. Müslüman

moist /moyst/ s. rutubetli, nemli

moisten /'moysçın/ e. ıslatmak; ıslanmak, yaşarmak

moisture /'moysçı/ a. rutubet, nem

molar /'moulı/ a. azıdişi

mole /moul/ a. ben; dalgakıran; hayb. köstebek

molecule /'molikyu:l/ a. molekül, özdecik

molest /mı'lest/ e. rahatsız etmek; sarkıntılık etmek

mollusc /'molısk/ a. hayb. yumuşakça

molten /'moultın/ s. erimiş, dökme

mom /mom/ a. AE. kon. anne

moment /'moumınt/ a. kısa süre, an; önem at the moment şu anda, şimdi at that moment o anda momentary bir anlık, geçici

momentous /mou'mentıs/ s. önemli

momentum /mou'mentım/ a. fiz. moment, devinirlik; hız

monarch /'monık/ a. tekerk, mutlak hükümdar monarchic /'mına:kik/ monarşik monarchy monarşi

monastery /'monıstri/ a. manastır

Monday /'mandi, 'mandey/ a. pazartesi

monetary /'manitıri/ s. parasal

money /'mani/ a. para money box kumbara money order posta havalesi, banka havalesi

mongrel /'mangrıl/ a. melez, kırma

monitor /'monitı/ a. sınıf başkanı; monitör, denetlik

monk /mank/ a. keşiş, rahip

monkey /'manki/ a. maymun monkey business kon. dolap, hile, üçkâğıt

monochrome /'monıkroum/ s. tek renkli; (TV) siyah-beyaz

monogamy /mı'nogımi/ a. tekeşlilik, monogami

monologue /'monılog/ a. monolog

monopolize /mı'nopılayz/ e. tekeline almak

monopoly /mı'nopıli/ a. tekel

monotonous /mı'notınıs/ s. tekdüze, monoton monotony tekdüzelik, monotonluk

monster /'monstı/ a. canavar; dev

monstrous /'monstrıs/ s. kocaman; korkunç, iğrenç

montage /'monta:j/ a. kurgu, montaj

month /mant/ a. ay monthly ayda bir, aylık

monument /'monyumınt/ a. anıt monumental /-'mentıl/ anıtsal

moo /mu:/ a. böğürme * e. böğürmek

mood /mu:d/ a. ruh hali; aksilik, huysuzluk; dilb. kip moody değişken; huysuz

moon /mu:n/ a. ay full moon dolunay new moon hilal once in a blue moon kırk yılda bir moonlight ay ışığı

moor /mu:/ a. çalılık arazi, kır * e. den. palamarla bağlamak moorings gemi bağlama yeri

moose /mu:s/ a. hayb. Amerika geyiği, mus

mop /mop/ a. saplı tahta bezi; kon. dağınık saç * e. saplı bezle silmek

mope /moup/ e. neşesiz olmak, kederli olmak

moped /'mouped/ a. motorlu bisiklet

moral /'morıl/ a. ahlaki, törel; dürüst; manevi * a. ahlak dersi *morals* ahlak

morale /mɪ'ra:l/ *a.* moral

morality /mɪ'reliti/ *a.* ahlaklılık, erdem

morass /mɪ'res/ *a.* bataklık

more /mo:/ *s.* daha çok * *be.* daha (çok) *and what's more* üstelik *any more* artık *more and more* gittikçe, gitgide *more or less* aşağı yukarı, yaklaşık *no more* bir daha hiç, artık hiç *the more ... the more ...* ne kadar ... o kadar ...

morello /mɪ'relou/ *a. bitk.* vişne

moreover /mo'rouvɪ/ *be.* bundan başka, üstelik, zaten

morgue /mo:g/ *a.* morg

morning /'mo:ning/ *a.* sabah *Good morning!* Günaydın!

moron /'mo:ron/ *a.* geri zekâlı; *hek.* moron

morose /mɪ'rous/ *s.* somurtkan, suratsız

morpheme /'mo:fi:m/ *a. dilb.* morfem, biçimbirim

morphine /'mo:fi:n/ *a.* morfin

Morse code /mo:s'koud/ *a.* Mors alfabesi

morsel /'mo:sıl/ *a.* lokma, parça

mortal /'mo:tıl/ *s.* fani, ölümlü; ölümcül; *kon.* çok büyük, aşırı * *a.* fani, ölümlü, insan *mortality* /-'teliti/ ölümlülük; ölüm oranı

mortar /'mo:tɪ/ *a.* harç; *ask.* havan topu * *e.* harç ile sıvamak

mortgage /'mo:gic/ *a.* rehin, ipotek * *e.* rehine koymak, ipotek etmek

mortify /'mo:tifay/ *e.* küçük düşürmek, utandırmak

mortuary /'mo:çuɪri/ *a.* morg

mosaic /mou'zeyik/ *a.* mozaik

Moslem /'mozlim/ *a. s.* Müslüman

mosque /mosk/ *a.* cami

mosquito /mɪ'ski:tou/ *a.* sivrisinek

moss /mos/ *a.* yosun *mossy* yosunlu

most /moust/ *s.* en çok; hemen hepsi, çoğu * *be.* en çok, en, son derece, pek * *a.* en çok miktar, çoğunluk *at (the) most* en çok, olsa olsa *mostly* çoğunlukla, çoğu kez

motel /mou'tel/ *a.* motel

moth /mot/ *a.* güve; pervane

mother /'matı/ *a.* ana, anne *motherhood* annelik *mother-in-law* kaynana *motherland* anavatan *mother tongue* ana dili *motherly* ana gibi, anaya özgü

motif /mou'ti:f/ *a.* motif, örge

motion /'mouşın/ *a.* hareket, devinim; işaret; önerge; *tek.* işleme, çalışma *motion picture* sinema filmi *slow motion* ağır çekim *motionless* hareketsiz

motivate /'moutiveyt/ *e.* harekete geçirmek *motivation* güdüleme, güdü, motivasyon

motive /'moutiv/ *a.* neden, güdü, dürtü * *s.* hareket ettirici

motocross /'moutoukros/ *a.* motosiklet yarışı, motokros

motor /'moutı/ *a.* motor * *s.* hareket ettirici; motorlu *motor accident* araba kazası *motorbike* motosiklet *motorboat* deniz motoru *motorcar* otomobil, araba *motorcycle* motosiklet *motoring* araba kullanma, sürücülük; otomobil sporu *motorist* otomobil sürücüsü *motorize* /-rayz/ motorla donatmak, motorize etmek *motorway* karayolu, otoyol

motto /'ınotou/ *a.* parola, slogan

mould /mould/ *a.* kalıp; küf * *e.* kalıba dökmek; küflenmek

moulder /'mouldı/ *e.* çürümek, dökülmek

moult /moult/ *e.* tüylerini dökmek

mount /maunt/ *a.* dağ, tepe; binek hayvanı * *e.* binmek; çıkmak; artmak

mountain /'mauntin/ *a.* dağ *mountaineer* /-'nı/ dağcı *mountaineering* dağcılık *mountainous* dağlık

mourn /mo:n/ e. (for/over) yasını tutmak mourner yaslı kimse mournful yaslı

mourning /'mo:ning/ a. yas; yas giysisi

mouse /maus/ a. (ç. mice /mays/) fare mousetrap fáre kapanı

moustache /mı'sta:ş/ a. bıyık

mouth /maut/ a. ağız mouthful ağız dolusu lokma mouthorgan ağız mızıkası mouthpiece ağızlık; zıvana; (at) gem mouth-watering ağız sulandırıcı

movable /'mu:vıbıl/ s. menkul, taşınır

move /mu:v/ e. hareket ettirmek, kımıldatmak, oynatmak; taşımak; işletmek; duygulandırmak, etkilemek * a. hareket, kımıldama; göç, taşınma; (satranç) oynama sırası, hamle, el; hareket; önlem move in eve taşınmak move off uzaklaşmak, gitmek move out evden taşınmak

movement /'mu:vmınt/ a. hareket; kımıldanma; müz. tempo, ritm; mekanizma

movie /'mu:vi/ a. AE. kon. film; sinema go to the movies sinemaya gitmek

mow /mou/ e. biçmek

mower /'mouı/ a. çim biçme makinesi

Mr /'mıstı/ a. Bay, By

Mrs /'mısız/ a. (evli) Bayan, Bn

Ms /'mız, mız/ a. (evli ya da bekâr) Bayan, Bn

much /maç/ s. be. çok * a. çok şey as much as ... kadar how much ne kadar; kaç para? much the same hemen hemen aynı so much o kadar çok make much of çok önem vermek; anlamak

muck /mak/ a. pislik; kir; gübre muck up kirletmek, pisletmek

mucus /'myu:kıs/ a. sümük

mud /mad/ a. çamur mudguard çamurluk muddy çamurlu

muddle /madıl/ a. dağınıklık; şaşkınlık * e. karıştırmak, bozmak; hayrete düşürmek muddlehead sersem; kalın kafalı

muffle /'mafıl/ e. (sesi) boğmak, hafifletmek muffler atkı, fular; AE. susturucu

mug /ınag/ a. kulplu bardak, maşrapa; arg. yüz, surat; BE. kon. enayi, avanak * e. saldırıp soymak

muggy /'magi/ s. (hava) kapalı, boğucu, bunaltıcı

Muhammadan /mu'hemıdın/ a. s. Müslüman

mulberry /'malbıri/ a. bitk. dut

mule /myu:l/ a. hayb. katır

mullah /'malı/ a. molla

mullet /'malit/ a. hayb. tekir balığı

multilateral /malti'letırıl/ s. çok yanlı

multiple /'maltipıl/ s. çok, birçok, çeşitli * a. mat. kat

multiplication /maltipli'keyşın/ a. mat. çarpım; artış, çoğalma multiplication table çarpım tablosu

multiply /'maltiplay/ e. mat. (by) çarpmak; çoğalmak; çoğaltmak; üremek

multistorey /malti'sto:ri/ s. (bina) çok katlı

multitude /'maltityu:d/ a. çok sayı, çokluk, kalabalık

mum /mam/ a. BE. kon. anne

mumble /'mambıl/ e. mırıldanmak, ağzında gevelemek

mummify /'mamifay/ e. mumyalamak

mummy /'mami/ a. mumya

mummy /'mami/ a. BE. kon. anne

mumps /mamps/ a. hek. kabakulak

munch /manç/ e. hatır hutur yemek

mundane /man'deyn/ s. günlük, olağan

municipal /myu:'nisipıl/ s. belediye/kent ile ilgili *municipality* /myu:nisi'peliti/ belediye

munitions /myu:'nişınz/ a. ask. mühimmat, cephane

mural /'myuırıl/ a. duvara yapılmış resim, duvar resmi, fresk

murder /'mö:dı/ a. adam öldürme, cinayet * e. katletmek, öldürmek; kon. berbat etmek, içine etmek *murderer* katil *murderous* öldürücü

murky /'mö:ki/ s. karanlık

murmur /'mö:mı/ a. mırıldanma, mırıltı; söylenme * e. mırıldanmak; homurdanmak, söylenmek

muscle /'masıl/ a. kas, adale

muscular /'maskyulı/ s. kaslarla ilgili; kaslı, adaleli, güçlü

muse /myu:z/ e. (*over/up/upon*) derin derin düşünmek, derin düşüncelere dalmak

museum /myu:'zium/ a. müze

mushroom /'maşru:m/ a. bitk. mantar

music /'myu:zik/ a. müzik; nota, makam *music centre/set* müzik seti *music hall* müzikhol *musical* müzikal; müziklî; müziksever; hoş, uyumlu

musician /myu:'zişın/ a. müzisyen

musk /mask/ a. bitk. misk

Muslim /'mazlim/ a. s. Müslüman

muslin /'mazlin/ a. muslin

mussel /'masıl/ a. midye

must /mıst, mast/ e. (zorunluluk, gereklilik belirtir) -meli, -malı; (tahmin belirtir) -meli, -malı * a. gerekli şey, yapılması gereken şey

mustard /'mastıd/ a. hardal

muster /'mastı/ e. toplanmak; toplamak

musty /'masti/ s. küf kokulu, küflü

mutation /myu:'teyşın/ a. değişme, dönüşme; biy. değişinim

mute /myu:t/ s. sessiz; dilb. (harf)

okunmayan * a. dilsiz

mutilate /'myu:tileyt/ e. kötürüm etmek, sakatlamak; bozmak

mutiny /'myu:tini/ a. (denizci, asker) isyan, ayaklanma *mutineer* isyancı, asi

mutter /'matı/ e. mırıldanmak; söylenmek, homurdanmak * a. mırıltı

mutton /matın/ a. koyun eti

mutual /'myu:çul/ s. ortak; karşılıklı

muzzle /'mazıl/ a. hayvan burnu; top/tüfek ağzı

my /may/ s. benim

myopia /may'opıı/ a. miyopluk *myopic* /may'opik/ miyop

myriad /'miriıd/ s. çok, sayısız

myrtle /'mö:tıl/ a. bitk. mersin ağacı

myself /may'self/ adl. ben, kendim, kendimi, kendime *by myself* yalnız başıma, kendi kendime

mysterious /mi'stiırııs/ s. esrarengiz, gizemli

mystery /'mıstıri/ a. sır, giz; anlaşılmaz şey, gizem, esrar

mystic /'mistik/ s. gizemli, mistik; gizemcilikle ilgili * a. gizemci *mysticism* /-sizım/ tasavvuf, gizemcilik

mystify /'mistifay/ e. şaşırtmak

myth /mit/ a. söylence, efsane, mit *mythical* efsanevi, söylencesel

mythology /mi'tolıci/ a. mitoloji, söylenbilim *mythological* mitolojik

N

nab /neb/ e. kon. yakalamak, kapmak

nag /neg/ a. ufak at, midilli * e. söylenip durmak, dırdır etmek

nail /neyl/ a. tırnak; çivi * e. çivilemek *hit the nail on the head* taşı gediğine koymak, tam

üstüne basmak
naive /nay'i:v/ *s.* saf, bön, toy
naked /'neykid/ *s.* çıplak
name /neym/ *a.* ad, isim; ün; ünlü kişi * *e.* ad koymak; seçmek, atamak *family name* soyadı *by name* ismen, adıyla *in the name of* adına, namına *call sb names* - e sövüp saymak *know sb by name* -i ismen tanımak *make a name for oneself* ün kazanmak *nameless* adsız, isimsiz; tarifi olanaksız, anlatılamaz *namely* yani, şöyle ki *nameplate* tabela *namesake* adaş
nanny /'neni/ *a.* dadı
nap /nep/ *e.* kestirmek, şekerleme yapmak * *a.* kısa uyku, kestirme
nape /neyp/ *a.* ense
napkin /'nepkin/ *a.* peçete
nappy /'nepi/ *a.* bebek bezi
narcissism /'na:sisizm/ *a.* narsisizm, özseverlik
narcissus /na:'sisis/ *a. bitk.* nergis
narcotic /na:'kotik/ *a. s.* uyuşturucu
narrate /nı'reyt/ *e.* anlatmak, aktarmak *narration* anlatım; öyküleme *narrative* öykü, anlatı *narrator* anlatıcı
narrow /'nerou/ *s.* dar; ensiz; sınırlı; kıt kanaat * *e.* daralmak; daraltmak *narrow-minded* dar görüşlü, bağnaz
nasal /'neyzıl/ *s.* burunla ilgili; *dilb.* genzel, genizsel
nasty /'na:sti/ *s.* kötü, tatsız; açık saçık, ayıp; pis, iğrenç
natal /'neytıl/ *s.* doğumla ilgili
nation /'neyşın/ *a.* millet, ulus
national /'neşınıl/ *s.* ulusal *national anthem* milli marş *national park* milli park *nationalism* milliyetçilik, ulusçuluk *nationalist* milliyetçi, ulusçu *nationality* milliyet, ulusallık; ulus
nationalize /'neşınılayz/ *e.* devletleştirmek, kamulaştırmak

nationwide /neyşın'wayd/ *s.* yurt çapında, tüm yurtta gerçekleşen
native /'neytiv/ *s.* yerli, doğuştan * *a.* yerli
natural /'neçırıl/ *s.* doğal; olağan; doğuştan *natural history* tabiat bilgisi, doğa bilgisi *natural resources* doğal kaynaklar *natural sciences* doğal bilimler *naturally* doğal olarak
naturalist /'neçırılist/ *a.* doğa bilimleri uzmanı, natüralist, doğalcı
naturalize /neçırılayz/ *e.* yurttaşlığa kabul etmek
nature /'neyçı/ *a.* tabiat, doğa; yaradılış, mizaç; tür, çeşit
naught /no:t/ *a.* hiç, hiçbir şey, sıfır
naughty /'no:ti/ *s.* yaramaz, haylaz
nausea /'no:ziı/ *a.* mide bulantısı
nautical /'no:tikıl/ *s.* gemicilik/deniz/denizcilikle ilgili *nautical mile* deniz mili
naval /'neyvıl/ *s.* bahriyeye/donanmaya ait
navel /'neyvıl/ *a.* göbek
navigable /'nevigıbıl/ *s.* gemilerin yüzebileceği kadar derin
navigate /'nevigeyt/ *e.* (gemi, uçak, vb.) kullanmak; gemiyle gezmek; kaptanlık etmek *navigation* denizcilik, gemicilik, dümencilik *navigator* (gemi, uçak, vb.) rotacı, dümenci
navy /'neyvi/ *a.* deniz kuvvetleri; deniz filosu, donanma *navy blue* lacivert
near /niı/ *s.* yakın * *be. ilg.* yakın, yakında, yanında, yakınında *nearby* yakın, yakında *nearly* hemen hemen, neredeyse *nearness* yakınlık *nearsighted* miyop
neat /ni:t/ *s.* temiz, derli toplu; tertipli, düzensever; (içki) sek; *AE. kon.* çok iyi
nebula /'nebyulı/ *a.* bulutsu, nebula
necessary /'nesisırı/ *s.* gerekli,

zorunlu; kaçınılmaz **necessarily**
mutlaka
necessitate /ni'sesiteyt/ e. gerektir-
mek, zorunlu kılmak
necessity /ni'sesiti/ a. zorunluluk;
ihtiyaç, gereksinim; yoksulluk
neck /nek/ a. boyun; elbise yakası;
coğ. dil, kıstak * e. kon. (cinsel
birleşme yapmadan) sevişmek **up
to one's neck** kon. boğazına ka-
dar **necktie** AE. kravat
neckerchief /'nekıçif/ a. boyun
atkısı
necklace /'neklis/ a. kolye, ger-
danlık
nectar /'nektı/ a. nektar
née /ney/ be. kızlık soyadıyla
need /ni:d/ a. lüzum, gerek; ihti-
yaç, gereksinim * e. -e ihtiyacı
olmak, gereksinim duymak;
gerektirmek; gerekmek **needful**
gerekli **needless** gereksiz
needle /'ni:dıl/ a. iğne; şiş, tığ; ibre
needlework iğne işi, işleme
negative /'negıtıv/ s. negatif, olum-
suz; mat. eksi * a. olumsuz yanıt;
(film) negatif
neglect /ni'glekt/ e. ihmal etmek,
savsaklamak; yapmamak, unut-
mak * a. ihmal **neglectful** ihmalci
negligence /'neglicıns/ ihmal,
dikkatsizlik, kayıtsızlık **negligent**
/'neglicınt/ ihmalci, dikkatsiz
negligible /'neglicıbıl/ önemsiz,
kayda değmez
negotiable /ni'gouşıbıl/ s. ciro
edilebilir, devredilebilir,
satılabilir; kon. (yol, vb.) geçile-
bilir
negotiate /ni'gouşıeyt/ e. görüşmek;
akdetmek; ciro etmek, satmak
negotiation görüşme; ciro etme,
devretme **negotiator** delege,
görüşmeci
Negro /'ni:grou/ a. zenci
neigh /ney/ e. kişnemek * a.
kişneme

neighbour /'neybı/ a. komşu
neighbourhood /'neybıhud/ a.
komşular, konu komşu; çevre,
yöre, semt
neither /'naytı/ s. (ikisinden)
hiçbiri, hiçbir * adl. hiçbiri **nei-
ther ... nor** ne ... ne de
neon /'ni:on/ a. neon **neon sign**
ışıklı reklam
nephew /'nevyu:, 'nefyu:/ a. erkek
yeğen
nepotism /'nepıtizım/ a. yakınlarını
kayırma, dayıcılık
nerve /nö:v/ a. sinir; kon. arsızlık,
yüzsüzlük **get on sb's nerves** -in
sinirine dokunmak
nervous /'nö:vıs/ s. sinirleri gergin,
heyecanlı, ürkek; sinirsel **nervous
breakdown** sinir krizi **nervous
system** sinir sistemi
nest /nest/ a. yuva
nestle /'nesıl/ a. rahatça yerleşmek,
kurulmak; barındırmak,
sığındırmak
net /net/ a. ağ; file; tuzak * s. net,
katıksız, kesintisiz * e. (ağ ile)
yakalamak **network** şebeke
nettle /'netıl/ a. bitk. ısırgan
neurology /nyu'rolıci/ a. sinirbilim,
nevroloji
neurosis /nyu'rousis/ a. nevroz,
sinirce
neurotic /nyu'rotik/ a. nevrozlu,
sinirceli
neuter /'nyu:tı/ s. dilb. eril/dişil
olmayan; yansız; nötr, cinsiyetsiz
neutral /'nyu:trıl/ s. yansız, tarafsız;
kim. yansız, nötr; (vites) boşta
neutralize etkisiz bırakmak; yan-
sızlaştırmak
neutron /'nyu:trın/ a. nötron
never /'nevı/ be. asla, hiçbir
zaman; hiç **Never mind!** Zararı
yok!, Boş ver!
nevertheless /nevıdı'les/ be.
bununla birlikte, yine de
new /nyu:/ s. yeni; taze; acemi

newborn yeni doğmuş **newcomer** yeni gelen **newly** geçenlerde, yeni; yeni bir biçimde **newlywed** yeni evli

news /nyu:z/ a. haber **news agency** haber ajansı **news conference** basın toplantısı **newsagent** gazete/dergi, vb. satıcısı **newscast** haber yayını **newspaper** gazete **newsprint** gazete kâğıdı **newsreel** aktüalite/haber filmi **newsstand** gazete bayii

newt /nyu:t/ a. hayb. semender

next /nekst/ s. en yakın; bir sonraki, gelecek, önümüzdeki **nextdoor** bitişik ev(deki), yandaki **next to** -e bitişik, -in yanında

nib /nib/ a. uç, kalem ucu

nibble /'nibıl/ e. dişlemek, ısırmak

nice /nays/ s. hoş, sevimli, güzel; nefis, iyi; nazik, ince **nice looking** çekici, güzel **nicely** hoş bir biçimde

niche /niç, ni:ş/ a. duvarda oyuk; uygun yer/iş/mevki

nick /nik/ a. çentik, sıyrık * e. çentmek, sıyırmak; **BE.** kon. aşırmak, yürütmek

nickel /'nikıl/ a. kim. nikel; beş sent

nickname /'nikneym/ a. takma ad

nicotine /'nikıti:n/ a. nikotin

niece /'ni:s/ a. kız yeğen

night /nayt/ a. gece; akşam **all night (long)** bütün gece boyunca **Good night!** İyi geceler! **night after night** her gece **night school** akşam okulu **night shift** gece vardiyası **night watchman** gece bekçisi **nightclub** gece kulübü **nightdress** gecelik **nightgown** gecelik **nightie** kon. gecelik **nightly** her gece, her gece olan

nightingale /'naytingeyl/ a. bülbül

nightmare /'naytmeı/ a. kâbus

nil /nil/ a. hiç, sıfır

nimble /'nimbıl/ s. çevik, atik

nine /nayn/ a. s. dokuz **ninth** dokuzuncu

nineteen /nayn'ti:n/ a. s. on dokuz **nineteenth** on dokuzuncu

ninety /'naynti/ a. s. doksan **ninetieth** doksanıncı

nip /nip/ a. çimdik; soğuk, ayaz * e. çimdiklemek; ısırmak; kesmek, budamak **nip in the bud** engellemek, baltalamak

nipple /'nipıl/ a. meme ucu; biberon emziği

nippy /'nipi/ s. soğuk; atik, acele, hızlı

nit /nit/ a. bit, vb. yumurtası, sirke

nitrate /'naytreyt/ a. kim. nitrat

nitrogen /'naytrıcın/ a. kim. nitrojen

no /nou/ be. hayır, olmaz, yok * s. hiç * a. yok yanıtı

nobility /nou'bıliti/ a. soyluluk

noble /'noubıl/ s. soylu; yüce, asil **nobleman** soylu, asilzade

nobody /'noubıdi/ adl. hiç kimse

nod /nod/ e. (onay, selam için) başını sallamak; kon. uyuklamak * a. baş sallama

noise /noyz/ a. gürültü, ses **noisy** gürültülü, patırtılı, gürültücü

nomad /'noumed/ a. göçebe, göçer **nomadic** göçebe

nominal /'nominıl/ s. (fiyat) itibari; dilb. adlarla ilgili; önemsiz, düşük

nominate /'nomineyt/ e. aday olarak göstermek; atamak, tayin etmek

nominative /'nominıtiv/ a. dilb. yalın hal

nonaligned /nonı'laynd/ s. (ülke) bağlantısız

noncommissioned officer /nonkımişınd 'ofisı/ a. astsubay

none /nan/ adl. hiçbiri; hiç * be. hiç **none but** sadece, yalnız

nonentity /no'nentiti/ a. önemsiz/değersiz kişi

nonflammable /non'flemıbıl/ s. yanmaz

nonplus /non'plas/ e. şaşırtmak

nonsense /'nonsıns/ a. anlamsız söz, saçmalık; aptalca davranış *nonsensical* abuk subuk, aptalca

nonsmoker /non'smoukı/ a. sigara içmeyen kimse; *BE.* sigara içilmeyen kompartıman

nonstick /non'stik/ s. (tava) yapışmaz

nonstop /non'stop/ s. be. (yolculuk) direkt, aktarmasız; aralıksız

noodle /'nu:dıl/ a. şehriye

nook /nuk/ a. köşe, kuytu yer

noon /nu:n/ a. öğle vakti, öğle

no one /'nou wan/ adl. hiç kimse

noose /nu:s/ a. (darağacı, vb.) ilmik

nor /no:/ bağ. ne de

norm /no:m/ a. örnek, norm; ölçü

normal /'no:mıl/ s. normal, olağan; ortalama *normally* normal olarak, genelde

north /no:t/ a. kuzey * s. kuzey ..., kuzeydeki * be. kuzeye doğru *northeast* kuzeydoğu *northerly* /'no:tıli/ kuzeyden gelen/esen *northern* /'no:dın/ kuzey ... *North Pole Kuzey* Kutbu *northwards* /'no:twıdz/ kuzeye doğru *northwest* /no:t'west/ kuzeybatı

nose /nouz/ a. burun *follow one's nose* dosdoğru gitmek; doğru görüneni yapmak *have a nose for* sezgisi güçlü olmak *turn up one's nose at* burun kıvırmak, beğenmemek *under sb's (very) nose* burnunun dibinde

nostalgia /no'stelcı/ a. nostalji, geçmişe özlem

nostril /'nostril/ a. burun deliği

not /not/ be. değil, yok *Not at all* bir şey değil, rica ederim

notable /'noutıbıl/ s. dikkate değer; tanınmış * a. ileri gelen/saygın/tanınmış kişi *notably* özellikle; epeyce

notary /'noutırı/ a. noter

notation /nou'teyşın/ a. rakamlar ve işaretler sistemi

notch /noç/ a. çentik, kertik * e. çentmek, kertik açmak

note /nout/ a. not; nota, muhtıra; (ses) ifade; *müz.* nota; senet; banknot; önem * e. not etmek, kaydetmek; dikkat etmek, önem vermek; farkına varmak *of note* tanınmış, ünlü *compare notes* fikir alışverişinde bulunmak *notebook* defter *noted* ünlü, tanınmış *noteworthy* dikkate değer, önemli

nothing /'nating/ a. hiçbir şey; önemsiz kimse/şey; sıfır *for nothing* bedava, parasız; boşuna *nothing but* sadece *nothing for it* başka çare yok *nothing to do with* ile ilgisi yok

notice /'noutis/ a. duyuru; bildiri; uyarı; dikkat * e. -e dikkat etmek, farkına varmak *give notice* önceden haber vermek *take notice of* dikkate almak *noticeable* göze çarpan, önemli *notice board* ilan tahtası

notification /noutifi'keyşın/ a. tebliğ, bildiri, bildirge

notify /'noutifay/ e. bildirmek, haberdar etmek, haber vermek

notion /'nouşın/ a. fikir, görüş, kanı

notorious /nou'to:rııs/ s. kötü tanınmış, adı çıkmış, kötü şöhretli

notwithstanding /notwit'stending/ ilg. -e rağmen, -e karşın * be. buna rağmen, yine de

nougat /'nu:ga:/ a. koz helva, nuga

nought /no:t/ a. BE. sıfır; hiç

noun /naun/ a. dilb. isim, ad

nourish /'nariş/ e. beslemek; desteklemek *nourishment* besin, gıda, yiyecek

novel /'novıl/ a. roman *novelist* romancı

novelty /'novıltı/ a. yenilik

November /nou'vembı/ a. kasım

novice /'novis/ a. acemi, çırak, toy

now /nau/ be. şimdi * bağ. mademki, -dığı için by now şimdiye dek from now on bundan böyle, bundan sonra just now az önce, demin now and then/again ara sıra, bazen, arada bir

nowadays /'nauıdeyz/ be. bu günlerde, şimdilerde, bu aralar

nowhere /'nouweı/ be. hiçbir yerde/yere

noxious /'nokşıs/ s. zararlı, tehlikeli

nozzle /'nozıl/ a. ağızlık, meme

nuclear /'nyu:klıı/ s. nükleer, çekirdeksel nuclear disarmament nükleer silahsızlanma nuclear energy nükleer enerji

nucleus /'nyu:klııs/ a. çekirdek; öz

nude /nyu:d/ s. çıplak

nudge /nac/ e. dirsekle dürtmek

nudity /'nyu:diti/ a. çıplaklık

nugget /'nagit/ a. (altın, vb.) külçe

nuisance /'nyu:sıns/ a. sıkıntı veren şey/kimse, baş belası

null /nal/ s. geçersiz; boş, sıfır null and void geçersiz, hükümsüz

numb /nam/ s. uyuşmuş, uyuşuk

number /'nambı/ a. sayı; rakam; numara; miktar * e. saymak; numaralamak a number of birkaç numberplate (oto) plaka

numeral /'nyu:mırıl/ s. sayısal * a. sayı

numerical /nyu:'merikıl/ s. sayısal

numerous /'nyu:mırıs/ s. birçok, sayısız

nun /nan/ a. rahibe nunnery rahibe manastırı

nuptial /'napşıl/ s. evlenme/düğün ile ilgili

nurse /nö:s/ a. hemşire, hastabakıcı * e. (çocuğa, hastaya) bakmak; ilgilenmek; emzirmek

nursery /'nö:sırı/ a. çocuk odası; çocuk yuvası, kreş; fidanlık nursery school anaokulu

nursing /'nö:sing/ a. hemşirelik; bakım nursing bottle biberon nursing home özel sağlık yurdu

nurture /'nö:çı/ a. (çocuk) büyütme, bakım, eğitim * e. büyütmek, yetiştirmek; eğitmek

nut /nat/ a. fındık; ceviz; vida somunu; kafadan çatlak kimse, kaçık be nuts kafadan çatlak olmak nutcrackers fındıkkıran, fındık kıracağı nutshell fındık kabuğu; kon. özet, kısa açıklama

nutmeg /'natmeg/ a. küçük hindistancevizi

nutrient /'nyu:trınt/ s. a. besleyici (gıda)

nutriment /'nyu:trimınt/ a. gıda, besin, yemek

nutrition /nyu:'trişın/ a. beslenme; yiyecek, gıda nutritious besleyici

nuts /nats/ s. kon. deli, çılgın

nylon /'naylon/ a. naylon

nymph /nimf/ a. peri

O

oak /ouk/ a. meşe ağacı

oar /o:/ a. kürek, sandal küreği

oat /out/ a. yulaf tanesi; kon. yulaf oatmeal yulaf unu

oath /out/ a. ant, yemin; küfür

obdurate /'obcurit/ s. inatçı

obedient /ı'bi:dıınt/ s. söz dinler, uysal obedience itaat, söz dinleme

obelisk /'obılisk/ a. dikilitaş

obese /ou'bi:s/ s. çok şişman

obey /ou'bey/ e. denileni yapmak, söz dinlemek; riayet etmek, uymak

obituary /ı'biçuıri/ a. ölüm ilanı

object /'obcıkt/ a. nesne, şey; madde; amaç; mevzu, konu; dilb. nesne

object /'ıbcekt/ e. (to) karşı çıkmak, itiraz etmek objection itiraz;

sakınca, engel

objective /ıb'cektiv/ *s.* tarafsız, yansız; nesnel * *a.* amaç, hedef; mercek, objektif *objectively* nesnel olarak

obligation /obli'geyşın/ *a.* zorunluluk, mecburiyet; yükümlülük; ödev; senet

obligatory /ı'bligıtıri/ *s.* zorunlu

oblige /ı'blayc/ *e.* zorunda bırakmak; lütufta bulunmak; minnettar bırakmak *I'm much obliged to you.* Size minnettarım. *obliging* yardıma hazır

oblique /ı'bli:k/ *s.* eğri, eğik

oblivion /ı'bliviın/ *a.* unutulma

oblong /'oblong/ *s. a.* dikdörtgen

obnoxious /ıb'nokşıs/ *s.* pis, iğrenç

oboe /'oubou/ *a. müz.* obua

obscene /ıb'si:n/ *s.* açık saçık, müstehcen *obscenity* /ıb'seniti/ müstehcenlik; müstehcen şey

obscure /ıb'skyuı/ *s.* anlaşılması güç; karanlık; pek tanınmamış *obscurity* karanlık; anlaşılmazlık; tanınmamışlık

observance /ıb'zö:vıns/ *a.* yerine getirme, yapma; görenek

observant /ıb'zö:vınt/ *s.* dikkatli

observation /obzı'veyşın/ *a.* inceleme; gözlem; gözetleme

observatory /ıb'zö:vıtıri/ *a.* rasathane, gözlemevi

observe /ıb'zö:v/ *e.* dikkat etmek, gözlemek; incelemek; gözlemlemek; gözetlemek *observer* gözlemci

obsess /ıb'ses/ *e.* hiç aklından çıkmamak, kafasına takılmak *obsession* saplantı, sabit fikir, tutku

obsolete /'obsıli:t/ *s.* eskimiş, eski, modası geçmiş

obstacle /'obstıkıl/ *a.* engel

obstetrician /obsti'trişın/ *a.* doğum uzmanı

obstinate /'obstinit/ *s.* inatçı

obstruct /ıb'strakt/ *e.* tıkamak; engellemek   *obstruction* engelleme

obtain /ıb'teyn/ *e.* elde etmek, edinmek, sağlamak; almak

obtrusive /ıb'tru:siv/ *s.* sıkıntı veren, sırnaşık, yılışık; göze batan

obtuse /ıb'tyu:s/ *s.* aptal, kalın kafalı; (açı) geniş

obvious /'obviıs/ *s.* apaçık, belli

occasion /ı'keyjın/ *a.* fırsat; münasebet, vesile; neden; hal, durum; önemli gün, olay *on the occasion of* münasebetiyle, dolayısıyla

occasional /ı'keyjınıl/ *s.* arada sırada olan *occasionally* ara sıra, bazen

occult /'okalt/ *s.* gizli; gizemli

occupant /'okyupınt/ *a.* bir yerde oturan kimse, sakin

occupation /okyu'peyşın/ *a.* meslek, iş; işgal *occupational* meslekle ilgili

occupy /'okyupay/ *e.* işgal etmek, zapt etmek; -de oturmak; meşgul etmek

occur /ı'kö:/ *e.* vuku bulmak, olmak; bulunmak, yer almak *occurrence* /ı'karıns/ olay

ocean /'ouşın/ *a.* okyanus

oceanography /ouşın'ogrıfi/ *a.* oşinografi, okyanusbilim

o'clock /ı'klok/ *be.* (tam saatlerde kullanılır) saat ...

octagon /'oktıgın/ *a. mat.* sekizgen

octave /'oktiv, 'okteyv/ *a. müz.* oktav

october /ok'toubı/ *a.* ekim (ayı)

octopus /'oktıpıs/ *a. hayb.* ahtapot

odd /od/ *s.* acayip, tuhaf, garip; (sayı) tek; küsur; (ayakkabı, eldiven, vb.) tek *oddity* tuhaflık, acayiplik; garip kişi/şey, antika *oddly* garip biçimde *oddly enough* ne gariptir ki

odds /'odz/ *a.* olasılık, şans, ihti-

maller; (bahiste) ikramiye oranı
at odds (with) ile anlaşmazlık
içinde *odds and ends* ufak tefek
şeyler, ıvır zıvır

odious /'oudııs/ *s.* iğrenç, nefret
uyandırıcı, tiksindirici

odour /'oudı/ *a.* (ter, vb.) koku

odyssey /'odisi/ *a.* uzun ve
serüvenli yolculuk

oesophagus /i'sofıgıs/ *a. anat.*
yemek borusu

of /ov, ıv/ *ilg.* -in, -ın, -nin, -nın

off /of/ *ilg.* -den; ayrılan, sapan; -
den uzak, uzağa; açıkta, açık-
larında; isteksiz, soğumuş * *be.*
uzak, uzakta, uzağa; tümüyle * *s.*
kesilmiş, kesik; çalışmayan, iz-
inli; sağdaki; kokmuş, bozuk;
cansız, ölü *off and on* ara sıra *off
chance* zayıf bir olasılık *off sea-
son* ölü sezon

offence /ı'fens/ *a.* suç; hakaret,
gücendirme; saldırı

offend /ı'fend/ *e.* suç işlemek;
gücendirmek, kırmak; rahatsız
etmek

offensive /ı'fensiv/ *s.* pis, kötü,
çirkin; saldırıyla ilgili

offer /'ofı/ *e.* teklif etmek; arz et-
mek, sunmak * *a.* teklif; sunma,
takdim, arz *offering* bağış, adak,
kurban; teklif

offhand /of'hend/ *s.* düşünmeden
yapılmış, hazırlıksız * *be.*
hazırlıksız, düşünmeden

office /'ofis/ *a.* yazıhane, büro, ofis;
devlet dairesi; bakanlık *office
block* iş hanı

officer /'ofisı/ *a.* görevli, memur;
polis memuru; subay

official /ı'fişıl/ *s.* resmi * *a.* memur
officially resmi olarak

off-license /'oflaysıns/ *a. BE.* içki
satılan dükkân

offset /'ofset/ *a.* ofset, ofset baskı *
e. dengelemek, denkleştirmek

offshoot /'ofşu:t/ *a. bitk.* sürgün,
dal

offshore /of'şo:/ *be. s.* kıyıdan uzak

offside /of'sayd/ *a. sp.* ofsayt

offspring /'ofspring/ *a.* çoluk çocuk,
döl

often /'ofın, 'oftın/ *be.* sık sık, çoğu
kez

ogre /'ougı/ *a.* dev; korkunç kimse

oil /oyl/ *a.* yağ, sıvı yağ; yağlıboya;
petrol; zeytinyağı * *e.* yağ sür-
mek, yağlamak *oil painting*
yağlıboya resim (sanatı) *oil well*
petrol kuyusu *oilcloth* muşamba
oily yağlı

ointment /'oyntmınt/ *a.* merhem

OK, okay /ou'key/ *be. kon.* peki,
tamam, oldu * *e. kon.* onaylamak
* *s.* iyi, uygun, idare eder * *a.*
onay, olur

old /ould/ *s.* yaşlı; ... yaşında; eski;
deneyimli, pişkin *How old are
you?* Kaç yaşındasınız? *grow old*
yaşlanmak *old age pension*
yaşlılık maaşı *old-fashioned* mo-
dası geçmiş, demode *old hand*
deneyimli kimse, eski kurt

olive /'oliv/ *a. bitk.* zeytin; zeytin
ağacı

Olympic /ı'limpik/ *s.* olimpik *Olym-
pic Games* Olimpiyat oyunları,
Olimpiyatlar

omelette /'omlıt/ *a.* omlet

omen /'oumın/ *a.* kehanet; alamet

omission /ou'mişın/ *a.* dahil et-
meme, atlama

omit /ou'mit/ *e.* ihmal etmek, atla-
mak; geçmek

on /on/ *ilg.* üstünde, üstüne; -de, -
da; hakkında, üzerine; yönünde,
doğru; uyarınca, göre * *be.* il-
eriye; aralıksız, durmadan *on and
on* durmadan, boyuna

once /wans/ *be.* bir kez, bir kere;
bir zamanlar, eskiden *all at once*
aniden, birdenbire *at once* der-
hal, hemen *once and for all* ilk ve
son kez *once in a while* arada

sırda, bazen *once more* bir kez daha, yine *once or twice* bir iki kez *once upon a time* bir zamanlar; bir varmış bir yokmuş

oncoming /'onkʌming/ s. ilerleyen, yaklaşan

one /wʌn/ a. s. bir; tek * a. bir sayısı; bir tane * adl. biri, birisi; insan *one by one* birer birer *one another* birbirini

oneself /wʌn'self/ adl. kendisi, kendi kendine *by oneself* yalnız başına

one-way /wʌn'wey/ s. tek yönlü; (bilet) gidiş

onion /'anyın/ a. bitk. soğan

only /'ounli/ s. biricik, tek * be. ancak, yalnız * bağ. ama, ne var ki, ancak *if only* ah bir, ah keşke *only too* çok, tamamen

onset /'onset/ a. saldırı; başlangıç

onshore /on'şo:/ s. be. denizden karaya

onslaught /'onslo:t/ a. şiddetli saldırı

onto /'ontu/ ilg. üstüne, üzerine

onus /'ounıs/ a. yük, sorumluluk

onward /'onwıd/ s. ilerleyen * be. ileri

onyx /'oniks/ a. damarlı akik, oniks

ooze /u:z/ a. sızıntı * e. sızmak; sızdırmak

opaque /ou'peyk/ s. ışık geçirmez

open /oupın/ s. açık; çözümlenmemiş, askıda; ödenmemiş * e. açmak; açılmak *open-air* açık hava *open-air theatre* açık hava tiyatrosu *open out* açmak, sermek; gelişmek *opener* açacak *open-handed* eli açık, cömert *openhearted* açık kalpli, içten *open-minded* açık fikirli

opening /'oupıning/ a. açılış; ağız, kapı; açık alan

opera /'opın/ a. opera

operate /'opıreyt/ e. işletmek, çalıştırmak; işlemek, çalışmak;

ameliyat etmek *operating theatre* ameliyat odası

operation /opı'reyşın/ a. işletme; işleme, çalışma; ameliyat; ask. harekât *operational* kullanıma hazır

operative /'opıntiv/ s. işleyen, çalışan; etkin, etkili; geçerli

operator /'opıreytı/ a. operatör, işletmen

operetta /opı'retı/ a. operet

opinion /ı'pinyın/ a. fikir, düşünce, kanı *in my opinion* bence, kanımca *public opinion* kamuoyu

opium /'oupıım/ a. afyon

opponent /ı'pounınt/ a. aleyhtar, muhalif, rakip

opportune /'opıçu:n/ s. elverişli, uygun

opportunity /opı'tyu:niti/ a. fırsat, elverişli zaman

oppose /ı'pouz/ e. karşı koymak, karşı çıkmak *as opposed to* -in aksine

opposite /'opızit/ a. karşıt, zıt, karşı * s. karşıt, zıt, ters, aksi; karşısında *opposite sex* karşı cins

opposition /opı'zişın/ a. muhalefet; karşı koyma, direnme; rekabet; zıtlık, karşıtlık

oppress /ı'pres/ e. bunaltmak, sıkıntı vermek; baskı uygulamak, eziyet etmek *oppression* baskı, zulüm; sıkıntı *oppressive* ezici, ağır; bunaltıcı *oppressor* zalim, zorba

optic /'optik/ s. gözle ilgili *optics* /'optiks/ ışıkbilgisi, optik *optical* /'optikıl/ görme duyusuyla ilgili *optician* /op'tişın/ gözlükçü

optimism /'optimizım/ a. iyimserlik *optimist* iyimser kimse *optimistic* iyimser

optimum /'optimım/ s. en iyi/yüksek/uygun

option /'opşın/ a. seçme, tercih; tic. vade *optional* isteğe bağlı, seçmeli

or /o:/ *bağ.* veya, ya da, veyahut, yoksa **or else** yoksa **or so** ... civarında

oral /'o:ηl/ *s.* sözel, sözlü, ağızdan; ağızdan, oral

orange /'orinc/ *a. bitk.* portakal * *a. s.* portakalrengi, turuncu

orangutang /o:rengu'teng/ *a. hayb.* orangutan

oration /ı'reyşın/ *a.* söylev, nutuk

orator /'orıtı/ *a.* hatip, konuşmacı **oratory** hitabet, güzel konuşma sanatı

oratorio /orı'to:riou/ *a. müz.* oratoryo

orbit /'o:bit/ *a.* yörünge * *e.* yörüngede dönmek

orchard /o:çıd/ *a.* meyve bahçesi

orchestra /'o:kıstrı/ *a.* orkestra

orchid /'o:kid/ *a. bitk.* orkide

ordeal /o:'di:l/ *a.* çetin sınav, ateşten gömlek

order /'o:dı/ *a.* düzen, tertip; sıra, dizi; usul, yol, kural; sipariş, ısmarlama; havale; emir, buyruk * *e.* buyurmak, emretmek; ısmarlamak; sipariş vermek; düzenlemek, tertiplemek **in order that** -mesi için **in order to** -mek için **out of order** bozuk; çalışmaz; düzensiz **make to order** sipariş üzerine yapmak **put in order** düzene koymak **order sb around** -e gereksiz emirler yağdırmak

orderly /'o:dıli/ *s.* düzenli, derli toplu, tertipli; sistemli; uslu, uysal * *a.* emir eri; hastane hademesi

ordinal /'o:dinl/ *a. mat.* sıra sayısı

ordinance /'o:dinıns/ *a.* buyruk, emir; yasa, yönetmelik

ordinary /'o:dınri/ *s.* alışılmış, olağan

ore /o:/ *a.* maden cevheri

organ /'o:gın/ *a.* uzuv, organ; alet, araç; yayın organı; *müz.* org

organic /o:'genik/ *s.* organik; organlarla ilgili

organism /'o:gınizim/ *a.* organizma

organization /o:gınay'zeyşın/ *a.* örgüt; örgütlenme; organizasyon

organize /'o:gınayz/ *e.* kurmak, örgütlemek; düzenlemek

orgasm /'o:gezım/ *a.* orgazm, doyunum, cinsel doyum

orgy /'o:ci/ *a.* seks partisi; âlem, cümbüş

orient /'o:rıınt/ *a.* doğu; doğu ülkeleri, Asya; Uzakdoğu **oriental** doğuya özgü, doğu ...

orientate /'o:rıınteyt/ *e.* yönlendirmek **orientation** yönlendirme

orifice /'orifis/ *a.* ağız, delik

origin /'oricin/ *a.* başlangıç, kaynak; kök, köken

original /ı'ricinıl/ *s.* orijinal, özgün; yaratıcı * *a.* asıl, orijinal **originality** orijinallik, özgünlük; yaratıcılık **originally** aslında; özgün bir biçimde

originate /ı'ricineyt/ *e.* kaynaklanmak, çıkmak, başlamak; başlatmak

ornament /'o:nımınt/ *a.* süs, süs eşyası * *e.* süslemek

ornate /o:'neyt/ *s.* çok süslü

ornithology /o:ni'tolıci/ *a.* kuş bilimi

orphan /'o:fın/ *a.* öksüz, yetim, kimsesiz **orphanage** yetimlik, öksüzlük; yetimler yurdu

orthodox /'o:tıdoks/ *s.* herkesin inandığına inanan, ortodoks

orthography /o:'togrıfi/ *a.* imla, yazım

orthopaedic /o:tı'pi:dik/ *s.* ortopedik **orthopaedics** ortopedi

oscillate /'osileyt/ *e.* sallanmak, salınmak **oscillation** salınım

ostentation /ostın'teyşın/ *a.* gösteriş, çalım

ostrich /'ostriç/ *a. hayb.* devekuşu

other /'atı/ *s.* diğer, öteki; başka *

adl. diğeri, öbürü; başkası * *be.*
başka türlü *every other day* gün
aşırı *the other day* geçen gün
each other birbirini, birbirine
other than hariç, dışında

otherwise /'atıwayz/ *be.* başka
türlü; yoksa; başka bakımlardan

otter /'otı/ *a. hayb.* susamuru;
samur kürk

ought /o:t/ *e.* (ödev/tavsiye belirtir)
-meli, -malı, gerek, iyi olur

ounce /auns/ *a.* ons (28.35 gr.)

our /a:, auı/ *s.* bizim

ours /'auız/ *adl.* bizimki

ourselves /au'selvz/ *adl.* biz,
kendimiz *by ourselves* tek
başımıza, yalnız

oust /aust/ *a.* dışarı atmak

out /aut/ *be.* dışarı, dışarıya;
dışarıda; yüksek sesle * *s.*
dışarıdaki, dış, uzakta bulunan;
iktidarda olmayan; olanaksız *out
of* -den dışarı; -in dışında; -den
dolayı; -den yapılmış *out-of-date*
modası geçmiş, eski *out-of-doors*
dışarıda *out-of-the way* ücra,
uzak, sapa

outboard motor /autbo:d 'moutı/ *a.*
dıştan takılan motor

outbreak /'autbreyk/ *a.* patlak
verme, çıkma; salgın

outbuilding /'autbilding/ *a.* ek bina

outburst /'autbö:st/ *a.* patlama,
patlak verme

outcast /'autka:st/ *a. s.* toplumdan
atılmış, serseri

outcome /'autkam/ *a.* sonuç

outcry /'autkray/ *a.* halk protestosu;
haykırma

outdated /aut'deytid/ *s.* modası
geçmiş

outdo /aut'du:/ *e. outdid* /aut'did/,
outdone /aut'dan/ -den üstün
olmak, yenmek, geçmek

outdoor /aut'do:/ *s.* açık havada,
açık hava ... *outdoors* açık ha-
vada, dışarıda

outer /'autı/ *s.* harici, dış, dıştaki
outer space uzay

outermost /'autımoust/ *s.* en dıştaki,
en uzaktaki

outfit /'autfit/ *a.* teçhizat, takım,
donatı; *kon.* grup, ekip

outgoing /aut'gouing/ *s.* giden,
ayrılan; cana yakın

outgrow /aut'grou/ *e. outgrew*
/aut'gru:/, *outgrown* /aut'groun/ -
den daha çabuk büyümek;
(büyüdüğü için giysilerine)
sığmamak

outing /'auting/ *a.* gezinti, gezi

outlandish /aut'lendiş/ *s.* garip,
acayip

outlaw /'autlo:/ *a.* kanun kaçağı,
haydut

outlet /'autlet/ *a.* çıkış yeri, delik,
ağız

outline /'autlayn/ *a.* ana hatlar; özet
* *e.* şeklini/taslağını çıkarmak

outlook /'autluk/ *a.* görünüm; bakış
açısı

outlying /'autlaying/ *s.* uzak

outnumber /aut'nambı/ *e.* sayıca
üstün olmak

outpatient /'autpeyşınt/ *a.* ayakta
tedavi edilen hasta

outpost /'autpoust/ *a.* ileri karakol

output /'autput/ *a.* verim; ürün;
bilgisayardan alınan bilgi, çıktı

outrage /'autreyc/ *e.* hakaret;
rezalet; tecavüz *outrageous* ter-
biyesiz, çirkin

outright /aut'rayt/ *be.* tam, bütün;
açık belli

outset /'autset/ *a.* başlangıç

outside /aut'sayd/ *ilg.* dışında;
dışına * *be.* dışarıda; dışarıya * *s.*
dış * *a.* dış (taraf); dış görünüş

outsider /aut'saydı/ *a.* bir grubun
dışında olan kimse, yabancı;
kazanma olasılığı az olan
yarışmacı/hayvan

outsize /'autsayz/ *s.* (giysi) büyük
boy

outskirts /'autskö:ts/ a. kentin dışı, dış mahalle, varoş

outsmart /aut'sma:t/ e. kon. kurnazlıkla yenmek, alt etmek

outspoken /aut'spoukın/ s. dobra dobra konuşan, açıksözlü

outstanding /aut'stending/ s. göze çarpan, önemli; ödenmemiş

outstrip /aut'strip/ e. -den daha iyi yapmak, geçmek, geride bırakmak

outward(s) /'autwıd(z)/ s. dış * be. dışarıya outwardly görünüşte

outweigh /aut'wey/ e. -den daha ağır basmak, -den daha önemli olmak

outwit /aut'wit/ e. kurnazlıkla alt etmek, yenmek

oval /'ouvıl/ s. yumurta biçiminde, oval

ovary /'ouvıri/ a. yumurtalık; bitk. tohumluk

ovation /ou'veyşın/ a. coşkunca alkış

oven /'avın/ a. fırın

over /'ouvı/ ilg. üzerinde, üstünde; üzerine, üstüne; öbür tarafına, ötesine, üzerinden; öbür tarafında, ötesinde; -den çok; baştan başa, her yerine; -in sonuna dek, süresince; hakkında, konusunda * be. yukarıya; yukarıda; bitmiş; adamakıllı, iyice; altını üstüne, tersine; karşı tarafa, öbür tarafa all over her tarafında; her tarafına all over again yeni baştan over and above -den başka over and over defalarca

over- /ouvı/ önek aşırı, fazla

overall /ouvır'o:l/ be. s. tüm, toplam; ayrıntılı, kapsamlı

overalls /'ouvıroö:lz/ a. işçi tulumu, tulum

overbearing /ouvı'beıring/ s. mütehakkim, buyurucu

overboard /'ouvıbo:d/ be. den.

gemiden denize

overcast /ouvı'ka:st/ s. bulutlu, kapalı

overcharge /ouvı'ça:c/ e. fazla fiyat istemek, kazıklamak

overcoat /'ouvıkout/ a. palto

overcome /ouvı'kam/ e. overcame /ouvıkeym/, overcome üstesinden gelmek, alt etmek; galip gelmek

overdo /ouvı'du:/ e. overdid /ouvıdid/, overdone /ouvıdan/ abartmak, şişirmek; fazla pişirmek

overdose /'ouvıdous/ a. aşırı doz

overdraft /'ouvıdra:ft/ a. hesabından fazla para çekme izni, açık kredi

overdraw /ouvı'dro:/ e. overdrew /ouvıdru:/, overdrawn /auvıdro:n/ (bankadaki hesabından) fazla para çekmek

overdue /ouvı'dyu:/ s. vadesi geçmiş; rötarlı, gecikmiş

overflow /ouvı'flou/ e. taşmak * a. taşma; taşkın; oluk

overgrown /ouvı'groun/ s. yabanıl bitkilerle kaplı; fazla/hızlı büyümüş

overhang /ouvı'heng/ e. overhung /ouvıhang/ sarkmak

overhaul /ouvı'ho:l/ e. elden geçirmek, onarmak; yetişip geçmek

overhead /ouvı'hed/ s. be. yukarıda, tepede

overheads /'ouvıhedz/ a. işletme giderleri

overhear /ouvı'hiı/ e. overheard /-'hö:d/ kulak misafiri olmak, gizlice dinlemek

overjoyed /ouvı'coyd/ s. çok sevinçli

overland /ouvı'lend/ s. karayolu ile yapılan * be. karadan

overlap /ouvı'lep/ e. üst üste binmek; kısmen kaplamak

overload /ouvı'loud/ e. aşırı yüklemek; fazla elektrik kullanmak

overlook /ouvı'luk/ *e.* -e nazır olmak, bakmak; gözden kaçırmak, görememek; göz yummak

overnight /ouvı'nayt/ *be.* geceleyin

overpower /ouvı'pauı/ *e.* yenmek

overrate /ouvı'reyt/ *e.* fazla değer vermek

overseas /ouvı'si:z/ *be. s.* denizaşırı

overshadow /ouvı'şedou/ *e.* gölge düşürmek, gölgelemek

oversight /'ouvısayt/ *a.* dikkatsizlik, gözden kaçırma, dalgınlık

oversleep /ouvı'sli:p/ *e.* uyuya kalmak

overt /'ouvö:t/ *s.* açıkça yapılan

overtake /ouvı'teyk/ *e.* **overtook** /ouvı'tuk/, **overtaken** /ouvı'teykın/ yetişip geçmek, sollamak; ansızın yakalamak, bastırmak

overthrow /ouvı'trou/ *e.* **overthrew** /ouvı'tru:/, **overthrown** /ouvı'troun/ (hükümet, vb.) devirmek, yıkmak

overtime /'ouvıtaym/ *a. BE.* fazla mesai

overture /'ouvıçuı/ *a. müz.* uvertür; *kon.* görüşme önerisi, öneri

overturn /'ouvıtö:n/ *e.* devirmek

overweight /ouvı'weyt/ *a.* (belli bir kilodan) ağır

overwhelm /ouvı'welm/ *e.* yenmek, ezmek, bastırmak; gark etmek, boğmak **overwhelming** çok büyük, ezici

overwork /ouvı'wö:k/ *e.* fazla çalışmak; fazla çalıştırmak * *a.* fazla çalışma

ovum /'ouvım/ *a. (ç. ova* /'ouvı/ *biy.* yumurta

owe /ou/ *e.* borcu olmak, borçlu olmak

owing /'ouing/ *s.* ödenmemiş **owing to** -den dolayı, yüzünden

owl /aul/ *a. hayb.* baykuş, puhu

own /oun/ *s. adl.* kendi, kendisinin

* *e.* sahip olmak **have/get one's own back** öcünü almak **on one's own** tek başına, yalnız

owner /'ounı/ *a.* sahip, mal sahibi **ownership** mülkiyet, sahiplik

ox /oks/ *a. (ç. oxen* /'oksın/) *hayb.* öküz

oxcart /'okska:t/ *a.* öküz arabası, kağnı

oxide /'oksayd/ *a. kim.* oksit

oxygen /'oksicın/ *a. kim.* oksijen **oxygen mask** oksijen maskesi **oxygen tent** oksijen çadırı

oyez /ou'yes/ *ünl. huk.* dikkat!, dinleyin!

oyster /oystı/ *a. hayb.* istiridye **oyster bank** istiridye yatağı **oyster catcher** istiridye avcısı, denizsaksağanı

ozone /'ouzoun/ *a. kim.* ozon **ozone layer** ozon tabakası

P

pace /peys/ *a.* adım; yürüyüş * *e.* adımlamak **keep pace with** *kon.* ayak uydurmak

pacific /pı'sifik/ *s.* barışsever, barışçı

pacifism /'pesifizım/ *a.* barışseverlik **pacifist** barışsever

pacify /'pesifay/ *e.* yatıştırmak

pack /pek/ *a.* bohça, çıkın; paket; sürü; (iskambil) deste * *e.* paketlemek; sarmak; tıka basa doldurmak

package /'pekıc/ *a.* paket, bohça, ambalaj **package tour** (acentanın ayarladığı) grup turu

packet /'pekit/ *a.* paket

packing /'peking/ *a.* paketleme, ambalaj

pact /pekt/ *a.* antlaşma, pakt

pad /ped/ *a.* yastık; kâğıt destesi, bloknot; ıstampa * *e.* içini doldurmak **padding** vatka; kıtık

paddle /'pedıl/ *a.* kısa kürek, (masa tenisi) raket **paddle steamer** yandan çarklı gemi

paddock /'pedık/ *a.* küçük çayır alan

paddy /'pedi/ *a.* çeltik tarlası

padlock /'pedlok/ *a.* asma kilit

pagan /'peygın/ *a. s.* putperest

page /peyc/ *a.* sayfa

pageant /'pecınt/ *a.* kutlama töreni; gösteri **pageantry** parlak gösteri

paid /peyd/ *bkz.* **pay**

pain /peyn/ *a.* ağrı, sızı; acı **pain in the neck/ass** *kon.* baş belası, dert **painful** acı veren; üzücü **painkiller** ağrı kesici **painless** acısız, ağrısız **painstaking** dikkatli, özenli

paint /peynt/ *e.* boyamak; resmini yapmak; badana yapmak; makyaj yapmak * *a.* boya **paintbrush** boya fırçası **painter** ressam; badanacı, boyacı **painting** ressamlık; yağlıboya resim, tablo

pair /peı/ *a.* çift; karı koca **in pairs** ikişer ikişer

pajamas /pı'ca:mız/ *a. AE.* pijama

pal /pel/ *a. kon.* arkadaş, ahbap

palace /'pelis/ *a.* saray

palate /'pelit/ *a.* damak; ağız tadı

palatial /pı'leyşıl/ *s.* saray gibi, görkemli

pale /peyl/ *a.* soluk; solgun, cansız

palette /'pelit/ *a.* ressam paleti

pall /po:l/ *a.* tabut örtüsü * *e.* usandırmak, bıktırmak, sıkmak

pallid /'pelid/ *s.* solgun, benzi atmış

palm /pa:m/ *a. bitk.* palmiye; hurma ağacı; avuç içi, aya

palmist /'pa:mist/ *a.* el falcısı **palmistry** el falı

palpitate /'pelpiteyt/ *e.* (yürek) hızlı ve düzensizce atmak

palsy /'po:lzi/ *a.* inme, felç

pamper /'pempı/ *e.* üzerine çok

düşmek, şımartmak

pamphlet /'pemflit/ *a.* kitapçık, broşür

pan /pen/ *a.* tava; lavabo taşı * *e.* elemek, süzmek; (kamerayı) sağa sola çevirmek

pancake /'penkeyk/ *a.* tava keki, gözleme

pancreas /'penkrıis/ *a. anat.* pankreas

panda /'pendı/ *a. hayb.* panda

pandemonium /pendi'mouniım/ *a.* şamata, curcuna, tantana

pane /peyn/ *a.* pencere camı

panel /'penıl/ *a.* kapı aynası; pano; jüri heyeti
    panel discussion açıkoturum

pang /peng/ *a.* ani ağrı, sancı, acı

panic /'penik/ *a.* panik, ürkü * *e.* paniğe uğratmak; paniğe kapılmak

pannier /'penıı/ *a.* küfe, sepet

panorama /penı'ra:mı/ *a.* panorama, toplu görünüm

pansy /'penzi/ *a. bitk.* hercaimenekşe

pant /pent/ *e.* sık sık nefes almak, nefes nefese kalmak; nefes nefese söylemek

panther /'pentı/ *a. hayb.* panter; *AE.* puma

panties /'pentiz/ *a. kon.* kadın külotu

pantomime /'pentımaym/ *a.* pandomim

pantry /'pentri/ *a.* kiler

pants /pents/ *a. BE.* kadın külotu; *AE.* pantolon

paper /'peypı/ *a.* kâğıt; *kon.* gazete; yazı, bildiri; *kon.* evrak; sınav soruları * *e.* duvar kâğıdıyla kaplamak **on paper** kâğıt üzerinde **paper clip** ataş **paperback** kâğıt kapaklı kitap **paperbag** kesekâğıdı **paperwork** kırtasiyecilik

paprika /'peprıkı/ *a.* kırmızıbiber

papyrus /pı'payırıs/ *a.* papirüs

par /pɑː/ *a.* nominal değer, itibari kıymet, eşit düzey

parable /'pærıbıl/ *a.* mesel, ibret alınacak öykü

parachute /'pærışuːt/ *a.* paraşüt * *e.* paraşütle atlamak *parachutist* paraşütçü

parade /pı'reyd/ *a.* geçit töreni; gösteriş * *e. ask.* sıraya dizilmek; gösteriş yapmak

paradise /'pærıdays/ *a.* cennet

paradox /'pærıdoks/ *a.* paradoks, yanıltmaç

paraffin /'pærıfin/ *a.* parafin

paragraph /'pærıgrɑːf/ *a.* paragraf

parallel /'pærılel/ *s.* paralel, koşut * *a.* paralel çizgi; benzerlik; *coğ.* enlem

parallel /'pærılel/ *e.* benzemek, eşit olmak

paralyse /'pærılayz/ *e.* felç etmek, felce uğratmak

paralysis /pı'relisis/ *a.* inme, felç

paralytic /per'litik/ *a.* felçli kimse

paramount /'pærımaunt/ *s.* üstün, yüce, en büyük, en önemli

paranoia /per'noyı/ *a. ruhb.* paranoya *paranoid* /'pærınoyd/ paranoyak

parapet /'pærıpit/ *a.* korkuluk, siper

paraphernalia /pærıfı'neylıı/ *a.* takım taklavat, donatı

paraphrase /'pærıfreyz/ *e.* başka sözcüklerle açıklamak, açımlamak * *a.* açımlama

parasite /'pærısayt/ *a.* asalak

parasol /'pærısol/ *a.* güneş şemsiyesi

paratroops /'pærıtruːps/ *a. ask.* paraşütçü kıtası *paratrooper* /'pærıtruːpı/ paraşütçü

parcel /'pɑːsıl/ *a.* paket, koli *parcel out* taksim etmek, bölümlere/hisselere ayırmak *parcel post* paket postası

parch /pɑːç/ *e.* (güneş) kavurmak; (susuzluktan) kavrulmak

parchment /'pɑːçmınt/ *a.* tirşe, parşömen

pardon /'pɑːdın/ *a.* af, bağışlama * *e.* bağışlamak, affetmek *I beg your pardon* Affedersiniz, Efendim?

pare /peı/ *e.* kabuğunu soymak

parent /'peırınt/ *a.* ana ya da baba, veli; *kon.* ana baba, ebeveyn *parenthood* analık ya da babalık

parenthesis /pı'rentisis/ *a.* ayraç, parantez; ara söz

parity /'periti/ *a.* eşitlik, denklik

park /pɑːk/ *a.* park, yeşil alan * *e.* park etmek; *kon.* koymak, bırakmak

parking /pɑːking/ *a.* park yapma *No Parking* Park yapılmaz *parking lot AE.* otopark *parking meter* otopark sayacı, parkmetre *parking space* park yeri

parley /'pɑːli/ *a.* zirve toplantısı, barış görüşmesi

parliament /'pɑːlımınt/ *a.* parlamento, millet meclisi *Member of Parliament* Parlamento üyesi *parliamentarian* /-mın'teırıın/ parlamenter *parliamentary* /-mentırı/ parlamentoya ait

parlour /'pɑːlı/ *a.* salon *beauty parlor AE.* güzellik salonu

parody /'pærıdi/ *a.* parodi, gülünçleme; adi kopya

parole /pı'roul/ *a.* şartlı tahliye

parquet /'pɑːkey/ *a.* parke

parrot /'pærıt/ *a. hayb.* papağan

parry /'peri/ *e.* savuşturmak; geçiştirmek

parsley /'pɑːsli/ *a.* maydanoz

parsnip /'pɑːsnip/ *a.* yabani havuç

parson /'pɑːsın/ *a.* papaz

part /pɑːt/ *a.* bölüm, kısım, parça; pay; yan, taraf; görev; rol; *müz.* fasıl *for my part* kendi hesabıma, bence *for the most part* çoğunlukla *in part* kısmen *part of speech* sözcük türü *play a part*

partial 186

rol oynamak *part with* -den
ayrılmak
partial /'pa:şıl/ s. bölümsel, kısmi;
tarafgir, yan tutan; düşkün *parti-
ality* /-'eliti/ a. yan tutma, taraf-
girlik; düşkünlük *partially*
kısmen; yan tutarak
participate /pa:'tisipeyt/ e. katılmak,
iştirak etmek *participant* /-pınt/
katılımcı, iştirakçi *participation*
katılma, katılım
participle /'pa:tisipıl/ a. dilb. ortaç
particle /'pa:tikıl/ a. parça, zerre,
tane; dilb. işlevsel sözcük, ilgeç,
tanımlık, bağlaç
particular /pı'tıkyulı/ s. belirli; özel;
mahsus, özgü; titiz; tam, ayrıntılı
in particular özellikle *particularly*
özellikle *particulars* ayrıntılar,
detaylar
partisan /pa:ti'zen/ a. yandaş, ta-
raftar, partizan; ask. çeteci
partition /pa:'tişın/ a. bölünme,
ayrılma; bölme, ince duvar
partly /'pa:tli/ be. kısmen
partner /'pa:tnı/ a. ortak; eş; kava-
lye, dam *partnership* ortaklık
partridge /'pa:tric/ a. hayb. keklik
party /'pa:ti/ a. eğlenti, parti;
(siyasi) parti; taraf, yan
pasha /'pa:şı/ a. paşa
pass /pa:s/ a. geçit, boğaz; paso,
şebeke; giriş-çıkış izni; pas;
geçiş; sınavda geçme * e.
geçmek, ilerlemek; (sınav)
başarmak, geçmek; hüküm ver-
mek, karar vermek; (futbol) pas
vermek; sayılmak, sanılmak *pass
away/on* geçmek; ölmek *pass by*
yanından/önünden geçmek;
önemsememek, boş vermek *pass
for* olarak sayılmak, ... sanılmak
pass off geçmek, dinmek, bit-
mek; meydana gelmek, olmak
pass on -e vermek; ölmek *pass
out* kendinden geçmek, bayılmak
passable /'pa:sıbıl/ s. iyi, geçer;

(yol, ırmak, vb.) geçit verir,
geçilebilir
passage /'pesic/ a. geçiş; pasaj,
koridor; paragraf, parça; deniz
yolculuğu
passenger /'pesincı/ a. yolcu
passion /'peşın/ a. ihtiras, tutku,
hırs *passionate* ihtiraslı, tutkulu;
ateşli, şiddetli
passive /'pesiv/ s. pasif; dilb. edil-
gen *passive voice* dilb. edilgen
çatı
passport /'pa:spo:t/ a. pasaport
password /'pa:swö:d/ a. parola
past /pa:st/ s. geçmiş; geçen * ilg. -
den sonra, -ın ötesinde * a.
geçmiş zaman, geçmiş; bir kim-
senin geçmişi; dilb. geçmiş
zaman
paste /peyst/ a. hamur; macun;
kola; çiriş *pasteboard* mukavva
pastel /'pestıl/ a. pastel boya ka-
lemi; soluk renk, pastel renk
pasteurize /'pesçırayz/ e. pastörize
etmek
pastille /pe'sti:l/ a. hek. pastil
pastime /'pa:staym/ a. eğlence,
oyun
pastor /'pa:stı/ a. papaz
pastrami /pestra:mi/ a. pastırma
pastry /'peystri/ a. hamur işi; pasta
pasture /'pa:sçı/ a. ot; otlak, çayır
pasty /'pesti/ a. etli börek * s. (yüz)
solgun
pat /pet/ a. hafifçe vurma, okşama
* e. elle hafifçe vurmak
patch /peç/ a. yama; hek. yakı;
benek, ben * e. yamamak *patch-
work* yama işi *patchy* yarım ya-
malak, şöyle böyle
patent /'peytnt/ a. patent
paternal /pı'tö:nıl/ s. babayla ilgili;
(akrabalık) baba tarafından
paternity /pı'tö:niti/ a. babalık
paternity test babalık testi
path /pa:t/ a. keçiyolu, patika; yol
pathetic /pı'tetik/ s. acıklı, doku-

naklı **pathological** patolojik
pathway /'pa:twey/ a. patika
patience /'peyşıns/ a. sabır
patient /'peyşınt/ s. sabırlı * a. hasta
patriarch /'peytria:k/ a. patrik, piskopos; aile reisi, kabile reisi
patriarchy /'peytria:ki/ a. ataerkil toplum düzeni **patriarchal** ataerkil
patriot /'petrıt/ a. yurtsever **patriotic** /-'otik/ yurtsever **patriotism** yurtseverlik
patrol /pı'troul/ a. ask. devriye **patrolman AE.** devriye polisi
patron /'peytrın/ a. hami, koruyucu; sürekli müşteri
patronage /'petrınic/ a. himaye, koruma; sürekli müşteriler
patter /'petı/ a. pıtırtı, ses
pattern /'petın/ a. numune, örnek; elbise patronu; şablon; kalıp
paunch /po:nç/ a. şiş göbek
pauper /'po:pı/ a. yoksul, fakir
pause /po:z/ a. mola, ara; durak, durgu * e. duraklamak, ara vermek
pave /peyv/ e. kaldırım döşemek
pavement /'peyvmınt/ a. BE. kaldırım
pavilion /pı'vilyın/ a. büyük çadır; pavyon; köşk
paw /po:/ a. pençe
pawn /po:n/ a. (satranç) piyon, piyade; kukla, piyon, alet; rehin * e. rehine vermek, rehine koymak **pawnbroker** rehinci, tefeci **pawnshop** rehinci dükkânı
pay /pey/ e. **paid** /peyd/ ödemek; yarar sağlamak; karşılığını vermek * a. ödeme; ücret, maaş **pay attention (to)** dikkat etmek **pay a visit** ziyaret etmek **pay back** geri vermek, ödemek **pay sb back** -den bir şeyin acısını çıkarmak **pay off** (borç) tümüyle kapatmak; ücretini verip kovmak **pay up**

borcunu kapatmak **payable** ödenecek, ödenmesi gerek; ödenebilir **payday** maaş günü **payee** alacaklı **payment** ödeme; ücret, maaş **payroll** ücret bordrosu
pea /pi:/ a. bitk. bezelye
peace /pi:s/ a. barış; rahat, huzur; asayiş, güvenlik **at peace** barış halinde **break the peace** asayişi bozmak **hold one's peace** sesini çıkarmamak, susmak **keep the peace** asayişi korumak **peaceable** barışçıl **peaceful** barışsever; sakin, huzurlu
peach /pi:ç/ a. şeftali
peacock /'pi:kok/ a. tavuskuşu
peahen /'pi:hen/ a. dişi tavuskuşu
peak /pi:k/ a. uç, doruk, zirve
peal /pi:l/ a. çan sesi; gürültü
peanut /'pi:nat/ a. amerikanfıstığı, yerfıstığı **peanut butter** krem fıstık
pear /peı/ a. bitk. armut
pearl /pö:l/ a. inci **mother-of-pearl** sedef
peasant /'pezınt/ a. köylü **peasantry** köylü sınıfı
pebble /'pebıl/ a. çakıl taşı
peck /'pek/ e. gagalamak
peculate /'pekyuleyt/ e. zimmetine para geçirmek
peculiar /pi'kyu:lıı/ s. acayip, tuhaf **peculiar to** -e özgü, mahsus **peculiarity** /-li'eriti/ özellik; acayiplik
pedagogy /'pedıgoci/ a. pedagoji, eğitbilim **pedagogue** eğitimci
pedal /pedıl/ a. ayaklık, pedal
pedant /'pednt/ a. kılı kırk yaran
peddle /'pedıl/ e. seyyar satıcılık yapmak **peddler** seyyar satıcı
pedestal /'pedistıl/ a. (heykel, sütun, vb.) taban, kaide
pedestrian /pi'destrın/ a. yaya **pedestrian crossing** yaya geçidi
pediatrician /pi:dıı'trişın/ a. hek.

çocuk doktoru

pedicure /'pedikyuı/ *a.* ayak bakımı, pedikür

pedigree /'pedigri:/ *a.* soyağacı; soy

peel /pi:l/ *e.* kabuğunu soymak; (kabuğu) soyulmak * *a.* (meyve, sebze) kabuk

peep /pi:p/ *e. kon.* gizlice bakmak, dikizlemek * *a.* gizlice bakış, dikiz

peer /pıı/ *a.* eş, emsal; asilzade * *e.* dikkatle bakmak

peg /peg/ *a.* ağaç çivi; mandal; kanca, askı

pejorative /pi'coıtiv/ *s.* küçük düşürücü, kötüleyici, yermeli

pelican /'pelikın/ *a. hayb.* pelikan

pelt /pelt/ *a.* post, deri, kürk

pelvis /'pelvis/ *a. anat.* pelvis, leğen

pen /pen/ *a.* kalem, tükenmezkalem, dolmakalem; ağıl; kümes **penfriend** mektup arkadaşı **penknife** çakı **pen name** takma ad

penal /'pi:nıl/ *s.* cezai

penalty /'penılti/ *a.* ceza; *sp.* penaltı **pay the penalty** cezasını çekmek

penance /'penıns/ *a.* ceza; kefaret

pence /pens/ *a. bkz.* **penny**

pencil /'pensıl/ *a.* kurşunkalem

pendant /'pendınt/ *a.* pandantif

pending /'pending/ *s.* kararlaştırılmamış, askıda

pendulum /'pendyulım/ *a.* sarkaç

penetrate /'penitreyt/ *e.* içine girmek, işlemek; sızmak **penetrating** içe işleyen, keskin; kavrayışlı, akıllı

penguin /'pengwin/ *a.* penguen

penicilin /'peni'silin/ *a.* penisilin

peninsula /pi'ninsyulı/ *a.* yarımada

penis /'pi:nıs/ *a.* penis, kamış

penitence /'penitıns/ *a.* pişmanlık, tövbe **penitent** pişman, tövbeli

pennant /'penınt/ *a.* flama, flandra

penniless /'penilıs/ *s.* züğürt, meteliksiz

penny /'peni/ *a.* (ç. **pennies**

/'peniz/) Pound'un yüzde biri, peni; *AE.* sent

pension /'penşın/ *a.* emekli maaşı **pensioner** emekli (aylığı alan kimse)

pensive /'pensiv/ *s.* düşünceli, dalgın

pentagon /'pentıgın/ *a.* beşgen

pentathlon /pen'tetlın/ *a. sp.* pentatlon

penthouse /'penthaus/ *a.* çatı katı

people /'pi:pıl/ *a.* insanlar, kalabalık; halk; kişi, kimse; millet, ulus

pepper /'pepı/ *a.* biber **black pepper** kara biber **hot pepper** çok acı biber **red pepper** kırmızı biber **peppercorn** tane biber **peppermint** nane; nane şekeri **peppery** biberli; çabuk kızan

per /pı, pö:/ *ilg.* -de, -da, başına; vasıtasıyla, eliyle **per annum** yılda **per capita** kişi başına (düşen) **per cent** yüzde

perambulator /pı'rembyuleytı/ *a.* çocuk arabası

perceive /pı'si:v/ *e.* algılamak, kavramak, anlamak, görmek

percentage /pı'sentic/ *a.* yüzdelik, yüzde oranı; komisyon, yüzdelik

perceptible /pı'septıbıl/ *s.* algılanabilir, duyulabilir, görülebilir

perception /pı'sepşın/ *a.* algı, kavrayış, seziş

perceptive /pı'septıv/ *s.* kavrayışlı, zeki

perch /pö:ç/ *a.* tünek; yüksek yer; *hayb.* tatlı su levreği * *e.* konmak, tünemek

percolate /'pö:kıleyt/ *e.* (**through**) süzülmek, sızmak; süzmek **percolator** süzgeçli kahve ibriği

percussion /pı'kaşın/ *a.* vurma, çarpma

perennial /pı'reniıl/ *s.* bir yıl süren; (bitki) uzun ömürlü

perfect /'pö:fikt/ *s.* mükemmel,

kusursuz, eksiksiz; tam *perfectly*
mükemmel bir şekilde; tamamen
perfect /pı'fekt/ e.
mükemmelleştirmek *perfection*
mükemmellik; tamamlama; eşsiz
örnek
perfidious /pı'fidııs/ s. hain, kalleş,
vefasız
perfidy /'pö:fidi/ a. vefasızlık, hain-
lik, kalleşlik
perforate /'pö:fıreyt/ e. delmek
perform /pı'fo:m/ e. yapmak, yer-
ine getirmek; oynamak, temsil
etmek; rol almak; *müz.* çalmak
performance ifa, icra; gösteri,
oyun; performans *performer*
sanatçı, oyuncu, müzisyen
perfume /'pö:fyu:m/ a. koku; par-
füm
perhaps /pı'heps/ be. belki
peril /'peril/ a. tehlike
perimeter /pı'rimıtı/ a. *mat.* çevre
period /'piırıd/ a. dönem, devre;
devir, çağ; süre; âdet, aybaşı;
ders; *AE.* nokta *periodic*
/piıri'odik/ periyodik *periodical*
/piıri'odikıl/ süreli yayın
periphery /pı'rifiri/ a. muhit, çevre
periscope /'periskoup/ a. periskop
perish /'periş/ e. ölmek, yok olmak;
BE. bozulmak *perishable*
(yiyecek) çabuk bozulan
perjure /'pö:cı/ e. *perjure oneself*
yalan yere yemin etmek
perk /pö:k/ a. *kon.* avanta
perm /pö:m/ a. *kon.* perma * e.
kon. perma yapmak
permanence /'pö:mınıns/ a. sürek-
lilik
permanent /'pö:mınınt/ s. sürekli
permanent wave perma(nant)
permissible /pı'misıbıl/ s. izin ver-
ilebilir
permission /pı'mişın/ a. müsaade,
izin
permit /pı'mit/ e. izin vermek
permute /pı'myu:t/ e. sırasını

düzenlemek
perpendicular /pö:pın'dikyulı/ s.
dik, dikey * a. dikey çizgi
perpetual /pı'peçuıl/ s. kalıcı;
sürekli
perpetuate /pı'peçueyt/ e. sürdür-
mek; ölümsüzleştirmek, korumak
perplex /pı'pleks/ e. şaşırtmak
perplexity /pı'pleksıti/ a. şaşkınlık
persecute /'pö:sıkyu:t/ e. zulmet-
mek; rahat vermemek *persecu-
tion* zulüm, eziyet
persevere /pö:si'vıı/ e. sebat etmek,
azimle devam etmek *persever-
ance* sebat, azim
persist /pı'sist/ e. ısrar etmek,
üstelemek; devam etmek, kalmak
persistence ısrar, inat; sebat *per-
sistent* inatçı, ısrarlı; sürekli
person /'pö:sın/ a. kişi, şahıs; insan,
kimse *personable* yakışıklı, güzel
personal /'pö:sınıl/ s. kişisel; özel;
bedensel *personal pronoun dilb.*
şahıs zamiri *personality* kişilik,
şahsiyet; önemli kişi
personify /pı'sonifay/ e. kişilik ver-
mek; simgesi olmak *personifica-
tion* kişileştirme; canlı örnek,
simge
personnel /pö:sı'nel/ a. personel,
görevliler
perspective /pı'spektiv/ a. perspek-
tif
perspiration /pö:spi'reyşın/ a. ter
perspire /pı'spayı/ e. terlemek
persuade /pı'sweyd/ e. ikna etmek;
inandırmak
persuasion /pı'sweyjın/ a. ikna;
inanç
persuasive /pı'sweysiv/ s. ikna edici,
inandırıcı
pert /pö:t/ s. sulu, cıvık, şımarık
pertain /pı'teyn/ e. *(to)* -e ait olmak
pervade /pı'veyd/ e. yayılmak,
kaplamak
perverse /pı'vö:s/ s. huysuz, ters;
sapık *perversion* sapıklık

pervert /pı'vö:t/ e. baştan çıkarmak, ayartmak

pessimism /'pesimizım/ a. kötümserlik **pessimist** kötümser

pest /pest/ a. *kon.* baş belası, musibet

pester /'pestı/ e. rahatsız etmek, sıkmak

pesticide /'pestisayd/ a. böcek zehiri

pet /pet/ a. evde beslenen hayvan; sevgili, gözde * e. okşamak, sevmek; *kon.* sevişmek, oynaşmak

petal /'petıl/ a. *bitk.* taçyaprağı

petition /pi'tişın/ a. dilekçe; toplu dilekçe; talep * e. dilekçe vermek

petrify /'petrifay/ e. taşlaşmak; taşlaştırmak

petrol /'petrıl/ a. benzin **petrol station** benzin istasyonu, benzinci

petroleum /pi'troulıım/ a. petrol

petticoat /'petikout/ a. içeteklik

petty /'peti/ s. önemsiz, küçük **petty officer** deniz astsubayı

petulant /'peçulınt/ a. huysuz, hırçın

pew /pyu:/ a. uzun bank/sıra

phantom /'fentım/ a. hayalet

pharaoh /'feırou/ a. firavun

pharmacy /'fa:mısi/ a. eczacılık; eczane **pharmacist** /'fa:mısist/ eczacı

phase /feyz/ a. evre, safha

pheasant /'fezınt/ a. *hayb.* sülün

phenomenal /fi'nominıl/ s. olağanüstü, şaşılacak, süper

phenomenon /fi'nominın/ a. fenomen, görüngü; harika şey/kimse

philanthropic /filın'tropik/ s. insansever, hayırsever

philately /fi'letıli/ a. pulculuk, pul toplama

philology /fi'lolıci/ a. filoloji

philosophy /fi'losıfi/ a. felsefe

philosopher /fi'losıfı/ a. filozof

philosophical /filı'sofikıl/ s. felsefi; (kişi) mantıklı

phlegm /flem/ a. balgam, sümük

phlegmatic /fleg'metik/ s. sakin, soğukkanlı

phobia /'foubiı/ a. fobi, ürkü

phoenix /'fi:niks/ a. Anka kuşu

phone /foun/ a. *kon.* telefon * e. *kon.* telefon etmek

phoneme /'founi:m/ a. *dilb.* sesbirim

phonetic /fi'netik/ s. sesçil, fonetik **phonetics** sesbilim, sesbilgisi

phonology /fi'nolıci/ a. sesbilim

phosphate /'fosfeyt/ a. *kim.* fosfat

phosphorus /'fosfırs/ a. *kim.* fosfor

photo /'foutou/ a. *kon.* fotoğraf

photocopy /'foutoukopi/ a. fotokopi * e. fotokopi çekmek **photocopier** fotokopi makinesi

photogenic /foutou'cenik/ s. fotojenik

photograph /'foutıgra:f/ a. fotoğraf, resim * e. fotoğrafını çekmek **photographer** fotoğrafçı **photography** fotoğrafçılık

phrase /freyz/ a. *dilb.* birkaç sözcükten oluşan anlamlı birim, sözcük öbeği, dizilim **phrasebook** seyahat rehberi; konuşma kılavuzu

physical /'fizikıl/ s. fiziksel; bedensel **physical education** beden eğitimi

physician /fi'zişın/ a. doktor, hekim

physicist /'fizisist/ a. fizikçi

physics /'fiziks/ a. fizik

physiology /fizi'olıci/ a. fizyoloji

physiological /fiziı'locikıl/ s. fizyolojik

physiotherapy /fiziou'terıpi/ a. fizyoterapi

physique /fi'zi:k/ a. vücut yapısı, fizik

piano /pi'enou/ a. piyano **pianist** /'piınist, 'pya:nist/ piyanist

pick /pik/ e. seçmek, seçip ayırmak; toplamak, koparmak; ayıklamak; kazmak, delmek; karıştırmak * *a.* kazma; kürdan; seçme *Take your pick.* Seçimini yap. *pick sb's pocket* birinin cebinden bir şey yürütmek

pickaxe /'pikeks/ *a.* kazma

picket /'pikıt/ *a.* grev gözcüsü; kazık; *ask.* ileri karakol * *e.* gözcülük etmek

pickle /'pikıl/ *a.* turşu * *e.* turşusunu kurmak *in a pickle kon.* zor durumda

pickpocket /'pikpokit/ *a.* yankesici

pick-up /'pikap/ *a.* kamyonet; pikap kolu

picnic /'piknik/ *a.* piknik * *e.* piknik yapmak

pictorial /pik'to:rııl/ *s.* resimli, resmedilmiş

picture /'pikçı/ *a.* resim, tablo; film; görüntü * *e.* resmini yapmak, çizmek; düşlemek, hayal etmek *pictures* sinema

picturesque /pikçı'resk/ *s.* pitoresk; (dil) net, açık, canlı

piddling /'pidling/ *s.* küçük, önemsiz

pidgin /'picin/ *a.* karma dil, tarzanca

pie /pay/ *a.* börek, çörek, tart, turta

piebald /'paybo:ld/ *a. s.* (*at*) alaca, benekli

piece /pi:s/ *a.* parça; oyun; (satranç, dama) taş; numune, örnek; madeni para *a piece of cake kon.* çocuk oyuncağı *fall to pieces* parçalanmak, dağılmak *go (all) to pieces* eli ayağına dolaşmak *in one piece kon.* hasar görmemiş, sağlam *pull to pieces* anlamsızlığını belirtmek

piecemeal /'pi:smi:l/ *s. be.* parça parça, azar azar, bölüm bölüm

pier /pıı/ *a.* iskele; destek, payanda

pierce /pııs/ *e.* delmek, delip geçmek *piercing* (ses) keskin, tiz;

(soğuk) içe işleyen

piety /'payıti/ *a.* dindarlık

pig /pig/ *a. hayb.* domuz; pisboğaz *pig-headed* inatçı *pigtail* saç örgüsü *piggy* ufak domuz

pigeon /'picin/ *a. hayb.* güvercin

pigment /'pigmınt/ *a.* boya maddesi, pigment

pigmy /'pigmi/ *a.* cüce, bodur

pike /payk/ *a.* mızrak, kargı; turnabalığı

pile /payl/ *a.* yığın, küme; kazık, direk; tüy, hav; pil * *e.* yığmak

pilgrim /'pilgrım/ *a.* hacı *pilgrimage* /-mic/ *a.* hac, hacılık *go on make a pilgrimage* hacca gitmek

pill /pil/ *a.* hap; doğum kontrol hapı

pillar /'pilı/ *a.* sütun; direk *pillarbox* posta kutusu

pillow /'pilou/ *a.* yastık *pillow case slip* yastık kılıfı

pilot /'paylıt/ *a.* pilot; *den.* kılavuz * *e.* pilotluk yapmak; kılavuzluk yapmak

pimp /pimp/ *a.* pezevenk

pimple /'pımpıl/ *a.* sivilce

pin /pin/ *a.* topluiğne; broş, iğne * *e.* iğnelemek, iliştirmek; kıpırdayamaz hale sokmak, sıkıştırmak *pins and needles kon.* karıncalanma

pinafore /'pinıfo:/ *a.* göğüslük, önlük

pincers /'pinsız/ *a.* kerpeten; kıskaç

pinch /pinç/ *e.* kıstırmak, sıkıştırmak; çimdiklemek; *kon.* araklamak yürütmek * *a.* çimdik; tutam *at in a pinch* gerekirse *feel the pinch* darda olmak

pine /payn/ *a. bitk.* çam * *e.* (*away*) güçten kuvvetten düşmek

pineapple /'paynepıl/ *a. bitk.* ananas

ping-pong /'pingpon/ *a. kon.* ping-pong, masatenisi

pink /pink/ s. pembe **pinkish** pembemsi

pinnacle /'pinıkıl/ a. doruk, zirve; sivri tepeli kule

pint /paynt/ a. galonun sekizde biri (*BE.* 0,568 lt; *AE.* 0,473 lt)

pioneer /payı'niı/ a. öncü * e. öncülük etmek

pious /payıs/ s. dindar

pip /pip/ a. meyve çekirdeği

pipe /payp/ a. boru; pipo; kaval * e. borularla taşımak; kaval/gayda çalmak **pipeline** boru hattı

piper /'paypı/ a. kavalcı; gaydacı

piquant /'pi:kınt/ s. acı/keskin

piracy /'payırısi/ a. korsanlık

piranha /pi'ra:nyı, pi'ra:nı/ a. *hayb.* piranha

pirate /'payırıt/ a. korsan * e. korsan satış yapmak

pirouette /piru'et/ a. (balede) tek ayak üzerinde dönüş, piruet

Pisces /'paysi:z/ a. Balık burcu

piss /pis/ e. işemek * a. çiş, sidik; işeme

pistachio /pi'sta:şiou/ a. fıstık

pistol /'pistıl/ a. tabanca

piston /'pistın/ a. piston

pit /pit/ a. çukur; maden ocağı; (tiyatro) parter

pitch /piç/ a. *sp.* saha, alan; fırlatma, atış; *müz.* perde; derece; zift * e. konmak, konaklamak; (çadır) kurmak; (top, vb.) atmak; *müz.* sesin perdesini ayarlamak **pitch-black** zifiri karanlık

pitcher /'piçı/ a. testi, sürahi, ibrik

pith /pit/ a. *bitk.* öz; öz **pithy** özlü; anlamlı

pitiable /'pitiıbıl/ s. acınacak

pitiful /'pitifıl/ s. acıklı, acınacak; merhametli

pittance /'pitıns/ a. çok düşük ücret

pity /'piti/ a. merhamet, acıma * e. merhamet etmek, acımak **for pity's sake** Allah aşkına, ne olur

have/take pity on (sb) -e acımak **What a pity!** Ne yazık!

pivot /'pivıt/ a. eksen, mil * e. bir eksen çevresinde dönmek

pizza /'pi:tsı/ a. pizza

placard /'pleka:d/ a. duvar ilanı, afiş, pankart, poster

place /pleys/ a. yer; alan, oturacak yer, koltuk; semt, bölge, kent, kasaba; memuriyet, görev; *mat.* hane, basamak * e. koymak, yerleştirmek; (para) yatırmak; kim olduğunu çıkarmak, anımsamak *in place* yerinde *in place* the *first place* her şeyden önce *out of place* yersiz, münasebetsiz *take place* meydana gelmek, olmak

placid /'plesid/ s. sakin, durgun

plague /pleyg/ a. veba; baş belası

plaice /pleys/ a. *hayb.* pisibalığı

plain /pleyn/ a. ova * s. düz; yalın, sade, süssüz; açık, kolay anlaşılır; alımsız, çirkin *in plain words* açıkçası **plainspoken** açıksözlü **plainly** açıkça; süssüz biçimde

plaint /pleynt/ a. *huk.* dava **plaintiff** davacı

plait /pleyt/ a. örgü, saç örgüsü * e. (saç, vb.) örmek

plan /plen/ a. plan, kroki, taslak; proje, tasarı; niyet * e. planlamak, tasarlamak; planını çizmek; düzenlemek

plane /pleyn/ a. *kon.* uçak; planya, rende; *mat.* düzlem; seviye, düzey; *bitk.* çınar * e. rendelemek * s. düz, dümdüz **plane geometry** düzlem geometri

planet /'plenit/ a. gezegen

plank /plenk/ a. uzun tahta, kalas

plant /pla:nt/ a. bitki; fabrika; atelye; tesis * e. dikmek, ekmek; tesis etmek, kurmak

plantation /plen'teyşın/ a. fidanlık; büyük çiftlik

plaque /plek/ a. plaket, levha

plasma /'plezmı/ a. *biy.* plazma,

kansu

plaster /'pla:stı/ *a.* sıva; plaster; *hek.* yakı * *e.* sıvamak; yapıştırmak *plaster cast* alçı *plaster of Paris* alçı

plastic /'plestik/ *a. s.* plastik *plastic surgery* estetik ameliyat/cerrahlık *the plastic arts* plastik sanatlar

plate /pleyt/ *a.* tabak; levha, klişe; *sp.* kupa; fotoğraf klişesi * *e.* (metal) kaplamak

plateau /'pletou/ *a. coğ.* yayla

platform /'pletfo:m/ *a.* peron; kürsü; (seçimden önce) parti programı

plating /'pleyting/ *a.* kaplama

platinum /'pletinım/ *a.* platin

platonic /plı'tonik/ *s.* (iki kişi arasındaki sevgi/arkadaşlık) fiziksel olmayan, duygusal

platoon /plı'tu:n/ *a. ask.* müfreze, takım

plausible /'plo:zıbıl/ *s.* makul, akla yatkın; inandırıcı

play /pley/ *a.* oyun, eğlence; piyes; şaka, oyun; kumar * *e.* oynamak; eğlenmek; (müzik aleti) çalmak; sahnelemek, temsil etmek *play dead* ölü numarası yapmak *play for time* kasten zaman geçirmek *play it by ear* oluruna bırakmak *play it cool* soğukkanlılığını yitirmemek *play (it) safe* işi sağlama almak *play on words* cinas, sözcük oyunu *play the fool* aptalca davranmak *play the game* adil ve dürüst olmak *play with fire* ateşle oynamak *play back* (şarkı, vb.) yeniden çalmak, tekrarlamak *playboy* eğlence peşinde koşan zengin delikanlı *player* oyuncu *playful* şen, şakacı *playground* oyun alanı; çocuk bahçesi *playhouse* tiyatro *playing card* iskambil kâğıdı *playing field* oyun alanı *playmate* oyun arka-

daşı *play-off* beraberliği bozmak için oynanan oyun *plaything* oyuncak *playwright* oyun yazarı

plea /pli:/ *a.* yalvarma, rica; özür; savunma, itiraz

plead /pli:d/ *e.* yalvarmak; özür dilemek; dava açmak; savunmak; suçlamak *plead guilty/not guilty* suçlu olduğunu kabul etmek (etmemek)

pleasant /'plezınt/ *s.* hoş, tatlı; sevimli, cana yakın

pleasantry /'plezıntri/ *a.* şaka, espri

please /pli:z/ *e.* memnun etmek, sevindirmek; hoşuna gitmek * *be.* lütfen *if you please* isterseniz; lütfen *pleased* memnun, hoşnut *pleasing* hoş, tatlı

pleasure /'pleji/ *a.* zevk, haz; keyif, eğlence *pleasurable* zevk veren, hoş

pleat /pli:t/ *a.* kıvrım, pli, plise

plebiscite /'plebisit/ *a.* halkoylaması

plectrum /'plektrım/ *a. müz.* mızrap, pena

pledge /plec/ *a.* rehin; söz; güvence; kanıt, işaret * *e.* rehine koymak; söz vermek; güvence vermek, taahhüt etmek

plentiful /'plentifıl/ *s.* bereketli, bol

plenty /'plenti/ *a.* bolluk, çokluk; bol miktar *plenty of* pek çok

pliable /'playıbıl/ *s.* bükülgen, yumuşak; itaatkâr, uysal

pliers /'playız/ *a.* kerpeten, pens

plight /playt/ *a.* kötü durum, çıkmaz

plod /plod/ *e.* ağır ağır yürümek

plot /plot/ *a.* arsa, parsel; entrika, suikast; (roman, vb.'de) olay örgüsü * *e.* komplo kurmak; haritada göstermek; işaretlemek

plough /plau/ *a.* saban, pulluk * *e.* sabanla sürmek, çift sürmek; yol açmak *the Plough* Büyükayı

pluck /plak/ *e.* koparmak; yolmak; (telli çalgı) çalmak * *a.* cesaret, yiğitlik

plug /plag/ *a.* tapa, tıkaç; (elektrik) fiş; buji * *e.* tıkamak

plum /plam/ *a. bitk.* erik

plumb /plam/ *a.* çekül, şakul

plumber /'plamı/ *a.* su tesisatçısı, muslukçu

plumbing /'plaming/ *a.* su tesisatı; boru tesisatçılığı, muslukçuluk

plume /plu:m/ *a.* kuştüyü

plunder /'plandı/ *e.* yağma etmek, yağmalamak * *a.* yağma, yağmacılık

plunge /planc/ *a.* dalma, dalış * *e.* daldırmak, batırmak, sokmak

plural /'pluırl/ *a. s. dilb.* çoğul

plus /plas/ *a.* artı işareti * *s.* artı; artı, pozitif; -in üstünde

plush /plaş/ *a.* pelüş

Pluto /'plu:tou/ *a.* Plüton

ply /play/ *e.* düzenli sefer yapmak; çalışmak, iş yapmak * *a.* kat, katmer

plywood /'playwud/ *a.* kontrplak

pneumatic /nyu:'metic/ *s.* pnömatik, havalı

pneumonia /nyu:'monıı/ *a. hek.* zatürree, akciğer yangısı

pocket /'pokit/ *a.* cep; torba, kese * *e.* cebe koymak *pocket money* cep harçlığı *pocketbook* cep defteri; cep kitabı

pockmark /'pokma:k/ *a.* çopur, iz

pod /pod/ *a.* bezelye, fasulye, vb. kabuğu * *e.* kabuğunu soymak

podgy /'poci/ *s.* bodur, tıknaz

poem /'pouim/ *a.* şiir

poet /'pouit/ *a.* şair *poetic* şiirsel

poetry /'pouitri/ *a.* şiir; şiir sanatı; şiirler

poignant /'poynyınt/ *s.* üzücü, dokunaklı, acı; acı, keskin

point /poynt/ *a.* nokta, uç; durum; sayı, puan; *mat.* virgül; derece; husus; anlam; konu; özellik; namlu; *coğ.* burun * *e.* işaret etmek; doğrultmak; ucunu göster-

mek; noktalamak; yöneltmek; virgülle hanelere ayırmak *point of view* görüş, bakım *to the point* konu ile ilgili *be on the point of* - mek üzere olmak *come to the point* asıl konuya gelmek *make a point of* -in üzerinde durmak, -e önem vermek *point out* göstermek, belirtmek *pointed* sivri uçlu; anlamlı *pointer* işaret değneği; gösterge; öğüt *pointless* anlamsız; yararsız

poise /poyz/ *a.* özgüven; denge * *e.* dengesiz biçimde yerleştirmek

poison /'poyzın/ *a.* zehir * *e.* zehirlemek *poisonous* zehirli

poke /pouk/ *e.* sokmak; dürtmek; (up) (ateş) karıştırmak *poke one's nose into sth* burnunu sokmak

poker /'poukı/ *a.* ocak demiri; poker

polar /'poulı/ *s.* kutupsal, kutuplarla ilgili *polar bear* kutup ayısı

polarize /'poulırayz/ *e.* (iki ayrı noktada) toplamak; *fiz.* polarmak

pole /poul/ *a.* direk, sırık; kutup *pole star* kutupyıldızı *pole vault* *sp.* sırıkla atlama

police /pı'li:s/ *a.* polis (örgütü); emniyet *police station* karakol *policeman* polis memuru *police-woman* kadın polis

policy /'polisi/ *a.* siyaset, politika; poliçe

polio /'pouliou/ *a. hek.* çocuk felci

polish /'poliş/ *e.* parlatmak, cilalamak * *a.* cila, perdah; ayakkabı boyası; kibarlık, incelik

polite /pı'layt/ *s.* nazik, kibar *politely* nazikçe *politeness* nezaket, kibarlık

politic /'politik/ *s.* akıllı, kurnaz; ihtiyatlı, tedbirli

political /pı'litikıl/ *s.* siyasal, politik; politikayla ilgilenen

politician /poli'tişın/ *s.* politikacı

politics /'politiks/ *a.* siyaset, politika; politik görüşler

polka /'polkı/ *a. müz.* polka

poll /poul/ *a.* seçim; oylama, oy verme; oy sayısı; kamuoyu yoklaması * *e.* oy almak; oy vermek

pollen /'polın/ *a. bitk.* polen, çiçektozu

pollute /pı'lu:t/ *e.* kirletmek **pollution** kirlenme, kirlilik

polo /'poulou/ *a. sp.* polo **polo neck** boğazlı yaka

polyandry /'poli'endri/ *a.* çokkocalılık, poliandri

polyester /'poliestı/ *a.* polyester

polygamy /pı'ligımi/ *a.* çokkarılılık, poligami

polygon /'poligon/ *a.* poligon, çokgen

polytechnic /poli'teknik/ *a.* sanat/fen kolu

pomade /pı'ma:d, pı'meyd/ *a.* pomat, saç merhemi, briyantin

pomegranate /'pomigrenıt/ *a. bitk.* nar

pomp /pomp/ *a.* gösteri; görkem

pompous /'pompıs/ *s.* kendini beğenmiş; ağdalı, cafcaflı

pond /pond/ *a.* gölcük; havuz

ponder /'pondı/ *e.* düşünüp taşınmak

ponderous /'pondırıs/ *s.* ağır

pony /'pouni/ *a. hayb.* midilli **ponytail** (saç) at kuyruğu

poodle /'pu:dıl/ *a.* fino köpeği

pool /pu:l/ *a.* havuz; gölcük; su birikintisi; Amerikan bilardosu **the (football) pools** spor toto

poor /puı/ *s.* yoksul, fakir; zavallı; yetersiz; kıt **poorly** hasta, rahatsız

pop /pop/ *e.* pat diye ses çıkarmak, patlamak * *a.* patlama sesi, pat; *kon.* gazoz; *müz.* pop **popcorn** patlamış mısır **pop-eyed** patlak gözlü **pop in** ansızın girmek, uğramak **pop out** ansızın çıkmak

pope /poup/ *a.* papa

poplar /'poplı/ *a. bitk.* kavak

poppy /'popi/ *a. bitk.* gelincik; afyon, haşhaş

populace /'popyulıs/ *a.* halk, ayaktakımı, avam

popular /'popyulı/ *s.* sevilen, tutulan, popüler; halka özgü; genel, yaygın

popularity /popyu'leriti/ *a.* sevilme, tutulma, popülerlik

populate /'popyuleyt/ *e.* bir yerde yerleşmek; insan yerleştirmek

population /popyu'leyşın/ *a.* nüfus; ahali, halk

populism /'popyulizım/ *a.* halkçılık

porcelain /'po:slin/ *a.* porselen, çini

porch /po:ç/ *a.* kapı önü sundurması

porcupine /'po:kyupayn/ *a. hayb.* kirpi

pore /po:/ *a.* gözenek

pork /po:k/ *a.* domuz eti

porn /po:n/ *a. kon.* pornografi

pornography /po:'nogrıfi/ *a.* pornografi

porous /'po:rıs/ *s.* gözenekli, geçirgen

porridge /'poric/ *a.* yulaf lapası

port /po:t/ *a.* liman; liman kenti; *den.* lombar; porto şarabı **port of call** uğranılacak liman **port of departure** çıkış limanı **port of destination** gidilecek liman

portable /'po:tıbıl/ *s.* taşınabilir, portatif

porter /'po:tı/ *a.* hamal; kapıcı

portfolio /po:t'fouliou/ *a.* evrak çantası; bakanlık

portion /'po:şın/ *a.* parça, bölüm; porsiyon; pay, hisse

portrait /'po:trıt/ *a.* insan resmi, portre

portray /'po:trey/ *e.* resmini yapmak; tasvir etmek; (rol) oynamak

pose /pouz/ *e.* poz vermek * *a.* duruş, poz; yapmacık tavır

position /pı'zişın/ a. durum; mevki, yer; iş, görev * e. yerleştirmek; yerini belirlemek **be in a position to** -cek durumda olmak

positive /'pozitiv/ s. olumlu; mutlak, kesin; tam, gerçek; mat. artı, pozitif; (fotoğraf) pozitif

possess /pı'zes/ e. sahip olmak, -si olmak **possessor** mal sahibi

possession /pı'zeşın/ a. iyelik, sahiplik; kon. mal mülk, servet

possessive /pı'zesiv/ s. sahip olmak isteyen; iyelik gösteren; dilb. iyelik durumu

possibility /posi'biliti/ a. ihtimal; olasılık; olabilirlik

possible /'posıbıl/ s. mümkün, olanaklı; muhtemel, olabilir, olası **possibly** belki; imkân dahilinde

post /poust/ a. posta, postane * e. postaya atmak, postalamak **by post** posta ile **post-box** posta kutusu **postcard** kartpostal **postcode** posta kodu **postman** postacı **postmaster** postane müdürü **post-office** postane

post /poust/ a. direk, kazık; iş, görev; nöbet; ask. garnizon, kışla; karakol * e. ilan etmek, yerleştirmek, dikmek; tayin etmek

postage /'poustic/ a. posta ücreti

postal /'poustıl/ s. posta ile ilgili **postal/money order** posta havalesi

poster /'poustı/ a. poster, afiş

posterior /po'stiırı/ s. gerideki; sonraki

posterity /po'steriti/ a. gelecek kuşaklar; nesil, döl

postgraduate /poust'grecuit/ a. s. lisansüstü (yapan öğrenci)

postmortem /poust'mo:tım/ a. otopsi

postnatal /poust'neytıl/ s. doğumdan sonrasıyla ilgili

postpone /pıs'poun/ e. ertelemek

postscript /'poustskript/ a. (mektupta) not, dipnot

posture /'posçı/ a. duruş

posy /'pouzi/ a. çiçek demeti

pot /pot/ a. çömlek, kap; saksı; kon. (para) bol miktar; kon. ıska; kon. kupa * e. saksıya koymak; vurup öldürmek, avlamak

potato /pı'teytou/ a. patates **potato chips** AE. cips

potency /'poutınsi/ a. güç, iktidar

potent /'poutınt/ s. güçlü, kuvvetli

potential /pı'tenşıl/ s. potansiyel, gizil * a. güç, potansiyel; fiz. gizligüç, potansiyel; elek. gerilim

potter /'potı/ a. çömlekçi **pottery** çanak çömlek; çömlekçilik

pouch /pauç/ a. kese, torba

poultice /'poultis/ a. yara lapası

poultry /'poultri/ a. kümes hayvanları

pounce /pauns/ e. (at/on/upon) aniden saldırmak, atılmak

pound /paund/ a. İngiliz lirası, Sterlin, Paund; libre (453,6 gr.) * e. dövmek, ezmek; çarpmak; (kalp) küt küt atmak

pour /po:/ e. dökmek, akıtmak; dökülmek, akmak; (çay, vb.) koymak; bardaktan boşanırcasına yağmak

pout /paut/ e. somurtmak, surat asmak * a. somurtma

poverty /'povıti/ a. yoksulluk, fakirlik **poverty-stricken** çok yoksul, gariban

powder /'paudı/ a. toz; pudra; barut **powder room** (sinema, otel) bayanlar tuvaleti

power /'pauı/ a. kuvvet, güç; etki, nüfuz; yetenek; devlet; sözü geçerlik; mat. kuvvet, üst **power plant** AE. elektrik santralı **power station** BE. elektrik santralı **powerful** güçlü, kuvvetli; etkili **powerless** güçsüz, kuvvetsiz

practicable /'prektikıbıl/ s. uygulanabilir, yapılabilir

practical /'prektıkıl/ *s.* pratik, uygulamalı; kullanışlı; becerikli *practical joke* muziplik, eşek şakası *practically* hemen hemen; uygun olarak, pratik olarak

practice /'prektis/ *a.* alıştırma; uygulama; antrenman; alışkanlık *out of practice* körelmiş, pratiğini yitirmiş

practise /'prektis/ *e.* pratik yapmak, antrenman yapmak; uygulamak, yapmak, denemek; çalışmak

practitioner /prek'tişını/ *a.* doktor; avukat

pragmatic /preg'metik/ *s.* pragmatik, pratik *pragmatism* yararcılık, pragmatizm

prairie /'preıri/ *a.* bozkır

praise /preyz/ *a.* övme, övgü; şükran * *e.* övmek; şükretmek *praiseworthy* övülmeye değer

pram /prem/ *a. BE.* çocuk arabası

prance /pra:ns/ *e.* kasıla kasıla yürümek

prank /prenk/ *a.* muziplik, şaka, oyun

prattle /'pretıl/ *e.* çocukça/saçma sapan konuşmak

prawn /pro:n/ *a.* büyük karides

pray /prey/ *e.* dua etmek, yakarmak

prayer /'preı/ *a.* dua, yakarı, yakarış

preach /pri:ç/ *e.* vaaz etmek, vaaz vermek; öğütlemek, öğüt vermek *preacher* vaiz

preamble /'pri:embıl/ *a.* giriş, önsöz

precaution /pri'ko:şın/ *a.* tedbir, önlem

precede /pri'si:d/ *e.* -den önce gelmek; -den üstün olmak *preceding* önceki

precedent /'presidınt/ *a.* teamül, geçmiş örnek, emsal

precious /'preşıs/ *s.* kıymetli, değerli

precipice /'presipis/ *a.* uçurum, yar

precipitate /pri'sipiteyt/ *e.* hızlandırmak; *kim.* çökelmek; *kim.* çökeltmek * *a. kim.* çökelti * *s.* acele, apar topar, telaşlı *precipitation* telaş, acele; yağış; *kim.* çökelme

précis /'preysi:/ *a.* özet

precise /pri'says/ *s.* tam, doğru, kesin; titiz, kusursuz *precisely* tam olarak, tam; evet, öyle, aynen öyle

precision /pri'sijın/ *a.* kesinlik, doğruluk

precocious /pri'kouşıs/ *s.* erken gelişmiş, erken büyümüş

predator /'predıtı/ *a. hayb.* yırtıcı hayvan

predecessor /'pri:disesı/ *a.* öncel, selef; ata

predetermine /pri:di'tö:min/ *e.* önceden belirlemek

predicament /pri'dikımınt/ *a.* zor durum, çıkmaz

predicate /'predikit/ *a. dilb.* yüklem

predicative /pri'dikıtiv/ *s. dilb.* yüklemin parçası olarak kullanılan, yüklemcil

predict /pri'dikt/ *e.* önceden bildirmek, kehanette bulunmak *predictable* tahmin edilebilir *prediction* kehanet

predispose /pri:dis'pouz/ *e.* etkilemek

predominant /pri'dominınt/ *s.* üstün, baskın, hâkim, ağır basan

preeminent /pri:'eminınt/ *s.* üstün

prefabricate /pri:'febrikeyt/ *e.* parçalarını önceden hazırlamak *prefabricated* (ev, gemi, vb.) prefabrik

preface /'prefis/ *a.* önsöz

prefer /pri'fö:/ *e.* tercih etmek, yeğlemek

preferable /'prefırbıl/ *s.* tercih edilir, daha uygun *preferably* tercihan

preference /'prefırıns/ *a.* tercih,

yeğleme; öncelik hakkı, üstünlük

preferential /prefi'renşıl/ s. tercihli, ayrıcalıklı

prefix /'pri:fiks/ a. dilb. önek

pregnant /'pregnınt/ s. gebe, hamile; anlamlı **pregnancy** gebelik, hamilelik

prehistory /pri:'histıri/ a. tarihöncesi bilimi, prehistorya

prejudice /'precıdis/ a. önyargı **prejudiced** önyargılı

preliminary /pri'limınıri/ s. başlangıç niteliğinde, ilk, ön

prelude /'prelyu:d/ a. müz. prelüd, peşrev; başlangıç

premature /'premıçı/ s. erken, vakitsiz, mevsimsiz; erken doğmuş

premeditate /pri:'mediteyt/ e. önceden tasarlamak

premier /'premiı/ s. ilk, birinci, baştaki, baş * a. başbakan

premiere /'premieı/ a. gala

premise /'premis/ a. dayanak noktası **premises** bina ve müştemilatı

premium /'pri:miım/ a. sigorta primi; ödül, prim **at a premium** nadir, zor bulunur

prenatal /pri:'neytıl/ s. doğum öncesine ait

prep /prep/ a. BE. kon. ev ödevi; ders çalışma, derse hazırlanma **prep class** kon. hazırlık (sınıfı)

preparation /prepı'reyşın/ a. hazırlama, hazırlanma, hazırlık

preparatory /pri'pentıri/ a. hazırlayıcı **preparatory school** hazırlık okulu

prepare /pri'peı/ e. hazırlamak; hazırlanmak

preposition /prepı'zişın/ a. dilb. edat, ilgeç

preposterous /pri'postırıs/ s. mantıksız, saçma, akla sığmaz

prerogative /pri'rogıtiv/ a. imtiyaz, ayrıcalık

prescribe /pri'skrayb/ a. buyurmak, emretmek; (doktor) reçete yazmak

prescription /pri'skripşın/ a. hek. reçete; buyruk, emir

presence /'prezıns/ a. hazır bulunma; huzur, varlık; görünüş

present /'prezınt/ a. armağan, hediye * s. mevcut, bulunan; şimdiki, şu anki **at present** şu anda, şimdi **for the present** şu anda, şimdilik

present /pri'zent/ e. sunmak, takdim etmek; tanıtmak, takdim etmek

presentable /pri'zentıbıl/ s. uygun, düzgün, yerinde

presentation /prezın'teyşın/ a. sunma, takdim; tanıtma; gösterme

presently /'prezıntli/ be. birazdan

preservation /prezı'veyşın/ a. koruma, korunma

preservative /pri'zö:vıtiv/ s. koruyucu

preserve /pri'zö:v/ e. korumak; saklamak; konservesini yapmak

preside /pri'zayd/ e. başkanlık etmek

presidency /'prezidınsi/ a. başkanlık

president /'prezidınt/ a. başkan; rektör; cumhurbaşkanı

press /pres/ a. sıkıştırma, baskı; basın, gazeteciler; basımevi; tazyik; (el) sıkma; sıkma makinesi, pres; iş çokluğu; (giyside) ütü * e. bastırmak, basmak; sıkıştırmak; sıkıp suyunu çıkarmak; ütülemek; ısrar etmek, üstelemek **press agent** basın sözcüsü **press conference** basın toplantısı

pressure /'preşı/ a. basınç, tazyik; baskı, zorlama **pressure cooker** düdüklü tencere

prestige /pre'sti:j/ a. saygınlık

presumably /pri'zyu:mıbli/ be. herhalde, galiba, tahminen, belki de

presume /pri'zyu:m/ *e.* saymak, varsaymak, farz etmek; cüret etmek

presumption /pri'zampşın/ *a.* varsayım, tahmin; cüret, küstahlık

presuppose /pri:sı'pouz/ *e.* önceden varsaymak; koşul olarak gerektirmek

pretend /pri'tend/ *e.* -miş gibi yapmak; numara yapmak, rol yapmak; kendine ... süsü vermek

pretension /pri'tenşın/ *a.* hak iddia etme, iddia; gösteriş

pretentious /pri'tenşıs/ *s.* kendini beğenmiş, gösterişli

pretext /'pri:tekst/ *a.* bahane, kulp

pretty /'priti/ *s.* hoş, güzel, sevimli * *be.* oldukça, epey **pretty much/well** hemen hemen

pretzel /'pretsıl/ *a.* çubuk kraker

prevail /pri'veyl/ *e.* yenmek, üstün gelmek; egemen olmak

prevalent /'prevılınt/ *s.* yaygın, genel

prevent /pri'vent/ *e.* (**from**) önlemek, engellemek **preventive** önleyici, koruyucu

preview /'pri:vyu:/ *a.* (film, vb.'nin) halka gösterilmeden önce özel olarak gösterilmesi, özel gösterim

previous /'pri:viıs/ *s.* önceki, evvelki **previously** önceden

prey /prey/ *a.* av

price /prays/ *a.* fiyat, eder; değer, kıymet; ödül * *e.* fiyat koymak **price tag** fiyat etiketi **priceless** paha biçilmez

prick /prik/ *a.* delik; delme, batırma; iğne, diken batması * *e.* batmak, delmek; sokmak, iğnelemek

prickle /'prikıl/ *a.* diken, sivri uç * *e.* iğnelenmek, karıncalanmak **prickly** dikenli; huysuz

pride /prayd/ *a.* gurur; onur;

övünme; övünç **pride oneself on** ile övünmek

priest /pri:st/ *a.* papaz, rahip **priesthood** papazlık

prim /prim/ *a.* kurallara fazla bağlı, formaliteci

primarily /'praymırıli/ *be.* her şeyden önce, aslında

primary /'praymıri/ *s.* baş, başlıca, ana, temel; birinci **primary school** ilkokul

primate /'praymit/ *a.* başpiskopos

primate /'praymeyt/ *a. hayb.* primat

prime /praym/ *s.* birinci, ilk; en kalite, en iyi * *e.* hazırlamak; (boya) astar vurmak **Prime Minister** Başbakan **prime number** *mat.* asal sayı

primer /'praymı/ *a.* ilk okuma kitabı; *ask.* kapsül; astar boya

primitive /'primitiv/ *s.* ilkel

primrose /'primrouz/ *a. bitk.* çuhaçiçeği

prince /prins/ *a.* prens

princess /prin'ses/ *a.* prenses

principal /'prinsipıl/ *s.* başlıca, esas, temel * *a.* okul müdürü; yönetici, başkan, şef; anapara

principality /prinsi'peliti/ *a.* prenslik

principle /'prinsipıl/ *a.* ilke, prensip; köken; *kon.* ahlak, dürüstlük

print /print/ *e.* basmak, matbaada basmak, yayımlamak * *a.* iz; tabı, bası; damga, kalıp; basılmış yazı, matbua; emprime, basma kumaş **in print** basılı **out of print** baskısı tükenmiş **printer** matbaacı; yazıcı, printer **printing** baskı; matbaacılık **printing press** basım makinesi

prior /'prayı/ *s.* önce, önceki

priority /pray'oriti/ *a.* öncelik, üstünlük

prism /'prizm/ *a.* prizma, biçme **prismatic** /-'metik/ prizmatik

prison /'prizın/ *a.* cezaevi, hapishane **prisoner** tutuklu; tutsak

prisoner of war savaş esiri

privacy /'privısı, 'prayvısı/ *a.* mahremiyet, gizlilik

private /'prayvit/ *s.* özel; kişisel; gizli * *a. ask.* er, asker *in private* gizlilikle *private detective/investigator* özel dedektif *private enterprise* özel teşebbüs *private school* özel okul *privately* gizli olarak

privatize /'prayvıtayz/ *e.* özelleştirmek

privilege /'privilic/ *a.* ayrıcalık, imtiyaz *privileged* ayrıcalıklı

prize /prayz/ *a.* ödül; ikramiye * *e.* çok değer vermek

pro /prou/ *a. kon.* profesyonel

probability /probı'biliti/ *a.* ihtimal, olasılık

probable /'probıbıl/ *s.* muhtemel, olası *probably* büyük olasılıkla, muhtemelen

probation /prı'beyşın/ *a.* deneme; *huk.* gözaltında tutma koşuluyla salıverme

probe /proub/ *a. hek.* sonda; araştırma; insansız uzay roketi

problem /'problım/ *a.* problem, sorun; *mat.* problem

procedure /prı'si:cı/ *a.* prosedür, yordam

proceed /prı'si:d/ *e.* ilerlemek; devam etmek, sürdürmek; girişmek, başlamak

proceeding /prı'si:ding/ *a.* ilerleme; hareket tarzı; işlem, yöntem

process /'prouses/ *a.* oluşum, süreç; yöntem, işlem, yol; gidiş, seyir; *huk.* dava * *e.* belli bir işleme tabi tutmak; bilgisayarda denetlemek

procession /prı'seşın/ *a.* geçit töreni; tören alayı

proclaim /prı'kleym/ *e.* duyurmak, ilan etmek *proclamation* /proklı'meyşın/ beyanname, bildirge; ilan, duyuru

procure /prı'kyuı/ *e.* sağlamak, elde etmek, edinmek

prod /prod/ *e.* dürtmek; kışkırtmak, özendirmek, gaz vermek

prodigal /'prodigıl/ *s.* savurgan

prodigious /prı'dicıs/ *s.* şaşılacak, olağanüstü, harika

prodigy /'prodici/ *a.* olağanüstü şey

produce /prı'dyu:s/ *e.* üretmek, yapmak; yetiştirmek; neden olmak; (film) sahneye koymak *producer* üretici; yapımcı

product /'prodakt/ *a.* ürün; sonuç; *mat.* çarpım

production /prı'dakşın/ *a.* üretim, yapım; ürün; eser

productive /prı'daktiv/ *s.* verimli; yaratıcı

productivity /prodak'tiviti/ *a.* verimlilik

profane /prı'feyn/ *s.* kutsal şeylere karşı saygısız *profanity* /prı'feniti/ kutsal şeylere karşı saygısızlık

profess /prı'fes/ *e.* açıkça söylemek, açıklamak, itiraf etmek

profession /prı'feşın/ *a.* iş, meslek, uğraş; itiraf, beyan

professional /prı'feşınıl/ *s.* profesyonel; mesleki * *a.* profesyonel

professor /prı'fesı/ *a.* profesör; *AE.* (üniversitede) öğretmen

proficiency /prı'fişınsi/ *a.* ustalık, yeterlik *proficient (at/in)* usta, becerikli

profile /'proufayl/ *a.* yandan görünüş, profil; kısa özgeçmiş *keep a low profile* dikkat çekmekten sakınmak

profit /'profit/ *a.* kazanç, kâr; yarar *profit and loss account* kâr zarar hesabı *profit sharing* kâr bölüşümü *profitable* kazançlı, kârlı, yararlı

profound /prı'faund/ *s.* derin; bilgili, etkileyici *profoundly* derinden; çok, son derece

profuse /prı'fyu:s/ *s.* çok, bol *profusion* bolluk

programme /'prougrem/ *a.* program, izlence *programmer* bilgisayar programcısı

progress /'prougres/ *a.* ilerleme; gelişme *in progress* yapılmakta; sürmekte

progress /prı'gres/ *e.* ilerlemek; gelişmek, kalkınmak

progression /prı'greşın/ *a.* ilerleme

progressive /prı'gresiv/ *s.* ilerleyen; kalkınan, gelişen; ilerici

prohibit /prı'hibit/ *e.* yasaklamak

prohibition /prouhi'bişın/ *a.* yasak

prohibitive /prı'hibitiv/ *s.* yasaklayıcı

project /'procekt/ *a.* proje; tasarı

project /prı'cekt/ *e.* atmak, fırlatmak; yansıtmak; *mat.* izdüşürmek

projectile /prı'cektayl/ *a.* mermi, roket

projection /prı'cekşın/ *a.* atma, fırlatma; *mat.* izdüşüm; çıkıntı

projector /prı'cektı/ *a.* projektör, gösterici; projektör, ışıldak

proletariat /prouli'teırıt/ *a.* işçi sınıfı, emekçi sınıfı *proletarian* emekçi, işçi

prolific /prı'lifik/ *s.* verimli; doğurgan

prologue /'proulog/ *a.* öndeyiş, giriş

prolong /'proulong/ *e.* uzatmak

prominent /'prominınt/ *s.* göze çarpan, belirgin; ünlü, seçkin; önemli; çıkıntı; fırlak *prominence* ün; önem; çıkıntı

promise /'promis/ *e.* söz vermek, vaat etmek; göstermek, belirtisi olmak * *a.* söz, vaat; taahhüt; umut, beklenti *break a promise* sözünü tutmamak *give/make a promise* söz vermek *keep a promise* sözünü tutmak *promising* umut verici, geleceği parlak

promontory /'promıntıri/ *a.* *coğ.* burun

promote /prı'mout/ *e.* yükseltmek, terfi ettirmek; ilerletmek; reklamını yapmak *promoter* teşvikçi, destekleyici; teşebbüs sahibi, kurucu

promotion /prı'mouşın/ *a.* yükselme, terfi; destek, teşvik

prompt /prompt/ *e.* -e sevk etmek, teşvik etmek; suflörlük yapmak * *s.* seri, çabuk, tez, dakik

prone /proun/ *s.* yüzükoyun

prong /prong/ *a.* çatal dişi

pronoun /'prounaun/ *a.* *dilb.* zamir, adıl

pronounce /prı'nauns/ *e.* telaffuz etmek, söylemek; resmen bildirmek *pronounced* göze çarpan, belirgin *pronouncement* bildiri, beyan, ilan

pronunciation /prınansi'eyşın/ *a.* telaffuz, sesletim

proof /pru:f/ *a.* kanıt, delil; deneme, sınama; içkinin alkol derecesinin ölçüsü; prova * *s.* -e dayanıklı, geçirmez, işlemez

prop /prop/ *a.* destek

propaganda /propı'gendı/ *a.* yaymaca, propaganda

propagate /'propıgeyt/ *e.* üremek, çoğalmak; çoğaltmak, üretmek

propel /prı'pel/ *e.* ileriye doğru sürmek *propeller* pervane

proper /'propı/ *s.* doğru dürüst, uygun, nazik, terbiyeli *proper noun* *dilb.* özel ad

property /'propıtı/ *a.* mal; mülk, arazi, emlak; özellik *lost property* kayıp eşya *property tax* emlak vergisi

prophecy /'profisi/ *a.* kehanet

prophesy /'profisay/ *e.* kehanette bulunmak

prophet /'profit/ *a.* peygamber; kâhin

proportion /prı'po:şın/ *a.* oran;

orantı; pay; *kon.* boyutlar *in proportion to* -e oranla *proportional* orantılı

proposal /prı'pouzıl/ *a.* öneri, teklif; evlenme teklifi

propose /prı'pouz/ *e.* önermek; evlenme teklif etmek

proposition /propı'zişın/ *a.* öneri; mesele; sorun; *mat.* önerme

proprietary /prı'prayıtıri/ *s.* tescilli, patentli

proprietor /prı'prayıtı/ *a.* mal sah!bi

propriety /prı'prayiti/ *a.* uygunı, ' doğruluk

propulsion /prı'palşın/ *a.* itici güç

prose /prouz/ *a.* düzyazı, nesir

prosecute /'prosikyu:t/ *e. huk.* hakkında kovuşturma açmak, kovuşturmak **prosecution** kovuşturma; davacı **prosecutor** davacı *public prosecutor* cumhuriyet savcısı

prospect /'prospekt/ *a.* beklenti, umut; görünüş

prospect /prı'spekt/ *e.* (altın, vb.) aramak

prospective /prı'spektiv/ *s.* umulan, beklenen

prospectus /prı'spektıs/ *a.* prospektüs

prosper /'prospı/ *e.* başarılı olmak *prosperity* /pro'speriti/ refah, gönenç *prosperous* başarılı, müreffeh, gönençli

prostitute /'prostityu:t/ *a.* fahişe

prostrate /'prostreyt/ *s.* yüzükoyun yatmış; bitkin, tükenmiş

protect /prı'tekt/ *e.* korumak *protection* koruma; koruyucu *protective* koruyucu *protector* koruyucu

protein /'prouti:n/ *a.* protein

protest /'proutest/ *a.* itiraz, karşı çıkma; *tic.* protesto

protest /prı'test/ *e.* karşı çıkmak, itiraz etmek; iddia etmek

Protestant /'protistınt/ *a.* Protestan

protocol /'proutıkol/ *a.* protokol; tutanak

proton /'prouton/ *a. fiz.* proton

prototype /'proutıtayp/ *a.* ilk örnek, prototip

protract /prı'trekt/ *e.* (süresini) uzatmak *protractor mat.* iletki

protrude /prı'tru:d/ *e.* çıkıntı yapmak; dışarı çıkarmak

proud /praud/ *s.* (*of*) gururlu, kıvanç duyan; gururlu, mağrur; kendini beğenmiş; görkemli

prove /pru:v/ *e.* kanıtlamak; çıkmak, bulunmak; *mat.* sağlamasını yapmak

proverb /'provö:b/ *a.* atasözü

provide /prı'vayd/ *e.* sağlamak; hazırlıklı bulunmak, önlem almak *provided, providing that* yeter ki, -mek koşuluyla *provide for* geçimini sağlamak

province /'provins/ *a.* il; *kon.* taşra; ilgi alanı, uzmanlık

provincial /prı'vinşıl/ *s.* taşralı; kaba, görgüsüz

provision /prı'vijın/ *a.* tedarik, hazırlık; *kon.* erzak; hüküm, madde *provisional* geçici

provocation /provı'keyşın/ *a.* kışkırtma

provoke /prı'vouk/ *e.* kışkırtmak; -e neden olmak *provoking* sinir bozucu, can sıkıcı

prow /prau/ *a. den.* pruva

prowl /praul/ *e.* sinsi sinsi dolaşmak

proximity /prok'simiti/ *a.* yakınlık

proxy /'proksi/ *a.* vekil; vekâlet

prudent /'pru:dınt/ *s.* ihtiyatlı, öngörülü

prune /pru:n/ *a.* kuru erik * *e.* budamak

psalm /sa:m/ *a.* ilahi

pseudonym /'syu:dınim/ *a.* takma ad

psychiatry /say'kayıtri/ *a.* psikiyatri, ruh hekimliği *psychiatrist* psiki-

yatrist, ruh hekimi **psychic(al)**
/'saykik(l)/ *s.* ruhsal
psychoanalysis /saykou'nelisis/ *a.*
psikanaliz *psychoanalyst* /-nılist/
psikanalist
psychology /say'kolıci/ *a.* psikoloji,
ruhbilim
psychological /sayku'locikıl/ psik-
olojik, ruhbilimsel *psychologist*
/say'kolıcist/ ruhbilimci
psychotic /say'kotik/ *a. s.* psikozlu
pub /pab/ *a.* birahane, pub
puberty /'pyu:bıti/ *a.* ergenlik, erin-
lik
public /'pablik/ *s.* halka ait; genel;
devlete ait, ulusal * *a.* kamu,
halk *in public* alenen, herkesin
önünde *public opinion* kamuoyu
public relations halkla ilişkiler
public school BE. özel okul; *AE.*
parasız okul *publicly* açıkça
publication /pabli'keyşın/ *a.* yayım,
yayımlama; yayın
publicity /pa'blısiti/ *a.* tanıtma,
reklam; halkın dikkati
publicize /'pablisayz/ *e.* reklamını
yapmak, halka tanıtmak
publish /'pabliş/ *e.* yayımlamak,
basmak; açığa vurmak *publisher*
yayımcı, yayınevi
pucker /'pakı/ *e.* büzmek, bu-
ruşturmak
pudding /'puding/ *a.* puding, mu-
hallebi
puddle /'padıl/ *a.* su birikintisi,
gölcük
puff /paf/ *a.* (sigara) fırt; üfürük;
esinti; soluk * *e.* üflemek, püfle-
mek; (sigara) içmek; (buhar, du-
man, vb.) çıkarmak
pull /pul/ *e.* çekmek; koparmak * *a.*
çekme, çekiş; yudum; fırt; *kon.*
iltimas, torpil *pull down* yıkmak,
indirmek *pull in* (tren) istasyona
girmek; (taşıt) kenara çekmek
pull off çıkarmak, soymak;
başarmak *pull up* sökmek, yol-

mak; durmak
pulley /'puli/ *a.* makara, kasnak
pullover /'pulouvı/ *a.* kazak
pulp /palp/ *a.* meyve eti
pulpit /'pulpit/ *a.* kürsü, mimber
pulsate /'palseyt/ *e.* (yürek, nabız,
vb.) atmak, çarpmak
pulse /pals/ *a.* nabız, nabız atışı;
bakliyat
pulverize /'palvırayz/ *e.* ezmek, toz
haline getirmek
puma /'pyu:mı/ *a. hayb.* puma
pump /pamp/ *a.* pompa; tulumba *
e. pompalamak
pumpkin /'pampkin/ *a. bitk.* balk-
abağı
pun /pan/ *a.* cinas, sözcük oyunu
punch /panç/ *e.* yumruklamak;
zımbalamak * *a.* yumruk; zımba;
matkap, delgi; punç; güç, etki
puncher zımba; kovboy
punctual /'pankçuıl/ *s.* dakik
punctuate /'pankçueyt/ *e. dilb.*
noktalama işaretlerini koymak;
(sözü, vb.) ikide bir kesmek
punctuation noktalama *punctua-
tion mark dilb.* noktalama işareti
puncture /'pankçı/ *a.* küçük delik;
(lastikte, vb.) patlak
pungent /'pancınt/ *s.* sert, acı, ke-
skin
punish /'paniş/ *e.* cezalandırmak,
ceza vermek *punishment* ceza
pup /pap/ *a.* yavru fok; yavru köpek
pupil /'pyu:pıl/ *a.* öğrenci; *anat.*
gözbebeği
puppet /'papıt/ *a.* kukla
puppy /'papi/ *a.* köpek yavrusu
purchase /'pö:çis/ *e.* satın almak *
a. satın alma, alım; satın alınan
şey *purchaser* müşteri, alıcı
pure /pyuı/ *s.* katıksız, arı, saf;
temiz; safkan; masum, namuslu;
kuramsal *purely* tamamen, sırf,
yalnız
puree /'pyuırey/ *e.* püre, ezme
purgatory /'pö:gıtıri/ *a.* Araf

purge /pö:c/ *a.* temizleme, tasfiye; *hek.* müshil ilacı * *e.* temizlemek, arıtmak

purify /'pyuırifay/ *e.* temizlemek, arındırmak, arıtmak

puritan /'pyuıritın/ *a. s.* yobaz, bağnaz, sofu

purity /'pyuıriti/ *a.* saflık, temizlik, arılık

purl /pö:l/ *a.* ters ilmik

purple /'pö:pıl/ *a. s.* mor

purpose /'pö:pıs/ *a.* amaç, gaye; niyet, kasıt *on purpose* kasten, bile bile

purr /pö:/ *e.* (kedi) mırlamak * *a.* kedi mırlaması, mırıltı

purse /pö:s/ *a.* küçük para çantası, para kesesi; *AE.* kadın el çantası

pursue /pı'syu:/ *e.* kovalamak, peşine düşmek, izlemek; devam etmek, sürdürmek

pursuit /pı'syu:t/ *a.* kovalama, takip, peşine düşme; meşgale, uğraş, iş

pus /pas/ *a.* cerahat, irin

push /puş/ *e.* itmek; basmak, bastırmak; sıkıştırmak, zorlamak * *a.* itme, itiş, kakma, dürtme; çaba, gayret; girginlik *pushchair* çocuk arabası *pusher* fırsatçı; uyuşturucu satıcısı

pussy /'pusi/ *a. kon.* kedi, pisi pisi

put /put/ *e.* *put* /put/ koymak, yerleştirmek; sokmak; oya sunmak, önermek; sormak; açıklamak, belirtmek *put aside* biriktirmek *put away* yerine koymak, kaldırmak *put back* geciktirmek; ertelemek *put down* yere koymak, indirmek; susturmak; yazmak; azaltmak *put forward* ileri sürmek *put in for* adaylığını koymak, başvurmak *put off* ertelemek; şaşırtmak; atlatmak, oyalamak *put on* giymek, takmak; tavır takınmak; eklemek; sahneye koymak *put out*

söndürmek; üzmek; kızdırmak; çıkarmak; şaşırtmak *put through* başarmak, gerçekleştirmek; (telefon) bağlamak *put up* inşa etmek, kurmak; misafir etmek; ağırlamak; (fiyat, vb.) arttırmak; (ilan, vb.) asmak *put up with* tahammül etmek, katlanmak

putrid /'pyu:trid/ *s.* çürük, bozuk

puzzle /'pazıl/ *e.* şaşırtmak; şaşırmak * *a.* bilmece, bulmaca; muamma

pygmy /'pigmi/ *a.* pigme; cüce

pyjamas /pı'ca:mız/ *a.* pijama

pylon /'paylın/ *a.* çelik elektrik direği

pyramid /'pinımid/ *a.* piramit

pyrex /'payreks/ *a.* ateşe dayanıklı cam eşya

pyrotechnics /payırou'tekniks/ *a.* fişekçilik; havai fişek gösterisi

python /'paytın/ *a. hayb.* piton yılanı

Q

quack /kwek/ *a.* ördek sesi, vak; yalancı doktor, şarlatan

quadrangle /'kwodrengıl/ *a.* bahçe; *mat.* dörtgen

quadraphonic /kwodrı'fonik/ *s.* (ses) dört kanallı, kuadrofonik

quadrilateral /kwodrı'letırıl/ *s. a.* dörtgen

quadrillion /kwo'drilıın/ *a.* katrilyon

quadruped /'kwodruped/ *a. hayb.* dört ayaklı hayvan

quadruple /'kwodrupıl/ *e.* dörtle çarpmak; dört katı olmak

quagmire /'kwegmayı/ *a.* bataklık

quail /kweyl/ *a. hayb.* bıldırcın

quake /kweyk/ *e.* titremek

qualification /kwolifi'keyşın/ *a.* nitelik, yeterlik; niteleme

qualify /'kwolifay/ *e.* hak kazandırmak, yeterli kılmak; nitelemek; sınırlandırmak, değiştirmek, hafifletmek **qualified** nitelikli, kalifiye

qualitative /'kwolitıtiv/ s. nitel

quality /'kwoliti/ a. nitelik, kalite, vasıf; özellik

qualm /kwa:m/ a. mide bulantısı; kuşku, huzursuzluk, endişe, kuruntu

quantitative /'kwontitıtiv/ s. nicel

quantity /'kwontiti/ a. nicelik; miktar

quarantine /'kwonnti:n/ a. karantina

quarrel /'kwonl/ a. kavga, çekişme, bozuşma * e. kavga etmek, atışmak, bozuşmak **quarrelsome** kavgacı

quarry /'kwori/ a. av; taş ocağı

quart /kwo:t/ a. galon'un dörtte biri, kuart (1,137 lt.)

quarter /'kwo:tı/ a. çeyrek; çeyrek saat; üç aylık süre; AE. 25 sent; mahalle, semt; bölge; ask. kışla, konak **quarter-master** ask. levazım subayı; den. serdümen **quarterfinal** çeyrek final **quarterly** üç ayda bir olan, üç aylık

quartet /kwo:'tet/ a. müz. dörtlü, kuartet

quartz /kwo:ts/ a. kuvars

quash /kwoş/ e. bozmak, kaldırmak

quaver /'kweyvı/ a. müz. (ses) tiremek

quay /ki:/ a. rıhtım, iskele

queasy /'kwi:zi/ s. midesi bulanmış, kusacak halde

queen /'kwi:n/ a. kraliçe; (iskambil) kız, dam; (satranç) vezir

queer /kwiı/ s. acayip, tuhaf, garip; kon. kaçık, üşütük

quell /kwel/ e. bastırmak, ezmek, önünü almak

quench /kwenç/ e. (susuzluk, vb.) gidermek; (ateş) söndürmek

query /'kwiıri/ a. soru; kuşku * e.

sormak; -den kuşkulanmak

question /'kwesçın/ a. soru; sorgu; konu, sorun * e. sorguya çekmek; kuşkulanmak **come into question** gündeme gelmek **in question** söz konusu olan **out of the question** söz konusu olamaz **question mark** soru işareti **questionable** kuşku uyandıran

questionnaire /kwesçı'neı/ a. anket

queue /kyu:/ a. BE. kuyruk, sıra * e. BE. kuyruk olmak **join the queue** kuyruğa girmek **jump the queue** kuyruktakilerin önüne geçmek

quibble /'kwibıl/ e. önemsiz konular üzerinde tartışmak

quick /kwik/ s. çabuk, hızlı; anlayışlı, zeki **quickly** çabucak, süratle

quicken /'kwikın/ e. çabuklaşmak, hızlanmak; çabuklaştırmak

quicksand /'kwiksend/ a. bataklık

quicksilver /'kwiksilvı/ a. kim. cıva

quiet /'kwayıt/ s. sessiz, sakin; sessiz; durgun

quill /kwil/ a. iri kuş tüyü

quilt /kwilt/ a. yorgan

quince /kwins/ a. ayva

quinine /'kwini:n/ a. hek. kinin

quip /kwip/ a. alaylı şaka, iğneli söz

quit /kwit/ e. **quit, quitted** -den ayrılmak, terk etmek; bırakmak

quite /kwait/ be. tümüyle, büsbütün; az çok, oldukça

quiver /'kwivı/ a. ok kılıfı, sadak, okluk * e. titremek

quiz /kwiz/ a. kısa sınav, yoklama; bilgi yarışması * e. sorular sormak, sorguya çekmek

quizzical /'kwizikıl/ s. şakacı, alaycı

quota /'kwoutı/ a. pay, kota, kontenjan

quotation /kwou'teyşın/ a. alıntı, iktibas; piyasa rayici, fiyat **quotation mark** dilb. tırnak işareti

quote /kwout/ e. alıntı yapmak,

iktibas etmek; zikretmek; *tic.* fiyat vermek * *a. kon.* iktibas, alıntı; sunulan fiyat
quotient /'kwouşınt/ *a. mat.* Bölüm

R

rabbi /'rebay/ *a.* haham
rabbit /'rebit/ *a.* tavşan
rabble /'rebıl/ *a.* düzensiz kalabalık
rabies /'reybi:z/ *a.* kuduz hastalığı
race /reys/ *a.* yarış; su akıntısı; ırk, soy; *kon.* at yarışı * *e.* yarışmak *the human race* insan nesli *racecourse* (hipodromda) koşu alanı *racetrack* yarış pisti, koşuyolu
racial /'reyşıl/ *s.* ırkla ilgili, ırksal *racialism* ırkçılık *racialist* ırkçı *racism* /'reysızım/ ırkçılık *racist* ırkçı
rack /rek/ *a.* parmaklıklı raf, askı
racket /'rekit/ *a. kon.* gürültü, patırtı
racket, racquet /'rekit/ *a.* raket
radar /'reyda:/ *a.* radar
radial /'reydıl/ *s.* ışınsal; yarıçapla ilgili
radiance /'reydıns/ *a.* parlaklık, aydınlık; neşe, sevinç
radiant /'reydınt/ *s.* ışık saçan parlak; ısı yayan; neşe saçan, sevinçli
radiate /'reydieyt/ *e.* ışık saçmak; ısı yaymak; (neşe, vb.) saçmak
radiation /reydi'eyşın/ *a.* ısı/ışın saçma; radyasyon, ışınım
radiator /'reydieytı/ *a.* radyatör
radical /'redikıl/ *s.* köklü; radikal, köktenci; *mat.* kökle ilgili
radio /'reydiou/ *a.* radyo
radioactive /reydiou'ektiv/ *s.* ışınetkin, radyoaktif *radioactivity* ışınetkinlik, radyoaktivite
radiograph /'reydiougra:f/ *a.* röntgen filmi, radyograf
radiography /reydi'ogrıfi/ *a.*

ışınçekim, radyografi
radiology /reydi'olıcı/ *a.* röntgenbilim, radyoloji
radish /'rediş/ *a. bitk.* turp
radium /'reydiım/ *a. kim.* radyum
radius /'reydıs/ *a. mat.* yarıçap; *anat.* önkol kemiği
raffle /'refıl/ *a.* piyango, çekiliş
raft /ra:ft/ *a.* sal
rag /reg/ *a.* bez parçası, paçavra; eşek şakası * *e.* eşek şakası yapmak; dalga geçmek
rage /reyc/ *a.* öfke, hiddet; düşkünlük, tutku
ragged /'regid/ *s.* yırtık pırtık, eski püskü
raid /reyd/ *a.* akın, baskın *raider* akıncı
rail /reyl/ *a.* parmaklık; ray; demiryolu *railing* parmaklık *railroad* demiryolu *railway BE.* demiryolu
rain /reyn/ *a.* yağmur * *e.* (yağmur) yağmak *rain forest* tropikal orman *rainbow* gökkuşağı, alkım *raincoat* yağmurluk *raindrop* yağmur damlası *rainfall* yağış miktarı, yağış *rainproof* yağmur geçirmez *rains* muson yağmurları; muson *rainy* yağmurlu
raise /reyz/ *e.* kaldırmak, yükseltmek; bina etmek, dikmek; büyütmek, yetiştirmek, toplamak; neden olmak, uyandırmak * *a. AE.* ücret artışı, zam
raisin /'reyzın/ *a.* kuru üzüm
rake /reyk/ *a.* tırmık * *e.* tırmıklamak, taramak *rake in money* çok para kazanmak
rally /'reli/ *e.* bir araya toplanmak; iyileşmek, düzelmek, toparlanmak * *a.* toplantı; otomobil yarışı, ralli; (tenis) uzun sayı mücadelesi
ram /rem/ *a. hayb.* koç; Koç burcu
Ramadan /'remıden, 'remıda:n/ *a.* ramazan

ramification /remifi'keyşın/ a. dallanıp budaklanma

ramp /remp/ a. yokuş, rampa

rampage /rem'peyc, 'rempeyc/ e. sağa sola saldırmak, kudurmak

rampart /'rempa:t/ a. siper, sur

ramshackle /'remşekıl/ s. köhne, harap, viran

ran /ren/ bkz. **run**

ranch /ra:nç/ a. büyük çiftlik

rancour /'renkı/ a. kin, hınç

random /'rendım/ s. rasgele, gelişigüzel **at random** öylesine, amaçsızca

range /reync/ a. sıra, dizi; menzil; atış alanı * e. dizmek; dizilmek; uzanmak **ranger** orman bekçisi

rank /renk/ a. sıra, dizi; rütbe; sınıf, tabaka * e. sıralamak, dizmek; yer almak, sayılmak

rankle /'renkıl/ e. (acısı) içinden çıkmamak, sürmek, yüreğine dert olmak

ransack /'rensek/ e. altını üstüne getirmek; yağmalamak

ransom /'rensım/ a. fidye **a king's ransom** büyük para

rap /rep/ a. hafifçe vuruş; kon. suç, ceza

rape /reyp/ a. ırza geçme, ırza tecavüz; bozma, mahvetme * e. ırzına geçmek

rapid /'repid/ s. hızlı; (yokuş) dik

rapidly /'repidli/ be. hızla, süratle

rapt /rept/ s. kendini vermiş şekilde, can kulağıyla

rapture /'repçı/ a. büyük sevinç, esrime **go to raptures** (sevincinden) havalara uçmak

rare /reı/ s. nadir, seyrek; (et) az pişmiş **rarely** nadiren, seyrek olarak

rarity /'reıriti/ a. nadirlik, seyreklik; ender bulunur şey

rascal /'ra:skıl/ a. namussuz, alçak; yaramaz, kerata

rash /reş/ s. düşüncesiz, aceleci

rasp /ra:sp/ a. raspa, kaba törpü

raspberry /'ra:zbıri/ a. ahududu, ağaççileği

rat /ret/ a. iri fare, sıçan; hain, dönek

rate /reyt/ a. oran, nispet; çeşit * e. kıymet biçmek; vergi koymak **at any rate** her nasılsa **rate of exchange** döviz kuru **rate of interest** faiz oranı

rather /'ra:tı/ be. oldukça, epeyce; tercihan, daha çok; daha doğrusu; aksine, tersine

ratify /'retifay/ e. onaylamak

rating /'reyting/ a. beğenilme, tutulma, reyting; BE. deniz eri, tayfa

ratio /'reyşiou/ a. oran, nispet

ration /'reşın/ a. istihkak, pay

rational /'reşınıl/ s. aklı başında, mantıklı; mat. rasyonel, oranlı

rationalism /'reşınılizım/ a. fel. usçuluk, rasyonalism **rationalist** akılcı

rationalize /'reşınılayz/ e. kılıf uydurmak; BE. (yöntem) geliştirmek, verimlileştirmek

rattle /'retıl/ a. bebek çıngırağı, kaynanazırıltısı, cırcır * e. şıngırdamak, tıngırdamak **rattlesnake** çıngıraklıyılan

raucous /'ro:kıs/ s. (ses) kısık, boğuk

ravage /'revic/ e. mahvetmek, kırıp geçirmek; yağmalamak, soymak

rave /reyv/ e. deli gibi abuk sabuk konuşmak, saçmalamak, sayıklamak

raven /'reyvın/ a. hayb. kuzgun

ravenous /'revinıs/ s. kurt gibi aç

ravine /rı'vi:n/ a. coğ. dar ve derin koyak

ravioli /revi'ouli/ a. bir tür mantı

ravish /'reviş/ e. yaz. ırzına geçmek; zevk vermek, esritmek

raw /ro:/ s. çiğ; işlenmemiş, ham; deneyimsiz, acemi; (hava) soğuk

ve yağışlı
ray /rey/ *a.* ışın
rayon /'reyon/ *a.* yapay ipek, rayon
raze /reyz/ *e.* yıkıp yerle bir etmek
razor /'reyzı/ *a.* ustura; tıraş makinesi
re /ri:/ *ilg.* (iş mektuplarında) -e dair, hakkında, ile ilgili olarak
re /rey/ *a. müz.* re notası
reach /ri:ç/ *e.* ulaşmak, erişmek; yetişmek, değmek * *a.* uzanma; menzil; anlayış, kavrayış *out of reach* erişilmez, yetişilmez
react /ri'ekt/ *e.* tepki göstermek; *kim.* tepkimek; karşılık vermek
reaction /ri'ekşın/ *a.* tepki, reaksiyon; *kim.* tepkime; gericilik
read /ri:d/ *e. red* /red/ okumak; (termometre, vb.) göstermek *read between the lines* kapalı anlamını bulmak *readable* okumaya değer; (yazı) okunaklı
reader /'ri:dı/ *a.* okuyucu, okur; *BE.* doçent; düzeltmen; okuma kitabı
readily /'redili/ *be.* isteyerek, seve seve, gönülden *readiness* isteklilik; hazır olma
reading /'ri:ding/ *a.* okuma; yorum; okuma parçası
ready /'redi/ *s.* hazır; istekli; kolay, çabuk, seri; eli çabuk *ready-made* (giysi) hazır
real /rıl/ *s.* gerçek, hakiki *real estate* taşınmaz mal, gayrimenkul
realism /'rıılizm/ *a.* gerçekçilik
realist /'rıılist/ *a.* gerçekçi *realistic* realist, gerçekçi
reality /ri'eliti/ *a.* gerçek, hakikat; gerçekçilik *in reality* gerçekte, aslında
realize /'rıılayz/ *e.* farkına varmak, anlamak, kavramak, gerçekleştirmek *realization* farkına varma; gerçekleştirme
realtor /'rııltı/ *a. AE.* emlakçı
really /'rııli/ *be.* gerçekten, sahiden

realm /relm/ *a.* krallık; alan, ülke
reap /ri:p/ *e.* (ekin) biçmek
rear /rıı/ *a.* geri, arka, art * *e.* yetiştirmek, büyütmek; kaldırmak
reason /'ri:zın/ *e.* neden, sebep; akıl, sağduyu; gerekçe * *e.* muhakeme etmek; -den sonuç çıkarmak *beyond/past all reason* mantıksız, aşırı *bring sb to reason* mantıklı olmaya ikna etmek *by reason of* yüzünden, dolayı *within reason* makul ölçüler içinde *listen to/hear reason* laf dinlemek *lose one's reason* aklını bozmak *with reason* haklı olarak
reasonable /'ri:zınıbıl/ *s.* akla uygun, makul; akıllı
reasoning /'ri:zıning/ *a.* mantıklı düşünme; muhakeme
reassurance /ri:ı'şuırıns/ *a.* rahatlatma, güven verme
reassure /ri:ı'şuı/ *e.* güven vermek; korku, kaygı, vb.'den kurtarmak
rebate /'ri:beyt/ *e.* indirim, ıskonto; vergi iadesi
rebel /'rebıl/ *e.* baş kaldırmak, isyan etmek, ayaklanmak *rebellion* ayaklanma, isyan *rebellious* asi, isyancı
rebirth /ri:'bö:t/ *e.* yeniden doğma
rebound /ri'baund/ *e.* geri sıçramak, çarpıp geri gelmek, sekmek * *a.* (basketbol) ribaund
rebuff /rı'baf/ *a.* tersleme, ret
rebuild /ri:'bild/ *e.* yeniden inşa etmek
rebuke /rı'byu:k/ *e.* azarlamak
recall /rı'ko:l/ *e.* geri çağırmak; anımsamak * *a.* geri çağırma; anımsama
recapitulate /ri:kı'piçuleyt/ *e.* özetlemek
recede /rı'si:d/ *e.* geri çekilmek
receipt /rı'si:t/ *a.* makbuz, fiş, fatura; reçete; *kon.* gelir, hasılat
receive /rı'si:v/ *e.* almak; -e

uğramak; yemek; evine almak; konuk etmek; karşılamak *receiver* alıcı; ahize, almaç; tahsildar

recent /'ri:sınt/ *s.* yeni, yakında olan, son günlerdeki, son *recently* son günlerde, son zamanlarda

receptacle /ri'septıkıl/ *a.* kap, koyacak; depo, hazne

reception /ri'sepşın/ *a.* alma; karşılama, kabul; kabul töreni; resepsiyon *receptionist* resepsiyon görevlisi

receptive /ri'septiv/ *s.* çabuk kavrayan, anlayışlı

recess /ri'ses/ *a.* paydos, tatil, ara; iç taraf

recession /ri'seşın/ *a.* geri çekilme, gerileme

recipe /'resipi/ *a.* yemek tarifi; reçete

recipient /ri'sipiınt/ *a.* alıcı

reciprocal /ri'siprıkıl/ *s.* karşılıklı, iki taraflı

recital /ri'saytıl/ *a.* anlatma; *müz.* resital

recite /ri'sayt/ *e.* ezberden okumak; anlatmak

reckless /'reklıs/ *s.* korkusuz, pervasız, kayıtsız, umursamaz

reckon /'rekın/ *e.* hesaplamak; *kon.* sanmak, tahmin etmek *reckoning* hesap; *den.* mevki tahmini *day of reckoning* hesap günü, kıyamet günü

reclaim /ri'kleym/ *e.* düzeltmek, iyileştirmek; geri istemek

recline /ri'klayn/ *e.* yaslanmak; uzanmak

recognize /'rekıgnayz/ *e.* tanımak *recognizable* tanınabilir *recognition* /-'nişın/ tanıma, tanınma, kabul

recoil /'rikoyl/ *e.* geri çekilmek; (silah) geri tepmek

recollect /rekı'lekt/ *e.* anımsamak,

hatırlamak *recollection* anımsama, hatırlama; hatırlanan şey, anı

recommend /rekı'mend/ *e.* önermek, tavsiye etmek; öğütlemek *recommendation* tavsiye; öğüt

recompense /'rekımpens/ *e.* karşılığını vermek, ödemek, telafi etmek * *a.* karşılık, tazminat

reconcile /'rekınsayl/ *e.* barıştırmak, uzlaştırmak; (düşünce, görüş, vb.) bağdaştırmak; kabul ettirmek, razı etmek

reconnaissance /ri'konisıns/ *a. ask.* keşif

reconnoitre /rekı'noytı/ *a. ask.* keşfe çıkmak

reconstitute /ri:'konstityu:t/ *e.* tekrar kurmak, yenilemek

reconstruct /ri:kın'strakt/ *e.* yeniden kurmak, yeniden inşa etmek

record /ri'ko:d/ *e.* yazmak, kaydetmek, deftere kaydetmek; (aygıt) kaydetmek; (görüntü, ses) almak, kayıt yapmak

record /'reko:d/ *a.* kayıt; tutanak; sicil; rekor; plak

recorder /ri'ko:dı/ *a.* kayıt aygıtı, teyp; kayıt memuru

recording /ri'ko:ding/ *a.* kayıt

recover /ri'kavı/ *e.* iyileşmek, toparlanmak; yeniden elde etmek * *a.* geri alma; iyileşme, düzelme

recreation /rekri'eyşın/ *a.* eğlence, dinlenme

recruit /ri'kru:t/ *a.* acemi er; yeni üye * *e.* işe almak, çalıştırmak; askere almak; üye yapmak

rectangle /'rektengıl/ *a.* dikdörtgen *rectangular* /rek'tengyulı/ dikdörtgen biçiminde

rectify /'rektifay/ *e.* düzeltmek; *kim.* arıtmak, damıtmak *rectifier* doğrultucu, düzeltici; redresör

rector /'rektı/ *a.* rektör; papaz

rectum /'rektım/ *a. anat.* düzbağırsak, göden, rektum

recuperate /rı'kyu:pıreyt/ e. iy-ileşmek, sağlığına kavuşmak

recur /rı'kö:/ e. tekrar meydana gelmek, yinelenmek

recurrence /rı'karıns/ a. yinelenme, tekrar olma

red /red/ s. kırmızı; (saç) kızıl; (cilt) pembe Red Crescent Kızılay Red Cross Kızılhaç Red Indian Kızılderili red tape bürokrasi, kırtasiyecilik see red tepesi atmak, gözü dönmek red-blooded yürekli, gözü pek

redcurrant /red'karınt/ a. bitk. frenküzümü

redden /'redın/ e. kızarmak; kızartmak, kırmızılaştırmak

reddish /'rediş/ s. kırmızımsı

redhead /'redhed/ a. kon. kızıl saçlı kadın, kızıl

redress /rı'dres/ e. düzeltmek

reduce /rı'dyu:s/ e. azaltmak, indirmek; kon. kilo vermek reduction /rı'dakşın/ azaltma, indirme; indirim, tenzilat

redundant /rı'dandınt/ s. gereksiz, lüzumsuz, fazla, aşırı, bol; işten çıkarılan

reed /ri:d/ a. bitk. kamış, saz

reef /ri:f/ a. den. camadan; coğ. resif

reek /ri:k/ a. kötü koku * e. kötü kokmak

reel /ri:l/ a. makara, bobin; çıkrık; (teyp) makara * e. sallanmak, sendelemek

refectory /rı'fektıri/ a. yemekhane

refer /rı'fö:/ e. (to) -den söz etmek; ilgili olmak; kapsamak; göndermek

referee /refı'ri:/ a. sp. hakem; huk. bilirkişi

reference /'refırıns/ a. bahsetme, söz etme; başvurma; referans, bonservis in/with reference to -e dair, -e ilişkin reference book başvuru kitabı

referendum /refı'rendım/ a. halk oylaması, referandum

refill /ri:'fil/ e. yeniden doldurmak * a. yedek (kâğıt, pil, kalem içi, kurşun, vb.)

refine /rı'fayn/ e. arıtmak, tasfiye etmek, rafine etmek refined arıtılmış, rafine; kibar, zarif refinery arıtımevi, rafineri

reflect /rı'flekt/ e. yansıtmak reflection yansıma; yankı reflective düşünceli reflector yansıtaç, reflektör

reflex /'ri:fleks/ a. refleks, tepki

reflexive /rı'fleksiv/ s. dilb. dönüşlü

reform /rı'fo:m/ e. düzeltmek; düzelmek; -de reform yapmak * a. reform, düzeltme reformer ıslahatçı, reformcu

refract /rı'frekt/ e. (ışık) kırmak refraction kırılma

refrain /rı'freyn/ e. kendini tutmak * a. nakarat

refresh /rı'freş/ e. canlandırmak; serinletmek refreshing canlandırıcı, dinçleştirici; serinletici refreshment canlanma, güçlenme; kon. yiyecek ve içecek

refrigerate /rı'frıcıreyt/ e. soğutmak; serinletmek refrigerator buzdolabı

refuge /'refyu:c/ a. sığınak, barınak take refuge (in) sığınmak

refugee /refyu'ci:/ a. mülteci

refund /rı'fand/ e. (parayı) geri vermek * a. geri verilen para, geri ödeme

refusal /rı'fyu:zıl/ a. ret, geri çevirme

refuse /rı'fyu:z/ e. reddetmek, kabul etmemek, geri çevirmek

regain /rı'geyn/ e. yeniden elde etmek

regal /'ri:gıl/ s. kral ya da kraliçe gibi; krallara layık, şahane

regard /rı'ga:d/ e. bakmak; gibi görmek, olarak ele almak; göz önünde tutmak * *a.* saygı, itibar; önemseme, aldırış; saygı, dikkat; bakış; *kon.* selam, iyi dilekler *in/with regard to* hakkında, -e gelince *regarding* hakkında, ilişkin *regardless* ne olursa olsun, mutlaka *regardless of* -e bakmaksızın, -e aldırmadan

regent /'ri:cınt/ *a.* kral naibi

regime /rey'ci:m/ *a.* yönetim; rejim, perhiz

regiment /'recimınt/ *a. ask.* alay

region /'ri:cın/ *a.* bölge, yöre *in the region of* yaklaşık, civarında *regional* bölgesel, yöresel

register /'recistı/ *a.* sicil, kütük; kayıt defteri; dosya; liste * *e.* kaydetmek; (aygıt) göstermek *cash register* yazar kasa *registered* (mektup) taahhütlü; tescilli

registrar /reci'stra:/ *a.* sicil memuru, nüfus memuru

registration /reci'streyşın/ *a.* kayıt, tescil *registration number* plaka numarası

registry /'recistri/ *a.* kayıt, tescil; sicil dairesi *registry office* evlendirme dairesi

regret /ri'gret/ *e.* pişman olmak; üzülmek * *a.* üzüntü; pişmanlık *regretful* üzüntülü *regrettable* üzücü, acınacak

regular /'regyulı/ *s.* düzgün, muntazam; nizami; muvazzaf *regularity* düzenlilik, intizam *regularly* düzenli olarak

regulate /'regyuleyt/ *e.* düzenlemek; ayarlamak *regulation* düzenleme; ayarlama; *kon.* yönetmelik, tüzük *regulator* ayarlayıcı, regülatör

rehabilitate /ri:hı'biliteyt/ *e.* yenileştirmek; onarmak; sağlığına kavuşturmak *rehabilitation* yenileme; onarım; rehabilitasyon

rehearse /ri'hö:s/ *e.* (tiyatro) prova etmek *rehearsal* prova; anlatma,

sayıp dökme

reign /reyn/ *a.* hükümdarlık, saltanat * *e.* saltanat sürmek; oluşmak, olmak

reimburse /ri:im'bö:s/ *e.* (parasını) geri vermek, ödemek

rein /reyn/ *a.* dizgin

reincarnate /ri:in'ka:neyt/ *e.* öldükten sonra yeni bir bedende diriltmek; (ruha) yeni bir beden vermek *reincarnation* başka bir bedende dirilme

reindeer /'reyndiı/ *a. hayb.* ren geyiği

reinforce /ri:in'fo:s/ *e.* güçlendirmek, takviye etmek *reinforcement* güçlendirme, takviye, destek *ç. ask.* takviye birliği

reiterate /ri:'itıreyt/ *e.* (birkaç kez) yinelemek, tekrarlamak

reject /ri'cekt/ *e.* reddetmek, geri çevirmek *rejection* ret, geri çevirme

rejoice /ri'coys/ *e.* çok sevinçli olmak *rejoicing* büyük sevinç, şenlik

rejuvenate /ri'cu:vıneyt/ *e.* gençleştirmek

relapse /ri'leps/ *e.* kötüye gitmek, kötüleşmek * *a.* kötüleşme; (kötü yola) sapma

relate /ri'leyt/ *e.* anlatmak, nakletmek; bağdaştırmak, aralarında ilişki kurmak

relation /ri'leyşın/ *a.* akraba; ilgi, ilişki, bağlantı *in relation to* hakkında, -e ilişkin *relationship* akrabalık; ilgi, ilişki, bağlantı

relative /'relıtiv/ *a.* akraba * *s.* nispi, göreli; ilişkin *relative clause* sıfat yantümcesi *relative pronoun dilb.* ilgi adılı *relatively* oranla, nispeten; oldukça

relativity /relı'tiviti/ *a.* izafiyet, görelik

relax /ri'leks/ *e.* gevşemek, rahatlamak; gevşetmek, dinlendirmek;

yumuşatmak **relaxation** gevşeme, yumuşama; gevşetme; gevşeklik

relay /'ri:ley/ a. nöbetleşe çalışan ekip, vardiya, posta; yedek malzeme * e. naklen yayınlamak

release /ri'li:s/ e. serbest bırakmak * a. serbest bırakma, salma, tahliye **on general release** (film) gösterimde

relegate /'religeyt/ e. daha aşağı bir duruma/mevkiye indirmek

relent /ri'lent/ e. yumuşamak, acıyıp merhamete gelmek

relevant /'relivınt/ s. konu ile ilgili **relevance** ilgi, uygunluk

reliable /ri'layıbıl/ s. güvenilir; güvenli **reliability** güvenilirlik

relic /'relik/ a. kalıntı; hatıra, andaç

relief /ri'li:f/ a. ferahlama, rahatlama; kurtarma; teselli; iç ferahlığı; yardım; çare, derman; ask. nöbet değiştirme; kabartma, rölyef

relieve /ri'li:v/ e. ferahlatmak, hafifletmek, yatıştırmak; ask. nöbet değiştirmek

religion /ri'licın/ a. din; mezhep; inanç, iman

religious /ri'licıs/ s. dinsel, dini; dindar

relinquish /ri'linkwiş/ e. vazgeçmek, bırakmak, feragat etmek

relish /'reliş/ a. istek, zevk, iştah; çeşni, lezzet * e. hoşlanmak, zevk almak, hoşnut olmak

reluctant /ri'laktınt/ s. isteksiz, gönülsüz **reluctance** isteksizlik, gönülsüzlük

rely /ri'lay/ e. (**on**) güvenmek

remain /ri'meyn/ e. kalmak **remainder** artan; kalan **remains** kalıntılar; ceset

remark /ri'ma:k/ e. söylemek, belirtmek * a. söz, düşünce, görüş **remarkable** dikkate değer, göze çarpan, olağanüstü

remedial /ri'mi:dıl/ s. iyileştiren

remedy /'remidi/ a. çare; ilaç, deva

remember /ri'membı/ e. hatırlamak, anımsamak; **Remember me to him** Ona benden selam söyleyin **remembrance** anma, hatırlama, yâd etme; anı, hatıra; andaç, yadigâr

remind /ri'maynd/ e. hatırlatmak, aklına getirmek

reminisce /remi'nis/ e. eski günlerden konuşmak **reminiscence** geçmişi hatırlama

reminiscent /remi'nisınt/ s. -i hatırlatan, benzeri

remission /ri'mişın/ a. bağışlama, af

remit /ri'mit/ e. (borç, ceza, vb.'den) kurtarmak; postayla (para, çek, vb.) göndermek **remittance** para havalesi, gönderilen para

remnant /'remnınt/ a. artık, kalıntı

remonstrate /'remınstreyt/ e. şikâyet etmek, itiraz etmek

remorse /ri'mo:s/ a. vicdan azabı, kahır **without remorse** acımasızca **remorseful** pişman **remorseless** acımasız

remote /ri'mout/ s. uzak **remote control** uzaktan kumanda

remove /ri'mu:v/ e. çıkarmak, gidermek; temizlemek, silmek **removable** taşınabilir **removal** kaldırma; çıkarma; taşınma

remunerate /ri'myu:nıreyt/ e. emeğinin karşılığını ödemek **remuneration** ücret, karşılık **remunerative** kazançlı

Renaissance /ri'neysıns/ a. Rönesans

render /'rendı/ e. (yardım, vb.) vermek, sunmak; hale getirmek; tercüme etmek

rendezvous /'rondivu:, 'rondeyvu:/ a. buluşma, randevu; buluşma yeri

rendition /ren'dişın/ a. icra, sunma, temsil

renegade /'renigeyd/ a. hain, dönek
renew /rı'nyu:/ e. yenilemek **renewable** yenilenebilir **renewal** yenileme
renounce /rı'nauns/ e. vazgeçmek, terk etmek; bırakmak, feragat etmek
renovate /'renıveyt/ e. yenilemek, onarmak
renown /rı'naun/ a. ün, ad, şan, şöhret
rent /rent/ a. kira * e. kiralamak
rental /'rentıl/ a. kira bedeli, kira
renunciation /rınansi'eyşın/ a. vazgeçme, feragat
reorganize /ri:'o:gınayz/ e. yeniden düzenlemek
repair /rı'peı/ e. onarmak, tamir etmek * a. onarım, tamirat **in good repair** iyi durumda **repair shop** tamirci dükkânı **under repair** onarımda
reparation /repı'reyşın/ a. tazminat
repatriate /ri:'petrıeyt/ e. yurduna geri göndermek
repay /rı'pey/ e. (para) geri vermek; altında kalmamak **repayable** geri ödenebilir **repayment** geri ödeme
repeal /rı'pi:l/ e. yürürlükten kaldırmak, feshetmek * a. fesih, iptal
repeat /rı'pi:t/ e. tekrarlamak, yinelemek **repeat a course/year** bir yıl daha aynı sınıfta okumak **repeatedly** defalarca, tekrar tekrar
repel /rı'pel/ e. geri püskürtmek; iğrendirmek **repellent** sinek, vb. kovucu madde
repent /rı'pent/ e. pişman olmak **repentance** pişmanlık
repercussion /ri:pı'kaşın/ a. geri tepme
repertoire /'repıtwa:/ a. repertuvar; dağarcık
repetition /repi'tişın/ a. tekrar, yineleme
replace /rı'pleys/ e. eski yerine

koymak; değiştirmek; -in yerini almak **replacement** yerine koyma; vekil, yedek
replay /ri:'pley/ e. (maç) tekrarlamak; (müzik) tekrar çalmak * a. tekrar oynanan maç; (görüntü, ses, kayıt, vb.) tekrar
replica /'replikı/ a. kopya
reply /rı'play/ e. karşılık vermek, yanıtlamak * a. yanıt; karşılık **in reply** yanıt olarak
report /rı'po:t/ a. rapor; gazete haberi, haber; bildiri; söylenti; not karnesi; diploma * e. rapor vermek/yazmak; bildirmek; anlatmak, söylemek **reported speech** dilb. dolaylı anlatım **reporter** gazete muhabiri, muhabir; raportör
represent /repri'zent/ e. temsil etmek, göstermek; simgelemek; huk. -in vekili olmak **representation** tasvir; oyun, temsil; mümessillik; simge; gösterme
representative /repri'zentıtiv/ s. temsil eden; örnek, tipik * a. temsilci, vekil, milletvekili **House of Representatives** Temsilciler Meclisi
repress /rı'pres/ e. bastırmak, önlemek **repression** bastırma, tutma
reprimand /'reprima:nd/ a. (resmi) tekdir, kınama * e. (resmi olarak) kınamak
reprint /ri:'print/ e. (kitap) yeniden basmak * a. yeni baskı
reproach /rı'prouç/ a. azar, kınama * e. azarlamak, kınamak
reproduce /ri:'prı'dyu:s/ e. üremek, çoğalmak; kopye etmek; (oyun) yeniden oynamak **reproduction** üreme; çoğaltma; röprodüksiyon, özdeşbaskı
reptile /'reptayl/ a. hayb. sürüngen
republic /rı'pablik/ a. cumhuriyet **republican** cumhuriyete ait;

cumhuriyetçi

repugnant /rı'pagnınt/ s. çirkin, iğrenç

repulse /rı'pals/ e. püskürtmek, kovmak; iğrendirmek **repulsion** iğrenme, tiksinti **repulsive** iğrenç

reputable /'repyutıbıl/ s. ünlü, tanınmış

reputation /repyu'teyşın/ a. ün, şöhret

request /rı'kwest/ a. rica, dilek, istek * e. rica etmek, dilemek

require /rı'kwayı/ e. gerektirmek; istemek; emretmek; buyurmak **requirement** ihtiyaç, gereksinim; icap, gerek

requisite /'rekwizit/ s. gerekli, zorunlu

rescue /'reskyu:/ e. kurtarmak * a. kurtarma, kurtuluş

research /rı'sö:ç/ a. araştırma * e. araştırma yapmak **researcher** araştırmacı

resemblance /rı'zemblıns/ a. benzerlik

resemble /rı'zembıl/ e. benzemek

resent /rı'zent/ e. kızmak, içerlemek

reservation /rezı'veyşın/ a. yer ayırtma, rezervasyon; şart, koşul; kuşku

reserve /rı'zö:v/ e. ayırmak, saklamak; ayırtmak * a. yedek, rezerv; çekingenlik; fon, karşılık **reserved** çekingen; sessiz; tutulmuş, ayırtılmış

reservoir /'rezıvwa:/ a. su deposu

reside /rı'zayd/ e. -de ikamet etmek, oturmak

residence /'rezidıns/ a. konut, oturma, ikamet **residence permit** oturma izni

resident /'rezidınt/ s. a. sakin, oturan **residential** /-'denşıl/ oturmaya elverişli

residual /rı'zicuıl/ s. artan, kalan

residue /'rezidyu:/ a. kalan, artık;

kim. tortu

resign /rı'zayn/ e. istifa etmek, çekilmek **resign oneself to** -e razı olmak, katlanmak **resigned** boyun eğmiş, uysal

resignation /rezig'neyşın/ a. istifa, çekilme; boyun eğme, kabullenme

resilience /rı'zilııns/ a. esneklik **resilient** esnek

resin /'rezin/ a. çam sakızı, reçine

resist /rı'zist/ e. karşı koymak, direnmek; dayanmak **resistance** direnme; dayanma; *fiz.* direnç **resistant** direnen, dayanıklı **resistor** rezistans, direnç

resolute /'rezılu:t/ s. azimli

resolution /rezı'lu:şın/ a. kararlılık, azim; önerge; çözüm

resolve /rı'zolv/ e. karar vermek; çözmek; ortadan kaldırmak

resonant /'rezınınt/ s. çınlayan, yankılayan **resonance** tınlama; *fiz.* seselim, rezonans

resort /rı'zo:t/ a. dinlence yeri, mesire * e. sık sık uğramak, gitmek

resound /rı'zaund/ e. çınlamak, yankılanmak **resounding** çınlayan, yankılanan; çok büyük

resource /rı'zo:s, rı'so:s/ a. kaynak, zenginlik; çare; becereklilik **resourceful** becerikli, açıkgöz

respect /rı'spekt/ a. saygı; münasebet; bakım; *kon.* selamlar, saygılar * e. saygı göstermek **in respect of** -e gelince **with respect to** ile ilgili olarak; göre; -e gelince

respectable /rı'spektıbıl/ s. saygıdeğer; epey, oldukça

respectful /rı'spektfıl/ s. saygılı

respective /rı'spektiv/ s. her biri, kendi **respectively** anılan sıraya göre, biri ... öteki ...

respiration /respi'reyşın/ a. solunum

respite /'respit, 'respayt/ a. mola,

soluklanma
resplendent /rı'splendınt/ *s.* parlak, pırıl pırıl, görkemli, göz kamaştırıcı
respond /rı'spond/ *e.* yanıt vermek, karşılık vermek **respond to** sonucu olarak iyiye gitmek
response /rı'spons/ *a.* yanıt; karşılık
responsibility /rısponsı'bıliti/ *a.* sorumluluk
responsible /rı'sponsıbıl/ *s.* (for/to) - den sorumlu; sorumluluk gerektiren; güvenilir
responsive /rı'sponsiv/ *s.* karşılık veren
rest /rest/ *a.* dinlenme; rahat, huzur; *müz.* durak * *e.* dinlenmek; dayanmak, yaslanmak; dayamak, yaslamak **restful** dinlendirici **restless** yerinde duramayan, kıpır kıpır
rest /rest/ *a.* arta kalan, artık; diğerleri, ötekiler
restaurant /'restront/ *a.* lokanta
restitution /resti'tyu:şın/ *a.* iade, sahibine geri verme
restive /'restiv/ *s.* dik kafalı, inatçı
restoration /restı'reyşın/ *a.* onarım, yenileme, restorasyon
restorative /rı'sto:rıtiv/ *s.* güçlendiren, sağlık veren
restore /rı'sto:/ *e.* geri vermek; onarmak, yenilemek; yeniden canlandırmak
restrain /rı'streyn/ *e.* tutmak, alıkoymak; sınırlamak, bastırmak, dizginlemek **restrained** kontrollü **restraint** kendini tutma
restrict /rı'strikt/ *e.* sınırlamak **restriction** sınırlama **restrictive** sınırlayıcı
result /rı'zalt/ *a.* sonuç * *e.* meydana gelmek, çıkmak, doğmak; sonuçlanmak **as a result (of)** yüzünden, nedeniyle **resultant** sonucu olan
résumé /'rezyumey, 'reyzyumey/ *a.*

özet; özgeçmiş
resurrection /rezı'rekşın/ *a.* yenileme, canlanma
retail /'ri:teyl/ *a.* perakende satış *by* **retail** perakende
retail /ri:'teyl/ *e.* perakende satmak; perakende satılmak **retailer** perakendeci
retain /rı'teyn/ *e.* alıkoymak, tutmak
retaliate /rı'telieyt/ *e.* misillemede bulunmak
retard /rı'ta:d/ *e.* geciktirmek, yavaşlatmak
retarded /rı'ta:did/ *s.* (çocuk) yavaş gelişen, geri zekâlı
retention /rı'tenşın/ *a.* (akılda, vb.) tutma
reticent /'retisınt/ *s.* suskun, ağzı sıkı
retina /'retinı/ *a.* retina, ağkatman
retinue /'retinyu:/ *a.* maiyet, heyet
retire /rı'tayı/ *e.* geri çekilmek; emekliye ayrılmak; emekliye ayırmak; geri çekmek **retired** emekli **retirement** emeklilik **retiring** çekingen, içine kapanık
retort /rı'to:t/ *e.* sert yanıt vermek * *a.* sert yanıt, karşılık; *kim.* imbik
retouch /ri:'taç/ *e.* rötuş yapmak
retrace /rı'treys, ri:'treys/ *e.* tekrarlamak, geriye/kaynağına gitmek
retreat /rı'tri:t/ *a.* geri çekilme; *ask.* ricat * *e.* geri çekilmek
retribution /retri'byu:şın/ *a.* ceza
retrograde /'retngreyd/ *s.* gerileyen
retrospect /'retnspekt/ *a.* geçmişe bakış **in retrospect** geçmişe bakıldığında **retrospective** geçmişle ilgili; *huk.* önceki olayları kapsayan
return /rı'tö:n/ *e.* dönmek, geri gelmek; geri vermek, iade etmek; geri çevirmek; karşılık vermek * *a.* dönüş; geri gönderme; seçim; karşılık *by return* ilk postayla *in*

return (for) -e karşılık, karşılığında **return ticket** gidiş-dönüş bileti

reunion /ri:'yu:nıın/ a. yeniden bir araya gelme

revalue /ri:'velyu:/ e. (bir ülke parasının) değerini yükseltmek

revel /'revıl/ e. eğlenmek, âlem yapmak; haz duymak * a. eğlence, cümbüş

revelation /revı'leyşın/ a. açığa vurma, ifşa

revenge /ri'venc/ a. öç, intikam * e. -in öcünü almak

revenue /'revinyu:/ a. gelir, hükümetin vergi geliri

reverberate /ri'vö:bıreyt/ e. yankılanmak

revere /ri'vıı/ e. derin saygı göstermek

reverence /'revırıns/ a. derin saygı

reverend /'revırınd/ s. (papaz) saygıdeğer, muhterem, sayın, aziz

reverent /'revırınt/ s. saygılı

reversal /ri'vö:sıl/ a. ters dönme

reverse /ri'vö:s/ s. ters, arka, aksi; karşıt, zıt * e. ters çevirmek; baş aşağı çevirmek; geri gitmek; geri hareket ettirmek * a. ters taraf, ters yüz; zıt, zıttı, tersi; terslik; başarısızlık; geri vites

revert /ri'vö:t/ e. (to) yeniden dönmek

review /ri'vyu:/ a. gözden geçirme, inceleme; eleştiri, dergi * e. gözden geçirmek, yeniden incelemek; eleştirmek; ask. teftiş etmek

revise /ri'vayz/ e. gözden geçirip düzeltmek; (görüş, vb.) değiştirmek; BE. (ders) tekrarlamak, bir daha gözden geçirmek **revision** gözden geçirip düzeltme; tekrar

revive /ri'vayv/ e. canlandırmak; canlanmak **revival** yeniden canlanma

revoke /ri'vouk/ e. geri almak, geçersiz kılmak

revolt /ri'voult/ e. (against) başkaldırmak, isyan etmek * a. başkaldırma, ayaklanma, isyan

revolution /revı'lu:şın/ a. ihtilal, devrim **revolutionary** devrimci **revolutionize** -de devrim yaratmak

revolve /ri'volv/ e. dönmek; döndürmek

revolver /ri'volvı/ a. tabanca

revue /ri'vyu:/ a. revü

revulsion /ri'valşın/ a. (düşüncelerde) ani değişiklik, sapma

reward /ri'wo:d/ e. ödül vermek * a. ödül

rewrite /ri:'rayt/ e. yeniden yazmak

rhapsody /'repsıdi/ a. müz. rapsodi

rheumatism /'ru:mıtizım/ a. hek. romatizma

rhinoceros /ray'nosırıs/ a. hayb. gergedan

rhyme /raym/ a. uyak, kafiye * e. ile uyak oluşturmak

rhythm /'ritım/ a. ritim; vezin **rhythmic** ritmik

rib /rib/ a. anat. kaburga kemiği

ribbon /'ribın/ a. kurdele; şerit

rice /rays/ a. bitk. pirinç; pilav

rich /riç/ s. zengin; verimli, bereketli; (yemek) yağlı, ağır **the rich** zenginler **riches** varlık, zenginlik, servet **richness** zenginlik

rickets /'rikits/ a. kemik hastalığı, raşitizm

rickety /'rikiti/ s. zayıfça tutturulmuş, çürük

rid /rid/ e. **rid** /rid/ (of) -den kurtarmak, temizlemek **get rid of** -den kurtulmak, -den yakasını sıyırmak, başından atmak

riddle /'rıdıl/ a. bilmece; kalbur * e. kalburdan geçirmek, elemek; delik deşik etmek

ride /rayd/ e. **rode** /roud/, **ridden** /ridın/ (at, bisiklet, motosiklet, vb.) sürmek, binmek; ata binmek; yolculuk etmek * *a.* gezinti, tur *rider* binici, atlı, sürücü

ridge /ric/ *a.* sırt, bayır; dağ sırası

ridicule /'rıdikyu:l/ *a.* eğlenme, alay * *e.* ile alay etmek, gülmek

ridiculous /ri'dikyulıs/ *s.* gülünç, saçma

rifle /'rayfıl/ *e.* soymak, yağma etmek * *a.* tüfek

rift /rift/ *a.* yarık, çatlak

rig /rig/ *e.* (gemi) donatmak; -e hile karıştırmak * *a.* (gemi) arma, donanım; *kon.* kılık kıyafet; alet

right /rayt/ *s.* doğru; haklı; gereken, aranan; dik; sağ * *be.* doğru (olarak); doğruca, tümüyle * *a.* hak; yetki; doğru, gerçek; sağ * *e.* doğrultmak, düzeltmek *all right* tamam, olur, hay hay; uygun *right away* hemen, birazdan *right here* tam burada/buraya *by rights* hakka bakılırsa *right-hand* sağdaki *right-handed* sağ elle kullanılan *right-minded* doğru düşünceli *rightist* sağcı *rightly* doğru olarak; haklı olarak

righteous /'rayçıs/ *s.* dürüst, doğru

rightful /'raytfıl/ *s.* yasal, meşru

rightly /'raytli/ *be.* doğru olarak; gereği gibi, hakkıyla; *kon.* kesinlikle

rigid /'ricid/ *s.* sert, katı

rigorous /'rigırıs/ *s.* sert, şiddetli

rigour /'rigı/ *a.* sertlik, katılık

rim /rim/ *a.* kenar; çerçeve

rind /raynd/ *a.* kabuk

ring /ring/ *e.* **rang** /reng/, **rung** /rang/ (zil, vb.) çalmak, çınlatmak; çınlamak * *a.* halka; yüzük; çember; zil sesi; hale *give sb a ring* -e telefon etmek *ring off* telefonu kapatmak *ring sb up* -e telefon etmek

ringleader /'ringli:dı/ *a.* çete başı, elebaşı

ringlet /'ringlit/ *a.* saç lülesi

rink /rink/ *a.* paten alanı, buz alanı

rinse /rins/ *e.* çalkalamak; durulamak

riot /'rayıt/ *a.* ayaklanma, isyan; kargaşa * *e.* ayaklanmak, isyan etmek *riotous* isyan çıkaran, huzuru bozan; gürültülü

rip /rip/ *e.* yırtmak; yırtılmak; yarmak * *a.* yarık, yırtık, sökük * *a.* anafor, girdap

ripe /rayp/ *s.* olmuş, olgun

ripen /'raypın/ *e.* olgunlaşmak

ripple /'rıpıl/ *a.* küçük dalga; şapırtı, şarıltı

rise /rayz/ *e.* **rose** /rouz/, **risen** /'rızın/ doğmak; yükselmek; çıkmak; artmak * *a.* doğuş, yükseliş; artış, çoğalma; çıkış *give rise to* -e neden olmak *rise against* -e başkaldırmak

risen /'rızın/ *bkz. rise*

risk /risk/ *a.* tehlike, risk; riziko * *e.* tehlikeye atmak; göze almak *at one's own risk* tehlikeyi göze almış *risky* riskli, rizikolu

rite /rayt/ *a.* (dini) töre, âdet *ritual* dini törenle ilgili

rival /'rayvıl/ *a.* s. rakip * *e.* -e rakip olmak, ile rekabet etmek *rivalry* rekabet, rakiplik

river /'rivı/ *a.* nehir, ırmak

rivet /'rivit/ *a.* perçin çivisi

road /roud/ *a.* yol, cadde

roam /roum/ *e.* gezinmek, dolanmak

roar /ro:/ *e.* gürlemek; kükremek * *a.* kükreme; gürleme

roast /roust/ *e.* kızartmak; kavurmak * *a.* kızartma; kızartma et

rob /rob/ *e.* soymak; çalmak *robber* soyguncu *robbery* soygun

robe /roub/ *a.* cüppe; kaftan; bornoz

robin /'robin/ *a. hayb.* kızılgerdan

robot /'roubot/ *a.* robot

rock /rok/ *e.* sallamak; sallanmak; şaşırtmak, sarsmak * *a.* kaya;

kayalık **rocking chair** sallanan
sandalye

rocket /'rokit/ a. roket, füze

rod /rod/ a. değnek, çubuk; rod

rode /roud/ bkz. **ride**

roe /rou/ a. karaca; balık yumurtası

rogue /roug/ a. namussuz, hilekâr

role /roul/ a. rol

roll /roul/ a. tomar, top, rulo;
sandviç ekmeği; silindir, mer-
dane; liste, defter, sicil, kayıt;
yuvarlama * e. yuvarlamak; yu-
varlanmak; sarmak, dürmek; sil-
indirle düzlemek **roll call** yok-
lama **roll in** yığınla gelmek,
yağmak **roll up** gelmek, varmak

roller /'roulı/ a. silindir, merdane

rolling /'rouling/ s. (arazi) inişli
çıkışlı **rolling pin** oklava

Roman /'roumın/ s. eski Roma'ya
ilişkin **Roman numerals** Romen
rakamları

romance /rou'mens, rı'mens/ a. aşk
macerası

romantic /rou'mentik, rı'mentik/ s.
romantik **romanticism** roman-
tizm

romp /romp/ a. sıçrayıp oynama,
hoplayıp zıplama

roof /ru:f/ a. çatı, dam

rook /ruk/ a. (satranç) kale; hayb.
ekinkargası; hileci, üçkâğıtçı

room /ru:m, rum/ a. oda; yer; kon.
daire, apartman **roommate** oda
arkadaşı **roomy** geniş, ferah

roost /ru:st/ a. tünek

rooster /'ru:stı/ a. AE. horoz

root /ru:t/ a. kök; köken * e. kök
salmak, kökleşmek

rope /roup/ a. ip, halat * e.
iple/halatla bağlamak

rosary /'rouzırı/ a. tespih

rose /rouz/ bkz. **rise;** a. gül

rosé /'rouzey/ a. pembe şarap, roze
şarabı

rosette /rou'zet/ a. rozet

rosemary /'rouzmırı/ a. bitk.

biberiye

rose-water /'rouzwo:tı/ a. gülsuyu

rosy /'rouzi/ s. gül renkli, pembe,
pembemsi; umut verici, parlak

rot /rot/ e. çürümek * a. çürük

rotate /rou'teyt/ e. (bir eksen üz-
erinde) dönmek; döndürmek **ro-
tation** dönme

rotor /'routı/ a. döneç, rotor

rotten /'rotın/ s. çürük, bozuk

rouge /ru:j/ a. allık

rough /raf/ s. kaba; engebeli; taşlık
* be. kabaca * e. taslağını yap-
mak **roughly** kaba bir biçimde;
aşağı yukarı

roulette /ru:'let/ a. rulet

round /raund/ s. yuvarlak * be.
etrafa, etrafta * ilg. çevresinde,
çevresine; her tarafına * a. yu-
varlak şey, daire; ask. devriye;
(boks) raund * e. yuvarlaklaştır-
mak; dönmek **go/make the
rounds** sırasıyla ziyaret etmek
round off bitirmek, tamamlamak
round up bir araya toplamak

roundabout /'raundıbaut/ a. BE.
atlıkarınca * s. dolambaçlı, do-
laylı

round-trip /raund'trip/ s. AE. (bilet)
gidiş-dönüş

rouse /rauz/ e. uyandırmak

rout /raut/ a. bozgun

route /ru:t/ a. rota, yol

routine /ru:'ti:n/ a. alışkanlık haline
gelmiş şey, âdet; usül

row /rou/ a. sıra, dizi; kavga,
patırtı, hır; sandal gezintisi * e.
kürek çekerek götürmek; kavga
etmek, atışmak **rowing** kürek
çekme

rowdy /'raudi/ s. zorba, kaba

royal /'royıl/ s. krala/krallığa ait
royalist kralcı

royalty /'royılti/ a. krallık; telif
hakkı ücreti

rub /rab/ e. ovmak, ovalamak;
sürtmek, sürtünmek * a. ovma,

sürtme *rub along* iyi geçinmek *rub down* aşındırmak; kurulamak *rub in* ovarak yedirmek *rub out* silmek

rubber /'rabı/ *a.* lastik, kauçuk; silgi

rubbish /'rabiş/ *a.* süprüntü, çöp; *kon.* saçmalık, saçma, zırva

rubble /'rabıl/ *a.* moloz

ruby /'ru:bi/ *a.* yakut

rucksack /'raksek/ *a.* sırt çantası

rudder /'radı/ *a.* dümen; kılavuz, rehber

ruddy /'radi/ *s.* (yüz) sağlıklı, pembe

rude /ru:d/ *s.* terbiyesiz, kaba

ruff /raf/ *a.* kırmalı yaka

ruffian /'rafiın/ *a.* kötü/kaba adam

ruffle /'rafıl/ *e.* buruşturmak, kırıştırmak; bozmak; sinirlendirmek

rug /rag/ *a.* küçük halı, kilim; battaniye, örtü

rugged /'ragid/ *s.* engebeli; pürüzlü

ruin /'ru:in/ *a.* yıkılma, yıkım, yıkıntı *kon.* kalıntılar, ören * *e.* mahvetmek, harap etmek

rule /ru:l/ *a.* kural, ilke; usul, yol, yöntem, âdet; yönetim * *e.* yönetmek; hüküm sürmek; cetvelle çizmek *as a rule* genelde, çoğunlukla *rule out* çıkarmak, silmek *ruler* hükümdar; cetvel *ruling* yargı, hüküm

rum /ram/ *a. BE.* rom; *AE.* alkollü içki

rumble /'rambıl/ *a.* gürleme * *e.* gürlemek

ruminate /'ru:mineyt/ *e. hayb.* geviş getirmek

rummage /'ramic/ *e.* altüst edip aramak

rumour /'ru:mı/ *a.* söylenti

rump /ramp/ *a.* sağrı; but, sığır butu

rumple /'rampıl/ *e.* buruşturmak, kırıştırmak; karmakarışık etmek

run /ran/ *e. ran* /ren/, *run* /ran/

koşmak; işlemek, çalışmak; çalıştırmak, işletmek; yarışmak; kaçmak * *a.* koşma; koşu; oynama/gösterim süresi; çorap kaçığı *run across* -e rastlamak *run after* peşinden koşmak *run away with* alıp götürmek, çalmak, aşırmak; birlikte kaçmak *run into* -e rastlamak; çarpmak çarpışmak; girmek, düşmek *run off* kaçmak; akıtmak; yayınlamak, basmak *run on* devam etmek, sürmek; (zaman) geçmek *run out of* -i tüketmek, bitirmek; bitmek, tükenmek, -siz kalmak *run over* çiğnemek, ezmek; göz gezdirmek *runaway* kaçak

rung /rang/ *bkz. ring*

runlet /'ranlit/ *a.* dere, çay

runner /'ranı/ *a.* koşucu; haberci; ulak; kaçakçı *runner bean* çalı

runway /'ranwey/ *a.* uçak pisti

rupture /'rapçı/ *a.* kırılma, kopma, yırtılma; *hek.* fıtık * *e.* koparmak, kırmak; kopmak, kırılmak

rural /'ruırıl/ *s.* kırsal, köyle ilgili; tarımsal

ruse /ru:z/ *a.* hile, oyun, tuzak

rush /raş/ *e.* acele etmek; koşmak, seğirtmek; acele ettirmek * *a.* acele; hamle, saldırış; rağbet, istek; saz, hasırotu *the rush hours* trafiğin yoğun olduğu saatler

rusk /rask/ *a.* peksimet

rust /rast/ *a.* pas; pas rengi * *e.* paslanmak; paslandırmak *rusty* paslı

rustic /'rastik/ *s.* köyle ilgili, kırsal; kaba, yontulmamış * *a.* kaba adam, ayı, balta

rustle /'rasıl/ *a.* hışırtı * *e.* hışırdamak

rut /rat/ *a.* tekerlek izi; alışkı; *hayb.* kösnüme, cinsel azgınlık

ruthless /'ru:tlis/ *s.* acımasız, insafsız

rye /ray/ a. bitk. çavdar **rye bread** çavdar ekmeği

S

sable /'seybıl/ a. hayb. samur
sabotage /'sebıta:j/ a. baltalama, sabotaj **saboteur** sabotajcı
sabre /'seybı/ a. BE. süvari kılıcı
sack /sek/ a. çuval, torba; kon. işten kovulma; yağma, çapul * e. kon. işten kovmak, sepetlemek
sacrament /'sekrımınt/ a. (Hıristiyanlıkta) dinsel tören
sacred /'seykrid/ s. dinsel; kutsal
sacrifice /'sekrifays/ a. kurban; özveri, fedakârlık * e. kurban etmek; feda etmek, gözden çıkarmak
sacrilege /'sekrilic/ a. kutsal kişi ya da şeylere saygısızlık, küfür
sad /sed/ s. üzgün, üzüntülü, kederli; acıklı **sadly** üzüntüyle; ne yazık ki
sadden /'sedın/ e. üzmek; üzülmek
saddle /'sedıl/ a. eyer, semer; (bisiklet, vb.) sele; sırt * e. eyerlemek **saddlebag** heybe
sadism /'seydizım/ a. ruhb. sadizm **sadist** sadist
safari /sı'fa:ri/ a. safari
safe /seyf/ s. emin; emniyetli, güvenilir; tehlikesiz; sağlam * a. (demir) kasa **safeguard** koruyucu şey **safety** güvenlik, emniyet **safety belt** emniyet kemeri **safety glass** dağılmaz cam **safety pin** çengelliğine
sag /seg/ e. bel vermek, eğilmek, bükülmek, çökmek, sarkmak
saga /'sa:gı/ a. destan
sagacious /sı'geyşıs/ s. akıllı, sağ görülü
sage /seyc/ a. bitk. adaçayı; bilge
Sagittarius /seci'teırıs/ a. Yay (burcu)

said /sed/ bkz. **say**; s. adı geçen, sözü edilen
sail /seyl/ a. yelken; deniz yolculuğu; yelkenli * e. yelkenli, gemi, vb. ile gitmek; su üzerinde seyretmek **sailboard** rüzgâr sörfü **sailing** gemicilik; deniz yolculuğu **sailor** denizci, gemici
saint /seynt/ a. aziz, ermiş
sake /seyk/ a. hatır **for God's sake** kon. Allah aşkına **for the sake of**- in hatırı için, -in uğruna; amacıyla
salad /'selıd/ a. salata
salami /sı'la:mi/ a. salam
salary /'selırı/ a. aylık, maaş
sale /seyl/ a. satış; indirimli satış, ucuzluk **for sale** satılık **on sale** satılık **sales talk** esnaf ağzı **salesclerk** AE. tezgâhtar **salesman** satıcı, satış memuru **saleswoman** satıcı, satış memuresi
saline /'seylayn/ s. tuzlu, tuzla ilgili
saliva /sı'layvı/ a. tükürük, salya **salivary glands** tükürük bezleri
salivate /'seliveyt/ e. tükürük salgılamak, ağzı salyalanmak
sallow /'selou/ s. (ten) soluk, sağlıksız
salmon /'semın/ a. hayb. som balığı
saloon /sı'lu:n/ a. AE. büyük araba; AE. bar, meyhane; BE. salon bar
salt /so:lt/ a. tuz * e. tuzlamak **saltcellar** tuzluk **saltshaker** AE. tuzluk **saltwater** tuzlu suya ait, deniz suyuna ait **salty** tuzlu, tuzlanmış **salt lake** tuz gölü
salutation /selyu'teyşın/ a. selamlama, selam
salute /sı'lu:t/ e. selamlamak, selam vermek * a. selam; karşılama
salvage /'selvic/ a. kurtarma; kurtarılan mal * e. (yangından, kazadan) kurtarmak
salvation /sel'veyşın/ a. kurtarma, kurtarılma; kurtuluş, selamet

salve /sa:v, selv/ *a.* merhem
salver /'selvı/ *a.* gümüş tepsi
same /seym/ *s.* aynı; benzer; tıpkısı
  all the same yine de **at the same time** aynı zamanda; bununla birlikte *It's all the same to me.* Benim için fark etmez. *just the same* yine de *same to you kon.* sana da, size de, aynen
samovar /'semıva:/ *a.* semaver
sample /'sa:mpıl/ *a.* örnek, model
samurai /'semuray/ *a.* Japon savaşçısı, samuray
sanatorium /senı'to:rıım/ *a.* sanatoryum, sağlıkevi
sanctimonious /senkti'mouniıs/ *s.* yalancı sofu, dindarlık taslayan
sanction /'senkşın/ *a.* onay, onaylama, tasdik; yaptırım, ceza
sanctity /'senktiti/ *a.* kutsallık
sanctuary /'senkçuırı/ *a.* kutsal yer, tapınak; sığınak
sand /send/ *a.* kum; *kon.* kumsal, plaj *sandy* kumlu; (saç) kum rengi *sandbag* kum torbası *sandpaper* zımpara kâğıdı *sandstorm* kum fırtınası
sandal /'sendıl/ *a.* sandal, sandalet, burnu açık terlik
sandwich /'senwiç/ *a.* sandviç *sandwich board* sırta ve göğüse asılan reklam yaftası, sandviç pano
sane /seyn/ *s.* aklı başında, akıllı
sanitary /'senitırı/ *s.* sağlıklı, sıhhi *sanitary napkin/towel* âdet bezi
sanitation /senı'teyşın/ *a.* sağlık koruma
sanity /'seniti/ *a.* akıl sağlığı
sap /sep/ *a. bitk.* besisuyu, özsu
sapphire /'sefayı/ *a.* gökyakut, safir
sarcasm /'sa:kezım/ *a.* acı alay *sarcastic* iğneleyici, alaylı
sardine /sa:'di:n/ *a. hayb.* sardalye
sash /seş/ *a.* kuşak; pencere çerçevesi
satan /'seytın/ *a.* şeytan

satchel /'seçıl/ *a.* sırtta taşınan okul çantası
satellite /'setılayt/ *a.* uydu
satiate /'seyşıeyt/ *e.* doyurmak
satin /'setin/ *a.* saten, atlas
satire /'setayı/ *a. yaz.* taşlama, yergi, yerme, hiciv *satirical* yergili, hicivli
satisfaction /setis'fekşın/ *a.* memnuniyet, hoşnutluk; tatmin, doyum; tazmin, ödeme
satisfactory /setis'fektırı/ *s.* doyurucu, tatmin edici, yeterli, tatminkâr
satisfy /'setisfay/ *e.* tatmin etmek, doyurmak; memnun etmek, sevindirmek; yetmek; karşılamak
saturate /'seçıreyt/ *e. kim.* doyurmak
Saturday /'setıdi, 'setıdey/ *a.* cumartesi
Saturn /'setın/ *a.* Satürn
sauce /so:s/ *a.* salça, sos; *kon.* yüzsüzlük, arsızlık
saucepan /'so:spın/ *a.* kulplu tencere
saucer /'so:sı/ *a.* çay tabağı, fincan tabağı
sauna /'so:nı/ *a.* sauna
sausage /'sosic/ *a.* sucuk, sosis
savage /'sevic/ *s.* yabani, vahşi, yırtıcı *savagery* vahşilik, yabanıllık, yırtıcılık
savanna /sı'venı/ *a.* bozkır, savan
save /seyv/ *e.* kurtarmak; (para) biriktirmek; kaybını önlemek, kazandırmak
saving /'seyving/ *s.* tutumlu; koruyan * *a.* kurtarma; *kon.* biriktirilen para, tasarruf * *ilg.* - den başka *savings account* tasarruf hesabı
saviour /'seyvıı/ *a.* kurtarıcı
savour /'seyvı/ *a.* tat, lezzet; koku *savoury* lezzetli; hoş
saw /so:/ *bkz. see*
saw /so:/ *a.* testere, bıçkı * *e.*

testere ile kesmek, biçmek **saw-dust** talaş **sawmill** bıçkı fabrikası **sawyern** bıçkıcı
saxophone /'seksıfoun/ *a.* saksofon
say /sey/ *e.* **said** /sed/ demek, söylemek **that is to say** yani, bu demek oluyor ki **they say** diyorlar ki **you don't say (so)** *kon.* Yok ya!, Hadi ya! **have one's say** fikrini bildirmek
saying /'seyiŋ/ *a.* söz, özdeyiş, atasözü
scab /skeb/ *a.* yara kabuğu
scabbard /'skebıd/ *a.* (kılıç, vb.) kın
scabies /'skeybiz/ *a. hek.* uyuz
scaffold /'skefıld, 'skefould/ *a.* yapı iskelesi; darağacı
scald /sko:ld/ *e.* kaynar suyla haşlamak * *a.* haşlanma sonucu oluşan yanık
scale /skeyl/ *a.* ölçek; ölçü, çap; derece; cetvel; *müz.* ıskala, gam; balık, vb. pulu; terazi gözü, kefe * *e.* tırmanmak, çıkmak **scale up (down)** belli bir oranda büyütmek (küçültmek)
scales /skeylz/ *a.* terazi
scallop /'skolıp/ *a. hayb.* tarak
scalpel /'skelpıl/ *a. hek.* küçük bıçak, skalpel, bistüri
scamp /skemp/ *e.* hızla koşmak, kaçmak, seğirtmek
scan /sken/ *e.* incelemek; gözden geçirmek; *yaz.* dizeleri duraklara ayırmak
scandal /'skendıl/ *a.* skandal, rezalet; kara çalma, iftira, dedikodu **scandal ous** rezil, utanılacak
scant /skent/ *s.* az, kıt **scanty** az, kıt
scapegoat /'skeypgout/ *a.* başkasının suçunu yüklenen kimse, şamar oğlanı, abalı
scar /ska:/ *a.* yara izi * *e.* yara izi bırakmak
scarce /skeıs/ *s.* seyrek, az bulunur, kıt **scarcely** hemen hiç, pek az, güçlükle **scarcity** azlık, kıtlık

scare /skeı/ *a.* ani korku * *e.* korkutmak **scare (off away)** korkutup kaçırmak **scarecrow** bostan korkuluğu
scarf /ska:f/ *a.* eşarp, atkı, kaşkol
scarlet /'ska:lit/ *a. s.* al, kırmızı **scarlet fever** *hek.* kızıl
scary /'skeıri/ *s. kon.* korkutucu, ürkütücü, korkunç
scathing /'skeytiŋ/ *s.* sert, kırıcı
scatter /'sketı/ *e.* saçmak, serpmek, dağıtmak
scavenger /'skevincı/ *a.* leş yiyen hayvan; çöp karıştıran kimse
scenario /sı'na:riou/ *a.* senaryo
scene /si:n/ *a.* sahne; olay yeri; sahne, tablo; dekor; manzara **behind the scenes** perde arkasından, gizlice **make a scene** olay/rezalet çıkarmak **scenery** görünüm, manzara; sahne dekoru
scent /sent/ *a.* güzel koku; *BE.* parfüm * *e.* kokusunu almak; sezmek
sceptic /'skeptik/ *a.* kuşkucu **sceptical** şüpheci, kuşkulu
sceptre /'septı/ *a.* hükümdar asası
schedule /'şedyu:l/ *a.* program; liste; *AE.* (tren, vb.) tarife **on schedule** planlanan saatte, beklenen saatte **scheduled flight** tarifeli uçuş
schema /'ski:mı/ *a.* şema **schematic** şematik, sistemli
scheme /ski:m/ *a.* entrika, dolap, dalavere; plan, proje, tasarı
schizophrenia /skitsou'fri:niı/ *a. ruhb.* şizofreni **schizophrenic** şizofren
scholar /'skolı/ *a.* bilgin; burslu öğrenci; *kon.* tahsilli kimse **scholarship** bilginlik; burs
school /sku:l/ *a.* okul; ekol; fakülte; *AE.* üniversite **school age** okul çağı **school report** karne **schoolboy** erkek öğrenci **schoolgirl** kız

öğrenci *schooling* eğitim, öğretim *schoolmaster BE.* erkek öğretmen *schoolmate* okul arkadaşı *schoolmistress BE.* bayan öğretmen *schoolwork* dersler, okul çalışmaları

science /'sayıns/ *a.* bilim, ilim; bilgi *science fiction* bilimkurgu *scientific* bilimsel *scientist* bilgin, bilim adamı

scissors /'sizız/ *a.* makas

scoff /skof/ *e.* alay etmek, gülmek; *kon.* hapur hupur yemek

scold /skould/ *e.* azarlamak, paylamak *scolding* azar, paylama

scone /skon, skoun/ *a.* bir tür yağlı çörek

scoop /sku:p/ *a.* kepçe; kürek; (gazetecilikte) haber atlatma * *e.* kepçeyle çıkarmak; (gazetecilikte) haber atlatmak

scooter /'sku:tı/ *a.* küçük motosiklet, skuter; trotinet

scope /skoup/ *a.* anlama yeteneği; hareket serbestliği; fırsat; faaliyet alanı

scorch /sko:ç/ *e.* (güneş, vb.) yakmak, kavurmak; alazlamak

score /sko:/ *a.* çizgi, kertik, çentik; sıyrık; sayı, puan, skor; sebep; *müz.* partisyon * *e.* (sayı, puan) kazanmak, almak; (gol) atmak; çentmek *scoreboard* puan tahtası, skorbord *scorer sp.* golcü, skorer; puanları kaydeden kimse

scorn /sko:n/ *a.* küçümseme * *e.* hor görmek, tepeden bakmak *scornful* hor gören, küçümseyen

Scorpio /'sko:piou/ *a.* Akrep burcu

scorpion /'sko:piın/ *a. hayb.* akrep

scoundrel /'skaundrıl/ *a.* alçak, kötü adam, hergele

scour /skauı/ *e.* (*down/out/off*) ovarak temizlemek; süratle köşe bucak aramak

scourge /skö:c/ *a.* kırbaç, kamçı; bela, musibet, felaket

scout /skaut/ *a.* izci; keşif eri, öncü, gözcü

scowl /skaul/ *e.* kaşlarını çatmak * *a.* kaş çatma

scrabble /'skrebıl/ *e. kon.* (*about*) eşeleyip aramak; kargacık burgacık yazmak

scramble /'skrembıl/ *e.* tırmanmak; çekişmek, kapışmak; (yumurta) çırpıp yağ ve sütle pişirmek * *a.* tırmanma; kapışma, dalaşma

scrap /skrep/ *a.* kırıntı; döküntü, ıskarta * *e.* ıskartaya çıkarmak, atmak; *kon.* kapışmak, dalaşmak *scrapbook* koleksiyon defteri, albüm

scrape /skreyp/ *e.* kazımak; sıyırmak; sürtünmek * *a.* kazıma; sürtme; sıyrık, çizik; *kon.* müşkül durum *scraper* raspa; greyder

scratch /skreç/ *e.* tırmalamak; çizmek; kaşımak; (listeden) çıkarmak * *a.* tırmık, çizik, sıyrık; cızırtı; kaşıma; kaşıma *from scratch kon.* sıfırdan başlayarak *up to scratch kon.* kaliteli, iyi *scratchy* (plak, kayıt, vb.) cızırtılı

scrawl /skro:l/ *e.* karalamak, çızıktırmak * *e.* kargacık burgacık yazı

scream /skri:m/ *e.* çığlık atmak, feryat etmek * *a.* feryat, çığlık

screech /skri:ç/ *a.* çığlık * *e.* bağırmak

screen /skri:n/ *a.* perde; ekran; paravana; bölme; pano; ocak siperi; kalbur, elek * *e.* gizlemek, korumak; elemek, seçmek *screenplay* senaryo

screw /skru:/ *a.* vida; pervane, uskur * *e.* vidalamak; çevirmek, çevirerek sıkıştırmak *screwdriver* tornavida

scribble /'skribıl/ *e.* karalamak, çiziktirmek * *a.* karalama, çiziktirme

scribe /skrayb/ *a.* yazıcı
script /skript/ *a.* el yazısı; alfabe, abece; senaryo *script writer* (radyo, TV) oyun yazarı
scripture /'skripçı/ *a.* Kutsal Kitap
scroll /skroul/ *a.* (kâğıt) tomar
scrub /skrab/ *a. bitk.* bodur çalılık, fundalık * *e.* ovarak yıkamak, fırçalayarak temizlemek
scruple /'skru:pıl/ *a.* vicdan; bilinç * *e.* vicdanı el vermemek; kaçınmak
scrupulous /'skru:pyulıs/ *s.* vicdanlı, adil; dikkatli, titiz
scrutinize /'skru:tinayz/ *e.* iyice incelemek, irdelemek
scrutiny /'skru:tini/ *a.* dikkatli inceleme, araştırma
scuba /'skyu:bı/ *a.* oksijen tüplü dalma aygıtı
scuff /skaf/ *e.* sürtmek, çizmek
scuffle /'skafıl/ *e.* itişip kakışmak
sculptor /'skalptı/ *a.* yontucu, heykeltıraş
sculpture /'skalpçı/ *a.* yontuculuk, heykeltıraşlık, heykel sanatı; yontu, heykel * *e.* yontusunu yapmak, oymak
scum /skam/ *a.* kir tabakası
scurry /'skari/ *e.* acele etmek, seğirtmek
scurvy /'skö:vi/ *a. hek.* iskorbüt
scythe /sayt/ *a.* tırpan
sea /si:/ *a.* deniz *at sea* denizde, gemide *by sea* deniz yoluyla *sea lion* deniz aslanı *sea urchin* denizkestanesi *seabed* deniz dibi *seafood* yenilebilen deniz ürünü *seagull* martı *seahorse* denizatı *seaman* denizci; gemici *seaport* liman *seashell* deniz hayvanı kabuğu *seashore* deniz kıyısı *seasick* deniz tutmuş *seaside* deniz kıyısı *seaurchin* deniz kestanesi *seaward* denize doğru *seaweed* yosun, deniz sazı
seal /si:l/ *a.* mühür, damga; conta;

hayb. fok, ayıbalığı * *e.* mühürlemek; damgalamak; onaylamak
seam /si:m/ *a.* dikiş yeri; ek yeri
sear /sıı/ *e.* yakmak, kavurmak, dağlamak
search /sö:ç/ *e.* araştırmak; -nın üstünü aramak; sondalamak * *a.* arama, araştırma *in search of* -in arayışı içinde *searching* inceden inceye araştıran, sıkı *searchlight* ışıldak
season /'si:zın/ *a.* mevsim; sezon; dönem; zaman * *e.* (**with**) yemeğe baharat koymak; (odunu) kurutmak *in season* (meyve, sebze) tam mevsimi, olgun *out of season* (meyve, sebze) satın alınamaz *season ticket* abonman bileti *seasonal* mevsimlik *seasoning* (tuz, biber gibi) yemeğe tat veren şey
seat /si:t/ *a.* oturacak yer, iskemle, koltuk; (tiyatro) koltuk * *e.* oturtmak; yerleştirmek *seat belt* emniyet kemeri
secateurs /'sekitö:z/ *a. BE.* bahçıvan makası
secede /si'si:d/ *e.* üyelikten çekilmek, ayrılmak *secession* /si'seşın/ üyelikten çekilme, ayrılma
seclude /si'klu:d/ *e.* başkalarından uzak tutmak *secluded* münzevi; gözden uzak *seclusion* /-'jın/ inziva
second /'sekınd/ *s.* ikinci * *a.* ikinci kimse/şey; saniye; yardımcı, muavin; tapon mal *second-best* ikinci kalite *second-class* ikinci sınıf; ikinci mevki *second-hand* elden düşme; dolaylı *second-rate* ikinci derecede *secondly* ikinci olarak
secondary /'sekındıri/ *s.* ikinci derecede, ikincil *secondary school* ortaokul
secrecy /'si:krisi/ *a.* sır saklama;

gizlilik

secret /'si:krit/ s. gizli; saklı * a. gizli şey, giz, sır *in secret* gizlice *keep a secret* sır saklamak *secret agent* gizli ajan

secretary /'sekrıtıri/ a. sekreter, yazıcı, yazman; bakan *secretarial* /sekrı'teırıl/ sekreterlikle ilgili *secretariat* /sekrı'teırıt/ sekreterlik, sekreterya

secrete /si'kri:t/ e. biy. salgılamak, salmak; gizlemek

secretion /si'krişın/ a. salgılama; salgı; gizleme

sect /sekt/ a. tarikat, mezhep

section /'sekşın/ a. parça, bölüm; bölge; kesim; mat. kesit *sectional* bölgesel

sector /'sektı/ a. sektör; kesim; daire dilimi, kesme; ask. bölge

secular /'sekyulı/ s. laik; dünyevi

secure /si'kyuı/ s. emin, güvenli, sağlam, kopmaz

security /si'kyuırıti/ a. emniyet, güvenlik; teminat, güvence *securities* menkul kıymetler, senetler

sedate /si'deyt/ s. sakin, ağırbaşlı

sedative /'sedıtiv/ s. hek. sakinleştirici

sedentary /'sedıntıri/ s. oturularak yapılan; bir yere yerleşmiş, yerleşik

sediment /'sedimınt/ a. tortu, çöküntü

seduce /si'dyu:s/ e. baştan çıkarmak, ayartmak; iğfal etmek *seduction* baştan çıkarma; iğfal *seductive* baştan çıkarıcı

see /si:/ e. *saw* /so:/, *seen* /si:n/ görmek; anlamak, kavramak; ziyaret etmek; görüşmek *I see* anlıyorum *let me see* bir düşüneyim, bir bakayım *see about* ile ilgilenmek, uğraşmak *see off* yolcu etmek, uğurlamak, geçirmek *see out* bitirmek, sonunu getirmek *see over*

gözden geçirmek *see to* ilgilenmek, bakmak *seeing that* -dığı için, -e göre

seed /si:d/ a. bitk. tohum * e. tohum ekmek *seedbed* fidelik *seedling* fide

seek /si:k/ e. *sought* /so:t/ aramak, araştırmak; sormak; istemek

seem /si:m/ e. görünmek, gözükmek; gibi gelmek *it seems as if/though* -miş gibi, sanki

seemly /'si:mli/ s. uygun, münasip

seep /si:p/ e. (sıvı) sızmak

seesaw /'si:so:/ a. tahterevalli

segment /'segmınt/ a. parça, dilim

segregate /'segrigeyt/ e. ayırmak *segregation* ayrım; toplumsal kopma

seismic /'sayzmik/ s. depreme ilişkin

seismograph /'sayzmıgra:f/ a. depremyazar, sismograf

seize /si:z/ e. tutmak, kapmak; el koymak; gasp etmek; tutuklamak

seizure /'si:jı/ a. el koyma; yakalama; zapt; hek. ani nöbet, kriz

seldom /'seldım/ be. nadiren, seyrek

select /si'lekt/ e. seçmek, seçip ayırmak * a. seçme, seçkin *selection* seçme; seçme parçalar *selective* ayıran, seçici *selector* seçici

self- /self/ önek kendi, öz * a. kişi, öz *self-confident* kendinden emin *self-contained* ağzı sıkı; (daire) müstakil, bağımsız *self-control* kendine hâkim olma, özdenetim *self-defence* kendini savunma, meşru müdafaa *self-determination* bir ulusun kendi yönetim biçimine kendisinin karar vermesi *self-employed* kendi işinde çalışan, serbest meslek sahibi *self-evident* apaçık, ortada *self-important* kendini beğenmiş *self-interest* kişisel çıkar, bencillik *self-possessed* temkinli, serinkanlı *self-reliance* özgüven *self-respect* izzetinefis, özsaygı *self-righteous* kendini beğenmiş *self-service* selfservis *self-starter* marş, starter *self-supporting* kendi kendini geçindiren *self-willed* inatçı, dik kafalı

selfish /'selfiş/ s. bencil *selfishness* bencillik

sell /sel/ e. sold /sould/ satmak; satılmak *sell off* elden çıkarmak, satıp savmak *sell out* (bilet, vb.) hepsini satmak *seller* satıcı, bayi *best-seller* en çok satan kitap, vb.

sellotape /'selıteyp/ a. seloteyp

semantic /si'mentik/ s. anlamsal, anlambilimsel *semantics* anlambilim

semen /'si:mın/ a. meni, bel

semester /si'mestı/ a. dönem, devre, sömestr, yarıyıl

semi /'semi/ önek yarı, yarım *semi-cir-cle* yarım daire *semicolon* noktalı virgül *semiconductor* yarı iletken *semidetached* bir duvarı yandaki eve bitişik *semifinal* yarıfinal

seminar /'semina:/ a. seminer

Semitic /si'mitik/ s. Samilerle ilgili, Sami

senate /'senit/ a. senato *senator* senatör

send /send/ e. sent /sent/ göndermek, yollamak *send away* (başka bir yere) göndermek *send for* çağırmak, getirtmek *send off* uğurlamak; yolcu etmek *send out* dağıtmak, göndermek *sender* gönderen

senile /'si:nayl/ s. bunak

senior /'si:nıı/ s. yaşça daha büyük; kıdemli * a. daha yaşlı olan kişi; son sınıf öğrencisi

sensation /sen'seyşın/ a. his, duyu;

heyecan yaratan olay, sansasyon *sensational* heyecanlı; *kon.* harika, müthiş

sense /sens/ a. duyu, duyum; duygu; anlam * e. hissetmek, sezmek *make sense* bir anlamı olmak, anlaşılır olmak *senseless* baygın; anlamsız

sensibility /sensı'biliti/ a. duyarlık

sensible /'sensıbıl/ s. makul; akıllı, aklı başında; fark edilir

sensitive /'sensitiv/ s. duyarlı, hassas *sensitivity* duyarlık

sensual /'senşuıl/ s. nefsi; bedensel; şehvetli *sensuality* şehvet

sensuous /'senşuıs/ s. duyumsal

sent /sent/ bkz. send

sentence /'sentıns/ a. dilb. tümce, cümle; huk. yargı, karar, hüküm * e. (to) huk. mahkûm etmek

sentiment /'sentimınt/ a. duygu, his; fikir, düşünce, kanı

sentimental /senti'mentıl/ s. duygusal

sentinel /'sentinıl/ a. nöbetçi, gözcü

sentry /'sentri/ a. nöbetçi er

separate /'sepırıt/ s. ayrı *separately* ayrı ayrı

separate /'sepıreyt/ e. ayırmak; ayrılmak *separation* ayrılış; ayrılık

September /sep'tembı/ a. eylül

septic /'septik/ s. mikroplu

sepulchre /'sepılkı/ a. mezar, gömüt

sequel /'si:kwıl/ a. bir şeyin devamı, arkası; sonuç, son

sequence /'si:kwıns/ a. sıra, art arda gelme; seri, silsile, dizi *sequence of tenses* zamanların uyumu

serenade /seri'neyd/ a. serenat

serene /si'ri:n/ s. durgun, sessiz, sakin

sergeant /'sa:cınt/ a. ask. çavuş; komiser muavini *sergeant major* ask. başçavuş

serial /'sııriıl/ s. seri, tefrika,

(radyo, TV) dizi

series /'siiriz/ a. sıra, dizi, seri

serious /'siirıis/ s. ciddi, ağırbaşlı; ağır, tehlikeli **seriously** ciddi olarak

sermon /'sö:mın/ a. dinsel konuşma, vaaz

serpent /'sö:pınt/ a. yaz. yılan

serum /'siırım/ a. serum

servant /'sö:vınt/ a. hizmetçi, uşak; kul **civil servant** devlet memuru

serve /sö:v/ e. hizmet etmek; servis yapmak, bakmak; vazifesini görmek, yerine geçmek; amaca uymak

service /'sö:vis/ a. hizmet; servis; görev; hizmetçilik; ayin, tören **at your service** emrinize amade, emrinizde **of service** yardımcı, yararlı **service-able** işe yarar, elverişli; dayanıklı

serviette /sö:vi'et/ a. BE. peçete, sofra peçetesi

servile /'sö:vayl/ s. köle gibi

servitude /'sö:vityu:d/ a. kölelik

session /'seşın/ a. oturum, celse; toplantı; AE. (üniversitede) dönem

set /set/ e. koymak; yerleştirmek; oturtmak; saptamak; belirlemek; ayarlamak; dikmek; sertleştirmek; düzeltmek; (güneş) batmak; pıhtılaşmak, koyulaşmak * a. takım; sıra, dizi; alıcı, aygıt; (sinema) set; (güneş) batma * s. sabit, değişmez **set about** başlamak **set aside** ayırmak, saklamak **set back** ilerlemesini engellemek **set down** yazmak, kaydetmek; BE. durup yolcu indirmek **set fire to** ateşe vermek **set free** serbest bırakmak **set in** başlamak **set off** yola çıkmak; (bomba, vb.) patlatmak; atmak **set up** (iş, vb.) kurmak; dikmek **setback** engel **setup** organizasyon, yapı

settee /se'ti:/ a. kanepe

setting /'seting/ a. çevre; sahne, dekor; ayar; çerçeve, yuva

settle /'setıl/ e. yerleşmek; konmak; yerleştirmek; yatıştırmak; halletmek; karara bağlamak; (hesap) ödemek **settle down** yerleşmek; uslanmak **settle for** razı olmak **settle in** (yeni bir ortama) alışmak **settle up** (borcunu) ödemek, (hesabını) kapatmak **settled** sabit, değişmez, belirli **settlement** yerleşme, yerleşim; ödeme; çözümleme; yeni koloni; anlaşma **settler** yeni yerleşen kimse, göçmen

seven /'sevın/ a. s. yedi **seventh** yedinci

seventeen /sevın'ti:n/ a. s. on yedi **seventeenth** on yedinci

seventy /'sevınti/ a. s. yetmiş **seventieth** yetmişinci

sever /'sevı/ e. kesmek; koparmak; ayırmak

several /'sevırıl/ s. birkaç; birçok; ayrı ayrı, farklı

severe /si'viı/ s. sert; keskin; ciddi, ağır **severity** /sı'venti/ sertlik; ciddiyet, tehlike

sew /sou/ e. **sewed, sewn** /soun/ dikiş dikmek; dikmek

sewage /'syu:ıc, 'su:ic/ a. lağım pisliği

sewer /'syu:ı, 'su:ı/ a. lağım

sex /seks/ a. cinsiyet; cinsellik; cinsel ilişki, seks **sex appeal** cinsel çekicilik, seksapel **sexy** seksi

sextant /'sekstınt/ a. sekstant

sexton /'sekstın/ a. kilise hademesi, zangoç

sexual /'sekşuıl, 'seksyuıl/ s. cinsel; bitk. eşeyli **sexual intercourse** cinsel birleşme **sexuality** cinsel özellikler

shabby /'şebi/ s. eski püskü, pejmürde; kılıksız; aşağılık, adi

shack /şek/ a. kulübe

shackle /'şekıl/ a. köstek; pranga,

zincir; engel

shade /şeyd/ *a.* gölge; abajur, karpuz; nüans, ayırtı * *e.* gölge vermek; korumak

shadow /'şedou/ *a.* gölge; karanlık; iz, eser * *e.* gölgelendirmek; karartmak; gözetlemek *shadow cabinet* gölge kabine *shadowy* gölgeli; belli belirsiz

shady /'şeydi/ *s.* gölgeli, karanlık; *kon.* namussuz, üçkâğıtçı, güvenilmez

shaft /şa:ft/ *a.* mil, şaft; ok; sütun gövdesi; ışın; hava bacası

shaggy /'şegi/ *s.* (saç) kabarık, taranmamış

shake /şeyk/ *e.* sallamak; silkelemek; çalkalamak; sarsmak; sallanmak * *a.* sarsıntı, sallama *shake hands* el sıkışmak *shake off* -den kurtulmak *shake out* silkelemek *shake up* çalkalamak; sarsmak; gözünü açmak, uyandırmak *shake-up* köklü değişiklik *shaker* AE. tuzluk/biberlik *shaky* titrek, sarsak; şüpheli; sallantıda

shaken /'şeykın/ *bkz. shake*

shall /şıl, şel/ *e.* (olumsuz biçimi *shan't* /şa:nt/) -ecek, -acak *shall I?* yapayım mı?, edeyim mi? *shall we?* yapalım mı?, edelim mi?

shallow /'şelou/ *s.* sığ; yüzeysel; dar

sham /şem/ *a.* taklit, yapmacık, yalan * *e.* numara yapmak, rol yapmak

shame /şeym/ *a.* utanç; utanma; sıkılma; ayıp; yazık; şanssızlık *put sb/sth to shame* -den utandıracak derecede üstün olmak *Shame on you!* Ayıp!, Utan! *What a shame!* Ne yazık! *shamefaced* utanmış *shameless* utanmaz, yüzsüz

shampoo /şem'pu:/ *a.* şampuan * *e.* şampuanlamak

shamrock /'şemrok/ *a. bitk.* yonca

shank /şenk/ *a.* bacak; incik; sap

shanty /'şenti/ *a.* kulübe; gemici şarkısı

shape /şeyp/ *a.* biçim, şekil; kalıp; *kon.* form, kondisyon; maske; kisve * *e.* biçimlendirmek; oluşturmak; uydurmak *take shape* biçimlenmek; gerçekleşmek *shapeless* biçimsiz; çirkin *shapely* biçimli, yakışıklı

share /şeı/ *a.* pay, hisse; hisse senedi * *e.* paylaşmak; paylaştırmak, bölüştürmek *shareholder* hissedar

shark /şa:k/ *a.* köpekbalığı; dolandırıcı

sharp /şa:p/ *s.* keskin; sivri; dokunaklı; sert; zeki, uyanık; buruk, ekşi; tiz, keskin * *be.* tam; *müz.* diyez nota; diyez işareti *sharpen* bilemek, sivriltmek, keskinleştirmek *sharpener* bileyici; kalemtıraş

shatter /'şetı/ *e.* kırmak; kırılmak

shave /şeyv/ *e.* tıraş olmak; tıraş etmek; rendelemek, kesmek; soymak, yüzmek * *a.* tıraş *a close/narrow shave* kıl payı kaçış, kurtuluş *shaver* tıraş makinesi *shaving* tıraş; *kon.* talaş, yonga

shawl /şo:l/ *a.* şal, atkı

she /şi, şi:/ *adl.* (dişil)

shear /şiı/ *e. sheared, shorn* kırkmak, kesmek

shears /'şiız/ *a.* yün kırkma makası, büyük makas

sheath /şi:t/ *a.* kın, kılıf; prezervatif

shed /şed/ *e.* dökmek; saçmak; akıtmak; yaymak * *a.* baraka, kulübe; hangar *shed crocodile tears* sahte gözyaşı dökmek

sheen /şi:n/ *a.* parlaklık

sheep /şi:p/ *a.* (*ç. sheep*) koyun *sheepish* utangaç, çekingen *sheepskin* koyun postu, pösteki

sheer /şıı/ *s.* katıksız, sırf, halis; dimdik; incecik

sheet /şi:t/ *a.* çarşaf, yatak çarşafı; tabaka; yaprak

sheikh /şeyk/ *a.* şeyh

shelf /şelf/ *a.* raf; *coğ.* şelf, sığlık

shell /şel/ *a.* deniz kabuğu; kabuk; topçu mermisi **shellfish** kabuklu deniz hayvanı

shelter /'şeltı/ *a.* sığınak, barınak * *e.* barındırmak; sığınmak

shelve /şelv/ *e.* rafa koymak

shepherd /'şepıd/ *a.* çoban

sheriff /'şerıf/ *a.* (Amerika'da) şerif, polis şefi

sherry /'şeri/ *a.* beyaz İspanyol şarabı, şeri

shield /şi:ld/ *a.* kalkan; siper

shift /şift/ *a.* değişme, değiştirme; vardiya, nöbet * *e.* değiştirmek; (suç, vb.) yüklemek

shilling /şiling/ *a.* şilin

shimmer /'şimı/ *a.* titrek ışık, parıltı * *e.* parıldamak, titrek ışıkla parıldamak

shin /şin/ *a. anat.* incik

shine /şayn/ *e.* **shone** /şon/ parlamak; parlatmak * *a.* parlaklık; cila **shiny** parlak, gıcır gıcır

ship /şip/ *a.* gemi, vapur * *e.* gemiyle taşımak/göndermek; gemiye yüklemek **shipment** (mal) gönderme; gönderilen mal **shipper** nakliyeci **shipping** gemiler; gemicilik; nakliye **shipwreck** karaya oturma; deniz kazası **shipyard** tersane

shirk /şö:k/ *e.* kaçmak, kaytarmak

shirt /şö:t/ *a.* gömlek

shiver /'şivı/ *a.* titreme, ürperti * *e.* titremek, ürpermek

shoal /şoul/ *a.* sığlık; balık sürüsü

shock /şok/ *a.* darbe, vuruş; sarsıntı; şok * *e.* çok şaşırtmak, sarsmak; şok etmek **shocking** şaşırtıcı; korkunç; iğrenç, berbat

shoddy /'şodı/ *s.* adi, kalitesiz

shoe /şu:/ *a.* ayakkabı; at nalı **shoehorn** ayakkabı çekeceği **shoelace** ayakkabı bağı **shoemaker** ayakkabıcı **shoestring** *AE.* ayakkabı bağı

shone /şon/ *bkz.* **shine**

shoo /şu:/ *ünl.* hoşt, pist, kış * *e.* kovmak, kışkışlamak

shoot /şu:t/ *e.* **shot** /şot/ ateş etmek; (silahla) vurmak; filme almak, çekmek; *sp.* şut çekmek; filizlenmek, sürmek * *a. bitk.* filiz, sürgün; atış; av alanı **shooting star** göktaşı

shop /şop/ *a.* dükkân, mağaza; atölye * *e.* alışverişe çıkmak, alışveriş yapmak **shopkeeper** dükkâncı **shoplift** dükkânlardan eşya çalmak **shop assistant** satıcı, tezgâhtar **shopping** alışveriş **go shopping** alışverişe çıkmak **shopping-centre** alışveriş merkezi

shore /şo:/ *a.* kıyı, sahil; kara

short /şo:t/ *s.* kısa; kısa boylu; bodur; az, eksik, yetersiz; (çörek, vb.) gevrek * *be.* birdenbire **in short** kısacası **short of** -in dışında, hariç **fall/run short of** yetmemek, tükenmek **short wave** (radyo) kısa dalga **short-range** kısa dönemli **short-term** kısa dönemli **shortage** yokluk, kıtlık **shortbread** kurabiye **shortcoming** kusur, eksiklik **shortcut** kestirme, kısa yol **shorten** kısaltmak **shorthand** steno **shortly** kısaca; yakında **shortsighted** miyop; ileriyi göremeyen

shorts /şo:ts/ *a.* kısa pantalon, şort

shot /şot/ *a.* atış, atım; gülle, top; menzil, erim; girişim, fotoğraf resim, film; *sp.* şut **big shot** önemli kimse **shotgun** av tüfeği, çifte

should /şıd, şud/ *e.* -meli, -malı; gerekir; (koşul cümlelerinde) -

ecek (olursa)

shoulder /'şouldı/ a. omuz * e. omuzlamak **shoulder blade** anat. kürekkemiği

shout /şaut/ e. bağırmak; seslenmek * a. bağırma, bağırış

shove /şav/ e. ittirmek

shovel /'şavıl/ a. kürek

show /şou/ e. **showed, shown** /şoun/ göstermek; (film) oynamak; sergilemek; kanıtlamak * a. gösteri; oyun; gösteriş; görünüş; sergi **show business** eğlence sanayii **show off** gösteriş yapmak, hava atmak **show up** ortaya koymak; ortaya çıkarmak, çıkagelmek; görünmek **showcase** vitrin **showing-off** gösteriş, caka, fiyaka, hava **showroom** sergi salonu **showman** tiyatro, sirk, vb. müdürü; şovmen **showy** göz alıcı, gösterişli

shower /'şauı/ a. sağanak; duş

shown /şoun/ bkz. **show**

showing-off /'şouingof/ a. gösteriş, caka, fiyaka, hava

showy /'şoui/ s. (fazla) dikkat çeken, cart, cırtlak, cafcaflı, havalı

shrank /şrenk/ bkz. **shrink**

shrapnel /'şrepnıl/ a. şarapnel

shred /şred/ a. parça, dilim

shrewd /şru:d/ s. zeki, kurnaz

shriek /şri:k/ e. çığlık atmak * a. çığlık

shrill /şril/ s. tiz sesli, keskin

shrimp /şrimp/ a. hayb. karides, teke

shrine /şrayn/ a. türbe

shrink /şrink/ e. **shrank** /şrenk/, **shrunk** /şrank/ büzülmek; büzmek; daraltmak **shrink from** -den çekinmek **shrinkage** çekme, daralma

shrivel /'şrivıl/ e. kuruyup büzülmek, buruşmak, kıvrılmak, pörsümek

shroud /şraud/ a. kefen; örtü

shrub /şrab/ a. funda, çalı **shrubbery** çalılık

shrug /şrag/ e. omuz silkmek

shudder /'şadı/ e. ürpermek, titremek

shuffle /'şafıl/ e. (oyun kâğıdı) karıştırmak, karmak

shun /şan/ e. çekinmek, kaçmak, uzak durmak, sakınmak

shut /şat/ e. **shut** /şat/ kapamak, kapatmak; kapanmak **shut down** (fabrikayı, işi, vb.) kapatmak **shut up** susmak, kapamak

shutter /'şatı/ a. kepenk, panjur

shuttle /'şatıl/ a. mekik; uzay mekiği * e. gidip gelmek, mekik dokumak

shy /şay/ s. utangaç, çekingen; ürkek

sick /sik/ s. hasta; midesi bulanmış **make sb sick** kon. gıcık etmek, kıl etmek **sick of** -den bıkmış, bezmiş **sick pay** hastalık parası **sickness** hastalık; bulantı, kusma

sicken /'sikın/ e. midesini bulandırmak; hastalanmak **sickening** iğrenç

sickle /'sikıl/ a. orak

sickly /'sikli/ s. hastalıklı; iğrenç

side /sayd/ a. yan; kenar; yüz, taraf; bölüm, kısım; yön; sp. taraf, takım; (dağ, vb.) yamaç, etek; böğür * s. yan **side by side** yan yana **side effect** yan etki **side street** yan sokak **sideboard** büfe **sideboards, AE. sideburns** (saç) favoriler **sidelong** yanlamasına, yan **sidewalk** AE. yaya kaldırımı **sidewards** yana doğru, yanlamasına, yan yan

siege /si:c/ a. kuşatma

sieve /siv/ a. kalbur, kevgir, elek

sift /sift/ e. elemek, kalburdan geçirmek

sigh /say/ a. iç çekme * e. iç çekmek

sight /sayt/ *a.* görme, görüş; manzara, görünüş; nişangâh; *kon.* görülmeye değer yerler **at first sight** ilk görüşte **in sight** görünürde **out of sight** gözden uzak **catch sight of** gözüne ilişmek **lose sight of** gözden kaybetmek **sightseeing** görülmeye değer yerleri gezip dolaşma

sign /sayn/ *a.* işaret, gösterge; belirti, iz; levha; tabela * *e.* imzalamak; işaret etmek **signpost** yol gösteren levha, işaret direği

signal /'signıl/ *a.* işaret, sinyal * *e.* işaret etmek, işaretle bildirmek

signatory /'signıtıri/ *a.* imza sahibi

signature /'signıcı/ *a.* imza

signet /'signit/ *a.* mühür

significance /sig'nifikıns/ *a.* önem; anlam **significant** önemli; anlamlı

signify /'signifay/ *e.* bildirmek, belirtmek; anlamına gelmek

silence /'saylıns/ *a.* sessizlik; durgunluk **silencer** susturucu

silent /'saylınt/ *s.* sessiz; gürültüsüz; suskun

silhouette /silu:'et/ *a.* gölge, karaltı, siluet

silk /silk/ *a.* ipek **silken** ipekli **silkworm** ipekböceği **silky** ipekli, ipek gibi, ipeksi

sill /sil/ *a.* eşik

silly /'sili/ *s.* aptal, ahmak, akılsız, budala; ahmakça

silo /'saylou/ *a.* silo

silt /silt/ *a.* alüvyon, balçık

silver /'silvı/ *a. s.* gümüş * *e.* gümüş kaplamak **silver paper** yaldızlı kâğıt **silversmith** gümüşçü **silvery** gümüş gibi; (ses) tatlı ve berrak **silverware** gümüş eşya

similar /'simılı/ *s.* benzer

similarity /simi'leriti/ *a.* benzerlik

simile /'simili/ *a. yaz.* teşbih, benzetme

simmer /'simı/ *e.* yavaş yavaş kaynamak

simple /'simpıl/ *s.* basit; kolay; yalın, süssüz **simply** sade bir şekilde; tümüyle; yalnız

simplicity /sim'plisiti/ *a.* basitlik, yalınlık; kolaylık; saflık, bönlük

simplify /'simplifay/ *e.* kolaylaştırmak, basitleştirmek; *mat.* sadeleştirmek

simulate /'simyuleyt/ *e.* taklit etmek, numara yapmak, gibi görünmek

simultaneous /simıl'teynııs/ *s.* aynı zamanda yapılan, eşzamanlı

sin /sin/ *a.* günah; suç **commit a sin** günah işlemek **sinful** günahkâr

since /sins/ *bağ.* -den beri, mademki; -dığı için * *be.* o zamandan beri, önce * *ilg.* -den beri **ever since** o zamandan beri

sincere /sin'sıı/ *s.* samimi, candan **sincerely** içtenlikle **Yours sincerely** (mektup sonunda) Saygılarımla **sincerity** içtenlik, candanlık, samimiyet

sinew /'sinyu:/ *a. anat.* kiriş, sinir

sing /sing/ *e.* **sang** /seng/, **sung** /sang/ (şarkı) söylemek; ötmek, şakımak; uğuldamak **singer** şarkıcı

single /'singıl/ *s.* tek, bir; tek kişilik; bekâr * *a. BE.* gidiş bileti; 45'lik plak; *kon.* tek kişilik oda **single ticket** gidiş bileti **single handed** tek başına, yalnız **single minded** azimli **singles** (tenis, vb.) tekler maçı **singly** teker teker, tek başına

singular /'singyulı/ *s. a.* tekil **singular noun** tekil isim

sinister /'sinistı/ *s.* uğursuz

sink /sink/ *e.* **sank** /senk/, **sunk** /sank/ batmak; batırmak; çekmek; alçalmak * *a.* lavabo, musluk taşı; lağım

sinus /'saynıs/ a. anat. boşluk
sip /sip/ e. yudumlamak * a. yudum
siphon /'sayfın/ a. sifon
sir /sö:/ a. efendim, efendi
siren /'sayırın/ a. canavar düdüğü, siren
sirloin /'sö:loyn/ a. sığır filetosu
sister /'sıstı/ a. kız kardeş; hemşire, hastabakıcı; rahibe **sisterhood** kız kardeşlik **sister-in-law** görümce, baldız, yenge, elti
sit /sit/ e. **sat** /set/ oturmak; toplanmak **sit about** kon. hiçbir şey yapmamak **sit back** boş boş oturmak **sit for** sınava girmek **sit in** vekâlet etmek **sit out** sonuna kadar kalmak; yer almamak **sit up** geç saatlere kadar oturmak; dik oturmak
site /sayt/ a. yer, mevki; arsa
sitting /'sıting/ a. oturuş; poz verme; oturum, celse **sitting room** oturma odası
situated /'sıçueytid/ s. bulunan, yerleşmiş
situation /sıçu'eyşın/ a. yer, konum; durum, hal; iş, memuriyet
six /siks/ a. s. altı **sixth** altıncı **sixth sense** altıncı his
sixteen /sik'sti:n/ a. s. on altı **sixteenth** on altıncı
sixty /'sıksti/ a. s. altmış **sixtieth** altmışıncı
size /sayz/ a. büyüklük; (elbise) beden, boy; ölçü, ebat; (ayakkabı) numara **sizeable** oldukça büyük
sizzle /'sızıl/ e. cızırdamak * a. cızırtı
skate /skeyt/ a. paten * e. patenle kaymak **skateboard** kaykay
skeleton /'skelıtın/ a. iskelet; çatı
sketch /skeç/ a. taslak; kroki; skeç
skewer /'skyu:ı/ a. kebap şişi
ski /ski:/ a. kayak * e. kayak yapmak
skid /skid/ a. kayma, yana kayma;

kızak; takoz * e. (otomobil, vb.) yana doğru savrulmak
skill /skil/ s. beceri, ustalık **skilled** kalifiye, usta
skim /skim/ e. köpüğünü/kaymağını almak; üzerinden kaymak, sıyırıp geçmek **skim milk** kaymağı alınmış süt
skin /skin/ a. deri, cilt; post, pösteki; kabuk * e. derisini yüzmek; kabuğunu soymak **skinhead** dazlak **skinny** bir deri bir kemik, sıska
skip /skip/ e. hoplamak, sıçramak, zıplamak, sekmek * a. hoplayıp sıçrama, sekme
skipper /'skipı/ a. kon. kaptan
skirmish /'skö:miş/ a. çatışma, çarpışma; çekişme
skirt /skö:t/ a. etek, eteklik; kenar
skulk /skalk/ e. sinsi sinsi dolaşmak
skull /skal/ a. kafatası
skunk /skank/ a. hayb. kokarca
sky /skay/ a. gökyüzü **skyjack** uçak kaçırmak **skylark** tarlakuşu **skyline** ufuk çizgisi **skyscraper** gökdelen
slab /sleb/ a. kalın dilim, kat
slack /slek/ s. gevşek, sarkık; ağır; dikkatsiz; (iş) durgun, kesat
slag /sleg/ a. cüruf, dışık
slake /sleyk/ e. (susuzluk) gidermek
slalom /'sla:lım/ a. sp. slalom
slam /slem/ a. kapıyı çarparak kapama; (briçte) şlem * e. çarparak kapamak; hızla vurmak; kon. şiddetle eleştirmek
slander /'slendı/ a. karalama, iftira * e. karalamak, iftira etmek
slang /sleng/ a. argo
slant /sla:nt/ e. eğilmek; eğmek; eğimli olmak * a. eğim; görüş; yan bakış
slap /slep/ e. tokatlamak; yere çarpmak, yere çalmak * a. tokat
slash /sleş/ e. kesmek, yarmak; kon. iyice indirmek * a. uzun ke-

sik, yarık; yırtmaç

slaughter /'slo:tı/ *a.* hayvan kesme, kesim; katliam * *e.* (hayvan) kesmek; kan dökmek, katliam yapmak **slaughterhouse** mezbaha, kesimevi

slave /sleyv/ *a.* köle **slavery** kölelik

slay /sley/ *e.* vahşice öldürmek, katletmek

sledge /slec/ *a.* kızak

sledgehammer /'slechemı/ *a.* balyoz

sleek /sli:k/ *s.* düz, parlak, bakımlı

sleep /sli:p/ *e.* **slept** /slept/ uyumak * *a.* uyku **go to sleep** uyumak **put to sleep** uyutmak, yatırmak **sleeping car** yataklı vagon **sleepless** uykusuz **sleepy** uykulu **sleeping pill** uyku hapı **sleepwalker** uyurgezer

sleet /sli:t/ *a.* sulusepken * *e.* sulusepken yağmak

sleeve /sli:v/ *a.* giysi kolu, yen; manşon, kol

sleigh /sley/ *a.* atlı kızak

sleight /sleyt/ *a.* el çabukluğu, marifet **sleight of hand** el çabukluğu

slender /'slendı/ *s.* incecik, narin, ince; az, yetersiz

slept /slept/ *bkz.* **sleep**

slice /slays/ *a.* dilim; hisse, pay * *e.* dilimlemek, dilmek

slick /slik/ *s.* düz; kaygan; yüze gülücü; üçkâğıtçı * *a.* ince petrol tabakası

slid /slid/ *bkz.* **slide**

slide /slayd/ *e.* **slid** /slid/ kaymak; kaydırmak * *a.* kayma; kaydırak; sürgü; heyelan; diyapozitif, slayt; saç tokası **slide ruler** sürgülü hesap cetveli

slight /slayt/ *s.* ince, narin, zayıf; ufak, önemsiz * *e.* önemsememek, hor görmek, küçümsemek **slightly** biraz, azıcık

slim /slim/ *s.* narin, ince; zayıf, az

slime /slaym/ *a.* balçık; çamur

sling /sling/ *e.* **slung** /slang/ atmak * *a.* sapan; *den.* izbiro; kol askısı

slink /slink/ *e.* **slung** /slank/ sıvışmak

slip /slip/ *a.* kayma; yanlışlık, hata; kombinezon; yastık yüzü * *e.* kaymak; (gizlice) sıvışmak, kaçmak **slip of the tongue** dil sürçmesi **slip on** (giysi) giyivermek, geçirivermek **slip one's notice** gözünden kaçmak **slip up** yanılmak, sürçmek

slipper /'slipı/ *a.* terlik

slippery /'slipıri/ *s.* kaygan; kaypak

slit /slit/ *e.* yarmak, uzunluğuna kesmek * *a.* kesik, yarık; dar aralık

slither /'slitı/ *e.* kaymak

sliver /'slivı/ *a.* kıymık; ince dilim

slogan /'slougın/ *a.* slogan

slop /slop/ *a.* lapa, sulu yemek * *e.* dökmek; dökülmek

slope /sloup/ *e.* eğimli olmak * *a.* yokuş, bayır; eğim, meyil

sloppy /'slopi/ *s.* çamurlu; baştan savma, uyduruk; aptalca, saçma

slosh /sloş/ *e.* sudan/çamurdan geçmek; (sıvı) taşmak

slot /slot/ *a.* yarık, delik; *kon.* (radyo, vb.) program **slot machine** (içine para atılarak içki, sigara, vb. alınan) otomatik makine; kollu kumar makinesi

sloth /slout/ *a.* tembellik, miskinlik

slough /slau/ *a.* bataklık; kötü durum * *e.* (off) (yılan, vb.) deri değiştirmek .

sloven /'slavın/ *a.* pasaklı, kılıksız

slow /slou/ *s.* yavaş, ağır; (saat) geri; güç anlayan * *be.* yavaş yavaş **slow down/up** yavaşlamak; yavaşlatmak **slow motion** ağır çekim **slowly** yavaş yavaş

sludge /slac/ *a.* sulu çamur

slug /slag/ *a.* kabuksuz sümüklüböcek

sluggish /'slagiş/ *s.* uyuşuk, tembel

slum /slam/ *a. kon.* gecekondu mahallesi, kenar mahalle

slump /slamp/ *e.* birdenbire düşmek * *a.* (ticaret, fiyat, vb.'de) durgunluk, kriz

slung /slang/ *bkz.* slimg

slunk /slank/ *bkz.* slimk

slur /slö/ *a.* tahkir, leke

slush /slaş/ *a.* sulu çamur; yarı erimiş kar

slut /slat/ *a.* pasaklı kadın

sly /slay/ *s.* sinsi, kurnaz; muzip

smack /smek/ *e.* şaplak atmak, tokatlamak; şapırtıyla öpmek * *a.* şamar, tokat, şaplak; hafif çeşni, tat; şapırtılı öpücük smack of kokmak, tadı vermek

small /smo:l/ *s.* küçük, ufak; önemsiz small change bozuk para small intestine incebağırsak small talk sohbet, laklak, muhabbet

smart /sma:t/ *s.* zarif, şık; yakışıklı; gösterişli; kurnaz, usta; çevik, canlı * *e.* ağrımak, sızlamak, acıtmak

smarten /sma:tın/ *e.* (up) güzelleştirmek

smash /smeş/ *e.* paramparça etmek; parçalanmak, paramparça olmak; (rekor) kırmak * *a.* kırılma, parçalanma; şangırtı; çarpışma, kaza

smattering /'smetıring/ *a.* çat pat bilgi, yüzeysel bilgi

smear /smiı/ *a.* leke; karalama, iftira * *e.* sürmek, bulaştırmak; lekelemek

smell /smel/ *e.* koklamak; kokmak * *a.* koku; koklama

smelt /smelt/ *bkz.* smell

smile /smayl/ *e.* gülümsemek * *a.* gülümseme

smirk /smö:k/ *e.* sırıtmak * *a.* sırıtış

smith /smit/ *a.* demirci

smock /smok/ *a.* iş gömleği, önlük

smog /smog/ *a.* dumanlı sis, sanayi sisi

smoke /smouk/ *a.* duman; (sigara) içme * *e.* (sigara, pipo, vb.) içmek; tütmek; (balık, et, vb.) tütsülemek smoker sigara içen; sigara içenlere ayrılmış bölüm smoky dumanlı; dumanrengi

smooth /smu:t/ *s.* düz, düzgün; sarsıntısız; (tat) hoş; akıcı * *e.* düzlemek smoothly pürüzsüzce

smother /'smatı/ *e.* boğulmak; boğmak

smoulder /'smouldı/ *e.* için için yanmak; için için köpürmek

smudge /smac/ *e.* kirlenmek; kirletmek * *a.* is lekesi

smug /smag/ *s.* kendini beğenmiş

smuggle /'smagıl/ *e.* kaçakçılık yapmak, kaçırmak smuggler kaçakçı smuggling kaçakçılık

smut /smat/ *a.* is, kurum; küf

snack /snek/ *a.* hafif yemek snack bar hafif yemek yeren yer

snag /sneg/ *a.* beklenmedik engel ya da güçlük

snail /sneyl/ *a.* salyangoz

snake /sneyk/ *a.* yılan

snap /snep/ *e.* çatırtıyla kopmak, kırılmak; gürültüyle kapamak; birdenbire ısırmak, dişlemek; *kon.* fotoğrafını çekmek * *a.* kopma; kırılma; çatırtı; ısırma; kopça, çıtçıt; enstantane, şipşak resim snapshot atılgan, canlı, çevik snapshot enstantane fotoğraf, şipşak

snare /sneı/ *a.* tuzak, kapan

snarl /sna:l/ *e.* hırlamak * *a.* hırlama

snatch /sneç/ *e.* kapmak, kavramak * *a.* kapış, kapma; gayret; kısa süre, an

sneak /sni:k/ *e.* sinsice/gizlice ilerlemek; süzülmek; *kon.* (öğretmene, vb.) gammazlamak * *a.* muhbir, gammaz sneaky sinsi

sneakers /'sni:kız/ *a. AE.* bez spor ayakkabı, kes

sneer /snıı/ *e.* dudak bükmek, küçümsemek * *a.* dudak bükme, küçümseme, alay

sneeze /sni:z/ *e.* aksırmak * *a.* aksırık

sniff /snif/ *e.* burnunu çekmek; koklamak * *a.* burnunu çekme; havayı koklama

snigger /'snıgı/ *e.* kıs kıs gülmek * *a.* kıs kıs gülüş

snip /snip/ *a.* kırpma, kırkma * *e.* makasla kesmek, kırpmak

snipe /snayp/ *e.* siperden ateş etmek

snob /snob/ *a.* züppe **snobbery** züppelik

snooker /'snu:kı/ *a.* bir tür bilardo oyunu

snoop /snu:p/ *e.* burnunu sokmak

snooze /snu:z/ *a. kon.* kısa uyku, şekerleme * *e. kon.* kestirmek, şekerleme yapmak

snore /sno:/ *a.* horlama, horultu * *e.* horlamak

snorkel /'sno:kıl/ *a.* şnorkel

snort /sno:t/ *e.* burnundan solumak, horuldamak

snout /snaut/ *a. hayb.* (domuz, vb.) burun

snow /snou/ *a.* kar * *e.* kar yağmak **snowball** kartopu **snowdrop** *bitk.* kardelen **snowfall** kar yağışı **snowflake** kar tanesi **snowman** kardan adam **snowplough** kar temizleme makinesi/aracı **snowstorm** kar fırtınası **snowy** karlı; bembeyaz

snub /snab/ *e.* küçümsemek, aşağılamak * *a.* aşağılama, küçümseme

snuff /snaf/ *a.* enfiye

snug /snag/ *s.* rahat ve sıcaklık; (giysi) tam oturan

snuggle /'snagıl/ *e.* sokulmak

so /sou/ *be.* böyle, öyle; bu kadar, bu derece; bu nedenle, onun için; de, da; demek (ki); pek, çok * *bağ.* -mesi için; -sin diye **so as to** -mek için, -cek biçimde, -mek amacıyla **So long** *kon.* Güle güle, Hoşça kal. **So what** *kon.* Bana ne; Ne yani; Ne olmuş **so-and-so** falan kişi/şey, filanca **so-called** sözde, sözümona **so-so** şöyle böyle **Just/Quite so** *BE.* Evet, Aynen öyle

soak /souk/ *e.* sırılsıklam etmek; ıslatmak; ıslanmak * *a.* ıslatma, ıslanma

soap /soup/ *a.* sabun

soar /so:/ *e.* süzülmek, süzülerek yükselmek

sob /sob/ *e.* hıçkıra hıçkıra ağlamak * *a.* hıçkırık

sober /'soubı/ *s.* ayık; ölçülü; ciddi, ağırbaşlı; yalın **sober up** ayılmak; ayıltmak

soccer /'sokı/ *a. BE.* futbol

sociable /'souşıbıl/ *s.* sokulgan, girgin, arkadaş canlısı; hoşsohbet

social /'souşıl/ *s.* toplumsal, sosyal **social democracy** sosyal demokrasi **social science** sosyal bilimler **social security** sosyal güvenlik; sosyal sigorta **social services** sosyal hizmetler **social worker** sosyal hizmet görevlisi

socialism /'souşılizım/ *a.* toplumculuk, sosyalizm **socialist** toplumcu, sosyalist

society /sı'sayıti/ *a.* toplum; topluluk; dernek; kurum; şirket; arkadaşlık; sosyete

sociology /sousi'olıci/ *a.* toplumbilim, sosyoloji **sociologist** toplumbilimci, sosyolog

sock /sok/ *a.* kısa çorap

socket /'sokit/ *a.* priz, duy; oyuk, yuva

sod /sod/ *a.* çim

soda /'soudı/ *a.* soda **soda water**

gazoz, maden sodası
sodden /'sodın/ s. sırılsıklam
sodium /'soudıım/ a. kim. sodyum
sofa /soufı/ a. kanepe, sedir
soft /soft/ s. yumuşak; ılık, tatlı; müşfik, sevecen; yumuşak başlı, uysal; kon. aptal; yavaş **soft-boiled** (yumurta) rafadan **soft drink** alkolsüz içki **soft/easy touch** yolunacak kaz **soften** yumuşatmak; yumuşamak **soft-hearted** yufka yürekli
software /'softweı/ a. (bilgisayar) yazılım
soggy /'sogi/ s. çok ıslak, sırılsıklam
soil /soyl/ a. toprak
solace /'solis/ a. avuntu, teselli
solar /'soulı/ s. güneşle ilgili **solar system** güneş sistemi **solar year** güneş yılı
solarium /sou'leırıım/ a. solaryum, güneşlik
solder /'soldı/ a. lehim * e. lehimlemek
soldier /'soulcı/ a. er, asker
sole /soul/ a. taban, pençe * s. yalnız, tek * a. dilbalığı
solemn /'solım/ s. törenle yapılan; resmi; kutsal; ağırbaşlı, ciddi
solemnity /sı'lemniti/ a. ciddiyet, resmiyet; tantanalı tören
solicit /sı'lisit/ e. rica etmek, istemek
solicitor /sı'lisitı/ a. avukat; istekli, talip
solid /'solid/ s. katı; sağlam; yekpare; som; devamlı, aralıksız * a. katı madde
solidarity /soli'deriti/ a. dayanışma
solidify /sı'lidifay/ e. katılaştırmak; katılaşmak; sağlamlaştırmak
solitary /'solitıri/ s. yalnız; ıssız
solitude /'solityu:d/ a. yalnızlık
solo /'soulou/ a. müz. solo **soloist** solist
solstice /'solstis/ a. gündönümü

soluble /'solyubıl/ s. çözünür
solution /sı'lu:şın/ a. çözüm; kim. çözünme; kim. çözelti, eriyik
solve /solv/ e. çözmek, halletmek
solvent /'solvınt/ s. borcunu ödeyebilen, muteber * a. kim. çözücü, eriten
some /sım, sam/ s. biraz; birkaç; bazı, kimi; (herhangi) bir * adl. bazısı, bazıları, kimi; bir miktar, biraz **somebody** biri, birisi **someday** bir gün, ilerde, gelecekte **somehow** her nasılsa; nasıl olduysa; her nedense, nedense **something** bir şey **something like** gibi; BE. kon. yaklaşık olarak, civarında **sometime** bir ara **sometimes** bazen, ara sıra **somewhat** biraz, oldukça **somewhere** bir yere; bir yerde
somersault /'samıso:lt/ a. takla * e. takla atmak
son /san/ a. oğul **son-in-law** damat
sonata /sı'na:tı/ a. müz. sonat
song /song/ a. şarkı, türkü
sonic /'sonik/ s. sesle ilgili
sonnet /'sonit/ a. yaz. sone
soon /su:n/ be. yakında, birazdan; neredeyse; erken **as soon as** (yap)-ar (yap)-maz **soon after** - den hemen sonra **sooner or later** er geç **sooner than** -mektense
soot /sut/ a. is, kurum **sooty** isli
soothe /su:t/ e. yatıştırmak, dindirmek
sophisticated /sı'fistikeytid/ s. görmüş geçirmiş; pişkin; karmaşık, gelişmiş
sophomore /'sofımo:/ a. lise ya da üniversitede ikinci sınıf öğrencisi
soppy /'sopi/ s. BE. kon. içli, aşırı duyarlı
soprano /sı'pra:nou/ a. müz. soprano
sorbet /'so:bit/ a. şerbet
sorcerer /'so:sırı/ a. büyücü, sihirbaz **sorcery** büyü; büyücülük

sordid /'so:did/ *s.* kirli, pis; alçak, aşağılık; çıkarcı, paragöz

sore /so:/ *s.* acıyan, ağrıyan; kırgın, küskün * *a.* yara *sorely* şiddetle, çok

sorrow /'sorou/ *a.* üzüntü, keder, acı

sorry /'sori/ *s.* üzgün; pişman * *ünl.* üzgünüm; maalesef; affedersiniz; *BE.* efendim? *be sorry (for)* üzgün olmak, üzülmek *feel sorry (for)* (-e) acımak, için üzülmek

sort /so:t/ *a.* tür, çeşit * *e.* sınıflandırmak *sort of kon.* bir yerde, bir bakıma *sort out BE.* düzeltmek, çözmek, halletmek; seçmek; ayıklamak

soufflé /'su:fley/ *a.* sufle

sought /so:t/ *bkz. seek*

soul /soul/ *a.* ruh, can; öz, esas; kimse *soulful* içli, duygulu *soulless* ruhsuz, duygusuz

sound /saund/ *a.* ses; gürültü; etki, izlenim * *e.* (gibi) gelmek/görünmek; çalmak, öttürmek; ses çıkarmak * *s.* sağlam; emin; güvenilir; (uyku) derin * *be.* (uyku) derin, deliksiz, mışıl mışıl *soundproof* sesgeçirmez *soundtrack* film müziği

soup /su:p/ *a.* çorba

sour /saur/ *s.* ekşi; (süt) ekşimiş, kesilmiş; ters, hırçın, huysuz

source /so:s/ *a.* kaynak; memba

south /saut/ *a.* güney *southbound* güneye giden *southeast* güneydoğu *southern* güneye ait, güney *southward* güneye giden *southwest* güneybatı

souvenir /su:vı'nıı/ *a.* andaç, hatıra

sovereign /'sovrin/ *a.* hükümdar * *s.* yüce, en yüksek; egemen, hâkim

sovereignty /'sovrınti/ *a.* egemenlik, hâkimiyet, bağımsızlık

sow /sou/ *e.* sowed, sown /soun/ (tohum) ekmek

soya bean /'soyı bi:n/ *a.* soya fasulyesi

spa /spa:/ *a.* kaplıca

space /speys/ *a.* uzay; alan, saha; yer; aralık, açıklık *spacecraft* uzay aracı *spaceship* uzaygemisi *space shuttle* uzay mekiği

spacious /'speyşıs/ *s.* geniş, ferah, havadar

spade /speyd/ *a.* bahçıvan beli; (iskambil) maça

spaghetti /spı'geti/ *a.* çubuk makarna, spagetti

span /spen/ *a.* karış; aralık; an

spangle /'spengıl/ *a.* pul, payet

spank /spenk/ *e.* kıçına şaplak atmak

spanner /'spenı/ *a.* somun anahtarı

spar /spa:/ *a. den.* seren, direk

spare /speı/ *s.* yedek, fazla; az, kıt, yetersiz, serbest, boş * *e.* esirgemek; -siz olabilmek, -siz yapabilmek, -den kurtarmak *spare part* yedek parça *spare time* boş zaman

spark /spa:k/ *a.* kıvılcım; zerre; işaret, iz * *e.* kıvılcım saçmak *sparking plug* buji

sparkle /'spa:kıl/ *a.* parlayış, parıltı * *e.* pırıldamak *sparkling* parlak

sparrow /'sperou/ *a.* serçe

sparse /spa:s/ *s.* seyrek

spasm /'spezım/ *a. hek.* spazm, kasılma

spat /spet/ *bkz. spit*

spate /speyt/ *a.* sel, sağanak

spatter /'spetı/ *a.* (çamur, vb.) sıçratmak * *a.* serpinti, sağanak

spatula /'spetyulı/ *a.* spatül, mala

spawn /spo:n/ *a.* balık yumurtası * *e.* (balık, kurbağa, vb.) yumurtlamak

speak /spi:k/ *e. spoke* /spouk/, *spoken* /spoukın/ konuşmak; konuşma yapmak *speak for* -ın adına konuşmak *speak of* -den söz etmek **speak out** sesini yükselterek konuşmak **speak up** daha yüksek sesle konuşmak; fikrini belirtmek **speaker** konuşmacı; sözcü; hoparlör, kolon

spear /spiı/ *a.* kargı, mızrak; zıpkın

spearmint /'spiımint/ *a. bitk.* nane

special /'speşıl/ *s.* özel **specially** özellikle

specialist /'speşılist/ *a.* uzman

speciality /speşi'eliti/ *a.* özellik

specialize /'speşılayz/ *e.* uzmanlaşma

species /'spi:şi:z/ *a. bitk. hayb.* tür, cins

specific /spi'sifik/ *s.* özgül; özel, belirli; bir türe özgü

specification /spesifi'keyşın/ *a.* belirtme; *kon.* ayrıntılar

specify /spesifay/ *e.* kesinlikle belirtmek

speck /spek/ *a.* nokta, benek; zerre

speckle /'spekıl/ *a.* ufak benek, leke, nokta, çil **speckled** çilli

spectacle /'spektıkıl/ *a.* gösteri, oyun; manzara, görünüm **spectacles** gözlük

spectacular /spek'tekyulı/ *s.* olağanüstü, mükemmel

spectator /spek'teytı/ *a.* izleyici, seyirci

spectrum /'spektrım/ *a. fiz.* tayf

speculate /'spekyuleyt/ *e.* tahmin etmek; *tic.* spekülasyon yapmak, vurgunculuk yapmak **speculation** kuram; tahmin; spekülasyon, vurgun **speculative** kuramsal **speculator** spekülatör, vurguncu

sped /sped/ *bkz.* **speed**

speech /spi:ç/ *a.* konuşma; söz, söylev **speechless** dili tutulmuş

speed /spi:d/ *a.* hız; vites * *e.* **sped** /sped/ hızla gitmek **speed up** hızlanmak; hızlandırmak **speedboat** sürat motoru **speedometer** hızölçer, hız göstergesi **speed-**

way motosiklet ya da otomobil yarışı pisti; *AE.* sürat yolu, ekspres yol **speedy** hızlı, çabuk, seri

spell /spel/ *e.* **spelt** /spelt/ harf harf söylemek * *a.* sihir, büyü; nöbet; süre, dönem **spellbound** büyülenmiş **spelling** imla, yazım

spend /spend/ *e.* **spent** /spent/ (para) harcamak; (vakit) geçirmek

spendthrift /'spendtrift/ *a.* müsrif, savurgan

spent /spent/ *bkz.* **spend;** *s.* kullanılmış

sperm /spö:m/ *a.* atmık, sperm, meni

sphere /sfıı/ *a.* yuvar, küre; alan, saha **spherical** küresel

sphinx /sfinks/ *a.* sfenks

spice /spays/ *a.* bahar, baharat **spicy** baharatlı; açık saçık, muzır

spider /'spaydı/ *a.* örümcek

spike /spayk/ *a.* sivri (demir, vb.) uç; sivri uçlu şey; başak

spill /spil/ *e.* **spilt** /spilt/ dökmek; dökülmek; üstünden atmak * *a.* dökme; (at vb.'den) düşürme

spin /spin/ *e.* **spun** /span/ (iplik) eğirmek; bükmek; döndürmek, çevirmek * *a.* fırıl fırıl dönme; *kon.* gezinti

spinach /'spinic, 'spiniç/ *a.* ıspanak

spinal /'spaynıl/ *s. anat.* belkemiğiyle ilgili **spinal cord** *anat.* omurilik

spindle /'spindıl/ *a.* iğ; mil, dingil

spine /spayn/ *a. anat.* omurga, belkemiği; *hayb. bitk.* diken **spineless** omurgasız; korkak, yüreksiz

spiral /'spayırıl/ *a.* helezon, helis; *hek.* spiral * *s.* sarmal, helezoni

spirit /'spirit/ *a.* ruh, can; peri, cin; huy, karakter; ispirto; şevk, canlılık **spirited** ateşli, canlı; huylu **spirits** sert içki, alkol **in low/poor spirits** neşesiz, keyifsiz spiritual /'spiriçuıl/ s. ruhsal, manevi; dini, kutsal; ruhani

spit /spit/ e. spat /spet/ tükürmek; çiselemek * a. şiş, kebap şişi; coğ. dil; tükürük, salya

spite /spayt/ a. kin, garez in spite of -e rağmen, -i umursamadan spiteful kinci

spittle /'spitıl/ a. tükürük, salya

splash /'spleş/ e. (su, çamur, vb.) sıçramak; sıçratmak * a. sıçrayan çamur; leke; şapırtı

spleen /spli:n/ a. dalak

splendid /'splendid/ s. görkemli, gösterişli; muhteşem kon. mükemmel, çok iyi

splendour /'splendı/ a. görkem, ihtişam

splice /'splays/ e. (örerek, yapıştırarak) tutturmak

splinter /'splintı/ a. kıymık

split /split/ e. split /split/ yarmak; yarılmak; bölmek; bölünmek * a. yarık, çatlak; bölünme, ihtilaf split hairs kılı kırk yarmak

spoil /spoyl/ e. spoilt /spoylt/ berbat etmek, mahvetmek; yüz vermek, şımartmak

spoilt /spoylt/ bkz. spoil

spoke /spouk/ bkz. speak

spoken /spoukın/ bkz. speak

spokesman /'spouksmın/ a. sözcü

sponge /spanc/ a. sünger; kon. otlakçı, beleşçi * e. sırtından geçinmek

sponsor /'sponsı/ a. spor kulübü, radyo, TV programları vb.'nin masraflarını karşılayıp reklamını yapan firma * e. kefil olmak; himaye etmek

spontaneous /spon'teynııs/ s. kendiliğinden olan; doğal, içten gelen spontaneously kendiliğinden

spook /spu:k/ a. kon. hayalet, hortlak

spool /spu:l/ a. makara, bobin

spoon /spu:n/ a. kaşık * e. kaşıklamak spoonful kaşık dolusu

sporadic /spı'redik/ s. tek tük, seyrek

sport /spo:t/ a. spor; eğlence, oyun sports spor karşılaşması sports car spor araba sportsman sporcu; sportmen sportsmanship sportmenlik sports wear spor giysi

spot /spot/ a. nokta, benek, leke, yer * e. beneklemek, lekelemek; ayırt etmek, tanımak; bulmak spotless lekesiz, tertemiz spotted benekli spotty benekli

spouse /spaus, spauz/ a. huk. eş, karı ya da koca

spout /spaut/ e. fışkırtmak; fışkırmak; kon. heyecanla okumak/konuşmak * a. bir kabın ağzı; ağız, fışkıran su

sprain /spreyn/ e. burkmak * a. burkulma

sprang /spreng/ bkz. spring

sprawl /spro:l/ e. yayılarak oturmak

spray /sprey/ a. serpinti; püskürtme aracı, sprey * e. (toz halinde) serpmek, püskürtmek

spread /spred/ e. spread /spred/ yaymak; sermek; sürmek * a. yayılma; dağılma; örtü; genişlik

spree /spri:/ a. cümbüş, âlem

sprig /sprig/ a. sürgün, fışkın

sprightly /'spraytli/ s. neşeli, şen

spring /spring/ e. sprang /spreng/, sprung /sprang/ sıçramak, fırlamak; ortaya çıkıvermek; yaylanmak; çıkmak, doğmak * a. sıçrayış; fırlama; yay, zemberek; ilkbahar; pınar, kaynak; köken spring up baş göstermek, çıkıvermek, türemek springboard sıçrama tahtası, tramplen springtime ilkbahar

sprinkle /'sprinkıl/ e. serpmek; saçmak; çiselemek sprinkler pülverizatör; püskürteç

sprint /sprint/ *e.* tabana kuvvet koşmak * *a.* sürat koşusu

sprite /sprayt/ *a.* peri, cin

sprout /spraut/ *e.* filizlenmek; çıkarmak * *a. bitk.* filiz, tomurcuk, sürgün; brüksellahanası

spruce /spru:s/ *a. bitk.* ladin ağacı

sprung /sprang/ *bkz. spring*

spry /spray/ *s.* dinç, canlı, çevik

spun /span/ *bkz. spin*

spume /spyu:m/ *a.* köpük

spur /spö:/ *a.* mahmuz; dürtü, güdü * *e.* mahmuzlamak; kışkırtmak

spurn /spö:n/ *e.* tekme ile kovmak; reddetmek, burun kıvırmak

spurt /spö:t/ *e.* fışkırmak; fışkırtmak * *a.* fışkırma; ani hamle

spy /spay/ *a.* casus * *e.* casusluk etmek, gözetlemek

squabble /'skwobıl/ *a.* ağız kavgası, atışma * *e.* dalaşmak; çekişmek

squad /skwod/ *a.* ekip, takım; *ask.* manga

squadron /'skwodrın/ *a. ask.* filo; süvari bölüğü

squalid /'skwolid/ *s.* pis, bakımsız

squall /skwo:l/ *e.* yaygara koparmak, feryat etmek * *a.* yaygara, feryat

square /skwer/ *a.* kare; alan, meydan; gönye; *kon.* örümcek kafalı * *s.* kare biçiminde; dik açılı; dürüst, doğru * *e.* dört köşe yapmak; *mat.* karesini almak **square root** kare kök **square up** *kon.* hesabı ödemek **squarely** dürüstçe; tam karşıda

squash /skwoş/ *e.* ezmek, sıkmak; son vermek, bastırmak * *a.* ezme; meyve suyu; kalabalık; balkabağı; *sp.* bir tür kapalı tenis oyunu

squat /skwot/ *e.* çömelmek; bir yere izinsiz yerleşmek * *s.* bodur, bücür

squaw /skwo:/ *a.* Kızılderili kadın

squawk /skwo:k/ *e.* cırlamak; gıcırdamak * *a.* cırlama; gıcırtı

squeal /skwi:l/ *e.* ciyaklamak; haykırmak; *arg.* ihbar etmek, ele vermek * *a.* ciyaklama; haykırış

squeamish /'skwi:mış/ *s.* midesi bulanan; güç beğenir

squeeze /skwi:z/ *e.* sıkmak, sıkıştırmak; tıkışmak * *a.* sıkma, sıkıştırma

squelch /skwelç/ *e.* susturmak, bastırmak

squib /skwib/ *a.* fişek, maytap; yergi, hiciv

squid /skwid/ *a. hayb.* mürekkepbalığı

squint /skwint/ *e.* gözlerini kısmak; şaşı bakmak

squire /skwayı/ *a.* köy ağası, bey

squirm /skwö:m/ *e.* kıvranmak

squirrel /'skwirıl/ *a. hayb.* sincap

squirt /skwö:t/ *e.* fışkırmak; fışkırtmak

stab /steb/ *a.* bıçaklama; bıçak yarası * *e.* bıçaklamak; (bıçak, ağrı, vb.) saplamak

stability /stı'biliti/ *a.* sağlamlık; denge; değişmezlik

stabilize /'steybilayz/ *e.* dengede tutmak; sağlamlaştırmak

stable /'steybıl/ *s.* değişmez, sabit; sağlam * *a.* ahır

stack /stek/ *a.* yığın, istif; baca

stadium /'steydım/ *a.* stadyum

staff /sta:f/ *a.* personel, çalışanlar, kadro; kurmay; değnek, sopa

stag /steg/ *a.* erkek geyik

stage /steyc/ *a.* sahne; tiyatro; aşama, evre * *e.* sahneye koymak

stagger /'stegı/ *e.* sendelemek; şaşırtmak, afallatmak * *a.* sendeleme, sallanma

stagnant /'stegnınt/ *s.* durgun

stagnate /steg'neyt/ *e.* durgunlaşmak

staid /steyd/ *s.* ciddi, sıkıcı

stain /steyn/ e. lekelemek; lekelenmek; boyamak * a. leke; boya, vernik **stainless** lekesiz, temiz; paslanmaz **stainless steel** paslanmaz çelik

stair /stei/ a. merdiven basamağı **stairs** merdiven **staircase, stairway** merdiven

stake /steyk/ a. kazık; direk; kumarda ortaya konulan para, miza * e. kazığa bağlamak; kumarda para koymak

stalactite /stelıktayt/ a. sarkıt

stalagmite /'stelıgmayt/ a. dikit

stale /steyl/ s. bayat; adi; yıpranmış

stalemate /'steylmeyt/ a. (satranç) pat

stalk /sto:k/ e. gizlice yaklaşmak; azametle yürümek * a. bitk. sap

stall /sto:l/ a. ahır (bölmesi); satış yeri, sergi; (tiyatro) koltuk * e. durmak, stop etmek; stop ettirmek; ahıra kapatmak; kon. oyalanmak, geciktirmek

stallion /'stelıın/ a. aygır, damızlık at

stamina /'steminı/ a. dayanıklılık

stammer /'stemı/ e. kekelemek * a. kekeleme; kekemelik

stamp /stemp/ e. damgalamak; pul yapıştırmak; (para) basmak; tepinmek * a. pul, posta pulu; damga; ıstampa; iz, işaret

stampede /'stempi:d/ a. bozgun, panik

stand /stend/ e. **stood** /stud/ ayakta durmak, dikelmek; durmak, bulunmak; dayanmak; katlanmak * a. duruş; sehpa, askı, ayaklık; tezgâh, satış sergisi; durak; tribün; (mahkemede) tanık yeri **stand by** yanında durmak; hazır beklemek **stand for** anlamına gelmek; desteklemek **stand on one's own (two) feet** kendi yağı ile kavrulmak **stand out** göze çarpmak; kendini göstermek

stand up ayağa kalkmak **stand up for** -ı desteklemek **stand up to** cesaretle karşılamak, göğüs germek **standby** hazır bekleyen şey/kimse **stand-in** dublör **stand-still** sekte vurma

standard /'stendıd/ a. standart; bayrak, sancak * s. standart, tekbiçim **standard of living** yaşam standartı **standardize** standardize etmek

standing /'stending/ s. ayakta duran; durgun; daimi * a. süreklilik, devam; geçerlilik; saygınlık

stanza /'stenzı/ a. yaz. şiir kıtası, kesim

staple /'steypıl/ a. zımba teli; başlıca ürün; hammadde **stapler** tel zımba

star /sta:/ a. yıldız * e. başrolü oynamak **starboard** den. sancak **starfish** denizyıldızı **stars and stripes** ABD bayrağı **starlight** yıldız ışığı **starring** başrolde

starch /sta:ç/ a. nişasta; kola **starchy** nişastalı; kolalı; sert, katı

stare /stei/ e. dik dik bakmak * a. sabit bakış

stark /sta:k/ s. sert, katı; sade, yalın; ıssız **stark naked** kon. anadan doğma

starling /'sta:ling/ a. hayb. sığırcık

start /sta:t/ e. başlamak; başlatmak; yola çıkmak; ürkmek, irkilmek * a. başlangıç, başlama; kalkış, hareket; sp. çıkış, start; sıçrama, irkilme; avans; ürkme **to start with** önce; başlangıçta **start off** hareket etmek, yola koyulmak **start out** kon. -mek niyetinde olmak **starter** (oto) marş; yarışa katılan kişi/at; sp. starter, çıkışçı; meze türünden ilk yemek

startle /'sta:tıl/ e. korkutmak, ürkütmek, ürkmek

starve /sta:v/ e. açlıktan ölmek; açlıktan öldürmek; kon. kurt gibi acıkmak **starvation** açlıktan ölme

state /steyt/ *a.* durum, hal; devlet, hükümet; eyalet * *e.* belirtmek, bildirmek **statement** söz, ifade; demeç; hesap

statesman /'steytsmın/ *a.* devlet adamı

static /'stetik/ *s.* durağan, statik **statics** dinginlikbilim, statik

station /'steyşın/ *a.* istasyon; durak; yer; karakol, merkez

stationary /'steyşınıri/ *s.* yerinde duran, durağan, sabit

stationer /'steyşını/ *a.* kırtasiyeci **stationery** kırtasiye

statistics /stı'tistiks/ *a.* istatistik

statistician /stetis'tişın/ *a.* istatistikçi

statue /'steçu:/ *a.* yontu, heykel

statuette /steçu'et/ *a.* heykelcik, küçük yontu

status /'steytıs/ *a.* durum, hal; toplumsal ya da mesleki durum, konum, mevki

statute /'steçu:t/ *a.* yasa, kural

stave /steyv/ *a.* fıçı tahtası; değnek; şiir kıtası **stave in** kurmak, delmek **stave off** uzaklaştırmak, savmak

stay /stey/ *e.* kalmak; durmak; durdurmak, ertelemek; dayanmak; bastırmak, geçiştirmek * *a.* kalış, kalma; *huk.* erteleme **stay in** dışarı çıkmamak, evde kalmak **stay on** kalmaya devam etmek **stay out** (evden) dışarda kalmak; grevi sürdürmek **stay put** yerinden kımıldamamak

steadfast /'stedfa:st/ *s.* sadık, dönmez

steady /'stedi/ *s.* sallanmaz, sağlam, sabit; şaşmaz; düzgün, muntazam **steadily** durmadan, gittikçe; muntazaman

steak /steyk/ *a.* biftek

steal /sti:l/ *e.* **stole** /stoul/, **stolen** /'stoulın/ çalmak, aşırmak;

hırsızlık yapmak; gizlice hareket etmek

stealth /'stelt/ *a.* gizli iş

steam /sti:m/ *a.* buhar; buğu; güç, enerji; öfke * *e.* buhar salıvermek; buğuda/buharda pişirmek **steam engine** buhar makinesi **steamer** vapur **steamy** buharlı; buğulu

steel /sti:l/ *a.* çelik **steelworks** çelik fabrikası

steep /sti:p/ *s.* dik, yalçın; *kon.* aşırı, yüksek * *e.* suya batırmak; ıslatmak

steeple /'sti:pıl/ *a.* çan kulesi

steeplechase /'sti:pılçeys/ *a.* engelli koşu/at yarışı

steer /'stiı/ *e.* dümen kullanmak; yönetmek * *a.* boğa, öküz **steering wheel** direksiyon

stem /stem/ *a.* ağaç gövdesi; sap; *dilb.* gövde; *den.* pruva * *e.* (akışını) durdurmak

stench /stenç/ *a.* pis koku

stencil /'stensıl/ *a.* şablon; kalıp; marka; mumlu kâğıt

stenographer /stı'nogrıfı/ *a.* stenograf

stenography /stı'nogrıfı/ *a.* steno

step /step/ *a.* adım; basamak; ayak sesi; ayak izi * *e.* adım atmak, girmek; basmak **step by step** adım adım, yavaş yavaş **step in** müdahale etmek **step up** *kon.* artırmak **step on sb's toes/corns** birinin damarına basmak **stepbrother** üvey erkek kardeş **stepchild** üvey çocuk **stepladder** seyyar merdiven, portatif merdiven **stepparent** üvey anne ya da baba **stepping stone** atlama tahtası/taşı **stepsister** üvey kız kardeş

steppe /step/ *a.* bozkır, step

stereo /'steriou, 'stııriou/ *a.* stereo pikap/teyp/cihaz, müzik seti

stereoscope /'steriıskoup/ *a.*

stereoskop

stereotype /'steriıtayp/ *a.* klişeleşmiş örnek, beylik olay

sterile /'sterayl/ *s.* kısır, dölsüz; verimsiz; mikropsuz, steril

sterilize /'sterilayz/ *e.* kısırlaştırmak; sterilize etmek

sterling /'stö:ling/ *a.* sterlin

stern /stö:n/ *s.* sert, haşin; acımasız * *a. den.* kıç

stethoscope /'stetıskoup/ *a. hek.* stetoskop

stew /styu:/ *a.* türlü, güveç, yahni * *e.* hafif ateşte kaynatmak

steward /'styu:ıd/ *a.* kâhya; erkek hostes; kamarot

stewardess /'styu:ı'des/ *a.* hostes; kadın kamarot

stick /stik/ *e.* **stuck** /stak/ saplamak; saplanmak; koymak; sokmak; takmak; yapışmak; yapıştırmak; çıkmaza sokmak * *e. a.* sopa, değnek; baston **stick around** *kon.* beklemek, kalmak **stick at** -den çekinmek **stick out** dışarı çıkarmak, uzatmak **stick to** bağlı kalmak, tutmak, yerine getirmek **stick together** birbirine sadık kalmak **stick up** dik durmak **sticker** yapışkan adam; çıkartma **sticking plaster** plaster, yapışkan yakı **sticky** yapışkan; *kon.* güç, zor

stiff /stif/ *s.* eğilmez, bükülmez; pekişmiş; sıkı; koyu; güç, zor; şiddetli

stiffen /'stifin/ *e.* sertleştirmek; kasmak; kasılmak

stifle /'stayfil/ *e.* boğmak; boğulmak; bastırmak, tutmak

stigma /'stigmı/ *a.* damga; ayıp; *bitk.* tepecik

stile /stayl/ *a.* turnike

still /stil/ *s.* hareketsiz; sessiz; durgun * *be.* hâlâ; yine de, buna rağmen; (daha) da

still /stil/ *a.* imbik

stimulant /'stimyulınt/ *a.* uyarıcı

stimulate /'stimyuleyt/ *e.* uyarmak, kışkırtmak; teşvik etmek, özendirmek **stimulation** dürtme, teşvik; uyarma

stimulus /'stimyulıs/ *a.* uyarıcı

sting /sting/ *e.* **stung** /stang/ (arı, vb.) sokmak; acıtmak, sızlatmak * *a.* sokma, ısırma; (arı, akrep, vb.) iğne; ısırgan tüyü

stingy /'stinci/ *s. kon.* cimri, pinti

stink /stink/ *e.* **stank (stunk)** /stenk (stank)/ pis kokmak * *a.* pis koku

stint /stint/ *e.* esirgemek; cimrilik etmek

stipulate /'stipyuleyt/ *e.* şart koşmak, öngörmek **stipulation** şart koşma, şart

stir /stö:/ *e.* karıştırmak; kıpırdamak, kımıldamak; kıpırdatmak, kımıldatmak; harekete geçirmek * *a.* karıştırma; hareket, canlılık, telaş **stirring** heyecanlandırıcı

stirrup /'stirıp/ *a.* üzengi

stitch /stiç/ *a.* dikiş; ilmik * *e.* dikmek; dikiş dikmek

stoat /stout/ *a. hayb.* kakım, as

stock /stok/ *a.* stok, mevcut mal; hisse senedi; ağaç gövdesi; çiftlik hayvanları; sap, kabza; *bitk.* şebboy çiçeği * *s.* beylik, basmakalıp **in stock** elde mevcut **out of stock** mevcudu kalmamış **stockbroker** borsa tellalı **stock exchange** borsa

stocking /'stoking/ *a.* uzun çorap

stocky /'stoki/ *s.* bodur, tıknaz

stoke /stouk/ *e.* ateşe kömür, vb. atmak, canlandırmak

stole /stoul/ *a.* etol, şal

stole, stolen /stoul, stouln/ *bkz.* **steal**

stomach /'stamık/ *a.* mide; karın **stomachache** karın ağrısı

stomp /stomp/ *e. kon.* paldır küldür yürümek/dans etmek

stone /stoun/ *a.* taş; mücevher; meyve çekirdeği; 6350 gr.'lık ağırlık ölçüsü * *e.* taşlamak, taşa tutmak; çekirdeğini çıkarmak **Stone Age** taş devri **stone-deaf** duvar gibi sağır

stony /'stouni/ *s.* taşlık, taşlı; taş gibi, acımasız

stool /stu:l/ *a.* tabure; dışkı

stoop /stu:p/ *e.* öne doğru eğilmek; kambur durmak; alçalmak, tenezzül etmek * *a.* eğilme; alçalma

stop /stop/ *e.* durmak; durdurmak; önlemek, engellemek; kesilmek; tıkamak * *a.* durma; durdurma, durak; nokta; engel **stop by** uğramak, ziyaret etmek **stop light** stop lambası; (trafik ışığı) kırmızı ışık **stopcock** vana **stopover** (yolculukta) mola **stoppage** durdurma, durma; tıkama **stopwatch** kronometre

storage /'sto:ric/ *a.* depolama, depo etme; ambar, depo; ardiye ücreti

store /sto:/ *a.* stok; *AE.* dükkân, mağaza; ambar, depo; *kon.* erzak * *e.* depolamak, ambara koymak; saklamak **storehouse** ambar, depo **storeroom** ambar, depo, kiler

storey /'sto:ri/ *a.* (binada) kat

stork /sto:k/ *a.* leylek

storm /sto:m/ *a.* fırtına; öfke; ani duygusal taşkınlık; yüksek ses * *e.* fırtına patlamak; kıyameti koparmak; *ask.* hücum etmek **stormy** fırtınalı

story /'sto:ri/ *a.* öykü, hikâye

stout /staut/ *s.* iri yarı; kalın; sağlam * *a.* sert bira

stove /stouv/ *a.* soba; fırın, ocak

stow /stou/ *e.* istif etmek, yerleştirmek **stowaway** kaçak yolcu

straddle /'stredıl/ *e.* bacaklarını iyice açıp oturmak/dikilmek

straight /streyt/ *s.* düz, doğru; dik; dimdik; düzenli; dürüst; saf, sek * *be.* düz, doğru; direkt; hemen * *a.* (yarış, vb.'de) düzlük

straighten /'streytın/ *e.* düzeltmek, doğrultmak; düzelmek

straightforward /streyt'fo:wıd/ *s.* doğru sözlü, açık sözlü

strain /streyn/ *a.* gerginlik; burkulma, burkulup incinme; soy, ırk, nesil; soydan gelen özellik, iz; biçim, tarz; melodi, ezgi * *e.* (at) germek, asılmak; zorlanmak; zorlamak; zarar vermek; (against) vücuduyla bastırmak

strainer /'streynı/ *a.* süzgeç

strait /streyt/ *a.* *coğ.* boğaz; *kon.* sıkıntı, darlık, güç durum

straitlaced /streyt'leyst/ *s.* *hkr.* bağnaz

strand /strend/ *a.* kıyı, sahil, yalı; tel, iplik * *e.* karaya oturtmak; karaya oturtmak

strange /streync/ *s.* tuhaf, garip, acayip; yabancı **stranger** yabancı, el; bir işin yabancısı kişi **strangeness** acayiplik

strangle /'strengıl/ *e.* boğazlamak

strap /strep/ *a.* kayış; şerit, bant * *e.* kayışla bağlamak

strapping /'streping/ *s.* iri yarı

strategic /strı'ti:cik/ *s.* stratejik

strategy /'stretici/ *a.* strateji

stratosphere /'stretısfıı/ *a.* katyuvarı, stratosfer

stratum /'streytım/ *a.* katman, tabaka; kat; toplumsal sınıf, tabaka

straw /stro:/ *a.* saman; kamış, çubuk; önemsiz şey **the last straw** bardağı taşıran son damla

strawberry /stro:bırı/ *a.* *bitk.* çilek

stray /strey/ *e.* yolunu yitirmek; doğru yoldan ayrılmak * *s.* gruptan ayrılmış, kaybolmuş

streak /stri:k/ *a.* yol, çizgi, çubuk * *e.* çizgilemek, yol yol yapmak;

hızla geçmek

stream /stri:m/ *a.* akarsu, çay, dere; akıntı; akım; sel; gidiş * *e.* akmak; dalgalanmak **streamer** flama, fors

streamline /'stri:mlayn/ *e.* (işyeri, vb.) verimlilik düzeyini artırmak; aerodinamik şekil vermek

street /stri:t/ *a.* sokak, cadde

strength /strengt/ *a.* güç, kuvvet; dayanıklılık; sertlik; şiddet **strengthen** güçlendirmek, sağlamlaştırmak

strenuous /'strenyuıs/ *s.* güç, yorucu; faal, etkili

stress /stres/ *a.* gerilim, gerginlik, sıkıntı, stres; baskı, etki; önem; *dilb.* vurgu * *e.* vurgulamak

stretch /streç/ *e.* germek, uzatmak; gerilmek, uzamak; yayılmak; gerinmek * *a.* germe; gerilme; alan; süre

stretcher /'streçı/ *a.* sedye

stricken /'strıkın/ *s.* (dert, hastalık, vb.'den) çeken, yakalanmış

strict /strikt/ *s.* sıkı; dikkatli; tam; katı, değişmez; titiz

stridden /'stridın/ *bkz.* **stride**

stride /strayd/ *e.* **strode** /stroud/, **stridden** /'stridın/ uzun adımlarla yürümek * *a.* uzun adım

strife /strayf/ *a.* sorun, kavga, çekişme

strike /strayk/ *e.* **struck** /strak/ vurmak; aklına gelivermek; bulmak; (para, vb.) basmak; (kibrit) çakmak; (saat) çalmak; grev yapmak * *a.* grev; (petrol, vb.) bulmak; *ask.* hava saldırısı *be on strike* grevde olmak *go on strike* grev yapmak *strike off* listeden çıkartmak, silmek *strike (up)on* buluvermek, bulmak *strike up* çalmaya başlamak; (dostluk) kurmak **striker** grevci; vurucu **striking** çarpıcı, göz alıcı

string /'string/ *a.* sicim, ip; tel; bağ;

şerit; dizi * *e.* **strung** /strang/ ipliğe dizmek, geçirmek **stringed** telli; ipe dizilmiş **stringed instrument** *müz.* telli çalgı

stringent /'strincınt/ *s.* (kural) uyulması zorunlu, katı; para sıkıntısı çeken, darda

strip /strip/ *e.* (giysi, kabuk, vb.) soymak; yolmak; soyunmak * *a.* şerit; *sp.* forma **stripper** striptizci **striptease** striptiz

stripe /strayp/ *a.* kumaş yolu, çizgi, çubuk; biçim, tip **striped** çizgili, yollu

strive /strayv/ *e.* **strove** /strouv/, **striven** /strivın/ çabalamak, uğraşmak

striven /'strivın/ *bkz.* **strive**

strode /stroud/ *bkz.* **stride**

stroke /strouk/ *a.* vuruş, çarpma; inme, felç; yüzme tarzı, kulaç; okşama * *e.* okşamak; (topa) vurmak

stroll /stroul/ *e.* gezinmek, dolaşmak * *a.* gezinti

strong /strong/ *s.* güçlü, kuvvetli; metin; sağlam; (tadı, kokusu) sert, koyu **stronghold** kale

strove /strouv/ *bkz.* **strive**

struck /strak/ *bkz.* **strike**

structural /'strakçırıl/ *s.* yapısal

structure /'strakçı/ *a.* yapı, kuruluş; bina, yapı; bünye

struggle /'stragıl/ *a.* çaba, uğraş, gayret, mücadele * *e.* çabalamak, uğraşmak

strum /stram/ *e.* **kon.** acemice çalmak, zımbırdatmak, tıngırdatmak

strung /strang/ *bkz.* **string**

strut /strat/ *e.* kasıla kasıla yürümek

stub /stab/ *a.* sigara izmariti; dip koçanı; kütük **stub out** (sigara) söndürmek

stubble /'stabıl/ *a.* ekin anızı

stubborn /'stabın/ *s.* inatçı, direngen

stubby /'stabi/ *s.* kısa ve kalın; güdük

stuck /stak/ *bkz.* **stick;** *s.* şaşırıp kalmış; saplanmış; takılmış

stud /stad/ *a.* damızlık at, aygır; hara; iri başlı çivi; yaka düğmesi * *e.* çivilemek

student /'styu:dınt/ *a.* öğrenci

studio /'styu:diou/ *a.* stüdyo

studious /'styu:dııs/ *s.* çalışkan; dikkatli

study /'stadi/ *a.* çalışma, okuma; inceleme; taslak; çalışma odası * *e.* okumak, çalışmak; öğrenimi görmek; incelemek

stuff /staf/ *a.* madde; kumaş; şey * *e.* doldurmak, tıkmak; tıkamak; *kon.* tıka basa yemek; (tavuk, vb. yiyecek) içini doldurmak **stuffy** havasız

stumble /'stambıl/ *e.* tökezlemek; *kon.* dili sürçmek, kekelemek

stump /stamp/ *a.* kütük * *e. kon.* şaşkına çevirmek, sersemletmek

stun /stan/ *e.* afallatmak; bayıltmak **stunning** çok çekici, hoş

stung /stang/ *bkz.* **sting**

stunk /stangk/ *bkz.* **stink**

stunt /stant/ *e.* engellemek, gelişmesini engellemek, bodur bırakmak * *a.* numara, hüner, gösteri **stunt man** (tehlikeli sahnelerde oynayan) dublör

stupefy /'styu:pıfay/ *e.* sersemletmek, bunaltmak; şaşırtmak

stupendous /styu:'pendıs/ *s.* muazzam, harikulade, müthiş, büyük

stupid /'styu:pid/ *s.* aptal, salak, ahmak; saçma, aptalca

stupor /'styu:pı/ *a.* uyuşukluk, sersemlik

sturdy /'stö:di/ *s.* gürbüz; azimli

stutter /'statı/ *e.* kekelemek

sty /stay/ *a.* domuz ahırı; (göz) arpacık

style /stayl/ *a.* tarz, üslup, stil,

biçem; moda; tip; tavır * *e.* biçimlendirmek **stylish** şık, zarif, modaya uygun **stylist** modacı, desinatör

suave /swa:v/ *s.* nazik, tatlı

sub /sab/ *a. kon.* üye aidatı; denizaltı

subconscious /sab'konşıs/ *a. s.* bilinçaltı

subdivide /sabdi'vayd/ *e.* tekrar bölmek **subdivision** /-di'vijın/ altbölüm

subdue /sıb'dyu/ *e.* boyunduruk altına almak; yumuşatmak, azaltmak

subject /'sabcıkt/ *a.* kul, bende; konu, mevzu; ders; denek; *dilb.* özne * *s.* tabi; bağlı * *e.* (*to*) tabi tutmak

subjective /sıb'cektiv/ *s.* öznel

subjunctive /sıb'canktiv/ *a. dilb.* dilek kipi * *s.* dilek kipiyle ilgili

sublime /sı'blaym/ *s.* yüce, ulu

submarine /sabmı'ri:n/ *a.* denizaltı

submerge /sıb'mö:c/ *e.* batırmak, daldırmak; batmak, dalmak

submission /sıb'mişın/ *a.* boyun eğme, uyma, itaat; teklif, sunuş

submissive /sıb'misiv/ *s.* uysal, boyun eğen, itaatkâr

submit /sıb'mit/ *e.* boyun eğmek, itaat etmek; ileri sürmek; önermek, sunmak

subordinate /sı'bo:dinit/ *s.* bağlı, tabi; ikinci derecede * *a.* ast

subscribe /sıb'skrayb/ *e.* (*to*) abone olmak; bağışta bulunmak; onaylamak **subscriber** abone **subscription** /sıb'skripşın/ abone ücreti; üye aidatı

subsequent /'sabsikwınt/ *s.* sonra gelen, sonraki **subsequently** sonradan

subside /sıb'sayd/ *e.* alçalmak, inmek; yatışmak, azalmak

subsidiary /sıb'sidiıri/ *a.* bayi, şube * *s.* tali, yardımcı

subsidize /'sabsidayz/ *e.* (hükümet, vb.) para vermek, desteklemek

subsistence /sıb'sistıns/ *a.* geçim; varlık

substance /'sabstıns/ *a.* madde, materyal, cisim, özdek

substandard /sab'stendıd/ *s.* belli düzeyin altında, standartın altında

substantial /sıb'stenşıl/ *s.* dayanıklı, sağlam; özlü; gerçek; büyük, önemli

substantiate /sıb'stenşıeyt/ *e.* kanıtlamak, doğrulamak

substitute /'sabstityu:t/ *a.* vekil, temsilci * *e.* vekâlet etmek; yerine koymak/kullanmak *substitution* yerine koyma, ornatma

subterfuge /'sabtıfyu:c/ *a.* kaçamak, bahane; hile, dalavere

subterranean /sabtı'reynıın/ *s.* yeraltı

subtitles /'sabtaytlz/ *a.* (film) altyazı

subtle /'satıl/ *s.* güç algılanan, güç fark edilen, ince; kurnaz, zeki

subtract /sıb'trekt/ *e.* (*from*) çıkarmak *subtraction* *mat.* çıkarma; eksiltme

suburb /'sabö:b/ *a.* varoş, banliyö, yörekent *suburban* /sı'bö:bın/ banliyöde oturan; banliyö

subvert /sıb'vö:t/ *e.* (iktidardakileri) devirmeye çalışmak *subversive* /-vö:siv/ yıkıcı

subway /'sabwey/ *a.* yeraltı geçidi; *AE.* metro, altulaşım

succeed /sık'sı:d/ *e.* (*in*) başarmak, başarıya ulaşmak; -den sonra gelmek, izlemek; varis olmak

success /sık'ses/ *a.* başarı; başarılı kimse/şey *successful* başarılı

succession /sık'seşın/ *a.* birbirini izleme; yerine geçme *in succession* ardı ardına, sıra ile *successive* ardı ardına, sıra ile *successor* halef, ardıl

succinct /sık'sinkt/ *s.* az ve öz

succulent /'sakyulınt/ *s.* (meyve, vb.) sulu

succumb /sı'kam/ *e.* (*to*) yenilmek, dayanamamak, boyun eğmek

such /saç/ *s.* öyle, böyle, bu gibi; öylesine; o kadar; bu gibi, bu tür *such as* gibi *such that* öyle ... *such-and such* falan filan

suck /sak/ *e.* emmek * *a.* emme

sucker /'sakı/ *a.* emen, emici; *bitk.* sürgün; *AE.* enayi, budala

suckle /'sakıl/ *e.* emzirmek

suction /'sakşın/ *a.* emme; *fiz.* emiş gücü *suction pump* emme basma tulumba

sudden /'sadın/ *s.* ani, beklenmedik *all of a sudden* ansızın, birdenbire *suddenly* aniden, birdenbire

suds /sadz/ *a.* sabun köpüğü

sue /su:, syu:/ *e. huk.* dava etmek, dava açmak

suede /sweyd/ *a.* süet

suffer /'safı/ *e.* acı çekmek; zarara uğramak; -e uğramak *sufferer* acı çeken kimse, hasta *suffering* acı, güçlük

suffice /sı'fays/ *e.* yetmek, yeterli olmak

sufficiency /sı'fişınsi/ *a.* yeterlilik

sufficient /sı'fişınt/ *s.* yeterli

suffix /'safiks/ *a. dilb.* sonek

suffocate /'safıkeyt/ *e.* (havasızlıktan) boğulmak; boğmak

sugar /'şugı/ *a.* şeker; *kon.* şekerim, tatlım *sugar beet* şekerpancarı *sugar cube/lump* kesmeşeker *sugarcane* şekerkamışı

suggest /sı'cest/ *e.* önermek; fikrini vermek, akla getirmek *suggestion* öneri; eser, iz

suicide /'su:isayd, 'syu:isayd/ *a.* intihar

suit /su:t, syu:t/ *a.* takım elbise, takım; *huk.* dava * *e.* uymak, uygun olmak; yakışmak, açmak; uygun düşürmek, uydurmak *suitable* uygun, elverişli *suitcase* bavul, valiz

suite /swi:t/ *a.* (otel, vb.) daire; *müz.* süit

sulk /salk/ *e.* somurtmak, surat asmak *sulky* somurtkan, küskün

sullen /'salın/ *s.* (yüz) asık; somurtkan

sulphur /'salfı/ *a. kim.* kükürt

sultan /'saltın/ *a.* sultan

sultana /sul'ta:nı/ *a.* sultan karısı/kızı; çekirdeksiz kuru üzüm

sultry /'saltri/ *s.* (hava) bunaltıcı

sum /sam/ *a.* toplam, tutar; *mat.* problem *sum up* toplamak; özetlemek

summary /'samıri/ *e.* özet *summarize* /-'rayz/ özetlemek

summer /'samı/ *a.* yaz *summerhouse* çardak *summertime* yaz mevsimi

summit /'samit/ *a.* zirve, doruk

summon /'samın/ *e.* (*to*) getirtmek, celp etmek *summons* celp, çağrı

sun /san/ *a.* güneş * *e.* güneşlenmek *sunbathe* güneş banyosu yapmak *sunburn* güneş yanığı *sundown* gün batımı *sunflower* ayçiçeği *sunglasses* güneş gözlüğü *sunlight* güneş ışığı *sunny* güneşli *sunrise* gündoğumu *sunset* günbatımı *sunshade* güneş şemsiyesi, güneşlik *sunshine* güneş ışığı *sunstroke* güneş çarpması *suntan* güneş yanığı, bronzlaşma

sundae /'sandey/ *a.* meyveli dondurma

Sunday /'sandi, 'sandey/ *a.* pazar (günü)

sundry /'sandri/ *s.* çeşitli, türlü türlü

sung /sang/ *bkz. sing*

sunk /sangk/ *bkz. sink*

sunken /'sankın/ *s.* batmış, batık; çukur

super /'su:pı, 'syu:pı/ *s. kon.* süper,

müthiş

superb /su:'pö:b/ *s.* mükemmel, harika, süper

superficial /su:pı'fişıl/ *s.* yüzeysel

superfluous /su:'pö:fluıs/ *s.* lüzumsuz, fazla, gereksiz

superhuman /su:pı'hyu:mın/ *s.* insanüstü

superimpose /su:pır'impouz/ *e.* (*on*) üstüne koymak, eklemek

superintend /su:pırın'tend/ *e.* yönetmek; denetlemek *superintendent* yönetici; müfettiş; *BE.* polis memuru

superior /su:'pıırıı/ *s.* (sınıf, mevki, vb.) üst, yüksek; üstün nitelikli; üstünlük taslayan * *a.* amir, üst *superiority* /-'orıti/ üstünlük

superlative /syu:'pö:lıtiv/ *s. a.* en üstün; en yüksek *superlative degree dilb.* en üstünlük derecesi

supermarket /'su:pıma:kit/ *a.* süpermarket

supernatural /su:pıneçırıl/ *s.* doğaüstü

supersede /su:pı'si:d/ *e.* yerine geçmek

supersonic /su:pı'sonik/ *s.* sesten hızlı

superstition /su:pı'stişın/ *a.* batıl inanç *superstitious* batıl inançlı

supervise /'su:pıvayz/ *e.* nezaret etmek, denetlemek

supervision /su:pı'vijın/ *a.* nezaret, denetim

supervisor /'su:pıvayzı/ *a.* müfettiş; (üniversitede) danışman

supper /'sapı/ *a.* akşam yemeği

supplant /sı'pla:nt/ *e.* yerine geçmek, ayağını kaydırıp yerini kapmak

supple /'sapıl/ *s.* bükülgen, esnek

supplement /'saplimınt/ *a.* ilave, ek * *e.* (*by/with*) -e eklemeler yapmak *supplementary* ilave olan, ek

supply /sı'play/ *e.* vermek, tedarik

etmek, sağlamak * a. tedarik, temin; mevcut, stok **supply and demand** arz ve talep **supplier** tedarik eden kimse/firma **supplies** levazım, erzak, gereçler

support /sɪ'po:t/ e. (ağırlığını) çekmek; desteklemek; geçindirmek, bakmak * a. destek **supporter** taraftar

suppose /sɪ'pouz/ e. zannetmek, sanmak **be supposed to** -meli, - malı, -mesi gerek **supposedly** söylendiğine göre **supposing** eğer

supposition /sapɪ'ziişin/ a. varsayım; farz, sanı

suppress /sɪ'pres/ e. bastırmak, önlemek

supreme /su:'pri:m/ s. en yüksek; yüce **Supreme Court** Yüce Divan, Anayasa Mahkemesi **supremacy** üstünlük

sure /şuɪ/ s. emin, şüphesiz, kesin; muhakkak, kuşkusuz **for sure** kesinlikle öyle, mutlaka **make sure** emin olmak **surely** elbette, kuşkusuz

surety /'şuriti/ a. kefalet, teminat, güvence, garanti; kefil

surf /sö:f/ a. çatlayan dalgalar **surfing** sörf

surface /'sö:fis/ a. yüzey; dış görünüş **on the surface** görünüşte, dıştan

surfeit /'sö:fit/ a. aşırı miktar

surge /sö:c/ a. dalgalanma * e. dalgalanmak; yükselmek

surgeon /'sö:cın/ a. hek. cerrah

surgery /'sö:cıri/ a. hek. cerrahlık, ameliyat; BE. muayenehane

surgical /'sö:cikıl/ s. hek. cerrahi

surly /'sö:li/ s. ters, sert, huysuz

surmount /sɪ'maunt/ e. üstesinden gelmek, alt etmek, yenmek

surname /'sö:neym/ a. soyad

surpass /sɪ'pa:s/ e. geçmek, aşmak

surplus /'sö:plıs/ a. s. artık

surprise /sɪ'prayz/ a. sürpriz; şaşkınlık * e. şaşırtmak **surprising** şaşırtıcı

surrender /sɪ'rendı/ e. teslim olmak; teslim etmek

surround /sɪ'raund/ e. kuşatmak; etrafını sarmak **surrounding** kenar, çevredeki, civardaki **surroundings** çevre

surveillance /sö:'veylıns/ a. gözetim, gözaltı **under surveillance** gözaltında

survey /sɪ'vey/ e. bakmak, incelemek, dikkatle göz gezdirmek

survey /'sö:vey/ a. inceleme; gözden geçirme; yüzölçümü, ölçüm

survival /sɪ'vayvıl/ a. hayatta kalma, yaşamı sürdürme

survive /sɪ'vayv/ e. hayatta kalmak; sağ salim çıkmak, -den sağ kurtulmak **survivor** ölümden dönen kimse, hayatta kalan

susceptible /sɪ'septıbıl/ s. (**to**) kolay etkilenen, etki altında kalan

suspect /sɪ'spekt/ e. şüphelenmek, kuşkulanmak, zannetmek

suspect /'saspekt/ a. sanık * s. şüpheli, su götürür

suspend /sɪ'spend/ e. asmak; ertelemek, askıya almak; (okul, vb.'den) uzaklaştırmak

suspenders /sɪ'spendız/ a. çorap askısı; AE. pantolon askısı

suspense /sɪ'spens/ a. askıda kalma, kararsızlık, şüpheli beklenti

suspension /sɪ'spenşın/ a. asma; ertelemeği ara verme; süspansiyon **suspension bridge** asma köprü

suspicion /sɪ'spişın/ a. şüphe, kuşku **suspicious** şüpheli, kuşkulu

sustain /sɪ'steyn/ e. güçlü tutmak, güç vermek; uzun süre korumak; (acı, vb.) çekmek

sustenance /'sastınıns/ a. besleme, güç verme; gıda, besin

swab /swob/ *a.* temizleme bezi

swagger /'swegı/ *e.* kasıla kasıla yürümek

swallow /'swolou/ *e.* yutmak * *a.* yutma, yudum; kırlangıç

swamp /swomp/ *a.* bataklık, batak

swan /swon/ *a.* kuğu

swank /swenk/ *e. kon.* caka satmak, gösteriş yapmak

swap /swop/ *e. kon.* değiş tokuş etmek, değiştirmek * *a.* değiş tokuş, takas

swarm /swo:m/ *a.* (arı, vb.) küme, oğul; sürü, kalabalık

swarthy /'swo:ti/ *s.* esmer, yağız

swat /swot/ *e.* (böcek, sinek, vb.) ezmek

sway /swey/ *e.* sallamak; sallanmak; etkilemek

swear /sweı/ *e.* **swore** /swo:/, **sworn** /swo:n/ yemin etmek, ant içmek; küfretmek **swearword** küfür, sövgü

sweat /swet/ *a.* ter; zor iş, angarya * *e.* terlemek; alın teri dökmek, çok çalışmak **sweaty** terli; terletici

sweater /'swetı/ *a.* kazak

sweatshirt /'swetşö:t/ *a.* uzun kollu pamuklu kazak

swede /swi:d/ *a. bitk.* şalgam

sweep /swi:p/ *e.* **swept** /swept/ süpürmek, süpürerek temizlemek; sürüklemek; sürtmek, sürtünmek * *a.* süpürme; saha, alan; baca temizleyicisi **sweeper** süpürücü **sweeping** geniş içerikli; genel

sweet /swi:t/ *s.* tatlı; taze * *a. BE.* tatlı; şekerleme **sweet corn** *BE.* mısır **sweetheart** sevgilim **sweeten** tatlandırmak **sweetness** tatlılık

swell /swel/ *e.* **swelled** /sweld/ **swollen** /swolın/ şişmek, kabarmak; şişirmek, kabartmak * *a.* şişkinlik; denizin dalgalanması;

sesin yükselmesi **swelling** kabarık, şiş, şişlik

swerve /swö:v/ *e.* aniden yana sapmak; (amaçtan) sapmak; saptırmak, döndürmek

swift /swift/ *s.* çabuk, atik, tez, hızlı

swill /swil/ *e.* (**out/down**) bol suyla çalkalamak/yıkamak

swim /swim/ *e.* **swam** /swem/, **swum** /swam/ yüzmek * *a.* yüzme **swimming** yüzme, yüzme sporu, yüzücülük **swimming bath** *BE.* (halka açık) yüzme havuzu **swimming costume** kadın mayosu **swimming trunks** erkek mayosu, mayo **swimsuit** kadın mayosu

swindle /'swindıl/ *e.* (**out of**) dolandırmak * *a.* dolandırıcılık

swing /swing/ *e.* **swung** /swang/ sallanmak; sallamak; dönmek * *a.* sallanış, sallanma; salıncak

swipe /swayp/ *a.* kuvvetli darbe * *e.* çalmak, aşırmak

swirl /swö:l/ *e.* girdap yaparak dönmek * *a.* girdap

swish /swiş/ *e.* ıslık sesi çıkarmak; hışırdamak * *a.* hışırtı

switch /swiç/ *a.* şalter, devre anahtarı, elektrik düğmesi; (beklenmedik) değişiklik; *AE.* demiryolu makası * *e.* düğmeye basıp açmak/kapamak; değiştirmek **switch over** (TV, radyo) kanal değiştirmek **switchboard** telefon santralı

swivel /'swayvıl/ *e.* (**round**) kendi etrafında dönmek; döndürmek

swollen /'swoulın/ *bkz.* **swell**; *s.* şişmiş, şiş, kabarık

swoop /swu:p/ *e.* üstüne çullanmak * *a.* üstüne çullanma

sword /so:d/ *a.* kılıç **swordfish** kılıçbalığı

swore /swo:/ *bkz.* **swear**

sworn /swo:n/ *bkz.* **swear**

swum /swam/ *bkz.* **swim**

swung /swang/ *bkz. swing*

sycamore /'sıkımo:/ *a. bitk.* firavuninciri; *AE.* çınar

syllable /'silıbıl/ *a. dilb.* hece, seslem

syllabus /'silıbıs/ *a.* müfredat programı

symbol /'simbıl/ *a.* sembol, simge *symbolic* /sim'bolik/ sembolik, simgesel *symbolize* /'simbılayz/ sembolize etmek, simgelemek

symmetry /'simitri/ *a.* simetri, bakışım *symmetrical* /si'metrikıl/ simetrik

sympathetic /simpı'tetik/ *s.* (*to*) karşısındakinin duygularına katılan, duygudaş

sympathize /'simpıtayz/ *e.* (*with*) duygularını paylaşmak

sympathy /'simpıti/ *a.* acıma, şefkat, halden anlama; başkalarının duygularını paylaşma/anlama

symphony /'simfini/ *a. müz.* semfoni *symphonic* /sim'fonik/ senfonik

symptom /'simptım/ *a. hek.* araz, bulgu

synagogue /'sınıgog/ *a.* sinagog, havra

synchronize /'sinkrınayz/ *e.* (saat) aynı zamana ayarlamak; eş zamanlı/eş hızlı olmak

syndicate /'sindikıt/ *a.* sendika, kartel

syndrome /'sindroum/ *a. hek.* hastalık belirtileri, tüm semptomlar, sendrom

synonym /'sinınim/ *a.* eşanlamlı sözcük, eşanlamlı *synonymous* /si'nonimıs/ eşanlamlı

synopsis /si'nopsis/ *a.* özet

syntax /'sinteks/ *a. dilb.* sentaks, sözdizim

synthesis /'sintisis/ *a.* (*ç. -theses* /-si:z/) sentez, bireşim

synthetic /sin'tetik/ *a.* sentetik, yapay

syphilis /'sifilis/ *a. hek.* frengi

syringe /si'rinc/ *a.* şırınga

syrup /'sirıp/ *a.* şurup

system /'sistım/ *a.* sistem *systems analyst* sistem analisti

systematic /sistı'metik/ *s.* sistemli, sistematik

T

tab /teb/ *a.* etiket; giysinin asma yeri

table /'teybıl/ *a.* masa; yemek, sofra; tablo, çizelge *table tennis sp.* masatenisi *tablecloth* sofra örtüsü *table d'hote* tabldot *tablespoon* servis kaşığı *tableware* sofra takımı

tablet /'teblit/ *a. hek.* tablet; yazıt

taboo /tı'bu:, te'bu:/ *a.* tabu, yasak

tabulate /'tebyuleyt/ *e.* cetvel haline koymak, çizelgelemek

tacit /'tesit/ *s.* söylenmeden anlaşılan

tack /tek/ *a.* ufak çivi, raptiye * *e.* teyellemek; *den.* orsa etmek

tackle /'tekıl/ *a.* halat takımı; takım, donatı; *sp.* markaj * *e.* uğraşmak, üstesinden gelmek; *sp.* topu kapmak

tact /tekt/ *a.* davranış inceliği, sezinç *tactful* nazik, sezinçli *tactless* patavatsız, düşüncesiz, densiz

tactic /'tektik/ *a.* taktik, yönlem *tactical* taktik *tactics* taktik

tadpole /'tedpoul/ *a. hayb.* iribaş

tag /teg/ *a.* etiket, fiş * *e.* etiketlemek

tail /teyl/ *a.* kuyruk; bozuk paranın resimsiz tarafı * *e. kon.* peşine düşmek, gizlice işlemek *heads or tails* yazı mı, tura mı

tailor /'teylı/ *a.* terzi *tailor-made* ısmarlama dikilmiş; uygun

taint /teynt/ *e.* leke, nokta, iz

take /teyk/ *e.* took /tuk/, taken /teykın/ almak; götürmek; tutmak; kazanmak; almak; (sınav) girmek; (fotoğraf) çekmek; kabullenmek; (içine) almak, taşımak; tahammül etmek; binmek, ile gitmek take after -e benzemek take apart sökmek, ayırmak take back geri almak; eskiyi hatırlatmak take down sökmek, parçalarına ayırmak; yazmak take in içeriye almak; içine almak; (giysi) daraltmak; anlamak; kandırmak, dolandırmak take off çıkarmak; (uçak) havalanmak take on işe almak, işe başlatmak; ile dövüşmek; üstlenmek take out içinden çıkarmak; bir yere götürmek; edinmek take over devralmak take to kanı kaynayıvermek; -e başlamak take up girişmek, başlamak; (yer, zaman, vb.) kaplamak; sürdürmek takeaway hazır yemek satan dükkân takeoff havalanma, kalkış takeover devralma, devir

taking /'teyking/ *s. kon.* çekici

takings /'teykingz/ *a.* kazanç, hasılat

talcum powder /'telkım paudı/ *a.* talk pudrası

tale /teyl/ *a.* hikâye, masal; dedikodu

talent /'telınt/ *a.* doğal yetenek, istidat talented yetenekli

talk /to:k/ *e.* konuşmak, söylemek; görüşmek * *a.* konuşma, görüşme; sohbet; konuşma biçimi talkative konuşkan, çenesi düşük talk down to biriyle küçümseyici bir biçimde konuşmak talk into -meye ikna etmek talk out of -den vazgeçirmek talk over görüşmek, tartışmak

tall /to:l/ *s.* uzun boylu; ...

boyunda; yüksek tall order olmayacak iş tall story inanılması güç hikâye

tallow /'telou/ *a.* donyağı

talon /'telın/ *a. hayb.* pençe

tambourine /tembı'ri:n/ *a. müz.* tef

tame /teym/ *s.* evcil; yumuşak başlı, uysal * *e.* evcilleştirmek tamer vahşi hayvan eğiticisi

tamper /'tempı/ *e.* (with) karıştırmak, kurcalamak, oynamak

tan /ten/ *e.* (hayvan derisi) tabaklamak; güneşte yanmak, bronzlaşmak * *a.* güneş yanığı; sarımsı kahverengi

tang /teng/ *a.* keskin koku/tat

tangent /'tencınt/ *a. mat.* tanjant, teğet

tangerine /tencı'ri:n/ *a.* mandalina

tangible /'tencıbıl/ *s.* dokunulabilir, elle tutulur, somut; gerçek

tangle /'tengıl/ *e.* karmakarışık etmek, arapsaçına çevirmek * *a.* karmakarışık şey, düğüm

tango /'tengou/ *a. müz.* tango

tank /tenk/ *a. ask.* tank; (gaz, sıvı, vb.) depo, tank, sarnıç

tankard /'tenkıd/ *a.* maşrapa

tanker /'tenkı/ *a.* tanker

tantalize /'tentılayz/ *e.* boşuna ümit vermek

tantrum /'tentrım/ *a.* öfke nöbeti

tap /tep/ *a.* musluk; tapa, tıkaç; hafif vuruş * *e.* hafifçe vurmak; tapa ya da musluğu açmak

tape /teyp/ *a.* şerit; bant; kurdele tape recorder teyp

taper /'teypı/ *e.* sivrilmek; inceltmek * *a.* ince ve uzun mum

tapestry /'tepistri/ *a.* duvar halısı

tar /ta:/ *a.* asfalt; katran

tardy /'ta:di/ *s.* geç, gecikmiş

target /'ta:git/ *a.* hedef; amaç, erek

tariff /'terif/ *a.* tarife

tarmac /'ta:mek/ *a.* asfalt pist/alan

tarnish /'ta:niş/ *e.* karartmak, donuklaştırmak; donuklaşmak

tart /ta:t/ *a.* turta * *s.* keskin, acı

tartar /'ta:tı/ *a.* tartarat; tartar, kefeki **tartar sauce** sos tartar, balık sosu

task /ta:sk/ *a.* vazife, görev, iş

taste /teyst/ *e.* tatmak, tadına bakmak; tat almak * *a.* tat; tadımlık; beğeni, zevk **tasteless** tatsız; zevksiz **tasty** lezzetli, tatlı

tatters /'tetız/ *a.* paçavra, parça

tattoo /te'tu:, tı'tu:/ *e.* dövme yapmak * *a.* dövme

taught /to:t/ *bkz.* **teach**

taunt /to:nt/ *e.* alay etmek, sataşmak * *a.* alay, sataşma, iğneleme

Taurus /'to:rıs/ *a.* Boğa burcu

tavern /'tevın/ *a.* taverna

tawny /'to:ni/ *s.* esmer, sarımsı kahverengi

tax /teks/ *e.* vergi koymak; külfet olmak, yük olmak * *a.* vergi; külfet, yük **taxable** vergiye tabi **taxation** vergilendirme **tax-free** vergiden muaf

taxi /'teksi/ *a.* taksi **taxi rank, taxi stand** taksi durağı **taximeter** taksimetre

tea /ti:/ *a.* çay **teabag** poşet çay **teacup** çay fincanı **tealeaf** çay yaprağı **teapot** çaydanlık **tea spoon** çay kaşığı

teach /ti:ç/ *e.* **taught** /to:t/ öğretmek; ders vermek **teacher** öğretmen, hoca **teaching** öğretim; ders, öğreti; öğretmenlik

team /ti:m/ *a.* takım; grup, ekip **team up with** birlikte çalışmak **teamwork** ekip çalışması

tear /tiı/ *a.* gözyaşı

tear /teı/ *e.* **tore** /to:/, **torn** /to:n/ yırtmak; koparmak; yırtılmak; kopmak; *kon.* çılgın gibi koşmak * *a.* yırtık **tear up** parça parça etmek

tease /ti:z/ *e.* sataşmak, takılmak *

a. muzip, şakacı kimse **teaser** muzip; şakacı kimse; *kon.* zor bir soru/sorun

teat /ti:t/ *a.* biberon emziği

technical /'teknikıl/ *s.* teknik

technician /tek'nişın/ *a.* teknisyen

technique /tek'ni:k/ *a.* teknik, yordam

technology /tek'nolıci/ *a.* teknoloji **technological** teknolojik

teddy bear /'tedi beı/ *a.* oyuncak ayı

tedious /'ti:dııs/ *s.* can sıkıcı, usandırıcı

teem /ti:m/ *e.* (**with**) dolu olmak, kaynaşmak * *e. kon.* bardaktan boşanırcasına yağmak

teenage /'ti:neyc/ *s.* 13-19 yaş arası gençlerle ilgili **teenager** 13-19 yaş arası genç

teens /'ti:nz/ *a.* 13-19 arasındaki yaş

tee shirt /'ti:şö:t/ *a.* tişört

teeth /ti:t/ *a.* dişler

teethe /ti:t/ (bebek) diş çıkarmak

teetotal /ti:'toutıl/ *s.* yeşilaycı, içki içmeyen

telecast /'telika:st/ *a.* televizyon yayını

telecommunications /'telikımyu:ni'keyşınz/ *a.* telekomünikasyon, iletişim

telegram /'teligrem/ *a.* telgraf, telyazı

telegraph /'teligra:f/ *a.* telgraf

telepathy /ti'lepıti/ *a.* telepati

telephone /'telifoun/ *a.* telefon * *e.* telefon etmek **telephone booth** telefon kulübesi **telephone directory** telefon rehberi **telephone exchange** telefon santrali

telephonist /tı'lefınist/ *a.* santral memuru

telescope /'teliskoup/ *a.* teleskop

televise /'telivayz/ *e.* televizyonda göstermek, yayınlamak

television /'telivijın/ *a.* televizyon

telex /'teleks/ *a.* teleks; teleks

haberi

tell /tel/ e. **told** /tould/ söylemek; anlatmak; bildirmek; ayırt etmek, tanımak; etki etmek, etkili olmak **tell off** azarlamak, paylamak **teller** veznedar; (oy) sayıcı **telling** etkili

telltale /'telteyl/ a. kon. muhbir, ispiyoncu * s. belli eden, açığa vuran

telly /'teli/ a. BE. kon. televizyon

temper /'tempı/ a. hal, keyif; huy, mizaç; kızgınlık * e. (metal) sertleştirmek, tavlamak; hafifletmek, yumuşatmak **fly/get into a temper** aniden tepesi atmak **keep one's temper** sakinliğini korumak **lose one's temper** tepesi atmak, kızmak

temperament /'tempırımınt/ a. mizaç, yaradılış **temperamental** /-'mentıl/ saati saatine uymayan

temperate /'tempırit/ s. ılımlı, ölçülü; ılıman, ılık, mutedil

temperature /'tempırıçı/ a. sıcaklık derecesi **have/run a temperature** hek. ateşlenmek, ateşi olmak **take sb's temperature** ateşini ölçmek

tempest /'tempist/ a. fırtına

temple /'tempıl/ a. tapınak; anat. şakak

tempo /'tempou/ a. tempo

temporal /'tempırıl/ s. zamanla ilgili; maddi; geçici

temporary /'tempırıri/ s. geçici **temporarily** geçici olarak

tempt /tempt/ e. ayartmak, baştan çıkarmak, teşvik etmek; cezbetmek **tempting** çekici

temptation /temp'teyşın/ a. baştan çıkarma, ayartma; çekici şey

ten /ten/ a. s. on **tenth** onuncu

tenacious /ti'neyşıs/ s. inatçı, direngen; (hafıza) güçlü

tenancy /'tenınsi/ a. kira süresi; kiracılık

tenant /'tenınt/ a. kiracı

tend /tend/ e. (to) meyletmek, eğilimi olmak; yönelmek; bakmak, ilgilenmek

tendency /'tendınsi/ a. eğilim

tender /'tendı/ s. yumuşak, gevrek, körpe; duyarlı, hassas; sevecen, müşfik, şefkatli; dokununca acıyan * a. teklif * e. teklif etmek, sunmak

tendon /'tendın/ a. anat. kiriş

tenement /'tenimınt/ a. çok kiracılı ucuz apartman

tennis /'tenis/ a. tenis **tennis court** tenis sahası

tenor /'tenı/ a. müz. tenor

tense /tens/ s. gergin * a. dilb. zaman

tension /'tenşın/ a. gerginlik; gerilim

tent /tent/ a. çadır

tentacle /'tentikıl/ a. hayb. dokunaç

tentative /'tentitiv/ s. deneme niteliğinde, öneri niteliğinde, geçici

tenuous /'tenyuıs/ s. çok zayıf, az, hafif

tenure /'tenyı, 'tenyuı/ a. tasarruf hakkı; kullanım süresi

tepid /'tepid/ s. ılık

tequila /ti'ki:lı/ a. tekila

term /tö:m/ a. (okul) dönem; süre; terim; kon. şartlar, koşullar; kon. ilişkiler, ara **in terms of** -e göre; bir dille **be on good (bad) terms with** ile arası iyi (kötü) olmak **come to terms with** ile anlaşmak

terminal /'tö:minıl/ s. uçta bulunan, uç, son; ölümcül * a. terminal; son durak; elek. kutup

terminate /'tö:mineyt/ e. bitirmek, son vermek; bitmek **termination** son, bitme

terminology /tö:mi'nolıci/ a. terminoloji

terminus /'tö:minıs/ a. son durak

termite /'tö:mayt/ a. hayb. beyaz karınca, termit

terrace /'teris/ a. sıra evler; teras, taraça; set; sp. tribün basamağı

terrain /te'reyn, ti'reyn/ a. arazi

terrestrial /ti'restrııl/ s. karaya ait, karasal; dünyevi, dünya ile ilgili

terrible /'terıbıl/ s. korkunç; kon. rezil, berbat *terribly* çok

terrier /'terıı/ a. teriyer, av köpeği

terrific /tı'rifik/ s. kon. çok iyi, mükemmel, harika, süper; korkunç, müthiş, süper

terrify /'terıfay/ e. çok korkutmak

territorial /teri'to:rııl/ s. karaya ait, karasal *territorial waters* karasuları

terror /'terı/ a. tedhiş, terör; dehşet, korku; kon. baş belası *terrorism* terörizm, tedhişçilik *terrorist* terörist *terrorize* korkutmak, yıldırmak

terse /tö:s/ s. (söz) kısa ve özlü

test /test/ a. sınav, test; deneme, sınama; ölçü, ayar; muayene; deney; kim. çözümleme * e. muayene etmek; denemek, sınamak; araştırmak *test tube* deney tüpü *test-tube baby* tüp bebek

testament /'testımınt/ a. vasiyetname *New Testament* Yeni Ahit *Old Testament* Eski Ahit

testicle /'testikıl/ a. testis, erbezi, taşak

testify /'testifay/ e. tanıklık etmek; kanıtlamak, doğrulamak

testimonial /testi'mounııl/ a. bonservis; takdirname, başarı belgesi

testimony /'testimıni/ a. huk. tanıklık; ifade

tetanus /'tetınıs/ a. hek. tetanos, kazıklıhumma

tether /'tetı/ a. hayvan zinciri/ipi *at the end of one's tether* dayanacak sabrı/gücü kalmamış

text /tekst/ a. metin, parça; konu *textbook* ders kitabı

textile /'tekstayl/ a. tekstil, dokuma; dokuma kumaş * s. tekstille ilgili

texture /'teksçı/ a. dokuma, örgü; bünye, yapı, doku

than /tın, ten/ bağ. -den, -dan

thank /tenk/ e. teşekkür etmek * a. teşekkür, şükran *thank God/goodness/heaven* Allah'a şükür, çok şükür *thank you* teşekkür ederim, sağ olun *thanks to* -in sayesinde *thankful* müteşekkir, minnettar *thankless* nankör, iyilikbilmez *thanks* teşekkürler *thanksgiving* şükür, şükran, minnet *thanksgiving day* şükran yortusu

that /tet/ s. adl. şu, o * be. kon. o kadar, öylesine *that's that* (işte) o kadar

that /tıt, det/ bağ. ki, -dığı(nı), -diği(ni) * adl. ki o, -en, -an; ki onu, ki ona, -dığı, -diği

thaw /to:/ e. erimek; eritmek; yakınlaşmak, samimileşmek, açılmak

the /tı, tı, tı:/ belgili tanımlık (tekil ya da çoğul adlardan önce gelerek onlara belirlilik kavramı verir)

theatre /'tııtı/ a. BE. tiyatro *theatrical* tiyatroya ait; yapmacık, abartmalı

theft /teft/ a. hırsızlık

their /tı, teı/ s. onların

theirs /teız/ adl. onların, onlarınki

them /tım, tem/ adl. onları, onlara, onlar

theme /ti:m/ a. konu, anakonu, tema; müz. tema *theme song/tune* film müziği

themselves /tım'selvz/ adl. kendileri, kendilerini, kendilerine *by themselves* kendi kendilerine

then /ten/ be. o zaman, o zamanlar, o süre içinde; sonra, ondan sonra, daha sonra; bu durumda, öyleyse, madem öyle *now and*

then ara sıra

thenceforth /tens'fo:t/ *be.* o zamandan beri

theology /ti'olıci/ *a.* ilahiyat, teoloji **theologian** ilahiyatçı **theological** teolojik

theorem /'tiırım/ *a.* teorem, sav

theoretical /tiı'retikıl/ *s.* teorik, kuramsal

theory /'tiıri/ *a.* teori, kuram *in theory* teoride, teorik olarak

therapeutic /teıı'pyu:tik/ *s.* tedaviye ait; iyileştirici, sağaltıcı

theraphy /'teıupi/ *a.* tedavi, sağaltım **therapist** terapist, sağaltman

there /teı/ *be.* orada, oraya, orayı * *ünl.* işte **there is/are** var **There you are** demedim mi, gördün mü; buyur, al, işte **thereabouts** oralarda; o sıralarda; ona yakın **thereafter** ondan sonra **thereby** o suretle, suretiyle **therefore** bu yüzden, bu nedenle, onun için **therein** bu bakımdan **thereof** onun **thereto** ona **thereupon** bunun üzerine, o an

thermal /'tö:mıl/ *s.* termik, ısıl

thermometer /tı'momitı/ *a.·* termometre, sıcakölçer

thermos /'tö:mıs/ *a.* termos

thermostat /'tö:mıstet/ *a.* termostat, ısıdenetir

thesaurus /ti'so:rıs/ *a.* kavramlar dizini (kitabı)

thesis /'ti:sis/ *a.* (ç, *-ses* /-si:z/ iddia, sav; inceleme

they /tey/ *adl.* onlar

thick /tik/ *s.* kalın; (sıvı) koyu; sık; yoğun; (ses) boğuk **thickheaded** kalın kafalı **thickness** kalınlık; koyuluk; sıklık; yoğunluk

thicken /'tikın/ *e.* kalınlaştırmak; kalınlaşmak; koyulaştırmak; koyulaşmak

thief /ti:f/ *a.* hırsız

thigh /tay/ *a. anat.* uyluk, but

thimble /'timbıl/ *a.* yüksük

thin /tin/ *s.* ince; zayıf, cılız; sulu, cıvık; (bahane) sudan **thinskinned** duyarlı, alıngan

thing /ting/ *a.* şey, nesne; olay; yaratık, canlı; *kon.* eşya, giyecekler

think /tink/ *e.* **thought** /to:t/ düşünmek; sanmak **think about** düşünmek **think of** düşünmek, tasarlamak; hatırlamak **think out/through** düşünüp taşınmak **think over** üzerinde düşünüp taşınmak **thinker** düşünür **thinking** düşünceli; düşünce

third /tö:d/ *a. s.* üçüncü * *a.* üçte bir **thirdly** üçüncü olarak **third rate** kalitesiz, adi

thirst /tö:st/ *a.* susuzluk **thirsty** susamış; susatıcı

thirteen /tö:'ti:n/ *a. s.* on üç **thirteenth** on üçüncü

thirty /tö:ti/ *s. a.* otuz **thirtieth** otuzuncu

this /tis/ *s. adl.* (ç. *these* /di:z/) bu *like this* böyle, bu şekilde, bunun gibi

thistle /'tisıl/ *a. bitk.* devedikeni

thong /tong/ *a.* sırım; kayış

thorax /'to:reks/ *a. hayb.* göğüs

thorn /to:n/ *a.* diken; dikenli bitki **thorny** dikenli

thorough /'tarı/ *s.* tam, eksiksiz; titiz **thoroughbred** safkan, soylu; kültürlü **thoroughfare** işlek cadde; cadde, yol **thoroughly** tümüyle, adamakıllı

those /touz/ *adl.* şunlar, onlar * *s.* şu, o

though /tou/ *bağ.* -e rağmen, -e karşın, -se bile * *be.* yine de, her şeye rağmen *as though* -mış gibi

thought /to:t/ *a.* düşünce; görüş, kanı; endişe *on second thoughts* sonradan düşününce **thoughtful** düşünceli **thoughtless** düşüncesiz

thousand /'tauzınd/ *a. s.* bin **thou-**

sandth bininci

thrash /treş/ *e.* (sopa/kırbaç ile) dövmek; yenmek ***thrash out*** tartışarak çözümlemek *thrashing* dayak atma, dayak

thread /tred/ *a.* iplik; lif, tel; yiv ★ *e.* (iğneye) iplik geçirmek *threadbare* eski püskü, yıpranmış

threat /tret/ *a.* tehdit; tehlike

threaten /'tretın/ *e.* tehdit etmek; belirtisi olmak *threatening* tehdit edici

three /tri:/ *a. s.* üç ***three-dimensional*** üç boyutlu

thresh /treş/ *e.* harman dövmek

threshold /'treşhould, 'treşould/ *a.* eşik; başlangıç *on the threshold of*-in eşiğinde

threw /tru:/ *bkz. throw*

thrift /trift/ *a.* tutum, idare *thrifty* tutumlu, idareli

thrill /tril/ *a.* heyecan; korku ★ *e.* heyecanlanmak *thriller* heyecanlı kitap/oyun/film

thrive /trayv/ *e.* iyiye gitmek; başarılı olmak; büyümek

throat /trout/ *a.* boğaz; gırtlak

throb /trob/ *e.* küt küt atmak, zonklamak

throes /trouz/ *a.* şiddetli ağrı, sancılar

throne /troun/ *a.* taht

throng /trong/ *a.* kalabalık

throttle /'trotıl/ *e.* boğazlamak, boğmak, gırtlaklamak ★ *a.* kısma valfı, kelebek

through /tru:/ *ilg.* -den geçerek, içinden, arasından; yoluyla, sayesinde; vasıtasıyla, eliyle; -den; yüzünden, nedeniyle; her yanında, her yanına; başından sonuna dek; süresince ★ *be.* başından sonuna kadar; baştan başa; tümüyle ★ *s.* direkt, aktarmasız *through and through* tamamen, tümüyle *be through* bitirmek

throughout /tru:'aut/ *be.* baştanbaşa; başından sonuna kadar, hep

throw /trou/ *e.* **threw** /tru:/, *thrown* /troun/ atmak, fırlatmak ★ *a.* atma, atış, fırlatma *throw about* saçmak, dağıtmak *throw away* boşa harcamak, çarçur etmek *throw off* üstünden atmak, çıkarmak; -den kurtulmak *throw on* üzerine giyivermek *throw out* ileri sürmek, söylemek; reddetmek; kovmak *throw over* ile ilişkisini kesmek *throw together* acele yapıvermek *throw up* kusmak; bırakmak, vazgeçmek

thrown /troun/ *bkz. throw*

thru /tru:/ *bkz. through*

thrush /traş/ *a. hayb.* ardıçkuşu; *hek.* pamukçuk

thrust /trast/ *e.* **thrust** /trast/ sokmak, saplamak; itmek, dürtmek

thud /tad/ *a.* gümbürtü, pat, küt ★ *e.* pat diye vurmak

thug /tag/ *a.* cani, katil, haydut

thumb /tam/ *a.* başparmak *thumbtack* raptiye

thump /tamp/ *e.* yumruklamak, güm güm vurmak; (kalp) küt küt atmak

thunder /'tandı/ *a.* gök gürültüsü ★ *e.* (gök) gürlemek; bağırmak, gürlemek *thunderbolt* yıldırım *thunderstorm* yıldırımlı fırtına *thunderstruck* yıldırım çarpmışa dönmüş, şaşkın

Thursday /'tö:zdi, 'tö:zdey/ *a.* perşembe

thus /tas/ *be.* böylece; bu sonuçla *thus far* şu ana kadar

thyme /taym/ *a. bitk.* kekik

thyroid /'tayroyd/ *a.* tiroit, kalkanbezi

tick /tik/ *a.* tıkırtı, tiktak; "doğru" işareti; *BE. kon.* an, saniye; *hayb.* kene ★ *e.* tıkırdamak, tıklamak; doğru işareti koymak *tick off* ticket

işaret koymak; *kon.* paylamak, azarlamak

ticket /'tikit/ *a.* bilet; etiket; (trafik) para cezası **ticket collector** biletçi **ticket office** bilet gişesi

tickle /'tikıl/ *e.* gıdıklamak; eğlendirmek **ticklish** hemen gıdıklanır; zor, özel dikkat isteyen, nazik

tide /tayd/ *a.* gelgit; akış, eğilim

tidy /'taydi/ *s.* derli toplu, temiz; *kon.* oldukça büyük * *e.* (*up*) derleyip toplamak, çekidüzen vermek

tie /tay/ *a.* kravat; bağ; beraberlik, sonuç eşitliği; düğüm * *e.* bağlamak; bağlanmak; *sp.* berabere kalmak

tier /'tayı/ *a.* kat, sıra, dizi

tiff /tif/ *a.* atışma, tartışma

tiger /'taygı/ *a.* kaplan

tight /tayt/ *s.* sıkı, sımsıkı; gergin; zor, güç; geçirmez, sızdırmaz; *kon.* cimri, eli sıkı; *kon.* sarhoş * *be.* sımsıkı **sit tight** olduğu yerde kalmak **tighten** sıkmak, germek; sıkıştırmak, gerginleştirmek

tights /tayts/ *a.* külotlu çorap

tile /tayl/ *a.* kiremit; çini

till /til/ *ilg.* bağ. -e kadar, -e dek * *a.* para çekmecesi, kasa

tilt /tilt/ *e.* eğmek; eğilmek * *a.* eğiklik

timber /'timbı/ *a.* kereste

time /taym/ *a.* zaman, vakit; müddet, süre; *müz.* tempo; devir, çağ; defa, kere; *mat.* kere, çarpı * *e.* saat tutmak, süresini ölçmek; zamanlamak, ayarlamak **all the time** durmadan, sürekli, boyuna **at the same time** aynı zamanda **at times** bazen **behind the times** eski kafalı **by the time** -dığı zaman **for a time** kısa bir süre **for the time being** şimdilik **from time to time** ara sıra, bazen **in time** vaktinde, erkence;

zamanla **keep up with the times** zamana ayak uydurmak **many a time** sık sık **on time** vaktinde, tam vaktinde **once upon a time** bir zamanlar; bir varmış bir yokmuş **pass the time of day** laklak etmek **play for time** zaman geçirmek, oyalanmak **take one's time** acele etmemek, özenle yapmak **time after time** sık sık, tekrar tekrar **time and (time) again** sık sık, tekrar tekrar **time bomb** saatli bomba **time exposure** poz **What's the time?** Saat kaç? **What time is it?** Saat kaç? **timekeeper** saat hakemi **timeless** değişmeyen, ebedi, sonsuz **timely** tam vaktinde, yerinde, uygun **timer** saat hakemi; kronometre **timetable** tren vb. tarifesi; ders programı **timing** zamanlama

timid /'timid/ *s.* çekingen, sıkılgan

tin /tin/ *a.* kalay; teneke; teneke kutu; konserve kutusu * *e.* (yiyecek, vb.) konservelemek, kutulamak **tin opener** *BE.* konserve açacağı

tincture /'tinkçı/ *a.* boya; tentür

tinge /tinc/ *a.* az miktar, nebze

tingle /'tingıl/ *e.* ürpermek, diken diken olmak

tinker /'tinkı/ *a.* tenekeci

tinkle /'tinkıl/ *a.* çıngırtı * *e.* çınlamak

tint /tint/ *a.* hafif renk; renk tonu

tiny /'tayni/ *s.* küçücük, minicik

tip /tip/ *a.* (burun, parmak, vb.) uç; çöplük; bahşiş; tavsiye * *e.* eğmek, yana yatırmak; eğilmek; devirmek; devrilmek **on the tip of one's tongue** dilinin ucunda olmak

tipple /'tipıl/ *a. kon.* içki

tipsy /'tipsi/ *a.* çakırkeyf

tiptoe /'tiptou/ *a:* **on tiptoe** ayaklarının ucuna basarak * *e.* ayaklarının ucuna basarak yürümek

tire /tayı/ *e.* yormak; yorulmak
tired yorgun *be **tired of*** -den
bıkmak *get **tired*** yorulmak *tire-
less* yorulmak bilmez, bitmez
tükenmez ***tiresome*** yorucu *tiring*
yorucu

tissue /'tişu:, 'tısyu:/ *a. anat.* doku;
ince kumaş; kâğıt mendil

tit /tit/ *a. hayb.* baştankara

titivate /'titiveyt/ *e. kon.* çeki düzen
vermek, toparlamak

title /'taytıl/ *a.* başlık, ad; unvan;
huk. hak, istihkak; *sp.* şampi-
yonluk

titter /'titı/ *e.* kıkır kıkır gülmek

to /tı, tu, tu:/ *ilg.* -e doğru, -e; -e
kadar, -e; -e karşı, -e; (saat) kala,
var; her birinde; -mek, -mak

toad /toud/ *a. hayb.* karakurbağası

toast /toust/ *a.* kızarmış ekmek;
sağlığına içme, kutlama * *a.*
kızartmak; sağlığına içmek
toaster ekmek kızartma makinesi

tobacco /tı'bekou/ *a.* tütün *tobac-
conist* tütüncü

toboggan /tı'bogın/ *a.* kar kızağı

today /tı'dey/ *a. be.* bugün

toddle /'todıl/ *e.* tıpış tıpış yürümek

toe /tou/ *a.* ayak parmağı *on one's
toes* harekete hazır, tetikte *toe-
nail* ayak tırnağı

toffee /'tofi/ *a.* bonbon, şekerleme

together /tı'getı/ *be.* bir araya, bir
arada; birlikte, beraber *together-
ness* birliktelik, beraberlik

toil /toyl/ *e.* çok çalışmak, yorul-
mak * *a.* zor iş

toilet /'toylit/ *a.* hela, tuvalet

toiletries /'toylitrız/ *a.* tuvalet
takımı, tuvalet eşyaları

token /'toukın/ *a.* belirti, iz,
gösterge; jeton; kart, marka, fiş

told /tould/ *bkz. tell*

tolerable /'tolırıbıl/ *s.* dayanılabilir,
çekilir; şöyle böyle, orta

tolerance /'tolırıns/ *a.* tahammül,

dayanıklılık; hoşgörü *tolerant*
hoşgörülü; tahammüllü

tolerate /'tolıreyt/ *e.* müsamaha
etmek, hoş görmek; tahammül
etmek, katlanmak *toleration*
müsamaha, hoşgörü

toll /toul/ *a.* (yol, köprü, vb.) geçiş
ücreti; bedel; çan sesi * *e.* (çan)
çalmak *tollgate* geçiş ücreti
ödenen yer

tomato /tı'ma:tou/ *a. bitk.* domates

tomb /tu:m/ *a.* mezar, kabir; türbe
tombstone mezar taşı

tomorrow /tı'morou/ *a. be.* yarın

ton /tan/ *a.* ton (*BE.* 1016.047 kg.;
AE. 907.2 kg); ton (1000 kg.);
den. tonilato; *kon.* yığın, sürü,
büyük miktar, ton

tone /toun/ *a.* ses; ses tonu, ton;
müz. perde, ton; renk tonu, ton;
tarz, tavır *tone down* tonunu
hafifletmek, yumuşatmak *tone in
with* ile uyum sağlamak, uymak

tongs /tongz/ *a.* maşa

tongue /tang/ *a.* dil *tongue twister*
tekerleme *tongue-tied* dili tutul-
muş; ağzı var dili yok

tonic /'tonik/ *a.* tonik; kuvvet ilacı

tonight /tı'nayt/ *a. be.* bu gece

tonnage /'tanic/ *a.* tonaj, tonilato

tonsil /'tonsil/ *a. hek.* bademcik

too /tu:/ *be.* (gereğinden) çok,
fazla, aşırı; de, da, dahi

tool /tu:l/ *a.* alet

tooth /tu:t/ *a.* (*ç. teeth* /ti:t/) diş;
çark dişi *toothache* diş ağrısı
toothpaste diş macunu *toothpick*
kürdan

top /top/ *a.* tepe, doruk, üst; baş;
örtü, kapak; topaç * *s.* en yüksek,
en üst * *e.* üstünü örtmek, ka-
pamak; -den üstün gelmek,
geçmek *from top to bottom*
baştan aşağı, tümüyle *on top of*
üstüne, üstünde, ayrıca, üstelik
top secret çok gizli *topcoat* palto
topless (kadın) göğüsleri açık,

üstsüz **topmost** en üstteki, en yüksek

topaz /'toupez/ a. sarı yakut, topaz

topic /'topik/ a. konu

topography /tı'pogrıfı/ a. topografya, yerbetim

topple /'topıl/ e. sendelemek, düşmek; devirmek, düşürmek

topsy-turvy /topsi'tö:vi/ s. be. karman çorman

torch /to:ç/ a. el feneri; meşale

torment /'to:ment/ a. büyük acı, sancı, eziyet * e. acı çektirmek, eziyet etmek

torn /to:n/ bkz. **tear**; s. ayrı, bölünmüş

tornado /to:'neydou/ a. kasırga

torpedo /to:'pi:dou/ a. ask. torpil

torrent /'tornt/ a. sel

torrid /'torid/ s. çok sıcak, yakıcı

torsion /'to:şın/ a. bükme, bükülme

tortoise /'to:tıs/ a. kaplumbağa

tortuous /'to:çuıs/ s. dolambaçlı, dönen; kaçamaklı, dolaylı

torture /'to:çı/ a. işkence * e. işkence etmek

toss /tos/ e. atmak; yazı-tura atmak; sallamak; sallanmak * a. sallama, sallanma; atma, fırlatma; yazı-tura

tot /tot/ e. (**up**) toplamak, ilave etmek * a. ufak çocuk; bir yudum içki

total /'toutıl/ s. toplam, bütün * a. toplam; tutar * e. toplamını bulmak; toplamak; tutmak, etmek **totally** bütün bütün, tümüyle

totalitarian /touteli'teırın/ a. totaliter, erktekelci

totem /'toutım/ a. totem, ongun

totter /'totı/ e. sendelemek, yalpalamak

touch /taç/ e. değmek; dokunmak; ellemek; etkilemek, duygulandırmak * a. dokunma; temas, değme; az miktar; sp. taç; duy-

gululuk, hassasiyet, incelik **touch wood** nazar değmesin diye tahtaya vurmak **in touch with - den haberdar get in touch with** ile temasa geçmek **keep in touch with** ile teması sürdürmek, ile ilişkiyi kesmemek **touch down** (uçak) yere inmek **touch on/upon** (konuya) değinmek **touch up** rötuş yapmak

touching /'taçing/ s. dokunaklı, acıklı, duygulandırıcı

touchy /taçi/ s. alıngan

tough /taf/ s. sert, kart; dayanıklı, dirençli güçlü; çetin, zor, güç * a. kon. kabadayı, bıçkın **toughen** sertleşmek; sertleştirmek

toupee /'tu:pey/ a. küçük peruka

tour /tuı/ a. tur, gezi; turne * e. gezmek, dolaşmak

tourism /'tuırizım/ a. turizm **tourist** turist

tournament /'tuınımınt, 'to:nımınt/ a. turnuva, yarışma

tourniquet /'tuınikey, 'to:nikey/ a. kanamayı durdurucu sargı, sargı bezi

tousle /'tauzıl/ e. (saç, vb.) karıştırmak

tow /tou/ e. (taşıt) yedekte çekmek * a. yedekte çekme **in tow** kon. yakın takipte

toward(s) /tı'wo:d(z)/ ilg. -e doğru, yönünde; -e karşı; -e doğru, sularında

towel /'tauıl/ a. havlu

tower /'tauı/ a. kule; burç **tower block** apartman, yüksek bina

town /taun/ a. şehir, kent; kasaba **town council** belediye meclisi **town planning** şehir planlaması

toxic /'toksik/ s. zehirli

toxin /'toksın/ a. toksin

toy /toy/ a. oyuncak **toyshop** oyuncakçı dükkânı

trace /treys/ e. izini sürmek, izlemek; ortaya çıkarmak; kopyasını çıkarmak * *a.* iz; kalıntı; zerre *tracing* kopya

track /trek/ *a.* iz; patika; ray; pist, yarış pisti; parça, şarkı; palet, tırtıl * *e.* izini takip etmek, izini sürmek *keep track (of)* -den haberdar olmak *tracking events* atletizm karşılaşmaları *tracksuit* eşofman

tract /trekt/ *a.* arazi, alan, toprak; *anat.* sistem, aygıt

traction /'trekşın/ *a.* çekme, çekilme

tractor /'trektı/ *a.* traktör

trade /treyd/ *a.* ticaret, alışveriş; meslek, sanat, iş * *e.* (*in/with*) ticaret yapmak, iş yapmak *trade bill* ticari senet *trade name* ad, marka *trade union* sendika *trade wind* alize rüzgârı *trademark* alameti farika, marka *trader* tüccar, tacir *tradesman* esnaf

tradition /trı'dişın/ *a.* gelenek, anane *traditional* geleneksel

traffic /'trefik/ *a.* trafik; ticaret *traffic jam* trafik sıkışıklığı *traffic lights* trafik ışıkları *traffic signs* trafik işaretleri

tragedy /'trecidi/ *a.* trajedi, ağlatı; facia, felaket

tragic /'trecik/ *s.* trajik; üzücü; *kon.* müthiş, korkunç

trail /treyl/ *a.* iz, koku; patika, keçiyolu * *e.* izini sürmek; peşinden sürüklemek; sürüklenmek

trailer /'treylı/ *a.* römork, treyler; fragman, tanıtma filmi; *AE.* karavan

train /treyn/ *a.* tren; kafile, kervan * *e.* yetiştirmek, eğitmek; *sp.* antrenman yapmak *trainee* stajyer *trainer* antrenör, çalıştırıcı *training* terbiye, eğitim; *sp.* antrenman, çalışma

trait /treyt/ *a.* özellik, karakter

traitor /'treytı/ *a.* hain

trajectory /trı'cektıri/ *a.* yörünge

tram /trem/ *a.* tramvay

tramp /tremp/ *a.* serseri; uzun yürüyüş * *e.* ağır adımlarla yürümek; yürüyüp geçmek, çiğnemek

trample /'trempıl/ *e.* basmak, ezmek, çiğnemek

trampoline /'trempıli:n/ *a.* tramplen

trance /tra:ns/ *a.* kendinden geçme, esrime, trans

tranquil /'trenkwil/ *s.* sakin, sessiz; durgun

tranquillizer /'trenkwilayzı/ *a.* sakinleştirici, yatıştırıcı ilaç

transact /tren'zekt/ *e.* (iş) görmek, bitirmek, yapmak

transaction /tren'zekşın/ *a.* iş görme, yapma; iş, muamele, işlem

transatlantic /trenzıt'lentik/ *s.* transatlantik, Atlantik Okyanusu'na ait, Atlantikaşırı

transcend /tren'send/ *e.* geçmek, aşmak *transcendent* üstün, ulu, yüce

transcribe /tren'skrayb/ *e.* kopya etmek, suretini çıkarmak; *müz.* uyarlamak *transcript* kopya, suret

transfer /trens'fö:/ *e.* nakletmek, taşımak; taşınmak; *sp.* transfer etmek, transfer olmak; aktarma yapmak; *huk.* devretmek * *a. sp.* transfer; *huk.* devir; aktarma bileti; nakil

transform /trens'fo:m/ *e.* biçimini değiştirmek, dönüştürmek *transformation* dönüşüm *transformer* transformatör, trafo

transfuse /trens'fyu:z/ *e.* (kan) nakletmek

transgress /trenz'gres/ *e.* (sınırı) aşmak; bozmak, çiğnemek

transient /'trenziınt/ *s.* geçici, süreksiz

transistor /tren'zistı/ *a.* transistor

transit /'trensit, 'trenzit/ *a.* taşıma, aktarma; geçiş

transition /tren'zişın/ *a.* geçiş
transitive /'trensitiv/ *s. a. dilb.* geçişli (eylem)
translate /trenz'leyt, trens'leyt/ *e.* tercüme etmek, çevirmek **translation** tercüme, çeviri **translator** tercüman, çevirmen
translucent /trenz'lu:sınt/ *s.* yarısaydam
transmission /trenz'mişın/ *a.* gönderme, iletme; geçirme, taşıma; (radyo, TV) yayın; transmisyon, vites
transmit /trenz'mit/ *e.* göndermek; yayınlamak; geçirmek, iletmek; (hastalık, vb.) geçirmek, bulaştırmak **transmitter** verici, iletici
transparent /tren'speinıt/ *s.* saydam; açık, net **transparency** saydamlık; slayt
transpire /tren'spayı/ *e.* ortaya çıkmak, bilinmek; *kon.* olmak, vuku bulmak
transplant /'trenspla:nt/ *e.* (bitki) başka bir yere dikmek/aktarmak; (organ, saç, vb.) nakletmek **transplantation** nakil, aktarma
transport /'trenspo:t/ *a.* nakil, taşıma; taşımacılık; araç * *e.* taşımak, götürmek, nakletmek; sürgüne göndermek **transportation** taşıma, taşımacılık; araç, taşıt; sürgün
transpose /tren'spouz/ *e.* yerlerini/sırasını değiştirmek; *müz.* perdesini değiştirmek
trap /trep/ *a.* tuzak; kapan; *kon.* ağız * *e.* tuzağa düşürmek
trapeze /trı'pi:z/ *a.* trapez
trash /treş/ *a.* değersiz şey, adi şey; *AE.* süprüntü; *AE.* ayaktakımı **trashy** değersiz
trauma /'tro:mı, 'traumı/ *a. hek.* travma
travel /'trevıl/ *e.* seyahat etmek, yolculuk yapmak; yol almak,

gitmek; *arg.* gazlamak * *a.* seyahat, yolculuk **travel agency/bureau** seyahat acentası **traveller** seyyah, yolcu **traveller's cheque** seyahat çeki
traverse /'trevö:s/ *e.* içinden/üzerinden geçmek
travesty /'trevisti/ *a.* kötü/gülünç taklit
trawl /tro:l/ *a.* tarak ağı, trol * *e.* tarak ağıyla balık tutmak **trawler** tarak ağlı balıkçı gemisi
tray /trey/ *a.* tepsi; tabla
treacherous /'treçırıs/ *s.* hain, dönek; tehlikeli **treachery** hainlik, ihanet
treacle /'tri:kıl/ *a.* şeker pekmezi
tread /tred/ *e. trod* /trod/, **trodden** /trodın/ üzerinde yürümek; basmak, çiğnemek, ezmek * *a.* ayak basışı/sesi; lastik tırtılı; merdiven basamağı
treadle /'tredıl/ *a.* pedal, ayaklık
treason /'tri:zın/ *a.* vatan hainliği
treasure /'treji/ *a.* hazine, define * *e.* çok değer vermek
treasurer /'trejırı/ *a.* haznedar, veznedar
treasury /'trejıri/ *a.* hazine; maliye dairesi
treat /tri:t/ *e.* muamele etmek, davranmak; ele almak; düşünmek, saymak, görmek; ikram etmek, ısmarlamak; kimyasal işleme tabi tutmak; tedavi etmek
treatise /'tri:tis, 'tri:tiz/ *a.* bilimsel inceleme, tez
treatment /'tri:tmınt/ *a.* muamele, davranış; tedavi
treaty /'tri:ti/ *a.* antlaşma
treble /'trebıl/ *a. müz.* soprano; tiz * *s. be.* üç misli, üç kat
tree /tri:/ *a.* ağaç
tremble /'trembıl/ *e.* titremek; ürpermek * *a.* titreme; ürperme, ürperti
tremendous /trı'mendıs/ *s.* çok

büyük, kocaman; harika, olağanüstü **tremendously** son derece, çok

tremor /'tremı/ a. titreme

trench /trenç/ a. hendek, çukur; *ask.* siper

trend /trend/ a. eğilim; akım

trepidation /trepi'deyşın/ a. telaş, kaygı

trespass /'trespıs, 'trespes/ e. (başkasının arazisine) izinsiz girmek

trestle /'tresıl/ a. masa ayaklığı, sehpa

trial /'trayıl/ a. *huk.* duruşma, yargılama; deneme; sınama; baş belası, dert **on trial** yargılanmakta; deneme için **trial and error** deneme-yanılma yöntemi

triangle /'trayengıl/ a. üçgen **triangular** üçgen, üç köşeli

tribe /trayb/ a. kabile, boy, aşiret, oymak **tribesman** oymak üyesi

tribunal /tray'byu:nıl/ a. *huk.* mahkeme

tributary /'tribyutıri/ a. *coğ.* kol, akarsu; geleğen

tribute /'tribyu:t/ a. takdir, övgü; baç, haraç, vergi

trick /trik/ a. hüner, numara, el çabukluğu; marifet, ustalık, beceri; muziplik, şeytanlık; hile, düzen, dolap, oyun, dalavere * e. (**into**) aldatmak, kandırmak **play trick on sb** oyun oynamak **tricky** kurnaz; hileli, aldatıcı; ustalık isteyen, zor

trifle /'trayfıl/ a. değersiz şey; meyveli tatlı, bir tür jöle **trifle with** hafife almak **trifling** önemsiz, değersiz

trigger /'trigı/ a. tetik

trigonometry /trigı'nomitri/ a. trigonometri

trill /tril/ a. ses titremesi

trillion /'trilyın/ a. trilyon; *AE.* bilyon

trim /trim/ e. kesip düzeltmek, budamak; süslemek; kısmak; yenmek * s. düzenli, derli toplu * a. kesme, kırkma; intizam, düzen; form, kondisyon **trimming** süs; garnitür; kesilmiş parça

trinket /'trinkit/ a. incik boncuk, değersiz ziynet

trio /'tri:ou/ a. üçlü

trip /trip/ e. düşürmek; tökezlemek, sendelemek; hata yapmak * a. gezi, gezinti, kısa yolculuk; takılma, tökezleme; düşme; hata, yanılma

tripe /trayp/ a. işkembe; *kon.* zırva

triple /'tripıl/ s. üç misli, üç kat; üçlü

triplet /'triplit/ a. üçüz

tripod /'traypod/ a. üç ayaklı sehpa

trite /trayt/ s. basmakalıp, beylik

triumph /'trayımf/ a. zafer, yengi

trivial /'trivıl/ s. önemsiz, değersiz

trod, trodden /trod/ *bkz.* tread

trolleybus /'trolibas/ a. troleybüs

trombone /trom'boun/ a. *müz.* trombon

troop /tru:p/ a. küme, takım, sürü, grup; *kon.* askerler; *ask.* bölük, tabur, alay **trooper** süvari eri; *AE.* eyalet polisi

trophy /'troufi/ a. ödül; ganimet, av

tropic /'tropik/ a. dönence; *kon.* tropikal bölge **tropical** tropikal; çok sıcak

trot /trot/ a. tırıs * a. tırıs gitmek; tırısa kaldırmak; *kon.* gitmek, kaçmak

trouble /'trabıl/ e. üzmek, telaşlandırmak, sıkmak; rahatsız etmek, zahmet vermek; zahmet etmek **fish in troubled waters** bulanık suda balık avlamak * a. ıstırap, üzüntü, sıkıntı; dert, bela; müşkül durum, rahatsızlık, hastalık, zahmet **ask/look for trouble** bela aramak **be in trou-**

ble başı dertte olmak *get oneself into trouble* başını derde sokmak

troublemaker baş belası, fitneci

troublesome zahmetli, güç; sıkıcı, sıkıntılı

trough /trof/ a. yalak, tekne

troupe /tru:p/ a. şarkıcı/dansçı/oyuncu grubu

trousers /'trauzız/ a. pantolon

trout /traut/ a. alabalık

trowel /'troul/ a. mala

truant /'truınt/ a. okul kaçağı; işten kaytaran *play truant* okuldan kaçmak, dersleri kırmak

truce /tru:s/ a. ateşkes

truck /track/ a. *AE.* kamyon; *BE.* yük vagonu

trudge /trac/ e. yorgun argın yürümek

true /tru:/ s. doğru, gerçek; halis, hakiki, katışıksız; içten, samimi; sadık *come true* gerçekleşmek *true to* -e uygun, ile bağdaşan

truffle /'trafıl/ a. yermantarı, domalan

truly /'tru:li/ be. gerçekten; içtenlikle *yours truly* (mektup sonlarında) saygılarımla

trump /tramp/ a. (iskambil) koz * e. (iskambil) koz çakmak, kozla almak

trumpet /'trampıt/ a. *müz.* trompet, boru

truncheon /'trançın/ a. cop

trunk /trank/ a. ağaç gövdesi; beden; gövde; fil hortumu; *AE.* araba bagajı; *kon.* erkek mayosu *trunk road* anayol

truss /tras/ e. (*up*) sımsıkı bağlamak * a. kiriş, makas, destek; *hek.* kasık bağı

trust /trast/ a. güven; sorumluluk; *huk.* mutemetlik * e. güvenmek, inanmak; ümit etmek, ummak *trustee* mütevelli; emanetçi *trustworthy* güvenilir

truth /tru:t/ a. gerçek, hakikat; doğruluk, gerçeklik; içtenlik; dürüstlük *truthful* doğru; doğru sözlü, dürüst

try /tray/ e. denemek; sınamak; uğraşmak, çalışmak; *huk.* yargılamak * a. deneme, kalkışma, girişim *try on* (giysi) prova etmek, giyip denemek *try out* denemek *trying* yorucu, bıktırıcı

tsar /za:, tsa:/ a. çar

t-shirt /'ti: şö:t/ a. tişört

tub /tab/ a. tekne, leğen; *kon.* küvet

tuba /'tyu:bı/ a. *müz.* tuba

tube /tyu:b/ a. tüp; boru; *BE.* metro, yeraltı treni

tuber /'tyu:bı/ a. *bitk.* yumrukök

tuberculosis /tyu:bö:kyu'lousis/ a. *hek.* tüberküloz, verem

tubular /'tyu:byulı/ s. tüp/boru şeklinde, borulu

tuck /tak/ a. (içine) sokmak; tıkmak; katlamak * a. pli, kırma

Tuesday /'tyu:zdi/ a. salı

tuft /taft/ a. küme, öbek, top; püskül

tug /tag/ e. şiddetle çekmek, asılmak; sürüklemek * a. kuvvetli çekiş; römorkör *tugboat* römorkör

tuition /tyu:'işın/ a. öğretim; okul harcı/taksiti

tulip /'tyu:lip/ a. lale

tumble /'tambıl/ e. düşmek, yuvarlanmak; *kon.* jetonu düşmek * a. düşme; karışıklık, kargaşa

tummy /'tami/ a. *kon.* karın, mide

tumor /'tyu:mı/ a. *AE. bkz.* tumour

tumour /'tyu:mı/ a. *hek.* tümör, ur

tumult /'tyu:malt/ a. kargaşa, gürültü, patırtı, heyecan

tuna /'tyu:nı/ a. tonbalığı, orkinos

tune /tyu:n/ a. nağme, hava, ezgi; akort; uyum * e. akort etmek; (makineyi) ayarlamak, düzen vermek *in tune* akortlu; uyumlu *out of tune* akortsuz *tuneful* ahenkli *tuner* tuner, alıcı cihaz, radyo; akortçu

tunic /'tyu:nik/ *a.* tunik; asker/polis ceketi

tunnel /'tanıl/ *a.* tünel

turban /'tö:bın/ *a.* sarık; türban

turbot /'tö:bot/ *a. hayb.* kalkan

turbulence /'tö:byulıns/ *a.* hava akımı; sertlik

tureen /tyu'ri:n/ *a.* büyük çorba kâsesi

turf /tö:f/ *a.* çimenlik, çimen, çim

Turk /tö:k/ *a.* Türk

turkey /'tö:ki/ *a.* hindi

Turkish /'tö:kiş/ *s.* Türk; Türkçe * *a.* Türkçe *Turkish bath* Türk hamamı *Turkish delight* lokum

turmoil /'tö:moyl/ *a.* kargaşa, karışıklık, telaş

turn /tö:n/ *e.* çevirmek, döndürmek; çevrilmek, dönmek; sapmak; saptırmak; yöneltmek; üstüne tutmak; kıvırmak, katlamak; dönüştürmek; ekşitmek; varmak, ulaşmak * *a.* devir, dönüş; dönemeç; değişim, değişiklik; sıra; nöbet; yetenek; *kon.* korkutma, sarsma *at every turn* her defasında *in turn* sıra ile *out of turn* sıra dışında, sırasız *take turns* sıra ile (nöbetleşe) yapmak *turn against* karşı çıkmak *turn away* geri çevirmek *turn back* geri dönmek; (sayfa, vb.) kıvırmak *turn down* sesini kısmak; gücünü azaltmak; geri çevirmek *turn in* teslim etmek, vermek; *kon.* yatmak *turn off* söndürmek, kapamak, kesmek; *kon.* keyfini kaçırmak, sıkmak *turn on* açmak; saldırmak; *kon.* (cinsel açıdan) etkilemek, ilgisini uyandırmak *turn out* söndürmek, kapatmak; üretmek; boşaltmak; olmak, çıkmak; giydirmek; çıkıp gelmek, toplanmak *turn over* çevirmek; devretmek; bırakmak;

(motor) sessiz çalışmak; üzerinde düşünmek *turn to* -e başvurmak *turn up* gelmek; ortaya çıkmak; biraz daha açmak *turnout* toplantı mevcudu, katılanlar; kılık kıyafet, giyim *turnover* sermaye devri, ciro; meyveli turta

turner /'tö:nı/ *a.* tornacı

turning /'tö:ning/ *a.* dönüş; dönemeç *turning point* dönüm noktası

turnip /'tö:nip/ *a.* şalgam

turnstile /'tö:nstayl/ *a.* turnike

turquoise /'tö:kwoyz/ *s. a.* turkuaz

turret /'tarit/ *a.* küçük kule; *ask.* taret

turtle /'tö:tıl/ *a.* su kaplumbağası

tussle /'tasıl/ *e.* (**with**) *kon.* kapışmak, dövüşmek * *a. kon.* kapışma, dövüşme, kavga

tutor /'tyu:tı/ *a.* özel öğretmen; *BE.* (üniversitede) öğretmen

tuxedo /tak'si:dou/ *a. AE.* smokin

twang /tweng/ *a.* genizden konuşma; tıngırtı

tweak /twi:k/ *e.* (kulak, burun, vb.) burkuvermek, bükmek

tweed /twi:d/ *a.* tüvit, iskoç kumaşı

tweezers /'twi:zız/ *a.* cımbız

twelve /twelv/ *a. s.* on iki *twelfth* on ikinci

twenty /'twenti/ *a. s.* yirmi *twenti-eth* yirminci

twice /tways/ *be.* iki kere; iki katı

twiddle /'twidıl/ *e.* döndürmek

twig /twig/ *a.* ince dal

twilight /'twaylayt/ *a.* alacakaranlık

twin /twin/ *a.* ikiz; ikili, çifte

twine /twayn/ *a.* kınnap, kalın sicim

twinge /twinc/ *a.* sancı

twinkle /'twinkıl/ *e.* pırıldamak, parlamak; göz kırpıştırmak * *a.* parıltı; göz kırpıştırma

twirl /twö:l/ *e.* hızla dönmek, fırıl fırıl dönmek; hızla döndürmek * *a.* hızla dönüş; kıvrım

twist /twist/ *e.* bükmek; burkmak; döndürmek; dolamak; ters anlam

vermek, çarpıtmak; bükülmek *
a. bükme, bükülme; burkma,
burkulma; dönemeç; sicim,
ibrişim

twit /twit/ *e.* takılmak, sataşmak

twitch /twiç/ *e.* aniden çekmek;
seğirtmek * *a.* seğirme, kıpırtı;
ani çekiş

twitter /'twitı/ *e.* cıvıldamak * *a.*
cıvıltı

two /tu:/ *a. s.* iki *in two* iki parça,
iki parçaya *one or two* bir iki,
birkaç *twofaced* ikiyüzlü *two-fold*
iki misli, iki kat *two-piece* iki
parçalı *two-way* çift yönlü, gidiş-
geliş

tycoon /tay'ku:n/ *a.* kodaman,
büyük işadamı

type /tayp/ *a.* tip, çeşit, tür; matbaa
harfi; örnek * *e.* daktilo ile yaz-
mak; daktilo kullanmak *type-
writer* daktilo, yazı makinesi
typist daktilograf

typhoid /'tayfoyd/ *a. hek.* tifo

typhoon /tay'fu:n/ *a.* tayfun

typhus /'tayfıs/ *a. hek.* tifüs

typical /'tipikıl/ *s.* tipik

typify /'tipifay/ *e.* tipik bir örneği
olmak

tyrannic /ti'renik/ *a.* zalim, gaddar

tyranny /'tirıni/ *a.* zorbalık, zulüm;
zorba hükümet

tyrant /'tayırınt/ *a.* zorba; zorba
hükümdar, tiran

tyre /tayı/ *a.* (oto) dış lastik

tzar /za:, tsa:/ *a.* çar

U

udder /'adı/ *a.* hayvan memesi

ugly /'agli/ *s.* çirkin; iğrenç; ters,
aksi

ulcer /'alsı/ *a. hek.* ülser

ultimate /'altimit/ *s.* son, en son;
kon. mükemmel, en büyük *ulti-*
mately en sonunda

ultimatum /altı'meytım/ *a.* ültima-
tom

ultraviolet /altrı'vayılit/ *s.* ultraviy-
ole, morötesi

umbrella /am'brelı/ *a.* şemsiye

umpire /'ampayı/ *a.* (tenis) hakem

unable /an'eybıl/ *s.* yapamaz, gücü
yetmez

unabridged /anı'bricd/ *s.* (yazı)
kısaltılmamış

unaccountable /anı'kauntıbıl/ *s.*
şaşırtıcı, açıklanamaz, anlaşılmaz

unaccustomed /anı'kastımd/ *s.*
garip; alışmamış, yadırgayan

unanimous /yu:'nenimıs/ *s.* hem-
fikir, aynı fikirde, ortak

unarmed /an'a:md/ *s.* silahsız

unassuming /anı'syu:ming/ *s.* alçak-
gönüllü, gösterişsiz, sessiz

unattended /anı'tendid/ *s.* yalnız,
kimsesiz, başıboş

unaware /anı'weı/ *s.* habersiz,
farkında olmayan *unawares*
ansızın

unbalanced /an'belınst/ *s.* dengesiz

unbearable /an'beırbıl/ *s.* dayanıl-
maz, çekilmez

unbelievable /anbi'li:vıbıl/ *s.*
inanılmaz, şaşırtıcı

unbutton /an'batın/ *e.* düğmelerini
çözmek

uncertain /an'sö:tın/ *s.* kuşkulu,
şüpheli; kararsız; kesin olmayan

uncharitable /an'çeritıbıl/ *s.*
hoşgörüsüz, acımasız, sert

unchecked /an'çekt/ *s.* serbest
bırakılmış, kontrolünden çıkmış,
başıboş

uncle /'ankıl/ *a.* amca; enişte; dayı

uncomfortable /an'kamftıbıl/ *s.*
rahatsız, konforsuz

uncommon /an'komın/ *s.* nadir,
seyrek; acayip, olağandışı

uncompromising
/an'komprımayzing/ *s.* uzlaşmaz,
kararından dönmez

unconcerned /ankın'sö:nd/ s. ilgisiz; kaygısız

unconditional /ankın'dişınıl/ s. kayıtsız şartsız, mutlak

unconscious /an'konşıs/ s. baygın, kendinde değil; bilmeden, kasıtsız

uncork /an'ko:k/ e. (şişenin) tıpasını açmak

uncountable /'ankauntıbıl/ s. sayılamayan

uncover /an'kavı/ e. (örtüsünü, kapağını) açmak; ortaya çıkarmak

uncut /an'kat/ s. kesilmemiş; (film, kitap, vb) kısaltılmamış, makaslanmamış

undaunted /an'do:ntid/ s. yiğit, gözü pek, korkusuz, yılmaz

undecided /andı'saydıd/ s. kararlaştırılmamış; askıda, kararsız

undeniable /andı'nayıbıl/ s. inkâr edilemez, yadsınamaz, kesin

under /'andı/ be. altında, altına * ilg. altında, altına, altından; -den az, -den aşağı, -in altında; -in yönetiminde *under age* reşit olmamış *under cover (of)* -e sığınmış/gizlenmiş

undercarriage /'andıkeric/ a. (uçak) iniş takımı, tekerlekler

undercharge /andı'ça:c/ e. değerinden az para istemek

underclothes /'andıkloudz/ a. iç çamaşırı

undercoat /'andıkout/ a. astar boya

undercut /andı'kat/ e. başkalarından daha ucuza satmak

underdeveloped /andıdi'velıpt/ s. az gelişmiş

underdog /'andıdog/ a. ezilen kişi, mazlum

underdone /andı'dan/ s. az pişmiş

underestimate /andır'estimeyt/ e. az/düşük olarak tahmin etmek

underfoot /andı'fut/ be. ayak altında

undergo /andı'gou/ e. *underwent* /andı'went/, *undergone* /andı'gon/ -e uğramak, çekmek, geçirmek

underwent /andı'went/ bkz. *undergo*

undergraduate /andı'grecyuit/ a. üniversite öğrencisi

underground /'andıgraund/ s. yeraltı; gizli * a. BE. yeraltı treni, metro

undergrowth /'andıgrout/ a. bitk. ormanaltı bitkileri

underline /andı'layn/ e. altını çizmek; vurgulamak, belirtmek

undermanned /andı'mend/ s. personeli yetersiz, az çalışanı olan

undermine /andı'mayn/ e. baltalamak, yıkmak, temelini çürütmek

underneath /andı'ni:t/ ilg. be. altına, altından, altında * a. bir şeyin alt bölümü, alt

undernourish /andı'nariş/ e. kötü beslemek, yeterli beslememek

underpants /'andıpents/ a. külot, don

underpass /'andıpa:s/ a. yeraltı geçidi

underprivileged /andı'privilicd/ s. temel sosyal haklardan yoksun

underrate /andı'reyt/ e. hafife almak, küçümsemek, gereğinden az değer vermek

undershirt /andı'şö:t/ a. AE. atlet, fanila

underside /'andısayd/ a. alt kısım, alt bölüm, alt, taban

undersigned /andı'saynd/ s. aşağıda imzası bulunan

understand /andı'stend/ e. *understood* /andı'stud/ anlamak *understandable* anlaşılabilir *understanding* anlayış; anlama; anlayışlı

understatement /andı'steytmınt/ a. (anlatmaya) yetersiz kalan ifade

understood /andı'stud/ bkz. *under-*

stand
undertake /andı'teyk/ *e.* **undertook**
/andı'tuk/, **undertaken**
/andı'teykın/ üzerine almak,
üstlenmek, sorumluluğunu al-
mak; (işe) girişmek, başlamak
undertaker /'andıteykı/ *a.* cenaze
kaldırıcısı
underwater /andı'wo:tı/ *s. be.* su-
altı; sualtında
underwear /'andıwei/ *a.* iç çamaşırı
underweight /andı'weyt/ *s.* normal-
den hafif
underworld /'andıwö:ld/ *a.* ölüler
diyarı; yeraltı dünyası, suçlular
dünyası
undesirable /andi'zayırıbıl/ *s.* isten-
meyen, hoşa gitmeyen, nahoş
undeveloped /andi'velıpt/ *s.* (yer)
gelişmemiş
undistinguished /andi'stingwişt/ *s.*
sıradan, vasat; üstün özellikleri
olmayan
undivided /andi'vaydid/ *s.* tam,
bölünmemiş
undo /an'du:/ *e.* **undid** /andid/,
undone /andan/ çözmek, açmak;
mahvetmek, yok etmek *undoing*
felaket nedeni, mahvolma sebebi
undone /an'dan/ *bkz. undo*; *s.*
yapılmamış, tamamlanmamış;
çözülmüş, açılmış, bağlanmamış
undoubted /an'dautid/ *s.* kesin, su
götürmez, kuşku götürmez,
şüphesiz
undress /an'dres/ *e.* soyunmak;
soymak, giysilerini çıkarmak
undue /an'dyu:/ *s.* aşırı, çok fazla;
yersiz
unearth /an'ö:t/ *e.* kazıp çıkarmak
unearthly /an'ö:tli/ *s.* doğaüstü,
esrarengiz, korkunç; *kon.* yersiz,
vakitsiz, uygunsuz
uneasy /an'i:zi/ *s.* sıkıntılı, tedirgin,
rahatsız, endişeli
uneducated /an'ecukeytid/ *s.* tahsil-
siz, eğitimsiz

unemployed /anim'ployd/ *s.* işsiz
the unemployed işsizler *unem-
ployment* işsizlik
unenviable /an'enviıbıl/ *s.* hoşa
gitmeyen, nahoş
unequal /an'i:kwıl/ *s.* eşit olmayan;
yetersiz, yeterli seviyede ol-
mayan
uneven /an'i:vın/ *s.* düz olmayan,
yamuk, eğri; değişken, kararsız
unfaithful /an'feytfıl/ *s.* vefasız;
eşine sadık olmayan, eşini alda-
tan
unfavourable /an'feyvırıbıl/ *s.* uygun
olmayan, elverişsiz, aksi, ters,
kötü
unfold /an'fould/ *e.* (katlanmış bir
şeyi) açmak; göz önüne sermek;
göz önüne serilmek, çözülmek,
ortaya çıkmak
unforgettable /anfı'getıbıl/ *s.* unu-
tulmaz
unfortunate /an'fo:çunit/ *s.* talihsiz;
yersiz, uygunsuz *unfortunately*
maalesef, ne yazık ki
unfounded /an'faundid/ *s.* asılsız,
temelsiz
unfurl /an'fö:l/ *e.* (yelken, bayrak,
vb.) açmak, fora etmek
ungrateful /an'greytfıl/ *s.* nankör
unguarded /an'ga:did/ *s.* sakın-
masız, ihtiyatsız
unhappy /an'hepi/ *s.* mutsuz; uy-
gunsuz, yersiz
unhealthy /an'helti/ *s.* sağlıksız;
sağlığa zararlı; *kon.* tehlikeli
unheard /an'hö:d/ *s.* duyulmamış,
dinlenmemiş
unidentified /anay'dentifayd/ *s.*
kimliği belirlenememiş
uniform /'yu:nifo:m/ *a.* üniforma *
s. tek biçimli, aynı
unify /'yu:nifay/ *e.* bir örnek yap-
mak; bütünleştirmek
uninterested /an'intristid/ *s.* (*in*)
ilgisiz
uninterrupted /anıntı'raptid/ *s.*

devamlı, kesintisiz

union /'yu:nıın/ a. birleşme, birleştirme; birlik; sendika; dernek; federasyon *the Union Jack* İngiliz bayrağı

unique /yu:'nik/ s. tek, biricik; *kon.* nadir, az bulunur, eşsiz

unison /'yu:nisın/ a. uyum, ahenk, birlik

unit /'yu:nit/ a. birim; ünite; *ask.* birlik

unite /yu:'nayt/ e. birleşmek; birleştirmek; birlikte olmak

united /yu:'naytid/ s. birleşmiş, birleşik; ortak amaçlı *United Nations* Birleşmiş Milletler

unity /'yu:niti/ a. birlik; birleşme

universal /yu:ni'vö:sıl/ s. evrensel, genel

universe /'yu:nivö:s/ a. evren

university /yu:ni'vö:siti/ a. üniversite

unkind /an'kaynd/ s. düşüncesiz, kaba, kırıcı; zalim, sert

unknown /an'noun/ a. s. bilinmeyen, meçhul, tanınmayan

unlawful /an'lo:fil/ s. yasadışı, yolsuz

unless /an'les, ın'les/ *bağ.* -medikçe, -madıkça, -mezse

unlike /an'layk/ *ilg.* -den farklı; -e benzemeyen

unlikely /an'laykli/ s. muhtemel olmayan, olasısız

unload /an'loud/ e. (yük, silah, film, vb.) boşaltmak

unlock /an'lok/ e. kilidini açmak

unloose /an'lu:s/ e. *yaz.* gevşetmek; çözmek

unlucky /an'laki/ s. şanssız, talihsiz

unmarried /an'merid/ s. evlenmemiş, bekâr

unnatural /an'neçırıl/ s. doğal olmayan; anormal; sapık, anormal

unnecessary /an'nesısıri/ s. gereksiz

unpack /an'pek/ e. (bavul, paket, vb.) açmak, boşaltmak; eşyalarını çıkarmak

unpleasant /an'plezınt/ s. nahoş, tatsız, çirkin; kaba

unprecedented /an'presidentid/ s. eşi görülmemiş, emsalsiz

unprofessional /anprı'feşınıl/ s. (davranış) meslek kurallarına aykırı

unprovoked /anprı'voukt/ s. kışkırtılmadan yapılmış

unqualified /an'kwolifayd/ s. vasıfsız, ehliyetsiz, yetersiz

unquestionable /an'kwesçınıbıl/ s. su götürmez, kesin, tartışmasız

unravel /an'revıl/ e. (iplik, giysi, vb.) çözmek, sökmek; çözülmek, sökülmek

unreal /an'rııl/ s. gerçek olmayan, düşsel

unreasonable /an'ri:zınıbıl/ s. mantıksız, saçma; (fiyat, vb.) aşırı

unreliable /anrı'layıbıl/ s. güvenilmez

unrest /an'rest/ a. huzursuzluk, kargaşa

unroll /an'roul/ e. (örtü, vb.) açmak, yaymak

unsaid /an'sed/ s. söylenmemiş, dile getirilmemiş

unsavoury /an'seyvıri/ s. rezil, aşağılık, çirkin, ahlaksız

unscathed /an'skeytd/ s. hasar görmemiş

unscrupulous /an'skru:pyulıs/ s. ahlaksız, vicdansız

unseat /an'si:t/ e. görevden almak; (at) binicisini düşürmek

unseemly /an'si:mli/ s. uygunsuz, yakışık almaz

unsettle /an'setıl/ e. huzurunu kaçırmak

unshakeable /an'şeykıbıl/ s. (inanç) sarsılmaz, sağlam

unsightly /an'saytli/ s. göz zevkini bozan, çirkin

unskilled /an'skild/ s. vasıfsız, beceriksiz

unsophisticated /ansı'fistikeytid/ *s.* deneyimsiz, toy; mütevazı, basit, sıradan

unsound /an'saund/ *s.* (düşünce) sağlam temele oturmayan; çürük

unspeakable /an'spi:kıbıl/ *s.* korkunç, müthiş, sözle anlatılmaz

unstuck /an'stak/ *s.* bağlı/yapışık olmayan, kopuk

untidy /an'taydi/ *s.* düzensiz, dağınık

untie /an'tay/ *e.* çözmek

until /an'til, ın'til/ *bağ. ilg.* -e kadar, -e dek, -inceye kadar

untimely /an'taymli/ *s.* vakitsiz, zamanından önce, mevsimsiz; uygunsuz, yersiz

untold /an'tould/ *s.* muazzam, sayısız, büyük; anlatılmamış

untruth /an'tru:t/ *a.* yalan **untruthful** yalancı; yalan, uydurma

unused /an'yu:zd/ *s.* kullanılmamış

unused /an'yu:st/ *s.* (**to**) alışmamış, alışık olmayan

unusual /an'yu:juıl, an'yu:jıl/ *s.* olağan olmayan, alışılmamış, ender, görülmedik **unusually** ender olarak; çok, aşırı derecede

unveil /an'veyl/ *e.* örtüsünü açmak; ortaya çıkarmak

unwell /an'wel/ *s.* hasta, rahatsız, kötü

unwieldy /an'wi:ldi/ *s.* hantal, ağır

unwind /an'waynd/ *e.* (yumak) çözmek, açmak; çözülmek, açılmak; *kon.* gevşemek, rahatlamak

unzip /an'zıp/ *e.* fermuarını açmak

up /ap/ *be.* yukarıya; yukarıda, yüksekte * *ilg.* yukarısında, yukarısına * *s.* yukarı giden **up against** yüz yüze **up and about** ayakta, yataktan çıkmış **up to** -e kadar; -e uygun, yeterli; -e bağlı, -e kalmış **up to date** çağdaş, modern **What's up** *kon.* Ne

oluyor? Ne var? Ne oldu? Sorun ne?

upbringing /'apbringing/ *a.* çocuk bakım ve eğitimi, yetişme, yetişim

update /ap'deyt/ *e.* modernleştirmek, çağdaşlaştırmak

uphill /ap'hil/ *s. be.* yokuş yukarı

uphold /ap'hould/ *e.* **upheld** /apheld/ onaylamak; desteklemek

upholster /ap'houlstı/ *e.* (koltuk) döşemek, kaplamak **upholstery** döşemecilik; döşemelik eşya

upkeep /'apki:p/ *a.* bakım

upland /'aplınd/ *a.* yayla, yüksek arazi

upon /ı'pon/ *ilg.* üzerinde, üzerine

upper /'apı/ *s.* üst, üstteki

uppermost /'apımoust/ *be. s.* en başta gelen, başlıca

upright /'aprayt/ *s. e.* dik, dimdik; dikey; doğru, dürüst, namuslu

uprising /'aprayzing/ *a.* başkaldırı, ayaklanma, isyan

uproar /'apro:/ *a.* gürültü, şamata

uproot /ap'ru:t/ *e.* kökünden sökmek

upset /ap'set/ *e.* **upset** /apset/ devirmek, altüst etmek, bozmak; keyfini kaçırmak, üzmek * *s.* üzgün, üzüntülü; rahatsız, hasta; (mide) bulanmış * *a.* devirme, devrilme; altüst olma; (mide) bozukluk, rahatsızlık

upshot /'apşot/ *a.* netice, sonuç

upside down /apsayd 'daun/ *be.* alt üst, karmakarışık; tepetaklak, baş aşağı, ters

upstairs /ap'steız/ *be. s.* yukarıya, üst kata, yukarıda, üst katta * *a.* üst kat

upstream /ap'stri:m/ *be. s.* akıntıya karşı

uptight /'aptayt/ *s. kon.* eli ayağına dolaşmış, telaşlı, heyecanlı

upward /'apwıd/ *s.* artan, yükselen

valuable

upwards /'apwıdz/ *be.* yukarıya doğru

uranium /yu'reyniım/ *a. kim.* uranyum

Uranus /yu'reynıs/ *a.* Uranüs

urban /'ö:bın/ *s.* kent ile ilgili, şehirsel, kentsel

urbane /ö:'beyn/ *s.* nazik, yumuşak

urchin /'ö:çin/ *a.* afacan, yumurcak

urge /ö:c/ *e.* (*on*) teşvik etmek; ileri sürmek; ısrar etmek * *a.* dürtü, şiddetli istek, gereksinim

urgent /'ö:cınt/ *s.* acil, ivedi **urgently** acele ile

urinate /'yuırineyt/ *e.* işemek

urine /'yuırin/ *a.* idrar, sidik

urn /ö:n/ *a.* semaver

us /ıs, as/ *adl.* bizi, bize, biz

usage /'yu:zic, 'yu:sic/ *a.* kullanım, kullanış

use /yu:s/ *a.* kullanma, kullanım; fayda; âdet, alışıklık *in use* kullanılan *out of use* kullanılmayan *come into use* kullanılmaya başlamak *useful* yararlı *useless* yararsız

use /yu:z/ *e.* kullanmak *used* kullanılmış *user* kullanan kimse/şey

used /yu:st/ *be. used to* -e alışık olmak *get used to* -e alışmak *used to* (eskiden) -erdi, -ardı

usher /'aşı/ *a.* teşrifatçı; (sinema, tiyatro, vb.) yer gösterici * *e.* (in/out) eşlik etmek, götürmek; içeri getirmek

usual /'yu:juıl, 'yu:jıl/ *s.* her zamanki, alışılmış, olağan *as usual* her zaman olduğu gibi *usually* çoğunlukla, genellikle

usurp /yu:'zö:p/ *e.* gasp etmek, zorla almak

utensil /yu:'tensıl/ *a.* alet; kap

uterus /'yu:tırıs/ *a. anat.* dölyatağı

utility /yu:'tiliti/ *a.* yarar, fayda *public utilities* kamu kuruluşları

utilize /'yu:tılayz/ *e.* kullanmak, yararlanmak, değerlendirmek

utmost /'atmoust/ *a. s. yaz.* elden gelen en büyük (gayret)

utter /'atı/ *s.* halis, tam, su katılmadık * *e.* söylemek, demek; (çığlık, vb.) atmak *utterance* ifade, sözce

U-turn /'yu:tö:n/ *a.* U dönüşü

V

vacancy /'veykınsi/ *a.* boş (oda, yer); açık kadro

vacant /'veykınt/ *s.* boş; açık, münhal

vacate /vı'keyt/ *e.* boşaltmak, tahliye etmek

vacation /vı'keyşın/ *a.* tatil

vaccinate /'veksineyt/ *e.* aşılamak *vaccination* aşılama, aşı

vaccine /'veksi:n/ *a.* aşı

vacillate /'vesileyt/ *e.* bocalamak, tereddüt etmek

vacuum /'vekyuım/ *a.* boşluk; vakum * *e. kon.* elektrik süpürgesiyle temizlemek *vacuum cleaner* elektrik süpürgesi

vagabond /'vegıbond/ *a.* serseri

vagina /vı'caynı/ *a.* dölyolu, vajina

vagrant /'veygrınt/ *a. s.* serseri

vague /veyg/ *s.* belirsiz, anlaşılmaz

vain /veyn/ *s.* boş, yararsız; kibirli, kendini beğenmiş *in vain* boşuna, boş yere

Valentine's Day /'velıntaynz dey/ *a.* 14 şubat sevgililer günü

valet /'velit/ *a.* uşak; (otel) oda hizmetçisi

valid /'velid/ *s.* geçerli; yasal, meşru

validate /'velideyt/ *e.* geçerli kılmak, onaylamak

validity /vı'lidıti/ *a.* geçerlik

valley /'veli/ *a. coğ.* vadi, koyak

valuable /'velyubıl/ *s.* değerli, kıymetli *valuables* değerli şeyler, mücevherat, vb.

valuation /velyu'eyşın/ *a.* (*of*) değer biçme, kıymet takdiri; biçilen değer

value /'velyu:/ *a.* değer; önem, itibar; anlam * *e.* değer biçmek; önem vermek, değer vermek **Value Added Tax, VAT** katma değer vergisi

valve /velv/ *a.* valf, supap; radyo lambası

vampire /'vempayı/ *a.* vampir

van /ven/ *a.* kamyonet; *BE.* eşya ya da yük vagonu

vandal /'vendıl/ *a.* yararlı ya da güzel şeyleri tahrip eden kimse, vandal **vandalism** vandalizm, yıkıcılık

vane /veyn/ *a.* rüzgâr gülü

vanguard /'venga:d/ *a. ask.* öncü kolu; elebaşı

vanilla /vı'nilı/ *a.* vanilya

vanish /'veniş/ *e.* gözden kaybolmak; yok olmak

vanity /'veniti/ *a.* kendini beğenmişlik, kibir; boşunalık, beyhudelik

vaporize /'veypırayz/ *e.* buharlaştırmak; buharlaşmak

vapour /'veypı/ *a.* buğu; buhar

variable /'veirıbıl/ *s.* değişken

variant /'veirıınt/ *s.* değişik * *a.* değişik biçim, varyant

variation /veıri'eyşın/ *a.* değişme miktarı, değişme derecesi; değişim, değişme, varyasyon

varied /'veirıd/ *s.* değişik; çeşitli

variety /vı'rayıti/ *a.* değişiklik, çeşitlilik; (*of*) tür, nevi; varyete, şov

various /'veırııs/ *s.* çeşitli, değişik, türlü türlü; çok sayıda, birçok

varnish /'va:nış/ *a.* vernik; cila; parlaklık * *e.* cila sürmek; verniklemek

vary /'veıri/ *e.* değiştirmek, değişmek

vase /va:z/ *a.* vazo

vast /va:st/ *s.* çok geniş, engin; çok **vastly** çok

vat /vet/ *a.* fıçı, tekne

vault /vo:lt/ *a.* yeraltı mezarı; kubbe * *e.* üzerinden atlamak

veal /vi:l/ *a.* dana eti

veer /vıı/ *e.* yön değiştirmek, dönmek

vegetable /'vectıbıl/ *a.* sebze

vegetarian /veci'teırın/ *a.* vejetaryen, etyemez

vegetate /'veciteyt/ *e.* ot gibi yaşamak

vegetation /veci'teyşın/ *a.* bitki örtüsü, bitey

vehement /'vıımınt/ *s.* öfkeli, şiddetli, sert

vehicle /'vi:ikıl/ *a.* taşıt, vasıta; araç

veil /veyl/ *a.* peçe, yaşmak; perde; duvak; paravana

vein /veyn/ *a. anat.* damar

velocity /vi'lositi/ *a.* sürat, hız

velvet /'velvit/ *a.* kadife

vendetta /ven'detı/ *a.* kan davası

veneer /vi'nıı/ *a.* kaplama maddesi; yapma tavır, sahte görünüş

venerable /'venırbıl/ *s.* saygıdeğer

venerate /'venıreyt/ *e.* saygı göstermek

venereal /vı'nıırıl/ *s. hek.* zührevi **venereal disease** zührevi hastalık

vengeance /'vencıns/ *a.* öç, intikam **take vengeance** intikam almak **with a vengeance** şiddetle, alabildiğine

venison /'venisın/ *a.* geyik/karaca eti

venom /'venım/ *a.* (yılan, vb.) zehiri

vent /vent/ *a.* delik, ağız

ventilate /'ventileyt/ *e.* havalandırmak **ventilation** havalandırma **ventilator** vantilatör, havalandırma sistemi

venture /'vençı/ *e.* tehlikeye atmak; cüret etmek, göze almak * *a.* tehlikeli girişim, macera

Venus /'vi:nıs/ *a.* Venüs gezegeni, Zühre

veranda /vı'rendı/ *a.* balkon, veranda

verb /vö:b/ *a. dilb.* fiil, eylem

verbal /'vö:bıl/ *s.* sözlü, sözel

verdict /'vö:dikt/ *a. huk.* jüri kararı

verge /vö:c/ *a.* kenar, sınır *verge on/upon* -in eşiğinde olmak

verify /'verifay/ *e.* doğruluğunu kanıtlamak

veritable /'veritıbıl/ *s.* gerçek, tam

vermilion /vı'milıın/ *a. s.* alev kırmızısı

vermin /'vö:min/ *a.* zararlı böcek ya da hayvanlar

vermouth /'vö:mıt/ *a.* vermut

vernacular /vı'nekyulı/ *a.* anadil; lehçe

verruca /ve'ru:kı/ *a.* nasır

versatile /'vö:sıtayl/ *s.* çok yönlü; çok işe yarayan, çok kullanımlı

verse /vö:s/ *a.* şiir, koşuk; mısra; ayet

version /'vö:şın/ *a.* yorum; çeviri; uyarlama

versus /'vö:sıs/ *ilg.* -e karşı

vertebra /'vö:tibrı/ *a. anat.* (ç. *-brae* /-bri:/) omurga *vertebrate* /'vö:tibrit/ omurgalı

vertical /'vö:tikıl/ *s.* dikey, düşey

vertigo /'vö:tigou/ *a.* baş dönmesi

very /'veri/ *be.* çok, pek; gerçekten; tümüyle * *s.* aynı, tıpkısı; tam; hatta, bile

vessel /'vesıl/ *a.* kap; gemi, tekne; damar

vest /vest/ *a. BE.* atlet, fanila; *AE.* yelek

vestibule /'vestibyu:l/ *a.* antre, hol

vestige /'vestic/ *a.* iz, eser

vet /vet/ *a. kon.* veteriner, baytar

veteran /'vetırın/ *a. s.* (*of*) kıdemli, eski; emektar; gazi

veterinary /'vetırinıri/ *s.* hayvan hastalıklarıyla ilgili *veterinary surgeon BE.* veteriner

veto /'vi:tou/ *a.* veto * *e.* veto etmek

vex /veks/ *e.* kızdırmak, canını sıkmak

via /'vayı/ *ilg.* yolu ile, -den geçerek; *kon.* aracılığıyla

viable /'vayıbıl/ *s.* uygulanabilir; varlığını sürdürebilir

viaduct /'vayıdakt/ *a.* viyadük, köprü

vibrate /vay'breyt/ *e.* titremek; titretmek *vibration* titreşim; titreme

vicar /'vikı/ *a.* papaz

vice /vays/ *a.* ahlaksızlık; kötülük; *kon.* kötü alışkanlık; mengene

vice versa /vaysı 'vö:sı/ *be.* tersine; karşılıklı olarak

vicinity /vi'siniti/ *a.* semt, çevre, yöre

vicious /'vişıs/ *s.* kötü amaçlı *vicious circle* kısır döngü

victim /'viktim/ *a.* kurban

victor /'viktı/ *a.* kazanan, galip; fatih

Victorian /vik'to:rıın/ *s. a.* Kraliçe Viktorya dönemine ait

victorious /vik'to:rııs/ *s.* muzaffer, galip

victory /'viktıri/ *a.* zafer, utku, galibiyet

video /'vidiou/ *a. s.* video *videotape* videoteyp, video bandı

view /vyu:/ *a.* görüş, görünüş; manzara; bakış; düşünce; kanı * *e.* incelemek; bakmak; muayene etmek *in view of* -i göz önünde bulundurarak *on view* sergilenmekte *point of view* görüş *with a view to* amacıyla, -mek için *viewer* televizyon izleyen kimse, seyirci

viewy /'vyu:i/ *s.* gösterişli

vigil /'vicil/ *a.* (nöbet, vb. için) geceleyin uyumama, nöbet tutma

vigilant /'vicilınt/ *s.* uyanık, tetikte

vigour /'vigı/ *a.* güç, kuvvet, dinçlik

vigorous /'vigorous/ güçlü, dinç, enerjik

vile /vayl/ *s.* aşağılık, adi; iğrenç

villa /'vılı/ *a.* villa

village /'vilic/ *a.* köy **villager** köylü

villain /'vilın/ *a.* kötü adam

vindicate /'vindikeyt/ *e.* haklı çıkarmak, doğruluğunu kanıtlamak

vindictive /vin'diktiv/ *s.* kinci

vine /vayn/ *s. bitk.* asma; sarmaşık **vineyard** üzüm bağı

vinegar /'vinigı/ *a.* sirke

vintage /'vintıc/ *a.* bağbozumu

viola /vi'oulı/ *a. müz.* viyola

violate /'vayıleyt/ *e.* bozmak, çiğnemek; tecavüz etmek **violation** ihlal, bozma; tecavüz

violent /'vayılınt/ *s.* sert, şiddetli; zorlu

violet /'vayılıt/ *a.* menekşe

violin /vayı'lin/ *a. müz.* keman, viyolon

viper /'vaypı/ *a. hayb.* engerek

virgin /'vö:cin/ *a.* bakire, kız ∗ *s.* bakire; el değmemiş, saf; doğal; bakir **Virgin Mary** Meryem Ana **virginity** bekâret, erdenlik

Virgo /'vö:gou/ *a.* Başak burcu

virile /'virayl/ *s.* güçlü; erkekçe; (cinsel yönden) iktidarlı

virtual /'vö:çuıl/ *s.* ismen olmasa da fiilen var olan, gerçek, asıl; sanal **virtually** hemen hemen, neredeyse

virtue /'vö:çu:/ *a.* fazilet, erdem; üstünlük **by virtue of**-den dolayı, -in sayesinde **virtuous** /-çuıs/ erdemli; dürüst

virus /'vayırıs/ *a.* virüs

visa /'vi:zı/ *a.* vize

vis-à-vis /vi:z a:'vi:, vi:zı'vi:/ *ilg.* -e bakınca; yüz yüze

viscous /'viskıs/ *s.* (sıvı) yapışkan

visible /'vizıbıl/ *s.* görülebilir, görünür

vision /'vijın/ *a.* görme; görüş; ileriyi görme; hayal, düş

visionary /'vijınıri/ *s.* ileriyi gören; düşsel, hayali ∗ *a.* hayalperest

visit /'vizit/ *e.* ziyaret etmek, görmeye gitmek ∗ *a.* ziyaret; teftiş; muayene, vizite

visitor /'vizitı/ *a.* ziyaretçi

visor /'vayzı/ *a.* (kasket) siperlik, siper

visual /'vijuıl/ *s.* görsel **visual aid** görsel eğitim aracı

vital /'vaytıl/ *s.* (yaşam için) gerekli; çok önemli; yaşam dolu, canlı

vitality /vay'teliti/ *a.* hayatiyet, canlılık, dirilik

vitally /'vaytıli/ *be.* en yüksek derecede

vitamin /'vitımin, 'vaytımin/ *a.* vitamin

vivacious /vi'veyşıs/ *s.* şen şakrak

vivid /'vivid/ *s.* parlak, canlı; güçlü; canlı, akılda kalıcı

vixen /'viksın/ *a. hayb.* dişi tilki; cadaloz kadın

vocabulary /vı'kebyulıri, vou'kebyulıri/ *a.* kelime hazinesi; kısa sözlük

vocal /'voukıl/ *s.* sesle ilgili **vocal cords** ses telleri **vocalist** şarkıcı

vocation /vou'keyşın/ *a.* meslek, iş **vocational** mesleki

vodka /'vodkı/ *a.* votka

vogue /voug/ *a.* moda

voice /voys/ *a.* ses **give voice to** ifade etmek, dile getirmek **with one voice** hep bir ağızdan

void /voyd/ *s.* boş; geçersiz ∗ *a.* boşluk ∗ *e.* geçersiz kılmak; boşaltmak

volatile /'volıtayl/ *s.* değişken, dönek; (sıvı) uçucu

volcano /vol'keynou/ *a.* volkan, yanardağ

volley /'voli/ *a.* yaylım ateş; *sp.* topa yere değmeden yapılan vuruş, vole **volleyball** voleybol

volt /voult/ *a.* volt **voltage** voltaj

voluble /'volyubıl/ *s.* konuşkan, dilli

volume /'volyu:m/ *a.* hacim; cilt; miktar; (ses) güç, şiddet

voluntary /'volıntırı/ *s.* gönüllü; iradi, istençli, kasıtlı

volunteer /voln'tıı/ *a.* gönüllü * *e.* bir hizmete gönüllü olarak girmek

voluptuous /vı'lapçuıs/ *s.* şehvetli; seksi

vomit /'vomit/ *e.* kusmak * *a.* kusmuk

voodoo /'vu:du:/ *a.* büyü, büyü dini

vortex /'vo:teks/ *a.* girdap

vote /vout/ *a.* oy * *e.* oy vermek; seçmek; önermek; *kon.* bildirmek, ilan etmek **voter** seçmen

vouch /vauç/ *e.* (*for*) kefil olmak; tasdik etmek **voucher** senet, makbuz, belge

vow /vau/ *a.* yemin, ant * *e.* yemin etmek, ant içmek

vowel /'vauıl/ *a.* ünlü, sesli harf

voyage /'voyic/ *a.* seyahat, yolculuk, gezi

vulgar /'valgı/ *s.* kaba, terbiyesiz, bayağı; zevksiz, adi

vulnerable /'valnırbıl/ *s.* hassas; korunmasız, savunmasız, zayıf

vulture /'valçı/ *a.* *hayb.* Akbaba

W

wad /wod/ *a.* tapa, tıkaç

waddle /'wodıl/ *e.* badi badi yürümek

wade /weyd/ *e.* (su, çamur, vb. içinde) güçlükle ilerlemek

wafer /'weyfı/ *a.* ince bisküvi

waffle /'wofıl/ *a.* bir tür gözleme; *BE. kon.* zırvalama

wag /weg/ *a.* sallama * *e.* sallamak

wage /weyc/ *a.* ücret

wager /'weycı/ *a.* bahis * *e.* bahse girmek

waggon /'wegın/ *a.* yük arabası; kağnı; *BE.* yük vagonu

wail /weyl/ *e.* ağlamak, feryat etmek * *a.* ağlama, feryat

waist /weyst/ *a.* bel **waistband** kemer, kuşak **waistcoat** yelek

wait /weyt/ *e.* (*for*) beklemek * *a.* bekleme **keep sb waiting** -i bekletmek **lie in wait** pusuya yatmak **wait on** hizmet etmek, bakmak **waiting room** bekleme salonu

waiter /'weytı/ *a.* garson **waitress** bayan garson

wake /weyk/ *e.* **woke** /wouk/, **woken** /'woukın/ (up) uyanmak; uyandırmak * *a.* dümen suyu **wakeful** uyanık, uyuyamayan; uykusuz

waken /'weykın/ *e.* uyandırmak; uyanmak

walk /wo:k/ *e.* yürümek; gezinmek, dolaşmak; yürüyüşe çıkarmak, gezdirmek; yürüyerek eşlik etmek * *a.* yürüyüş, gezinti; yürüme; kaldırım, yol **walk of life** sosyal durum, meslek **go for a walk** yürüyüşe çıkmak **walk/off with** *kon.* (ödül, vb.) kolayca kazanmak; *kon.* çalmak, yürütmek **walkout** grev; (toplantı, vb.'ni) terk etme **walk out on** yüzüstü bırakmak, terk etmek **walking** yürüme, yürüyüş **walking stick** baston

walkie-talkie /wo:ki'to:ki/ *a.* portatif alıcı-verici aygıt

wall /wo:l/ *a.* duvar; sur **wallchart** öğretim aracı olarak kullanılan duvar resmi **wallpaper** duvar kâğıdı

wallet /'wolit/ *a.* cüzdan

walnut /'wo:lnat/ *a.* ceviz; ceviz ağacı

walrus /'wo:lrıs/ *a.* *hayb.* mors

waltz /wo:ls/ *a.* *müz.* vals

wander /'wondı/ *e.* dolaşmak, gezmek; ayrılmak, sapmak **wander off** konudan ayrılmak **wanderer** amaçsızca dolaşan kimse, avare

wane /weyn/ *e.* azalmak, eksilmek;

sönmek; (ay) gittikçe küçülmek

want /wont/ *e.* istemek; -e gereksinimi olmak; gerektirmek * *a.* istek; gereksinim, ihtiyaç, lüzum; yokluk *want for* -e ihtiyaç duymak, aramak *be wanting* eksik olmak *wanted* aranan *wanting* eksik, noksan

wanton /'wontın/ *s.* değişken, kaprisli; kontrolsüz; mantıksız, nedensiz

war /wo:/ *a.* savaş
  warfare savaş; mücadele *warhead* patlayıcı savaş başlığı *warlike* savaşçı; savaşla ilgili *warship* savaş gemisi *wartime* savaş zamanı

warble /'wo:bıl/ *e.* ötmek, şakımak *warbler* çalıbülbülü, ötleğen

ward /wo:d/ *a.* koğuş; semt, bölge; vesayet; vesayet altındaki kimse

warden /'wo:dın/ *a.* bekçi; muhafız

warder /'wo:dı/ *a.* gardiyan, bekçi

wardrobe /'wo:droub/ *a.* gardırop

warehouse /'weıhaus/ *a.* depo, ambar

wares /weız/ *a.* mal, eşya

warm /wo:m/ *s.* sıcak; sıcak tutan; içten, candan; hoş; neşeli, dostça * *e.* ısıtmak; ısınmak *warm to/towards* kon. sevmeye başlamak, hoşlanmak, ısınmak; ilgilenmek, ilgilenmeye başlamak *warm up* ısınmak; ısıtmak *warmblooded* sıcakkanlı *warm-hearted* iyi kalpli, cana yakın

warmth /'wo:mt/ *a.* sıcaklık; içtenlik

warn /'wo:n/ *e.* uyarmak, ikaz etmek *warning* uyarı, ikaz, tembih

warp /wo:p/ *a.* eğrilik, çarpıklık; çözgü; *den.* palamar * *e.* eğrilmek, yamulmak; eğriltmek

warrant /'wo:rınt/ *a.* yetki; ruhsat; teminat, garanti * *e.* mazur göstermek; garanti etmek *search warrant* arama emri *warranty* garanti belgesi

warrior /'worıı/ *a.* savaşçı; asker

wart /wo:t/ *a.* siğil

wary /'weırı/ *s.* ihtiyatlı; uyanık

was /wız; woz/ *e.* (*be* eyleminin *I, he, she, it* özneleriyle kullanılan geçmiş zaman biçimi) -dı, -di

wash /woş/ *e.* yıkamak; yıkanmak * *a.* yıkama; yıkanma; çamaşır *washable* yıkanır, yıkanabilir *washbasin* lavabo *washbowl AE.* lavabo *washer* yıkayıcı; çamaşır makinesi *washing* çamaşır *washing machine* çamaşır makinesi *washing soda* çamaşır sodası *washing-up BE.* bulaşık yıkama, bulaşıklar *wash out* (kir, vb.) yıkayarak çıkarmak, temizlemek *wash up BE.* bulaşık yıkamak; *AE.* elini yüzünü yıkamak

wasp /'wosp/ *a.* eşekarısı *wasp waist* ince bel *waspish* huysuz

wastage /'weyst/ *a.* israf, sarfiyat

waste /weyst/ *a.* israf, savurganlık; artık madde; boş arazi, çöl * *s.* artık; boş, çorak * *e.* israf etmek, çarçur etmek *go/run to waste* israf olmak, ziyan olmak *lay waste* harap etmek, yıkıp yakmak *waste one's breath* çenesini boşa yormak *wastebasket* çöp sepeti *wasteful* savurgan, müsrif *wastepaper basket* kâğıt sepeti *waste pipe* künk

watch /woç/ *e.* seyretmek, izlemek; göz kulak olmak; beklemek; dikkat etmek; gözetlemek * *a.* kol saati; cep saati; gözetleme; nöbet; nöbetçi, bekçi; nöbetçilik *watchband* saat kayışı *watchdog* bekçi köpeği *watch for* beklemek, kollamak *watchful* tetikte, uyanık, dikkatli *watchmaker* saatçi *watchman* bekçi gözcü *watch out* kon. dikkat etmek *watchword* parola; slogan

water /'wo:tı/ *a.* su * *e.* sulamak;

sulandırmak; sulanmak *by water* deniz yoluyla *fresh water* tatlı su *hard water* acı su *spring water* memba suyu *water down* sulandırmak *watercolour* suluboya *watercourse* su yolu, dere
  waterfall çağlayan, şelale *waterfront* rıhtım *waterline* (gemilerde) su düzeyi *watermelon* karpuz *watermill* su değirmeni *waterproof* sugeçirmez *water-skiing* su kayağı *waterway* gemi seyrine uygun su yolu *waterwheel* su çarkı *waterworks* su dağıtım tesisatı *watery* sulu, cıvık, çok sulu; (renk) soluk

watt /wot/ *a.* vat

wave /weyv/ *e.* sallamak; sallanmak; el sallamak * *a.* dalga; (el) sallama *wavelength* dalga boyu *wavy* (saç) dalgalı

wax /weks/ *a.* balmumu; kulak kiri

way /wey/ *a.* yol; yön, taraf; mesafe; şekil; yöntem, yol; imkân, olasılık *by the way* sırası gelmişken, bu arada *by way of* yolu ile; amacıyla, niyetiyle *get under way* başlamak *give way* boyun eğmek *in a way* bir bakıma *in some ways* bazı bakımlardan *make way for* -e yol açmak *no way* hayatta olmaz *out of the way* olağandışı, anormal *put sb out of the way* ortadan kaldırmak; başından atmak *right of way* (trafikte) geçiş hakkı *way in* giriş *way out* çıkış

waylay /'weyley/ *e.* yolunu kesmek, durdurmak

wayside /'weysayd/ *a.* yol kenarı

wayward /'weywıd/ *s.* kararsız, değişken

we /wi, wi:/ *adl.* biz

weak /wi:k/ *s.* güçsüz, zayıf; yetersiz; (çorba, çay) sulu, açık *weakness* zayıflık, güçsüzlük; zaaf; kusur, hata

weaken /'wi:kın/ *e.* zayıflamak; zayıflatmak

wealth /welt/ *a.* varlık, servet, para; bolluk, çokluk *wealthy* zengin, varlıklı

wean /wi:n/ *e.* sütten kesmek

weapon /'wepın/ *a.* silah

wear /wei/ *e.* *wore* /wo:/, *worn* /wo:n/ giymek; takmak; takınmak; aşınmak, yıpranmak; aşındırmak * *a.* giyme, giyinme; giysi, giyim; aşınma, eskime *wear away* zamanla aşınmak; aşındırmak *wear down* aşınmak; aşındırmak, yıpratmak; yenmek *wear off* azalmak, hafiflemek, geçmek *wear on* uzamak, bitmek bilmemek *wear out* giyip eskitmek; iyice eskitmek; çok yormak

weary /'wııri/ *s.* yorgun; yorucu

weather /'wetı/ *a.* hava * *e.* (fırtına, güçlük, vb.'yi) atlatmak, savuşturmak; soldurmak, aşındırmak; solmak, aşınmak

weave /wi:v/ *e.* *wove* /wouv/, *woven* /'wouvın/ dokumak; örmek * *a.* dokuma; örme *weaver* dokumacı, örmeci *weaving* dokuma

web /web/ *a.* ağ; dokuma

wed /wed/ *e.* *yaz.* evlenmek

wedding /'weding/ *a.* nikâh, düğün

wedge /wec/ *a.* kama, kıskı, takoz

wedlock /'wedlok/ *a.* evlilik

Wednesday /'wenzdi/ *a.* çarşamba

weed /wi:d/ *a.* yabani ot, zararlı ot; *kon.* zayıf kimse

week /wi:k/ *a.* hafta *weekday* hafta içi, iş günü *weekend* hafta sonu *weekly* haftalık, haftada bir

weep /wi:p/ *e.* *wept* /wept/ ağlamak

weft /weft/ *a.* atkı, argaç

weigh /wey/ *e.* (ağırlığını) tartmak; ağırlığında olmak *weigh down* ağırlığıyla aşağıya itmek, basmak *weigh on* üzmek, düşündürmek

weighing machine kantar, baskül

weight /weyt/ *a.* ağırlık; tartı; *sp.* halter; önem, değer; sıkıntı, yük *lose weight* kilo vermek *over weight* fazla kilolu *put on weight* kilo almak *under weight* zayıf, normal kilonun altında **weighty** önemli, ciddi

weir /wiı/ *a.* su bendi

weird /wiıd/ *s.* garip, tuhaf

welcome /'welkım/ *ünl.* Hoş geldiniz. * *e.* içtenlikle karşılamak; kabul etmek * *a.* karşılama * *s.* istenilen, sevindirici *make (sb) welcome* (bir misafiri) ağırlamak *You're welcome* Rica ederim, Bir şey değil

weld /weld/ *e.* kaynak yaparak birleştirmek * *a.* kaynak **welder** kaynakçı

welfare /'welfeı/ *a.* refah, gönenç; *AE.* yoksullara yapılan hükümet yardımları

well /wel/ *be.* iyi; güzel; adamakıllı, iyice * *s.* sağlığı yerinde, iyi; uygun, yerinde; elverişli * *ünl.* şey!; ha!; pekâlâ! * *a.* kuyu; memba, pınar *as well* dahi, de, da *as well as* hem ... hem de, olduğu kadar, ile birlikte *do well* başarılı olmak *well off* zengin, varlıklı

well /wel/ *önk.* iyi, doğru, dürüst, adamakıllı *well-advised* akıllı, sağgörülü *well-behaved* terbiyeli *well-being* mutluluk, gönenç, iyilik *well-bred* kibar, terbiyeli *well-done* iyi pişmiş *well-informed* bilgili, kültürlü *well-intentioned* iyi niyetli *well-known* tanınmış, ünlü *well-read* çok okumuş, kültürlü *well-spoken* konuşması düzgün *well-timed* vaktinde, uygun *well-to-do* kon. zengin *well-worn* eskimiş; bayatlamış

wellington /'welingtın/ *a.* çizme

went /went/ *bkz.* **go**

wept /wept/ *bkz.* **weep**

were /wı, wö:/ *e.* (be eyleminin **we**, **you**, **they** özneleriyle kullanılan geçmiş zaman biçimi) -idik, idin(iz), -idiler

west /west/ *a.* batı * *be.* batıya doğru *westbound* batıya giden *westerly* batıdaki; batıdan gelen

western /'westın/ *s.* batı * *a.* kovboy filmi/romanı

wet /wet/ *s.* ıslak, yaş; (boya) kurumamış; yağmurlu * *a.* yağmur, yağmurlu hava; ıslaklık * *e.* ıslatmak; ıslatmak

whack /wek/ *a.* küt diye vurma; vuruş sesi, küt, pat; *kon.* pay, hisse

whale /weyl/ *a.* hayb. balina **whaler** balina avcısı; balina avlama gemisi

wharf /wo:f/ *a.* iskele, rıhtım

what /wot/ *s. adl.* ne; hangi *What for* Ne için *What if* ya ... ise *What ... like?* Nasıl? Nasıl bir şey? *What next* Başka? Daha neler? *What's more* Üstelik, Dahası *What of it/So what?* kon. ne olmuş yani, ne çıkar

whatever /wo'tevı/ *adl.* her ne, her hangi * *s.* ne, hangi; hiçbir, hiç

whatsoever /wotsou'evı/ *s. adl. bkz.* **whatever**

wheat /wi:t/ *a.* buğday

wheedle /'wi:dıl/ *e.* tatlı dille ikna etmek

wheel /wi:l/ *a.* tekerlek; direksiyon *wheelbarrow* el arabası *wheelchair* tekerlekli sandalye

wheeze /wi:z/ *e.* hırıltıyla solumak * *a.* hırıltı

when /wen/ *be.* ne zaman * *bağ.* -dığı zaman; -ınca, -ince; -dığı halde; takdirde, eğer

whenever /we'nevı/ *be. bağ.* her ne zaman

where /weı/ *be.* nereye; nerede; nereden * *bağ.* ki o yere; ki o

yerde; -dığı; -diği **whereabouts**
nereye, nerelerde * a.
(bulunduğu) yer

whereas /weı'rez/ bağ. oysa;
mademki

wherever /weı'revı/ be. bağ. her
nereye, her nerede, nereye,
nerede

wherewithal /'weıwito:l/ a. gerekli
para, vb.

whet /wet/ e. bilemek, keskin-
leştirmek **whet sb's appetite**
iştahını iyice kabartmak

whether /'wetı/ bağ. -meyip, -
mediğini

which /wiç/ s. hangi * adl. hang-
isi(ni); ki o, -en, -an; ki onu/ona,
-dığı, -diği

whichever /wi'çevı/ s. adl. her-
hangi, hangi; herhangi bir(i)

whiff /wif/ a. esinti; koku

while /wayl/ bağ. -ken; -e rağmen,
karşın -e a. süre, zaman **after a
while** biraz sonra **for a while** bir
süre **worth (one's) while**
(harcanacak zamana) değer

whilst /waylst/ bağ. be. bkz. **while**

whim /wım/ a. kapris **whimsical**
/'wimzikıl/ kaprisli

whimper /'wimpı/ e. sızlamak,
sızlanmak * a. ağlama, sızlama

whine /wayn/ e. sızlanmak,
zırıldamak; zırlamak

whinny /'wini/ e. kişnemek * a.
kişneme

whip /wip/ a. kırbaç, kamçı; par-
lamentoda parti denetçisi * e.
kırbaçlamak; (yumurta, krema,
vb.) çırpmak; kon. yenmek **whip
up** tahrik/teşvik etmek; yapıver-
mek

whirl /wö:l/ e. fırıl fırıl döndürmek;
fırıl fırıl dönmek * a. hızla
dönme **whirlpool** girdap **whirl-
wind** hortum, kasırga

whirr /wö:/ a. kanat, pervane, vb.
sesi, pır pır * e. pır pır etmek

whisk /wisk/ a. toz fırçası;
(yumurta, vb.) çırpma aleti * e.
silkmek, sallamak; apar topar
götürmek; çırpmak

whisker /'wıskı/ a. kedi, fare, vb.
bıyığı; kon. favori

whisky /'wiski/ a. viski

whisper /'wispı/ a. fısıltı * e.
fısıldaşmak; fısıldamak

whistle /'wisıl/ a. ıslık; düdük * e.
ıslık çalmak; düdük çalmak

white /wayt/ s. beyaz; soluk benizli;
(kahve) sütlü * a. beyaz renk;
yumurta akı **the White House**
Beyaz Saray **white-collar** büroda
çalışan **whiten** beyazlaşmak;
beyazlaştırmak

whitewash /'waytwoş/ a. badana *
e. badanalamak

whither /'witı/ be. nereye; ki oraya,
-diği

whittle /'witıl/ e. yontmak **whittle
down** azaltmak

whiz /wiz/ a. vızıltı * e. kon. vın
diye gitmek; vızıldamak

who /hu:/ adl. kim; kime; kimi; ki
o, -en, -an; ki onu/ona, -dığı, -
diği

whoever /hu:'evı/ adl. her kim; her
kim ise, kim olursa olsun

whole /houl/ s. bütün; tüm; mat.
tam, kesirsiz * a. bütün **on the
whole** neticede, genelde **whole-
hearted** candan, içten **wholly**
tümüyle, bütün bütün

wholesale /'houlseyl/ a. toptan satış
* s. be. toptan; toplu **wholesaler**
toptancı

wholesome /'houlsım/ s. sağlığa
yararlı

whom /hu:m/ adl. kim, kimi; kime;
ki o/onu/ona, -dığı, -diği

whoop /hu:p, wu:p/ a. (neşeyle)
bağırma, bağırış * e. bağırmak,
bağrışmak

whore /ho:/ a. fahişe, orospu

whose /hu:z/ adl. kimin; ki onun, -

en, -an; (nesneler için) ki onun, -en, -an

why /way/ be. niçin, neden, niye *the reason why* -in nedeni *Why not* (öneri belirtir) neden olmasın

wick /wik/ a. fitil

wicked /'wikid/ s. kötü; kon. yaramaz, muzip

wicket /'wikit/ a. (kriket) kale

wide /wayd/ s. geniş; engin, açık * be. iyice; tamamen; (hedeften) uzağa *widely* geniş çapta, adamakıllı, iyice *widen* genişlemek; genişletmek *widespread* yaygın

widow /'widou/ a. dul kadın *widower* dul erkek

width /widt/ a. genişlik; en

wield /wi:ld/ e. kullanmak

wife /wayf/ a. karı, hanım, eş

wig /wig/ a. peruka

wiggle /'wigıl/ e. kıpır kıpır oynatmak, kıpırdatmak

wigwam /'wigwem/ a. Kızılderili çadırı

wild /wayld/ s. vahşi, yabani; hiddetli, kızgın; şiddetli, sert; fırtınalı; çılgın; deli *wildcat* yaban kedisi *wilderness* ekilmemiş boş arazi *wildlife* vahşi doğa *wildly* çılgınca

will /wil/ e. *would* /wud/ -ecek, -acak *Will you ...?* -er misiniz? -ar mısınız?

will /wil/ a. irade, istem, istenç; vasiyetname * e. niyet etmek, istemek; vasiyetle bırakmak *at will* istediği zaman

willing /'wiling/ s. gönüllü; razı, istekli *willingly* seve seve

willow /'wilou/ a. bitk. söğüt

wilt /wilt/ e. (çiçek, vb.) solmak; soldurmak

wily /'wayli/ s. kurnaz, cingöz

win /win/ e. *won* /wan/ kazanmak * a. galibiyet, yengi *winner* kazanan *winnings* kazanılan

para, kazanç

wince /wins/ e. irkilmek

winch /winç/ a. vinç

wind /wind/ a. rüzgâr, yel; nefes, soluk; (midede) gaz; boş laf; müz. üflemeli çalgılar * e. soluğunu kesmek *windfall* rüzgârla düşen meyve; beklenmedik para/şans *windmill* yel değirmeni *windscreen* (oto) ön cam *windy* rüzgârlı; geveze

wind /waynd/ e. *wound* /waund/ sarmak, dolamak; sarılmak, dolanmak *wind up* saat kurmak

window /'windou/ a. pencere, cam; vitrin *window dressing* vitrin dekorasyonu *window-shopping* vitrin gezmesi *windowpane* pencere camı *windowsill* pencere eşiği

wine /wayn/ a. şarap

wing /wing/ a. kanat; kol; sp. kanat oyuncusu * e. uçurmak; hafifçe yaralamak

wink /wink/ e. göz kırpmak; parıldamak * a. göz kırpma

winsome /'winsım/ s. güzel, çekici

winter /'wintı/ a. kış

wipe /wayp/ e. silmek * a. silme, temizleme *wipe off* silip çıkarmak; -den temizlemek *wipe out* ortadan kaldırmak, öldürmek, temizlemek *wipe up* bulaşıkları kurulamak

wiper /'waypı/ a. (oto) silecek

wire /'wayı/ a. tel; kon. telgraf * e. elektrik teli, vb. bağlamak; telgraf göndermek

wireless /'waylıs/ a. BE. radyo * s. telsiz, kablosuz

wiring /'wayıring/ a. elektrik tertibatı

wisdom /'wizdım/ a. akıl; bilgelik *wisdom tooth* akıldişi

wise /wayz/ s. akıllı; bilgili; deneyimli; kurnaz

wish /wiş/ e. (şu anda olanaksız bir

şey) istemek, dilemek * a. dilek, istek *wishful* arzulu, istekli *wishful thinking* hüsnükuruntu *wishbone* lades kemiği

wisp /wisp/ a. tutam; demet

wit /wit/ a. akıl, zekâ; nükte; nükteci *witty* nükteli, nükteci

witch /'wiç/ a. büyücü kadın *witchcraft* büyücülük

with /wit, wit/ ilg. ile, -le, -la; -li, -lı

withdraw /wit'dro:, wit'dro:/ e. *withdrew* /-'dru:/, *withdrawn* /-dro:n/ geri çekmek; geri almak; çekilmek; (para) çekmek *withdrawal* geri çekme/alma; geri çekilme

withdrawn /wit'dro:n, wit'dro:n/ bkz. *withdraw, s.* içine kapanık

withdrew /wit'dru:/ bkz. *withdraw*

wither /'witı/ e. solmak, kurumak; soldurmak, kurutmak; sönmek, yok olmak

withheld /wit'held/ bkz. *withhold*

withhold /wit'hould, wit'hould/ e. *withheld* /'wit'held/ saklamak, vermemek

within /wi'tin/ ilg. içinde

without /wi'taut/ ilg. -sız, -siz; -meden, -meksizin

withstand /wit'stend, wit'stend/ e. *withstood* /-'stud/ karşı koymak, direnmek

witness /'witnis/ a. tanık, şahit; tanıklık; kanıt, delil * e. tanık olmak; tanıklık etmek; göstermek, kanıtlamak

wizard /'wizıd/ a. sihirbaz, büyücü

wizened /'wiznd/ s. buruşuk, buruşmuş

wobble /'wobıl/ e. sallanmak; sallamak

woe /wou/ a. üzüntü, dert, keder

woke(n) /wouk(ın)/ bkz. *wake*

wolf /wulf/ a. *hayb.* kurt

woman /'wumın/ a. (ç. *women* /'wimin/) kadın *womanhood* kadınlık

womb /wu:m/ a. *anat.* rahim, dölyatağı

wonder /'wandı/ a. şaşkınlık, merak, hayret; harika * s. harika * e. hayret etmek, şaşmak *wonderful* harika, olağanüstü

wood /wud/ a. odun, tahta, kereste; orman, koru *woodcock* çulluk *woodcutter* oduncu *wooded* ağaçlık, ormanlık *wooden* tahta, ahşap; odun gibi *woodland* ormanlık ülke/bölge/arazi *woodpecker* ağaçkakan *woodwind* (tahtadan yapılmış) üflemeli çalgılar *woodwork* doğramacılık, dülgerlik; ahşap kısımlar, doğrama işleri *woodworm* ağaçkurdu, tahtakurdu *woody* ağaçlık, ormanlık

wool /wul/ a. yün; yapağı *woollen* yünlü *woollens* yünlü giysiler, yünlüler *woolly* yünlü; yün gibi

word /wö:d/ a. kelime, sözcük; söz; mesaj, haber, bilgi *break one's words* sözünü tutmamak *eat one's words* tükürdüğünü yalamak *have a word with* ile görüşmek *in a word* kısacası *in other words* başka bir deyişle *keep one's word* sözünü tutmak, sözünde durmak *say the word* kon. izin vermek, onaylamak *take sb's word for it* söylediğine inanmak/kabul etmek *word for word* kelimesi kelimesine *word processor* kelime işlem aygıtı *wording* anlatım biçimi *wordy* sözü fazla uzatan

wore /wo:/ bkz. *wear*

work /wö:k/ a. iş, çalışma; eser, yapıt; kon. fabrika; kon. mekanizma * e. çalışmak; çalıştırmak; işe yaramak; işlemek; işletmek; başarılı olmak, yürümek *at work* işte, iş başında *all in the day's work* normal, beklendiği gibi *out of work* işsiz, boşta *set to work* başlamak, koyulmak **work force** toplam işçi sayısı **work out** hesaplamak; istenildiği gibi olmak; sonuçlanmak; idman yapmak **work up** geliştirmek, ilerletmek; gelişmek; heyecanlandırmak, kamçılamak **workbook** alıştırma kitabı **workday** işgünü **workout** idman, antrenman **workshop** atölye

workable /'wö:kıbıl/ s. çalışır; işe yarar, uygulanabilir

worker /'wö:kı/ a. işçi

working /'wö:king/ a. çalışma; kon. çalışma/işleme sistemi, işleyiş * s. çalışan, işleyen **working capital** işletme sermayesi **working conditions** çalışma şartları **working hours** çalışma saatleri

workman /'wö:kmın/ a. işçi **workmanship** işçilik, ustalık

world /wö:ld/ a. dünya; evren **worldly** dünyevi, maddi **worldwide** dünya çapında

worm /wö:m/ a. kurt, solucan

worn /wo:n/ bkz. **wear**

worried /'warid/ s. endişeli, kaygılı, üzgün * e. kaygılanmak, merak etmek; kaygılandırmak, rahatsız etmek * a. kaygı, üzüntü, sıkıntı

worse /wö:s/ s. be. daha kötü, beter; daha hasta

worsen /'wö:sın/ e. daha da kötüleşmek; daha da kötüleştirmek

worship /'wö:şip/ e. tapmak; ibadet etmek * a. ibadet, tapınma; hayranlık

worst /wö:st/ s. be. en kötü * a. en kötü şey

worth /wö:t/ s. değerinde, eder * a. değer **worthless** değersiz; adi, karaktersiz **worthwhile** harcanan emeğe değer, yapmaya değer

worthy /'wö:ti/ s. layık, değer

would /wud/ e. (**will**'in geçmiş biçimi olarak) -cekti, -caktı; -

erdi, -ardı

wound /wu:nd/ a. yara * e. yaralamak

wound /wu:nd/ bkz. **wind**

wove /wouv/ bkz. **weave**

woven /'wouvın/ bkz. **weave**

wow /wau/ ünl. kon. vay, vay canına

wrangle /'rengıl/ a. gürültülü tartışma, ağız dalaşı * e. atışmak, ağız dalaşı yapmak

wrap /rep/ e. sarmak; sarmalamak; katlamak, koymak, yaymak * a. örtü, atkı **wrapped up in** kendini -e vermiş **wrapper** sargı; sabahlık **wrapping** ambalaj, sargı

wreak /ri:k/ e. (öfke, hırs, vb.) salmak

wreath /ri:t/ a. çelenk; taç

wreathe /ri:t/ e. sarmak, kaplamak; (duman, vb.) süzülmek

wreck /rek/ a. gemi enkazı; enkaz, mahvolmuş şey/kimse * e. enkaz haline getirmek; mahvetmek **wreckage** /'rekic/ enkaz, yıkıntı

wren /ren/ a. çalıkuşu

wrench /renç/ e. burkmak * a. burkma, burkulma; İngiliz anahtarı

wrestle /'resıl/ e. güreşmek * a. güreş **wrestler** güreşçi **wrestling** güreş

wretch /reç/ a. zavallı kimse

wretched /'reçid/ s. perişan, zavallı; berbat

wring /ring/ e. **wrung** /rang/ burmak; sıkmak * a. burma, sıkma

wrinkle /'rinkıl/ a. kırışıklık; kon. ipucu * e. kırıştırmak; kırışmak

wrist /rist/ a. bilek **wristwatch** kol saati

writ /rit/ a. ferman, ilam, buyruk

write /rayt/ e. **wrote** /rout/, **written** /'ritın/ yazmak **write down** kaydetmek, yazmak **write in** mektupla başvurmak

writer /'raytı/ a. yazar

writhe /rayt/ e. kıvranmak
writing /'rayting/ a. yazı
written /ri'tın/ bkz. write
wrong /rong/ s. yanlış; ters; haksız;
bozuk What's wrong with ...? -in
nesi var? go wrong kötü
sonuçlanmak, ters gitmek
wrongdoer haksızlık eden kimse;
günahkâr wrongful haksız;
yasadışı, yolsuz
wrote /rout/ bkz. write
wrung /rang/ bkz. wring
wry /ray/ s. eğri, çarpık

X

xenophobia /zenı'foubıı/ a. ruhb.
yabancı düşmanlığı
Xmas /'krısmıs, 'eksmıs/ a. kon. Noel
X-ray /'eksrey/ e. röntgenini çek-
mek * a. röntgen ışını; röntgen
filmi; röntgen muayenesi
xylophone /'zaylıfoun/ a. müz.
Ksilofon

Y

yacht /yot/ a. yat * e. yat ile gez-
mek yacht-club yat kulübü
yachting yatçılık yachtsman yatçı
yak /yek/ a. hayb. tibet sığırı * e.
kon. laklak etmek
yank /yenk/ e. kon. birden hızla
çekmek
Yankee /'yenki:/ a. kon. (Kuzey)
Amerikalı
yap /yep/ e. havlamak; zırvalamak
* a. havlama; gevezelik
yard /ya:d/ a. yarda (0.914 m.);
den. seren; avlu
yarn /ya:n/ a. iplik; kon. hikâye,
masal, maval
yawl /yo:l/ a. filika
yawn /yo:n/ e. esnemek * a. es-
neme
yeah /yeı/ be. kon. evet
year /yiı/ a. yıl, sene all the year

round bütün yıl boyunca yearly
yılda bir kez olan; yıllık
yearn /yö:n/ e. özlemek, göresimek
yeast /yi:st/ a. maya
yell /yel/ e. (at/out) bağırmak,
haykırmak * a. bağırış, feryat,
çığlık
yellow /'yelou/ a. sarı; kon. ödlek,
korkak yellow fever hek. sarı
humma yellowish sarımsı,
sarımtırak
yen /yen/ a. yen, Japon parası
yes /yes/ be. evet
yesterday /'yestıdi, 'yestıdey/ be.
dün
yet /yet/ be. henüz, daha; şu ana
kadar, hâlâ * bağ. ama, yine de;
aynı zamanda as yet şu/o ana ka-
dar
yew /yu:/ a. bitk. porsukağacı
yield /yi:ld/ e. teslim olmak; (kâr)
getirmek; çökmek, bel vermek,
eğilmek; ürün vermek * a. ürün;
kazanç, gelir
yippee /yi'pi:/ ünl. hurra!
yodel /'youdıl/ a. pesten tize ani
geçişlerle söylenen şarkı
yoga /'yougı/ a. yoga
yoghurt /'yogıt/ a. yoğurt
yoke /youk/ a. boyunduruk; bağ
yolk /youk/ a. yumurta sarısı
yore /yo:/ a. eski zaman, geçmiş
you /yı, yu, yu:/ adl. sen, siz; seni,
sizi; sana, size
young /yang/ s. genç; yeni, taze,
körpe * a. (the) gençler, gençlik;
(hayvan) yavru youngster çocuk,
delikanlı
your /yı, yo:/ s. senin, sizin
yours /yo:z/ adl. senin, sizin; sen-
inki, sizinki
yourself /yı'self, yo:'self/ adl. (ç. -
selves /-'selvz/) kendin, kendiniz,
kendine, kendini by yourself tek
başına
youth /yu:t/ a. gençlik; gençler
youthful genç; dinç

Z

zeal /zi:l/ a. gayret, istek, heves, azim **zealous** /'zelıs/ gayretli, istekli, şevkli

zebra /'zi:brı/ a. *hayb.* zebra **zebra crossing** yaya geçidi

zenith /'zenit/ a. başucu; doruk, zirve

zeppelin /'zepılin/ a. zeplin

zero /'ziırou/ a. sıfır

zest /zest/ a. tat, lezzet, çeşni; zevk, hoşlanma

zigzag /'zigzeg/ a. zikzak * e. zikzak yapmak

zinc /zink/ a. *kim.* çinko

zip /zip/ a. fermuar; gayret; vızıltı * e. fermuarla açmak/kapatmak; vınlamak **zip code** *AE.* posta kodu **zipper, zip-fastener** fermuar

zippy /'zipi/ s. hareketli, enerjik

zither /'zitı/ a. *müz.* kanun

zits /zoun/ a. tende benekler

zodiac /'zoudiek/ a. burçlar kuşağı, zodyak **signs of the zodiac** on iki burç

zone /zoun/ a. kuşak; bölge

zonked /zonkt/ a. çok yorgun, bitkin

zoo /zu:/ a. hayvanat bahçesi

zoology /zou'olıcı, zu'olıcı/ a. hayvanbilim, zooloji **zoological** /zou'locikıl/ zoolojik **zoological garden** hayvanat bahçesi **zoologist** /zou'olıcist/ hayvanbilimci, zoolog

zoom /zu:m/ e. vınlamak; (uçak) dikine yükselmek; *kon.* (araba) rüzgâr gibi gitmek; (fiyat) fırlamak; zum yapmak * a. (uçak) dikine yükselme **zoom past** önünden ok gibi geçmek

zucchini /zu: 'ki:ni/ a. dolma kabağı

BÖLÜM İKİ

TÜRKÇE _ İNGİLİZCE

PART TWO

TURKISH _ ENGLISH

ÖNSÖZ

Türkçe'nin çağdaş sözvarlığının dikkate alınarak hazırlandığı bu Türkçe-İngilizce bölümünde, gündelik dile ait binlerce sözcük ve deyimin yanı sıra çeşitli bilimlere ait binlerce terime de yer verilmiştir.

Karşılıkları verilen Türkçe sözcüklerin anlamları, kullanımlarındaki önem sırasına göre dizilmiş, İngilizce-Türkçe bölümünde olduğu gibi, eşanlamlı ve/veya yakın anlamlı karşılıklar virgül ile, ayrı anlamı yansıtan karşılık(lar) noktalı virgül ile ayrılmıştır.

Orta ve lise öğrencilerinin olduğu gibi İngilizce ile ilgili hemen herkesin orta boy bir Türkçe-İngilizce sözlüğe duyacakları gereksinimler göz önüne alınarak hazırlanan bu sözlüğün güvenilir ve yararlı bir kılavuz olacağı inancındayız.

FONO

A

aba coarse woollen cloth **abayı yakmak** to fall in love (with sb)
abajur lampshade
abaküs abacus
abanmak to lean forward/against
abanoz ebony
abartı exaggeration
abartmak to exaggerate
abece alphabet
abecesel alphabetic(al)
abes unnecessary, useless; foolish; unreasonable
abi bkz. **ağabey**
abide monument, memorial
abla elder sister
ablak chubby, round
abluka blockade **abluka etmek** to blockade **ablukayı kaldırmak** to raise the blockade
abone subscriber; subscription **abone bedeli/ücreti** subscription fee **abone olmak** to subscribe (to)
abonman subscription; season ticket; *kon.* bus ticket
abstre abstract
abuk sabuk nonsensical, incoherent **abuk subuk konuşmak** to talk nonsense, to babble
abur cubur kickshaw
acaba I wonder (if/whether)
acar bold, plucky, hardy; cunning, clever
acayip strange, weird, peculiar, odd **acayibine gitmek** to seem strange (to sb)
acayiplik peculiarity, strangeness
acele hurry, haste; urgent; hasty, hurried **acele etmek** to make haste, to be in a hurry **Acele işe şeytan karışır.** Haste makes waste.

aceleci hasty, impatient
acemi untrained, inexperienced, callow; beginner, tyro
acemice clumsily
acemilik inexperience, callowness **acemilik çekmek** to suffer from inexperience
acente agent, representative; agency
acı bitter; biting, harsh; pain, ache; sorrow, grief **acı çekmek** to suffer, to feel pain **acısını çekmek** to pay the consequence (for) **acısını çıkarmak** to be/get even (with sb)
acıbadem bitter almond **acıbadem kurabiyesi** almond cooky, macaroon
acıklı touching, pathetic, tragic, sad
acıkmak to feel hungry, to be hungry
acılaşmak to get bitter/sour
acılı spicy; sad, grieved, mourning
acılık bitterness, sourness
acıma pity, mercy
acımak to hurt, to feel pain; to feel sorry for, to have/take pity on
acımasız pitiless, merciless
acımasızlık pitilessness, mercilessness
acımsı, acımtırak somewhat bitter
acındırmak to arouse pity for sb; to arouse sympathy
acınmak to feel sorrow (for); to be regretted/pitied
acıtmak to hurt, to cause pain (to)
acil urgent, immediate, pressing **acil bakım** emergency maintenance **acil servis** casualty department, casualty ward **acil şifalar dilemek** to wish sb a quick recovery
acilen urgently, promptly
aciz inability, helplessness, weakness
âciz incapable, uncapable; weak,

helpless *âciz kalmak* to be incapable (of)

acizane humbly, modestly

acuze hag

aç hungry; insatiable, greedy *aç açına* with an hungry stomach *aç kalmak* to be left hungry; to be poor *aç karnına* on an empty stomach *aç kurt gibi* hungry as a wolf *aç susuz* without food and water *acından ölmek* to starve to death; to starve, to be famished

açacak opener

açalya azalea

açgözlü greedy, insatiable

açgözlülük greed, avarice *açgözlülük etmek* to act greedily

açı angle; point of view *dar açı* acute angle *dik açı* right angle *geniş açı* obtuse angle

açık open; uncovered; clear, distinct; naked, bare; clear, cloudless; light (colour); vacant, unoccupied; open air; open sea; vacant position; deficit; wing; openly, frankly *açık açık* frankly *açık alan* open space, opening *açık artırma* public auction *açık çek* blank cheque *açık deniz* open sea; high seas *açık eksiltme* purchase by Dutch auction *açık elli* generous *açık fikirli* broad minded *açık hava* open air *açık hava tiyatrosu* open-air theatre *açık kalpli* open-hearted *açık konuşmak* to talk frankly *açık liman* free port *açık pazar* open market *açık saçık* indecent, obscene *açık seçik* explicit, obvious *açık yürekle* open hearted

açıkça frankly, openly, clearly

açıkçası to tell the truth, frankly speaking

açıkgöz cunning, shrewd, sharp

açıkgöz(lü)lük cunning, slyness

açıklama explanation *açıklama yapmak* to make an explanation

açıklamak to explain; to clarify

açıklayıcı explanatory, illustrative

açıklık openness; clearness; open space, blank space

açıkoturum panel discussion

açıköğretim the Open University

açıksözlü outspoken, frank, straightforward

açıksözlülük outspokenness, frankness

açıktan from a distance; without effort, extra *açıktan açığa* openly, frankly

açılır kapanır collapsible, folding

açılış opening, inauguration

açılmak to be opened, to open; to become clear (weather); to put out (to sea); to become relaxed, to be at ease; to overspend

açımlamak to elucidate, to expound; to comment (on)

açındırmak to develop

açınmak to develop

açıortay bisector

açıölçer protractor

açlık hunger; famine *açlık çekmek* to go hungry; to be poor *açlık grevi* hunger strike *açlıktan ölmek* to starve

açmak to open; to draw aside, to lift; to unfold; to clear away, to break through; to reveal (a secret); to turn on (switch, light, radio, etc.); to begin, to open (a meeting/conversation); to clear up (weather); to sharpen (pencil); to make lighter (colour); to bloom (flower)

açmaz difficult position; impasse, dilemma

ad name; fame; *dilb.* noun *ad durumu dilb.* case *ad koymak* to give a name *ad takmak* to nickname *ad vermek* to give a name *adı çıkmak* to be talked about, to get a bad reputation *adı geçen/anılan* above-mentioned

adı karışmak to be involved in

adına in the name of **adını anmak** to mention

ada island

adabımuaşeret manners, etiquette

adaçayı sage tea; garden sage

adak vow, oblation **adak adamak** to vow

adale muscle

adaleli muscular

adalet justice **Adalet Bakanı** Minister of Justice **Adalet Bakanlığı** Ministry of Justice **Adalet Divanı** International Court of Justice

adaletli just, fair

adaletsiz unjust, unfair

adaletsizlik injustice

adalı islander

adam man; human being; person, individual; employee, servant; agent **adam almak** to recruit **adam başına** a/per head, apiece **adam beğenmemek** to be overcritical **adam etmek** to lick sb/sth into shape **adam gibi** properly **adam içine çıkmak** to go out in public **adam olmak** to grow into manhood, to grow to be a man **adam olmaz** hopeless, incorrigible **adam öldürme** manslaughter, homicide **adam sarrafı** a good judge of character **adam sen de** who cares?, never mind! **adam tutmak** sp. to mark a man **adam yerine koymak** not to disregard, to consider important **adamdan saymak** to treat with respect, to consider important **adamına çatmak** to meet one's match

adamak to vow (a pledge); to dedicate oneself to

adamakıllı thoroughly, fully

adamotu bitk. mandrake

adamsendecilik indifference, callousness

adamsızlık lack of employ-

ees/servants

adap customs; good manners **adaba aykırı** contrary to the rules of accepted ways **adap erkân** customary practices

adaptasyon adaptation

adapte adapted **adapte etmek** to adapt **adapte olmak** to be adapted

adaş namesake

adatavşanı hayb. rabbit, cony

aday candidate; nominee, applicant **aday adayı** candidate for nomination **aday göstermek** to put sb in for

adçekme lot, drawing of lots

adçekmek to draw lots

addetmek to count, to esteem

Adem Adam

âdemelması anat. adam's apple

âdemoğlu mankind

âdet habit; custom; hek. periods, menstruation **âdet bezi** sanitary towel/pad **âdet çıkarmak** to start a new custom **âdet edinmek/etmek** to get into the habit (of) **âdet görmek** to have one's periods, to menstruate **âdetten kesilmek** to reach menopause **âdet yerini bulsun diye** as a matter of form, for form's sake

adet number; piece

âdeta nearly, almost; simply, merely

adıl dilb. pronoun

adım step; pace **adım adım** step by step **adım atmak** to walk, to step; to take the first step, to begin **adım atmamak** not to visit **adım başı(nda)** at every step **adımlarını açmak** to walk faster **adımlamak** to pace

adi customary, usual; common, ordinary; base, low, mean; banal, commonplace **adi alacak** unsecured claim **adi iflas** nonfraudulent bankruptcy **adi**

mektup ordinary letter *adi şirket/ortaklık* unincorporated association

adil just, fair

adilane justly

adilik vulgarity, baseness

adlandırmak to denominate, to name

adli juridical; judicial *adli hata* legal error *adli sicil* police record, record of previous convictions *adli takibat*prosecution *adli tebligat* summons *adli tıp* forensic medicine *adli yıl* legal year, court year

adliye (administration of) justice; lawcourt *adliye mahkemeleri* ordinary tribunals *adliye sarayı* courthouse

adrenalin *hek.* adrenalin(e)

adres address *adres defteri* address-book

Adriyatik Adriatic Sea

adsız nameless; anonymous

aerobik aerobics

aerodinamik aerodynamics; aerodynamic

af pardon, forgiveness; amnesty; exemption *af dilemek* to apologize (to sb), to beg pardon *affa uğramak* to be pardoned

afacan unruly, mischievous, naughty (child)

afalla(ş)mak to be bewildered, to be taken aback

aferin Bravo! Well done! Good for you! *aferin almak* to receive a good mention/report

afet disaster, calamity, catastrophe; *kon.* femme fatale, siren

afetzede disaster stricken

affedilmek to be forgiven, to be pardoned

affetmek to pardon, to forgive; to excuse *Affedersiniz!* Excuse me! I'm sorry!

Afgan Afghan

Afganca Pushtu

Afganistan Afghanistan

Afganlı Afghan

afiş poster, placard, bill

afiyet good health, well-being *Afiyet (şeker) olsun!* Have a nice meal, Enjoy your meal!

aforoz excommunication *aforoz etmek* to excommunicate

Afrika Africa

Afrikalı African

afsun spell, charm

afsuncu sorcerer, witch

afsunlamak to bewitch

Afşar Turkoman tribe (in North Iran and South Anatolia)

afyon opium

afyonkeş opium addict

agrandisman (photo) enlargement

agrandisör enlarger

ağ net; network; (trousers) crotch; web *ağ atmak/bırakmak* to cast a net *ağına düşürmek* to trap *ağ tabaka* retina

ağa master, lord; landowner, agha

ağabey elder brother

ağaç tree; wood, timber; wooden *ağaç budamak* to prune trees *ağaç işleri* woodwork *ağaç kabuğu* bark *ağaç kaplama* wooden wainscotting *ağaç kovuğu* hollow of a tree *ağaç olmak arg.* to have been waiting for ages *Ağaç yaşken eğilir* Train the mind while it is young

ağaççık bush, shrub

ağaççileği *bitk.* raspberry

ağaçkakan woodpecker

ağaçkavunu *bitk.* citron

ağaçkurdu woodworm

ağaçlandırmak, ağaçlamak to afforest

ağaçlıklı tree-lined, wooded

ağarmak to turn white; to become light; to bleach, to whiten

ağda semi-solid sweet, syrup; epilating wax *ağda yapmak* to remove hairs (with sticky boiled sugar)

ağdalı viscous; bombastic, heavy, involved (style)

ağı poison, venom *ağı gibi* very bitter; very strong

ağıl sheep-fold, fold

ağılamak to poison

ağılanmak to be poisoned

ağılı poisonous

ağılıböcek *hayb.* ground beetle

ağınmak to roll on the ground (animal)

ağıotu *bitk.* hemlock

ağır heavy; difficult, hard; grave, serious (illness); precious, valuable; offensive, hurtful; slow *ağır ağır* slowly *ağır aksak* very slowly *ağır basmak* to be heavy; to have influence, to carry weight *ağır ceza* severe punishment *ağır ceza mahkemesi* criminal court *ağır çekim* slow motion *ağır endüstri* heavy industry *ağır gelmek* to offend, to hurt; to find sth difficult *ağır hapis (cezası)* solitary confinement, heavy imprisonment *ağır işitmek* to be hard of hearing *ağır kayıp* great losses, heavy casualties *ağır para cezası* heavy fine *ağır sanayi* heavy industry *ağır sıklet* heavyweight *ağır söz* harsh word *ağır yaralı* seriously wounded *ağırdan almak* to take it easy, to play for time *ağırına gitmek* to offend, to hurt (the feelings of)

ağırbaşlı serious, dignified, sedate

ağırbaşlılık dignity, sedateness

ağırlamak to entertain, to show hospitality

ağırlaşmak to become heavier; to become more difficult; to become slower; to become more serious (illness)

ağırlık weight, heaviness; impor-

tance; severity; gravity; slowness; oppressiveness; drowsiness, lethargy *ağırlık basmak/çökmek* to come upon sb (sleep); to oppress sb (nightmare) *ağırlık merkezi* centre of gravity *ağırlık olmak* to be a burden to *ağırlık vermek* to attach importance (to) *ağırlığını koymak* to use one's influences

ağıt requiem, lament, elegy, dirge *ağıt yakmak* to wail for, to lament

ağız mouth; edge, blade; rim, brim; snout, muzzle; opening, entrance; crossroads; persuasive words; local language, accent *ağız açtırmamak* not to let sb speak *ağız alışkanlığı* manner of speech *ağız dalaşı* quarrel *ağız kavgası* quarrel, battle of words *ağız şakası* joke *ağız tadı* enjoyment; peace, harmony *ağızdan ağıza dolaşmak* to be rumoured *ağıza alınmaz* unspeakable, vulgar *ağzı (bir karış) açık kalmak* to gape with astonishment *ağzı kokmak* to have bad breath *ağzı kulaklarına varmak* to grin from ear to ear *ağzı pis* foulmouthed *ağzı sulanmak* to water (mouth); to be envious *ağzı süt kokmak* to be young/inexperienced *ağzı var dili yok* (he is) very silent *ağzı yanmak* to burn one's fingers *ağzına almamak* not to mention *ağzına bakmak* to obey sb blind *ağzına geleni söylemek* to say disagreeable things (without thinking); to scold severely *ağzında gevelemek* to beat around the bush *ağzından baklayı çıkarmak* to spill the beans *ağzından bal akmak* to talk pleasantly *ağzından çıkanı kulağı duymamak/işitmemek* not to realize what one is saying *ağzından düşürmemek* to talk about sb/sth constantly *ağzından kaçırmak* to let sth slip out *ağzını açıp gözünü yummak* to let oneself go, to say bitter words *ağzını açmak* to give vent to one's feelings *ağzını açmamak* not to open one's lips *ağzını aramak* to sound out *ağzını bozmak* to swear, to curse *ağzını burnunu dağıtmak* to beat sb up *Ağzını hayra aç!* Speak no evil! Heaven forbid! *ağzını sulandırmak* to make one's mouth water *Ağzını topla!* Mind your language! *ağzını yoklamak* to sound out *ağzının payını almak* to be snubbed *ağzının payını vermek* to snub sb *ağzının tadını kaçırmak* to spoil sb's pleasure

ağızbirliği agreement on what to say/do *ağızbirliği etmek* to agree to tell the same story

ağızlık cigarette holder; mouthpiece

ağlamak to cry, to weep

ağlamaklı ready to cry, tearful *ağlamaklı olmak* to fee like crying

ağlaşmak to weep together

ağlatı tragedy

ağlatmak to make sb cry, to reduce sb to tears

ağrı pain, ache *ağrı vermek* to hurt

Ağrıdağı Mount Ararat

ağrıkesici painkillers, analgesic

ağrımak to ache, to hurt

ağtabaka retina

ağustos August

ağustosböceği cicada

ah! Ah! Oh! Alas! *ah çekmek* to sigh, to utter a sigh *ahı gitmiş vahı kalmış kon.* clapped out *ahı tutmak* (one's curse) to take effect

aha here, there

ahali inhabitants; people, population

ahbap friend; fellow *ahbap çavuşlar* chums, cronies *ahbap olmak* to make friends with

ahbaplık friendship, acquaintance

ahçı cook

ahçıbaşı chef, head cook

ahçılık cooking, cookery, cuisine

ahdetmek to resolve, to take an oath

ahenk harmony

aheste slow, gentle

ahım şahım *kon.* beautiful, excellent, favourable *ahım şahım bir şey değil* It's not much of a thing

ahır stable, shed, barn *AE.*

ahit oath; promise; agreement, pact, treaty

ahize (telephone) receiver

ahkâm judgements *ahkâm kesmek* to make judgements without hesitation

ahlak morals; ethics; manners, conduct *ahlaka aykırı* immoral *ahlakını bozmak* to debauch, to pervert, to deprave *ahlakı bozuk* depraved

ahlakbilim ethics

ahlakçı moralist

ahlakdışı amoral

ahlaki moral, ethical

ahlaklı well-behaved, decent

ahlaksız immoral, dissolute

ahlaksızca immorally

ahlaksızlık immorality, depravity

ahlamak to sigh

ahlat wild pear

ahmak stupid, foolish; fool, idiot

ahmaklık stupidity

ahret afterlife, the hereafter, the next world

ahşap wooden

ahtapot octopus

ahu gazelle

ahududu raspberry

ahval circumstances, conditions

aidat dues, revenues

Aids Aids *Aids victim* Aids kurbanı
Aids virus Aids virüsü

aile family *aile bireyleri/efradı*
members of a family *aile hayatı*
domesticity, family life *aile ocağı*
home *aile planlaması* family
planning *aile reisi* head of the
family, householder

ailesel, ailevi domestic, regarding
the family

ait concerning; belonging (to) *ait
olmak* to concern; to belong (to)

ajan agent; secret agent, spy *ajan
provokatör* agent provocateur

ajanda date book, engagement
calendar

ajans news-agency; agency *ajans
bülteni* news-agency, bulletin

ak white; clean; honest *Ak akçe
kara gün içindir* One must put
by for a rainy day. *ak düşmek* to
begin to turn white *akla karayı
seçmek* to meet a lot of difficul-
ties; to be hard put to do sth

akabinde immediately, afterwards

akaç drain pipe

akaçlama drainage

akaçlamak to drain

akademi academy *akademi üyesi*
academician

akademik academic

akağaç (white) birch

akanyıldız shooting-star

akarca *hek.* fistula

akaret property rented out

akarsu river, stream *akarsu yatağı*
stream bed

akaryakıt liquid fuel *akaryakıt
tankeri* fuel tanker

akasya acacia

akbaba vulture

akciğer lungs *akciğer zarı* pleura

akça coin, small silver coin

akça whitish, quite white

akçaağaç maple

akçakavak white poplar

akçe coin, small silver coin

Akdeniz the Mediterranean *Ak-
deniz iklimi* Mediterranean cli-
mate

akdetmek to make, to contract, to
draw up

akdiken hawthorn

akıbet end, consequence, outcome

akıcı fluid, liquid; fluent

akıcılık fluency

akıl reason, intelligence, mind;
memory; opinion, idea; advice
Akıl akıldan üstündür ats. It
pays to ask advice. Two heads
are better than one. *akıl almak*
to consult *akıl almaz* unimagin-
able, unbelievable *akıl danışmak*
to consult *akıl erdirememek* not
to make head or tail of sth, not
to make of *akıl hastalığı* mental
illness *akıl hastanesi* mental
hospital/home *akıl hastası* men-
tal patient *akıl hocası* mentor,
advisor *akıl vermek* to give sb
advice *Akıl yaşta değil, baştadır*
Intelligence doesn't go by age
akılda tutmak to keep in mind
akıllara durgunluk vermek to
astound *akla gelmedik* unthink-
able *aklı başına gelmek* to come
to one's senses *aklı gitmek* to be
taken (with); to be astonished,
to be confused *aklı yatmak* to be
convinced *aklına esmek* to feel
like doing, to come into one's
head *aklına koymak* to take it
into one's head (to), to have a
mind *aklına takılmak* to run in
one's head *aklında kalmak* not to
forget, to remember *aklından
çıkmak* to slip one's mind
aklından geçirmek to happen to
think (of sth) *aklından geçmek*
to occur to sb *aklından zoru ol-
mak* to have sth wrong with
one's mind *aklını başına topla-
mak* to gather/collect one's wits
together *aklını başından almak*

to make sb unable to think, to turn one's head *aklını bozmak* to be obsessed by sth *aklını çelmek* to dissuade (from a good intention) *aklını kaçırmak* to be/go out of one's mind *aklını oynatmak* to be out of one's senses *aklını peynir ekmekle yemek* to lose one's senses

akılcı rationalist
akılcılık rationalism
akıldışı irrational
akıldişi wisdom tooth
akıllanmak to become wiser (by experience)
akıllı clever, intelligent
akıllıca cleverly, intelligently
akıllılık cleverness, intelligence
akılsız stupid, foolish
akılsızlık stupidity
akım current; movement, trend
akın raid; run; rush *akın akın* in crowds *akın etmek* to rush (into); to raid, to attack
akıntı current, stream; flow *akıntıya kapılmak* to go adrift *akıntıya kürek çekmek* to beat the air
akış flow, course
akışkan fluid
akışkanlık fluidity
akıtmak to make/let sth flow; to shed
akide candy sugar
akide faith, creed
akik agate
akis reflection; echo; reaction
akkan lymph
akkor incandescent
aklama acquittal
aklamak to acquit
aklanmak to be acquitted
aklıselim common sense
akmadde white matter
akmak to flow; to leak; to run down
akordeon accordion

akort tune; accord *akort etmek* to tune *akordu bozuk* out of tune *akordu bozulmak* to go out of tune
akraba relative, kin, kindred
akrabalık relationship, kinship, affinity
akran equal, peer
akreditif letter of credit
akrep scorpion; hour-hand (watch) *Akrep burcu* Scorpio
akrobasi acrobatics
akrobat acrobat
akrobatik acrobatic
aks axle, journal
aksak lame, limping
aksaklık trouble, breakdown, hitch; limp
aksam parts, portions, sections
aksamak to limp, to hitch; to run wrong, not to work right
aksan accent, stress
aksesuar accessory; stage prop; spare part
aksetmek to hinder
aksırık sneeze
aksırmak to sneeze
aksi contrary, opposite; perverse, cross *aksi gibi kon.* unfortunately *aksi halde* otherwise, if not *aksi tesadüf* unfortunate coincidence; unluckily
aksilik misfortune; crossness, obstinacy *aksilik çıkmak* to have a difficulty come up *aksilik etmek* to make difficulties, to be obstinate
aksine on the contrary
aksiyom axiom
akşam evening; in the evening *akşam akşam* this time of the night *akşam gazetesi* evening paper *akşam güneşi* yellowish pink; afternoon sun *akşam karanlığı* dusk *akşam namazı* evening worship *akşam sabah* all the time, constantly *akşam*

yemeği dinner, supper *akşama* this evening, tonight *akşamları* in the evening *akşamdan akşama* every evening *akşamdan kalma* having a hangover

akşamcı night worker; habitual drinker

akşamlamak to stay until evening; to stay the night

akşamleyin in the evening

akşamlık for an evening, evening; evening clothes

akşamüstü, akşamüzeri at sunset, at dusk; towards evening

Akşamyıldızı evening star, Venus

akşın albino

akşınlık albinism

aktar seller of medicinal herbs, herbalist; haber-dasher's, herbalist's

aktarıcı tiler; passer; transmitter

aktarma transfer; change; quotation *aktarma bileti* transfer ticket *aktarma yapmak* to change (trains, etc.)

aktarmak to transfer; to quote; to transmit; to empty; *hek.* to transplant

aktarmalı connecting (train, etc.)

aktarmasız without change, direct, through

aktif active; assets

aktiflik activity

aktinik actinic

aktör actor

aktöre morals

aktörlük acting

aktris actress

aktüalite the news of the day; newsreel

aktüel actual, present

akuple coupled

akupleman coupling

akupunktur acupuncture

akustik acoustic; acoustics

akümülâtör storage battery, car battery

akvaryum aquarium

akyuvar leucocyte

al vermilion, crimson, scarlet; (horse) bay; rouge; trick, intrigue *al basmak* to catch puerperal fever; to blush *al kanlara boyanmak* to be wounded; to die a bloody death *al bayrak/sancak* The Turkish flag *al yanaklar* rosy-cheeks

ala variegated, pied; light brown

âlâ very good, excellent

alabalık trout

alabanda *den.* broadside *alabanda etmek* to put the helm hard over *alabanda iskele* hard to board

alabildiğine to the utmost; at full speed; extremely

alabora capsizing, overturn *alabora etmek* to overturn *alabora olmak* to capsize, to turn over

alaca speckled, multicoloured, variegated *alaca bulaca* incongruously coloured

alacak money owed to sb, credit; *huk.* claim *alacak davası* action of debt *alacak senedi* note receivable, bill receivable *alacağı olsun!* I will make him pay for it, I'll show him!

alacaklı payee, creditor *alacaklı taraf* credit side

alacalanmak to become speckled

alafranga European, in the European style *alafranga müzik* European music *alafranga tuvalet* Western style toilet

alageyik fallow-deer

alaka interest, concern; connection, relationship; affection *alaka duymak* to be interested (in) *alaka göstermek* to take interest (in) *alakasını kesmek* to break off relations (with) *alaka uyandırmak* to arouse interest

alakadar concerned, interested *alakadar etmek* to concern, to interest *alakadar olmak* to be interested (in)

alakalanmak to be interested (in)

alakalı interested, concerned

alakarga jay

alakasız uninterested, indifferent; unconnected

alamet sign, mark *alameti farika* trademark

alan open space; area; field; clearing; (public) square *alan araştırması* fieldwork

alarm alarm

alaşağı etmek to overthrow, to depose

alaşım alloy

alaturka in the Ottoman/Turkish style *alaturka müzik* Turkish music *alaturka tuvalet* squat toilet

alavere passing (from hand to hand); gangway (for loading/unloading goods) *alavere dalavere çevirmek* to play a trick

alay procession, parade; *ask.* regiment; crowd, troop; mockery, ridicule *alay alay* in large crowds *alay etmek* to make fun (of) *alay konusu* object of derision *alay konusu olmak* to become an object of derision *alaya almak* to make fun (of), to laugh (at) *alayında olmak* not to take sth seriously

alaycı mocking; mocker, joker

alaylı joking, mocking

alaz flame, blaze

albastı puerperal fever

albay colonel; (navy) captain

albeni charm, appeal, attraction

albino albino

albüm album

albümin albumin

alçak low; mean, vile *alçak basınç* low pressure

alçakça rather low; shamefully, viciously

alçakgönüllü humble, modest

alçakgönüllülük humility, modesty

alçaklık lowness; meanness, baseness; cowardice

alçalmak to decline, to descend; to lose value; to abase oneself

alçı plaster of Paris, plaster *alçıya almak/koymak* to encase in plaster

alçıtaşı gypsum, parget

aldanmak to be deceived; to be mistaken; to bloom early

aldatıcı deceptive, misleading

aldatmaca trick, deception

aldatmak to deceive, to cheat; to be unfaithful (to)

aldehit aldehyde

aldırış attention, care *aldırış etmemek* not to care, not to pay attention

aldırmak to mind, to pay attention (to) *Aldırma!* Never mind! Don't worry!

aldırmazlık indifference *aldırmazlıktan gelmek* to pretend to be indifferent, not to care

alegori allegory

alelacele in a big hurry, hastily

alelade ordinary, common

âlem world, universe; state, condition; all the world, people; merrymaking, party, orgy; kingdom *âlem yapmak* to have a rave-up, to go on a spree

alemdar standard bearer; leader

alenen openly, publicly

alengirli *arg.* showy, flashy

aleni open, public

alerji allergy

alerjik allergic

alet tool, instrument; apparatus, appliance; tool, means, agent *alet edevat* tools *alet etmek* to make a tool of sb *alet olmak* to be a tool

alev flame *alev almak* to catch fire

Alevi partisan of the caliph Ali,

shiite

Alevilik Shiism

alevlendirmek to set on fire, to cause to blaze; to incite, to inflame

alevlenmek to take fire, to blaze; to become excited

aleyh against *aleyhinde bulunmak/söylemek* to run down, to backbite *aleyhinde olmak* to be against sb *aleyhine olmak* to be disadvantageous to sb

aleyhtar opponent; opposed to

aleyhtarlık opposition

aleykümselam Peace be to you! (in reply to the Muslim greeting selamünaleyküm)

alfa alpha *alfa ışınları* alpha-rays

alfabe alphabet

alfabetik alphabetic(al)

algı perception

algılamak to perceive, to sense

algılanmak to be perceived

algler *bitk.* seaweeds

alıcı buyer, customer, purchaser; receiver, addressee; movie camera *alıcı gözüyle bakmak* to look carefully *alıcı kuş* bird of prey *alıcı yönetmeni* cameraman

alık clumsy, silly

alıkoymak to keep; to hinder, to stop; to arrest; to detain; to put aside, to reserve

alım taking; buying; attraction; charm *alım satım* business, trade

alımlı attractive, charming

alımlılık attraction, charm

alın forehead, brow; front *alın teri* great effort *alın teri dökmek* to graft (away), to work like a black *alın teriyle kazanmak* to earn by hard work *alnı açık* blameless, innocent *alnına yazılmış olmak* to be one's destiny *Alnını karışlarım!* I'll show you! I dare you!

alındı receipt

alıngan touchy

alınganlık touchiness

alınmak to take offence, to be hurt

alınyazısı fate, destiny

alışık accustomed (to), used (to)

alışkanlık habit, custom

alışkı custom, practice, habit

alışkın accustomed (to)

alışmak to be accustomed (to); to become familiar (with); to become addicted (to); to catch fire

alıştırma exercise; training

alıştırmak to accustom, to habituate, to familiarize

alışveriş trade, business, commerce; shopping; relation *alışveriş etmek* to shop, to do shopping; to trade; to do dealings (with) *alışverişi olmamak* not to have anything to do (with)

âli high, sublime

âlim learned, wise; scholar, scientist

alimallah by God!

alize trade wind

alkali alkali

alkış applause, clapping *alkış tutmak* to clap (for); to cheer

alkışlamak to clap (for), to applaud

alkol alcohol

alkolik alcoholic

alkolizm alcoholism

alkollü alcoholic, spirituous *alkollü içki* alcoholic drink, alcohol, liquor

alkolsüz non-alcoholic, soft

Allah Allah, God *Allah Allah!* Goodness gracious! How strange! *Allah aşkına* for heaven's sake *Allah bağışlasın.* May God bless sb *Allah belanı versin!* God damn you! *Allah belasını versin!* Damn him! Curse him! *Allah bilir.* Only God knows. *Allah bir yastıkta ko-*

catsın. May you/they have a happy life together (to married couple) *Allah büyüktür* God is great; God will put things right *Allah cezanı versin!* God damn you! *Allah esirgesin/saklasın* unless something goes wrong *Allah kazadan beladan korusun/saklasın* May god protect you from all evil. *Allah korusun!* God forbid! *Allah ömürler versin!* May god give you/him, etc. a long life! *Allah rahatlık versin!* Good night! *Allah rahmet eylesin!* God rest his soul! *Allah senden razı olsun!* May God be pleased with you!, Thank you *Allaha bin şükür* Thank God *Allahın cezası* damn, damned *Allahını seversen* for God's sake *Allahın kulu* person, anybody *Allahtan* luckily *Allahtan bulsun* Let God punish him *Allahtan kork!* Don't do it! You should be shamed! *Allahtan korkmaz* pitiless, cruel *Allahtan umut kesilmez* While there is life, there is hope.

allahaısmarladık good-bye

allahlık simpleton, nitwit

allahsız godless, atheistic; merciless, cruel, cold-hearted

allak bullak confused, tangled, messed-up; upside down *allak bullak etmek* to make a mess (of), to upset; to confuse *allak bullak olmak* to turn into a mess; to be confused

allamak pullamak to decorate, to smarten up

allegretto *müz.* allegretto

allegro *müz.* allegro

allık redness; rouge

almaç receiver

almak to take; to get, to obtain; to buy; to receive; to accept; to contain; to hold; to conquer; to clean, to dust, to sweep; to last, to take; to cover (a istance); to employ, to hire; to mark

Alman German *Alman usulü* a Dutch treat *Alman usulü yapmak* to go Dutch (with sb)

almanak almanac

Almanca German

almangümüşü nickel silver

Almanya Germany

almaş permutation; alternative

almaşık alternative

alo hallo! (on telephone)

alt bottom; underside; underneath; base; lower, inferior, under *alt alta üst üste* rough-and-tumble *alt etmek* to beat, to defeat *alt kat* downstairs; ground floor *altını çizmek* to underline; to emphasize *altına kaçırmak* to wet one's clothes/bed *altında kalmak* to have no answer to *altında kalmamak* not to be outdone *altından girip üstünden çıkmak* to squander, to blow *altından kalkamamak* not to be successful enough to cope with *altını ıslatmak* to wet one's clothes/bed *altını üstüne getirmek* to turn upside down *alttan almak* to answer gently enough; not to make sb angrier

altbölüm sub-section, sub-division

altcins sub-genus

altçene lower jaw, mandible

altderi derma, corium

alternatif alternative *alternatif akım* alternative current

altgeçit underpass; subway

altı six

altıgen hexagon

altın gold; gold coin; golden *altın bilezik* skill that will earn one's living *altın çağı* golden age *altın kaplama* gold-plating; gold-plated *altın sarısı* golden blond *altın sikke* gold coin *altın topu*

gibi chubby (baby)
altınbaş muskmelon, cantaloupe
altıncı sixth
altınsuyu aqua regia
altıntop grapefruit
altıpatlar six-shooter, revolver
altışar six each, six apiece
altlık support, base; pad
altmış sixty
altmışıncı sixtieth
alto alto
altsınıf sub-class
alttakım sub-order
alttür sub-species
altüst upside down, topsy-turvy *altüst etmek* to mess up, to upset *altüst olmak* to be in a mess, to be upset
altyapı substructure; infrastructure
altyazı subtitles
alüminyum aluminium
alüvyon alluvium, alluvion
alyans wedding ring
alyuvar red blood cell, erythrocyte
âmâ blind
ama but, yet, still *aması maması yok* There are no buts about it! But me no buts!
amaç aim, goal *amacına erişememek* to miss one's aim *amacına ulaşmak* to achieve one's aim
amaçlamak to aim (at); to intend
amaçlı purposeful
amaçsız aimless, purposeless
amaçsızca aimlessly
amade ready, prepared
aman pardon, mercy; help! mercy! alas! *aman Allahım* oh dear!, my god!, good God! *aman dilemek* to ask for mercy *aman vermek* to give quarter
amanın oh my!, what now!
amansız merciless, pitiless; deadly, incurable
amatör amateur
ambalaj packing, wrapping; package *ambalaj kâğıdı* wrapping pa-

per *ambalaj yapmak* to wrap up, to pack
ambalajlamak to wrap up, to pack
ambar barn, granary; warehouse, storehouse; *den.* hold
ambargo embargo *ambargo koymak* to embargo, to put an embargo *ambargoyu kaldırmak* to lift the embargo (from)
amber ambergris; scent, perfume
ambülans ambulance
amca uncle *amca kızı* daughter of one's paternal uncle; cousin *amca oğlu* son of one's uncle; nephew
amel action, deed, work; diarrhea *amel olmak* to have diarrhea
amele worker, workman, labourer
ameli practical, applied
ameliyat *hek.* operation *ameliyat olmak* to be operated, to have an operation
ameliyathane theatre, operating room
ameliye process, procedure, operation
Amerika America *Amerika Birleşik Devletleri, ABD* the United States of America, USA
Amerikalı American
Amerikan American *Amerikan İngilizcesi* American English
amerikanbezi nettle cloth, grey cotton cloth
ametal non-metalic
amfi amphitheatre; lecture room
amfibi amphibian *amfibi tank* amphibian tank
amfiteatr lecture hall, lecture theatre; amphitheatre
amigo cheerleader
amin amen
amip amoeba
amir superior, chief; boss
amiral admiral
amiyane vulgar, common *amiyane tabiriyle* in the colloquial

amme the public *amme hizmeti* public service

amonyak ammonia

amorti redemption of a bond issue; the smallest prize (in lottery)

amortisman amortization; redemption (of a bond)

amortisör shock-absorber; damper

amper ampere

amperölçer ampermetre

ampul bulb, lamp; *hek.* ampoule

amut perpendicular *amuda kalkmak* to do a hand-stand

amyant asbestos

an moment, instant; intelligence, mind

ana mother; main, principal, basic *ana avrat düz gitmek* to swear *ana baba* parents *ana baba günü* doomsday, tumult *ana kuzusu* baby-in-arms *ana sütü* breast milk *ana tarafından* on the mother's side *ana yüreği* mother's love *anadan doğma* stark naked; from birth, congenital *Anan güzel mi?* I'm no fool *anasından doğduğuna pişman etmek* to make sb sorry he has been born *anasından emdiği süt burnundan gelmek* to suffer extreme hardship *anasının gözü* very cunning

anadil primitive language

anadili native language, mother tongue

anaerki matriarchy

anaerkil matriarchal

anafor eddy; counter-flow; *arg.* illicit profit, unearned money

anaforcu parasite, sponger

anahtar key; spanner, wrench

anakara continent

analık motherhood; adoptive mother; motherly woman

analiz analysis *analiz etmek* to analyse

anamal capital

anamalcı capitalist

anamalcılık capitalism

ananas pineapple

anane tradition

ananevi traditional

anaokulu nursery school, kindergarten

anarşi anarchy

anarşist anarchist

anarşizm anarchism

anason *bitk.* anise; aniseed

anatomi anatomy

anatomik anatomical

anayasa constitution

anayasal constitutional

anayol main road

anayön cardinal point

anayurt mother country, homeland

ancak only, merely; hardly, barely; but, however; at the earliest

ançüez anchovy

andaç gift, souvenir

andırış resemblance, similarity

andırmak to resemble, to be reminiscent

anestezi anaesthesia

angarya drudgery, donkeywork

Anglikan Anglican

Anglikanlık Anglicanism

Anglosakson Anglo-Saxon

angut ruddy shelduck; *kon.* fool

anı memory

anımsamak to remember, to recall

anında instantly; immediately

anırmak to bray, to hee-haw

anıt monument

Anıtkabir Atatürk's tomb

anıtkabir mausoleum

anıtsal monumental

ani sudden, unexpected; suddenly, all at once, short

aniden suddenly

animasyon animation

anjin angina

Anka phoenix

anket public survey, inquiry, questionnaire *anket yapmak* to take a poll, to make a survey

anlak intelligence

anlam meaning, sense *anlam çıkarmak* to make sth of sb/sth *anlamı olmak* to make sense *anlamına gelmek* to mean, to signify, to amount (to)

anlama understanding comprehension, apprehension

anlamak to understand, to comprehend, to conceive; to find out; to appreciate

anlamazlık lack of understanding *anlamazlıktan gelmek* to feign ignorance

anlambilim semantics

anlamdaş synonymous

anlamlandırmak to give meaning (to), to explain

anlamlı meaningful

anlamsız meaningless

anlaşılır clear, lucid, comprehensible

anlaşılmak to be understood; to be evident

anlaşılmaz incomprehensible, unintelligible

anlaşma agreement, contract *anlaşma yapmak* to contract, to make an agreement *anlaşmayı bozmak* to break an agreement

anlaşmak to understand one another; to reach an agreement

anlaşmazlık disagreement; misunderstanding

anlatı narration, narrative; short story

anlatmak to tell; to explain, to expound; to describe

anlayış understanding, comprehension; perceptiveness, intelligence; mind, intellect

anlayışlı understanding; intelligent

anlayışsız inconsiderate, intolerant

anlık intellect, understanding

anma remembrance; commemoration *anma töreni* commemora-

tive ceremony

anmak to call to mind, to remember; to mention; to commemorate

anne mother, ma, mummy *anneciğim* mummy, ma, mum *anneler günü* Mother's Day

anneanne grandmother

annelik motherhood

anofel anopheles

anonim anonymous *anonim şirket/ortaklık* incorporated company, joint stock company

anons announcement *anons etmek* to announce

anormal abnormal

anormalleşmek to become abnormal

anormallik abnormality

anot anode

ansızın suddenly, all of a sudden

ansiklopedi encyclopaedia

ansiklopedik encyclopaedic

ant oath, pledge *ant içmek* to take an oath *andını bozmak* to violate an oath

antarktik antarctic

Antarktika Antarctica

anten antenna, aerial; *hayb.* antenna, feeler

antepfıstığı pistachio

antibiyotik antibiotic

antidemokratik antidemocratic

antika antique; *kon.* odd, weird, funny *antika eşya* antique

antikacı antique dealer

antikalık antiqueness; eccentricity

antikor antibody

antilop antelope

antimuan antimony

antipati antipathy

antipatik disagreeable, unpleasant, cold

antitez antithesis

antitoksin antitoxin

antlaşma pact, treaty

antoloji anthology

antrakt (theatre, concert) interval, interlude; (cinema) interval, intermission

antrasit anthracite

antre entrance, entry

antrenman training, exercise *antrenman yapmak* to train, to work out, to exercise

antrenör trainer, coach

antrenörlük being a trainer/coach

antrepo bonded warehouse

antropolog anthropologist

antropoloji anthropology

anüs anus

Anzak Anzac

aort aorta

apaçık very clear, evident

apak pure white, all white

apandis appendix

apandisit appendicitis

apansız(ın) unexpectedly, all of a sudden

apar topar pell-mell, helter-skelter, at a moments notice

apartman *BE.* block of flats, *AE.* apartment house *apartman katı* flat, apartment

apayrı quite separate, quite different

aperitif aperitif, (pre-dinner etc.) drink

apış fork (of the body), crotch

apışmak to collapse from tiredness; to be astonished *apışıp kalmak* to be nonplussed

apolet epaulet

apse abscess

aptal stupid, silly

aptallaşmak to become stupid; to be taken aback

aptallık stupidity, foolishness

aptes ritual ablution *aptes almak* to perform an ablution *aptes bozmak* to relieve nature, to go to the toilet *aptest kaçmak* to have to perform an ablution again because one has relieved

himself/herself

apteshane toilet, water closet

ar are (100 m2)

ar shame *ar damarı çatlamak* to feel no sense of shame

ara distance; interval; break; pause; *sp.* half-time, time out; relation *ara bozmak* to destroy the friendship (between) *ara bulmak* to reconcile, to mediate *ara seçimi* by-election *ara sıra* now and then *ara vermek* to take a break, to pause *arada bir* from time to time, rarely *arası açık/bozuk olmak* to be on bad terms (with, ile) *arası iyi olmak* to be on good terms (with) *arasına, arasında* between; among *araya girmek* to meddle, to interfere

araba car, automobile; cart; wagon *araba gezisi* drive *araba kazası* smash, smash-up *araba kullanmak* to drive a car *araba vapuru* car ferry, ferryboat *araba yarışı* car racing

arabacı driver; coachman; cartwright

arabesk arabesque

arabozan mischief-maker

arabozanlık mischief-making

arabulucu mediator, peacemaker; go-between

arabuluculuk mediation, peacemaking

aracı mediator; middle-man, intermediary, agent

aracılık mediation, intervention

araç means; tool, implement, apparatus, device; vehicle

arada in between; sometimes *arada bir* (every) now and then, occasionally *arada sırada* occasionally, now and then, now and again

arakesit intersection

araklamak to pilfer, to swipe, to

walk of (with)

aralamak to half-open, to leave ajar

aralık space, gap, opening; time, moment; corridor; *fiz.* range; (month) December; half-open, ajar *aralık bırakmak* to leave a space; to leave half-open *aralık vermek* to put off sth for a time

aralıklı spaced out; intermittent, periodic

aralıksız continuous, uninterrupted; continuously, uninterruptedly

arama search, searching *arama emri* search-warrant *arama tarama* (police) searching *arama yapmak* to carry out a search

aramak to look for, to seek; to search; to long for, to miss *arayıp taramak* to search carefully

aranağme instrumental passage

aranjman *müz.* arrangement

aranmak to be searched; to be in demand; to be missed; to search oneself, to search one's pockets, etc.; to look for trouble

Arap Arab; Arabian; very dark, black

Arapça Arabic

arapsabunu soft soap

arapsaçı tangled affair, mess *arapsaçına çevirmek* to tangle *arapsaçına dönmek* to be too difficult to sort out

araştırma research, investigation, study

araştırmacı researcher

araştırmak to research, to investigate; to search

aratmamak to be a complete substitute (for)

arayış searching, seeking

arazi land *arazi olmak arg.* to sneak off *arazi sahibi* landowner *arazi vergisi* land tax

arazöz street sprinkler

ardıç *bitk.* juniper

ardıçkuşu *hayb.* fieldfare

ardıl consecutive; successor

ardınca behind, following

ardışık consecutive, successive

ardiye warehouse; storehouse *ardiye ücreti* storage

arena arena, bullring

argo slang, cant

argon argon

arı bee *arı gibi* hard working *arı kovanı* beehive *arı yuvası* hornet's nest *arıbeyi* queen-bee

arı clean; pure; innocent

arıcılık beekeeping, apiculture

arılaşmak to become pure

arılık cleanliness; purity; innocence

arınmak to become clean; to be purified

arıtımevi refinery

arıtmak to cleanse, to purify; to refine

arıza breakdown, fault, defect *arıza bulucu* fault-finder; troubleshooter *arıza yapmak* to break down

arızalanmak to break down

arızalı broken-down, defective, out of order; uneven, rough, rugged

arızi fortuitous

arif wise, knowing

arife eve

aristokrasi aristocracy

aristokrat aristocrat; aristocratic

aristokratlık aristocracy

aritmetik arithmetic; arithmetic(al) *aritmetik dizi* arithmetical progression *aritmetik işlem* arithmetical operation

Arjantin Argentina

Arjantinli Argentinean

ark dike, ditch; canal

arka back; back part, rear; posterior; support, protection; supporter, backer; continuation, sequel *arka plan* background *arka arkaya* one after the other *arka-*

dan from behind; afterwards *arkadan vurmak* to stab sb in the back *arkası kesilmek* to come to an end, to run out *arkası yere gelmemek* not to be defeated, to have powerful supporters *arkasına, arkasında* behind *arkasına düşmek/takılmak* to follow up (a matter); to follow, to pursuit, to dog *arkasından konuşmak* to backbite *arkasını bırakmamak* to follow up, to tag after *arkasını getirememek* to be unable to complete *arkasını vermek* to lean one's back (against); to rely (on)

arkadaş friend; companion *arkadaş canlısı* friendly, sociable, social *arkadaş olmak* to become friends

arkadaşlık friendship *arkadaşlık etmek* to be a friend (of), to rub shoulders (with)

arkalamak to hoist sth onto one's back, to shoulder; to support, to back

arkalık back (of a chair, etc.); porter's saddle

arkeolog archaeologist

arkeoloji archaeology

arkeolojik archaeological

Arktik Arctic

arlanmak to be ashamed

arlanmaz shameless

arma coat of arms; *den.* rigging

armağan present, gift *armağan etmek* to present (to)

armatör shipowner

armatür armature

armoni *müz.* harmony

armonika harmonica; accordion

armut pear

Arnavut Albanian

Arnavutça Albanian

arpa barley

arpacık sty, stye; *ask.* front sight (of a gun)

arsa building plot

arsenik arsenic

arsız shameless, cheeky

arsızlaşmak to become shameless, to act shamelessly

arsızlık shamelessness, impudence

arslan *bkz. aslan*

arş the highest heaven

arşın Turkish yard (approximately 68 cm.)

arşidük archduke

arşiv archives *arşiv filmi* library film

art back, near, behind *art arda* one after another *art niyet* hidden intent *ardı arkası gelmeyen* never-ending, endless *ardına düşmek* to follow up, to pursue

artçı *ask.* rear guard

artezyen artesian well

artı *mat.* plus; positive

artık at last, finally; no more; any more *Artık bu kadarı fazla.* That's more than enough. *Artık canıma yetti.* I've had enough of it.

artık left, remaining; remainder, remnant; waste, rubbish

artıkdeğer surplus value

artıkgün leap-year day, leap day (29 February)

artıkyıl leap-year

artırım economy, saving

artırma increase, economizing; auction

artırmak to increase, to expand; to save, to economize; to raise a bid (at auction)

artış increase, increment

artist actor, actress *artist gibi* beautiful; handsome

artistik artistic *artistik patinaj* artistic skating

artmak to increase, to rise; to remain over

aruz prosody

arya aria

arz the earth

arz *tic.* supply; presentation, representation, submission **arz etmek** to present (a gift, a petition, one's respects); to submit (a proposal); to offer (an opinion) **arz ve talep** supply and demand

arzu wish, desire **arzu etmek** to wish, to desire **arzusunda olmak** to have a wish (to) **arzu üzerine** on request

arzuhal petition

arzuhalci street letter-writer, petition writer

arzulamak to desire, to wish (for)

as ace, star performer

as second-, vice-, sub-

asa scepter, stick

asabi nervous, irritable; neurotic

asabileşmek to get nervous, to become irritated

asabilik nervousness, irritability

asabiye nervous diseases; neurology

asabiyeci neurologist

asal basic, fundamental **asal sayı** prime number

asalak parasite; *kon.* sponger

asalaklık parasitism; sponging

asalet nobility

asaleten *huk.* acting as principal

asansör *BE.* lift, *AE.* elevator

asap nerves **asap bozukluğu** nervous disorder **asabı bozulmak** to get nervous

asayiş order, public order, public security **asayişi bozmak** to break the peace **asayişi korumak** to keep the peace

asbest asbestos

asetilen acetylene

aseton acetone

asfalt asphalt; motorway **asfalt kaplamak** to asphalt

asgari minimum; least **asgari ücret** minimum wage

asıl origin, source; reality, truth; real, true; main, principal; original **asıl sayılar** cardinal numbers **aslı astarı olmamak** not to be true **aslı çıkmak** to be confirmed

asılı hanging, suspended; hanged, executed

asılmak to hang; to be hanged/hung; to try to pick sb up; to pester, to insist

asılsız baseless, groundless

asır century; age, time, period

asi rebel, insurgent; rebellious

asil noble, aristocratic; definitively appointed, permanent

asileşmek to rebel

asilik rebellion **asilik etmek** to rebel

asillik nobility

asistan assistant; assistant to a professor; *hek.* assistant doctor, intern

asistanlık assistantship; internship

asit acid

asker soldier; military service; troops **asker kaçağı** absent-without-leave, deserter **asker ocağı** place for military service **asker olmak** to join the army **asker tayını** soldier's rations **askere almak** to enlist, to conscript **askere gitmek** to join the army, to go into the army

askeri military **askeri bando** military band **askeri bölge/mıntıka** military zone **askeri hastane** military hospital **askeri inzibat** military police, military policeman **askeri lise** cadets school **askeri mahkeme** military court, court-martial **askeri öğrenci** cadet

askerileştirmek to militarize

askerlik military service **askerlik şubesi** local draft office **askerlik yoklaması** rollcall

askı hook; hanger; *BE.* braces, *AE.* suspenders; the posting **askıda** in suspense **askıya çıkarmak** to

publish the banns
asla never, in no way
Aslan (burcu) Leo
aslan lion *aslan ağzında olmak* to be very hard to get *aslan gibi* well-built, healthy *aslan kesilmek* to become as brave as a lion *aslan payı* the lion's share *aslan sütü kon.* rakı *aslan yürekli* lion-hearted
aslanağzı *bitk.* snapdragon
aslen originally, essentially
aslında actually, in fact
asli fundamental, essential
asma *bitk.* vine; grape-vine
asmak to hang; *arg.* to play truant, to cut
aspiratör aspirator
aspirin aspirin
asri modern
assubay noncommissioned officer
ast under, below; junior; subordinate
astar lining; undercoat, priming
astarlamak to line; to apply priming
asteğmen second lieutenant
astım *hek.* asthma
astigmat *hek.* astigmatic
astigmatizm astigmatism
astragan astrakhan
astroid astroid
astronom astronomer
astronomi astronomy
astronomik astronomical
astronot astronaut
Asya Asia
Asyalı Asiatic
aş cooked food
aşağı lower part, bottom; lower, inferior; common, mean; less; down; below *aşağı görmek* to look down on, to despise *aşağı kalmamak* not to fall short (of), to be second to none *aşağı yukarı* more or less, approximately
aşağıda below; downstairs

aşağıdan from below *aşağıdan almak* to sing another song, to sing small
aşağılamak to lower, to reduce, to debase
aşağılık vulgarity; lowness; base; common, inferior; coarse, vulgar *aşağılık duygusu/kompleksi* inferiority complex
aşağıya down, downwards; downstairs
aşama phase, stage; rank; grade
aşamalı gradual *aşamalı olarak* in echelon; by stages, gradually
aşçı cook
aşçıbaşı head-cook, chef
aşçılık cooking, cookery, cuisine
aşevi restaurant; soup kitchen
aşı inoculation; graft; vaccine *aşı olmak* to be inoculated *aşı yapmak* to inoculate, to vaccinate; to graft, to bud
aşıboyası red ocher; brick-red
aşık knuckle-bone
âşık lover, admirer; wandering minstrel, bard; in love (with)
aşılamak *hek.* to vaccinate, to inoculate; to graft; to bud; to infect; to instil (ideas)
aşındırmak to wear out, to abrade; to eat away, to corrode
aşınma abrasion; corrosion; erosion
aşınmak to be abraded, to be eroded
aşırı excessive, extreme; excessively, extremely; beyond, over
aşırıdoyma *fiz.* supersaturation
aşırıergime *fiz.* superfusion; supercooling
aşırılık excessiveness, excess
aşırmacılık stealing; plagiarism, piracy
aşırmak to pass over; to steal, to swipe; to plagiarize
aşikâr obvious, clear, apparent, evident
aşina acquaintance; acquainted,

knowing

aşinalık acquaintance, intimacy

aşiret tribe

aşk love; passion *aşka gelmek* to get excited, to be enraptured

aşkın excessive; exceeding, over; transcendent(al)

aşmak to pass over, to go beyond, to exceed

aşure Noah's pudding, a dessert with wheat grains, nuts, dried fruit, etc.

at horse *at arabası* coach, cart, carriage *at oynatmak* to ride skilfully; to compete (with), to vie (with); to go on one's way *at yarışı* horse race *ata binmek* to ride a horse *attan düşmek* to fall off a horse

ata father; ancestor *atadan kalma* ancestral, traditional

ataerki patriarchy

ataerkil patriarchal

atak reckless, rash, bold; *sp.* attack

atama appointment

atamak to appoint

atanmak to be appointed (to)

atardamar *anat.* artery

atasözü proverb

ataşe attaché

Atatürkçü Kemalist

Atatürkçülük Kemalism

ateist atheist

ateizm atheism

atelye workshop; studio

ateş fire; temperature, fever; ardour, vehemence *ateş açmak* to open fire (on) *ateş almak* to catch fire *ateş almamak* to hang fire, to misfire *ateş altında* under fire *ateş basmak* to feel hot *ateş etmek* to fire (on), to shoot (at) *ateş gibi* very hot, fiery; quick, agile *ateş pahası(na)* very expensive *ateş püskürmek* to be furious *ateş yakmak* to light a fire *(kendini) ateşe atmak* to go

through fire and water (for, için) *ateşe vermek* to set fire to *ateşi başına vurmak* to become very excited, to blow one's cap *ateşi çıkmak* (one's temperature) to rise *ateşi düşmek* (one's temperature) to drop *ateşi yükselmek* (one's temperature) to rise *ateşle oynamak* to play with fire *ateşten gömlek* ordeal

ateşböceği *hayb.* firefly

ateşçi fireman, stoker

ateşkes cease-fire, armistice

ateşlemek to set fire (to), to ignite; to provoke

ateşlenmek to be lit, to be ignited; to have a temperature; to get excited

ateşli burning, fiery; passionate, fervent; *hek.* Feverish *ateşli silah* firearm

ateşperest fire-worshipper

atıcı marksman, good shot; braggart, boaster

atıf attribution, ascribing

atık waste; effluent *atık madde* effluent *atık su* waste water

atılgan dashing, reckless, bold

atılım leap, rush; development, progress

atılmak to be thrown; to be fired; to be dismissed; to attack; to burst into (a conversation), to cut in

atım range (of a gun)

atımlık charge

atış throwing; firing, shooting; (heart) beating *atış alanı/yeri* rifle range, artillery range

atışmak to quarrel, to bicker

atıştırmak to gobble, to bolt, to gulp; to spit, to drizzle

atik alert, agile

atkestanesi *bitk.* horse chestnut

atkı scarf, shawl; weft; hay-fork; shoe-buckle

atkuyruğu pony-tail; *bitk.* marestail

atlama jumping, jump; skipping, omission **atlama beygiri** vaulting horse

atlamak to jump; to leap; to skip, to omit; to miss (an item of news)

Atlas Okyanusu The Atlantic Ocean

atlas satin; *coğ.* atlas; *anat.* atlas

atlasçiçeği *bitk.* cactus

atlatmak to cause to jump; to overcome, to weather; to put off, to get rid of

atlet athlete; undershirt

atletik athletic

atletizm athletics

atlı horseman, rider

atlıkarınca *BE.* roundabout, *AE.* carousel, merry-go-round

atmaca *hayb.* sparrow-hawk

atmak to throw; to throw away; to drop; to put into; to put out, to extend; to fire (a gun); to shoot (an arrow, etc.); to write (one's signature, the date); to expel, to dismiss; to cast, to impute; to carry to take (sth, to a place); to send, to post; to lie, to fib; to drink; to crack, to split; to pulsate, to beat; to land (a blow); (colour) to fade **atıp tutmak** to run down; to talk big; to boast

atmasyon *arg.* lie, story; false, made up

atmosfer atmosphere **atmosfer tabakası** atmospheric layer

atol coral island, atoll

atom atom **atom ağırlığı** atomic weight **atom bombası** atom bomb **atom çağı** atomic age **atom çekirdeği** atomic nucleus **atom enerjisi** atomic energy **atom reaktörü** nuclear reactor **atom sayısı** atomic number

atomal atomic

atölye workshop; studio, atelier

atsineği horsefly

aut *sp.* out (of play)

av hunting, shooting, fishing; game, prey **av hayvanı** game animal **av köpeği** hunting dog, hound **ava çıkmak** to go out hunting **Ava giden avlanır** *ats.* The biter is sometimes bit.

avadanlık set of tools

avam the public, the common people **Avam Kamarası** the House of Commons, the Commons

avanak gull, boob, mug; gullible

avans advance (of money) **avans almak** to get an advance **avans vermek** to advance money

avanta *arg.* illicit profit, pickings, rake-off

avantaj advantage

avantajlı advantageous

avare vagabond, good-for-nothing

avcı hunter, huntsman **avcı mangası** skirmishers **avcı uçağı** fighter plane, fighter

avcılık huntsmanship, shooting, hunting

avize chandelier

avlak hunting ground

avlamak to hunt, to shoot; to entice, to deceive

avlanmak to be hunted; to go out hunting

avlu courtyard

avokado *bitk.* avocado

Avrasya Eurasia

avrat woman; wife

Avrupa Europe

Avrupai European (manner/style)

Avrupalı European

Avrupalılaşmak to become Europeanized

Avrupalılaştırmak to Europeanize

avuç the hallow of the hand; handful **avuç açmak** to beg **avuç dolusu** handful; plenty of **avucunun içi gibi bilmek** to know (a place) like the palm of one's hand *avucunu yalamak* to go away empty-handed

avukat lawyer, barrister, solicitor

avukatlık profession/work of a barrister; loquacity

avunmak to be consoled; to be distracted

avuntu consolation; distraction

avurt pouch, cheek pocket

Avustralya Australia

Avustralyalı Australian

Avusturya Austria

Avusturyalı Austrian

avutmak to console, to comfort; to delude; to attract and amuse

ay Ah! Oh! Ouch!

ay moon; month *ay başı* first days of a month *ay ışığı* moonlight *ay takvimi* lunar calendar *ay tutulması* lunar eclipse *ay yıldız* star and crescent (on the Turkish flag) *ayda yılda bir* rarely, once in a blue moon *aydan aya* once a month, monthly *Ayın kaçı?* What is the date?

aya palm (of the hand); sole (of the foot)

ayak foot; leg; pedal (of a machine); treadle (of a sewing machine); rung (of a ladder); rhyme *ayağa kalkmak* to stand up; to get better, to recover *ayağı alışmak* to frequent (a place) *ayağına bağ olmak* to hinder *ayağına dolanmak/dolaşmak* to be in the way *ayağına getirmek* to have sth/sb brought to one *ayağına gitmek* to visit sb personally *ayağını çabuk tutmak* to hurry *ayağını giymek* to put on one's shoes *ayağını çıkarmak* to take off one's shoes *ayağını denk almak* to watch one's step *ayağını kaydırmak* to supplant, to oust *ayağının altına almak* to thrash, to beat; to violate, to ignore

ayak bağı hindrance, impediment *ayak basmak* to set foot in, to arrive at *ayak bileği* ankle *ayak diremek* to put one's foot down, to insist *ayak yapmak* to assume a deceptive air *ayaklar altına almak* to disregard *ayakta* on foot, standing; excited, worried *ayakta kalmak* to be left without a seat; to remain standing *ayakta uyumak* to be excessively tired; not to know what is going on

ayakaltı much-frequented place *ayakaltında dolaşmak* to get under foot, to be in the way

ayakkabı footwear, shoe

ayakkabıcı shoe-maker; shoe-seller; cobbler

ayakkabıcılık shoemaking; shoe trade

ayaklandırmak to make revolt, to cause to revolt; to arouse, to provoke

ayaklanma rebel, rebellion, uprising, revolt, mutiny

ayaklanmak (child) to begin to walk; (patient) to be able to walk; to rebel, to revolt

ayaklı footed, legged

ayaktakımı rabble, mob

ayakucu foot, tiptoe *ayakucuna basarak yürümek* to walk on tiptoe

ayaküstü, ayaküzeri without sitting down, in haste

ayakyolu water-closet, lavatory

ayar adjustment, setting; standard (of fineness); carat; quality, character *ayar etmek* to regulate, to adjust *ayarı bozuk* out of order

ayarlamak to adjust, to regulate, to fix, to test, to gauge, to assay; to arrange

ayarlı adjusted, tuned, regulated; adjustable

ayarsız not regulated

ayartmak to tempt, to seduce, to pervert

ayaz dry cold (daytime); frost (at night)

aybaşı menstruation, periods

ayça new moon, crescent

ayçiçeği sunflower

aydın educated, enlightened; bright; intellectual

aydınger tracing paper

aydınlanmak to become bright, to brighten up; to become informed, to be enlightened

aydınlatıcı illuminating; informative, enlightening

aydınlatmak to light up, to illuminate; to enlighten, to elucidate

aydınlık light; bright, lighted

ayet verse of the Koran

aygın baygın languid; languishing; languidly

aygır *hayb.* stallion *aygır gibi* huge, burly

aygıt apparatus, instrument, tool; *biy.* system

ayı bear *ayı gibi* bearish; huge

ayıbalığı *hayb.* seal

ayık sober; wide-awake

ayıklamak to clean, to pick, to sort (rice, vegetables); to shell (peas, beans, nuts) *Ayıkla şimdi pirincin taşını!* Here's a nice/pretty kettle of fish!

ayılmak to sober up, to recover; to come to, to come round (after fainting); to come to one's senses, to see the light

ayıltmak to sober up, to bring round

ayıp shame; defect, fault; shameful; shame on you! *ayıp etmek* to behave shamefully *ayıptır söylemesi* without wishing to boast

ayıplamak to find fault with, to censure, to blame

ayıraç *kim.* reagent

ayırmak to separate; to disconnect, to detach; to select, to choose, to pick; to divide; to save, to reserve; to distinguish

ayırt etmek to distinguish, to discriminate

ayırtman examiner

ayıüzümü *bitk.* bearberry

ayin rite; ceremony

aykırı contrary, divergent, diverging *aykırı düşmek* to contradict, to be incongruous (with)

aykırılaşmak to become contrary

ayla halo

aylak unemployed, idle *aylak aylak* idly

aylık monthly salary; monthly; ... months old; lasting ... months

aylıkçı salaried employee

aylıklı salaried

aymak to come to; to come to one's senses

ayna mirror, looking-glass

aynen without change, exactly

aynı the same, identical *aynı kapıya çıkmak* to reach the same conclusion *aynı şekilde* in the same way *aynı şey* it makes no difference *aynı zamanda* at the same time; meanwhile

ayol Say! Well! Hey! You! (mostly by women)

ayraç bracket, parenthesis

ayran drink made with yoghurt and water

ayrı separate, apart; different, distinct; exceptional *ayrı tutmak* to make a distinction

ayrıbasım offprint, reprint

ayrıca separately, specially; in addition, moreover, also

ayrıcalık privilege, concession

ayrıcalıklı privileged; preferential

ayrık separated, disjointed; exceptional

ayrıkotu *bitk.* couch grass

ayrıksı eccentric, different

ayrılık separation; difference; deviation

ayrılmak to separate from one another, to part; to leave, to depart from; to be distinguished; to be divorced

ayrım distinction; difference; disparity; part, chapter

ayrımlaşma differentiation

ayrımlaşmak to differentiate

ayrımlı different

ayrıntı detail

ayrıntılı detailed, comprehensive *ayrıntılı olarak* in detail

ayrışık decomposed; different, various

ayrışmak to be decomposed

ayrıştırmak to decompose

ayrıt *mat.* edge

aysberg iceberg

ayva quince *ayvayı yemek* to get into difficulties, to be in hot water

ayvaz footman *Ayvaz kasap hep bir hesap.* It makes no difference.

ayyaş drunkard, alcoholic

ayyaşlık alcoholism, drunkenness

az little, few; little; seldom *az bir şey* only a little *az buçuk* a little, somewhat; slight *az bulmak* to consider insufficient *Az buz şey değil* It's no small matter. *az çok* more or less *az daha* almost, nearly *az gelmek* to be insufficient *az kaldı/kalsın* almost, nearly

aza member; limps, organs

azalmak to become less, to be reduced, to diminish

azaltmak to lessen, to decrease, to diminish, to lower

azamet greatness, grandeur; conceit, arrogance

azametli magnificent, grand; conceited, ostentatious

azami maximum, greatest, utmost

azap pain, torture, torment

azar azar little by little, inch by inch, bit by bit

azar scolding, reproach *azar işitmek* to be scolded, to get a rocket

azarlamak to give sb a rocket, to tell off, to scold

azat liberation, emancipation; free *azat etmek* to set free; to emancipate

azdırmak to irritate, to make worse; to excite, to incite; to spoil (a child); to lead astray

Azerbaycan Azerbaijan

Azerbaycanlı Azerbaijani

Azeri Azerbaijani

Azerice Azerbaijani, Azeri

azgelişmiş underdeveloped *azgelişmiş ülke* underdeveloped country

azgelişmişlik underdevelopment

azgın furious, mad, wild, fierce; tender, sensitive (skin); mischievous, naughty (child); oversexed, lustful; wild, strong (wind); very rough (sea)

azı molar tooth

azıcık very little, very few; little; for a moment

azıdişi molar tooth

azık food; provisions

azılı ferocious, savage

azımsamak to consider sth too little

azınlık minority *azınlıkta kalmak* to be in the minority

azıtmak to get out of control, to get wild

azim resolution, determination

azimli resolute, determined

aziz dear, beloved; saint

azizlik preciousness; sainthood; trick, practical-joke

azletmek to dismiss

azmak to become depraved; to be sexually excited; to get wild, to become furious; to get rough (sea); to get inflamed (wound); to be a hybrid; (river) to be in flood

azman monstrous, enormous

azmetmek to resolve (upon), to be determined (to)

azoik azoic

azot nitrogen

Azrail Azrael *Azrailin elinden kurtulmak* to be saved from death

B

baba father; *den.* bollard; newel post *baba tarafı* the father's side *babadan kalma* inherited from one's father

babaanne (paternal) grandmother

babacan good-natured, fatherly

babalık fatherhood; stepfather; *kon.* father-in-law

babayiğit brave, virile

babayiğitlik bravery, virility

baca chimney; *den.* funnel

bacak leg; jack, knave *bacak kadar* tiny, shorty

bacaksız without legs; short-legged, squat; *kon.* naughty, urchin

bacanak the husband of one's wife's sister

bacı (elder) sister

badana whitewash, limewash *badana etmek/vurmak* to whitewash

badanacı whitewasher

badanalamak to whitewash

badanalı whitewashed

badem almond

bademcik *anat.* tonsil

bademezmesi almond paste

bademşekeri sugared almond

badi duck *badi badi yürümek* to waddle

badire (unexpected) calamity, difficult situation

bagaj luggage, baggage; boot, trunk

bağ tie, string, cord; bandage; bunch, bundle; relation, link; *anat.* ligament; vineyard; garden, orchard

bağbozumu vintage

bağcı grape grower

bağcık cord, strap; shoe lace

bağcılık viniculture

bağdaş sitting cross-legged *bağdaş kurmak* to sit cross-legged

bağdaşık harmonious

bağdaşmak to accord, to agree, to suit

bağdoku connective tissue

bağıl relative

bağım dependence

bağımlı dependent

bağımlılık dependence

bağımsız independent

bağımsızlık independence

bağıntı relation

bağıntılı relative

bağır breast, bosom; viscera *bağrı yanık* heartsick, distressed *bağrına basmak* to embrace; to protect, to shelter *bağrına taş basmak* to suffer patiently

bağırmak to shout, to yell *bağırıp çağırmak* to make a big fuss, to make a lot of noise

bağırsak intestine(s), bowel(s), gut(s)

bağırtı shout, outcry

bağış donation, grant

bağışık immune

bağışıklık immunity

bağışlamak to donate; to forgive, to pardon

bağlaç *dilb.* conjunction

bağlam context; bunch, bundle

bağlama a plucked string instrument; crossbar

bağlamak to tie, to fasten, to connect; to bandage; to form; to hinder, to obstruct, to appropriate, to assign

bağlantı tie, connection

bağlayıcı connecting; obliging, binding; conjunctive

bağlı bound, tied, connected, fastened, connected; dependent; faithful

bağnaz fanatical

bağnazlık fanaticism

bağrışmak to cry out together

bahadır brave, valiant

bahane excuse, pretext *bahane aramak* to seek a pretext *bahane etmek* to plead; to allege

bahar spring

baharat, bahar spices

baharatçı spice-seller

bahçe garden

bahçıvan gardener

bahçıvanlık gardening

bahis subject, topic; wager, bet *bahse girişmek/girmek* to bet, to wager *bahsi kaybetmek* to lose the wager *bahsi kazanmak* to gain the wager

bahriye navy

bahriyeli sailor; naval officer

bahsetmek to mention, to speak of, to talk about

bahşiş tip *bahşiş vermek* to tip

baht fortune, luck *bahtı açık* lucky, fortunate *bahtı kara* unlucky, unfortunate

bahtiyar lucky, fortunate

bakakalmak to stand in astonishment, to gape

bakan minister

bakanlık ministry

bakarkör unobservant person

bakıcı attendant, guard; nurse

bakım care; attention; upkeep; point of view

bakımevi dispensary

bakımlı well-cared for, well-kept

bakımsız neglected, unkempt

bakınmak to look around

bakır copper

bakırcı coppersmith

bakış glance, look

bakışım symmetry

bakışımlı symmetric

bakışımsız asymmetric

bakışımsızlık asymmetry

bakışmak to look at one another

baki everlasting

bakir virgin, untouched

bakire virgin, maiden

bakiye remainder

bakkal grocer; grocery *bakkal dükkânı* grocery

bakkaliye groceries; grocery shop

bakla broad-bean(s), horsebean; chain link *baklayı ağzından çıkarmak* to spill the beans

baklagiller leguminous plants

baklava finely layered pastry filled with nuts and steeped in syrup

bakmak to look; to look for; to face; to look after; to see to; to treat; to be in charge (of); to depend (on); (waiter) to serve *bakarız* we'll see *bakar mısınız* excuse me

bakraç copper bucket

bakteri bacterium

bakteriyolog bacteriologist

bakteriyoloji bacteriology

bal honey *bal gibi* like honey; certainly

balarısı honeybee

balast ballast

balata brake lining

balayı honeymoon

balçık clay, mud

baldır *anat.* calf *baldır kemiği* tibia, shin-bone

baldıran *bitk.* poison; hemlock

baldız sister-in-law, wife's sister

bale ballet

balerin ballerina

balgam mucus, phlegm *balgam*

çıkarmak/sökmek to expectorate
balık fish; Pisces *balık ağı* fishing net *balık avlamak/tutmak* to fish**balık etinde** attractively fleshy/plump *balığa çıkmak* to go (out) fishing *balık oltası* fishing line *balık pazarı* fish market *balık yumurtası* hard roe, spawn
balıkadam skin diver
balıkçı fisherman; fishmonger *balıkçı yaka* turtleneck, poloneck; turtlenecked
balıkçıl *hayb.* heron, egret, bittern
balıkçılık fishery, fishing
balıkgözü eyelet
balıklama headfirst, headlong; unthinkingly
balıksırtı camber, ridge; ridge, hog-backed
balıkyağı fish oil; cod-liver oil
balina whale
balistik ballistics; ballistic
balkabağı squash
Balkanlar the Balkans
balkon balcony
ballandırmak to praise extravagantly, to exaggerate *ballandıra ballandıra* praising extravagantly
ballı containing honey, honeyed; *kon.* unusually lucky
ballıbaba *bitk.* dead-nettle
balmumu wax
balo ball, dance
balon balloon
balözü nectar
balta axe, hatchet *balta girmemiş orman* virgin forest
baltalama sabotage, blow
baltalamak to sabotage, to block, to paralyze; to hack (with an axe)
Baltık Denizi the Baltic Sea
Baltık the Baltic
balya bale
balyoz sledgehammer
bambaşka utterly different

bambu bamboo
bamya okra, gumbo
bana (to) me *Bana bak!* Look here! *Bana bakma* Don't count on me *Bana göre hava hoş* It doesn't make any difference (to me) *Bana kalırsa* as far as I'm concerned *bana mısın dememek* to show no reaction to; to have no effect
bandaj bandage
bandıra flag, colours
bandırmak to dip (into)
bando *müz.* band
bandrol monopoly tax label
bangır bangır too loudly *bangır bangır bağırmak* to shout loudly
bank bench
banka bank *banka cüzdanı* bank book, passbook *banka hesabı* bank account *banka kartı* bank card *banka soygunu* bank robbery *banka şubesi* branch bank *bankaya yatırmak* to deposit (in a bank), to bank
bankacı banker; bank employee
bankacılık banking
banker banker; stockbroker
banket shoulder (of a road)
banknot banknote, bill
banko bench; counter
banliyö suburb *banliyö treni* suburban train
banmak to dip (into), to dunk
bant band; tape; hairband *banda almak* to record on tape
banyo bath; bathroom; (film) development *banyo yapmak* to have a bath; (film) to develop
bar bar loudly and angrily *bar bar bağırmak* to shout at the top of one's voice
bar bar; tarnish, dirt; a folk dance of Eastern Anatolia
baraj dam; (football) wall *barajı aşmak* to pass (the examination)
baraka hut, shed

barbar barbarian; barbarous

barbarlık barbarism

barbunya *hayb.* red mullet; *bitk.* kidney bean *barbunya fasulyesi* small reddish bean

bardak glass *bardağı taşıran son damla* the last straw *bardaktan boşanırcasına yağmur yağmak* to rain cats and dogs

bardakeriği greengage, egg-plum

barem a scale of official salaries

barfiks *sp.* horizontal bar

barınak shelter

barındırmak to give shelter, to shelter, to harbour

barınmak to take shelter (in)

barış peace

barışçı, barışçıl peace-loving, pacific

barışçılık pacifism

barışık at peace, reconciled

barışmak to make peace (with), to be reconciled, to bury the hatchet

barıştırmak to reconcile, to conciliate

bari at least, for once; if so, then; may/might as well

barikat barricade

bariton baritone

bariz clear, obvious

barmen barman, bartender

baro bar, the body of lawyers

barok baroque

barometre barometer

baron baron

baroskop baroscope

barut gunpowder *barut gibi* too sour, too hot; hot-tempered, irritable *barut kesilmek* to fly into a rage

baryum barium

bas *müz.* bass

basamak step, stair; *mat.* order, degree *basamak basamak* step by step

basamaklı having steps

basbayağı quite common, ordinary

basık low, squat; compressed

basıklık lowness

basılı printed; pressed

basım printing, impression

basımcı printer

basımevi printing house, press

basın press, newspapers *basın ataşesi* press attache *basın toplantısı* press conference

basınç pressure

basınçölçer barometer

basil bacillus

basiret prudence, insight, foresight *basireti bağlanmak* to become blind (to a danger)

basiretli prudent, cautious

basiretsiz imprudent

basit simple, plain, easy; common, ordinary

basitlik simplicity

basket *kon.* basketball *basket atmak* to make/shoot a basket

basketbol basketball

baskı press; constraint, oppression; edition; (newspaper) circulation *baskı altında tutmak* to oppress, to suppress *baskı yapmak* to bring pressure on, to put pressure on

baskın sudden attack, raid; *kon.* unexpected visit; overpowering, superior *baskın çıkmak* to get the upper hand, to surpass *baskın yapmak* to swoop down on *baskına uğramak* to be raided; to be caught redhanded; to be flooded

baskıncı raider

baskül weigh-bridge, scales

basma printed cotton

basmak to press, to weigh down; (age) to enter; to print; to step (on)

bastıbacak shortlegged, squat

bastırmak to push down, to press; to suppress, to quench; to sur-

pass; to satisfy, to appease (hunger); to set in, to close in
baston walking-stick, cane
basur hemorrhoids, piles
baş head; leader, chief; beginning; main, chief *baş ağrısı* headache; trouble *baş aşağı* upside down *baş başa* face to face *baş başa kalmak* to stay alone (with) *baş başa vermek* to collaborate, to put their heads together *baş belası* trouble, nuisance *baş döndürücü* astounding; stupefying *baş dönmesi* dizziness, vertigo *baş edememek* to be unable to cope with *baş göstermek* to break out, to arise *baş göz etmek* to give in marriage, to marry *baş göz olmak* to marry *baş koymak* to risk one's life *Baş üstüne!* With pleasure! *baş kaldırmak* to rebel *baş tacı* crown; a greatly respected and loved person *başa çıkmak* to cope with, to handle *Başa gelen çekilir* One has to take what comes *başı bağlı* fastened by the head; married *başı dönmek* to feel dizzy *başı sıkıya gelmek* to be in trouble *başı üstünde yeri olmak* to be highly respected/-loved, to be welcome *başına bir hal gelmek* to get into hot water, to have a misfortune *başına buyruk* independent *başına dert açmak* to cause trouble to *başına devlet kuşu konmak* to have a stroke of luck *başına ekşimek* to be a burden (to) *başına geçmek* to become the chief of *başına gelmek* to happen (to) *başına iş açmak* to cause trouble (to) *başına iş çıkarmak* to cause sb to see to a burden *başına kakmak* to hurt by reminding him of a favour done to him *başına patlamak* (undesirable thing) to fall

to one's lot, to befall *başına yıkmak* to throw a burden on sb *başında beklemek/durmak* to watch over, to watch by *başından aşağı kaynar sular dökülmek* to have a nasty shock, to be shocked *başından aşkın* (work) too much for sb *başından atmak* to get rid *başından büyük işlere girişmek* to bite off more than one can chew *başından geçmek* to happen (to), to experience *başından savmak* to get rid (of) *başını ağrıtmak* to bother, to annoy *başını belaya sokmak* to bring trouble (to) *başını boş bırakmak* to leave alone; to leave without control *başını derde sokmak* to get oneself into trouble; to get sb into trouble *başını dinlemek* to rest *başını kaldır(a)mamak* to be engrossed in *başını ütülemek* to nag, to badger *başını yakmak* to get sb into trouble *başının altından çıkmak* to be hatched out in sb's head *başının çaresine bakmak* to see to one's own affairs oneself *başının derdine düşmek* to be too involved in his own affairs not to be interested in anything else *başının etini yemek* to nag *başta gelmek* to be first *baştan aşağı* throughout, from head to foot *baştan başa* from end to end *baştan çıkarmak* to lead astray, to seduce *baştan çıkmak* to be led astray, to be corrupted *baştan savma* carelessly, improperly
Başak (burcu) Virgo
başak ear, spike
başaltı (wrestling) second class; *den.* steerage, forward crew-quarters
başarı success *başarı göstermek* to show success

başarılı successful

başarısız unsuccessful *başarısız olmak* to fail

başarısızlık failure

başarmak to succeed, to achieve

başbakan prime minister, premier

başbakanlık prime ministry, premiership

başbuğ (formerly) commander, chief, leader

başçavuş sergeant major

başhekim head doctor

başhemşire head nurse

başıboş untied, free; untamed; neglected, unattended *başıboş bırakmak* to leave uncontrolled, to leave to oneself *başıboş kalmak* to run wild

başıbozuk irregular, undisciplined

başından from the beginning, again

başka other, another, different *(-den) başka* apart from, except *başka başka* separately, one by one; different

başkaca besides, furthermore, otherwise

başkaları others

başkaldırı rebellion, revolt

başkaldırmak to rebel, to revolt

başkalık difference; alteration, change

başkan president, chief, chairman

başkanlık presidency, chairmanship

başkası another, someone else

başkâtip head clerk

başkent capital

başkomutan commander-in-chief

başkomutanlık supreme military command

başkonsolos consul general

başkonsolosluk consulate general

başlamak to begin, to start, to commence

başlangıç beginning, start; foreword *başlangıç noktası* starting point

başlatmak to make (let) begin, to start; to cause sb to swear

başlı başına independently, by oneself, on one's own

başlıca main, principal

başlık cowl, cap, headgear; title, headline; caption; money paid by the bridegroom to the bride's family

başmakale leading article, editorial

başmüfettiş chief inspector

başoyuncu leading player, featured actor/actress

başöğretmen (school) principal

başörtüsü head-scarf

başparmak thumb; big toe

başpehlivan wrestling champion

başpiskopos archbishop

başrol leading part, lead

başsağlığı condolence *başsağlığı dilemek* to give one's condolences

başsavcı attorney-general

başsız headless

başşehir capital

baştanbaşa entirely

başucu head end; zenith

başvurmak to apply (to); to resort to

başvuru application *başvuru formu* application form *başvuruda bulunmak* to make an application

başvurucu applicant

başyapıt masterpiece

başyazar editorial writer, editor

başyazı leading article, editorial

batak marsh, swamp; marshy, swampy

batakhane den, den of thieves

bataklık marsh, swamp

batarya battery

bateri *müz.* drums

batı west; the West; western

batık sunken, hallow

batıl superstitious, false *batıl itikat* superstition

batılı western; Westerner
batılılaşma westernization
batılılaşmak to become westernized
batırmak to sink, to submerge; to dip, to plunge; to stick; to dirty, to ruin; to run down, to disparage
batmak to sink; to set (sun, etc); to hurt, to prick; to go bankrupt; to be lost, to perish; to irk, to hurt
battal useless, void; oversize
battaniye blanket
bavul suitcase, case
bay gentleman; Mr
bayağı ordinary, common; mean, vulgar, coarse; quite
bayağıkesir common fraction
bayağılaşmak to become vulgar
bayan lady, madam; Mrs, Miss, Ms
bayat stale; trite, insipid
bayatlamak to get stale
baygın faint; unconscious, fainted *baygın düşmek* to be exhausted
baygınlık faintness *baygınlık geçirmek* to feel faint, to have a blackout
bayılmak to faint, to swoon; to be fond of; *arg.* to shell out, to pay
bayındır prosperous, developed
bayındırlık prosperity; public works
bayır slope, ascent
bayi vendor, seller, dealer
baykuş owl
bayrak flag *bayrak çekmek* to hoist the flag *bayrak dikmek* to plant the flag *bayrak direği* flag-pole
bayram religious festival, Bairam *bayram etmek/yapmak* to be overjoyed *bayramdan bayrama* very seldom, once in a blue moon, rarely
bayramlaşmak to exchange Bairam greetings
bayramlık fit for a festival; Bairam present; one's best dress, Sunday best
baytar veterinary surgeon
baz *kim.* base
bazal basic
bazen sometimes
bazı some, certain
bazilika basilica
be Hi! Hey! I say!
bebe baby
bebek baby; doll *bebek beklemek* to be pregnant *bebek gibi* (woman) beautiful; babyish, babylike
bebeklik babyhood
beceri skill
becerikli skillful, capable
beceriklilik skill, dexterity
beceriksiz unskillful, incapable
beceriksizlik clumsiness, incapability
becermek to pull off, to manage; to ruin, to spoil
bedava free, for nothing
bedavacı freeloader, sponger
bedbin pessimistic
beddua curse, malediction *beddua etmek* to curse *bedduasını almak* to be cursed (by sb)
bedel equivalent; worth, value; price; substitute
beden body *beden eğitimi* physical education, gym
bedenen physically
bedensel bodily, physical
begonya begonia
beğeni taste, liking, gusto
beğenilmek to win approval
beğenmek to like, to admire; to choose, to prefer
beğenmemek to disapprove (of)
beğenmezlik disapproval
behemehal in any case, for sure
beher to each, for each, per
behey Hey!
bej beige
bek (football) back; gas burner
bekâr unmarried, single, bachelor

bekâret virginity
bekârlık bachelorhood, celibacy
bekçi (night) watchman; guard, sentry
bekleme waiting *bekleme salonu/odası* waiting room
beklemek to wait (for); to expect; to watch, to attend
beklenmedik unexpected
beklenmek to be expected
beklenti expectation
bekletmek to make sb wait, to keep sb waiting; to delay, to postpone
bekri drunkard
Bektaşi dervish of the Bektashi order
Bektaşilik the Bektashi order
bel waist, loins; mountain pass, notch; *den.* midship body; sperm, come; spade *bel ağrısı* lumbago *bel bağlamak* to rely on *belini doğrultmak* to recover
bela trouble, misfortune, calamity *bela aramak* to ask for trouble *bela çıkarmak* to stir up trouble *bela okumak* to curse *belasını bulmak* to get one's desert *belaya girmek/çatmak* to run into trouble *belaya sokmak* to get sb into trouble
belalı tiresome, troublesome; quarrelsome
belde city
belediye municipality *belediye başkanı* mayor *belediye binası* town hall *belediye meclisi* town council
belediyeci municipal employee
beleş free, buckshee *beleşe konmak* to get on the gravy train
beleşçi free-loader, sponger
beleşten for nothing, buckshee
belge document, certificate *belge almak* to be expelled from school
belgelemek to document, to confirm *belgeli* dismissed from school

belgesel documentary *belgesel film* documentary film
belgin clear
belgisiz *dilb.* indefinite *belgisiz adıl* indefinite pronoun *belgisiz sıfat* nonrestrictive adjective *belgisiz tanımlık* indefinite article
belirgin clear, manifest
belirginleşmek to become clear
belirginlik clarity
belirlemek to determine, to fix
belirli determined, definite *belirli belirsiz* dim, indistinct
belirmek to appear, to come into sight
belirsiz undetermined, indefinite, uncertain; imperceptible
belirsizlik uncertainty, indefiniteness
belirteç *dilb.* adverb
belirti sign, mark, indication; symptom
belirtili defined, qualified
belirtisiz undefined, unqualified
belirtmek to state, to specify; to determine
belkemiği backbone, spine
belki perhaps, maybe
bellek memory *belleğini yitirmek* to lose one's memory
bellemek to memorize, to learn by heart; to suppose, to think; to spade
belleten bulletin, notice
belli clear, evident; certain, definite *belli başlı* main, chief; definite, proper *belli belirsiz* hardly visible *belli etmek* to show, to reveal *Belli olmaz* One never knows; It all depends
belsoğukluğu gonorrhea
bembeyaz snow-white, pure white
bemol *müz.* flat
ben I, me; ego; mole; beauty-spot
bence in my opinion, as for me, I think ...
bencil selfish

bencileyin like me

bencilleşmek to be selfish

bencillik egotism; solipsism

benek spot, freckle

benekli speckled, spotted

benimsemek to adopt, to appropriate to oneself, to identify oneself with

beniz colour of the face, complexion *benzi atmak* to grow pale *benzi soluk* pale

benlik personality, ego; egotism; conceit

bent dam, dyke, weir; paragraph; stanza (in a poem)

benzemek to look like, to resemble

benzer similar, like

benzerlik similarity, resemblance

benzersiz unique

benzeşmek to resemble each other

benzetme imitation; *yaz.* simile

benzetmek to liken (sth to sth), to compare (sth with sth); to mistake for; to ruin, to smash; to beat

benzeyiş resemblance, similarity

benzin petrol, gasoline *benzin istasyonu* petrol station, filling station

benzol benzol

beraat acquittal *beraat etmek* to be acquitted *beraat ettirmek* to acquit

beraber together *berabere bitmek sp.* to finish in a dead heat *berabere kalmak sp.* to draw, to tie *bununla beraber* nevertheless, however *olmakla beraber* although, though

beraberlik draw, tie; cooperation, unity

berat patent, warrant

berbat very bad, terrible, awful; ruined, spoilt; filthy, dirty *berbat etmek* to ruin

berber barber; hairdresser; hairdresser's *berber dükkânı* barber-shop

berduş vagabond, tramp

bere bruise; beret

bereket abundance, fruitfulness; rain; blessing; fortunately, luckily *Bereket versin!* God bless you! Thank you!; fortunately, thank God

bereketli abundant, fruitful

bereketsiz unfruitful, scanty

bergamot *bitk.* bergamot

beri the near side, this side; here; since

beriki the nearest, the nearer one; this one

berilyum beryllium

berk hard, strong

berkelyum berkelium

berrak clear

berraklaşmak to become clear

berraklık clearness

besbelli very clear, evident

besbeter altogether bad

besi nutrition, nourishing; fattening

besici breeder, stockbreeder

besili (animal) well-fed, fleshy, fat

besin nourishment, food

besleme feeding, nourishing; girl servant brought up in the household

beslemek to feed, to nourish; to rear (animal); to support, to keep

beslenmek to be nourished

besleyici nutritious, nutritive, nourishing

besmele the formula (Bismillahirrahim) *besmele çekmek* to pronounce the formula (Bismillahirrahmanirrahim)

beste *müz.* composition, tune

besteci, bestekâr composer

bestelemek to compose

beş five *beş para etmez* worthless *beş parasız* penniless

beşer mankind, man, human

beşeriyet mankind, humanity
beşgen pentagon
beşik cradle
beşinci fifth
beter worse **beterin beteri** the worst
betimleme description
betimlemek to describe
beton concrete
betonarme reinforced concrete
betonyer cement mixer
bevliye urology
bevliyeci urologist
bey gentleman, sir; Mr; ruler, head; *kon.* husband, hubby; ace
beyan declaration, announcement
beyanat statement, declaration
beyanname written statement, declaration
beyaz white **Beyaz Saray** the White House
beyazımsı, beyazımtırak whitish
beyazlanmak, beyazlaşmak to get white
beyazlatmak to whiten
beyazlık whiteness
beyazperde movie screen; the cinema, the movies
beyazpeynir white cheese, Turkish cottage cheese
beyefendi sir; Mr
beygir horse, packhorse, carthorse
beygirgücü horsepower
beyin brain **beyin göçü** brain drain **beyin kanaması** cerebral hemorrhage **beyin yıkama** brain washing **beyin yıkamak** to brainwash **beyninden vurulmuşa dönmek** to be greatly shocked
beyincik cerebellum
beyinsiz brainless, stupid
beyit *yaz.* couplet, distich
beylik rank of a ruler; principality; commonplace, trite; stateowned
beysbol baseball
beyzi oval, elliptical
bez cloth, dustcloth; *anat.* gland

bezdirmek to sicken, to disgust, to annoy
beze *anat.* gland; lump of dough
bezek ornament
bezelye pea(s)
bezemek to adorn, to deck
bezgin disgusted, wearied, depressed
bezginlik weariness, lethargy
bezik bezique
bezir linseed oil; flaxseed
beziryağı linseed oil
bezmek to get tired of, to be fed up with
bıçak knife **bıçak altına yatmak** to have an operation **bıçak kemiğe dayanmak** to become unbearable
bıçaklamak to stab, to knife
bıçkı two-handed saw, bucksaw
bıçkın rascal, rowdy, bully
bıkkın bored, tired
bıkkınlık boredom, disgust
bıkmak to get tired (with), to get tired (of)
bıktırıcı tiresome, boring
bıktırmak to bore, to annoy
bıldırcın quail
bıngıldak *anat.* fontanelle
bırakmak to leave; to give up, to quit; to release, to allow, to let; to put off, to postpone; to set free, to let go
bıyık moustache; *hayb.* whiskers **bıyık altından gülmek** to laugh up one's sleeve **bıyık bırakmak** to grow a moustache **bıyık burmak** to twist the moustache; to show off, to swagger
bıyıklı moustached
bıyıksız without a moustache
bızdık child, nipper, kiddie
bızır clitoris
biber pepper **biber gibi** very sharp/hot
biberiye rosemary
biberli peppered, peppery
biberlik *BE.* pepper pot, *AE.* pep-

perbox
biberon feeding bottle
bibliyografi bibliography
biblo knickknack, trinket
biçare poor, helpless
biçerbağlar reaper
biçerdöver combine (-harvester)
biçim form, shape; manner, way; cut **biçim vermek, biçime sokmak** to give a shape (to)
biçimli well-shaped, shapely
biçimsiz ill-shaped, ugly; improper, awkward
biçki cutting out (clothes) **biçki dikiş yurdu** tailoring school
biçme cutting; mowing; *mat.* prism
biçmek to cut; to mow, to reap
bidon can, drum, barrel
biftek beefsteak, steak
bigudi hair curler
bihaber unaware (of)
bikini bikini
bilakis on the contrary
bilanço balance (sheet)
bilardo billiards
bildik known; acquaintance
bildirge written statement, declaration
bildiri announcement, notice
bildirim announcement, declaration, notice
bildirme announcing, informing **bildirme kipi** dilb. indicative mood
bildirmek to tell, to notify, to inform
bile even; already
bileği sharpening instrument
bileğitaşı whetstone
bilek wrist **bileğine güvenmek** to trust to one's fists **bileğinin hakkı ile** purely by one's own hard working
bileklik wrist supporter
bilemek to sharpen, to whet
bileşen component
bileşik compound **bileşik faiz** compound interest **bileşik kesir** compound fraction **bileşik sözcük** compound word
bileşim composition
bileşke resultant
bileşmek to combine
bileştirmek to compound, to combine
bilet ticket **bilet gişesi** box office, ticket window
biletçi ticket seller; ticket collector, conductor
bileyici knife-grinder
bilezik bracelet; metal ring
bilfiil effectively, actually
bilge learned, wise
bilgelik sagacity, wisdom
bilgi knowledge; information **bilgi almak** to get information **bilgi edinmek** to obtain information **bilgi kuramı** epistemology
bilgiç pedant; pedantic
bilgiçlik pedantry **bilgiçlik taslamak** to pretend to know a lot
bilgiişlem data processing
bilgili learned, well-informed
bilgin scholar; scientist
bilgisayar computer
bilgisiz ignorant
bilgisizlik ignorance
bilhassa especially
bilim science **bilim adamı** scientist
bilimkurgu science fiction
bilimsel scientific
bilinç the conscious **bilincinde olmak** to be conscious of
bilinçaltı the subconscious
bilinçdışı the unconscious
bilinçlenmek to become conscious
bilinçli conscious
bilinçsizce unconsciously
bilinen known
bilinmedik unknown
bilinmek to be known
bilinmeyen unknown
bilinmez unknown; unidentified
bilirkişi expert **bilirkişi raporu**

expertise
bilişim data processing
billur crystal **billur gibi** very clear
billurlaşmak to crystallize
bilmece riddle, puzzle
bilmek to know; to understand; to
think, to guess; to learn, to hear;
to experience **bildiğini oku-
mak/yapmak** to go/ take one's
own way **bile bile, bilerek** on
purpose, intentionally, purposely
bilemedin at most **bilmeden**
unintentionally
bilmezlik ignorance **bilmezlikten
gelmek** to pretend not to know,
to ignore
bilmukabele in exchange; And the
same to you
bilumum in general, all
bilya, bilye marble; ball
bilyalı having a ball
bilyon a thousand million
bin thousand **bin bir** great many,
all kinds of **bin dereden su
getirmek** to beat about the bush
bin pişman olmak to regret
greatly **bin tarakta bezi olmak** to
have too many irons in the fire
binde bir scarcely, very rarely
bina building; construction **bina
etmek** to build, to construct **bina
vergisi** building tax
binaenaleyh therefore
binbaşı major; commander; squad-
ron leader
bindallı purple velvet with silver
thread
bindirmek to cause to mount; to
run into, to collide; to overlap
binek mount **binek atı** saddle horse
binici rider, horseman
binicilik horse-riding
bininci thousandth
binlerce thousands of
binmek to get on, to get into, to
board, to mount; to ride; to
overlap

bir one; a, an; the same, equal;
unique **bir ağızdan** with one
voice **bir an önce** as soon as pos-
sible **bir ara** for a moment **bir
araya gelmek** to come together
bir avuç a handful **bir bakıma** in
a sense, in a way **bir baltaya sap
olmak** to find a job, to be em-
ployed **bir başına** all alone **bir bir**
one by one **bir çırpıda** at once
Bir çiçekle yaz olmaz ats. One
swallow does not make a sum-
mer **bir çift sözü olmak** to have a
word or two to say **bir daha** once
more; never again **bir de** in ad-
dition, also **bir dediği bir
dediğini tutmamak** to contradict
oneself **bir defa** once **Bir elin
nesi var, iki elin sesi var** ats.
United we stand, divided we fall.
bir hoş olmak to have a strange
feeling, to feel sad **bir içim su**
very beautiful (woman) **bir
kapıya çıkmak** to come to the
same thing **bir kere** once; for
once **bir kerecik** just once **bir
kulağından girip (öbür) kulağın-
dan çıkmak** to go in at one ear
and out at the other **bir miktar** a
little, some **bir nebze** a little bit
bir olmak to collaborate, to unite
bir parça a little, one piece **bir
sürü** lots of **bir şey** something
bir şey değil You are welcome
Don't mention it Not at all **bir
şeyler olmak** to behave
strangely, to give oneself airs **bir
taşla iki kuş vurmak** to kill two
birds with one stone **bir türlü**
somehow, in a way or another
bir varmış bir yokmuş once upon
a time **bir yastığa baş koymak** to
be husband and wife **bir yana**
apart from **bir zamanlar** at one
time **bire bin katmak** to exag-
gerate
bira beer

birader brother; fellow, buddy

birahane pub, beer-house

biraz a little, some *biraz sonra* a little later, soon

birazcık a little bit

birazdan a little later

birbiri, biribiri each other, one another *birbiri ardınca* one after the other *birbirine düşmek* to start quarrelling *birbirine düşürmek* to set at loggerheads *birbirine girmek* to start quarrelling **birbirini yemek** to be constantly quarrelling

birçenekliler monocotyledoneae

birçoğu most (of them)

birçok a lot of, lots of, many

birden suddenly; at a time, in one lot

birdenbire all of a sudden, suddenly

birdirbir leapfrog *birdirbir oynamak* to play leapfrog

birebir the most effective (remedy)

birer one each, one apiece *birer birer* one by one

bireşim synthesis

birey individual

bireyci individualist

bireycilik individualism

bireysel individual

birgözeli unicellular, one-celled

biri, birisi someone, somebody; one of them

biricik unique, sole, only

birikim accumulation, buildup

birikinti accumulation, heap

birikmek to come together, to accumulate, to collect

biriktirmek to gather, to assemble; to save up; to collect

birileri some people

birim unit

birinci first; first-class *birinci elden* at first hand *birinci gelmek* to be first *birinci mevki* first class (in a train, bus), cabin class (on a ship) *birinci olmak* to be first *birinci sınıf* first class; first rate, excellent; first grade (at school)

birincil primary

birincilik first rank, championship

birkaç some, a few, several

birleşik united, joint; compound, composite

birleşim session, sitting; union

birleşmek to unite; to meet; to agree

birleşmiş united *Birleşmiş Milletler* United Nations

birleştirici uniting, unifying

birleştirmek to unite, to connect, to joint

birli ace

birlik unity; union, association, corporation; sameness; *ask.* unit

birlikte together

birtakım some, a certain number of

birterimli *mat.* monomial

bisiklet bicycle, cycle, bike

bisküvi biscuit

bisturi lancet

bit louse *bit kadar* tiny, very small

bitap exhausted *bitap düşmek* to become exhausted

bitaraf impartial

biteviye continuously, monotonously

bitik exhausted, worn out

bitim ending, end

bitirim *arg.* smart, appealing

bitirmek to finish, to complete; to exhaust, to destroy

bitiş ending, end; finish

bitişik contiguous, adjacent, joining, neighbouring; next door

bitişmek to be contiguous, to adhere, to join

bitiştirmek to join, to attach

bitki plant *bitki örtüsü* plant cover

bitkibilim botany

bitkibilimci botanist

bitkin exhausted, worn out *bitkin düşmek* to collapse from ex-

haustion
bitkinlik exhaustion
bitkisel vegetal, vegetable *bitkisel hayat* cabbage/vegetable existence
bitlenmek to become lousy; to clear oneself of lice
bitmek to finish, to end; to be exhausted; to be fond of, to fall for; to grow, to sprout *bitmez tükenmez* never ending
bitpazarı flea market
bityeniği something fishy, catch
biyofizik biophysics
biyografi biography
biyokimya biochemistry
biyolog biologist
biyoloji biology
biyolojik biological
biyonik bionic
biyopsi biopsy
biyosfer biosphere
biz we; awl *biz bize* by ourselves, without outsiders *bizce* in our opinion, according to us *bizden* from us
bizim our; ours
bizimki ours; my wife, my husband
bizon bison
blok block; writing pad
blokaj blockage; covering
bloke blocked *bloke etmek* to close, to stop
bloknot writing pad
blöf bluff *blöf yapmak* to bluff
blucin (blue) jeans
bluz blouse
boa *hayb.* boa
bobin reel, spool; coil
boca *den.* lee (side) *boca etmek den.* to bear away to leeward; to turn over, to dump out
bocalamak to falter, to reel; *den.* to veer
bocurgat *den.* capstan, crab
bodrum cellar, dungeon *bodrum katı* basement

bodur dumpy, squat
Boğa (burcu) Taurus
boğa bull *boğa güreşi* bullfight *boğa güreşçisi* bullfighter, toreador, matador
boğaz throat; (bottle) neck; defile, pass; strait *boğaz ağrısı* sore throat *boğaz boğaza gelmek* to be at daggers drawn, to quarrel fiercely *boğaz tokluğuna çalışmak* to work for one's food only *boğazı ağrımak* to have a sore throat *boğazına düşkün* gourmet, glutton *boğazına kadar borç içinde olmak* to be in debt up to one's neck *boğazına sarılmak* to seize sb by the throat, to choke *boğazında kalmak* to stick in one's throat
Boğaziçi the Bosphorus
boğazlamak to strangle, to slaughter
boğazlı gluttonous
boğmaca whooping-cough
boğmak to choke, to strangle, to suffocate; to drown; to overwhelm, to heap
boğucu suffocating, sultry
boğuk hoarse, raucous
boğulmak to be suffocated, to be strangled; to be drowned; (engine) to be flooded
boğum joint, knot, node; internode
boğuntu cheating, swindling; suffocation *boğuntuya getirmek arg.* to prevaricate; to gull (sb)
boğuşmak to fight, to scuffle; to struggle, to tussle
bohça bundle, package
bohem bohemian
bok *arg.* excrement, shit, dung, feces *bok atmak* to defame, to throw mud on *boku bokuna* for nothing, in vain *bok etmek* to spoil *boktan* worthless
boks box *boks yapmak* to box
boksör boxer

bol loose, wide; abundant, plentiful *bol bol* abundantly, generously *bol keseden atmak* to be free with, to scatter promises around

bolca amply, abundantly; quite loose, quite wide

bollanmak, bollaşmak to loosen, to widen; to become abundant

bolluk looseness, wideness; plenty, abundance

bomba bomb

bombalamak to bomb

bombardıman bombardment *bombardıman etmek* to bombard *bombardıman uçağı* bomber

bombok *arg.* very bad, utterly spoilt, foul *bombok etmek* to make a mess of

bomboş quite empty

bonbon candy

boncuk bead

bone bonnet; bathing cap

bonfile sirloin (steak), sirloin steak

bono bond, bill *açık bono* blank cheque *bono vermek* to give a promissory note

bonservis certificate of good service, testimonial

bora squall, tempest

boraks borax

borazan trumpet

borç debt, loan; duty *borç almak* to borrow (money) *borca girmek* to go into debt *borcunu kapatmak* to pay one's debt *borç etmek/yapmak* to get into debt *borç harç* on loan *borç para* loan *borç vermek* to lend (money) *borçtan kurtulmak* to get out of debt

borçlanmak to get into debt

borçlu debtor; obliged, grateful

borda *den.* broadside

bordo claret red

bordro payroll; docket, list

bornoz, bornuz bathrobe

borsa stock-exchange, exchange, market *borsa tellalı* stockbroker, broker

boru tube, pipe; trumpet, horn *borusu ötmek* *kon.* to be in authority, to be domineering

bostan vegetable garden, kitchen garden *bostan korkuluğu* scarecrow; figure-head, puppet

boş empty; vacant; unemployed; free; vain, futile *boş bulunmak* to be taken unawares *boş durmak* to do nothing, not to be working *boş gezenin boş kalfası* loafer, idler *boşa gitmek* to come to nothing, to be in vain *boş söz* empty words, vain promises *boş oturmak* to be unemployed, to do nothing *boş vakit* spare time, leisure *boş vermek* not to worry, not to give a damn *boş yere* in vain, uselessly *boşta* unemployed *boşta gezmek* to be unemployed *boşu boşuna* in vain, uselessly

boşalmak to be emptied; to become vacant

boşaltım excretion

boşaltmak to empty, to pour out; to unload, to unship, to discharge

boşamak to divorce

boşanma divorce *boşanma davası* divorce case

boşanmak to be divorced; to get loose

boşluk empty space; blank; emptiness; cavity; vacuum

Boşnak Bosnian

boşuna in vain

bot boat, dinghy; boot

botanik botany

bovling bowling

boy length; size; height; tribe *boy atmak* to grow tall *boy aynası* full-length mirror *boy bos* stature, figure *boy boy* of different sizes *boy göstermek* to show oneself *boy ölçüşmek* to compete with *boy vermek* to show how deep the water is *boya çekmek* (child) to shoot up *boydan boya* from end to end *boyu bosu yerinde* tall, well-proportioned *boyu kısa* short *boyunun ölçüsünü almak* to get one's deserts, to learn one's lesson

boya paint, dye *boya vurmak/çekmek* to paint

boyacı dyer; housepainter; shoeblack, bootblack

boyamak to paint, to dye, to colour; (shoes) to polish, to black

boykot boycott *boykot etmek* to boycott

boylam longitude

boylamak to end up in, to land in

boylu tall *boylu boyunca* at full length; from end to end

boynuz horn; antler

boynuzlamak to gore; *arg.* to cuckold

boynuzlanmak to grow horns; to be gored; *arg.* to be cuckolded

boynuzlu horned; *arg.* cuckold

boysuz short, not tall

boyun neck *boynu bükük* unhappy, sad, disappointed *boynu tutulmak* to have a stiff neck *boynuna sarılmak* to embrace *boynunu bükmek* to become very sad/disappointed *boyun atkısı* scarf *boyun borcu* incumbent duty *boyun eğmek* to submit, to yield

boyuna lengthwise; continually

boyunbağı necktie

boyunca along; throughout; during; lengthwise

boyunduruk yoke; bondage; *sp.* headlock *boyunduruk altına almak* to put under the yoke, to enslave

boyut dimension

boz grey, gray

boza thick fermented grain drink

bozarmak to turn pale; to become grey

bozayı brown bear

bozdurmak to have changed; to cash, to change

bozgun rout, defeat *bozguna uğramak* to be routed *bozguna uğratmak* to rout

bozguncu defeatist

bozkır steppe

bozmak to spoil, to ruin, to destroy; to change, to cash; to upset, to foil, to baffle; to break, to cancel; to be crazy about; to violate, to deflower; (weather) to become worse *ağzını bozmak* to swear, to abuse *kafasını bozmak* to rub sb the wrong way

bozuk spoilt, destroyed, ruined; broken; out of order, on the bum; corrupt, depraved; (weather) bad *bozuk para* small money

bozukluk defect, trouble; corruption, disorder; small change

bozulmak to be spoilt; to degenerate; to break down; to be humiliated, to resent

bozum embarrassment, humiliation *bozum etmek* to embarrass, to discomfort *bozum olmak* to be embarrassed, to be discomfited

bozuntu embarrassment, discomfiture *bozuntuya vermemek* to hide one's displeasure

bozuşmak to fall out with, to break with

böbrek kidney

böbürlenmek to boast, to crow

böcek insect; bug, beetle; louse

böğür side, flank

böğürmek to bellow, to low

böğürtlen blackberry, bramble

bölen *mat.* divisor *ortak bölen*

common divisor **en büyük ortak bölen** greatest common divisor

bölge region, district, zone, section

bölgecilik regionalism

bölgesel regional

bölme division; compartment; *den.* bulkhead

bölmek to divide (into); to separate

bölü *mat.* divided by

bölücü separationist, intriguer

bölücülük divisive behaviour

bölük *ask.* company; squadron; *mat.* order; division, part **bölük bölük** in groups **bölük pörçük** in bits

bölüm part, chapter; portion, division; *mat.* quotient; department

bölümlemek to classify

bölünen *mat.* dividend

bölüşmek to share out

bölüştürmek to distribute, to share out

bön naive, silly, simple **bön bön bakmak** to gawp (at), to gape (at)

börek pastry, pie

börülce kidney-bean

böyle so, such, thus, like this, in this way **bundan böyle** from this time on, henceforth **böyle olunca** in that case, then **Böyle gelmiş böyle gider** That's life; It's inevitable

böylece then, so

böylelikle in this way, thus

böylesi such a, this kind of

böylesine as ... as this, such

branda sailor's hammock **branda bezi** canvas

branş branch, department

bravo! Bravo! Well done!

Brezilya Brazil

Brezilyalı Brazilian

briç bridge

brifing briefing

briket briquette, briquet

Britanya Britain, Great Britain

Britanyalı Briton, Englishman

briyantin brilliantine

brokar brocade

brom bromine

bromür bromide

bronş bronchus

bronşit bronchitis

bronz bronze

bronzlaşmak to bronze, to get brown

broş brooch

broşür brochure, booklet

bröve certificate, diploma

brüksellahanası Brussels sprout

brülör burner

brüt gross

bu this **bu arada** meanwhile **bu bakımdan** from this point of view **bu defa** this time **bu gece** tonight **bu gibi** of this kind, such **bu yana** since

bucak subdistrict; corner, nook **uçsuz bucaksız** immense, vast **bucak bucak aramak** to search in every nook and cranny

buçuk half

budak knot

budaklı knotty

budala silly, foolish, imbecile; crazy about

budalalık stupidity, foolishness **budalalık etmek** to behave foolishly, to be silly

budamak to prune, to lop, to trim

Budist Buddhist

Budizm Buddhism

budun tribe, people, nation

budunbetim ethnography

budunbilim ethnology

bugün today **bugün yarın** soon **bugünden tezi yok** right now **bugüne bugün** unquestionably, sure enough **bugünlerde** in these days, nowadays, recently

bugünkü of today, today's, present

bugünlük for today

buğday wheat
buğu vapour, steam, fog
buğulanmak to be steamed up, to mist over
buğulu steamy, misty, fogged
buhar steam, vapour
buharlaşmak to vapourize, to evaporate
buhran crisis
buhur incense
buhurdan censer, thurible
buji spark plug
bukağı fetter, hobble
bukalemun chameleon
buket bunch of flowers, bouquet
bukle haircurl, lock
bukleli curly
bulandırmak to muddy, to soil; (stomach) to turn, to nauseate
bulanık turbid, muddy; cloudy, overcast *bulanık suda balık avlamak* to fish in troubled waters
bulanmak to become turbid, to get muddy; to be smeared; to be dimmed; (stomach) to be upset
bulantı nausea
bulaşıcı infectious, contagious
bulaşık dirty dishes; smeared, bedaubed; infected, contagious *bulaşık bezi* dishcloth *bulaşık makinesi* dishwasher *bulaşık suyu* dishwater *bulaşık yıkamak* to wash the dishes
bulaşıkçı dishwasher (person)
bulaşkan sticky; troublesome
bulaşmak to be smeared, to become dirty; (disease) to be infected, to spread; to pester, to annoy, to molest; to be involved
bulaştırmak to smear, to daub; (disease) to infect; to involve in
buldok bulldog
buldozer bulldozer
Bulgar Bulgarian
Bulgarca Bulgarian
Bulgaristan Bulgaria
bulgu discovery; invention, finding

bulgur boiled and pounded wheat *bulgur pilavı* cracked wheat cooked with tomatoes
bulmaca crossword puzzle
bulmak to find; to discover; to invent; to amount to
buluğ puberty *buluğa ermek* to reach puberty
bulundurmak to have present, to provide, to have in stock
bulunmak to be found; to be discovered; to be present; to be located; to participate, to attend *(bir) ricada bulunmak* to make a request
buluş invention; discovery; original thought, idea
buluşma meeting
buluşmak to meet, to come together
bulut cloud *bulut gibi (sarhoş)* dead drunk *buluttan nem kapmak* to be very touchy/suspicious
bulutlanmak to get cloudy
bulutlu cloudy
bulutsuz cloudless
bulvar boulevard, avenue
bumburuşuk very creased, wrinkled all over
bunak senile, dotard
bunaklık senility, dotage
bunalım crisis; depression
bunalmak to feel suffocated; to get bored, to be depressed
bunaltmak to suffocate; to bore, to weary
bunamak to become senile, to dote
bunca this much, so much *bunca zaman* for such a long time
buncağız this poor little thing
bundan from this, about this *bundan başka* besides, furthermore, in addition *bundan böyle* from now on, henceforth; after this *bundan dolayı* for this reason, therefore

bunun of this *bunun üzerine* thereupon *bununla birlikte* however, nevertheless

bura this place, this spot

burada here

buradan from here, hence

buraları these places

buralı native of this place

burası here

buraya here *buraya kadar* thus far

burç tower; zodiacal constellation, sign of the zodiac

burçak vetch

burgaç vortex, whirlwind

burgu corkscrew; auger, gimlet

burjuva bourgeois

burjuvazi bourgeoisie

burkmak to twist, to sprain, to wrench

burkulmak to be twisted, to be sprained

burmak to twist, to wring; to castrate

burs scholarship, bursary

buruk acrid, astringent, puckery

burulmak to be twisted

burun nose; beak, bill; *coğ.* cape, headland *burun buruna* very close *burun buruna gelmek* almost to collide with; to come face to face *burun kanaması* nosebleed *burun deliği* nostril *burnu büyük* conceited, arrogant *burnu büyümek* to become conceited, to have a swollen head *burnu havada* conceited *burnu kanamak* to bleed at the nose *burnunda tütmek* to long for *burnundan gelmek* to suffer so much after having sth good *burnunu kıvırmak* to turn one's nose up *burnunu sokmak* to poke one's nose into, to nose into *burnunun dibinde* under sb's very nose *burnunun doğrusuna gitmek* to follow one's nose *burnunun ucunu*

görememek to be dead drunk

buruş buruş very wrinkled, very crumpled *buruş buruş olmak* to be badly wrinkled

buruşmak to be wrinkled, to be crumpled

buruşturmak to wrinkle, to crumple, to pucker

buruşuk wrinkled, crumpled, puckered

but thigh; rump

butik boutique

buyruk order, command *kendi başına buyruk olmak* to be one's own master

buyurmak to order, to decree; to command

Buyurun! Come in! Help yourself!

buz ice *buz gibi* very cold, icy *buz kesilmek* to freeze; to be stunned *buz kesmek* to freeze, to feel very cold *buz tutmak* to ice up/over, to freeze (over)

buzağı calf

buzağılamak to calve

buzdağı iceberg

buzdolabı refrigerator, fridge

buzhane icehouse; cold storage plant

buzlanmak to get icy; to ice up/over

buzlu icy, iced; (glass) translucent, frosted

buzlucam frosted glass

buzluk icebox

buzul glacier *buzul çağı* ice age

bücür squat, shorty, dwarf

büfe sideboard; refreshment stall, buffet; kiosk

büklüm twist, curl; fold *büklüm büklüm* in curls, curly

bükmek to twist, to wrench; to bend, to flex; to spin

bükülgen flexible

bülbül nightingale *bülbül gibi* fluently

bülten bulletin

bünye structure, constitution
büro office, bureau
bürokrasi bureaucracy, red tape
bürokrat bureaucrat
bürümek to wrap, to enfold; (smoke) to cover up, to fill
bürünmek to wrap oneself up (in)
büsbütün completely, entirely, wholly
büst bust
bütan butane
bütçe budget
bütün bütün entirely
bütün whole, entire, complete; the whole, all
bütünleme completion
bütünlemek to complete, to integrate
bütünleşmek to become integrated
bütünlük wholeness, completeness, integrity
bütünüyle completely, entirely, fully
büyü magic, spell *büyü yapmak* to cast a spell on
büyücü witch; magician, sorcerer
büyücülük sorcery, witchcraft
büyük big, large; great, grand; older, elder; important, serious *büyük aptes yapmak* to defecate *büyük defter* ledger *büyük harf* capital letter *büyük ikramiye* first prize *Büyük Millet Meclisi* the Grand National Assembly (of Turkey) *büyük ölçüde* on a large scale *büyük (söz) söylemek* to talk big
büyükanne grandmother
Büyükayı Big Dipper, the Great Bear
büyükbaba grandfather
büyükbaş cattle
büyükçe somewhat large
büyükelçi ambassador
büyükelçilik embassy
büyüklük largeness, bigness; greatness; size

büyülemek to bewitch; to fascinate, to charm
büyüleyici fascinating, charming
büyültmek to make bigger, to enlarge; to exaggerate
büyülü bewitched, charmed, magic
büyümek to grow (up); to become large *büyümüş de küçülmüş* (child) precocious
büyüteç magnifying glass
büyütmek to make bigger; to enlarge; to bring up, to rear; to exaggerate; (business) to extend
büz cement pipe
büzgü smocking, shirr
büzmek to constrict, to pucker, to contract
büzük constricted, puckered
büzülmek to shrink, to contract; to crouch, to cower

C

caba gratis, free
cabadan for nothing, free
cacık a dish made of chopped cucumber and garlic flavoured yoghurt
cadaloz shrew, hag, vixen
cadde street, main road
cadı witch, hag, shrew
cafcaf showiness, pomp
cafcaflı showy, pompous
cahil ignorant, uneducated, illiterate; inexperienced, greenhorn
cahillik ignorance, inexperience *cahillik etmek* to act foolishly
caiz admissible, allowable, permitted
caka show-off, swagger, ostentation *caka satmak* to show off, to swagger
cakalı showy, swaggering
cam glass, pane
cambaz rope dancer, acrobat,

swindler, juggler
cambazlık acrobatism; cunning, trick
camcı glazier
camgöbeği glass-green
camgöz *hayb.* tope
camız water buffalo
cami mosque
camia community
can soul, spirit; life; person, soul; darling, love; energy, zeal, vigour *can alıcı (nokta)* crucial (point) *can atmak* to starve for, to crave, to desire *can çekişmek* to be at one's last gasp *can damarı* vital point *can damarına basmak* to touch sb on the raw *can düşmanı* mortal enemy *can evi* the vital spot *can havliyle* desperately *can korkusu* fear of death *can kulağı ile dinlemek* to be all ears *can sıkıcı* annoying, dull, boring *can sıkıntısı* annoyance, boredom *can sıkıntısından patlamak* to get bored to death *can vermek* to die, to pass away *cana can katmak* to delight greatly, to refresh *cana yakın* friendly *canı acımak* to feel pain *Canı cehenneme!* To hell with him! *canı çekmek* to long for *canı çıkmak* to die; to get very tired *canı istemek* to feel like (doing sth) *canı sıkılmak* to be bored *canı tez* impatient *canı yanmak* to feel pain *canım* dear, my darling *canımın içi* my darling *canın isterse* As you like, I don't care *Canın sağ olsun!* Never mind! It doesn't matter *canına değmek* to hit/touch the spot *canına kıymak* to kill oneself; to kill *canına okumak* to destroy; to harass *canına susamak* to want to die *canına tak demek* to get to be intolerable *canından bezmek (bıkmak/usanmak)* to be

tired of living *canını almak* to take one's life *canını acıtmak* to hurt *canını bağışlamak* to spare sb's life *canını çıkarmak* to wear out, to tire out *canını kurtarmak* to save one's/sb's life *canını sıkmak* to annoy, to bother *canını vermek* to sacrifice oneself *canını yakmak* to cause pain (to) *canla başla* with heart and soul
canan sweetheart, beloved
canavar monster, brute *canavar düdüğü* siren
canciğer intimate
candan sincere, hearty
caneriği green plum
canhıraş heart-rending, bitter; horrible
cani criminal, murderer
cankurtaran ambulance; life-saver *cankurtaran simidi* life buoy *cankurtaran yeleği* life jacket
canlandırmak to animate, to revive; to impersonate, to perform
canlanmak to come to life, to revive; (business) to boom
canlı alive, living; active, lively *canlı yayın* live broadcast
canlılar the living
cansız lifeless, dead; weak, feeble; slack, still; dull
cari current; valid, effective *cari hesap* current account
cascavlak bald-headed; stark naked
casus spy, agent
casusluk espionage
cavlak naked, bare; hairless, featherless
caydırmak to dissuade, to disincline, to deter
cayırtı creak, rattle, crash
caymak to back out of, to give up, to go back on, to renounce
caz jazz
cazcı jazz musician
cazgır (wrestling) announcer

cazırdamak to crackle
cazibe attraction, charm
cazibeli attractive, charming
cazip attractive, charming
cebir algebra
Cebrail the Archangel Gabriel
cebren by force
cefa suffering, pain; ill-treatment, cruelty *cefa çekmek* to suffer
cefakâr who has suffered much
cehalet ignorance
cehennem hell, inferno *cehennem azabı* hellish torture *cehennem gibi* like hell, hellish *Cehennem ol!* Go to hell! *cehennem zebanisi* devil, demon *cehenneme kadar yolu olmak* to go to hell *cehennemin dibine gitmek* to get the hell out, to go away
cehennemi infernal
cehennemlik deserving of hell
ceket jacket, coat
celep cattle-dealer, drover
cellat executioner
celp attraction; *huk.* summons; *ask.* call
celse session; hearing, sitting
cemaat congregation, community
cemiyet society; assembly, union
cemre increase of warmth in February
cenabet impure, unclean
Cenabı Hak God, Lord
cenah wing
cenap majesty, excellency
cenaze corpse; funeral *cenaze alayı* funeral procession
cendere press, mangle
cengâver warlike
cenin foetus, embryo
cenk combat, battle, war, fight
cennet paradise, heaven
cennetkuşu bird of paradise
cennetlik deserving of heaven
centilmen gentleman
centilmence in a gentlemanlike way

centilmenlik gentlemanliness
cep pocket *cebi delik* penniless, broke *cebinden çıkarmak* to outdo (sb), to excel *cebine indirmek* to pocket *cebini doldurmak* to fill one's pockets *cep feneri* torch *cep harçlığı* pocket money *cep saati* pocket watch *cep telefonu* mobile phone *cep sözlüğü* pocket dictionary *cepten vermek* to pay (money) out of one's own pocket
cephane ammunition, munitions
cephanelik ammunition store, arsenal
cephe front *cephe almak* to take sides (against)
cepken short embroidered jacket
cerahat matter, pus *cerahat bağlamak/toplamak* to suppurate
cerahatli suppurating
cereme penalty, fine *ceremesini çekmek* to pay the penalty of
cereyan current; draught *cereyan etmek* to take place, to happen, to occur
cerrah surgeon
cerrahi surgical
cerrahlık surgery
cesaret courage, bravery *cesaret almak/bulmak* to take courage (from) *cesaret etmek* to dare, to venture *cesaret göstermek* to show courage *cesaretini kırmak* to discourage *cesaret vermek* to encourage
cesaretlendirmek to encourage
cesaretlenmek to gather one's courage
cesaretli courageous, brave
cesaretsiz cowardly, timid
ceset corpse, dead body
cesur courageous, brave
cesurluk courage, bravery
cet ancestor, forefather; grandfather
cetvel ruler; list, schedule, table

cevaben in reply (to)
cevahir jewellery
cevap answer, reply *cevap almak* to receive an answer *cevap vermek* to answer, to reply
cevaplandırmak to answer, to reply
cevapsız unanswered
cevher jewel, gem; ore; ability, capacity; substance, essence
ceviz walnut
ceylan gazelle, antelope *ceylan bakışlı* having alluring eyes *ceylan gibi* shapely and agile
ceza punishment, penalty; fine *ceza almak* to be punished *ceza çekmek* to serve a sentence *ceza hukuku* criminal law *ceza kesmek/yazmak* to fine *ceza mahkemesi* criminal court *ceza sahası sp.* penalty area *ceza vermek* to punish; to fine *ceza vuruşu sp.* penalty kick *ceza yemek* to be punished; to be fined *cezasını bulmak* to get one's deserts *cezasını çekmek* to serve a sentence; to suffer for *cezaya çarptırılmak* to be fined; to be punished *cezaya çarptırmak* to punish; to fine
cezaevi prison
cezalandırmak to punish; to fine
cezalı punished; fined
cezbetmek to attract, to draw
cezir ebb tide
cezve coffee-pot
cıgara cigarette
cılız puny, thin, undersized
cılk (egg) rotten; (wound) inflamed, festered *cılk çıkmak* to be spoilt
cımbız tweezers
cırcır babbler; *hayb.* cricket
cırcırböceği cricket
cırıldamak to chirr
cırlak strident, shrill; cricket
cırnak claw
cıva mercury, quicksilver *cıva gibi* mercurial, restless

cıvata bolt
cıvık sticky, greasy, wet, viscid; impertinent, saucy
cıvıl cıvıl twittering
cıvıldamak to twitter, to chirp
cıvıldaşmak to chirp together
cıvımak to become soft and sticky; to become impertinent
cıvıtmak to make soft and sticky; to become impertinent
cıyak cıyak with a shrill voice
cız sizzling sound; fire
cızbız grilled meat *cızbız köfte* grilled meatball(s)
cızırdamak to sizzle; to creak
cızırtı sizzling or creaking sound
cibilliyet character, nature
cibinlik mosquito net
cici good, pretty, nice *cici bici* trinket, gimcrack
cicianne granma
cicili bicili gaudy, glaring, fussy
cidden seriously, really
ciddi serious, earnest; real, true; important *ciddiye almak* to take seriously
ciddiyet seriousness; importance
ciğer liver, lungs; heart *ciğeri beş para etmez* despicable *ciğerine işlemek* to hurt deeply *ciğeri sızlamak* to feel greet compassion
ciğerci seller of liver and lungs
cihan world; universe
cihat holy war
cihaz apparatus, equipment; *anat.* system
cihet direction, side; point of view
cila polish, varnish *cila vurmak* to polish, to varnish
cilalamak to polish, to varnish
cilalı polished, varnished
cilasız unpolished, unvarnished
cilt skin, complexion; binding, volume
ciltçi bookbinder
ciltçilik bookbindery

ciltlemek (book) to bind
ciltli bound
ciltsiz unbound
cilve coquetry, grace; manifestation
cilveli coquettish, flirtatious, coy
cimnastik gymnastics, gym
cimri mean, stingy, miserly; miser, niggard
cimrilik stinginess, meanness
cin (drink) gin
cin genie, demon, sprite *cin çarpmak* to be struck by an evil spirit *cin çarpmışa dönmek* to be bogged down by one's troubles *cin fikirli* shrewd, crafty *cin gibi* very clever, cunning *cinleri başına çıkmak* to get furious
cinai criminal
cinas play on words, pun
cinayet crime, murder *cinayet işlemek* to commit murder
cingöz cunning, clever
cinnet insanity, madness *cinnet getirmek* to go mad
cins kind, sort, type, variety; species, genus; breed, race; *dilb.* gender; *arg.* queer, weird
cinsel sexual *cinsel cazibe/çekicilik* sex appeal *cinsel ilişki* sexual intercourse *cinsel ilişkide bulunmak* to have sex with
cinsellik sexuality
cinsiyet sex; sexuality
cip jeep
cirit javelin *cirit atma* the javelin throw *cirit atmak* to run wild
ciro endorsement *ciro etmek* to endorse
cisim substance, body, matter
cisimcik corpuscle
cisimlenmek to take a material form
cisimsiz insubstantial
civar neighbourhood, environments, vicinity; neighbouring
civarında near; about, approximately

civciv chick
civelek lively, playful, brisk
coğrafi geographical
coğrafya geography
coğrafyacı geographer
cokey jockey
conta gasket
cop truncheon, cosh
coplamak to truncheon
coşku enthusiasm, vigour
coşkun enthusiastic, vigorous, exuberant, ebullient
coşkunluk enthusiasm, ebullience, exuberance
coşmak to become enthusiastic, to get carried away, to effervesce
coşturmak to excite, to stimulate, to incite
cömert generous, liberal
cömertlik generosity, liberality
cuma Friday
cumartesi Saturday
cumburlop plop! splash!
cumhurbaşkanı president (of a republic)
cumhuriyet republic
cumhuriyetçi republican
cumhuriyetçilik republicanism
cunta junta
cup! plop!
cura three-stringed lute
curcuna uproar, carousal, hullaballoo *curcunaya çevirmek* to raise an uproar (in a place)
cüce dwarf
cücük bud, shoot; heart of an onion
cülus accession to the throne
cümbür cemaat the whole lot, the whole caboodle
cümbüş carousal, merrymaking, binge *cümbüş etmek/yapmak* to carouse, to revel
cümle sentence; whole, all *cümle alem* all the world, everybody *cümlemiz* all of us, we all

cümlecik *dilb.* clause

cümleten all together *cümleten Allahaısmarladık* goodbye everybody!

cüppe robe

cüret boldness, impudence, audacity *cüret etmek* to dare, to venture

cüretkâr, cüretli courageous, brave; bold, impudent

cüruf slag, scoria

cürüm crime, felony, offence *cürüm işlemek* to commit a crime

cüsse body, bulk

cüsseli big-bodied, huge

cüzam leprosy

cüzamlı leprous

cüzdan wallet, purse; account-book; portfolio

cüzi small, slight, trifling; partial

Ç

çaba effort, exertion *çaba göstermek* to make an effort to, to strive

çabalamak to strive, to struggle, to strain

çabuk quick, fast, swift; quickly, soon *çabuk çabuk* quickly *Çabuk ol!* Be quick! Hurry up! *çabuk olmak* to hurry

çabuklaşmak to gain speed, to quicken

çabuklaştırmak to accelerate, to speed

çabukluk quickness, rapidness

çadır tent *çadır bezi* tent canvas *çadır direği* tent pole *çadır kurmak* to pitch a tent

çağ time; age; period; era, epoch *çağ açmak* to open a period

çağanoz *hayb.* crab

çağcıl modern

çağdaş contemporary; modern, up-to-date

çağdaşlaş(tır)mak to modernize

çağdışı outdated, antiquated, old-fashioned

çağıldamak to burble, to bubble, to purr

çağırmak to call; to invite; to send for, to call in

çağla green almond

çağlamak to burble, to murmur, to babble

çağlayan waterfall, cascade

çağrı call, invitation

çağrılı invited person

çağrışım association

çağrıştırmak to associate

çakal jackal

çakaleriği wild plum, sloe

çakı pocket-knife

çakıl pebble, gravel

çakıllı pebbly, gravelled

çakılmak to be nailed; to be fixed; *arg.* to be noticed

çakıltaşı rounded pebble

çakır greyish-blue

çakırkeyf slightly drunk, tipsy, happy

çakışmak to coincide; to fit into one another; *mat.* to be congruent

çakmak lighter

çakmak to nail; to pound; to light; to strike; to notice, to twig; (exam) to fail, to pip, to muff

çakmaktaşı flint

çakozlamak *arg.* to understand, to latch on, to twig

çaktırmadan on the sly, stealthily

çaktırmak *arg.* to let be noticed; to cause to fail (an exam), to pluck

çalakalem writing hastily and carelessly

çalar saat alarm clock

çalçene chatterbox, chatterer

çaldırmak to make sb play (a musical instrument, song, etc.); to get sth stolen

çalgı musical instrument

çalgıcı musician

çalı bush, shrub **çalı çırpı** brush-wood

çalıbülbülü orphean warbler

çalıfasulyesi string bean

çalık crooked, awry, slanting

çalıkuşu goldcrest

çalılık thicket, bushes, brushwood

çalım swagger, swank, dash; *sp.* dribble **çalımından geçilmemek** to swagger unbearably **çalım satmak** to swagger, to show off, to swank

çalımlamak *sp.* to dribble

çalıntı stolen; stolen goods

çalışkan hard-working, diligent, studious

çalışkanlık diligence, industriousness

çalışma work, study **Çalışma Bakanlığı** Ministry of Labour **çalışma koşulları** working conditions **çalışma saatleri** working hours

çalışmak to work; to study; to strive, to try; to work, to run

çalıştırmak to employ, to run, to work, to operate

çalka(la)mak to shake, to agitate; (egg) to beat, to whip

çalka(la)nmak to be shaken; (sea) to be rough; to be talked everywhere

çalkantı fluctuation; agitation; nausea

çalmak to steal; to lift; to play; to ring; to knock; to strike

çam pine **çam devirmek** to drop a brick/clanger **çam yarması gibi** (person) gigantic, huge

çamaşır underwear; laundry **çamaşır asmak** to hang out the laundry **çamaşır değiştirmek** to change one's underwear **çamaşır ipi** clothes line **çamaşır makinesi**

washing machine **çamaşır mandalı** clothes-peg **çamaşır sepeti** clothes basket, linen basket **çamaşır yıkamak** to wash the clothes, to do the washing

çamaşırcı washerwoman, laundry-man

çamaşırhane laundry

çamfıstığı pine nut

çamlık pine grove

çamsakızı pine resin **çamsakızı çoban armağanı** small present

çamur mud; aggressive, obtrusive, importunate **çamur atmak** to throw mud at, to slander **çamur sıçratmak** to splash with mud, to spatter **çamurdan çekip çıkarmak** to raise sb from the dung-hill

çamurlu muddy, miry

çamurluk wing, mudguard, fender; muddy place

çan bell; gong

çanak pot; *bitk.* calyx **çanak çömlek** pots and pats **çanak tutmak** to ask for (trouble) **çanak yalamak** to bootlick

Çanakkale Boğazı the Dardanelles

çançiçeği bellflower

çanta bag; handbag; purse; suit-case, case; rucksack, knapsack **çantada keklik** in the bag, in hand

çap diameter; *ask.* calibre; size, scale **çaptan düşmek** to go downhill, to decline

çapa hoe, mattock; *den.* anchor

çapak viscous crust round the eyes; burr

çapaklanmak (eye) to become gummy

çapar spotted, mottled; albino

çapari trawl, trotline

çapkın womanizer, casanova, co-quettish, sensual

çapkınlık debauchery, profligacy **çapkınlık etmek/yapmak** to have one's fling, to go on the loose

çapraşık complicated, entangled

çapraz crosswise, diagonal, transversal; crosswise, diagonally, transversely

çaprazlama crosswise, diagonally, transversely

çapul booty, loot, plunder

çapulcu plunderer, looter

çaput rag; cloth

çar czar, tzar

çarçabuk very quickly

çarçur extravagance *çarçur etmek* to squander, to waste *çarçur olmak* to be squandered

çardak arbour, bower

çare remedy, cure; way, means *çare bulmak* to find a way, to remedy *çaresine bakmak* to see to, to settle

çaresiz incurable; helpless; inevitably *çaresiz kalmak* to be helpless

çaresizlik incurability; helplessness; poverty

çarık rawhide, sandal

çariçe czarina, tsarina

çark wheel *çark etmek* to turn, to wheel

çarkçı engineer, mechanic; knife-grinder

çarkıfelek *bitk.* passion flower; destiny, fate

çarlık czardom, tsardom

çarliston charleston

çarmıh cross, crucifix *çarmıha germek* to crucify

çarpan *mat.* multiplier *çarpanlara ayırmak* to factor

çarpı *mat.* multiplication sign; multiplied by, times

çarpıcı striking, impressive, dramatic

çarpık crooked, distorted, awry *çarpık bacaklı* bandylegged, crooked *çarpık çurpuk* crooked

çarpılan *mat.* multiplicand

çarpım *mat.* product *çarpım*

tablosu multiplication table

çarpıntı palpitation, throbbing

çarpışma collision, smash; fight, clash, conflict

çarpışmak to collide; to fight, to clash

çarpıtmak to make crooked, to contort; to distort

çarpmak to strike; to hit; to run into, to dash, to bump; (heart) to beat; (evil spirit) to distort, to paralyze, to strike; *mat.* to multiply; (drink) to go to one's head

çarşaf sheet *çarşaf gibi* (sea) very calm

çarşamba Wednesday

çarşı market, bazaar, downtown, shopping centre *çarşıya çıkmak* to go shopping

çat pat a little, somewhat

çatal fork; forked, bifurcated *çatal bıçak* knives and forks, silver

çatalağız *coğ.* delta

çatallaşmak to become forked, to bifurcate

çatı roof; framework, skeleton; *dilb.* voice *çatı arası* attic *çatı katı* attic, penthouse

çatık frowning, sulky; (rifles) stacked *çatık kaşlı* beetle-browed, frowning

çatırdamak to creak, to crackle; to chatter

çatırtı crack, crash, snap; (teeth) chattering

çatışık contradictory

çatışma *ask.* skirmish, short fight; conflict, clash

çatışmak to collide, to clash; to contradict; to have a quarrel

çatkı headband

çatlak cracked; off one's head, crazy; mad; crack, fissure

çatlaklık crack; *kon.* stupidity

çatlamak to crack, to split; (hand) to chap; to die (from overeating/exhaustion) çatmak (arms) to stack, to pile; to baste together, to tack; to attack, to tilt at, to pick a quarrel with; to come up, to meet; to wrinkle, to knit

çavdar rye *çavdar ekmeği* rye bread

çavlan waterfall

çavuş sergeant

çavuşkuşu hoopoe

çavuşüzümü sweet-water

çay tea; stream, brook *çay bahçesi* tea-garden *çay demlemek* to steep tea *çay demliği* teapot *çay kaşığı* teaspoon

çaycı keeper of a tea-shop; seller of tea

çaydanlık teapot

çayevi, çayhane tea-shop, tea-room

çayır meadow, pasture

çaylak *hayb.* kite; inexperienced person

çehre face, countenance; aspect, appearance

çek cheque, *AE.* check *çek defteri* chequebook

Çek Czech

çekap check-up

çekecek shoehorn

çekememek to be unable to stand; to be jealous of

çekememezlik jealousy, envy

çeker weighing capacity

çeki a measure of weight (250 kilos)

çekici attractive, charming

çekicilik attractiveness, charm

çekiç hammer

çekidüzen tidiness, orderliness *çekidüzen vermek* to tidy up

çekik slanting

çekiliş draw (for a lottery)

çekilme *ask.* withdrawal; resignation

çekilmek to be pulled; to draw back, to withdraw; to resign; to shrink, to contract

çekilmez unbearable, intolerable

çekim attraction; shooting; filming; *dilb.* conjugation, inflection, declination *çekim eki* ending, termination

çekimser abstainer

çekimserlik abstention

çekince drawback; risk, danger

çekingen timid, shy, hesitant

çekingenlik timidity, shyness

çekinmeden without hesitation

çekinmek to avoid, to abstain; to beware of, to shrink

çekirdek seed, stone; nucleus *çekirdek kahve* coffee beans *çekirdekten yetişme* trained from the cradle

çekirdekli having seeds

çekirdeksiz seedless *çekirdeksiz kuru üzüm* sultana

çekirge grasshopper, locust

çekişme argument, quarrel; competition

çekişmek to argue, to quarrel; to pull in opposite directions; to compete, to contest

çekişmeli contentious

çekiştirmek to pull at both ends; to run down, to backbite

çekmece drawer; till

çekmek to pull, to draw; to withdraw; to attract, to draw; to pull out, to extract; to bear, to suffer; to take, to last; to contract, to shrink; to take after, to resemble; to copy; *dilb.* to inflect, to conjugate, to decline *Çek arabanı!* Off with you!, Clear out! *Çek git!* Shove off!, Buzz off! *çekip çevirmek* to manage, to run *çekip çıkarmak* to pull out *çekip gitmek* to go away

çekmekat penthouse

çekmez unshrinkable

Çekoslovak Czechoslovakian

Çekoslovakya Czechoslovakia

çektirmek to cause to pull; to cause

to suffer
çekül plumb-line
çelebi gentleman, educated person; well-mannered
çelenk wreathe, garland
çelik steel; cutting, slip
çelim stature
çelimsiz puny, frail
çelişik contradictory
çelişki contradiction
çelişkili contradictory
çelişmek to be in contradiction (with)
çello *müz.* violoncello, cello
çelme trip *çelme takmak* to trip up
çelmelemek to trip
çeltik rice in the husk
çember *mat.* circle; ring, belt; hoop *çember sakal* round trimmed beard
çemen cummin
çene chin, jaw; talkativeness, gab *çene çalmak* to chatter *çene yarıştırmak* to talk incessantly *çene yormak* to talk in vain *çenesi düşük* chatterbox, garrulous *çenesi kuvvetli olmak* to have the gift of the gab *çenesini bıçak açmamak* to be silent because of sorrow *çenesini tutmak* to hold one's tongue
çenebaz talkative, garrulous
çeneli talkative chatty
çengel hook
çengelli hooked
çengelliiğne safety pin
çengi dancing girl
çentik notch; notched
çentiklemek to notch, to nick
çentikli notched
çep(e)çevre all around
çeper membrane
çerçeve frame; window frame; limitation
çerçevelemek to frame
çerçeveli framed
çerçi peddler, hawker

çerçöp twigs; sweepings *çerden çöpten* jerry-built, flimsy
çerez hors d'oeuvres, appetizers; snack, nuts
Çerkez Circassian
çeşit kind, sort, variety; sample *çeşit çeşit* assorted, various
çeşitleme *müz.* variation
çeşitli different, various
çeşitlilik variety, variation
çeşme fountain
çeşni flavour, taste
çeşnici taster
çete band, gang; guerilla
çetele tally-stick
çetin hard, difficult *çetin ceviz* a hard nut to crack
çetrefil complicated, confusing
çevik agile, swift
çeviklik agility
çevirgeç commutator
çeviri translation
çevirim shooting, filming
çevirmek to turn; to rotate, to spin; to translate; to convert, to change; to surround, to encircle; to hold up, to stop
çevirmen translator
çevre surroundings; environment; circumference, periphery *çevre kirlenmesi* environmental pollution
çevrebilim ecology
çevrelemek to surround, to encircle
çevrili surrounded
çevrim cycle
çevrimsel cyclic
çevriyazı transcription
çeyiz trousseau, dowry
çeyrek quarter *çeyrek final* quarter final
çıban abscess, boil *çıban başı* head of a boil; delicate matter
çığ avalanche *çığ gibi büyümek* to snowball
çığır path, way; epoch *çığır açmak*

to break new ground, to mark a new epoch **çığrından çıkmak** to go off the rails

çığırtkan tout, crier

çığlık scream, cry, shriek **çığlık atmak** to scream, to shriek **çığlığa** with shrieks and cries

çıkagelmek to come up, to blow in

çıkar benefit, advantage, profit; self-interest **çıkar sağlamak** to profit by **çıkar yol** way out

çıkarcı self-seeking, selfish

çıkarcılık opportunism, avarice

çıkarım deduction

çıkarma *mat.* subtraction; *ask.* landing

çıkarmak to take out, to get out, to pull out; to remove; (garment) to take off; to produce, to bring out; to publish; to strike out, to omit; to throw out, to oust; to subtract; (food) to vomit; to make out, to figure out; (telephone) to get through

çıkartma decal, transfer, sticker

çıkık prominent, projecting; dislocated; dislocation

çıkıkçı bone-setter

çıkın knotted bundle

çıkıntı projecting part; marginal note; promontory

çıkıntılı projecting, protruding

çıkış exit; *ask.* sortie; *sp.* start

çıkışma scolding, rebuke

çıkışmak to scold, to rebuke; to be enough, to suffice

çıkma going out; projection; promontory; bow-window, bay window; marginal note

çıkmak to go out, to come out; to depart, to leave; to go up, to climb up; to move out (of a house); to graduate; to set off, to start on; to come up, to appear; to break out; to arise, to spring; (sun, moon) to come out, to rise; to turn out to be, to prove; to

lead (to); (rumour) to get about, to be issued; (winter, month) to be over

çıkmaz blind alley, cul-de-sac; impasse, deadlock **çıkmaz ayın son çarşambası** at Greek Kalends **çıkmaz sokak** blind alley **çıkmaza girmek** to come to an impasse

çıkrık spinning wheel

çıktı output

çılbır dish of poached eggs with yoghurt

çıldırmak to go mad, to lose one's mind

çıldırtmak to drive mad, to make wild

çılgın mad, crazy, insane, frenzied

çılgınca madly

çılgınlık madness

çıma *den.* hawser

çın çın ringing sound **çın çın ötmek** to make a ringing sound, to resound with

çınar plane tree

çıngar quarrel, row **çıngar çıkarmak** to kick up a row, to make a scene

çıngırak small bell; rattle

çıngıraklıyılan rattlesnake

çıngırdamak to tinkle

çıngırtı tinkle

çınlamak to tinkle, to ring; to echo

çıplak naked, nude; bare **çıplaklar kampı** nudist camp

çıplaklık nakedness, nudity

çır(ıl)çıplak naked, nude; in the nude

çıra resinous wood

çırak apprentice; pupil, novice

çıraklık apprenticeship

çırçır cotton gin; cricket

çırılçıplak stark naked, in the buff

çırpı dry twigs, chip

çırpınmak to flutter, to struggle, to flop about; to be all in a fluster, to bustle about

çırpıntı flurry; slight agitation

çırpıştırmak to scribble, to scrawl
çırpmak to beat, to flutter; (hands) to clap; (laundry) to rinse
çıt cracking sound, crack **çıt çıkarmamak** to keep silent **çıt çıkmamak** to be dead silent **Çıt yok** There is a dead silence
çıta lath, narrow strip of wood
çıtçıt snap fastener, press-button
çıtı pıtı small and lovely, dainty
çıtır çıtır with a crackling sound **çıtır çıtır etmek** to crackle **çıtır çıtır yemek** to crunch
çıtırdamak to crackle
çıtırtı crackle
çıtkırıldım overdelicate, fragile; effeminate, dandy
çıtlatmak to crack; to drop a hint, to break
çıyan centipede
çızıktırmak to scribble, to scrawl
çiçek flower; bloom, blossom; *hek.* small-pox **çiçek açmak** to bloom, to blossom **çiçek gibi** very clean **çiçek çıkarmak** to have smallpox **çiçeği burnunda** quite fresh, brand new
çiçekçi florist
çiçeklenmek to blossom, to flower, to bloom
çiçekli in flower, in bloom; ornamented with flowers
çiçeklik flower garden; vase
çiçektozu pollen
çift pair, couple; double; *mat.* even **çift çift** in pairs, two by two **çift koşmak** to harness to the plough **çift sürmek** to plough
çiftçi farmer
çiftçilik farming, agriculture
çifte paired, double; kick; shotgun **çifte atmak** (horse, etc) to kick
çifter çifter in pairs
çiftleşme copulation
çiftleşmek to mate, to copulate; to couple, to pair
çiftleştirmek to mate, to breed; to make a pair

çiftlik farm, ranch
çiftsayı even number
çiğ raw; crude; immature, rough; dew **çiğ köfte** a dish made of minced meat, pounded wheat and chilli pepper
çiğdem crocus, meadow saffron
çiğnemek to chew; to run over; to tread, to crush; to disobey, to violate
çiklet chewing-gum **çiklet çiğnemek** to chew (a gum)
çikolata chocolate
çil freckle, speckle
çile ordeal, sufferance; hank, skein **çile çekmek** to suffer greatly **çileden çıkarmak** to infuriate, to exasperate **çileden çıkmak** to be in a rage, to lose one's temper
çilek strawberry
çilekeş sufferer; suffering
çileli suffering; enduring
çilingir locksmith
çillenmek to freckle
çilli freckled, speckled
çim grass, lawn
çimdik pinch **çimdik atmak** to pinch
çimdiklemek to pinch
çimen grass, meadow, lawn
çimenlik meadow, lawn; grassy
çimento cement
çimentolamak to cement
çimlendirmek to grass over
çimlenmek to germinate, to sprout; to become grassy
çimmek to duck under water, to swim
Çin China
Çince, Çinli Chinese
çini tile; porcelain, china **çini mürekkebi** India ink
çinicilik the art of tile-making
çinko zinc
çiriş paste, glue
çirkef filthy water; disgusting,

loathsome

çirkin ugly; unbecoming, unseemly, disgusting

çirkinleşmek to become ugly

çirkinleştirmek to make ugly

çirkinlik ugliness

çiroz salted and dried mackerel; *kon.* skinny person

çiselemek to drizzle

çisenti drizzle

çiş urine, piss *çiş etmek kon.* to wee, to piss, to piddle *arg.*

çit fence, hedge

çitilemek to rub (clothes) together while washing

çitlembik terebinth berry, nettle tree berry

çivi nail; peg, pin *çivi çakmak* to drive a nail *çivi gibi* healthy, strong; very cold *çivi kesmek* to feel very cold, to freeze

çivileme feet-first jump; *sp.* smash

çivilemek to nail

çivit indigo, blue dye *çivit mavisi* indigo

çivitlemek to dye with indigo

çiviyazısı cuneiform

çiy dew

çizelge list, table

çizge graph, diagram

çizgi line; stripe, band; dash *çizgi çizmek* to draw a line *çizgi film* (animated) cartoon *çizgi roman* comics

çizgili marked with lines; striped, banded

çizgisel linear

çizik line; scratch

çiziktirmek to scribble, to scrawl

çizim drawing

çizinti scratch

çizme (top) boot *çizmeden yukarı çıkmak* to meddle with things one should not to

çizmek to draw; to cross out, to cancel; to scratch

çoban shepherd, herdsman *çoban*

köpeği sheepdog

Çobanyıldızı Venus

çocuk child, infant; boy, kid *çocuk aldırmak* to have one's child aborted *çocuk arabası* baby carriage, pram *çocuk bahçesi* children's ark, playground *çocuk bakımı* child care *çocuk bezi* diaper, nappy *çocuk büyütmek* to bring up children *çocuk doğurmak* to give birth to a child *çocuk doktoru* pediatrician *çocuk düşürmek* to have an abortion, to abort *çocuk gibi* childlike *çocuk işi* child's play, pushover *çocuk mahkemesi* juvenile court *çocuk maması* baby food *çocuk oyuncağı* toy; child's play, pushover *çocuk yuvası* nursery school *çocuk zammı* child allowance *çocuğu olmak* to have a child

çocukbilim pedagogy

çocukcağız poor little child

çocukça childish; childishly

çocuklaşmak to become childish, to act childishly

çocukluk childhood; childishness

çocuksu childish

çoğalmak to increase, to multiply

çoğaltmak to increase, to augment; to reproduce

çoğu most (of); mostly *çoğu zaman* usually

çoğul plural

çoğun often

çoğunluk majority

çoğunlukla with a majority of votes; usually

çok very; a lot of, many, much; too; too much, too many *çoktan beri* for a long time *çok çok* at (the) most *çok fazla* too much *çok geçmeden* before long *çok görmek* to grudge, to begrudge *çok olmak* to go too far *Çok şükür!* Thank God! *Çok yaşa!* Long live!

God bless you!
çokanlamlı *dilb.* polysemous
çokanlamlılık polysemy
çokayaklılar myriapoda
çokdüzlemli *mat.* polyhedral
çokeşli polygamous
çokeşlilik polygamy
çokgen polygon
çokgözeli multicellular
çokkarılı polygynous
çokkarılılık polygyny
çokkocalı polyandrous
çokkocalılık polyandry
çokluk abundance; majority; often
çoksesli *müz.* polyphonic
çokseslilik polyphony
çoktanrıcılık polytheism
çoktanrılı polytheist
çokterimli *mat.* polynomial
çokuluslu multinational
çokyüzlü *mat.* polyhedron
çolak one-handed, one-armed
Çolpan Venus
çoluk çocuk wife and children, household, family
çomak stick, cudgel, club
çomar watchdog, mastiff
çopur pockmark; pockmarked
çorak barren, arid; brackish, bitter
çoraklaşmak to become arid
çoraklık aridity; brackishness
çorap stocking, sock, hose *çorap kaçığı* ladder, run *çorap kaçmak* to ladder, *AE.* to run *çorap söküğü gibi* in rapid succession, easily and quickly
çorapçı hosier
çorba soup; mess *çorba gibi* in a mess, confused *çorba kaşığı* tablespoon *çorbaya döndürmek* to make a mess of *çorbaya dönmek* to become a mess
çökelek skim-milk cheese, curds; *kim.* precipitate
çökelmek to precipitate
çökelti precipitate
çökertmek to make kneel; to cause

to collapse, to break in, to stave in
çökkün collapsed; depressed
çökkünlük collapse; depression
çökmek to collapse, to fall in; to fall down, to sink; to kneel down; (darkness) to fall; (health) to break down; to precipitate, to subside; (sorrow) to descend upon one
çökük collapsed; sunken; prostrated
çöküntü wreckage, debris; sinking, collapse; depression
çöküş collapse; decline
çöl desert
çömelmek to squat (down)
çömez disciple
çömlek earthenware pot
çömlekçi potter
çöp garbage, rubbish, litter; small stick, chip; (fruit) stalk *çöp arabası* garbage truck *çöp gibi* very thin, skinny *çöp kebabı* pieces of grilled meat on a stick *çöp tenekesi* garbage can, dustbin, trashcan *çöpe dönmek* to get very thin
çöpçatan matchmaker, go-between
çöpçatanlık matchmaking *çöpçatanlık etmek* to arrange a marriage
çöpçü dustman, *AE.* garbage collector
çöplenmek to get pickings; to pick up scraps for a meal
çöplük dump, rubbish heap
çörek bun
çöreklenmek to coil oneself up
çöreotu black cumin
çörkü abacus
çöven soapwort
çözelti (liquid) solution
çözgü warp
çözmek to unfasten, to untie; to solve; to unravel, to crack
çözücü solvent

çözük untied, loose; unravelled
çözülmek to become unfastened; to be solved; to ravel; to break up; (ice) to thaw
çözüm solution
çözümleme analysis
çözümlemek to analyze
çözümlemeli analytic
çözünme *kim.* dissolving
çözünmek to dissolve
çözünürlük solubility
çözüşmek to dissociate
çubuk rod, stick, bar; shoot, twig; pipe, stripe *çubuk aşısı* grafting *çubuk kraker* pretzel
çuha broadcloth
çuhaçiçeği polyanthus
çukur hole, hollow, pit; dimple; sunk, hollow *çukur kazmak* to dig a hole *çukurunu kazmak* to plot against sb
çul haircloth; horsecloth
çulha weaver
çullanmak to swoop on; to fall upon
çulluk woodcock
çulsuz poor, penniless
çuval sack *çuval gibi* loose, untidy *bir çuval inciri berbat etmek* to upset the applecart
çuvaldız packing needle
çuvallamak *arg.* to fail, to flunk
çük penis, dick
çünkü because, for
çürük rotten, decayed, spoilt; unsound, sandy; untenable, worthless; *ask.* disabled; bruise, black-and-blue spot *çürük çarık* rotten, worn out, useless *çürüğe çıkarmak ask.* to invalid out *çürük çıkmak* to turn out rotten; to prove to be untrue *çürük tahtaya basmak* to fall into a trap
çürüklük rottenness; unsoundness
çürümek to rot, to decay; to be bruised; to be refuted

çürütmek to make decay; to bruise, to contuse; to refute, to explode

D

da, de also, too; and; so
-da, -de at, on, in
dadanmak to frequent, to haunt; to acquire a taste for, to want to have
dadı nurse, nanny
dağ brand, mark
dağ mountain *dağ başı* mountain top, summit; wild and remote place *dağ eteği* lower slopes of a mountain *dağ gibi* mountainous *dağ(lar) kadar* enormous *dağ sırtı* mountain ridge *dağ silsilesi* mountain range *dağdan gelip bağdakini kovmak* to be an upstart who does not like the old times
dağarcık knowledge; repertoire
dağcı mountain climber, mountaineer
dağcılık mountaineering, mountain climbing
dağılım dispersion; distribution
dağılmak to scatter, to disperse; to break up, to disintegrate; to fall to pieces
dağınık scattered, dispersed; untidy
dağınıklık untidiness, disorder
dağıtıcı distributor
dağıtım distribution
dağıtmak to scatter, to disperse; to deliver, to distribute; to disorder, to mess up; to dissolve; to break to pieces
dağkeçisi chamois
dağlamak to brand; to cauterize
dağlıç a kind of fat-tailed sheep
dağlık mountainous
daha more, further; yet, still; plus-

daha çok more **daha iyi** better **Daha iyisi can sağlığı** Nothing could be better **daha kötü** worse **Daha neler!** What next! How absurd! **daha sonra** later, afterwards **Dahası var** That's not all

dahi also, too, even

dâhi genius

dahil including, included; the interior, inside **dahil etmek** to include, to insert **dahil olmak** to be included (in), to be inserted

dahili internal, interior, inner

dahiliye internal diseases

dahiliyeci internist, doctor of internal medicine

daima always

daimi constant, permanent

dair about, concerning

daire circle; department, office; flat, *AE.* apartment; limit, range

dakik punctual, exact; minute, accurate, precise

dakika minute **dakikası dakikasına** punctually, on time

daktilo typewriter **daktilo etmek** to type **daktilo makinesi** typewriter

daktilograf typist

daktilografi typewriting

dal back, shoulder **dalına basmak** to tread on sb's corns, to annoy

dal branch, bough; subdivision, branch **dal budak salmak** to shoot out branches, to spread **daldan dala konmak** to jump from one thing to the other

dalak spleen

dalamak to bite; to sting, to prick

dalaş dogfight, fight

dalaşmak to bite one another; to wrangle

dalavere trick, intrigue, plot **dalavere çevirmek** to intrigue, to plot

dalavereci trickster, intriguer

daldırma dipping, immersion

daldırmak to plunge, to dip; (shoot) to layer

dalga wave; ripple; undulation; *arg.* trick, intrigue; *arg.* gadget, jigger; *arg.* affair, sweetie **dalga dalga** in waves **dalga geçmek** to make fun of, to kid; not to pay attention, to be woolgathering **dalgaya getirmek** to pull the wool over sb's eyes

dalgacı *arg.* daydreamer, woolgatherer; shirker, slacker

dalgakıran breakwater

dalgalandırmak to wave, to agitate

dalgalanmak to wave, to undulate; to fluctuate

dalgalı (sea) rough, wavy; (silk) watered; (metal) corrugated

dalgıç diver **dalgıç oksijen tüpü** aqualung

dalgıçlık diving

dalgın absent-minded, abstracted

dalgınlık abstractedness, absent-mindedness

dalkavuk flatterer, bootlicker, toady

dalkavukluk flattery, toadyism **dalkavukluk etmek** to flatter, to blandish

dallanmak to branch out, to ramify; to become complicated

dallı branched, ramified **dallı budaklı** ramified; complicated

dalmak to dive, to plunge; to drop off, to doze off; to be lost in thought, to be absorbed in

dalyan fishpond, fishgarth **dalyan gibi** well-built, strapping

dam roof; stable; lady partner; (cards) queen **damdan düşer gibi** out of the blue, bluntly

dama draughts, *AE.* checkers **damalı** chequered, checked

damacana demijohn

damak palate

damaksıl palatal

damar blood vessel, vein; bad temper **damarına basmak** to tread on one's corns, to exasperate

damar sertliği arteriosclerosis
damar tıkanıklığı embolism
damarlı veined
damat bridegroom; son-in-law
damga stamp; mark, brand ***damga basmak*** to stamp ***damga pulu*** revenue stamp
damgalamak to stamp; to brand, to stigmatize
damıtık distilled
damıtmak to distil
damızlık animal kept for breeding, stallion; yeast
damla drop, bead; medicine dropper; *hek.* gout ***damla damla*** drop by drop
damlalık *hek.* dropper; dripstone
damlamak to drop, to drip; to turn up, to pop in
damper dumper (truck)
damping dumping
-dan, -den from; out of; than; because of; through, via
dana calf ***dana eti*** veal
dangalak *arg.* blockhead, dumb, boor
danışıklı sham, feigned ***danışıklı dövüş*** sham fight; put-up job
danışma information; inquiry
danışmak to consult, to confer
danışman adviser, counsellor
danışmanlık counseling
Danıştay Council of State
daniska the best, the finest ***daniskası*** the best of
dank etmek (kafasına) to dawn upon
dans dance ***dans etmek*** to dance
dansçı dancer
dansör dancer (man)
dansöz dancer (woman)
dantel lace, lacework
dapdaracık very narrow/tight
dar narrow, tight; scanty, scant; difficulty, straits; narrowly, barely ***dar açı*** acute angle ***dar boğaz*** bottleneck ***dar darına*** nar-

rowly, hardly, barely ***dar gelirli*** of small income ***dar görüşlü*** narrow-minded ***dar kafalı*** old-fashioned ***dara düşmek*** to be in a difficulty ***darda kalmak*** to be short of money; to feel the pinch
dara tare ***darasını almak/düşmek*** to deduct the tare of
daracık quite narrow
darağacı gallows, scaffold
daralmak to narrow, to shrink; to become scanty
daraltmak to narrow; to take in
darbe blow, stroke
darbuka earthenware kettle-drum
darbukacı, darbukatör earthenware kettle-drum player
dargın cross, offended, angry
dargınlık irritability, anger, falling-out
darı millet ***Darısı başınıza!*** May your turn come next!
darılmak to take offence; to get angry, to fall out with ***Darılmaca yok!*** No offence
darıltmak to give offence, to offend
darlık narrowness; shortage, scarcity; need, poverty
darmadağın(ık) in a mess, in a clutter ***darmadağınık etmek*** to clutter up, to mess up
darphane mint
darülaceze poorhouse, alms-house
dava lawsuit, suit, case, action; claim, assertion; thesis, problem, cause ***dava açmak/etmek*** to sue, to bring a suit ***davaya bakmak*** to hear a case ***davanın düşmesi*** discontinuance of action ***davadan vazgeçmek*** to give up a claim
davacı plaintiff, litigant
davalı defendant; contested, in dispute; pretentious
davar sheep, goat(s)
davavekili lawyer, barrister
davet invitation; party, reception

davet etmek to invite
davetiye invitation card
davetkâr inviting
davetli (person) invited, guest
davetsiz uninvited **davetsiz misafir** intruder
davlumbaz chimney hood
davranış behaviour, attitude
davranmak to behave, to act, to treat; to make (for), to reach (for)**Davranma!** Don't stir!
davul drum **davul çalmak** to drum, to beat the drum **davul gibi** bloated
davulcu drummer
dayak beating, hiding, thrashing; support, prop **dayak atmak** to give a thrashing, to beat **dayak yemek** to get a thrashing **dayağı hak etmek** to deserve a whacking
dayalı leaning against; based on **dayalı döşeli** completely furnished
dayamak to lean against, to rest
dayanak support, prop
dayandırmak to base on, to ground on
dayanıklı strong, lasting, enduring; resistant, tough
dayanıklılık endurance, resistance
dayanıksız not lasting, weak, flimsy
dayanılmaz irresistible; unbearable
dayanışma solidarity
dayanmak to lean against; to be based on; to endure, to last; to tolerate, to bear; to rely on, to be backed (by) **dayanacak gücü kalmamak** to be at the end of one's tether
dayatmak to insist on
dayı mother's brother, maternal uncle; protector, backer
dayılık being an uncle; protection, nepotism; *arg.* bullying
dayıoğlu cousin
dazlak bald

dazlaklık baldness
de too, also
debdebe pomp, splendour
debdebeli magnificent, splendid, showy
debelenmek to thrash about, to welter; to struggle desperately
debriyaj clutch **debriyaj pedalı** clutch pedal
dede grandfather
dedektif detective
dedektör detector
dedikodu gossip **dedikodu yapmak** to gossip
dedikoducu gossip, gossiper
defa time, turn **bir defa** once **bir defa daha** once again, once more **bir iki defa** once or twice **birkaç defa** several times **bu defa** this time **çok defa** often **iki defa** twice **üç defa** three times **defalarca** again and again, repeatedly
defetmek to drive away, to repel; to expel, to eject
defile fashion show
defin burial
define treasure
deflasyon deflation
defne laurel, bay-tree **defne yaprağı** bay leaf
defnetmek to bury, to inter
defo flaw
defolmak to go away, to clear out **Defol!** Off with you!, Piss off!
defolu having a flaw, faulty
deforme deformed
defter notebook, copybook; register; (account) book **defterini dürmek** to finish off, to kill **deftere geçirmek** to enter in the book **defteri kapamak** to close a subject, to give up **defteri kebir** ledger **defterden silmek** to finish with sb **defter tutma** bookkeeping **defter tutmak** to keep the books
defterdar head of the financial

department (of a province)
defterdarlık financial office
değdirmek to touch
değer value, worth; price *değer biçmek* to evaluate, to value *değerden düşmek* to lose its value *değeri düşmek* to go down in value *değer vermek* to esteem, to appreciate
değerbilir appreciative
değerbilmez unappreciative
değerlendirmek to put to good use, to turn to account, to utilize; to evaluate, to appraise
değerlenmek to increase in value, to gain value
değerli valuable, precious; worthy, estimable *değerli taş* gem, jewel
değersiz worthless
değgin concerning, about
değil not
değin until, till
değinmek to touch on, to mention
değirmen mill; grinder
değirmenci miller
değirmentaşı millstone
değirmi round
değiş exchange *değiş etmek* to exchange *değiş tokuş* exchange, barter *değiş tokuş etmek* to exchange, to barter
değişik changed, different; various, varied; novel, original *değişik olmak* to vary, to differ
değişiklik change, variation
değişim change
değişke *biy.* variation
değişken changeable, variable
değişme change; exchange
değişmek to change; to vary; to exchange, to barter
değişmez unchangeable
değiştirme change, alternation
değiştirmek to change, to alter, to convert; to exchange
değme contact, touch; every, any
değmek to touch; to reach, to at-

tain; to be worth
değnek stick, rod, cane
deha genius
dehliz entrance-hall, vestibule, corridor
dehşet horror, terror, dread; marvellous *dehşete kapılmak* to be horrified *dehşet saçmak* to spread terror
dehşetli terrible, dreadful
dejenere degenerate *dejenere olmak* to degenerate
dek until, till
dekalitre decalitre
dekametre decametre
dekan dean (of a faculty)
dekanlık dean's office
dekar decare
deklanşör shutter release
dekolte low-cut
dekont statement of account, deduction
dekor scenery; set, setting; decoration
dekorasyon decoration
dekoratif decorative
dekoratör set-designer; internal decorator
dekore decorated *dekore etmek* to decorate
delâlet indication, denotation *delâlet etmek* to indicate, to denote
delegasyon delegation
delege delegate
delgeç punch
delgi drill, gimlet
deli mad, insane, crazy, lunatic, loony; crazy about, fond of; madman, madwoman *deli divane olmak* to be wild about *deli etmek* to drive sb mad *deli gibi* madly; recklessly *deli olmak* to go mad; to be crazy about *Deli olmak işten değil* It drives one crazy *deliye dönmek* to go crazy
delice madly, crazily

delicesine madly

delidolu thoughtless, reckless, rash

deliduman foolhardy, daredevil

delifişek unbalanced, flippant

delik hole, opening, orifice; *arg.* prison, clink; pierced, bored *deliğe tıkmak arg.* to put into jail *delik açmak* to make a hole, to drill, to bore *delik deşik* full of holes *delik deşik etmek* to riddle *delik deşik olmak* to be riddled

delikanlı young man, youth

delikanlılık adolescence, youth

delikli having a hole, perforated

deliksiz without a hole; (sleep) sound

delil proof, evidence *delil göstermek* to adduce proofs

delilik madness; foolishness *delilik etmek* to act foolishly *deliliğe vurmak* to pretend to be mad

delinmek to be pierced, to burst

delirmek to go mad, to flip

delirtmek to drive mad, to craze

delişmen unbalanced, madcap

delmek to pierce, to drill, to bore

delta *coğ.* delta

dem blood *dem gelmek* to have a menstrual hemorrhage

dem moment, time; (tea) being steeped *dem vurmak* to talk about

demagog demagogue

demagoji demagogy

demeç speech, statement *demeç vermek* to make a statement

demek to say; to call; to name; to mean *Deme!* You don't say so! *demeğe gelmek* to come to mean, to add up to *demek istemek* to mean *demeye getirmek* to imply *demeye kalmadan* no sooner than *deyip geçmek* to underrate

demet bunch, bouquet; bundle

demin(cek) a second ago, just now

demir iron; anchor; bar *demir almak* to weigh anchor *demir atmak* to cast anchor *demir gibi* strong, tough *demir leblebi* a hard nut to crack *Demir tavında dövülür* Strike while the iron's hot

Demir Perde the Iron Curtain

demirbaş inventory, furnishings

demirci blacksmith, smith

demirlemek to cast anchor, to anchor

demiryolu railway, railroad

demlemek to steep, to brew

demlenmek to be steeped, to brew; to drink, to booze

demli (tea) well-steeped, strong

demlik tea-pot

demode old-fashioned

demokrasi democracy

demokrat democrat; democratic

demokratik democratic

demokratlaş(tır)mak to democratize

denden ditto mark

denek subject

denektaşı touchstone

deneme test, trial; attempt, try; essay

denemeci essayist

denemek to try, to test; to attempt, to essay

denet control, supervision

denetçi supervisor, controller

denetici controlling device

denetim control, supervision, check; censure

denetimli controlled

denetimsiz uncontrolled

denetleme control, inspection *denetleme kurulu* censor board

denetlemek to control, to inspect, to check

denetleyici controlling, supervisory; controller, inspector

deney experiment

deneyim experience

deneyimli experienced

deneyimsiz inexperienced

deneysel experimental

denge balance, equilibrium

dengelemek to balance

dengeli balanced

dengesiz unbalanced

deniz sea, ocean; maritime, marine, naval, nautical **deniz kazası** shipwreck **deniz kuvvetleri** naval forces **deniz mili** nautical mile **deniz nakliyat şirketi** shipping company **deniz tutmak** to get seasick **deniz tutması** seasickness **deniz üssü** naval base **deniz yolları** maritime lines **deniz yoluyla** by sea **deniz yosunu** seaweed **denizden çıkmış balığa dönmek** to feel like a fish out of water **denize açılmak** to put out to sea **Denize düşen yılana sarılır** A drowning man will clutch at a straw **denize girmek** to go swimming, to have a swim **denize indirmek** to launch

denizaltı submarine

denizanası jellyfish, medusa

denizaşırı overseas

denizatı seahorse

denizaysı sea cow, manatee

denizbilim oceanography

denizci seaman, sailor

denizcilik seamanship; navigation, sailing

denizdibi submarine

denizgergedanı narwhal

denizkestanesi sea urchin

denizkızı mermaid

denk bale; equal, balanced; suitable, match **denk gelmek** to be suitable, to be timely, to suit **denk getirmek** to choose the right time, to act in the right time **denk olmak** to be equal

denklem equation **cebirsel denklem** algebraic equation

denkleştirmek to balance

denli so, so that; tactful

densiz tactless

deodoran deodorant

depar sp. start

deplasman sp. playing away **deplasman maçı** away match, away game

depo depot; warehouse **depo etmek** to store

deprem earthquake

depremyazar seismograph

depresyon depression

depreşmek to recur, to relapse

derbeder untidy, slovenly

dere brook, stream, rivulet **dere tepe düz gitmek** to go up hill and down dale **dereden tepeden konuşmak** to have a small talk **dereyi görmeden paçaları sıvamak** to count one's chickens before they are hatched

derebeyi feudal lord

derebeylik feudalism

derece degree, grade, rank; thermometer **bir dereceye kadar** to a certain degree **derece almak** to place (in a competition) **son derece** utterly, extremely

dereceli graded; graduated

dereotu dill

dergâh dervish convent

dergi magazine, review, periodical

derhal at once, immediately

deri skin; leather; peel **derisini yüzmek** to skin, to flay; to strip, to rob; to torture to dead

derialtı subcutaneous

derici leather dealer

dericilik leather trade

derin deep **derin derin** deeply **derin derin düşünmek** to think deeply **derin dondurucu** deep freeze **derinlere dalmak** to be plunged in thought

derinlemesine in depth, deeply

derinleşmek to become deep

derinlik depth

derişik concentrated

derken while trying to, when intending to; just at that moment

derleme collecting, compiling; collected, selected

derlemek to collect, to compile **derleyip toplamak** to tidy up

derleyici compiler

derli toplu tidy, in order

derman remedy, cure; strength, energy **derman aramak** to seek a remedy **derman olmak** to be a remedy (for)

dermansız incurable; exhausted

derme collection; collected **derme çatma** jerry-built, rambling

dermek to collect, to pick, to gather

dernek association, club, society

ders lesson, lecture, class; warning, example, lesson **ders almak** to take lessons from **ders çalışmak** to study **ders kitabı** textbook **ders vermek** to give a lesson **dersi asmak** to play truant, to cut a class **dersini yapmak** to prepare one's lesson, to do one's homework

dershane classroom; private school offering specialized courses

derslik classroom

dert trouble, worry, sorrow; suffering, pain; nuisance, bother; disease **derde girmek** to get into trouble **derdine düşmek** to be deeply occupied with **derdini dökmek** to pour out one's troubles **dert çekmek** to suffer **Dert değil** It's no trouble **dert dökmek** to unbosom oneself **dert olmak** to become a worry to **dert ortağı** fellow sufferer **dert yanmak** to complain

dertlenmek to be pained, to get worried

dertleşmek to talk about each other's troubles, to have a heart-to-heart talk (with)

dertli pained, sorrowful

dertsiz untroubled, carefree

derviş dervish; humble, tolerant

derya sea, ocean **derya gibi** lots of, abundant

desen design; drawing

desenli figured

desensiz without designs/patterns

desilitre decilitre

desimetre decimetre

desise trick, intrigue

despot despot

destan epic, legend **destan gibi** very long **dillere destan olmak** to become very famous

deste bunch, packet

destek support, prop, shore **destek olmak** to support **destek vurmak** to put a prop to

destekleme support **destekleme alımı** support buying

desteklemek to support

destroyer destroyer

deşik pierced

deşmek (boil) to lance; (subject) to open up, to recall

detay detail

detaylı detailed

deterjan detergent

dev giant; gigantic **dev gibi** huge, enormous

deva cure, remedy

devalüasyon devaluation

devam continuation; attendance **devam etmek** to continue, to go on; to attend **devamı var** to be continued

devamlı continuous, lasting; regular, assiduous

devamsız without continuity; irregular

devamsızlık lack of continuity; irregular attendance, absenteeism

deve camel **deve gibi** huge and awkward **devede kulak** a drop in the bucket **Devenin başı!** Stuff and nonsense!, Incredible!

deveboynu tube with "S" or "U" shape

devedikeni thistle

devekuşu ostrich

deveran circulation

devetabanı *bitk.* philodendron

devetüyü camelhair

devim movement, motion

devimbilim dynamics

devimsel kinetic

devingen dynamic

devinim motion

devinmek to move

devir period, epoch; rotation, turn, tour; transfer

devirli periodic

devirmek to knock down, to turn over; to overthrow, to subvert; to drink down, to toss off; to capsize

devlet state; government *devlet adamı* statesman *devlet bakanı* state minister *devlet başkanı* head of the state, president *devlet hazinesi* state treasury *devlet hizmeti* public service, government service *devlet kuşu* wind-fall, godsend *devlet tahvilleri* state bonds

devletçe on the part of the government

devletlerarası international

devletleştirmek to nationalize

devralmak to take over

devre period, term; circuit; *sp.* half time

devren by cession, by transfer

devretmek to turn over, to transfer; to sublet

devrik folded over; overthrown; *dilb.* inverted

devrim revolution; reform

devrimci revolutionist; revolutionary

devriye patrol *devriye gezmek* to patrol *devriye polisi AE.* patrol-man

devşirmek to gather, to collect; to roll up, to fold

deyim idiom

deyiş style of speech; folk poem, song

dezavantaj disadvantage

dezenfekte disinfected *dezenfekte etmek* to disinfect

dırdır nagging *dırdır etmek* to nag, to grumble

dırıltı grumbling; squabble *dırıltı çıkarmak* to cause a squabble

dış outside, exterior; outer, external; foreign *dış gebelik* ectopic pregnancy *dış hat* external line; international line *dış pazar* foreign market *dış ticaret* foreign trade

dışadönük extroverted

dışalım importation; import(s)

dışalımcı importer

dışarı out; outside, exterior; outdoor; abroad *dışarı gitmek* to go out; to go abroad *dışarı vurmak* to show, to manifest

dışavurumcu expressionist

dışavurumculuk expressionism

dışbükey convex

dışında outside; except, exclusive of, with the exception of

dışişleri foreign affairs *Dışişleri Bakanı* Minister of Foreign Affairs *Dışişleri Bakanlığı* Ministry of Foreign Affairs

dışkı feces, excrement

dışlamak to exclude

dışmerkezli eccentric

dışsatım exportation; export

dışsatımcı exporter

Dicle the Tigris

didaktik didactic; didactics

didiklemek to pull to shreds

didinmek to toil, to slog, to drudge

didişmek to scuffle, to quarrel

diferansiyel differential gear

difteri diphtheria

diftong diphthong

diğer other; different; another

dik perpendicular, vertical; erect, upright; *mat.* right; steep *dik açı* right angle *dik başlı/kafalı* pigheaded, obstinate *dik dik bakmak* to stare (angrily) *dik durmak* to stand upright *dik üçgen* right triangle

dikdörtgen rectangle

dikelmek to become steep; to stand; to be defiant

diken thorn; spine *diken üstünde oturmak* to be on tenterhooks

dikenli thorny, prickly

dikensiz without thorns

dikey vertical, perpendicular

dikilitaş obelisk

dikilmek to be planted; to be erected; to be sewn; to stand; (eyes) to be fixed on

dikim sewing; planting

dikimevi sewing workshop

dikine vertically

dikiş sewing; planting; stitch *dikiş dikmek* to sew *dikiş iğnesi* sewing needle *dikiş makinesi* sewing machine

dikit stalagmite

dikiz peeping, peeking *dikiz aynası* rear view mirror *dikiz etmek* to peep

dikizci *arg.* peeper

dikizlemek to peep, to peek

dikkat attention, care *Dikkat!* Look out!, Watch out! *dikkate almak* to take into consideration *dikkat çekmek* to attract attention *dikkatini çekmek* to call sb's attention (to) *dikkat etmek* to pay attention (to); to be careful

dikkatle carefully

dikkatli careful

dikkatsiz careless

dikkatsizlik carelessness

diklenmek, dikleşmek to become steep; to stand erect; to get

stubborn

dikme sewing; planting; *mat.* perpendicular; seedling

dikmek to sew, to stitch; to plant; to erect; (eyes) to stare; (ears) to prick up; to drink off, to drain

diksiyon diction

diktatör dictator

diktatörlük dictatorship

dikte dictation *dikte etmek* to dictate

dil language; tongue; *coğ.* promontory, spit *dil çıkarmak* to put out the tongue *dil dökmek* to talk sb round/over, to flatter *dil uzatmak* to talk against, to defame *dile gelmek* to start to talk *dile getirmek* to express, to depict *dile kolay* easier said than done, easy to say *dili çözülmek* to start to talk *dili dolaşmak* to splutter, to mumble *Dili kurusun!* Curse his tongue! *dili tutuk* tongue-tied *dili tutulmak* to be tongue-tied *dili varmamak* not to be willing to say *dilinde tüy bitmek* to be tired of repeating *dilinden düşürmemek* to keep on saying, to harp on *dilini tutmak* to hold one's tongue *dilini yutmak* to have lost one's tongue *dilinin altında bir şey olmak* to seem to be hiding sth *dilinin ucunda olmak* to be on the tip of one's tongue *dillerde dolaşmak* to be in the limelight *dillere destan olmak* to be on everybody's tongue *dillere düşmek* to become a subject of gossip

dilbalığı sole

dilbasan *hek.* spatula

dilbaz eloquent, glib, talkative

dilber beautiful, attractive

dilbilgisel grammatical

dilbilgisi grammar

dilbilim linguistics

dilbilimci linguist
dilbilimsel linguistic
dilci linguist
dilcik *bitk.* ligule
dilek wish, desire *dilek dilemek* to make a wish *dilek kipi di'''b.* optative mood *dilekte bulunmak* to make a wish
dilekçe petition *dilekçe vermek* to make a petition, to petition
dilemek to wish (for), to desire; to ask (for), to beg
dilenci beggar
dilencilik mendicancy, begging
dilenmek to beg
dilim slice *dilim dilim* in slices
dilimlemek to slice
dillenmek to begin to talk; to find one's tongue
dilli talkative, glib
dilmek to slice
dilsel linguistic
dilsiz dumb
dimağ brain
dimdik bolt upright, erect *dimdik ayakta durmak* not to collapse
din religion *dinden imandan çıkarmak* to be enough to make a saint swear *dini bütün* pious, religious *Dini imanı para* All he/she thinks of is money
dinamik dynamic; dynamics
dinamit dynamite
dinamizm dynamism
dinamo dynamo
dinar dinar
dinç robust, vigorous
dinçleşmek to become robust
dinçlik robustness
dindar religious, pious, faithful
dindarlık devotion, piety
dindirmek to stop; to slake, to satisfy
dingil axle
dingildemek to rattle, to wobble
dingin calm, tranquil
dini religious

dinlemek to listen (to); to obey, to follow; *hek.* to auscultate
dinlence holiday, vacation
dinlendirici relaxing
dinlendirmek (to allow) to rest
dinlenmek to be listened (to); to rest, to relax
dinleti concert
dinleyici listener
dinleyiciler the audience
dinmek to stop, to cease, to calm down
dinozor dinosaur
dinsel religious
dinsiz irreligious, godless; atheist, pagan
dinsizlik irreligion, atheism
dip bottom *dibine darı ekmek* to use up
dipçik butt (of a rifle)
dipfriz deep freeze, freezer
diploma diploma, degree
diplomasi diplomacy
diplomat diplomat
diplomatik diplomatic
dipnot footnote
dirayet ability; intelligence
direk pole, post
direksiyon steering-wheel
direkt direct; directly
direktif directive, instructions
direktör director
direnç resistance
direniş resistance, opposition
direnmek to insist (on); to hold out, to resist
diretmek to put one's foot down, to insist
direy fauna
dirhem drachma
diri alive, living; fresh; energetic, lively
dirilmek to be resuscitated/revived
diriltmek to resuscitate, to bring to life
dirim life
dirimbilim biology

dirlik peace; affluence **dirlik düzenlik** peace and harmony

dirsek elbow **dirsek çevirmek** to turn one's back on, to drop **dirsek çürütmek** to study long and hard

disiplin discipline

disiplinli disciplined

disiplinsiz undisciplined

disk discus **disk atma** throwing the discus

diskalifiye disqualified **diskalifiye olmak** to be disqualified

disket disk, diskette

disko(tek) disco(theque)

dispanser dispensary

distribütör distributor

diş tooth; clove; cog; thread **diş ağrısı** toothache **diş bilemek** to nurse a grudge **diş çekmek** to pull out a tooth **diş çıkarmak** to cut one's tooth **diş fırçası** toothbrush **diş geçirmek** to be able to influence **diş gıcırdatmak** to gnash one's teeth **diş göstermek** to show one's teeth **diş hekimi** dentist **diş hekimliği** dentistry **diş macunu** toothpaste **dişini sıkmak** to set one's teeth, to endure **dişinden tırnağından artırmak** to pinch and save **dişini tırnağına takmak** to work tooth and nail

dişbudak ash tree

dişçi dentist

dişçilik dentistry

dişeti gum

dişi female, she

dişil dilb. feminine

dişlek bucktoothed, toothy

dişlemek to bite, to nibble

dişli toothed, serrated, notched, jogged; influential, formidable; cogwheel, gear

dişözü dental pulp

ditmek to card, to tease

divan sofa, couch; council of state

divane crazy, insane

divanıharp court martial, military court

diyabet diabetes

diyafram diaphragm

diyalekt dialect

diyalektik dialectic; dialectics

diyaliz dialysis **diyaliz cihazı** dialyzer

diyalog dialogue

diyanet piety; religion

diyapazon diapason, tuning fork

diyar country, land

diyare hek. diarrhea

diye so that; in case; because; thinking that, by mistake; called, named

diyecek something say **diyeceği olmamak** to have no objection; to have nothing to say

diyet diet

diyez müz. flat, diesis

diz knee **diz çökmek** to kneel (down) **dizini dövmek** to repent bitterly **dize gelmek** to give up, to surrender **dize getirmek** to bring sb to his knees, to bring to heel **dizlerine kapanmak** to fall at sb's feet **dizlerinin bağı çözülmek** to give way at the knees

dizanteri dysentery

dizayn design

dizbağı garter

dize yaz. line

dizel diesel

dizge system

dizgeli systematic

dizgi composition, typesetting

dizgici typesetter, compositor

dizgin rein, bridle **dizginleri ele almak** to take control

dizginlemek to bridle; to restrain, to curb

dizginsiz uncontrolled, unbridled

dizi line, row; series; string; serial; mat. progression

dizici typesetter, compositor
dizin index
dizkapağı kneecap
dizlik knee pad
dizmek to arrange in a row, to line up, to array; to string; to set up, to compose
do *müz.* do
dobra blunt, frank *dobra dobra* bluntly, frankly
doçent assistant professor, lecturer
dogma dogma
dogmatik dogmatic
doğa nature *doğa bilgisi* natural history *doğa bilimleri* natural sciences
doğal natural *doğal gaz* natural gas *doğal kaynaklar* natural resources *doğal olarak* naturally
doğan falcon
doğmak to be born; (sun) to rise; to happen, to arise, to spring
doğrama woodwork, joinery
doğramacı carpenter, joiner
doğramak to chop to bits
doğru straight; true, right; honest; truth; *mat.* line *doğru bulmak* to approve *doğru çıkmak* to come true *doğrudan doğruya* directly *doğru durmak* to behave oneself, to sit still *doğru dürüst* proper; properly *doğru söylemek* to speak the truth
doğruca, doğrudan directly
doğrucu truthful
doğrulamak to confirm, to verify
doğrulmak to become straight, to straighten out; to direct oneself to, to head (for)
doğrultmak to straighten; to correct; to point (at), to aim
doğrultu direction
doğruluk straightness; rightness; honesty; truth
doğrusu the truth of the matter; to speak honestly *doğrusunu isterseniz* to tell the truth *daha*

doğrusu to be more exact
doğu east; eastern
doğum birth *doğum günü* birthday *doğum kontrolü* birth control *doğum sancısı* labour pain
doğumevi maternity hospital
doğurgan prolific
doğurmak to give birth to, to bear; to bring about, to produce
doğuştan by birth; inborn
doksan ninety
doksanıncı ninetieth
doksanlık nonagenarian
doktor doctor, physician
doktora doctorate; doctoral examination
doktorluk medical profession
doktrin doctrine
doku tissue; texture
dokuma weaving; woven
dokumacı weaver
dokumacılık textile industry
dokumak to weave
dokunaklı touching, pathetic
dokunmak to be woven; to touch; to upset, to harm; to concern
dokunulmazlık immunity
dokuz nine *dokuz doğurmak* to be on pins and needles
dokuzuncu ninth
doküman document
dolamak to twist, to wind
dolambaç curve, bend; labyrinth
dolambaçlı sinuous, winding; complicated
dolandırıcı swindler, crook, cheat
dolandırmak to swindle, to cheat, to nick
dolanmak to be wrapped (around); to go round, to circulate; to rove, to hang about, to stroll
dolap cupboard, wardrobe; plot, trick *dolap çevirmek* to pull a trick, to plot
dolaşık sinuous, roundabout; tangled, confused
dolaşım circulation

dolaşmak to walk about, to stroll; to get tangled; (rumour) to go around; to circulate

dolay surroundings, environment

dolayı because of, owing to

dolayısıyla consequently; on account of, because of

dolaylı indirect; indirectly

dolaysız direct; directly

doldurmak to fill; to load; (battery) to charge

dolgu filling *dolgu yaptırmak* to have a tooth filled

dolgun plump, buxom; full, filled; (wages) high

dolma stuffed vegetables; stuffed

dolmak to become full; to be packed; (period) to expire

dolmakalem fountain-pen

dolmuş shared-taxi, shared cab, dolmush

dolu full; loaded; charged

dolu hail *dolu yağmak* to hail

dolunay full moon

domalmak to squat down in a humped position

domates tomato

domino dominoes

domuz pig, swine *domuz gibi* sturdy; obstinate

don frost; underpants

donakalmak to be petrified with, to freeze

donanım *den.* rigging

donanma fleet, navy; illumination

donanmak to be equipped; to dress up

donatım equipment

donatmak to deck out, to ornament; to equip; to illuminate

dondurma ice-cream

dondurmak to freeze

donmak to freeze; (cement) to set, to harden; to curdle

donuk frozen; dull

doping doping *doping yapmak* to dope

doru bay

doruk summit, peak

dosdoğru straight (ahead)

dost friend; lover, mistress, steady *dost edinmek* to make (one's) friends *dost olmak* to become friends

dostça friendly; in a friendly way

dostluk friendship

dosya file, dossier

dosyalamak to file

doygun satiated

doymak to be full up, to be satiated

doyum satisfaction, satiety *doyum olmamak* not to have enough of, not to get tired of

doyurmak to fill up, to satisfy, to satiate; to saturate

doyurucu satisfying

doz dose

dozaj dosage

dökme poured; (metal) cast

dökmek to pour, to empty, to spill; to cast; to shed

dökülmek to be poured, to be spilled; to fall into ruin, to moulder; (hair, teeth) to fall out, to lose; to spill over

döküm casting; enumeration; fall

dökümcü founder

dökümevi foundry

döküntü remains, remnants, remainder; debris; rubbish, trash

döl seed, germ, sperm; young, offspring; race, stock

döllemek to inseminate, to fertilize

dölüt foetus

dölyatağı womb, uterus

dölyolu vagina

döndürmek to turn round, to spin, to rotate

dönek fickle, untrustworthy

dönem period; term

dönemeç bend, curve

dönence tropic

döner turning, revolving *döner kapı* revolving door *döner kebap*

meat roasted on a revolving spit
döner sermaye circulating capital

döngel medlar

dönmek to turn, to revolve, to rotate; to return; to swim, to whirl; to break one's promise; to be converted, to apostatize

dönüm a land measure of about 920 m2; turning **dönüm noktası** turning point

dönüşlü *dilb.* reflexive

dönüşmek to be transformed into, to change

dönüştürmek to transform, to change

dönüşüm transformation

döpiyes two-piece

dördül square

dördüncü fourth

dört four *dört ayak üstüne düşmek* to fall on all fours, to land on one's feet *dört dönmek* to search everywhere *dört elle sarılmak* to stick hard and soul, to work wholeheartedly *dört gözle beklemek* to look forward to *dört köşeli* fourcornered, foursided

dörtgen quadrangle

dörtlü (cards) four; quartet

dörtlük *yaz.* quatrain; *müz.* quarter note

dörtnal gallop *dörtnala gitmek* to go at a gallop

dörtyol crossroads

döş breast, bosom

döşek mattress, bed

döşeli furnished

döşem installation

döşeme floor; upholstery; furniture

döşemeci upholsterer

döşemek to furnish; to lay down, to spread; to pave, to floor

döviz foreign exchange, foreign currency; motto, slogan

dövme beating; tattoo; forging

dövmek to beat, to thrash; to

hammer, to forge; to bombard

dövünmek to beat one's breast, to lament

dövüş fight

dövüşçü fighter

dövüşken combative, bellicose

dövüşmek to fight; to box

drahmi drachma

draje sugar-coated pill; dragée

dram drama; tragedy

dramatik dramatic; tragic

dramatize etmek to dramatize

drenaj drainage

dua prayer *dua etmek* to pray

duba pontoon, barge

dublaj dubbing *dublaj yapmak* to dub

duble double

dubleks duplex

dublör stunt-man

dudak lip *dudak boyası* lipstick *dudak bükmek* to curl one's lip *dudak ısırmak* to bite one's lip

duhuliye entrance fee

duka duke

dul widow; widower; widowed

duman smoke; mist, fog

dumanlanmak to get smoky

dumanlı smoky; misty, foggy

dumansız smokeless

durağan stable, fixed

durak stop; break, pause; station

duraklama pause; hesitation

duraklamak to stop, to pause; to hesitate

duraksamak to hesitate

durdurmak to stop

durgun calm, quiet; stationary, stagnant

durgunlaşmak to get calm

durgunluk calmness; stagnation

durmak to stop, to cease; to remain, to stay; to stand; to wait

duru clear, limpid

durulamak to rinse

durulmak to become clear; to calm down

durum condition, situation, state; position; *dilb.* case

duruş position, pose, posture

duruşma trial, hearing

duş shower *duş yapmak/almak* to have a shower

dut mulberry *dut yemiş bülbüle dönmek* to be tongue-tied

duvak bridal veil

duvar wall *duvar ilanı* poster *duvar kâğıdı* wallpaper *duvar saati* clock

duvarcı bricklayer, mason

duy socket

duyarga antenna

duyarlı sensible, sensitive

duyarlık sensibility, sensitivity

duyarsız insensitive

duygu feeling; sensation, sense

duygulandırmak to affect, to move

duygulanmak to be affected, to be moved

duygulu sensitive, emotional

duygusal emotional, sentimental

duygusuz insensitive, hardhearted, unfeeling

duymak to hear; to feel, to sense *duymazlıktan gelmek* to pretend not to have heard

duyu sense

duyum sensation

duyurmak to announce

duyuru announcement

düdük whistle, pipe

düello duel

düet *müz.* duet

düğme button; switch

düğmelemek to button up

düğüm knot; difficulty, rub *düğüm açmak* to untie a knot *düğüm atmak* to tie a knot *düğüm olmak* to get knotted

düğümlemek to knot

düğümlenmek to become knotted

düğün wedding (feast) *düğün alayı* wedding procession *düğün etmek* to rejoice, to exult *düğün*

yapmak to hold a wedding

düğünçiçeği buttercup

dük duke

dükkân shop *dükkân açmak* to set up business, to open a shop

dükkâncı shopkeeper

dülger carpenter; builder

dülgerlik carpentry

dümbelek small drum

dümdüz perfectly smooth; straight ahead

dümen rudder, helm; *arg.* trick *dümen kırmak* to change course, to veer, to swerve *dümen çevirmek* to play tricks, to trick *dümen kullanmak* to steer

dümenci helmsman, steersman

dün yesterday *dün akşam* yesterday evening *dün değil evvelsi gün* the day before yesterday *dün gece* last night *dünden hazır/razı* very eager *dünkü* of yesterday, yesterday's

dünür the father-in-law or mother-in-law of one's child

dünya world, earth; everybody *dünya âlem* all the world, everybody *dünya durdukça* for ever and ever *dünya evine girmek* to get married *dünya gözü ile görmek* to see (sb/sth) before one dies *dünya kadar* a world of, lots of *Dünya varmış!* How wonderful! What a relief! *Dünya yıkılsa umurunda değil!* He doesn't give a damn *dünya zindan olmak* to be in great distress, to lead a dog's life *dünyadan elini eteğini çekmek* to give up all worldly things *dünyadan haberi olmamak* to be unaware of what is going on around one *dünyanın kaç bucak olduğunu göstermek* to teach sb a lesson *dünyanın parası* a lot of money *dünyaya gelmek* to be born *dünyaya getirmek* to bring into the world, to bear **dünyaya gözlerini kapamak** to pass away **dünyayı tozpembe görmek** to see things through rosecoloured glasses **dünyayı zindan etmek** to lead sb a dog's life

dünyevi worldly

düpedüz openly, sheer

dürbün binoculars, field glasses

dürmek to roll up

dürtmek to prod, to goad; to stimulate, to incite

dürtü drive, motive

dürtüklemek to nudge

dürüm roll, fold

dürüst honest, upright, straight

dürüstlük honesty, uprightness

düstur principle, rule

düş dream **düş görmek** to have a dream **düş kırıklığı** disappointment **düş kurmak** to daydream

düşes duchess

düşeş bargain, windfall; double six

düşey vertical

düşkün down-and-out, poor; fond of, addicted to, devoted to; devotee, addict, buff, bug

düşman enemy, foe

düşmanlık hostility, enmity

düşmek to fall; to drop; (child) to be born dead; to subtract, to deduct; to fall on hard times; to end up, to wind up, to land up

düşük fallen; drooping; (price) low; (sentence) misconstructed; *hek.* miscarriage, abortion

düşün thought

düşünce thought, idea; anxiety, worry **düşünceye dalmak** to be lost in thought

düşünceli thoughtful; considerate

düşüncesiz thoughtless, inconsiderate

düşüncesizlik thoughtlessness, inconsiderateness

düşündürmek to make (sb) think, to worry

düşünmek to think, to think of, to think about **düşünüp taşınmak** to think over

düşünür thinker

düşürmek to let fall to drop; to reduce; (government) to overthrow; (child) to miscarry, to abort

düşüş fall, falling

düz smooth, even, flat; straight

düzelmek to improve, to get better; to be put in order; to be straightened

düzeltme proofreading

düzeltmek to correct, to improve; to put in order, to straighten

düzeltmen proofreader

düzen order, regularity; regime; *müz.* tuning; trick, ruse **düzene koymak/sokmak** to put in order

düzenbaz, düzenci trickster, cheat; tricky

düzenleme arrangement

düzenlemek to arrange, to organize; to put in order

düzenli tidy, in order; systematic; regular

düzensiz untidy, out of order; unsystematic, irregular

düzensizlik disorder

düzey level

düzgün smooth, level; correct; tidy, in order

düzine dozen

düzlem *mat.* plane

düzlemek to smooth, to level

düzlük smoothness, levelness; straightness; level place, plain

düzme(ce) made up, false, forged, sham

düzmek to arrange, to compose; to make up, to invent

düztaban flat-footed; ill-omened, Jonah

düztabanlık flat-footedness

düzyazı prose

E

ebat dimensions
ebe midwife; (game) it
ebe(m)kuşağı rainbow
ebedi eternal
ebediyen eternally, forever
ebediyet eternity
ebegümeci mallow
ebelik midwifery
ebeveyn parents
ebleh stupid, idiot
ebonit ebonite
ebru marbling, watering
ecdat ancestors
ece queen
ecel time of death, death *ecel teri dökmek* to be in mortal fear *eceli gelmek* (the term of one's life) to expire *eceline susamak* to run into the jaws of death, to be daredevil *eceliyle ölmek* to die a natural death
ecnebi foreign; foreigner
ecza drugs, chemicals
eczacı chemist, druggist
eczane chemist's (shop), drugstore
eda manner, air, tone
edalı charming, gracious
edat *dilb.* preposition
edebi literary
edebiyat literature
edebiyatçı man of letters
edep breeding, manners, politeness, modesty
edepli well-behaved, polite
edepsiz ill-mannered, rude
edepsizlik bad manners, rudeness *edepsizlik etmek* to misbehave
eder price, cost
edilgen passive *edilgen çatı dilb.* passive voice
edinmek to acquire, to obtain, to get
edip man of letters

editör editor, publisher
efe swashbuckler
efekt (theatrical) effect(s)
efektif ready money, cash
efendi gentleman; master, Mr; gentlemanly, polite
efkâr thoughts; worry, anxiety *efkâr basmak* to have the blues *efkâr dağıtmak* to drown one's sorrows
efkârlanmak to become worried
efkârlı worried, anxious
eflatun lilac-coloured, lilac
efsane myth, legend
efsaneleşmek to become legendary
efsanevi legendary, mythical
efsun spell, charm
Ege Aegean *Ege Denizi* the Aegean Sea
egemen sovereign, dominant
egemenlik sovereignty, domination
egoist egoist
egoizm egoism
egzama eczema
egzersiz exercise
egzotik exotic
egzoz exhaust
eğe file
eğelemek to file
eğer if
eğik oblique; bent, inclined
eğilim tendency; inclination
eğilmek to bend; to incline; to lean
eğim slope, declivity
eğirmek to spin
eğitbilim pedagogy
eğitici pedagogue; instructive
eğitim education, training
eğitimci educator, pedagogue
eğitimli educated
eğitimsiz untrained; uneducated
eğitmek to educate, to train
eğitsel educational
eğlemek to delay, to stop
eğlence amusement, entertainment
eğlenceli amusing, entertaining

eğlencelik tidbits, appetizers
eğlendirmek to amuse, to entertain
eğlenmek to have a good time, to enjoy oneself; to make fun of; to delay, to dawdle
eğlenti party, feast, jollity
eğmek to bend, to bow
eğreltiotu fern, bracken
eğreti borrowed; temporary; artificial, false *eğreti almak* to borrow *eğreti vermek* to lend
eğri crooked, bent; awry *eğri büğrü* contorted, twisted
eğrilik crookedness
eğrilmek to become bent
eğriltmek to bend, to twist
eh well, all right, well enough
ehemmiyet importance
ehil efficient, capable
ehli tame, domestic
ehlileştirmek to tame, to domesticate
ehliyet efficiency, capacity; driving licence
ehliyetli capable, qualified
ehliyetsiz incapable, unqualified
ehram pyramid
ejderha dragon
ek addition; appendix; joint, patch; *dilb.* affix; additional, supplementary
ekâbir great persons, bigwigs
ekili sown, planted
ekim sowing, planting; October
ekin crop; culture *ekin biçmek* to harvest, to reap
ekinsel cultural
ekip team, group
eklem joint, articulation
eklemek to add; to join together
eklenmek to be added; to be joined
eklenti addition
ekmek bread; food; living, job *ekmek kapısı* a place where one earns his livelihood *ekmek elden su gölden* living on others *ekmek parası* modest livelihood,

living *ekmeğine yağ sürmek* to play into sb's hands *ekmeğini çıkarmak* to make a living *ekmeğini eline almak* to have a job *ekmeğini taştan çıkarmak* to make a living under difficult conditions *ekmeğiyle oynamak* to threaten (one's) job
ekmek to sow, to plant; to spread, to sprinkle; *arg.* to give sb the slip, to drop, to ditch
ekoloji ecology
ekonomi economy; economics
ekonomik economic; economical
ekose checkered, plaided
ekran screen
ekselans Excellency
eksen axis; axle
ekseriya usually
ekseriyet majority
eksi minus; negative
eksik lacking, missing, absent; defective, incomplete; less (than); deficiency, lack, defect *eksik çıkmak* to be lacking *eksik doldurmak* to fill the gap *eksik etmemek* to have always in stock *eksik gedik* small necessities *Eksik olma!* Thank you! *eksik olmamak* always to turn up
eksiklik lack, absence, deficiency
eksiksiz complete, perfect; completely, perfectly
eksilmek to decrease, to lessen
eksiltme reduction; putting up to tender
eksiltmek to reduce, to decrease
ekskavatör excavator
ekspres express (train)
ekstra extra
ekşi sour, acid *ekşi yüzlü/suratlı* sour-faced
ekşilik sourness, acidity
ekşimek to sour; to ferment; (stomach) to be upset
ekşimsi sourish
ekşitmek to make sour

ekvator equator

el hand; forefoot; handle; discharge, shot; times; possession; (cards) deal *el altında* handy, on hand, ready *el altından* underhandedly, secretly *el arabası* wheelbarrow *el atmak* to lay hands upon, to seize; to attempt *el ayak çekilmek* to be deserted and quiet *el bebek gül bebek* spoiled, coy *el bezi* hand towel *el bombası* hand grenade *el çekmek* to give up, to relinquish *el değiştirmek* to change hands *el ele* hand in hand *el ele tutuşmak* to take each other by the hand *el ele vermek* to cooperate *el etmek* to wave (to sb) *el feneri* flashlight *el freni* hand brake *el ilanı* handbill *el işi* handwork; handmade *el kaldırmak* to raise one's hand to (sb) *el kapısı* another's house *el koymak* to seize, to confiscate *el öpmek* to kiss sb's hand (in respect) *el sürmemek* not to touch; not to begin *el şakası* practical joke played on sb using the hand *el üstünde tutmak* to treat with honour, to cherish *el yazısı* handwriting *elde etmek* to get, to obtain *elden çıkarmak* to sell off, to dispose of *elden düşme* secondhand *elden ele* from hand to hand *elden geçirmek* to overhaul, to go over *ele alınır* in good condition *ele almak* to take up, to deal with *ele avuca sığmaz* out of hand, mischievous *ele geçmek* to be caught *ele vermek* to inform, to betray *eli açık* generous *eli ağır* slow-working *eli alışmak* to become skilful; to get used to *eli ayağı buz kesilmek* to be very cold *eli ayağı düzgün* lacking in bodily defects *eli boş dönmek* to return empty-handed *eli ekmek tutmak* to earn one's bread *eli kulağında* about to happen, impending *eli sıkı* close-fisted, stingy *eli uzun* thievish *eli yüzü düzgün* presentable *eline geçmek* to earn; to find; to catch *elinde kalmak* to remain unsold *elinde olmak* to be in one's power *elinde tutmak* to monopolize; not to sell *elinden bir şey gelmemek* not to be in a position to do sth *elinden geleni yapmak* to do one's best *elinden gelmek* to be able to *elinden kaçırmak* to slip through one's fingers *elinden kurtulmak* to manage to escape from (sb) *elinden tutmak* to help *eline bakmak* to depend on (for a living); to need sb; to meet, to come across *elini ayağını kesmek* to stop going (to) *elini eteğini çekmek* to withdraw *elini çabuk tutmak* to hurry up *elini sıcak sudan soğuk suya sokmamak* not to do any housework, to lead a comfortable life *eliyle koymuş gibi bulmak* to find very easily *Eller yukarı!* Hands up!

el stranger; people; country *ele güne karşı* in the eyes of everybody *el oğlu* stranger, outsider

elâ (eyes) hazel

elâlem all the world, everybody

elastiki elastic, flexible

elastikiyet elasticity

elbet, elbette of course, certainly

elbirliği cooperation

elbise clothes, garments, dress

elçi ambassador; envoy

elçilik embassy

eldiven glove

elebaşı ringleader, chief

elek sieve

elektrik electricity *elektrik akımı* electric current *elektrik düğmesi*

switch
elektrikçi electrician; electrician's
elektrikli electric; (wire) live
elektrokardiyografi electrocardiography
elektrolit electrolyte
elektroliz electrolysis
elektromanyetik electromagnetic
elektron electron
elektronik electronic; electronics
elem pain, sorrow
eleman staff member, worker; element
eleme elimination; selected, sifted *eleme sınavı* preliminary examination
elemek to sieve; to eliminate, to select
element element
eleştiri criticism
eleştirici, eleştirmen critic
eleştirmek to criticize
elhamdülillah thank God, thank Allah
elim painful, sorrowful
elişi handwork; hand-made
elkitabı handbook, manual
ellemek to touch with the hand, to handle
elli fifty
ellinci fiftieth
elma apple
elmas diamond
elti sister-in-law
elveda farewell, goodbye
elverişli convenient, suitable
elverişsiz inconvenient, unsuitable
elvermek to be convenient; to suffice, to be enough
elyaf fibres
elzem indispensable
emanet trust, deposit; left luggage office, cloakroom *emanet etmek* to commend, to entrust *emanete vermek* to check
emanetçi depository
emaneten on deposit

emare sign, indication
emaye enamel; enamelled
embriyon *anat.* embryo
emek labour, work; pains, effort *emek vermek* to take pains with, to labour *emeği geçmek* to contribute efforts
emekçi proletarian, labourer
emeklemek to creep, to crawl
emekli retired; pensioner *emekli aylığı* pension, retirement pay *emekli olmak* to retire
emeklilik retirement
emeksiz effortless, easy
emektar old and faithful
emel ambition, desire, wish, ideal, goal
emici absorbent
emin confident, sure; safe, secure; trustworthy *emin olmak* to be sure; to make certain
emir emeer
emir order, command *emir almak* to receive orders *emir eri ask.* orderly *emir subayı ask.* adjutant *emir vermek* to order, to command *emre amade* at one's service, ready *emre yazılı senet* promissory note
emirlik emirate
emisyon emission **emisyon hacmi** banknotes/currency issued
emlak real estate, property *emlak komisyoncusu* estate agent *emlak vergisi* property tax
emmek to suck; to absorb, to take in
emniyet safety, security; the police *emniyet altına almak* to make safe, to secure *emniyet amiri* chief of police *emniyet etmek* to trust; to entrust *emniyet kemeri* safety belt *emniyet somunu* lock nut *emniyet supabı* safety valve *emniyet tedbiri* security measure
emniyetli safe, secure

emniyetsiz unsafe, insecure
emperyalist imperialist; imperialistic
emperyalizm imperialism
empresyonist impressionist
empresyonizm impressionism
emprime printed cloth
emretmek to order, to command
emrivaki accomplished fact, fait accompli
emsal similars, equals; peer, compeer
emsalsiz peerless, matchless
emtia goods, merchandise
emzik nipple; (baby's) feeding bottle
emzirmek to breast-feed, to suckle
en most *en aşağı* at least *en az* minimum, least; at least *en başından* from the very beginning *en önce* first of all *en sonra* last of all
en width, breadth
enayi fool, gull, suckle, goof
enayilik foolishness
encik pub, cub
encümen council, committee
endam shape, figure, stature
endamlı well-proportioned, shapely
endeks index
ender rare; rarely
endirekt indirect
endişe anxiety, worry, care *endişe etmek* to be anxious
endişeli anxious, thoughtful
endişesiz unworried, carefree
Endonezya Indonesia
Endonezyalı Indonesian
endüstri industry
endüstrileşmek to be industrialized
endüstriyel industrial
enerji energy
enerjik energetic
enfarktüs infarction
enfeksiyon infection
enfes delicious, excellent

enfiye snuff
enflasyon inflation
enfraruj infrared
engebe rough ground, unevenness
engebeli uneven, rough, broken
engel obstacle, hindrance, barrier *engel olmak* to prevent, to stop, to obstruct *engelli koşu* hurdle race
engellemek to impede, to hinder, to obstruct
engerek adder, viper
engin vast, wide, boundless
enginar artichoke
enik puppy, cup
enikonu thoroughly, fully
eninde sonunda in the end
enine crosswise, breadthways *enine boyuna* in length and breadth; fully, completely
enişte sister's or aunt's husband
enjeksiyon injection
enkaz ruins; wreckage
enlem latitude
enli wide, broad
ense back of the neck, nape
enselemek *arg.* to nab, to nick
ensiz narrow
enstantane snapshot
enstitü institute
enstrüman instrument
ensülin insulin
entari loose robe, dress
entrika intrigue *entrika çevirmek* to intrigue, to plot
envanter inventory
epey, epeyce pretty, fairly
epidemi epidemic
epik epic
e-posta e-mail
er man, male; private (soldier); manly man
erat *ask.* privates, recruits
erbap expert, master
erbaş non-com
erdem virtue
erdemli virtuous

erek aim, goal

ergen adolescent; unmarried

ergenlik adolescence; youthful acne

ergime melting, fusion

ergimek to melt, to fuse

ergin ripe, mature; adult, major

erginleşmek to mature, to ripen

erginlik maturity; *huk.* majority

erguvan judas-tree

erguvani purple

erik plum

eril masculine

erim reach, range

erimek to melt, to fuse, to dissolve, to thaw

erinç peace, rest

erişim access

erişmek to arrive, to reach; to mature, to ripen

erişte vermicelli

eritmek to melt, to dissolve

eriyik solution

erk power

erkân high officials, great men

erke energy

erkek man, male; manly, virile, honest *erkek gibi* mannish

erkekçe manly; manfully

erkeklik masculinity; manliness, courage; male sexual potency, virility

erken early

erkenci early riser

ermek to reach, to attain; to ripen, to mature

ermiş saint

eroin heroin

erotik erotic

erotizm erotism

erozyon erosion

ertelemek to postpone, to delay, to put off

ertesi next, following *ertesi gün* the next/following day

erzak provisions

es *müz.* rest *es geçmek* to pass over, to skip

esans perfume

esaret slavery

esas foundation, basis, base; fundamental, essential, basic

esasen fundamentally, essentially

esaslı based, founded; principal, basic, main; true, solid

esassız baseless, unfounded

esef regret

esefle regretfully

esen healthy, sound

esenlik health, soundness

eser work (of art); sign, mark, trace

esin inspiration

esinlemek to inspire

esinlenmek to be inspired

esinti breeze

esir slave; prisoner of war, captive *esir düşmek* to be taken prisoner *esir ticareti* slave trade

esirgemek to spare, to protect; to grudge

esirlik slavery, captivity

eski old; ancient; secondhand; old-fashioned; former, ex *Eski çamlar bardak oldu* A lot of water has flowed under the bridge *eski eserler* antiques, antiquities *eskisi gibi* the way it used to be, as before *eski kafalı* (person) old-fashioned *eski püskü* shabby, tattered *eski zaman* antiquity; old days

eskici ragman, ragpicker; cobbler

eskiçağ prehistoric period

eskiden in the past, formerly *eskiden kalma* handed down, passed down

eskilik oldness; seniority

eskimek to wear out, to become old; to get old in the service

Eskimo Eskimo

eskiz sketch

eskrim fencing

eskrimci fencer

esmek (wind) to blow; to come to

one's mind

esmer dark, brown, brunette

esmerleşmek to get brown, to tan

esmerlik darkness, brownness

esna moment, instant

esnaf tradesman, artisan

esnasında during, while

esnek elastic, flexible

esneklik elasticity

esnemek to yawn; to stretch, to bend

espri wit, joke, crack, quip *espri yapmak* to make a wisecrack; to crack a joke

esrar hashish

esrar mystery

esrarengiz mysterious

esrarkeş hashish addict

estağfurullah Don't mention it, Not at all

estetik aesthetic; aesthetics *estetik cerrahi* plastic surgery

estetikçi aesthetician

eş match, counterpart; partner; mate; spouse, consort *eş dost* friends and acquaintances

eşanlamlı synonymous

eşantiyon sample, model

eşarp scarf

eşcinsel homosexual

eşdeğer equivalence

eşdeğerli equivalent

eşek donkey, ass; stupid, ass *eşekten düşmüş karpuza dönmek* to be shocked *Eşek hoşaftan ne anlar* It's like casting pearls before swine *eşek sudan gelinceye kadar dövmek* to give sb a good thrashing *eşek şakası* coarse practical joke

eşekarısı wasp, hornet

eşeklik assinity, stupidity

eşelemek to scratch, to paw

eşey sex

eşeysel sexual

eşgüdüm coordination

eşik threshold

eşinmek to scratch the soil

eşit equal

eşitlik equality

eşkâl forms, figures

eşkenar equilateral

eşkıya bandit, brigand

eşkin canter; cantering

eşlemek to pair, to match; (film) to synchronize

eşlik accompaniment *eşlik etmek* to accompany, to escort

eşmek to dig up, to scratch

eşofman tracksuit

eşraf notables

eşsesli homophone

eşsiz matchless, peerless

eşya things, objects; furniture; luggage, belongings

eşzamanlı synchronic

et meat; flesh; pulp *et suyu* broth *etine dolgun* plump

etajer whatnot

etap stage, lap

etçil carnivorous

etek skirt; bottom; fool *etekleri tutuşmak* to be exceedingly alarmed *etekleri zil çalmak* to walk on air

eteklik skirt

eter ether

Eti Hittite

etiket label, tag, sticker

etiketlemek to label

etilen ethylene

etimoloji etymology

etimolojik etymological

etken factor; *dilb.* active

etki effect, influence; impression

etkilemek to effect, to influence, to impress

etkileşim interaction

etkileyici impressive

etkili effective, effectual; impressive, touching

etkin effective, active

etkinlik activity

etkisiz ineffective, ineffectual

etli fleshy, plump; meaty
etmek to make, to do; to cost, to be worth
etmen factor
etnik ethnic
etnografya ethnography
etobur carnivorous; carnivore
etol stole
etraf surroundings, environment; sides *etrafına, etrafında* around, round *etrafına bakınmak* to look around
etraflı detailed, exhaustive
etraflıca in detail, fully
etraftan from all around, from all directions
ettirgen *dilb.* causative
etüt study, research *etüt etmek* to study, to investigate
ev house; home; household, family *ev bark* household *ev bark sahibi* family man *ev halkı* household, family *ev hayvanı* domestic animal *ev idaresi* housekeeping *ev kadını* housewife *ev kirası* (house) rent *ev sahibesi* hostess *ev sahibi* host; landlord *ev tutmak* to rent a house *evde kalmak* (girl) not to be able to get married; to have been left on the shelf
evcek with the whole family
evci weekly boarder
evcil domestic, tame
evcilleştirmek to domesticate
evermek to marry off
evet yes
evham apprehensions, suspicions
evhamlı hypochondriac, suspicious
evirmek to change, to alter *evirip çevirmek* to turn over and over
evlat son, daughter, child *evlat edinmek* to adopt a child
evlatlık adopted child *evlatlıktan reddetmek* to disown
evlendirmek to give in marriage, to marry (off)

evlenmek to get married, to marry
evli married, hitched
evlilik marriage
evliya saint
evrak documents, papers
evre phase
evren universe; cosmos
evrensel universal
evrim evolution
evrimsel evolutionary
evsaf qualities
evvel ago, before, earlier; the first part, beginning *evvel Allah* with God's help *evvel zaman içinde* once upon a time
evvela in the first place, first of all
evvelden previously, formerly
evveliyat first stages, beginnings
evvelki, evvelsi the previous *evvelki gün* the day before yesterday
eyalet province
eyer saddle
eyerlemek to saddle
eylem action; *dilb.* verb
eylemek to make, to do
eylül September
eyvah alas! alack!
eyvallah Thank you!, Thanks!; Goodbye!
eza torment
ezan call to prayer, the azan *ezan okumak* to recite the azan
ezber learning by heart, memorizing
ezberci (a student) who learns parrot fashion
ezbercilik learning parrot fashion
ezbere by heart; without knowing *ezbere konuşmak* to talk without knowing it
ezberlemek to learn by heart, to memorize
ezcümle among other things; for example
ezel past eternity
ezeli eternal **ezeli ve ebedi** without

beginning or end, eternal
ezeliyet past eternity
ezgi tune, melody, song
ezgin crushed, squashed
ezici crushing, overwhelming
ezik crushed, squashed
eziklik worry, depression
ezilmek to be crushed; to be run over
eziyet torment, torture *eziyet çekmek* to suffer pain *eziyet etmek* to torment, to torture
eziyetli painful, fatiguing, hard
ezme crushing; purée, paste; crushed, mashed
ezmek to crush, to squash, to mash; to run over; to tread, to trample; to overwhelm, to suppress; to trounce
Ezrail Azrael

F

fa *müz.* fa
faal active
faaliyet activity
fabl fable
fabrika factory, plant
fabrikasyon fabrication
fabrikatör factory owner
facia disaster, calamity
fagot *müz.* bassoon
fahiş excessive, exorbitant
fahişe prostitute
fahrenhayt Fahrenheit
fahri honorary
faik superior
fail author, agent; *dilb.* subject
faiz interest *faiz oranı* the rate of interest *faize vermek* to lend (money) at interest *faize yatırmak* to put out at interest
faizci usurer, moneylender
faizcilik usury
faizli interest-bearing, at interest

faizsiz free of interest
fakat but
fakir poor *fakir fukara* the poor
fakirleşmek to become poor
fakirlik poverty
faks fax, facsimile
faktör factor
fakülte faculty
fal fortune *fal bakmak* to tell fortunes *falına baktırmak* to have one's fortune told
falaka bastinado
falan such and such, so and so *falan filan* and so on
falanca so-and-so
falcı fortune-teller
falso blunder, error; *müz.* false note
falsolu faulty
familya *biy.* family
fanatik fanatic
fani mortal, transient
fanila flannel, vest
fantezi fancy; fantasy
fanus lantern; lamp glass
far headlight; eye shadow
faraş dustpan
faraza supposing (that)
fare mouse
fark difference *fark etmek* to notice, to realize; to differ *fark etmez* It doesn't make any difference *fark gözetmek* to treat differently *farkına varmak* to realize, to notice *farkında olmak* to be aware of
farklı different
farklılık difference
farksız same, identical
farmakoloji pharmacology
fars farce
Farsça Persian
farz religious precept; obligation; supposition
Fas Morocco
fasa fiso fiddle-faddle, nonsense
fasarya empty talk, nonsense

fasıl chapter, section
fasıla interval
fasikül fascicle
fasulye bean
faşing fasching
faşist fascist
faşizm fascism
fatih conqueror
fatura invoice, bill
faul foul *faul yapmak sp.* to foul
favori whiskers; favourite
fay *coğ.* fault
fayans faience
fayda use, profit, advantage, benefit *faydalı olmak* to help *fayda etmemek* to cut no ice
faydalanmak to make use of
faydalı useful
faydasız useless
fayton phaeton
faz phase
fazilet virtue
faziletli virtuous
fazla excess, spare; excessive, extra; too much *fazla gelmek* to be too much *Fazla mal göz çıkarmaz* Store is no sore *fazla mesai* overtime *fazla mesai yapmak* to work overtime
fazlalaşmak to increase
fazlalık excess, superfluity
fazlasıyla abundantly
fecaat calamity
feci tragic, terrible
feda sacrifice *feda etmek* to sacrifice
fedai bodyguard, bouncer
fedakâr self-sacrificing
fedakârlık sacrifice
federal federal
federasyon federation
federatif federative
federe federate, federated
felaket disaster, calamity, misfortune *felakete uğramak* to meet with a disaster
felaketzede victim

felç paralysis, apoplexy *felce uğramak* to be paralysed *felce uğratmak* to paralyse
felçli paralytic, paralysed
felek fate, destiny *feleğin çemberinden geçmek* to go through the mill *felekten bir gün çalmak* to have a very enjoyable time
felsefe philosophy
felsefi philosophical
feminist feminist
feminizm feminism
fen science
fena bad *fena halde* badly *fena olmak* to feel bad
fenalaşmak to grow worse; to feel faint
fenalık evil, mischief; harm; fainting *fenalık geçirmek* to feel faint
fener lantern; lighthouse
feodal feudal
feodalite feudalism
feragat abnegation, self-sacrifice; renunciation, cession
ferağ cession, renunciation
ferah roomy, spacious; relieved
ferahlamak to feel relieved
ferahlatmak to relieve
ferahlık spaciousness, roominess; relief
ferdi individual
feribot ferryboat
ferman decree, command
fermantasyon fermentation
fermuar zipper
fersah league, five kilometres
fersiz lustreless, dull
fersizlik lack of lustre
fert individual
feryat cry, scream *feryat etmek* to cry out, to scream
fes fez
fesat faction, conspiracy, intrigue, malice
fesatçı mischief-maker
feshetmek to abolish, to cancel
fesih abolition

fesleğen (sweet) basil
festival festival
fethetmek to conquer
fetih conquest
fetiş fetish
fetişizm fetishism
fettan seducing, cunning
feveran effervescence, ebullition
fevk upper part, top
fevkalade extraordinary
fevkinde above
fıçı barrel, cask *fıçı birası* draught beer
fıkırdak coquettish
fıkırdamak to bubble; to giggle, to flirt
fıkırtı bubbling noise
fıkra anecdote, joke; column; paragraph
fındık hazel-nut
fındıkkıran nutcrackers
Fırat the Euphrates
fırça brush *fırça atmak* to give sb a rocket *fırça çekmek* to scold, to rebuke
fırçalamak to brush
fırdöndü swivel
fırfır furbelow
fırıldak weather-cock; windmill; intrigue, trick *fırıldak çevirmek* to intrigue
fırın oven; furnace; bakery
fırıncı baker
fırınlamak to bake
fırlak protruding
fırlama bastard
fırlamak to rush out, to fly off; to protrude, to stick out
fırlatmak to fling, to launch
fırsat opportunity, chance, occasion *fırsat aramak* to seek an opportunity *fırsat beklemek* to wait for an opportunity *fırsat bulmak* to find an opportunity *fırsat düşkünü* opportunist *fırsat kollamak* to watch for an opportunity *fırsat vermek* to give an op-

portunity *fırsatı kaçırmak* to miss an opportunity *fırsattan yararlanmak* to take advantage of an opportunity
fırtına storm, tempest *fırtınaya yakalanmak* to be caught in a storm
fırtınalı stormy, tempestuous
fısıldamak to whisper
fısıldaşmak to whisper to each other
fısıltı whisper
fıskıye jet, fountain
fıstık peanut, pistachio nut; *arg.* real looker, bundle
fışırdamak to rustle; to fizz
fışırtı a rustling noise
fışkı dung, manure
fışkın shoot, sucker
fışkırmak to gush out, to squirt
fışkırtmak to spout, to spurt
fıtık hernia
fıttırmak to go off one's head, to flip
fıttırtmak to drive sb mad, to go to sb's head
fiberglas fibreglass
fidan sapling, shoot
fidanlık nursery
fide seedling
fidye ransom
figan wail, lamentation
figür figure
figüran walk-on, extra
fihrist index; catalogue, list
fiil act, action; *dilb.* verb, predicate
fikir idea, thought, opinion *fikir edinmek* to form an opinion about *fikir yürütmek* to put forward an idea *fikrinde olmak* to be of the opinion *fikrini almak* to ask sb's opinion *fikrini söylemek* to state one's opinion
fikstür fixture
fil elephant
filaman filament
filarmonik philharmonic

filatelist philatelist
fildişi ivory
file string bag; netting
fileto fillet
filika ship's boat
filinta carbine
Filipin Philippine *Filipin Adaları* Philippine Islands
Filipinli Filipino
Filistin Palestine
Filistinli Palestinian
filiz ore
filiz young shoot; bud, sprout
filizlenmek to sprout
film film *film yıldızı* film star *filme almak/çekmek* to film *filmini çekmek* to film; to x-ray
filmci film maker
filmcilik film industry
filo fleet
filoloji philology
filotilla flotilla
filozof philosopher
filtre filter
Fin Finn; Finnish
final *sp.* final *finale kalmak* to be left in the final *finale katılmak* to take part in the finals
finalist finalist
finans finance **finanse etmek** to finance
finansman financing
fincan cup
fingirdek coquettish, frivolous
fingirdemek to coquet, to flirt
Finlandiya Finland
Finli Finn
firar running away, flight *firar etmek* to run away, to flee
Firavun Pharaoh
fire loss, diminution *fire vermek* to suffer wastage, to diminish
firkete hairpin
firma firm
firuze turquoise
fiske flick, flip *fiske vurmak* to flick
fiskos whispering; gossip *fiskos*

etmek to whisper; to gossip
fistan dress
fistül *hek.* fistula
fiş card, slip; plug; counter, token
fişek cartridge
fit instigation, provocation *fit vermek* to instigate, to incite
fit quits *fit olmak* to be quits
fitçi provoker
fitil wick; *ask.* fuse; *hek.* suppository *fitil gibi sarhoş* blind drunk
fitlemek to incite, to instigate, to denounce
fitne instigation, mischiefmaking
fitneci mischiefmaker, instigator
fitnelemek to denounce, to inform
fitre alms
fiyaka showing-off, ostentation *fiyaka yapmak* to swank, to show off
fiyakacı swaggerer
fiyakalı showy, ostentatious
fiyasko fiasco, failure
fiyat price
fiyonk bow-tie
fiyort *coğ.* fiord
fizibilite feasibility
fizik physics; physique
fizikçi physicist
fiziki, fiziksel physical
fizyoloji physiology
fizyolojik physiological
fizyonomi physiognomy
fizyoterapi physiotherapy
flama signal flag, pennant
flamankuşu flamenco
flaş flash
floresan fluorescent, fluorescence
floş floss silk; flush
flört flirt *flört etmek* to flirt
flu blurred
flurya *hayb.* greenfinch
flüt flute
flütçü flutist
fobi phobia
fodul vain
fodulluk vanity

fok seal
fokurdamak to bubble noisily
fokurtu bubbling noise
fol nest egg
folklor folklore
folklorcu folklorist
folluk egg nest
folyo folio
fon fund; background
fondöten liquid make-up, foundation cream
fonetik phonetics; phonetic
fonksiyon function
fora Open!; Unfurl!
form form
forma uniform; colours; sheet of 16 pages
formalite formality
formasyon formation
formika formica
formül formula
fors influence, power
forsa galley-slave, convict
forslu influential
forum forum
forvet *sp.* forward
fos false *fos çıkmak* to fizzle out
fosfat phosphate
fosfor phosphorus
fosforlu phosphorous, phosphoric
fosil fosil
fosilleşmek to fossilize
fosseptik septic tank
fosurdatmak to puff
foto photo
fotoğraf photograph *fotoğraf çekmek* to take a photograph *fotoğraf çektirmek* to have one's photo taken *fotoğraf makinesi* camera
fotoğrafçı photographer
fotoğrafçılık photography
fotojenik photogenic
fotokopi photocopy *fotokopi makinesi* photo-copier *fotokopi yapmak* to photocopy
fotomontaj photomontage

fotoroman photo-story
fotosentez *bitk.* photosynthesis
foya foil; fraud, eyewash *foyası meydana çıkmak* to give oneself away *foyasını meydana çıkarmak* to debunk
fötr felt *fötr şapka* felt hat
frak swallow-tailed coat
francala fine white bread
frank franc
Fransa France
Fransız Frenchman; French
Fransızca French
frekans frequency
fren brake *fren yapmak* to brake
frengi syphilis
frengili syphilitic
frenkinciri prickly pear
frenküzümü redcurrant
frenlemek to brake; to restrain, to hold back
fresk fresco
freze milling cutter
frigorifik refrigerated
frikik free kick
fuar fair
fuaye (theatre) foyer
fueloyl fuel-oil
fuhuş prostitution
fukara poor
fukaralık poverty
fular foulard
fulya jonquil
funda heath
fundalık shrubbery
furgon freight-car
furya glut, rush
futbol football *futbol sahası* football field *futbol sezonu* football season *futbol takımı* football team
futbolcu football player, footballer
fuzuli unnecessary
fücceten suddenly
fünye *ask.* primer
füsun charm, enchantment
füze missile, rocket

G

gabardin gabardine
gacır gucur creakily
gacırdamak to creak
gacırtı creak
gaddar cruel, pitiless
gaddarlık cruelty
gaf gaffe, blunder *gaf yapmak* to blunder
gafil inattentive, unwary *gafil avlamak* to catch unawares *gafil avlanmak* to be caught unawares
gaflet inattention, headlessness *gaflete düşmek* to be unaware, to be careless
gaga beak, bill
gaile worry, anxiety
gaileli worried
gailesiz carefree
gaip absent, invisible; the invisible world *gaipten haber vermek* to foretell the future
gaklamak to croak
gala gala, festivity
galaksi galaxy
galebe victory; supremacy *galebe çalmak* to overcome
galeri gallery
galeta hard biscuit, cracker; dried bread, rusk
galeyan excitement, rage, agitation *galeyana gelmek* to get worked up
galiba probably, I think (so); apparently, seemingly
galibiyet victory
galip winner, victor; victorious *galip gelmek* to win, to be victorious
galon gallon
galoş galosh
galvanizlemek to galvanize

galvanizli galvanized
gam care, worry, sadness
gam *müz.* scale
gama gamma *gama ışınları* gamma rays
gamet gamete
gamlı sad, gloomy
gammaz talebearer, informer
gammazlamak to inform, to tell on
gamsız untroubled, light hearted
gamze dimple
gangster gangster
gangsterlik gangsterism
gani abundant, plentiful
ganimet booty, loot
ganyan (horse) winner; winning ticket
gar railway station
garaj garage
garanti guarantee *garanti etmek* to guarantee
garantilemek to guarantee; to make sure, to cinch
garantili guaranteed
garantör guarantor
garaz, garez rancour, grudge *garaz bağlamak* to bear a grudge
gardırop wardrobe
gardiyan prison guard
gargara gargle *gargara yapmak* to gargle
gariban miserable
garip odd, queer, strange; needy, poor *garibine gitmek* to seem odd
gariplik strangeness; poverty
garipsemek to feel out of place; to find strange
gark drowning *gark etmek* to submerge, to drown; to overwhelm, to load with *-e gark olmak* to be submerged; to be overwhelmed (with)
garnitür garnish, trimmings
garnizon garrison
garp west
garson waiter

garsoniyer bachelor's flat

gasp usurpation *gasp etmek* to usurp, to extort

gastrit *hek.* gastritis

gâvur unbeliever, atheist

gayda bagpipe

gaye aim, goal, purpose

gayet extremely, quite

gayret effort, endeavour *gayret etmek* to exert oneself, to strive

gayretli persevering, zealous

gayrı henceforth, henceforward; any more, no more

gayri other than, besides *gayri ihtiyari* involuntary; involuntarily *gayri menkul* real estate *gayri meşru* illegal *gayri resmi* unofficial, informal *gayri safi* gross *gayri tabii* unnatural

gayzer geyser

gaz kerosene; *fiz.* gas *gaz bombası* gas bomb *gaz lambası* oil lamp *gaz maskesi* gas mask *gaz pedalı* accelerator pedal *gaz sobası* gas stove *gaza basmak* (car) to step on the gas

gaza holy war

gazal *hayb.* gazelle

gazap wrath, fury

gazel *yaz.* lyric poem

gazete newspaper, paper

gazeteci journalist

gazetecilik journalism

gazi ghazi, war veteran

gazino musichall

gazlamak to gas; (car) to speed up; *arg.* to run away

gazlı gaseous

gazoz fizzy lemonade, pop

gazyağı kerosene

gebe pregnant *gebe kalmak* to fall pregnant

gebelik pregnancy *gebelik önleyici* contraceptive

gebermek to die, to peg out

gebertmek to kill, to croak

gece night *gece bekçisi* night watchman *gece gündüz* day and night *gece yarısı* midnight *gece yatısına kalmak* to stay the night

gececi night worker

gecekondu shanty, squatter's house

gecelemek to spend the night*geceleyin* at night

gecelik nightdress, nightie

gecikme delay

gecikmek to be late, to delay

geciktirmek to delay, to hold up

geç late *geç kalmak* to be late

geçen last *geçen gün* the other day

geçenlerde recently, lately

geçer current; valid; passing

geçerli current, valid

geçersiz invalid

geçici temporary; infectious

geçim living, livelihood, subsistence

geçimsiz difficult to get on with

geçimsizlik inability to get on with others, incompatibility

geçindirmek to support, to maintain

geçinmek to live on, to subsist; to get along/on well with others; to pretend to be *geçinip gitmek* to scrape along, to keep the pot boiling

geçirgen permeable

geçirmek to pass; (time) to spend; to undergo, to experience; (disease) to get over; (disease) to pass on, to infect; to cure; to see off (a person)

geçiş passing; transition *geçiş üstünlüğü* right of way

geçişli *dilb.* transitive

geçişsiz *dilb.* intransitive

geçiştirmek to avoid, to weather; to evade, to parry

geçit passage; mountain pass; parade *geçit resmi* parade

geçkin elderly; overripe

geçmek to pass; to expire, to lapse;

to surpass, to exceed; to be valid; to blow over; to happen, to take place; to skip, to omit; (disease) to be transmitted; to transfer *geçip gitmek* to go by *geçmek bilmemek* to drag on
geçmiş past
geçmişte in the past
gedik breach, gap
geğirmek to belch
geğirti belch
gelecek future; coming *gelecek zaman* dilb. future tense
gelecekte in the future
gelenek tradition
gelenekçi traditionalist
gelenekçilik traditionalism
geleneksel traditional
gelgelelim however, but
gelgit tides
gelin bride; daughter-in-law *gelin alayı* bridal procession
gelincik bitk. poppy; hayb. weasel
gelinlik wedding-dress; marriage-able
gelir income, revenue *gelir vergisi* income tax
gelişigüzel casual; casually
gelişim development, progress
gelişmek to develop, to progress
gelişmiş developed
geliştirmek to develop, to improve
gelmek to come; to seem, to appear; to cost *gelip geçici* passing, transient
gem bit *gemi azıya almak* to get out of control *-e gem vurmak* to restrain, to bridle
gemi ship, boat *gemiye binmek* to go on board *gemi mürettebatı* crew
gemici sailor
gemicilik navigation; seaman-ship
gencecik very young
genç young; young man
gençleşmek to become youthful
gençleştirmek to rejuvenate

gençlik youth *gençliğine doyamamak* to die young
gene, yine again; still, yet *gene de* all the same, yet
genel general *genel grev* general strike *genel kurul* general meeting *genel müdür* general director *genel olarak* in general, by and large *genel sekreter* secretary general
genelev brothel
genelge circular, notice
genelkurmay General Staff
genelleme generalization
genellemek to generalize
genellikle generally
general general
generallik generalship
genetik genetics; genetic
geniş broad, wide; spacious, vast *geniş fikirli* broad-minded *geniş ölçüde* on a large scale
genişlemek to broaden, to widen; to expand
genişletmek to widen, to enlarge; to expand
genişlik breadth, width
geniz nasal fossae *genizden konuşmak* to speak through the nose
genleşmek to expand
genlik amplitude
gensoru interpellation
geometri geometry
geometrik geometrical
gerçek true, real; truth, reality *gerçeği söylemek* to tell the truth
gerçekçi realist; realistic
gerçekçilik realism
gerçekdışı unreal
gerçekleşmek to come true, to be realized
gerçekleştirmek to realize
gerçeklik reality
gerçekte in reality
gerçekten in fact, indeed

gerçeküstü surrealist
gerçeküstücülük surrealism
gerçi although, though
gerdan neck, throat
gerdanlık necklace
gerdek nuptial chamber *gerdeğe girmek* to enter the nuptial chamber
gereç material, equipment
gereğince according to
gerek necessary, requisite; necessity
gerek whether ... or
gerekçe reason, justification
gerekirse if necessary
gerekli necessary
gereklik necessity
gerekmek to be necessary, to be needed
gereksinim, gereksinme need, necessity
gereksiz unnecessary *gereksiz yere* unnecessarily
gerektirmek to necessitate, to require, to involve
gergedan rhinoceros
gergef embroidery frame
gergin stretched, tight, tense
gerginleşmek to become tense
gerginlik tension, tightness
geri back; backward; (watch) slow *geri almak* to take back; to put back *geri çekmek* to draw back, to withdraw *geri çekilmek* to withdraw *geri çevirmek* to send back *geri dönmek* to return *geri gelmek* to come back *geri gitmek* to go back *geri göndermek* to send back *geri tepmek* to kick back, to recoil *geri vermek* to give back *geri zekâlı* mentally retarded
gerici reactionary
gericilik reaction
geride behind
gerilemek to draw back, to recede; to retrograde

gerilim tension, stress; voltage
gerilimli tense
gerilla guerilla
gerilmek to be stretched
gerinmek to stretch oneself
germek to stretch, to tense
getirmek to bring
gevelemek to chew; to mumble
geveze talkative, chatty; chatter-box, chatterer
gevezelik babbling, chattering *gevezelik etmek* to babble, to chatter
geviş chewing the cud *geviş getirmek* to chew the cud
gevrek crisp, brittle
gevremek to become brittle
gevşek loose, slack
gevşeklik looseness, slackness
gevşemek to become slack, to loosen; to relax, to slacken
gevşetmek to loosen, to slacken
geyik deer
geyşa geisha
gez back-sight
gezdirmek to take sb for a walk, to walk, to show around
gezegen planet
gezgin traveller
gezi excursion, trip
gezici itinerant, peripatetic
gezinmek to go for a walk, to stroll
gezinti walk, stroll
gezmek to go about, to walk about; to visit, to tour (round) *gezmeğe gitmek* to go for a walk
gıcık tickling sensation in the throat, tickle; *arg.* pain, nuisance
gıcır gıcır very clean; brand-new
gıcırdamak to creak, to squeak
gıcırdatmak to make creak
gıcırtı creak
gıda food, nourishment
gıdaklamak to cackle
gıdalı nutritious
gıdasız undernourished

gıdıklamak to tickle

gıdıklanmak to feel ticklish

gık dememek not to object

gına satiety, disgust *gına gelmek* to be sick (of), to be fed up (with)

gıpta envy *gıpta etmek* to envy

gırgır fun, teasing; carpet sweeper *gırgır geçmek* to make fun (of)

gırtlak windpipe, larynx, throat *gırtlağına kadar borç içinde olmak* to be in debt up to one's neck

gırtlaklamak to strangle

gıyaben in the absence of; by name

gıyabında in his absence

gıyap absence

gibi like *gibi gelmek* to seem, to appear

gider expense, expenditure

giderayak just before leaving

giderek gradually

gidermek to remove; to quench, to satisfy

gidiş going, departure *gidiş dönüş bileti* return ticket, *AE.* round-trip ticket

gidişat course of events, goings-on

girdap whirlpool, vortex

girdi input *girdisini çıktısını bilmek* to have sth at one's fingertips, to know what's what

girgin go-ahead, pushing, bold

girift complicated

girinti recess, indentation *girintili çıkıntılı* serrated, indented▸

giriş entering; entrance; introduction; *müz.* prelude

girişim enterprise

girişken enterprising, pushful

girişmek to attempt, to undertake

Girit *coğ.* Crete

girmek to go in, to enter *Girilmez!* No entrance!

gişe box office, ticket-office *gişe rekoru kırmak* to be a box-office success

gitar guitar

gitarist guitarist

gitgide gradually

gitmek to go; to suffice, to last

gittikçe gradually

giydirmek to dress, to clothe

giyecek clothing, dress, garment, clothes

giyim clothing, dress, attire *giyim kuşam* clothes, attire

giyinmek to dress oneself, to put on one's clothes *giyinip kuşanmak* to dress oneself up, to prink oneself up

giymek to put on, to wear

giyotin guillotine

giysi clothes, garments, dress

giz secret; mystery

gizem mystery

gizemli mysterious

gizlemek to hide, to secrete, to veil

gizlenmek to hide oneself, to be hidden

gizli secret, hidden *gizli ajan* secret agent *gizli kapaklı* very secret, suspicious *gizli oturum* secret session *gizli oy* secret vote *gizli tutmak* to keep secret

gizlice secretly

gizlilik secrecy

gladyatör gladiator

glikoz glucose

gliserin glycerine

gocuk sheepskin cloak

gocunmak to take offence

gofret chocolate water biscuit

gol goal *gol atmak* to score a goal

golf golf

Golfstrim *coğ.* Gulf Stream

gonca bud

gondol gondola

gonk gong

goril gorilla

gotik Gothic

göbek navel; belly; centre, heart *göbek atmak* to dance a belly-dance *göbek bağı* umbilical cord *göbek bağlamak* to become paunchy *göbek dansı* belly-dance

göbeklenmek to become paunchy

göbekli paunchy, pot-bellied

göç emigration, immigration *göç etmek* to migrate, to emigrate, to immigrate

göçebe nomad; nomadic

göçebelik nomadism

göçer nomadic, migratory

göçmek to migrate; to fall down; to die

göçmen emigrant, immigrant; migratory

göçmenlik migration

göçük landslide, landslip

göğüs chest, breast, bosom *göğüs germek* to face, to stand up to *göğsü kabarmak* to swell with pride

göğüslük bib, apron, pinafore

gök sky *gök gürlemek* to thunder *gök gürültüsü* thunder *gök mavisi* sky blue *göklere çıkarmak* to exalt, to extol

gökada galaxy

gökbilim astronomy

gökbilimci astronomer

gökcismi celestial body

gökdelen skyscraper

gökkubbesi celestial vault

gökkuşağı rainbow

gökküresi celestial sphere

göktaşı meteor

gökyakut sapphire

gökyüzü sky, firmament

göl lake

gölcük pond

gölge shadow, shade *gölge etmek* to cast a shadow (upon)

gölgelemek to overshadow

gölgeli shadowy, shady

gölgelik shady spot

gömlek shirt

gömlekçi shirt-maker or seller

gömme burial; let-in, recessed, inset

gömmek to bury; to set in, to build in

gömü treasure

gömüt grave, tomb

gön leather

gönder flag-staff, pole

gönderen sender

gönderme sending; reference

göndermek to send; to transmit; to refer

gönlünce after one's heart

gönül heart, feelings; inclination, desire *gönül almak* to placate, to please *gönül bağlamak* to set one's heart on *gönül eğlencesi* toy of love *gönül eğlendirmek* to amuse oneself, to dally *gönül kırmak* to hurt the feelings *gönül vermek* to lose one's heart to, to fall for *gönlü olmak* to be willing; to be in love with *gönlünü almak* to placate, to make up to *gönlünü etmek* to prevail on, to coax *gönlünü kırmak* to hurt the feelings of

gönüllü volunteer; willing

gönülsüz unwilling

gönye square, setsquare

göre according to, as to

görecilik relativism

göreli relative

görelilik relativity

görenek custom, usage

göreneksel customary

görev duty, task; mission

görevlendirmek to charge, to entrust

görevli in charge (of)

görgü good manners *görgü kuralları* rules of good manners *görgü tanığı* eyewitness

görgülü having good manners

görgüsüz unmannerly, ill-bred

görgüsüzlük unmannerliness

görkem splendour, magnificence

görkemli splendid, magnificent

görmek to see; to notice, to recognize **göresi gelmek** to miss **görüp geçirmek** to go through, to experience

görmemezlik connivance **görmemezlikten gelmek** to pretend not to see, to cut, to ignore

görsel visual

görücü female go-between

görülmemiş unseen, unprecedented

görümce husband's sister, wife's sister-in-law

görünmek to show oneself, to be visible; to appear, to seem

görünmez invisible

görüntü image, picture

görünüm appearance; aspect

görünürde apparently

görünüş appearance; aspect

görünüşte apparently

görüş sight, view; viewpoint, opinion

görüşme talk, conversation, discussion; interview

görüşmek to talk; to have an interview, to confer with

gösterge indicator; sign

gösteri show; demonstration **gösteri yapmak** to demonstrate

gösterici demonstrator

gösterim (film) projection

gösteriş showing-off, ostentation **gösteriş yapmak** to splurge, to show off

gösterişçi ostentatious

gösterişli imposing, showy

gösterişsiz modest, simple

göstermek to show

göstermelik specimen, sample, showpiece

götürmek to take with, to take to; to take away, to carry off; to lead (to); to accompany

götürü in the lump, by the piece **götürü çalışmak** to do piecework **götürü iş** job work, piecework

gövde body, trunk **gövde gösterisi** show of strength

göz eye; drawer; cell; spring, source **göz açıp kapayıncaya kadar** in the twinkling of an eye **göz alıcı** striking, eye-catching **göz almak** to dazzle, to blind **göz aşinalığı** bowing acquaintance, knowing sb by sight **göz atmak** to glance at **göz aydına gitmek** to pay a visit of congratulation **göz banyosu** free show **göz boyamak** to hoodwink **göz dikmek** to long to possess, to covet **göz etmek** to wink at **göz göre göre** openly, publicly **göz kamaştırmak** to dazzle, to blind **göz kırpmadan** without batting an eyelid, pitilessly **göz kırpmak** to wink, to blink **göz koymak** to covet, to lust after **göz kulak olmak** to look after, to watch over **göz nuru** eye-straining work **göz önünde tutmak** to take into consideration **göz ucuyla bakmak** to look out of the corner of one's eye **göz yummak** to close one's eyes (to) **gözden çıkarmak** to sacrifice **gözden düşmek** to fail from favour **gözden geçirmek** to look over, to review **gözden kaçmak** to escape notice **gözden kaybolmak** to disappear **göze batmak** to be very inappropriate **göze çarpmak** to strike the eye **göze gelmek** to be coveted **gözleri fal taşı gibi açılmak** to be moon-eyed **gözleri yollarda kalmak** to have been waiting for a long time **gözü açık** shrewd **gözü doymak** to be quite satisfied **gözü gönlü açılmak** to be cheered up **gözü ısırmak** to seem to know sb **gözü ilişmek** to catch one's eye **gözü kalmak** to hanker after **gözü olmak** to have one's eyes on sth *gözü korkmak* to show the white feather *gözü pek* plucky, bold *gözü tutmak* to take a fancy to *gözünde tütmek* to long for *gözünden uyku akmak* to feel very sleepy *gözüne girmek* to find favour in sb's eyes, to win sb's favour *gözüne kestirmek* to feel oneself capable of *gözünü boyamak* to throw dust in sb's eyes *gözünü dikmek* to stare fixedly *gözünü dört açmak* to keep one's eyes skinned *gözünü kan bürümek* to see red *gözünü korkutmak* to intimidate, to daunt *gözünün içine bakmak* to fuss over sb, to cherish dearly *gözünün yaşına bakmamak* to have no pity (on) *gözüyle bakmak* to regard as, to consider

gözaltı custody, surveillance *gözaltına almak* to take into custody

gözbağı magic, spell

gözbebeği pupil; the apple of one's eye

gözcü watchman

gözdağı intimidation, threat *gözdağı vermek* to intimidate, to threaten

gözde in favour, favourite

göze cell

gözenek pore

gözetim custody, care

gözetleme observation

gözetlemek to watch secretly, to observe

gözetmek to take care, to protect

gözkapağı eyelid

gözlem observation

gözlemci observer

gözlemek to watch (for), to wait (for)

gözlemevi observatory

gözlük spectacles, glasses *gözlük takmak* to wear glasses

gözlükçü optician

göztaşı copper sulfate, bluestone

gözükmek to show oneself, to become visible

gözyaşı tear *gözyaşı dökmek* to shed tears, to weep

grafik graph; graphics

grafit graphite

gram gram

gramer grammar

gramofon gramophone

granit granite

granül granule

gravür engraving

gravyer Gruyere cheese

Grek Greek

Grekçe Greek

grekoromen Greco-Roman *grekoromen güreş* Greco-Roman wrestling

gres lubricating grease

grev strike *grev yapmak* to go on strike, to be on strike

grevci striker

grey(p)frut grapefruit

greyder grader

gri grey

grip influenza, flu *grip olmak* to have influenza

grizu firedamp

gros gross

grosa *tic.* gross, 12 dozen

grotesk grotesque

grup group

gruplaşmak to group

guatr goitre

gudde gland

gudubet ugly, hideous

guguk cuckoo

gulden gulden

gurbet absence from one's home; foreign land

gurbetçi one who lives away from home

gurbette away from home

guruldamak to rumble

gurultu rumbling noise

gurup sunset, sundown

gurur pride *gurur duymak* to feel proud of

gururlanmak to be proud of

gururlu proud

gusül ritual ablution

gut *hek.* gout

guvaş gouache

gübre dung, manure

gübrelemek to manure, to dung

gücendirmek to offend, to hurt

gücenmek to be offended, to be hurt

güç difficult, hard

güç strength, force; power *gücüne gitmek* to offend sb's feelings *gücü yetmek* to afford

güçlendirmek to strengthen, to fortify

güçlenmek to be strengthened, to grow stronger

güçlü strong, powerful

güçlük difficulty, trouble *güçlük çekmek* to have difficulty in *güçlük çıkarmak* to make difficulties

güçlükle with great difficulty, hardly

güçsüz weak, feeble

güderi chamois (leather)

güdü *ruhb.* motive, drive

güdük tailless; incomplete, deficient *güdük kalmak* to be stunted

güdüm driving, management

güdümlü controlled, guided *güdümlü mermi* guided missile

güfte words, lyrics

güğüm copper jug with a handle

gül rose *gül gibi* swimmingly *gül gibi geçinmek* to get along quite well

güldürmek to make laugh

güldürü comedy

güle güle goodbye! bye-bye!

güleç smiling, merry

güler yüzlü cheerful, friendly

gülle cannon ball, shell; *sp.* shot, weight *gülle atmak sp.* to put the shot

gülmece humour

gülmek to laugh *gülmekten katıl-mak/kırılmak* to split one's sides, to be doubled up with laughter *gülmekten kırmak* to make sb split his sides

gülsuyu rose water

gülücük smile, chuckle

gülümseme smile

gülümsemek to smile

gülünç funny, ridiculous

gülüşmek to laugh together

güm bang! boom! *güm güm atmak* (heart) to throb, to beat violently *güme gitmek* to perish in a confusion; to die in vain

gümbürdemek to boom, to roar

gümbürtü booming, roar

gümeç honeycomb

gümlemek to bang, to boom; (examination) to fail

gümrük customs; tariff, duty *gümrük beyannamesi* customs declaration *gümrük dairesi* customs house *gümrük kontrolü* customs control *gümrük komisyoncusu* customs broker *gümrük vergisi* customs duty *gümrüğe tâbi* dutiable *gümrükçü* customs officer

gümrüksüz duty-free

gümüş silver *gümüş kaplama* silver plating; silver-plated

gümüşbalığı silversides, atherine

gün day; time, period; lady's at-home day *gün ağarmak* (day) to dawn *gün aşırı* every other day *gün batışı* sunset *gün doğmak* (sun, morning) to rise, to dawn *gün görmek* to live happily *gün ışığı* daylight *gün ışığına çıkar-mak* to bring to light *günlerce* day after day, for days *günlerden bir gün* once upon a time *günden güne* from day to day, gradually **günü geçmiş** (bill) overdue **günü gelmek** (bill) to fall due **günü gününe** punctually **günün birinde** one day, some day **gününü gün etmek** to enjoy oneself

günah sin **günah çıkartmak** to confess **günaha girmek** to sin **günaha sokmak** to tempt **günahına girmek** to accuse wrongly **günah işlemek** to commit a sin

günahkâr sinner; sinful

günahsız sinless, innocent

Günaydın! Good morning!

günbegün from day to day

günberi perihelion

güncel actual, current

güncellik actuality

günçiçeği sunflower

gündelik daily; daily wages **gündelikle çalışmak** to work by the day

gündelikçi day-labourer

gündem agenda

gündöndü sunflower

gündönümü solstice

gündüz daytime

gündüzleri, gündüzün in the day-time

gündüzlü day student

gündüzsefası convolvulus, bind-weed

günebakan sunflower

güneş sun, sunshine **güneş banyosu** sun bath **güneş çarpmak** to get/have sunstroke **güneş çarpması** sunstroke **güneş görmek** (a place) to be light and sunny **güneş gözlüğü** shades, sunglasses **güneş ışığı** sunlight, sunshine **güneş ışını** sunbeam, sun ray **güneş sistemi** solar system **güneş tutulması** solar eclipse **güneş yanığı** sunburn, tan **güneşte** in the sun **güneşte yanmak** to be sunburnt

güneşlenmek to sun oneself, to sunbathe

güneşli sunny

güneşlik sunshade; sunny place; sun-hat

güney south; southern **güney kutbu** South Pole

güneybatı southwest; southwestern

güneydoğu southeast; southeastern

güneyli Southerner

günlük daily; diary **günlük güneşlik** sunny

günöte aphelion

günübirlik a day visit **günübirliğine gitmek** to make a day visit

güpegündüz in broad daylight

gür abundant, dense, thick

gürbüz robust, sturdy

gürbüzlük sturdiness

Gürcü Georgian

güreş wrestling

güreşçi wrestler

güreşmek to wrestle

gürgen hornbeam

gürlemek to thunder, to roar

gürlük abundance, luxuriance

güruh gang, mob

gürül gürül akmak to flow with a gurgling sound

gürüldemek to burble; to thunder

gürültü noise **gürültü çıkarmak** to kick up a row **gürültü yapmak** to make a noise

gürültücü noisy

gürültülü noisy

gürültüsüz noiseless, quiet

gürültüsüzce noiselessly

gürz iron club, mace

gütmek to drive, to pursue; to nourish, to nurse

güve moth

güveç casserole

güven confidence, trust **güveni olmak** to have confidence in

güvence guarantee

güvenç trust

güvenilir reliable

güvenli safe
güvenlik security
güvenmek to rely on, to trust in
güvenoyu vote of confidence
güvensiz distrustful
güvensizlik distrust
güvercin pigeon
güverte deck
güvey, güveyi bridegroom; son-in-law
güya as if, as though
güz autumn, fall
güzel pretty, beautiful, nice *güzel güzel* calmly, meekly *güzel sanatlar* fine arts
güzelavratotu belladonna
güzelleşmek to become beautiful, to grow handsomer
güzelleştirmek to beautify
güzellik beauty *güzellik enstitüsü* beauty parlour
güzellikle gently, softly
güzergâh route
güzide distinguished, select
güzün in autumn

H

ha I see! Oh yes!; What!; either ... or *ha babam* all the time, continuously *ha bire* continuously *ha bugün ha yarın* soon, in a short time *Ha şöyle.* That's better.
habbe grain, seed, kernel
haber news, information, message *haber ajansı* news agency *haber alma* intelligence *haber almak* to receive information *haber göndermek* to send a message *haber toplamak* to gather news *haber vermek* to inform, to report, to tell *haberini almak* to hear, to learn
haberci messenger, forerunner

haberdar informed *haberdar etmek* to inform sb of sth
haberleşme communication
haberleşmek to communicate
haberli informed, knowing, having knowledge about
habersiz uninformed; not knowing; without warning
habis wicked, evil; malignant
hac pilgrimage (to Mecca) *hacca gitmek* to go on a pilgrimage to Mecca
hacet need, necessity *hacet yok* there is no need
hacı pilgrim, hadji
hacıyatmaz tumbler
hacim volume
haciz sequestration, seizure
hacizli distrained
haczetmek to distrain
haç cross *haça germek* to crucify
Haçlılar the Crusaders
had limit, boundary *haddini aşmak* to go too far *haddini bildirmek* to put sb in his place *haddini bilmek* to know one's place *haddini bilmez* presumptuous *haddinden fazla* excessive; excessively *haddi zatında* in itself, essentially
hadde rolling mill
hademe servant, janitor
hadım eunuch *hadım etmek* to castrate
hadise event, incident *hadise çıkarmak* to provoke an incident
haf sp. half-back
hafıza memory
hafif light, slight; easy *hafife almak* to make light of
hafifçe lightly
hafifleşmek to become lightly
hafifletici extenuating
hafifletmek to lighten
hafiflik lightness, slightness
hafifmeşrep frivolous, loose
hafifsemek to make light of

hafifsıklet light-weight
hafiye detective
hafriyat excavation(s)
hafta week *haftalarca* for weeks *haftaya* next week *hafta sonu* weekend
haftalık weekly; weekly wages *haftalık almak* to be paid by the week
haftaym half-time
hain traitor; ungrateful
hainlik treachery
haiz possessing, containing
hak engraving
Hak God *Hakkın rahmetine kavuşmak* to die
hak right *hak etmek* to deserve *hak sahibi* holder of a right *hak vermek* to acknowledge to be right *hak yemek* to be unjust *hakkından gelmek* to get the better of *hakkını vermek* to give sb his due
hakan khan, sultan
hakaret insult *hakaret etmek* to insult *hakarete uğramak* to be insulted
hakça justly, rightly
hakem referee, (tennis) umpire
haki khaki
hakikat truth, reality
hakikaten really, actually
hakikatli faithful
hakiki true, real; genuine
hâkim dominating, ruling; overlooking *hâkim olmak* to dominate; to overlook
hâkim judge
hâkimiyet sovereignty
hakir despicable, mean *hakir görmek* to despise
hakkaniyet justice, equity
hakkaniyetli just, equitable
hakkaniyetsiz unjust
hakketmek to engrave
hakkında about, on
hakkıyla properly, duly

haklamak to beat, to defeat; to kill
haklı right *haklı çıkarmak* to justify *haklı çıkmak* to be justified
haksever just, fair
haksız unjust, unfair *haksız çıkarmak* to put sb in the wrong *haksız çıkmak* to turn out to be in the wrong
haksızlık injustice, unfairness *haksızlık etmek* to act unjustly
haktanır just, equitable
hal condition, state, circumstance, situation; strength, energy *hal hatır sormak* to inquire after sb's health *halden anlamak* to be understanding *hali kalmamak* to have no strength left *hali vakti yerinde* well off
hal market-place
hala aunt
hâlâ still, yet
halat rope
halayık female servant
halazade cousin
halbuki whereas
hale halo; *anat.* areola
halef successor
halel injury, harm *halel gelmek* to be injured
halen at present
halhal bangle, anklet
halı carpet, rug
haliç estuary, bay
Haliç the Golden Horn
halife caliph
halifelik caliphate
halihazır the present time
halihazırda at present
halim gentle, mild
halis pure, genuine
haliyle naturally, consequently
halk people *halk edebiyatı* folk literature *halk kütüphanesi* public library *halk müziği* folk music *halk ozanı* folk poet *halk türküsü* folk song
halka ring, hoop; circle

halkbilim folklore
halkbilimci folklorist
halkçı populist, democrat
halkoylaması referendum
halkoyu people's vote
hallaç (wool or cotton) carder *hallaç pamuğu gibi atmak* to scatter about
halletmek to solve, to settle
halsiz exhausted, weary
halsizlik weakness
halt improper act, blunder *halt karıştırmak/yemek* to make a great blunder
halter *sp.* weight lifting; dumbbell, barbell
halterci weight lifter
ham crude, raw; unripe, green *ham petrol* crude oil
ham hum etmek to hum and haw
hamak hammock
hamal porter, carrier
hamaliye porterage
hamam (Turkish) bath; bathroom *hamam gibi* very hot
hamamböceği cockroach
hamarat hardworking, diligent
hamburger hamburger
hami protector
hamil bearer *hamiline yazılı* (pay) to bearer
hamile pregnant *hamile kalmak* to become pregnant
hamilelik pregnancy
haminne granny
hamiyet public spirit, patriotism
hamiyetli public-spirited
hamla(ş)mak to get out of condition
hamlaç blowpipe
hamle attack, rush; (chess) move, turn *hamle yapmak* to make an attack, to dash
hamlık crudeness; unripeness, greenness
hammadde raw material
hamsi anchovy

hamt giving praise to God *hamt etmek* to praise God *hamt olsun* thank God!; thank Allah
hamule cargo
hamur dough, paste; half-baked *hamur açmak* to roll out dough *hamur işi* pastry *hamur yoğurmak* to knead dough
han inn; large commercial building
han khan
hançer dagger
hançere larynx
handikap handicap
hane house, building; *mat.* column
hanedan dynasty
hanedanlık nobility
hangar hangar
hangi which, what
hangisi Which one
hanım woman, lady; wife *hanım evladı* milksop, mollycoddle
hanımefendi lady, madam
hanımeli honeysuckle
hani where?
hantal clumsy, awkward
hap pill *hapı yutmak* to be in the soup
hapis imprisonment; prison *hapse atmak* to put in jail
hapishane prison *hapishaneyi boylamak* to end up in jail
hapsetmek to put in prison
hapşırmak to sneeze
Hapşu! Atishoo! Atchoo!
harabe ruin
haraç tribute *haraç yemek* to sponge on sb *haraca bağlamak* to lay sb under tribute
haraççı extortionist, racketeer
harakiri harakiri
haram forbidden by religion; unlawful *haram etmek* to forbid the use/enjoyment of
harap ruined *harap etmek* to ruin, to destroy *harap olmak* to fall into ruin
hararet heat, warmth; thirst *ha-*

raret basmak to feel thirsty

hararetli ardent, fervent; vehement, heated

harbi ramrod; straight, trustworthy, outspoken

harcama expenditure

harcamak to spend; to expend, to use; to sacrifice

harcırah travelling allowance

harç expenditure; charge, cost; mortar, plaster

harçlık pocket-money

hardal mustard

harekât operation(s)

hareket movement; action, behaviour; departure **hareket etmek** to move; to act, to behave; to depart, to leave **harekete geçmek** to start action

hareketlendirmek to put into motion

hareketli active, lively

hareketsiz motionless, inactive

harem harem

harf letter

harfiyen word for word

harıl harıl continuously, assiduously **harıl harıl çalışmak** to work hard

haricen externally

harici external

hariciye external diseases

hariciyeci specialist in external diseases; diplomat

hariç except; exterior, outside

harika marvellous, wonderful; wonder, miracle

harikulade marvellous, wonderful

haris ambitious, greedy

harita map

harlamak to flare up

harman harvest; blend, mixture **harman dövmek** to thresh **harman makinesi** threshing machine

harmanlamak to blend

harp war; *müz.* harp

has peculiar to; pure

hasar damage **hasara uğramak** to suffer damage

hasat harvest **hasat etmek** to reap

hasbıhal chitchat **hasbıhal etmek** to have a friendly chat, to chat

haset jealousy, envy **haset etmek** to envy **hasetten çatlamak** to be consumed with jealousy

hasıl resulting, produced **hasıl olmak** to result; to be obtained

hasılat returns, revenue; products

hasım opponent; enemy

hasımlık antagonism; enmity

hasır rush mat, matting

hasis stingy, mean

hasislik stinginess, meanness

haslet virtue, merit

hasret longing, homesickness **hasret çekmek** to long for, to yearn for

hasretlik separation, nostalgia

hasretmek to devote, to dedicate

hassa property, quality

hassas sensitive

hassasiyet sensitivity

hasta sick, ill; patient **hasta etmek** to make ill **hasta olmak** to become ill, to get sick **-ın hastası olmak** to be a fan of sth

hastabakıcı nurse

hastabakıcılık nursing

hastalanmak to become ill

hastalık disease; sickness; passion, addiction

hastalıklı diseased, morbid

hastane hospital **hastaneye kaldırmak** to take to hospital **hastaneye yatırmak** to hospitalize

haşa God forbid!

haşarat insects

haşarı naughty, mischievous

haşat *arg.* very bad, worn out

haşere insect

haşhaş poppy

haşin harsh, rude

haşinlik harshness

haşiye footnote

haşlama boiled

haşlamak to boil; to scold, to reprimand

haşmet majesty

haşmetli majestic

hat line; handwriting, calligraphy

hata fault, error, mistake *hata etmek* to make a mistake

hatalı erroneous, faulty, wrong

hatır hutur yemek to crunch, to munch

hatır memory, mind; consideration, influence; one's feelings, heart *hatır senedi* accommodation bill *hatıra gelmek* to come to mind *hatırda kalmak* to be remembered *hatırda tutmak* to bear in mind *hatırı için* for the sake of *hatırı sayılır* remarkable, considerable; respected *hatırı sayılmak* to have influence *hatırım için* for my sake *hatırına gelmek* to occur to one *hatırına getirmek* to remind sb of sth *hatırından çıkmak* to pass out of one's mind *hatırını kırmak* to hurt the feelings of *hatırını sormak* to inquire after sb's health

hatıra memory, reminiscence; souvenir *hatıra defteri* diary

hatırlamak to remember, to recall, to recollect

hatırlatmak to remind

hatırşinas obliging, considerate

hatim reading the Koran from beginning to end *hatim indirmek* to finish the reading of the whole Koran

hatip orator

hatmetmek to read from beginning to end

hatta even, in fact

hattat calligrapher

hattatlık calligraphy

hatun woman

hav nap, pile

hava weather; air, atmosphere; climate; tune, air *hava akımı* draught *hava akını* air raid *hava almak* to go for a walk in the fresh air; *arg.* to get nothing, to draw a blank *hava atmak* to show off, to cut a dash *hava basıncı* atmospheric pressure *hava boşluğu* atmospheric vacuum *hava geçmez* airtight *hava kabarcığı* bubble *hava kirlenmesi* air pollution *hava koridoru* air corridor *hava kuvvetleri* air forces *hava otobüsü* airbus *hava raporu* weather report *hava üssü* air base *hava yolları* airlines *havaya uçurmak* to blow up

havaalanı airfield

havacı aviator

havacılık aviation

havacıva trivial, useless

havadan for nothing, out of the blue

havadar airy

havadis news

havagazı coal gas

havai aerial; flighty, frivolous

havalandırmak to air

havalanmak to take off, to fly; to be aired

havale transfer; assignment; money order; *hek.* eclampsia *havale etmek* to transfer; to assign; to refer *havale göndermek* to send a money order

havaleli bulky, top-heavy, cumbersome

havalı airy; attractive, ostentatious; pneumatic

havali neighbourhood

havalimanı airport

havan mortar *havan topu* howitzer

havari apostle

havasız airless, stuffy

havlamak to hark

havlu towel

havra synagogue

havsala comprehension; pelvis *havsalası almamak* to be unable to comprehend

havuç carrot

havuz pond, pool

Havva Eve

havyar caviar

havza *coğ.* river-basin

haya shame, modesty

haya testicle

hayal image; fancy, imagination; phantom, spectre *hayal kurmak* to dream *hayal kırıklığı* disappointment, letdown *hayal kırıklığına uğramak* to be disappointed *hayal kırıklığına uğratmak* to disappoint *hayale dalmak* to fall into a reverie *hayal meyal* faint, indistinct

hayalci daydreamer

hayalet ghost

hayali imaginary

hayalperest dreamer

hayasız shameless

hayat life *hayata atılmak* to begin to work *hayatını kazanmak* to earn one's living *hayat memat meselesi* a matter of life and death *hayat kadını* prostitute

hayati vital

haydi, hadi come on! *Haydi bakalım!* Come on then! *Haydi ordan!* Be off!, Clear out!

haydut bandit, robber, highwayman

Hayhay! All right! Certainly! With pleasure!

hayıflanmak to bemoan, to lament

hayır goodness; benefaction, charity *hayır işlemek* to do good *hayır sahibi* benefactor, donor *hayra alamet değil* it augurs no good *hayra yormak* to interpret favourably *hayrını görmek* to enjoy the advantage of

hayır no

hayırdua blessing

hayırlı auspicious, blessed *hayırlısı olsun* let's hope for the best *Hayırlı yolculuklar!* Bon voyage! Have a good trip!

hayırsever benevolent, charitable

hayırsız useless, good-for-nothing; unfaithful

haykırış shouting, cry

haykırmak to cry out, to shout

haylaz lazy, idle

haylazlık idleness

hayli a good deal (of); fairly, pretty

hayran admirer, lover, fan *hayran bırakmak* to strike with admiration *hayran olmak* to admire

hayranlık admiration

hayranlıkla with admiration

hayrat pious foundations

hayret astonishment, amazement *hayret etmek* to be astonished

Hayrola! What's the matter?

haysiyet dignity, honour

haysiyetli dignified, honourable

haysiyetsiz undignified, dishonourable

haysiyetsizlik dishonour

hayvan animal *hayvanat bahçesi* zoo

hayvanbilim zoology

hayvansal animal

haz pleasure, delight *haz duymak* to feel pleasure

hazan autumn

Hazar Denizi Caspian Sea

hazım digestion

hazımsızlık indigestion

hazır ready *hazır bulunmak* to be present *hazır etmek* to get ready *Hazır ol!* Attention! *hazır olmak* to prepare oneself; to be prepared; to be present (at) *hazır para* ready money, cash

hazırcevap quick-witted, witty

hazırlamak to prepare

hazırlanmak to prepare, to get ready; to be prepared

hazırlık preparation *hazırlık yap-*

mak to make preparations
hazırlıklı prepared
hazırlıksız unprepared
hazırlop hard-boiled
hazin sad, pathetic
hazine treasure; treasury
haziran June
hazmetmek to digest
hazne storehouse; (gun) chamber
heba waste, loss _heba etmek_ to waste, to spoil _heba olmak_ to be wasted
hece syllable
hecelemek to syllable
hedef target
hediye present, gift _hediye etmek_ to give as a gift
hekim physician, doctor
hekimlik medical science, medicine
hektar hectare
hektolitre hectolitre
hektometre hectometre
hela water-closet, toilet
helak destruction _helak etmek_ to destroy, to kill _helak olmak_ to perish
helal lawful, legitimate _helal etmek_ to give up sth to sb
hele especially, above all
helezon spiral
helezoni spiral
helikopter helicopter
helva halvah, halva
helyum _kim._ helium
hem and also; both ... and
hemen at once, immediately _hemen hemen_ nearly, almost
hemencecik right away
hemfikir like-minded
hemoglobin hemoglobin
hemoroit hemorrhoid, piles
hemşeri fellow countryman, townsman
hemşerilik citizenship
hemşire nurse
hemzemin geçit level crossing
hendek ditch, trench

hengâme uproar, confusion
hentbol handball
henüz yet, still, just
hep all, whole; always _hep beraber_ all together
hepsi all of it; all of them
hepten entirely, completely
her even, each _her an_ (at) any moment _her günkü_ everyday _her halde_ in any case _her kim_ whoever _her nasılsa_ somehow _her ne_ whatever _her nedense_ for some reason or other _her ne kadar_ although _her ne pahasına olursa olsun_ at all costs _her nerede/nereye_ wherever _her neyse_ anyway, anyhow _her ne zaman_ whenever _her şey_ everything _her tarafta_ everywhere _her taraftan_ from everywhere _her yerde/yere_ everywhere _her yerinde_ all over _her zaman_ always
hercai fickle, capricious
hercaimenekşe pansy
hergele scoundrel, rake
herhalde probably
herhangi whoever, whatever, whichever
herif fellow, guy, bloke
herifçioğlu fellow, guy
herkes everybody, everyone
hesap calculation; bill; account _hesabı kapamak_ to close the account _hesabına gelmek_ to suit _hesap açmak_ to open an account _hesap cetveli_ slide rule _hesap cüzdanı_ bank book, passbook _hesap defteri_ account book _hesap etmek_ to calculate _hesap görmek_ to pay the bill, to settle accounts _hesap pusulası_ bill _hesap sormak_ to call to account _hesap vermek_ to account for
hesaplamak to calculate
hesaplaşmak to settle accounts mutually

hesaplı economical
hesapsız countless, innumerable; unplanned
heterojen heterogeneous
heves desire, inclination *heves etmek* to have a fancy for
hevesli desirous, keen
hey! Look here!
heybe saddle-bag
heybet majesty, grandeur
heybetli majestic, grand
heyecan excitement
heyecanlandırmak to excite
heyecanlanmak to get excited
heyecanlı exciting; excited
heyecansız unexciting; unexcited
heyelan landslide
heyet commission, committee; board
heykel statue
heykeltıraş sculptor
heykeltıraşlık sculpture
hezimet rout *hezimete uğramak* to be completely defeated *hezimete uğratmak* to rout
hıçkırık hiccup, hiccough *hıçkırık tutmak* to have the hiccups
hıçkırmak to hiccup; to sob
hıfzısıhha hygiene
hık mık etmek to hum and haw
hımbıl slothful, slack, bone-lazy
hınç rancour, hatred *hıncını almak* to revenge
hınzır swine
hınzırlık dirty trick
hır row, quarrel *hır çıkarmak* to kick up a row, to start a quarrel
hırçın ill-tempered, peevish, cross
hırçınlaşmak to become cross
hırçınlık bad temper, peevishness
hırdavat hardware
hırgür squabble
hırıldamak to snarl
hırıltı growl, snarling
hırızma nose-ring
Hıristiyan Christian
Hıristiyanlık Christianity

hırka cardigan
hırlamak to snarl, to growl
hırpalamak to maltreat, to maul, to manhandle
hırpani ragged, tattered
hırs ambition, greed; anger, rage *hırsını alamamak* to be unable to vent one's anger *hırsından çatlamak* to be ready to burst with anger *hırsını -dan almak* to wreak one's wrath on sb
hırsız thief, burglar, robber
hırsızlık theft, burglary *hırsızlık etmek* to steal, to burgle
hırslanmak to get angry
hırslı ambitious, avaricious; angry, furious
hısım relative, kin *hısım akraba* kith and kin
hısımlık relationship, kinship
hışım anger, fury
hışırdamak to rustle
hışırtı rustling
hıyanet treachery, treason
hıyar cucumber; duffer, blockhead, dolt
hız speed *hız göstergesi* speedometer *hızını alamamak* to be unable to slow down
hızar large saw
hızlandırmak to accelerate
hızlı quick, fast, rapid; rapidly, speedily, fast
hibe donation *hibe etmek* to donate
hiciv satire
hicvetmek to satirize
hicviye satirical poem
hiç no, none; not at all; ever; never; nothing *hiç değilse* at least *hiçe saymak* to disregard *hiç kimse* nobody, no one *hiç olmazsa* at least *hiç yoktan* for no reason
hiçbir no *hiçbiri* none *hiçbir şekilde* in no way *hiçbir şey* nothing *hiçbir yerde/yere* nowhere *hiçbir*

zaman never
hiççilik nihilism
hiddet anger, rage
hiddetlenmek to become angry
hiddetli angry
hidrat hydrate
hidrodinamik hydrodynamics; hydrodynamic
hidroelektrik hydroelectric
hidrofil hydrophilic; absorbent
hidrofor air pressure tank
hidrograf hydrographer
hidrografi hydrography
hidrojen hydrogen **hidrojen bombası** hydrogen bomb
hidrokarbon hydrocarbon
hidroklorik asit hydrochloric acid
hidroksil hydroxyl
hidrolik hydraulic; hydraulics
hidroloji hydrology
hidrosfer hydrosphere
hidrostat hydrostat
hidroterapi *hek.* hydrotherapy
hikâye story, tale
hikâyeci short story writer
hikmet wisdom; hidden cause, reason
hilafet Caliphate
hilal crescent
hile trick, ruse, shift **hile yapmak** to swindle **-e hile karıştırmak** to rig
hileci deceitful, tricky
hileli tricky, crooked, false
hilesiz genuine, pure
hilkat creation **hilkat garibesi** freak
himaye protection **himaye etmek** to protect **himayesine almak** to patronize
himayesiz unprotected
hindi turkey
hindiba chicory
Hindistan India
hindistancevizi coconut
Hindistanlı Indian
Hint Okyanusu Indian Ocean
hintfıstığı physic nut

hintkamışı bamboo
hintkeneviri (Indian) hemp
hintyağı castor oil
hipermetrop hypermetropic, far-sighted
hipertansiyon hypertension
hipnotizma hypnotism
hipodrom hippodrome
hipofiz *anat.* hypophysis
hipotenüs hypotenuse
hipotez hypothesis
hippi hippie, hippy
his feeling, sensation; sense **hislerine kapılmak** to be carried away by one's feelings
hisar castle, fort
hisli sensitive
hisse share **hisse senedi** share, stock share
hissedar shareholder
hisseli divided into shares
hissetmek to feel
hissi sentimental
hissiz insensitive, unfeeling
histoloji histology
hişt! Psst! Look here!
hitabe address, speech
hitaben addressing
hitap addressing **hitap etmek** to address
Hitit Hittite
hiyerarşi hierarchy
hiyerarşik hierarchical
hiza level, line **hizaya gelmek** to get into line
hizip clique
hizipçilik cliquishness
hizmet service **hizmet etmek** to serve
hizmetçi servant
hizmetkâr servant
hoca hodja; teacher
hodbin selfish
hohlamak to breathe (upon)
hokey hockey
hokka inkpot
hokkabaz juggler, conjurer

hokkabazlık jugglery, trickery
hol hall, vestibule
holding *tic.* holding company
Hollanda Holland, the Netherlands
Hollandaca Dutch
Hollandalı Dutchman, Hollander
homojen homogeneous
homolog homologous
homoseksüel homosexual
homoseksüellik homosexuality
homurdanmak to grumble, to grouch
homurtu grumbling, muttering
hoparlör loudspeaker
hoplamak to leap, to hop
hoppa flighty, frivolous
hoppalık flightiness, frivolity
hor contemptible, vile *hor görmek* to look down upon, to despise *hor kullanmak* to misuse
horlamak to ill-treat, to despise
horlamak to snore
hormon hormone
horoz cock, rooster *horoz döğüşü* cockfight
horozlanmak to strut about, to bluster
hortlak ghost
hortlamak to rise from the grave; to arise again
hortum hose; whirlwind; trunk
horuldamak to snore
horultu snore, snoring
hostes stewardess, air hostess
hoş pleasant, nice *Hoş geldiniz!* Welcome! *hoş görmek* to tolerate, to allow *hoş görmemek* to disapprove *hoş karşılamak* to approve, to connive *hoşa gitmek* to be liked *hoşuna gitmek* to appeal (to sb), to relish, to please *Hoşça kalın!* Goodbye!
hoşaf stewed fruit, compote *hoşaf gibi* exhausted
hoşbeş chat
hoşgörü tolerance
hoşgörülü tolerant

hoşgörülülük tolerance
hoşgörüsüz intolerant
hoşgörüsüzlük intolerance
hoşlanmak to enjoy, to like
hoşlanmamak to dislike
hoşnut contented, pleased
hoşnutluk contentment
hoşnutsuz discontented
hoşnutsuzluk discontent
hoşsohbet conversationalist, good company
hovarda gadabout, debauchee, libertine; spendthrift, prodigal
hovardalık debauchery, profligacy *hovardalık etmek* to go to town
hoyrat rough, coarse
hödük boor, bumpkin, hick
höpürdetmek to slurp
hörgüç hump
hörgüçlü humped
höyük mound, tumulus
hububat grain, cereals
hudut border, boundary; limit
hudutsuz boundless, unlimited
hukuk law *Hukuk Fakültesi* the Law Faculty *hukuk müşaviri* legal adviser
hukukçu jurist
hukuki legal
hulasa summary; extract; in short
hulya daydream, fancy
humma fever
hummalı feverish
humus humus
hunhar bloodthirsty
huni funnel
hurafe superstition
hurda scrap, junk *hurda demir* scrap iron *hurda fiyatına* for its scrap value *hurdaya çıkarmak* to scrap, to junk
hurdacı scrap dealer, junkman
huri houri
hurma date
hurufat type
husul occuring, taking place **husule gelmek** to come into existence,

to occur *husule getirmek* to bring about, to produce

husumet hostility

husus matter, subject; point, respect

hususi special, private, personal

hususiyet particularity, peculiarity

husye testicle

huşu deep reverence, awe

huy temper, temperament; habit *huy edinmek* to form the habit of

huylanmak to feel suspicious; to become touchy

huysuz bad tempered, cross, peevish

huysuzlanmak to fret, to become bad-tempered

huysuzluk bad temper, snappishness

huzur peace, comfort

huzurevi old age asylum

huzurlu at ease, in peace

huzursuz uneasy, unquiet

huzursuzluk unease, unrest

hücre cell

hücum attack, assault *hücum etmek* to attack, to assail

hücumbot assault boat

hükmen legally; *sp.* by the decision of the referee *hükmen mağlup sayılmak* to default

hükmetmek to rule, to command; to sentence, to judge

hüküm rule, authority; command; sentence, judgement; importance, effect *hüküm giymek* to be condemned *hüküm sürmek* to reign, to rule

hükümdar monarch, ruler

hükümdarlık sovereignty; kingdom

hükümet government *hükümet darbesi* coup d'état *hükümet konağı* government office

hükümlü sentenced, condemned

hükümran ruling, sovereign

hükümranlık sovereignty

hükümsüz null, invalid

hümanist humanist

hümanizm humanism

hüner skill

hünerli skilful

hünersiz unskilled

hüngürdemek to sob *hüngür hüngür ağlamak* to weep bitterly

hür free, independent

hürmet respect *hürmet etmek* to respect

hürmeten out of respect

hürmetsizlik disrespect

hürriyet freedom, liberty

hüsnükuruntu fond imagination, wishful thinking

hüsnüniyet goodwill

hüsran disappointment *hüsrana uğramak* to be disappointed

hüviyet identity *hüviyet cüzdanı* identity card

hüzün sadness, sorrow, grief

hüzünlenmek to feel sad

hüzünlü sad, sorrowful, gloomy

I

ıhlamur lime tree, linden tree; linden flower tea

ıkınmak to strain while defecating *ıkına sıkına* with great effort *ıkınıp sıkınmak* to grunt and strain

ılgıt ılgıt gently

ılıca hot spring, spa

ılık lukewarm

ılıklaşmak to become lukewarm

ılıklık lukewarmness

ılım moderation

ılıman mild, temperate

ılımlı moderate, equable, temperate

ılımlılık moderation

ılıştırmak to make tepid

ıpıslak very wet, soaked

ıra character
ırak distant, far
Irak Iraq
Iraklı Iraqi, Iraki
ıraksak divergent
ırgalamak to shake; *arg.* to concern, to interest
ırgat day labourer, workman; capstan
ırk race
ırkçı racialist
ırkçılık racialism
ırmak river
ırz chastity *ırz düşmanı* rapist *ırza tecavüz* rape, violation *ırzına geçmek* to violate, to rape
ısı heat
ısıl thermal, thermic
ısın calorie
ısındırmak to break in, to cause to like
ısınma heating, warming up
ısınmak to warm; to warm oneself; *sp.* to warm up
ısıölçer calorimeter
ısırgan nettle
ısırık bite, sting
ısırmak to bite
ısıtıcı heater
ısıtmak to heat, to warm
ıska miss *ıska geçmek* to miss; *arg.* to disregard, to ignore
ıskalamak to miss
ıskarmoz *den.* oarlock, rowlock, thole pin; *hayb.* barracuda
ıskarta discard, scrap; discarded *ıskartaya çıkarmak* to discard, to scrap, to junk
ıskonto discount *ıskonto etmek* to discount
ıskuna schooner
ıslah improvement, reform *ıslah etmek* to improve *ıslah olmak* to improve one's conduct *ıslah olmaz* incorrigible
ıslahat reforms, improvements *ıslahat yapmak* to make reforms

ıslahatçı reformer
ıslahevi reformatory
ıslak wet
ıslaklık wetness
ıslatmak to wet
ıslık whistle *ıslık çalmak* to whistle
ısmarlama order; ordered, made to order
ısmarlamak to order
ıspanak spinach
ıspatula spatula
ıspazmoz spasm
ısrar insistence *ısrar etmek* to insist
ısrarla insistently
ısrarlı insistent
ıssız lonely, deserted
ıssızlık loneliness
ıstakoz lobster
ıstampa inkpad
ıstırap suffering, pain *ıstırap çekmek* to suffer
ışık light; lamp *ışık tutmak* to shed light (on); to light the way (for)
ışıklandırmak to illuminate
ışıklı illuminated, lighted *ışıklı reklam* neon sign
ışıl ışıl sparklingly, glitteringly
ışıldak searchlight, projector
ışıldamak to sparkle, to twinkle
ışıltı glitter, twinkle
ışıltılı glittering
ışımak to glow, to radiate
ışın ray *ışın demeti* ray beam
ışınım radiation
ışınır radiant
ışınlamak to radiate
ışınölçer radiometer
ışınölçüm radiometry
ışıtmak to illuminate
ıtır perfume, aroma *ıtır çiçeği* geranium
ıtırlı aromatic, perfumed
ıtriyat perfumes
ıvır zıvır trifles, baubles, bunkum
ızbandut hulk, colossus *ızbandut gibi* giantlike

ızgara grill, gridiron; grating;
grilled *ızgara köfte* grilled meat-
balls *ızgara yapmak* to grill

İ

iade giving back *iade etmek* to give
back, to return *iadeli taahhütlü*
registered and reply paid
iane donation, aid
iaşe subsistence, feeding
ibadet worship *ibadet etmek* to
worship
ibadethane house of God, temple
ibare sentence, paragraph, clause
ibaret consisting of, composed of
ibibik hoopoe
ibik *hayb.* comb, crest; *anat.* crista
iblis Satan, the Devil
ibra acquittal *ibra etmek* to acquit
İbrani Hebrew
İbranice Hebrew
ibraz presentation *ibraz etmek* to
present, to show
ibre needle, pointer
ibret lesson, example *ibret almak*
to draw a lesson (from) *ibret ol-
mak* to be a lesson to
ibrik ewer
ibrişim silk thread
icabet acceptance *icabet etmek*
(invitation) to accept
icap requirement, necessity *icap
etmek* to be necessary *icabına
bakmak* to see to *icabında* if
needed, if need be, if necessary
icar rent, hire *icara vermek* to let
out
icat invention *icat etmek* to invent
icra execution; performance *icra
etmek* to execute, to perform
icra memuru bailiff, executive
officer *icraya vermek* to refer to
the court bailiff
icraat activities, performances

icracı performer
iç inside, interior; heart, mind;
stomach, intestines; kernel; in-
terior, internal, inner *iç açıcı*
cheering, pleasant *iç çamaşırı*
underclothing *iç çekmek* to sigh
iç etmek to appropriate, to
pocket *iç hastalıkları* internal
diseases *iç içe* one within the
other *iç lastik* inner tube *iç
savaş* civil war *iç sıkıcı* boring *iç
sıkıntısı* boredom *iç ticaret* home
trade *iç tüketim* home con-
sumption *iç tüzük* house regu-
lations *içi açılmak* to be cheered
up *içi cız etmek* to be deeply
moved *içi dışı bir* sincere *içi
geçmek* to doze off *içi gitmek* to
desire strongly *içi içine sığma-
mak* to be unable to contain
oneself *içi içini yemek* to fret
about *içi kan ağlamak* to be in
deep sorrow *içi parçalanmak* to
be cut to the heart *içinden
geçirmek* to think *içinden gel-
mek* to feel like *içinden okumak*
to read to oneself *içine almak* to
contain *içine dert olmak* to be a
thorn in one's flesh *içine
doğmak* to have a hunch *içine
etmek* to spoil *içine kurt düşmek*
to feel suspicious *içini
açmak/dökmek* to unburden
one's heart
içbükey concave
içderi endoderm
içecek drink, beverage
içedönük introvert
içgöç immigration
içekapanık autistic
içerde inside
içeri inside, interior; in *içeri gir-
mek* to go in, to enter
içerik content
içerlek set back, standing back
içerlemek to resent, to be grieved
içermek to contain, to include, to

comprise
içevlilik endogamy
içgöç internal migration
içgüdü instinct
içgüdüsel instinctive
içgüvey, içgüveysi bridegroom who lives in his wife's house
içilir drinkable
içilmez undrinkable
içim draught, sip
için for
içinde in; inside
içindekiler contents
içinden from the inside
içişleri internal affairs *İçişleri Bakanlığı* Ministry of the Interior *İçişleri Bakanı* Interior Minister
içki drink *içki âlemi* drinking bout, binge *içkiye düşkün* addicted to drink *içkiyi fazla kaçırmak* to have taken a drop too much
içkici drinker
içkili drunk
içkulak inner ear
içli sensitive; sad, touching
içlidışlı familiar, intimate
içme drinking; mineral spring *içme suyu* drinking water
içmek to drink; to smoke
içmimar interior decorator
içmimarlık interior decoration
içten sincere; from within
içtenlik sincerity
içtenlikle sincerely
içtima meeting
içtimai social
içyağı suet
içyüz inside story, real truth
idam capital punishment, execution *idam etmek* to execute
idame continuance
idare management, administration; economy, thrift *idare etmek* to administer, to manage; to economize *idare etmez* it doesn't pay *idare heyeti* board of directors

idareci manager, administrator
idarecilik administration
idareli economical, thrifty *idareli kullanmak* to use economically
idareten temporarily
idari administrative
iddia claim; bet, wager *iddia etmek* to claim; to pretend, to purport *iddiaya girmek/tutuşmak* to bet
iddiacı assertive, persistent
iddialı pretentious
iddianame indictment
iddiasız unpretentious
ideal ideal
idealist idealist; idealistic
idealize etmek to idealize
idealizm idealism
ideoloji ideology
ideolojik ideological
idman workout, training
idrak perception; reaching *idrak etmek* to perceive; to reach
idrar urine *idrar torbası* urinary bladder
idraryolu urethra
ifa performance, execution *ifa etmek* to perform, to execute
ifade expression; deposition, statement *ifadesini almak* to question, to interrogate *ifade vermek* to give evidence, to testify
iffet chastity
iffetli chaste
iffetsiz unchaste
iflah salvation *iflah olmaz* incorrigible *iflahı kesilmek* to be exhausted *iflahını kesmek* to exhaust
iflas bankruptcy *iflas etmek* to go bankrupt *iflas ettirmek* to bankrupt
ifrat excess, overdoing *ifrata kaçmak* to overdo *ifrata vardırmak* to carry to excess
ifraz separation; *biy.* secretion
ifşa divulgation, disclosure *ifşa*

etmek to divulge, to disclose

ifşaat revelations

iftar the breaking of one's fast; the evening meal during Ramadan **iftar etmek** to break one's fast

iftihar pride **iftihar etmek** to be proud of

iftira slander **iftira etmek** to slander

iftiracı slanderer

iğ spindle

iğde oleaster, elaeagnus

iğdiş castrated **iğdiş etmek** to castrate

iğfal rape **iğfal etmek** to rape

iğne needle, pin; fish hook; syringe; biting word, pinprick **iğne deliği** the eye of a needle **iğne olmak** to have an injection **iğne yapmak** to give an injection **iğne ipliğe dönmek** to become skin and bones **iğneye iplik geçirmek** to thread a needle

iğnelemek to pin, to prick; to hurt with words

iğneleyici pricking; biting

iğneli having a pin; biting

iğrenç disgusting, loathsome, abhorrent

iğrençlik repulsiveness

iğrendirmek to disgust

iğrenmek to loathe, to abhor

iğreti borrowed

ihale adjudication, awarding **ihale etmek** to adjudicate, to award **ihaleye çıkarmak** to put out to tender

ihanet treachery, betrayal **ihanet etmek** to betray

ihbar denunciation **ihbar etmek** to denounce

ihbarname notice, warning

ihlal disobeying, violation **ihlal etmek** to break, to violate

ihmal negligence **ihmal etmek** to neglect

ihmalci neglectful

ihracat exports

ihracatçı exporter

ihraç exportation; expulsion **ihraç etmek** to export; to expel

ihsan gift, grant **ihsan etmek** to grant, to bestow

ihtar warning **ihtar etmek** to warn

ihtilaf dispute, conflict

ihtilaflı controversial

ihtilal revolution

ihtilalci revolutionary

ihtimal probability; probably **ihtimal vermek** to deem likely

ihtimam care, painstaking **ihtimam göstermek** to take pains

ihtimamlı painstaking, careful

ihtimamsız careless, slipshod

ihtiras passion

ihtiraslı passionate

ihtisas specialization **ihtisas yapmak** to specialize in

ihtişam magnificence, splendour

ihtiva containing **ihtiva etmek** to contain, to include

ihtiyaç necessity, need **ihtiyacı olmak** to need

ihtiyar choice, option

ihtiyar old, aged

ihtiyari optional

ihtiyarlamak to grow old

ihtiyarlık oldness, old age

ihtiyat precaution; *ask.* reserves **ihtiyat akçesi** *tic.* reserve fund **ihtiyat kuvvetleri** *ask.* reserve forces

ihtiyatla cautiously

ihtiyatlı cautious

ihtiyatsız imprudent, incautious

ihtiyatsızlık imprudence, rashness **ihtiyatsızlık etmek** to act imprudently

ihya vivification, revitalization **ihya etmek** to vivify, to revitalize

ikamet dwelling, residing **ikamet etmek** to dwell, to reside

ikametgâh residence

ikaz warning **ikaz etmek** to warn

iken while, when
iki two *iki ayağını bir pabuca sokmak* to hustle *iki dirhem bir çekirdek* dressed up to kill *iki eli kanda olsa* no matter how busy he is *iki yakası bir araya gelmemek* to be unable to make two ends meet *ikide bir* now and then
ikidilli bilingual
ikilem dilemma
ikili bilateral; (cards) two
ikilik disunion, disagreement; duality
ikinci second
ikincil secondary
ikindi afternoon
ikindiüstü in the afternoon
ikircik hesitancy
ikirciklenmek to hesitate
ikircikli hesitant
ikişer two each, two at a time *ikişer ikişer* two by two, in twos
ikiyaşayışlı amphibious
ikiyüzlü hypocritical, twofaced; hypocrite
ikiyüzlülük hypocrisy
ikiz twin
ikizkenar *mat.* isosceles *ikizkenar üçgen* isosceles triangle
İkizler (burcu) Gemini
iklim climate
ikmal completing, finishing; *ask.* supply, reinforcement; (exam) condition, make-up *ikmal etmek* to complete, to finish
ikna persuasion *ikna etmek* to persuade, to convince
ikram honouring; discount *ikram etmek* to show honour to; to offer, to treat to; to discount
ikramiye bonus; prize *ikramiye kazanmak* to win a prize
ikrar confession *ikrar etmek* to confess, to acknowledge
iksir elixir
iktibas quotation *iktibas etmek* to

quote
iktidar power *iktidar partisi* the party in power *iktidara gelmek* to come to power *iktidarda olmak* to be in power
iktidarsız impotent
iktidarsızlık impotence
iktisaden economically
iktisadi economic
iktisap acquisition *iktisap etmek* to acquire
iktisat economy; economics *İktisat Fakültesi* the School of Economics
iktisatçı economist
ila to, up to; until
ilaç medicine
ilaçlamak to medicate
ilaçlı medicated
ilah god
ilahe goddess
ilahi divine, heavenly
ilahi hymn, psalm, anthem
ilahiyat theology *İlahiyat Fakültesi* the School of Theology
ilahiyatçı theologian
ilam judicial decree, engrossment
ilan announcement, declaration; advertisement *ilan etmek* to declare, to announce; to advertise
ilave addition; additional *ilave etmek* to add
ilçe county, district
ile with; by; and
ilelebet for ever
ileri forward part, front; future; advanced; forward, ahead *ileri atılmak* to spring forward, to rush forward *ileri gelenler* notables *ileri gitmek* to go forward; to go too far *ileri sürmek* to put forward, to bring forward *ileriyi görmek* to foresee
ilerici progressive
ileride, ilerde in the future; ahead
ilerisi the farther part; the future
ileriye forward

ilerlemek to go forward, to proceed; to progress, to advance; (time) to pass away

iletim transmission; *fiz.* conduction

iletişim communication

iletken conductor

iletkenlik conductivity

iletki protractor

iletmek to transmit, to carry; to conduct, to convey

ilga abolition *ilga etmek* to abolish

ilgi interest; relation, connection *ilgi göstermek* to show interest *ilgi uyandırmak* to arouse sb's interest

ilgilendirmek to interest, to concern

ilgilenmek to be interested (in, ile)

ilgili interested; relevant

ilginç interesting

ilgisiz indifferent, unconcerned

ilgisizlik indifference, unconcern

ilham inspiration

ilik buttonhole

ilik marrow *iliklerine kadar ıslanmak* to be soaked to the skin

iliklemek to button up

ilim science

ilinti connection

ilişik attached; connection, relation *ilişiğini kesmek* to sever one's connection with; to discharge

ilişki relation, connection; affinity, bond *ilişki kurmak* to get in touch with; to have an affair (with)

ilişkili connected, relevant

ilişmek to touch

iliştirmek to attach, to fasten

ilk first; initial *ilk defa* for the first time *ilk fırsatta* at the first opportunity *ilk göz ağrısı* first child; first love

ilkbahar spring

ilkçağ antiquity

ilke principle, basis

ilkel primitive

ilkellik primitiveness

ilkin first, in the first place; at first, at the beginning

ilkokul primary school

ilköğrenim, ilköğretim primary education

ilkönce first of all

ilkyardım first aid

illa, illaki whatever happens, come what may

illallah I'm sick of it!

ille by all means; especially

illet disease

illüstrasyon illustration

ilmek, ilmik loop; noose

ilmi scientific

ilmiklemek to loop

ilmühaber certificate

iltica taking refuge *iltica etmek* to take refuge in

iltifat compliment *iltifat etmek* to pay a compliment

iltihap inflammation

iltihaplanmak to become inflamed

iltimas favouritism, protection *iltimas etmek* to favour, to protect

iltimasçı protector, patron

ima allusion, hint *ima etmek* to hint at, to allude to

imal manufacture *imal etmek* to manufacture, to produce

imalat products

imalatçı manufacturer

imalathane workshop, small factory

imalı allusive

imam imam

imambayıldı a dish of eggplants with olive oil

iman faith, belief *iman etmek* to have faith in Allah (God) *imana gelmek* to be converted to Islam; to see reason *imanı gevremek* to suffer a lot; to be exhausted

imanlı believing, religious

imansız unbelieving; cruel; unbe-

liever
imar improvement, public works **imar etmek** to improve, to render prosperous
imbat daytime summer sea breeze
imbik retort, still **imbikten geçirmek** to distil
imdat help
imece doing a work together for one of the members of the community
imge image
imgelem imagination
imgelemek to imagine
imha destruction **imha etmek** to destroy
imkân possibility, means
imkânsız impossible
imla spelling, orthography
imparator emperor
imparatoriçe empress
imparatorluk empire
imrenmek to envy, to covet
imtihan examination
imtiyaz privilege, distinction
imtiyazlı privileged
imza signature **imza etmek** to sign **imza sahibi** signer, signatory
imzalamak to sign
imzalı signed
imzasız unsigned
in den, lair
inak *fel.* dogma
inan belief
inanç belief; confidence
inançlı believer; believing
inandırıcı persuasive
inandırmak to convince
inanılmaz unbelievable, incredible
inanış belief, faith
inanmak to believe; to trust
inat obstinacy **inat etmek** to be obstinate **inadı tutmak** to have a fit of obstinacy
inatçı stubborn, obstinate
inatçılık obstinacy
inayet favour, grace

ince thin; subtle; slim **inceden inceye** minutely **ince eleyip sık dokumak** to split hairs
incebağırsak *anat.* small intestine
incehastalık *kon.* tuberculosis
inceleme research, study
incelemek to examine, to study
incelik thinness; subtlety; slimness
incelmek to become thin
inceltmek to thin, to make thin
inceyağ thin oil
inci pearl
incik shin **incik kemiği** shinbone
İncil the New Testament; the Gospel
incinmek to be hurt/injured/bruised/sprained
incir fig **incir çekirdeği doldurmaz** trifling
incitici hurting
incitmek to hurt
inç inch
indeks index
indirgeme reduction
indirgemek to reduce
indirim reduction, discount
indirimli reduced in price **indirimli satış** sale
indirmek to take down, to lower; to bring down, to reduce
inek cow; *arg.* swot, grind
ineklemek *arg.* to swot, to grind
infaz execution **infaz etmek** to execute
infilak explosion **infilak etmek** to explode
infraruj infrared
İngiliz English; Englishman **İngiliz anahtarı** monkey wrench
İngilizce English
İngiltere England
inhisar monopoly
inildemek to moan
inilti moan, groan
inisiyatif initiative
iniş downward slope, descent, downhill **iniş aşağı** downhill,

downwards *iniş çıkış* descent and ascent

inkâr denial, refusal *inkâr etmek* to deny, to gainsay

inkılap revolution

inkıta interruption *inkıtaa uğramak* to be interrupted, to cease

inkişaf development *inkişaf etmek* to develop

inlemek to moan, to groan

inme stroke, apoplexy, paralysis *inme inmek* to have a stroke

inmek to descend; to alight, to dismount; (plane) to land; (prices) to fall

inmeli paralysed

inorganik inorganic

insaf justice, fairness; Have a heart! *insaf etmek* to take pity (on) *insafa gelmek* to show mercy

insaflı just, fair

insafsız unjust, unfairly

insafsızlık injustice, unfairness

insan human being, human *insan hakları* human rights *insan içine çıkmak* to go out in public

insanbilim anthropology

insanbilimci anthropologist

insanca properly, decently

insancıl humanitarian

insani human, humanely

insaniyet humanity, mankind; humaneness, kindness

insaniyetli humane, kind

insaniyetsiz inhuman

insanlık humanity, mankind; humaneness

insanoğlu man, mankind

insanüstü superhuman

inşa building *inşa etmek* to build

inşaat constructions, buildings *inşaat mühendisi* civil engineer

inşaatçı builder, constructor

inşallah God willing!, I hope so!, I hope that ...

integrasyon *mat.* integration

internet Internet *inernette* on the Internet

intiba impression

intibak adaptation *intibak etmek* to adjust oneself to

intifa benefit

intihar suicide *intihar etmek* to commit suicide

intikal transition; perception *intikal etmek* to be inherited

intikam revenge *intikam almak* to revenge, to avenge

intizam order, tidiness

intizamlı tidy, neat

intizamsız untidy, irregular

inzibat discipline; military policeman

inziva seclusion *inzivaya çekilmek* to seclude oneself

ip rope, string *ip atlamak* to skip rope *ipe çekmek* to hang *ipe sapa gelmez* irrelevant, nonsensical *ipin ucunu kaçırmak* to lose control of *iple çekmek* to look forward to

ipek silk *ipek gibi* silken, silky

ipekböceği silkworm

ipince very thin

iplemek to mind, to respect, to heed

iplememek not to give a damn, not to care

iplik thread

ipnotize hypnotized ipnotize etmek to hypnotize

ipnotizma hypnotism

ipnotizmacı hypnotizer

ipnoz hypnosis

ipotek mortgage *ipotek etmek* to mortgage

ipotekli mortgaged

ipsiz vagabond

iptal cancellation, annulment *iptal etmek* to cancel, to annual

iptidai primitive

ipucu clue *ipucu vermek* to give a

clue

irade will, volition; command, decree

iradedışı involuntary

iradeli strongwilled

iradesiz irresolute, weak

iradi voluntary

İran Iran, Persia

İranlı Iranian, Persian

irat income

irdeleme examination

irdelemek to examine, to scrutinize, to discuss

irfan knowledge

iri large, huge

iribaş *hayb.* tadpole

irice largish

irikıyım huge; large chopped

irileşmek to become large

irili ufaklı large and small

irilik largeness

irin pus

irinlenmek to suppurate

iris *anat.* iris

iriyarı huge, burly

irkilmek to be startled

İrlanda Ireland

İrlandalı Irish

irmik semolina *irmik helvası* semolina halva

irs inheritance

irsaliye waybill, shipping papers

irsi hereditary

irsiyet heredity

irtibat connection; communication *irtibat subayı* liaison officer

irtica (social) reaction

irtical improvisation

irticalen extemporaneously, impromptu

irtifa altitude

is soot

İsa Jesus Christ

isabet hitting (the mark); saying/doing exactly the right thing; falling by chance to *isabet etmek* to hit the mark; to say/do

just the right thing; (prize, etc.) to fall to, to win

isabetli right, exact

isabetsiz inexact, improper

ise if *ise de* even if, although

ishal diarrhoea *ishal olmak* to have diarrhoea

isilik heat spots *isilik olmak* to have heat spots

isim name; noun; title *isim takmak* to nickname *isim vermek* to give a name, to name

isimsiz anonymous, innominate

iskambil playing card *iskambil kâğıdı* playing cards *iskambil oynamak* to play cards

iskân settling *iskân etmek* to house; to settle

İskandinavya Scandinavia

İskandinavyalı Scandinavian

iskarpin shoe

iskele landing-place, wharf, quay, pier; scaffolding; seaport *iskele kurmak* to erect scaffolding

iskelet skeleton; framework

iskemle chair

iskete finch

İskoç Scotch

İskoçya Scotland

İskoçyalı Scotsman, Scot; Scottish

iskonto discount *iskonto etmek* to discount

iskorbüt scurvy

İslam Islam

İslami Islamic

İslamiyet Islamism

İslamlaştırmak to Islamize

İslav Slav; Slavic

islemek to soot

isli sooty

ismen by name

isnat ascribing, attributing *isnat etmek* to ascribe, to attribute

İspanya Spain

İspanyol Spaniard; Spanish

İspanyolca Spanish

ispat proof *ispat etmek* to prove

ispati (cards) clubs
ispatlamak to prove
ispinoz chaffinch
ispirto alcohol
ispiyon informer, snitcher
ispiyonlamak to inform on, to sneak, to snitch
israf squandering, waste *israf etmek* to squander, to waste
İsrail Israel; Israeli
istasyon station
istatistik statistics; statistic
istavrit horse mackerel
istavroz cross; crucifix
istek desire, wish; request *istek duymak* to want, to feel a desire for
isteka billiard cue
istekli desirous, willing
isteksiz unwilling, reluctant
isteksizlik reluctance, unwillingness
istem request, demand; *ruhb.* volition
istemek to want, to desire, to wish; to ask for; to need, to want *istemeyerek* unwillingly, reluctantly *istemiye istemiye* unwillingly *ister istemez* willy-nilly *isteyerek* freely, willingly, readily
istemli voluntary
istemsiz involuntary
isteri hysteria
isterik hysterical
istiap capacity *istiap haddi* maximum capacity
istibdat despotism
istida petition
istidat aptitude, talent
istidatlı talented
istif storage, stacking *istif etmek* to stow *istifini bozmamak* to keep up appearances
istifa resignation *istifa etmek* to resign
istifade profit, advantage *istifade*

etmek to benefit by, to take advantage of
istifadeli profitable
istifçi packer, stevedore
istifçilik packing, stowage
istiflemek to stow, to pack
istifrağ vomiting *istifrağ etmek* to vomit
istihbarat information, intelligence *istihbarat bürosu* information office *istihbarat dairesi* intelligence department
istihdam employment *istihdam etmek* to employ
istihkak merit, deserts; ration
istihkâm fortification; *ask.* military engineering *istihkâm subayı* engineer officer
istihsal production istihsal etmek to produce
istihza irony, sarcasm
istikamet direction
istiklal independence *İstiklal Marşı* the Turkish National Anthem *İstiklal Savaşı* the War of Independence
istikrar stabilization
istikrarlı stabilized, settled
istikrarsız unstable, unsteady
istikrarsızlık instability
istikraz loan
istila invasion *istila etmek* to invade
istilacı invader
istimlak expropriation *istimlak etmek* to expropriate
istinaden based on
istinat support *istinat etmek* to lean upon, to be based *istinat ettirmek* to base, to ground
istirahat rest, repose *istirahat etmek* to rest, to repose
istirham imploring, requesting *istirham etmek* to implore, to plead
istiridye oyster
istismar exploiting *istismar etmek*

to exploit
istismarcı exploiter
istisna exception
istisnai exceptional
istisnasız without exception
istişare consultation *istişare etmek* to consult
istişari consultative
İsveç Sweden
İsveçli Swedish
İsviçre Switzerland
İsviçreli Swiss
isyan rebellion, revolt, mutiny *isyan etmek* to rebel, to revolt
isyancı rebel, mutineer
isyankâr rebellious, mutinous
iş work; job, occupation; business; affair, matter; service *iş başında* at work *iş bitirmek* to finish a job, to conclude *iş bölümü* division of labour *iş çıkarmak* to raise difficulties *iş görmek* to do a job, to work *iş güç* occupation, business *iş günü* working day *iş güvenliği* security of work *iş hukuku* labour legislation *iş kazası* industrial accident *iş işten geçti!* It's too late! *iş olacağına varır* what will be will be *iş sözleşmesi* labour contract *iş olsun diye* just for the sake of doing sth. *iş ve işçi bulma kurumu* employment exchange *işe yaramak* to be of use, to work *işi azıtmak* to go too far *işi başından aşkın olmak* to be up to one's ears in work *işi olüruna bırakmak* to let things take their own course *işi sağlama bağlamak* to make sure of *işi yüzüne gözüne bulaştırmak* to make a mess of things *işinden olmak* to lose one's job *işine gelmek* to suit one's book *işin içinde iş var* there are wheels within wheels *işin içinden çıkamamak* to be unable to settle sth *işin içinden çıkmak* to

get out of a difficulty *işin içyüzü* the inside story, the real truth *işini bitirmek* to finish one's work; to finish sb off *işten çıkarmak* to dismiss, to sack
işadamı businessman
işaret sign, mark; signal *işaret etmek* to point, to point out, to indicate; to make a mark *işaret sıfatı* demonstrative adjective *işaret zamiri* demonstrative pronoun
işaretlemek to mark
işaretparmağı forefinger, index finger
işbaşı hour at which work begins *işbaşı yapmak* to start work, to clock in
işbirliği collaboration
işbirlikçi collaborator
işçi worker, labourer *işçi sınıfı* working class
işçilik workmanship; work, effort
işemek to urinate, to piss
işgal occupation *işgal altında* under military occupation *işgal etmek* to occupy
işgücü working power, laborer-power
işgüzar officious
işgüzarlık officiousness
işitmek to hear *işitmemezlikten gelmek* to pretend not to hear
işitsel auditory
işkadını businesswoman
işkembe paunch; tripe *işkembe çorbası* tripe soup
işkembeci tripe restaurant
işkence torture *işkence etmek* to torture
işkil suspicion
işkillenmek to be suspicious
işkilli suspicious
işlek busy
işlem procedure; *mat.* operation
işleme handwork, embroidery
işlemek to work, to run, to operate;

(a subject) to treat of, to deal with; to embroider; to carve

işlemeli embroidered

işlenmemiş raw, unprocessed

işlenmiş processed

işletme enterprise; running, working; exploitation **İşletme Fakültesi** School of Business Administration **işletme müdürü** managing director

işletmeci administrator, manager

işletmecilik business administration, management

işletmek to operate, to run; to exploit, to work; to have sb on, to hoax

işletmen operator

işlev function

işlevsel functional

işlik workshop

işporta pedlar's pushcart **işporta malı** shoddy goods

işportacı pedlar, peddler

işportacılık peddling

işret carousal

işsiz unemployed

işsizlik unemployment **işsizlik sigortası** unemployment insurance

iştah appetite **iştah açıcı** appetizing **iştah açmak** to whet the appetite

iştahlı having an appetite

iştahsız having no appetite

işte Here! Here it is!; Look! See! **işte böyle** Such is the matter

iştigal occupation

iştirak participation **iştirak etmek** to participate (in)

işve coquetry

işveli coquettish

işveren employer

işyeri office, workplace

it dog **itoğlu it** son of a bitch

itaat obedience **itaat etmek** to obey

itaatli obedient

itaatsiz disobedient

itaatsizlik disobedience

italik italic

İtalya Italy

İtalyan Italian

İtalyanca Italian

itelemek to nudge

itfaiye fire brigade

itfaiyeci fireman

ithaf dedication **ithaf etmek** to dedicate

ithal import, importation **ithal etmek** to import **ithal malı** imported goods

ithalat imports

ithalatçı importer

itham accusation, charge **itham etmek** to accuse, to charge

itibar esteem, prestige, regard **itibar etmek** to esteem, to consider **itibar görmek** to be respected

itibari nominal, fictitious

itibarlı esteemed; influential

itikat creed, belief **itikat etmek** to believe in

itikatlı believing

itilaf entente, agreement

itimat confidence, trust **itimat etmek** to have confidence in, to trust

itimatname credentials

itina care **itina göstermek** to give close attention to **itina ile** carefully

itinalı careful, attentive

itinasız careless, inattentive

itiraf confession, admission

itiraz objection **itiraz etmek** to object

itirazcı objector

itirazsız without any objection

itişmek to push one another **itişip kakışmak** to push and shove one another

itiyat habit **itiyat edinmek** to form the habit of

itmek to push **itip kakmak** to push and shove

ittifak alliance, agreement
ittifakla unanimously
ittihat union
ivedi haste, hurry; urgent
ivedilik urgency
ivedilikle urgently, hurriedly
ivme acceleration
iye possessor
iyelik possession *iyelik adılı (zamiri)* possessive pronoun
iyi good; well *iyi etmek* to cure; to do well *iyi gelmek* to do good, to benefit *iyi gitmek* to go well *iyi gün dostu* fair weather friend *iyi hal kâğıdı* certificate of good conduct *iyi kalpli* kind-hearted *iyi ki* luckily, fortunately *iyi kötü* somehow, more or less *iyi olmak* to recover, to get better *iyisi mi* the best thing to do is ...
iyice pretty well, rather good, thoroughly, completely
iyileşmek to get better, to improve; to recover
iyileştirmek to make better, to cure, to improve
iyilik goodness; favour *iyilik etmek* to do good
iyilikbilir grateful
iyilikbilmez ungrateful
iyiliksever benevolent
iyimser optimist; optimistic
iyimserlik optimism
iyon *kim.* ion
iyot *kim.* iodine
iyotlu iodic
iz trace, track *iz sürmek* to trace, to trail
izafi relative
izafiyet relativity
izah explanation *izah etmek* to explain
izahat explanations
izale removing *izale etmek* to remove
izan understanding, intelligence
izci scout, boy scout

izdiham crowd
izdüşüm *mat.* projection
izin permission; licence *izin almak* to get permission *izin vermek* to permit, to give permission
izinli on leave; on vacation
izinsiz without permission
İzlanda Iceland
İzlandalı Icelander
izlemek to follow, to trace; to watch
izlenim impression
izleyici spectator
izmarit sea bream; cigarette butt, stub
izolasyon isolation
izolatör isolator
izole insulated *izole bant* insulating tape *izole etmek* to isolate, to insulate
izoterm isotherm
izotop isotope
izzet might, honour
izzetinefis self-respect

J

jaguar jaguar
jale dew
jaluzi Venetian blind
jambon ham
jandarma police soldier, gendarme; gendarmerie
jant rim
Japon Japanese
Japonca Japanese
japongülü camellia
Japonya Japan
jarse jersey
jartiyer garter
jelatin gelatine
jelatinli gelatinous
jeneratör generator
jenerik (film) credits
jeodezi geodesy

jeofizik geophysics
jeolog geologist
jeoloji geology
jeolojik geologic
jeopolitik geopolitics; geopolitical
jeotermal geothermal
jeotermik geothermic
jest gesture
jet jet (plane)
jeton token
jigolo gigolo
jikle choke
jilet safety-razor
jimnastik gymnastic
jimnastikçi gymnast
jinekolog gynecologist
jinekoloji gynecology
jiujitsu jiujitsu
joker joker
jokey jockey
jöle jelly
jön juvenile; handsome/young man
judo judo
judocu judoist
jul joule
jumbo jet jumbo jet
jurnal denunciation, report *jurnal etmek* to denounce, to report
jurnalci denouncer, informer
jübile jubilee
Jüpiter Jupiter
jüpon underskirt
jüri jury *jüri üyesi* juror

K

kaba rough *kaba et* buttocks *kaba saba* common, coarse *kaba söz* vulgar expression
kabaca roughly; biggish
kabadayı bully, tough guy, roughneck
kabadayılık bravado *kabadayılık taslamak* to play the tough, to bluster

kabahat fault, offence *kabahat bulmak* to find fault with *kabahati birinin üzerine atmak* to lay the blame on sb
kabahatli faulty, guilty
kabahatsiz innocent, faultless
kabak squash, pumpkin, gourd; bald, bare; (watermelon) unripe *kabak çekirdeği* pumpkin seed *kabak kafalı* baldheaded *kabak başına patlamak* to carry the can *kabak çıkmak* to turn out to be tasteless *kabak tadı vermek* to pall, to cloy *kabak tatlısı* pumpkin with syrup and walnuts
kabakulak *hek.* mumps *kabakulak olmak* to have the mumps
kabalaşmak to become impolite
kabalık roughness, coarseness *kabalık etmek* to behave rudely
kaban hooded overcoat
kabarcık bubble; blister
kabare cabaret
kabarık swollen, puffy
kabarıklık swelling, puffiness
kabarmak to swell, to bloat; to increase; (sea) to become rough
kabartı swelling, bulge
kabartma relief; in relief
kabataslak roughly drawn; in outline
Kabe the Kaaba
kabız constipation; constipated *kabız olmak* to be constipated
kabızlık constipation
kabile tribe, clan
kabiliyet ability, talent
kabiliyetli talented, capable
kabiliyetsiz incapable, untalented
kabin cabin
kabine cabinet; small room
kabir grave, tomb
kablo cable *kablo döşemek* to lay a cable
kabotaj cabotage
kabristan cemetery, graveyard
kabuk (fruit, vegetable) peel, skin,

jacket, shuck; (animal, nut, egg) shell; (bean, pea) pod; (tree) bark; (wound) scab **kabuk bağlamak** to form a crust **kabuğuna çekilmek** to withdraw into one's shell **kabuğunu soymak** to peel, to skin, to husk

kabuklu having a shell, barky **kabuklu deniz hayvanı** shellfish

kabuklular *hayb.* crustaceae

kabuksuz without bark; shelled, peeled

kabul acceptance; reception **kabul etmek** to accept; to receive **kabul salonu** reception-room

kabullenmek to accept; to appropriate

kaburga rib

kâbus nightmare

kabza handle, butt

kabzımal middlemen

kaç how many, how much?

kaça What is the price? How much is it?

kaçak fugitive, escapee; (liquid gas) escape, leakage; smuggled, contraband

kaçakçı smuggler

kaçakçılık smuggling

kaçamak subterfuge, evasion, shift; evasive

kaçamaklı evasive, elusive

kaçar How many each? How much each?

kaçık crazy; cracked, nuts

kaçıklık craziness

kaçılmak to get out of the way

kaçıncı which (in order), how manynyth

kaçınılmaz inevitable

kaçınmak to avoid, to shun, to evade, to abstain, to refrain

kaçırmak to kidnap, to abduct, to elope; to hijack, to skyjack; to miss; to drive away, to frighten away

kaçış escape, flight

kaçkın fugitive, runaway

kaçmak to run away, to flee, to escape; (stocking) to ladder, to run; (dust, insect etc.) to get into, to slip into; to avoid, to spare; to verge on

kadar until, till, up to; as ... as; about

kadastro land survey; cadastral

kadavra corpse, cadaver, carcass

kadeh glass, cup, wineglass **kadeh kaldırmak** to propose a toast **kadeh tokuşturmak** to clink glasses

kademe grade, degree; *ask.* echelon

kademeli graded, in steps

kader destiny, fate, fortune **kaderi ilahi** divine providence **kaderin cilvesi** irony of fate

kaderci fatalist

kadercilik fatalism

kadı cadi, Muslim judge

kadın woman **kadın berberi** hairdresser **kadın doktoru** gynaecologist **kadın hastalıkları** gynaecological diseases **kadın peşinde koşmak** to run after women, to philander **kadın terzisi** dressmaker

kadınlık womanhood

kadınsı womanish, effeminate

kadırga galley

kadife velvet **kadife gibi** soft and bright, velvety

kadir powerful, capable

kadir value, worth **Kadir Gecesi** the Night of Power **Kadir Gecesi doğmak** to be born under a lucky star **kadrini bilmek** to appreciate, to know the value of

kadirbilir, kadirşinas appreciative, grateful

kadran dial, face

kadro staff, personnel

kadrolu on the permanent staff

kafa head; mind, brain **kafa dengi**

like-minded *kafa kâğdı kon.* official identity card *kafa patlatmak* to rack one's brains, to cudgel one's brains *kafa şişirmek* to bore *kafa tutmak* to oppose, to resist *kafa vurmak* to head *kafadan atmak* to talk through one's hat *kafası almamak* to be unable to take in *kafası işlemek* to have a quick mind *kafası kızmak* to fly into a temper *kafasına dank etmek* to dawn on sb *kafasına koymak* to make up one's mind *kafasına sokmak* to din into sb *kafayı çekmek* to drink heavily, to booze

kafadar intimate friend, buddy, chum

kafalı intelligent

kafasız stupid, thickheaded

kafasızlık stupidity

kafatası skull, cranium

kafe caffé, cafe

kafein caffeine

kafes cage

kafeterya cafeteria

kâfi enough *kâfi derecede* sufficiently *kâfi gelmek* to be enough

kafile convoy, procession

kâfir unbeliever

kâfirlik unbelief, irreligion

kafiye rhyme

kafiyeli rhyming

kafiyesiz rhymeless

Kafkasya Caucasia

Kafkasyalı Caucasian

kaftan robe, caftan

kâgir built of stone or brick

kağan khan, ruler

kâğıt paper; playing card; of paper *kâğıt dağıtmak* to deal (out) cards *kâğıt helvası* pastry wafers *kâğıt kaplamak* to paper *kâğıt oynamak* to play cards *kâğıt para* note, bill *kâğıt sepeti* wastepaper basket

kağnı ox-cart

kâh sometimes *kâh ... kâh* now ... now

kahır distress, sorrow, anxiety *kahrını çekmek* to have to put up with sb

kâhin soothsayer

kahkaha loud laughter *kahkaha atmak* to laugh loudly *kahkahayı basmak* to burst into laughter

kahpe prostitute; perfidious, fickle

kahpelik prostitution; perfidious behaviour, dirty trick

kahraman hero

kahramanca heroically

kahramanlık heroic deed; heroism, bravery

kahretmek to overpower, to overwhelm

kahrolası damned, blasted

kahrolmak to be depressed

kahrolsun! kahretsin Damn it! Down with!

kahvaltı breakfast *kahvaltı etmek* to have breakfast

kahve coffee; cafe, coffee house *kahve cezvesi* coffeepot *kahve değirmeni* coffee mill *kahve fincanı* coffee cup *kahve kaşığı* coffee spoon *kahve telvesi* coffee grounds *kahve yapmak* to make coffee

kahveci keeper of a coffee-house

kahvehane coffee house, coffee shop

kahverengi brown

kâhya steward, majordomo

kaide rule; base

kâinat universe

kaka faeces, big one; poop *kaka yapmak* to poo-poo, to defecate

kakao cocoa

kakırdamak to crackle, to rattle

kakma relief work, inlay work

kakmak to push, to prod; to drive in, to nail

kaktüs cactus

kâkül forelock, fringe

kala to; before
kalabalık crowd; crowded
kalan remaining; remainder
kalantor well-to-do man
kalas beam, plank
kalay tin
kalaycı tinner, tinsmith
kalaylamak to tin
kalaylı tinned
kalaysız untinned
kalben cordially, heartily
kalbur sieve, riddle *kalbura çevirmek* to riddle *kalbura dönmek* to be riddled
kalburüstü select, elite
kalça hip, haunch *kalça kemiği* hipbone
kaldıraç crank, lever
kaldırım pavement *kaldırım kenarı* curb *kaldırım mühendisi* loafer
kaldırmak to lift, to raise, to erect; to wake, to rouse; to bear, to tolerate; to abolish; to repeal
kale fortress, castle; *sp.* goal post
kaleci *sp.* goalkeeper, goalie
kalem pencil, pen *kalem açmak* to sharpen a pencil *kaleme almak* to draw up *kalem aşısı* graft *kalem kutusu* pencil box
kalemtıraş pencil sharpener
kalender carefree, easygoing, unconventional
kalfa assistant master, qualified workman
kalıcı lasting, permanent
kalın thick; coarse *kalın kafalı* thick headed
kalınbağırsak large intestine
kalınlaşmak to thicken
kalınlık thickness
kalıntı remnant; ruin, ruins; residue; mark, trace
kalıp mould; cake, bar; shape, form; pattern *kalıba dökmek* to cast, to mould *kalıbını basmak kon.* to be dead certain about
kalıplaşmış stereotyped

kalıtım *biy.* heritage, heredity
kalıtımsal, kalıtsal hereditary
kalibre calibre
kalifiye qualified
kaligrafi calligraphy
kalipso calypso
kalite quality
kaliteli of good quality, high-quality
kalitesiz of poor quality, shoddy
kalkan shield, buckler; *hayb.* turbot
kalker limestone
kalkık raised, risen; erect; lifted
kalkındırmak to develop
kalkınma development, progress
kalkınmak to develop, to make progress
kalkış departure
kalkışmak to attempt, to try, to dare
kalkmak to get up; to leave, to depart; to become erect; to disappear, to lift; (custom) to fall into disuse; to be abolished *kalk borusu ask.* reveille *kalk borusu çalmak* to sound the reveille
kalleş untrustworthy, unreliable, deceitful
kalleşlik deceit, treachery *kalleşlik etmek* to play a dirty trick on
kalmak to remain; to be left; to stay, to dwell; to fail (a class); to be inherited, to pass *kala kala* there only remains *kaldı ki* moreover, besides
kalori calorie, calory
kalorifer central heating
kalp false, forged
kalp heart; centre *kalp ağrısı* heartache *kalp atışı* heartbeat *kalp krizi* heart attack *kalp para* counterfeit money *kalbi atmak* to pulsate, to beat *kalbi çarpmak* to palpitate, to throb *kalbini kırmak* to break sb's heart
kalpak fur cap

kalpazan counterfeiter
kalpazanlık counterfeiting
kalpsiz heartless, cruel
kalsiyum *kim.* calcium
kaltak saddletree; whore, floozy
kalyon galleon
kama dagger
kamara (ship) cabin
kamarot steward, cabin boy
kamaşmak to be dazzled
kamaştırmak to dazzle
kambiyo foreign exchange *kambiyo kuru* rate of exchange, exchange rate
kambur hump, hunch; hump-backed, hunchbacked *kamburu çıkmak* to become hunchbacked *kamburunu çıkarmak* to arch, to stoop
kamçı whip, scourge
kamçılamak to whip, to lash; to stimulate, to whip up
kamelya *bitk.* camellia
kamera camera
kameraman cameraman
kameriye arbour, bower
kamış reed, cane; penis
kamp camp *kamp kurmak* to pitch camp *kamp yeri* campground, campsite *kampa çıkmak* to go camping *kampa girmek sp.* to go into camp
kampana bell
kampanya campaign
kampçı camper
kampus campus
kamu the public *kamu düzeni* public order/safety *kamu giderleri* public expenditure *kamu hakları* public rights *kamu hizmeti* public service, civil service *kamu hukuku* public law, civil law *kamu kesimi* public sector *kamu personeli* civil servant *kamu sağlığı* public health *kamu yararı* public interest
kamuflaj camouflage

kamufle camouflaged *kamufle etmek* to camouflage
kamulaştırma nationalization
kamulaştırmak to nationalize
kamuoyu public opinion
kamyon lorry, *AE.* truck
kamyoncu lorry driver, truck driver
kamyonet pickup (truck)
kan blood *kan ağlamak* to shed tears of blood *kan akıtmak* to shed blood *kan almak* to bleed *kan bankası* blood bank *kan basıncı* blood pressure *kan çıbanı* furuncle, boil *kan damarı* blood vessel *kan damlası* drop of blood *kan davası* blood feud, vendetta *kan dolaşımı* circulation (of blood) *kan grubu* blood group, blood type *kan kardeşi* blood brother *kan nakli* blood transfusion *kan sayımı* blood count *kan tahlili* blood test, blood analysis *kan vermek* to donate blood *kana kana* to one's heart's content *kana susamış* bloodthirsty *kanı dindirmek* to stanch blood *kanı kaynamak* to take to sb
kanaat conviction, opinion; contentment, satisfaction *kanaat etmek* to be satisfied *kanaat getirmek* to be convinced, to satisfy oneself
kanaatkâr contented
Kanada Canada
Kanadalı Canadian
kanal canal, waterway; channel
kanalizasyon sewerage, drainage
kanama bleeding
kanamak to bleed
kanarya canary *Kanarya Adaları* Canary Islands
kanat wing
kanatçık winglet
kanatlanmak to take wing, to fly away
kanatlı winged

kanatsız wingless

kanaviçe canvas

kanca hook *kancayı takmak* to get one's knife into, to set one's cap at

kancalı hooked *kancalı iğne* safety pin

kancık bitch; mean

kandırmak to convince, to persuade; to seduce, to cheat

kandil oil lamp

kanepe sofa, couch

kangal coil, skein

kangren gangrene

kanguru *hayb.* kangaroo

kanı conviction, opinion **kanımca** in my opinion *kanısında olmak* be of the opinion that

kanıksamak to be satiated, to be cloyed with

kanır(t)mak to force back, to bend, to twist

kanıt proof

kanıtlamak to prove

kaniş poodle

kanlanmak to be stained with blood

kanlı bloody

kanmak to be persuaded, to believe; to be seduced, to be duped; to be satisfied

kano canoe

kanser cancer

kanserli cancerous

kansız bloodless

kansızlık anaemia

kantar steelyard; weighing-machine

kantin canteen

kanun law *kanun hükmünde olmak* to have the force of law *kanun koymak* to make a law, to legislate *kanun koyucu* legislator *kanun namına* in the name of the law *kanun tasarısı* bill, draft of a law *kanun tasarısını kabul etmek* to pass a bill *kanun tasarısını reddetmek* to throw out a bill *kanuna aykırı* unlawful, illegal

kanun *müz.* zither

kanunen by law, according to the law

kanuni legal, lawful

kanunlaşmak to become a law

kanunsuz lawless, illegal

kanyak cognac, brandy

kanyon canyon

kaos chaos

kap vessel, container *kap kacak* pots and pans

kapak lid, cover

kapaklanmak to fall flat on one's face

kapalı shut, closed; covered; overcast *kapalı çarşı* covered market *kapalı devre* closed circuit *kapalı gişe oynamak* to play to a full house *kapalı spor salonu* arena *kapalı tribün* covered grandstand *kapalı zarf usulüyle* by sealed tender

kapamak to shut, to close; to turn off

kapan trap *kapan kurmak* to set a trap *kapana kısılmak* to be caught in a trap

kapanık confined, shut in; cloudy, dark

kapanış closure; (radio, TV) close down

kapanmak to shut, to close; to confine oneself in, to shut oneself up; (weather) to become overcast

kaparo earnest money, key money

kapasite capacity

kapatma kept woman, mistress

kapatmak to close, to shut; to turn off

kapı door, gate *kapı dışarı etmek* to throw out, to dismiss *kapı gibi* large *kapı kapı dolaşmak* to go from door to door *kapı tokmağı*

knocker
kapıcı doorkeeper, caretaker, janitor, porter
kapılanmak to secure a job
kapılmak to be carried away, to yield to, to abandon oneself to
kapış snatch *kapış kapış* grabbingly, greedily *kapış kapış gitmek* to sell like hot cakes
kapışılmak to be sold like hot cakes
kapışmak to snatch (at), to scramble (for); to get to grips with sb
kapital capital, funds
kapitalist capitalist; capitalistic
kapitalizm capitalism
kapitülasyon capitulation
kaplam extension
kaplama coat, plate; coating, plating; coated, plated
kaplamak to cover; to overlay, to plate, to coat
kaplan tiger
kaplıca thermal spring, hot spring
kaplumbağa tortoise, turtle
kapmak to snatch, to seize, to grasp; to learn quickly, to pick up
kaporta bonnet, *AE.* hood
kapris caprice, fancy, whim
kaprisli capricious, whimsical
kapsam scope, coverage, range
kapsamak to comprise, to include, to involve
kapsamlı comprehensive, overall
kapsül capsule
kaptan captain
kapuska cabbage stew
kaput military cloak, greatcoat; condom, rubber; bonnet, hood
kâr profit, gain *kâr bırakmak* to yield a profit *kâr etmek* to make a profit *kâr getirmek* to bring profit *kâr haddi* profit limit *kâr kalmak* to remain as profit *kâr oranı* rate of profit *kâr ve zarar* profit and loss
kar snow *kar gibi* snow-white *kar*

fırtınası snowstorm *kar tanesi* snow flake *kar temizleme makinesi* snow plough *kar tutmak* (snow) to stick, to lie *Kar yağıyor* It is snowing *kar yağmak* (snow) to fall, to snow *kardan adam* snowman
kara black; bad, unlucky *kara cahil* utterly ignorant *kara çalmak* to calumniate, to slander *kara gün dostu* a friend in need *kara kara düşünmek* to brood over *kara kutu* flight recorder *kara listeye almak* to blacklist *kara mizah* black humour
kara land, shore; territorial *kara kuvvetleri* land forces *karaya ayak basmak* to land, to disembark *karaya oturmak* (ship) to run aground
karaağaç elm
karabasan nightmare
karabatak cormorant
karabiber black pepper
karaborsa black market *karaborsadan almak* to buy on the black market
karaborsacı black marketeer
karabulut nimbus
karaca roe (deer)
karacı officer or soldier in land office
karaciğer liver
Karadeniz the Black Sea
karafatma cockroach
karagöz Turkish shadow show; *hayb.* sargo, sea bream
karahumma *hek.* typhus
karakabarcık *hek.* anthrax
karakalem charcoal pencil
karakış severe winter, midwinter
karakol police station; patrol
karakter character *karakter oyuncusu* character actor *karakter sahibi* person of firm character
karakteristik characteristic
karaktersiz characterless

karalamak to blacken; to draft, to scribble; to backbite
karalık blackness
karaltı blur, silhouette
karambol collision, smashup
karamela caramel
karamsar pessimistic
karamsarlık pessimism
karanfil carnation
karanlık dark, darkness; obscure, dark *karanlık basmak* (night) to fall *karanlık oda* darkroom
karanlıkta in the dark
karantina quarantine *karantinaya almak* to put in quarantine
karar decision, resolution; judgement; constancy, stability *karar almak* to take a decision *karar vermek* to decide *karara varmak* to come to a decision, to reach a decision
karargâh headquarters
kararlama estimated by guess
kararlamadan at a guess
kararlaştırmak to decide, to arrange, to fix
kararlı decided, determined; stable, fixed
kararlılık determination
kararmak to grow dark, to darken
kararname written decree, decision or agreement
kararsız irresolute, undecided; unstable
kararsızlık indecision, hesitation
karartma blackout
karasaban primitive plough
karasevda melancholy
karasevdalı melancholic
karasinek common housefly
karasu glaucoma
karasuları territorial water
karatavuk blackbird
karate karate
karateci karateist
karavan caravan
karavana mess-tin; mess

karayel northwest wind
karayolu highway, main road
karbon carbon *karbon kâğıdı* carbon paper
karbonat carbonate
karbondioksit carbon-dioxide
karbonhidrat carbohydrate
karbüratör carburettor
kardeş brother, sister
kardeşlik brotherhood, sisterhood
kardinal cardinal
kardiyograf cardiograph
kardiyografi cardiography
kardiyolog cardiologist
kardiyoloji cardiology
kare square *karesini almak* mat. to square
karekök square root *karekökünü almak* mat. to extract the square root of
kareli chequered, squared
karga crow, raven
kargaburnu round pliers
kargacık burgacık yazmak to scrawl, to scribble
kargaşa confusion, disorder, tumult
kargo cargo
karı wife; woman **karı koca** husband and wife
karın belly, abdomen; stomach; abdominal *karın ağrısı* stomach-ache; pain in the neck, pain *karnı acıkmak* to be hungry *karnı ağrımak* to have stomach-ache *Karnım tok* I am full *karnını doyurmak* to eat one's fill *karnı zil çalmak* to feel peckish
karınca ant
karıncalanmak to prickle, to have pins and needles
karıncık anat. ventricle
karış span, hand span *karış karış* inch by inch, every inch of *karış karış bilmek* to know every inch of (a place)
karışık mixed; complicated, com-

plex; miscellaneous, assorted

karışıklık disorder, confusion *karışıklık çıkarmak* to stir up trouble, to kick up a row

karışım mixture

karışlamak to measure by the span

karışmak to mix, to mingle; to interfere, to meddle; to be involved in

karıştırıcı mixer

karıştırmak to mix, to blend; to confuse, to mix up; to fumble about in, to rummage about

karides shrimp

karikatür cartoon; caricature

karikatürcü caricaturist

kârlı profitable, fruitful

karlı snowy

karma mixed *karma öğretim* co-education

karmak to mix, to blend; (playing cards) to shuffle

karmakarışık in a mess, in utter disorder

karmaşa disorder; complex

karmaşık complex

karnabahar cauliflower

karnaval carnival

karne report card, school report; ration card

karnıyarık dish of eggplants stuffed with mincemeat

karo (playing cards) diamond

karoser (car) body

karpuz watermelon; globe

kârsız profitless

karşı opposite; against; toward, towards *karşı karşıya gelmek* to come face to face with *(karşıdan) karşıya geçmek* to cross over *karşı çıkmak* to oppose; to object *karşı gelmek* to oppose, to buck *karşı koymak* to resist, to withstand *karşı olmak* to be against; to face *karşı casusluk* counterespionage

karşılamak (to go) to meet, to welcome; to receive, to greet; to meet, to cover

karşılaşmak to meet, to confront

karşılaştırma comparison

karşılaştırmak to compare, to contrast

karşılaştırmalı comparative

karşılık answer, reply; equivalent; return, recompense *karşılık vermek* to answer back

karşılıklı mutual, reciprocal *karşılıklı olarak* mutually, reciprocally

karşılıksız unreturned, unanswered *karşılıksız çıkmak* (cheque) to bounce

karşın in spite of, despite

karşısında opposite, facing; in the face of

karşıt opposite, contrary

karşıtanlamlı antonymous

karşıtlık contrast

kart card; postcard

kart tough, hard; old

kartal eagle

kartel cartel

kartlaşmak to become tough (old)

kartlık toughness; oldness

karton cardboard, pasteboard

kartonpiyer papier-mâché

kartopu snowball *kartopu oynamak* to play snowball

kartotek card catalogue, card index

kartpostal postcard

kartuş cartridge

kartvizit visiting card, card

karyola bed, bedstead

kas muscle

kasa safe, strongbox; till; cash; case, box; (car) body *kasa açığı* cash deficit *kasa defteri* cash book *kasa hesabı* cash account

kasaba small town *kasaba halkı* townsfolk, townspeople

kasabalı townsman, townswoman

kasadar cashier

kasap butcher; butcher's shop

kasatura bayonet
kasavet gloom, depression
kasavetli gloomy, depressed, desolate
kasdoku muscular tissue
kâse bowl
kaset cassette
kasık groin
kasılmak to contract; to give oneself airs, to swank, to swagger
kasım November
kasımpatı chrysanthemum
kasıntı swagger, swank
kasırga whirlwind, cyclone
kasıt intention, purpose
kasıtlı intentional, deliberate
kaside eulogy
kasiyer cashier
kaskatı very hard, rigid
kasket cap
kasko automobile insurance
kaslı muscular
kasmak to stretch tight; (garment) to take in *kasıp kavurmak* to terrorize, to tyrannize
kasnak rim, hoop
kasten on purpose, intentionally
kastetmek to mean
kasti deliberate, intentional
kasvet depression, gloom *kasvet basmak* to become depressed *kasvet vermek* to depress
kasvetli sad, depressing, gloomy
kaş eyebrow *kaş(larını) çatmak* to knit one's brows, to frown *kaş göz etmek* to wink at *kaşla göz arasında* in the twinkling of an eye *kaş yapayım derken göz çıkarmak* to make matters worse (while trying to be helpful)
kaşağı currycomb, back-scratcher
kaşağılamak to curry, to groom
kaşar a kind of yellow cheese made of sheep's milk
kaşarlanmış callous, hard-boiled
kaşe cachet
kaşık spoon

kaşıkçıkuşu pelican
kaşıklamak to spoon up
kaşımak to scratch
kaşındırmak to irritate
kaşınmak to itch; to scratch oneself; to ask for a beating
kaşıntı itching, irritation
kâşif explorer, discoverer
kaşkol scarf, neckerchief
kat storey, floor; layer, stratum; coat, coating; times *kat kat* in layers; much more, by far *kat mülkiyeti* ownership of a flat, condominium
katafalk catafalque
katakulli cheat, ruse
kataliz catalysis
katalizör catalyst
katalog catalogue
katar file; train
katarakt *hek.* cataract
katedral cathedral
kategori category
katetmek to travel, to cover
katı hard, rigid, stiff; (egg) hardboiled *katı yürekli* hard hearted
katık anything eaten with bread, relish
katıksız pure, unmixed
katılaşmak to harden
katılık hardness, rigidity, stiffness
katılım participation, joining in
katılmak to be added, to be mixed; to participate, to join (in); to agree with; to get out of breath (from laughing)
katır kutur with a crunching sound
katır mule
katışık mixed
katışıksız pure
katıyağ grease
kati decisive, definite, final
kâtibe woman secretary
katil murderer, killer
kâtip clerk, secretary
katiyen definitely, absolutely

katiyet definiteness
katkı contribution, addition **katkıda bulunmak** to contribute to
katkısız pure, unadulterated
katlamak to fold, to pleat
katlanır folding, collapsible
katlanmak to put up with, to bear, to stand
katletmek to kill, to murder
katliam massacre, slaughter
katma added, additional **katma bütçe** supplementary budget **katma değer vergisi, KDV** value added tax, VAT
katmak to add, to join
katman layer, stratum
katmer layer
katmerli in layers, manifold, multiplied
Katolik Catholic
Katoliklik Catholicism
katot cathode **katot ışınları** cathode rays
katran tar
katranlamak to tar
katranlı tarred
katsayı *mat.* coefficient
katyon cation
kauçuk rubber
kavaf dealer in ready-made shoes
kavak poplar
kaval pipe, flageolet
kavalkemiği fibula
kavalye escort, partner
kavanoz jar, pot
kavga quarrel, brawl, fight **kavga çıkarmak** to kick up a row **kavga etmek** to quarrel, to fight
kavgacı quarrelsome
kavgalı quarrelled, angry
kavim ethny, tribe
kavis bend, curve
kavram concept, notion
kavrama comprehension; coupling, clutch **kavrama pedalı** clutch pedal
kavramak to grab, to seize, to

clutch; to comprehend, to grasp, to understand
kavrayış comprehension, conception
kavrayışlı quick-witted
kavrayışsız thick-witted
kavşak junction, crossroads
kavuk quilted turban
kavun melon
kavuniçi light yellow colour
kavurma fried meat; fried
kavurmak to fry, to roast
kavuşmak to meet; to reach, to attain
kavuşturmak to bring together, to unite
kaya rock **kaya gibi** rocky **kayalara bindirmek** to run on the rocks
kayabalığı goby
kayağan slippery
kayak ski **kayak yapmak** to ski
kayakçı skier
kayakçılık skiing
kayalık rocky
kaybetmek to lose
kaybolmak to be lost; to disappear
kaydetmek to enrol, to register; to note down
kaydırak hopscotch; slide; flat round stone
kaygan slippery
kayganlık slipperiness
kaygı worry, anxiety
kaygılandırmak to worry, to make anxious
kaygılanmak to worry, to feel anxious
kaygılı worried, anxious
kaygısız carefree, jaunty
kayık boat, rowboat
kayıkçı boatman
kayıkhane boathouse
kayın beech
kayın brother-in-law
kayınbaba father-in-law
kayınbirader brother-in-law
kayınpeder father-in-law

kayınvalide mother-in-law

kayıp loss; casualties; lost *kayıp eşya* lost property *kayıplara karışmak* to disappear, to vanish

kayırmak to protect, to favour, to back

kayısı apricot

kayış strap, belt

kayıt enrolment, registration *kayıt defteri* register *kayda değer* noteworthy *kayda geçirmek* to register *kaydını silmek* to delete the record of

kayıtlı registered, recorded

kayıtsız unregistered; indifferent, unconcerned *kayıtsız kalmak* to be indifferent (to) *kayıtsız şartsız* unconditionally

kayıtsızlık indifference, unconcern

kaykılmak to lean (back)

kaymak cream

kaymak to slip, to slide, to skate

kaymakam head official of a district

kaymaklı creamy

kaynaç geyser

kaynak spring, fountain; source *kaynak suyu* spring water

kaynak weld, welding *kaynak çubuğu* welding bar *kaynak yapmak* to weld

kaynakça bibliography

kaynakçı welder

kaynaklanmak to arise from, to result from

kaynama boiling *kaynama noktası* boiling point

kaynamak to boil; to swarm, to crawl with

kaynana mother-in-law

kaynanadili cactus

kaynanazırıltısı rattle, clacker

kaynarca spring; hot spring

kaynaşmak to unite, to coalesce; to be welded; to swarm, to mill around

kaynata father-in-law

kaynatmak to boil

kaypak slippery, shifty

kaytan braid, cord

kaytarmak to shirk, to dodge, to goldbrick

kaz goose *kaz adımı* goosestep *kaz kafalı* stupid, thickheaded

kaza (administrative) district

kaza accident, mishap, crash *kaza sigortası* accident insurance *kaza yapmak* to have an accident *kazaen, kaza ile* by accident, by chance *kazaya uğramak* to have an accident

kazak pullover, jersey; (husband) despotic, dominating

kazan boiler, cauldron *kazan kaldırmak* to rebel against

kazanç profit, earnings; benefit, gain

kazançlı gainful, lucrative; advantageous

kazanmak to win; to acquire, to obtain

kazara by chance, by accident

kazazede wrecked, ruined, victim

kazı excavation

kazıbilim archaeology

kazıbilimci archaeologist

kazık stake, pale; trick, cheat, overcharge; exorbitant *kazık atmak* to overcharge, to stick, to soak

kazıkçı trickster, extortioner, extortionist

kazıklamak to overcharge; to swindle

kazıklanmak to be overcharged, to pay through the nose

kazımak to scrape

kazıntı scrapings

kazma pickaxe, mattock

kazmak to dig, to excavate

kebap roasted meat, roast meat, kebap

keççap ketchup, catchup

keçe felt; mat

keçi goat; obstinate *keçileri kaçırmak* to go out of one's mind

keçiboynuzu carob (bean)

keçisakal goatee

keçiyolu path

keder grief, sorrow

kederlenmek to become sorrowful

kederli grieved, sorrowful

kedi cat

kedigözü rear reflector

kefal grey mullet

kefalet bail *kefalet senedi* surety bond

kefaletle on bail *kefaletle salıvermek* to release on bail

kefaletname surety bond, bail bond

kefaret atonement, expiation *kefaretini ödemek* to atone, to expiate

kefe (balance) scale

kefen shroud *kefeni yırtmak* to cheat death

kefil guarantor, sponsor *kefil olmak* to stand as surety

kefillik guarantee, security

kehanet soothsaying, prediction *kehanette bulunmak* to predict, to prophesy

kehribar amber

kek cake

keke stuttering, stammering

kekelemek to stutter, to stammer

kekeme stutterer, stammerer

kekemelik stuttering, stammer

kekik thyme

keklik partridge

kekre acrid, pungent

kekrelik acridity

kel bald *kel olmak* to become bald-headed

kelaynak ibis, kahlibis

kelebek butterfly; throttle

kelek unripe melon; *arg.* stupid, silly

kelepçe handcuffs; pipe clip *kelepçe takmak* to put handcuffs on sb

kelepçelemek to handcuff

kelepir bargain, buy *kelepire konmak* to get a bargain

kelepirci bargain hunter

keleş brave; beautiful, handsome; hairless

kelime word *kelimesi kelimesine* word for word

kelle head, bean *kellesini uçurmak* to decapitate, to behead

kellifelli well-dressed, dignified

kellik baldness

kem bad, evil

kem küm etmek to hum and haw

Kemalist Kemalist

Kemalizm Kemalism

keman violin

kemancı violinist

kemençe *müz.* small violin with three strings

kement lasso *kement atmak* to throw a lasso at

kemer belt, girdle; arch *kemerini sıkmak* to tighten one's belt

kemik bone *kemik çıkmak* (bone) to be dislocated *kemik gibi* as hard as a bone; bone-dry *kemik veremi* tuberculosis of the bones

kemikli bony, large boned; having bones

kemiksiz boneless, without bones

kemirmek to gnaw, to nibble

kemiyet quantity

kenar edge, border, brink *kenar mahalle* slums, outskirts *kenara çekilmek* to get out of the way, to step aside *kenara kaldırmak* to put aside

kenarortay median

kendi self; own *kendi âleminde yaşamak* to live in one's own world *kendi başına* on one's own, by himself *kendi derdine düşmek* to be preoccupied with one's own troubles *kendi düşen ağlamaz* as you make your bed, so you must lie in it *kendi hal-*

inde harmless, quiet *kendi kazdığı kuyuya kendi düşmek* to be hoist with one's own petard *kendi kendime* by myself, to myself *kendi kendine gelin güvey olmak* to reckon without one's host *kendi kendisine* by himself, to himself *kendi yağıyla kavrulmak* to stand on one's own feet *kendileri* themselves *kendiliğinden* by oneself, automatically *kendim* myself *kendimiz* ourselves *kendinden geçmek* to lose one's self-control; to lose consciousness *kendinde olmamak* to be unconscious *kendinden pay biçmek* to live and let live *Kendine gel!* Pull yourself together! *kendine gelmek* to come round, to come to oneself again *kendine ... süsü vermek* to pretend to be *kendine yedirememek* to be unable to bring oneself to *kendini beğenmek* to be full of oneself *kendini beğenmiş* self-satisfied, conceited *kendini beğenmişlik* conceitedness *kendini bilmez* presumptuous, impertinent *kendini bir şey sanmak* to think oneself important *kendini fasulye gibi nimetten saymak* to think no small beer of oneself *kendini toparlamak* to pull oneself together *kendini ...ye vermek* to devote oneself to, to give oneself over to *kendiniz* yourself; yourselves

kendir hemp
kene tick
kenef water-closed
kenet clamp
kenetlemek to clamp (together)
kenetli clamped together
kenevir hemp
kent city, town
kentleşme urbanization
kentleşmek to be urbanized

kentsoylu bourgeois
kepaze vile, contemptible, ridiculous *kepaze etmek* to disgrace, to dishonour *kepaze olmak* to disgrace oneself, to be humiliated
kepazelik vileness, ignominy
kepçe ladle, scoop
kepek bran; dandruff (in the hair), scurf
kepeklenmek to become scurfy
kepekli containing bran; scurfy
kepenk pull-down shutter
keramet miracle
kerata shoehorn; son of a gun, dog; cuckold
kere time(s)
kereste timber, lumber; *arg.* lout, boor
kereviz celery
kerhane brothel, whorehouse
kerhen unwillingly
keriz *arg.* sucker, dupe
kerkenez kestrel
kermes fair, kermis, flea market
kerpeten pincers
kerpiç sun-dried brick, adobe
kerrat cetveli multiplication table
kerte degree, point
kertenkele lizard
kerteriz bearing
kertik notch, tally
kertikli notched
kertmek to notch, to gash
kervan caravan
kesat slackness; stagnant, slack
kese purse; pouch; coarse bath glove; cyst *kesenin ağzını açmak* to loosen one's purse strings
kese shortcut
kesecik small purse; *anat.* saccule
kesekâğıdı paper bag
keselemek to rub the body with a bath glove
keseliler *hayb.* marsupials
kesen secant
keser adze

kesici cutting, incisive; cutter
kesicidiş incisor
kesif dense, thick
kesik cut, broken *kesik kesik* brokenly
kesikli discontinued
kesiksiz continuous
kesilmek to be cut; to be interrupted; to cease, to stop; to pretend to be
kesim cutting, slaughter; section, sector
kesimevi slaughterhouse
kesin definite, certain *kesin olarak* for certain, certainly
kesinkes decisive, definite; decisively, definitely
kesinleşmek to become definite
kesinlik decisiveness, certainty
kesinlikle definitely, definitively
kesinti deduction; interruption
kesintili interrupted, discontinuous
kesintisiz uninterrupted, continuous; without deductions
kesir traction
kesirli fractional
kesişmek to intersect, to cross
kesit section, cross-section
keskin sharp *keskin nişancı* sharp shooter, marksman *keskin viraj* hairpin bend *keskin zekâlı* sharp-witted
keskinleştirmek to sharpen
keskinlik sharpness
kesme cutting; *mat.* sector *kesme almak* to pinch one's cheek
kesmece (watermelon) on condition that it is cut for examination
kesmek to cut; to interrupt; to stop, to kill; *arg.* to shut up, to cut the cackle; *arg.* to ogle at (a girl) *kesip atmak* to settle once and for all
kesmeşeker lump sugar
kestane chestnut *kestane kebabı* roasted chestnuts

kestanerengi reddish brown, auburn
kestaneşekeri candied chestnuts
kestirme direct, decisive *kestirme yol* short cut *kestirmeden gitmek* to take a short cut
kestirmek to cause to cut; to estimate, to guess; to have a snap, to doze
keşfetmek to discover, to explore
keşif discovery, exploration; *ask.* reconnaissance
keşiş monk
keşişleme southeast wind
keşke I wish, if only
keşkül milk pudding with coconut
keşmekeş great confusion, disorder
ket obstacle *ket vurmak* to hinder
ketçap ketchup, catchup, catsup
keten flax; linen *keten bezi* linen cloth
kevgir colander, skimmer
keyfi arbitrary
keyfiyet quality; state of affairs, circumstance
keyif pleasure, enjoyment, joy; disposition, inclination, humour *keyif çatmak* to enjoy oneself *keyif için* for fun, for pleasure *keyif sürmek* to lead a life of pleasure *keyif vermek* to intoxicate *keyfi gelmek* to feel in a good humour *keyfi kaçmak* to be out of spirits, to be annoyed *keyfi olmamak* to be out of sorts *keyfi yerinde olmak* to be in high spirits *keyfine bakmak* to take one's ease *keyfini çıkarmak* to get a kick out to, to enjoy *keyfini kaçırmak* to dispirit
keyiflenmek to become merry
keyifli in high spirits, merry
keyifsiz out of sorts, unwell
keyifsizlik indisposition, ailment
kez time
keza also, too; likewise
kezzap nitric acid, aqua fortis

kıble direction of Mecca

Kıbrıs Cyprus

Kıbrıslı Cypriot

kıç buttock, behind, bottom

kıdem seniority, priority

kıdemli senior

kıdemsiz junior

kıkırdak cartilage

kıkırdakdoku cartilaginous tissue

kıkırdamak to giggle, to chuckle

kıl hair; bristle *kıl payı* by a neck *kıl payı kaybetmek* to lose by a hair's breadth *kıl payı kurtulmak* to escape by a hair's breadth *kıl testere* fretsaw *kılı kırk yarmak* to split hairs *kılına dokunmamak* not to lay a finger on sb *kılını bile kıpırdatmamak* not to turn a hair

kılavuz guide; leader

kılcal capillary *kılcal boru* capillary (tube) *kılcal damar* capillary vessel

kılçık fishbone

kılçıklı bony

kılçıksız without bones

kılıbık henpecked

kılıç sword *kılıç çekmek* to draw the sword *kılıçtan geçirmek* to put to the sword

kılıçbalığı swordfish

kılıf case, cover

kılık appearance, shape *kılık değiştirmek* to disguise oneself *kılık kıyafet* attire, dress *kılığında* in the guise of

kılıksız shabby, frumpish

kıllanmak to become hairy

kıllı hairy

kılmak to make, to render

kılsız hairless

kımıldamak to move, to stir

kımıldatmak to move, to budge

kın sheath, scabbard *kınına koymak* to sheathe *kınından çıkarmak* to unsheathe

kına henna *kına sürmek* to dye with henna

kınaçiçeği balsam

kınakına cinchona tree

kınamak to condemn, to blame

kınkanatlılar beetles

kınnap twine, string

kıpırdamak to move, to quiver, to budge

kıpırdatmak to move, to budge

kıpırtı stirring, quiver

kıpkırmızı crimson, very red *kıpkırmızı olmak* (face) to glow

kır country, countryside *kır çiçeği* wildflower *kır koşusu* crosscountry run

kır grey, gray *kır düşmek* to turn grey *kır saçlı* grey haired

kıraathane coffee house

kıracak nutcrackers

kıraç barren, arid

kırağı hoarfrost *kırağı çalmak* to become frostbitten

kırat carat

kırbaç whip

kırbaçlamak to whip

kırçıl grizzled

kırgın offended, hurt, resentful

kırgınlık offence, resentment

kırıcı offensive

kırık broken; break, fracture; (school) bad mark *kırık dökük* in pieces

kırıkçı bone-setter

kırıklık fatigue, indisposition

kırılgan brittle, fragile

kırılmak to be broken; to take offence

Kırım Crimea

kırım slaughter, massacre

kırıntı fragment; crumb

kırışık wrinkle; wrinkled

kırışmak to become wrinkled; to divide among/between themselves

kırıştırmak to wrinkle; to carry on with, to flirt with

kırıtkan coquettish, mincing

kırtmak to mince, to coquet

kırk forty *kırk yılda bir* once in a blue moon

kırkayak centipede

kırkıncı fortieth

kırkmak to shear

kırlangıç swallow

kırlangıçbalığı gurnard

kırmak to break, to fracture; to fold, to pleat; to offend, to hurt; (price) to lower *kırıp dökmek* to destroy *kırıp geçirmek* to tyrannize, to rage

kırmızı red *kırmızı balık* goldfish

kırmızıbiber red pepper, cayenne pepper

kırmızılaşmak to redden

kırmızılık redness

kırmızımsı reddish

kıro bumpkin, yokel, yahoo

kırpıntı clippings

kırpıştırmak to blink

kırpmak to clip, to shear; (eye) to wink

kırsal rural

kırtasiye stationery

kırtasiyeci stationer; bureaucrat

kırtasiyecilik bureaucracy, red tape; the stationery business

kısa short *kısa dalga* short wave *kısa devre* short circuit *kısa kesmek* to cut short *kısa sürmek* to take a short time

kısaca shortly

kısacık very short

kısalık shortness

kısalmak to become short, to shorten; to shrink

kısaltma abbreviation

kısaltmak to shorten; to abbreviate

kısas retaliation, reprisal *kısasa kısas* an eye for an eye

kısık turned down; hoarse, choked *kısık sesli* hoarse voiced

kısım part, portion; section

kısıntı restriction, curtailment

kısır sterile, barren

kısırdöngü vicious circle

kısırganmak to grudge, to skimp

kısırlaşmak to become sterile

kısırlaştırmak to make sterile

kısırlık sterility, barrenness

kısıtlama restriction

kısıtlamak to restrict

kısıtlayıcı restrictive

kısıtlı restricted

kıskaç pincers, pliers; *tek.* grips

kıskanç jealous

kıskançlık jealousy

kıskandırmak to make jealous

kıskanmak to be jealous of, to envy

kıskıvrak tightly

kısmak to reduce, to cut down; (radio, lamp) to turn down; (eyes) to narrow

kısmen partly, partially

kısmet destiny, lot, fortune, chance *kısmet olmamak* not to be possible *kısmeti açık* fortunate, lucky *kısmeti açılmak* to be in luck; (girl) to receive a marriage proposal

kısmetli lucky

kısmetsiz unlucky

kısmi partial

kısrak mare

kıssa story, tale *kıssadan hisse* the moral of the story; the lesson learned from an experience

kıstak *coğ.* isthmus

kıstas criterion

kıstırmak to pinch, to corner

kış winter *kış kıyamet* severe winter weather *kış uykusu hayb.* hibernation *kışı çıkarmak* to spend the whole winter *kışı geçirmek* to spend the winter *kışta kıyamette* in the depth of winter

kışın in (the) winter

kışır crust, bark, peel

kışkırtıcı provocative; instigator, provoker

kışkırtıcılık provocation

kışkırtmak to incite, to provoke

kışla barracks

kışlamak (winter) to set in; to winter

kışlık wintery, hibernal

kıt scarce, scanty; *kıt kanaat geçinmek* to live from hand to mouth, to make both ends meet

kıta continent; stanza; *ask.* detachment *kıta sahanlığı* continental shelf

kıtalararası intercontinental

kıtır kıtır brittle, crisp; with a cracking sound *kıtır kıtır yemek* to munch

kıtlaşmak to become scarce

kıtlık scarcity; famine

kıvam thickness, density; the right moment/stage

kıvanç pleasure, joy; pride *kıvanç duymak* to feel proud of

kıvançlı joyful; proud

kıvılcım spark

kıvırcık curly, frizzy *kıvırcık salata* cabbage lettuce; head lettuce

kıvırmak (hair) to curl, to frizz; to twist, to bend; to pull off, to bring off; to make up, to invent

kıvrak brisk, agile, lithe

kıvraklık briskness, agility

kıvrandırmak to convulse, to torment

kıvranmak to writhe, to squirm

kıvrık curled; bent, crooked

kıvrım curl, twist

kıyafet dress, costume, attire, clothes *kıyafet balosu* fancy dress ball

kıyak fine, smart, swell, great

kıyamamak not to have the heart to

kıyamet doomsday; tumult, uproar *kıyamet gibi* heaps of *kıyamet günü* day of judgement *kıyameti koparmak* to make a row, to raise hell/the roof

kıyas comparison *kıyasla* in comparison (with)

kıyasıya mercilessly

kıyaslamak to compare

kıyı edge, border; shore, coast

kıyıcı cruel

kıyım mincing, cutting; wrongdoing

kıyma minced meat

kıymak to mince, to chop up fine; not to spare, to sacrifice

kıymet value, worth *kıymet biçmek* to evaluate, to value *kıymet vermek* to esteem, to appreciate *kıymet takdir etmek* to value *kıymetini bilmek* to appreciate *kıymetten düşmek* to depreciate

kıymetlendirmek to evaluate, to appraise

kıymetlenmek to rise in value, to gain value

kıymetli valuable

kıymetsiz valueless

kıymık splinter

kız girl; maiden, virgin; (cards) queen *kız evlat* daughter *kız gibi* new; girlish *kız kaçırmak* to kidnap a girl *kız kardeş* sister *kız kurusu* old maid, spinster *kız tarafı* the bride's relatives *kız oğlan kız* virgin

kızak sledge, sled *kızak kaymak* to sledge *kızağa çekmek* to lay on the stocks *kızaktan indirmek* (ship) to launch

kızamık measles *kızamık çıkarmak* to have the measles

kızarmak to turn red; to blush *kızarıp bozarmak* to change colour

kızarmış fried, roasted, toasted; reddened *kızarmış ekmek* toast

kızartma fried, roasted

kızartmak to make red; to fry, to grill, to roast, to toast

kızdırmak to make angry, to annoy

kızgın hot; angry, furious

kızgınlık hotness; anger, fury

kızıl red, scarlet; scarlet fever;

communist *Kızıl Deniz* the Red Sea *kızıl saçlı* red haired

kızılağaç alder

Kızılay Red Crescent

Kızılderili American Indian

Kızılhaç Red Cross

kızıllık redness

kızılötesi infrared

kızışmak to become heated, to get hot

kızıştırmak to excite, to incite

kızlık virginity; girlhood *kızlık zarı* hymen

kızmak to get angry; to get hot

ki who, which, that

kibar polite, refined

kibarca politely

kibarlaşmak to become polite

kibarlık politeness, refinement *kibarlık taslamak* to play the fine gentleman

kibir pride, conceit

kibirlenmek to become haughty

kibirli haughty, conceited

kibrit match *kibrit çakmak* to strike a match *kibrit çöpü* match stick *kibrit kutusu* match box

kifayet sufficiency

kil clay, argil

kile bushel

kiler larder, pantry

kilim rug, kilim

kilise church

kilit lock, padlock *kilit açmak* to unlock *kilit noktası* key position *kilit vurmak* to lock

kilitlemek to lock

kilitli locked

kilo kilo *kilo almak* to put on weight *kilo vermek* to lose weight

kilogram kilogramme

kilohertz kilohertz

kilometre kilometre *kilometre kare* square kilometre

kilovat kilowatt

kim who *Kim bilir?* Who knows?

Kim o? Who is it?

kime to whom, for whom, whom, who

kimi some kimi zaman sometimes

kimi whom, who

kimin whose

kimlik identity (card)kimlik belgesi/kartı identity card

kimono kimono

kimse somebody, someone; anyone; nobody, no one *Kimsecikler yok.* There is not a soul here.

kimsesiz without relations/friends; empty, forlorn

kimsesizlik destitution

kimya chemistry *kimya mühendisi* chemical engineer *kimya mühendisliği* chemical engineering

kimyacı chemist; teacher of chemistry

kimyager chemist

kimyasal chemical *kimyasal maddeler* chemicals

kimyon cumin

kin grudge, hatred *kin beslemek* to bear a grudge

kinaye allusion, innuendo

kinci vindictive

kinetik kinetics; kinetic

kinin quinine

kip mood

kir dirt, filth

kira hire, rent *kira ile tutmak* to hire, to rent, to tenant *kira müddeti* lease, tenancy *kira sözleşmesi* lease, rental contract *kira getirmek* to rent *kiraya vermek* to let, to rent, to lease, to rent out

kiracı tenant, leaseholder *kiracıyı çıkartmak* to evict

kiralamak to hire, to rent, to tenant

kiralayan lessee

kiralık for hire, to let *kiralık ev* house to let *kiralık katil* hired

killer
kiraz cherry
kireç lime, chalk **kireç gibi** very white **kireç kuyusu** lime pit **kireç ocağı** limestone quarry
kireçlenmek to be limed; to calcify
kireçli calcareous, limy
kiremit tile **kiremit kaplamak** to tile
kiriş joist, rafter; string; *mat.* chord; *anat.* tendon **kirişi kırmak** to take to one's heels
kirlenmek to become dirty/filthy
kirletmek to make dirty, to dirty, to pollute
kirli dirty, filthy, foul **kirli çamaşır** dirty linen **kirli çamaşırlarını ortaya çıkarmak** to wash one's dirty linen in public
kirlilik dirtiness, filthiness
kirpi hedgehog
kirpik eyelash
kist cyst
kişi person, individual
kişileştirmek to personify
kişilik personality
kişilikli having a strong personality
kişiliksiz characterless
kişisel personal
kişnemek to neigh, to whinny
kitabe inscription, epitaph
kitabevi bookshop, bookstore
kitap book **kitaba el basmak** to swear on the Koran
kitapçı bookseller; publisher
kitaplık library; bookcase
kitapsever bibliophile
kitle mass **kitle iletişim araçları** mass media
klakson horn
klan clan
klarnet clarinet
klasik classic; classical
klasman classification
klasör file
klavye keyboard
klik clique

klima air-conditioner
klimalı air-conditioned
klinik clinic; clinical
klişe cliché; trite
klişeleşmek to become hackneyed
klor chlorine
klorlamak to chlorinate
klorofil chlorophyll
kloroform chloroform
kloş bell-shaped, flared
koalisyon coalition
kobalt *kim.* cobalt
kobay guinea pig
kobra cobra
koca husband **koca bulmak** to find a hubby **kocaya kaçmak** to elope **kocaya vermek** to marry off
koca large, huge
kocakarı old woman, crone
kocalı having a husband
kocalık husbandhood
kocamak to grow old, to age
kocaman huge, large, enormous
kocasız unmarried; widow
Koç (burcu) Aries
koç ram
koçan corn cob; stump
kod code
kodaman magnate, big pot, big shot
kodeks codex
kodes jail, clink, jug
kodlamak to codify
kof hollow
kofana large bluefish
kofluk hollowness
kofra conduit box
koğuş ward; dormitory
kok coke
kokain cocaine
kokarca polecat, skunk
koklamak to smell, to sniff
koklatmak to cause to smell, to let smell; to give a very tiny bit of
kokmak to smell; to go bad
kokmuş rotten, spoiled, putrid
kokoreç roasted sheep's intestines

kokteyl cocktail

koku smell, scent; perfume

kokulu fragrant, perfumed, odorous

kokusuz scentless

kokuşmak to go bad, to putrefy

kokutmak to stink out, to smell up

kol arm; sleeve; handle, bar; patrol; column *kol düğmesi* cuff-link *kol gezmek* to go the rounds, to patrol *kol kola* arm in arm *kol saati* wrist watch *koluna girmek* to take sb by the arm

kola cola

kola starch

kolaçan rummage, prowl *kolaçan etmek* to rummage about, to prowl

kolalamak to starch

kolalı starched

kolay easy *Kolay gelsin!* May it be easy! *kolay iş* easy job, cushy *kolayını bulmak* to find an easy way

kolayca easily

kolaylamak to break the back of

kolaylaşmak to become easier

kolaylaştırmak to facilitate, to make easy

kolaylık easiness; facility, means

kolaylıkla easily

kolcu guard, watchman

kolej private high school

kolejli student at a private high school

koleksiyon collection

koleksiyoncu collector

kolektif collective, joint *kolektif ortaklık* general partnership

kolektör collector

kolera cholera

kolestrol cholesterol

koli parcel, packet

kolit colitis

kollamak to watch for; to protect, to look after

kolluk cuff; armband

Kolombiya Colombia

kolon column

koloni colony

kolonya cologne

kolordu army corps

koltuk armchair; armpit; protection *koltuk altı* armpit *koltuk değneği* crutch *koltukları kabarmak* to swell with pride

koltuklamak to take sth under the arm; to flatter

kolye necklace, chain

koma coma *koma halinde* comatose *komaya girmek* to go into a coma

komandit limited partnership

komando commando

kombina combine

kombine combined

kombinezon slip

komedi comedy

komedyen comedian

komi bellboy

komik funny

komiser superintendent of police

komisyon commission

komisyoncu commission agent

komite committee

komodin commode, bedside table

kompartıman compartment

kompas caliper rule

kompetan expert

komple full, complete

kompleks complex

komplikasyon complication

komplike complicated

kompliman compliment *kompliman yapmak* to pay compliments to

komplo plot, conspiracy *komplo kurmak* to conspire

komposto compote

kompozisyon composition

kompozitör composer

komprador comprador

kompresör compressor

komprime *hek.* tablet

komşu neighbour; neighbouring *komşu açı* adjacent angle
komşuluk neighbourhood
komut order, command
komuta command
komutan commander
komutanlık commandership
komünist communist
komünistlik, komünizm communism
komütatör commutator
konak mansion
konaklamak to stay for the night
konca bud
konç leg (of a boot/a stocking)
konçerto *müz.* concerto
kondansatör condenser
kondisyon condition, form
kondurmak to put on
kondüktör conductor
konfederasyon confederation
konfedere confederate
konfeksiyon ready-made clothes
konfeksiyoncu ready-made seller
konferans lecture *konferans vermek* to give a lecture
konferansçı lecturer
konfor comfort, ease
konforlu comfortable, comfy
kongre congress
koni cone
konik conic, conical
konjonktür conjuncture
konkordato concordat
konmak to settle on, to alight
konsantrasyon concentration
konsantre concentrated *konsantre olmak* to concentrate (on)
konser concert *konser vermek* to give a concert
konservatuvar conservatoire, conservatory
konserve tinned food; preserved, tinned
konsey council
konsol chest of drawers
konsolos consul

konsolosluk consulate
konsomatris hostess (in a bar)
konsorsiyum consortium
konsültasyon medical consultation
konşimento bill of lading
kont count, earl
kontak short circuit; ignition *kontak açmak* to turn on the engine *kontak anahtarı* car key *kontak kapamak* to turn off the engine
kontaklens contact lens
kontenjan quota; contingent
kontes countess
kontluk county
kontralto contralto
kontrat contract
kontratak counterattack
kontrbas contrabass
kontrbasçı contra bassist
kontrol control *kontrol etmek* to control
kontrolör controller
kontrplak plywood
konu komşu the neighbours
konu subject, topic
konuk guest, visitor
konukevi guest house
konuksever hospitable
konukseverlik hospitality
konum position, location
konuşkan talkative
konuşkanlık talkativeness
konuşma talk, conversation; speech
konuşmacı speaker
konuşmak to talk, to speak
konut house, residence
konvansiyonel conventional
konveks convex
konvertibilite convertibility
konvertisör convertor
konvoy convoy
konyak brandy, cognac
kooperatif cooperative
koordinasyon coordination
koordinat *mat.* coordinate
koparmak to pluck, to pick; to

break off; to extort, to wangle

kopça hook and eye

kopçalamak to hook

kopmak to break, to snap; to break out, to burst

kopuk broken; *kon.* hobo, bum

kopya copy; cheating *kopya çekmek* to cheat, to crib from *kopya kâğıdı* carbon paper

kopyacı copyist; cribber, cheater

kor ember

koramiral vice-admiral

kordiplomatik diplomatic corps

kordon cordon

Kore Korea

Koreli Korean

koreografi choreography

korgeneral lieutenant-general

koridor corridor

korkak cowardly; coward

korkaklık cowardice

korkmak to be afraid (of), to be scared

korku fear, dread, scare *korku salmak* to spread terror *korkuya kapılmak* to be seized with tear

korkulu frightening; dreadful

korkuluk scarecrow; balustrade, banister

korkunç terrible, dreadful, awful

korkusuz fearless, undaunted

korkusuzca fearlessly

korkusuzluk fearlessness

korkutmak to frighten, to scare, to daunt

korna horn *korna çalmak* to honk the horn

kornea *anat.* cornea

korner corner *korner atışı* corner kick

kornet cornet

korniş cornice

koro chorus *koro halinde* in chorus

korsan pirate, hijacker

korsanlık piracy, hijacking *korsanlık etmek* to pirate, to hijack

kortej cortege

koru grove, copse

korucu forest watchman

korugan blockhouse

korumak to protect, to defend

korunma defence

korunmak to defend oneself

koruyucu protective, preventive; protector

kosinüs cosine

koskoca enormous, huge

koskocaman colossal, huge

kostüm costume

koşmak to run

koşturmak to cause to run; to buzz about, to scurry

koşu race, running *koşu alanı* hippodrome *koşu atı* racehorse

koşucu runner

koşul condition

koşullandırmak to condition

koşullu conditional, conditioned

koşulsuz unconditional, unconditioned

koşuluyla on condition that

koşum harness

koşuşmak to run about

kot jeans

kota quota

kotarmak to dish up; to complete, to fulfil

kotra cutter

kova bucket **Kova burcu** Aquarius

kovalamak to run after, to chase

kovan hive; cartridge case

kovboy cowboy

kovmak to drive away, to expel, to discharge

kovuk hollow, cavity

kovuşturma prosecution *kovuşturma açmak* to start a prosecution

kovuşturmak to prosecute

koy bay, inlet

koy(u)vermek to let go, to release

koymak to put, to place; *arg.* to upset, to move, to affect

koyu thick, dense; (colour) dark;

extreme, fanatic
koyulaşmak to become dense; to become dark
koyulaştırmak to thicken; to darken
koyulmak (work) to set to; to become dense/dark
koyultmak to darken; to thicken
koyuluk density; (colour) depth
koyun bosom, breast *koynuna girmek* to go to bed with sb
koyun sheep *koyun eti* mutton
koz (cards) trump; walnut *kozunu oynamak* to play one's trump card *kozunu paylaşmak* to settle accounts (with)
koza cocoon
kozalak cone
kozmetik cosmetic
kozmopolit cosmopolitan
köfte meatball
köfteci seller of meat balls
köftehor rascal, son of a gun
köhne old, ramshackle, dilapidated
kök root; origin *kök işareti* radical sign *kök salmak* to take root *kökünden sökmek* to uproot *kökünü kurutmak* to extirpate, to eradicate
kökboyası madder, alizarin
köken origin, source
kökenbilim etymology
köklemek to uproot
köklenmek to take root
kökleşmek to take root
köklü rooted
köknar fir
köksüz rootless
kökten radical
köktenci radical
köktencilik radicalism
köle slave
kölelik slavery
kömür charcoal; coal *kömür gibi* as black as coal *kömür kovası* coal scuttle *kömür ocağı* coal mine
kömürcü coal dealer

kömürleşmek to become carbonized
kömürlük coalhole
köpek dog
köpekbalığı shark, dogfish
köpekdişi canine tooth
köprü bridge *köprü kurmak* to build a bridge; (wrestling) to bridge
köprücük collar bone, clavicle
köpük foam, froth
köpüklü frothy, foamy
köpürmek to froth, to foam; (soap) to lather
köpürtmek to froth up
kör blind; (knife, etc.) blunt *kör dövüşü* muddle *kör kütük* blind drunk *kör olası(ca)* cursed, damned; bloody *kör şeytan* evil destiny *kör talih* bad luck *kör topal* after a fashion, perfunctorily *körü körüne* blindly *körler alfabesi* Braille alphabet
körbağırsak cecum, blind gut
kördüğüm Gordian knot
körebe blind man's buff
körelme *biy.* atrophy
körelmek to become blunt; to atrophy; to become extinct
körfez gulf, bay
körkaya submerged rock
körkuyu dry well
körleşmek to become blunt; to become blind
körletmek to blunt; to deaden, to damp
körlük blindness; bluntness
körpe fresh, tender
körpecik very fresh
körük bellows
körüklemek to fan with bellows; to incite, to fan
körüklü having bellows
köse beardless
kösele stout leather
kösnü lust
kösnül lustful, erotic

köstebek mole

kösteklemek to fetter; to hobble; to foil, to hinder

köşe corner **köşe atışı** corner-kick **köşe başı** street-corner **köşe bucak** even nook and cranny **köşe kapmaca** puss-in-the-corner **köşeyi dönmek** to strike it rich

köşebent angle iron

köşegen diagonal

köşeli cornered, angled

köşk villa, summer-house

kötek beating **kötek atmak** to give a beating **kötek yemek** to get a beating

kötü bad, evil **kötü kadın** prostitute **kötüye kullanmak** to abuse, to misuse **kötü yola düşmek** to be on the streets **kötü niyetli** evil-minded, malicious

kötücül malicious; malignant

kötülemek to speak ill of, to run down

kötüleşmek to grow worse, to worsen

kötülük wickedness, badness; harm, wrong **kötülük etmek** to do sb harm

kötümsemek to think ill of, to disparage

kötümser pessimist; pessimistic

kötümserlik pessimism

kötürüm crippled; cripple **kötürüm olmak** to be paralysed

köy village **köy muhtarı** village headman

köylü villager, peasant

köz embers, cinders

közlemek to barbecue

kraker cracker

kral king; tycoon **kral naibi** regent

kralcı royalist

kralcılık royalism

kraliçe queen

kraliyet, krallık kingdom, royalty

kramp cramp **kramp girmek** to have cramp

krampon crampon, cleat

krank crankshaft

krater crater

kravat necktie, tie

kredi credit **kredi açmak** to give credit **kredi ile almak** to buy sth on credit **kredi kartı** credit card **kredi mektubu** letter of credit **kredili satış** sale on credit

krem cream **krem rengi** cream **krem şantiyi** whipped cream

krema cream

kremşantiye whipped cream

krepon crepon

kreş nursery

kreşendo crescendo

kriket cricket

kriko jack

kriminoloji criminology

kristal crystal

kriter criterion

kritik critical

kriz crisis; heart attack

krizantem chrysanthemum

kroki sketch

krom chromium

kromozom chromosome

kronik chronic

kronoloji chronology

kronolojik chronological

kronometre chronometer

kros cross-country race

kroşe (boxing) hook

krupiye croupier

kruvaze double-breasted

kruvazör cruiser

kuaför hairdresser, coiffeur

kuartet *müz.* quartet

kubbe dome, cupola

kubbeli domed

kucak lap, embrace **kucak açmak** to receive with open arms **kucağına almak** to take on one's lap **kucağına oturmak** to sit on sb's lap

kucaklamak to embrace, to hug

kucaklaşmak to embrace one another

kudret power, strength**kudret helvası** manna
kudretli powerful
kudretsiz powerless
kudurgan furious, raging
kudurmak to go mad; to be enraged, to fume
kudurmuş mad; rabid, furious
kudurtmak to enrage, to infuriate
kuduruk rabid; enraged, furious
kuduz rabies; mad, rabid
Kudüs Jerusalem
kuğu swan
kukla puppet
kukuleta hood, cowl
kukumav little owl **kukumav gibi** all alone
kul slave; human being, man **kul köle olmak** to be at sb's back and call
kulaç fathom; *sp.* stroke
kulak ear **kulak ağrısı** earache **kulak ardı etmek** to turn a deaf ear **kulak asmak** to pay attention **kulak dolgunluğu** knowledge picked up here and there **kulak iltihabı** otitis **kulak kabartmak** to prick up one's ears **kulak kesilmek** to be all ears **kulak misafiri olmak** to overhear **kulak vermek** to give ear, to listen **kulağı ağır işitmek** to be hard of hearing **kulağı ağrımak** to have an earache **kulağına çalınmak** to come to one's ears **kulağına söylemek** to whisper in sb's ear **kulağını açmak** to open one's ears **kulağını çekmek** to pull sb's ears **Kulakları çınlasın!** I hope his ears are burning! **Kulaklarıma inanamadım!** I couldn't believe my ears! **kulaktan kapmak** to pick up a language **kulaktan kulağa** on the grapevine
kulakçık auricle
kulakkepçesi earlap
kulaklık headphone, earphone; hearing aid
kulakmemesi earlobe
kulakzarı eardrum
kulampara pederast, bugger
kule tower
kulis back stage, wing
kullanılmış used, second hand
kullanım use, usage
kullanış use, usage
kullanışlı handy, practical
kullanışsız unhandy
kullanmak to use, to employ
kulluk slavery; worship
kulp handle **kulp takmak** to invent a pretext
kuluçka broody hen **kuluçka dönemi** incubation period **kuluçka makinesi** incubator **kuluçkaya yatmak** to brood
kulunç shoulder pain, pain
kulübe hut, shed
kulüp club
kulvar track, course
kum sand **kum fırtınası** sandstorm **kum saati** hourglass
kuma second wife, fellow wife
kumanda command **kumanda etmek** to command
kumandan commander
kumandanlık commandership
kumanya portable rations
kumar gambling, gamble **kumar oynamak** to gamble
kumarbaz, kumarcı gambler
kumarbazlık gambling
kumarhane casino, gambling house
kumaş cloth, fabric
kumbara moneybox
kumlu sandy
kumluk sandy place
kumpanya company; troupe
kumpas plot, conspiracy **kumpas kurmak** to conspire
kumral light brown
kumru turtledove **kumrular gibi sevişmek** to bill and coo

kumsal beach, sands
kundak swaddling clothes
kundakçı incendiary, arsonist
kundakçılık arson
kundaklamak to swaddle; to set fire (to)
kundura shoe
kunduracı shoemaker
kunduz beaver
kupa cup; (cards) hearts
kupkuru bone-dry
kupon coupon
kupür cutting
kur courtship, flirtation *kur yapmak* to pay court to
kur rate of exchange; course (of studies)
kura drawing of lots; lot *kura çekmek* to draw lots
kurabiye cookie, cooky
kurak arid, dry
kuraklık drought
kural rule
kuraldışı exceptional
kurallı regular
kuralsız irregular
kuram theory
kuramsal theoretical
Kuran the Koran
kurbağa frog, toad
kurbağalama breaststroke, frog-style
kurban sacrifice, offering; victim *Kurban Bayramı* the Moslem Festival of Sacrifices *kurban kesmek* to kill as a sacrifice *kurban olmak* to be a victim *kurban vermek* to lose as casualties
kurbanlık sacrificial
kurcalamak to monkey with, to meddle with
kurdele ribbon
kurdeşen rash, urticaria
kurgu montage, editing
kurmak to set up, to establish, to found; to make up, to form; to set, to lay; to wind (up)

kurmay staff *kurmay subay* staff officer
kurnaz sly, cunning, foxy
kurnazlık slyness, cunning, foxiness
kurs course *kurs görmek* to take a course
kurs disc, disk
kursak crop, craw
kurşun lead; bullet *kurşun geçirmez* bullet-proof *kurşuna dizmek* to execute by shooting
kurşuni grey, leaden
kurşunkalem pencil
kurşunlamak to shoot
kurşunlu leaden
kurt wolf; worm *kurt gibi aç* ravenous *kurt dökmek* to pass a worm *kurtlarını dökmek* to have one's fling *kurt köpeği* wolf dog, wolfhound
kurtağzı dovetail
kurtarıcı liberator
kurtarma saving, rescue **kurtarma ekibi** rescue party
kurtarmak to save, to rescue
kurtçuk larva
kurtlanmak to become maggoty; to fidget
kurtlu maggoty, wormy; fidgety
kurtulmak to escape; to be saved; to get rid of
kurtuluş escape, liberation, independence *Kurtuluş Savaşı* Turkish War of Independence
kuru dry; dried *kuru fasulye* haricot bean(s) *kuru gürültü* much ado about nothing *kuru hava* dry weather *kuru iftira* sheer calumny *kuru incir* dried fig *kuru kalabalık* useless crowd *kuru pil* dry cell *kuru temizleme* dry cleaning *kuru temizleyici* dry cleaner's *kuru üzüm* raisin
kurucu founder *kurucu meclis* constituent assembly
kurukafa skull

kurukahve (roasted and ground) coffee

kurul committee, council

kurulamak to dry

kurulmak to be set up; to nestle down; to swagger, to pose

kurultay congress, assembly

kuruluk dryness

kuruluş organization, establishment, foundation; *dilb.* construction

kurum institution, association, foundation; swagger, swank; soot *kurum kurum kurulmak* to be stuck-up *kurum satmak* to put on airs, to swagger

kurumak to get dry, to dry

kurumlu sooty; conceited

kuruntu delusion, fancy, illusion

kuruntulu suspicious, hypochondriac

kurusıkı blank (shot); bluff

kuruş Turkish piastre, kurush

kurutma drying *kurutma kâğıdı* blotting paper

kurutmak to dry

kurye courier

kuskus couscous

kusmak to vomit; to throw up

kusmuk vomit, puke

kusur defect, fault, flaw *kusur bulmak* to find fault with *Kusura bakma!* I beg your pardon!, Excuse me! *kusura bakmamak* to overlook, to excuse

kusurlu defective, faulty

kusursuz perfect, faultless

kuş bird *kuş beyinli* bird-brained *kuş kafesi* bird cage *kuş uçmaz kervan geçmez* out-of-the-way, desolate *kuş uçurtmamak* to keep a sharp lookout *kuşa benzetmek* to mess up, to spoil

kuşak sash, girdle; generation; zone

kuşanmak to gird on, to carry; to dress

kuşatma *ask.* siege

kuşatmak to surround, to besiege

kuşbakışı bird's-eye view

kuşbaşı in small chunks; in big flakes

kuşekâğıdı glazed paper

kuşet couchette, berth

kuşkonmaz asparagus

kuşku suspicion, doubt *kuşku duymak* to feel suspicious

kuşkucu suspicious

kuşkulanmak to suspect

kuşkulu suspicious, doubtful

kuşkusuz of course, certainly

kuşluk midmorning

kuşpalazı diphtheria

kuşsütü any nonexistent thing *kuşsütüyle beslemek* to cherish, to pamper

kuştüyü down *kuştüyü yatak* feather bed

kuşüzümü currant

kutlama celebration; congratulation

kutlamak to celebrate; to congratulate

kutlu blessed, lucky, happy

kutsal sacred, holy

kutsallık sacredness, holiness

kutsama sanctification

kutsamak to sanctify

kutu box, case

kutulamak to box

kutup pole

Kutupyıldızı the North Star, Polaris

kuvars quartz

kuvvet strength, power *kuvvetten düşmek* to lose strength

kuvvetle strongly

kuvvetlendirmek to strengthen, to reinforce

kuvvetlenmek to become strong, to strengthen

kuvvetli strong, powerful

kuvvetsiz weak

kuyruk tail; queue *kuyruğu kapana kısılmak* to have one's back against the wall **kuyruk olmak** to queue up **kuyruk sallamak** to wag the tail; to play up to, to cringe

kuyruklu tailed **kuyruklu piyano** grand piano **kuyruklu yalan** whopper, big lie

kuyrukluyıldız comet

kuyruksokumu sacrum

kuyruksuz tailless

kuytu snug; out-of-the-way, cosy

kuyu well **kuyu açmak** to dig a well **kuyusunu kazmak** to dig a pit for sb

kuyumcu jeweller **kuyumcu dükkânı** jeweller's shop

kuzen cousin

kuzey north; northern **kuzey kutbu** northpole

kuzeybatı northwest

kuzeydoğu northeast

kuzeyli northern

kuzgun raven

kuzu lamb **kuzu gibi** as meek as a lamb

kuzudişi milk tooth

kuzugöbeği bitk. button mushroom

kuzukulağı sheep's sorrel

kuzulamak to lamb

kuzumantarı morel

Küba Cuba

kübik cubic

kübizm cubism

küçücük tiny, wee

küçük small, little; child **küçük aptes** urination **küçük dilini yutmak** to fall off one's chair **küçük düşmek** to lose face **küçük düşürmek** to humiliate, to abase **küçük düşürücü** humiliating **küçük harf** minuscule, lower case **küçük su dökmek** to urinate, to make water, to piss

Küçükayı Little Bear, Asia Minor

küçükbaş sheep and goats

küçükdil uvula

küçüklük smallness, littleness; childhood

küçülmek to become small; to be humiliated

küçültmek to make smaller, to diminish; to belittle, to humiliate

küçültücü humiliating

küçümsemek to belittle, to look down on, to scorn

küf mould **küf bağlamak** to become mouldy

küfe pannier

küfelik basketful; dead drunk **küfelik olmak** to be blind drunk

küflenmek to mould, to mildew

küflü mouldy, musty

küfretmek to curse, to swear

küfür oath, bad language, cursing; blasphemy **küfürü basmak** to swear, to cuss

küfürbaz foul-mouthed

küfürlü foul-mouthed

küheylan purebred Arab horse

kükremek to roar

kükürt sulphur

kükürtlü sulphurous

kül ash **kül etmek** to ruin **kül olmak** to be reduced to ashes **kül tablası** ashtray **kül yutmak** to be sucked, to be duped

külah conical hat; cone, cornet **külah giydirmek** to play a trick on sb **Külahıma anlat!** Tell me another! **külahları değişmek** to fall out with

külbastı grilled cutlet

külçe ingot

külfet trouble, burden, inconvenience

külfetli troublesome

külfetsiz easy, painless

külhanbeyi rowdy, roughneck, tough

külliyat complete works

küllü ashy

küllük ashtray

külot (men's) underpants, briefs, undershorts; (women's) panties

külotlu çorap tights

külrengi ashy, grey

kültür culture

kültürel cultural

kültürfizik gymnastics

kültürlü cultured

kültürsüz uncultured

külüstür ramshackle, dilapidated, shabby; beat-up **külüstür otomobil** jalopy, rattletrap

kümbet cupola, dome

küme heap, pile; group; sp. league

kümebulut cumulus

kümelemek to heap

kümelenmek to form a group

kümes coop **kümes hayvanları** poultry

kümülüs cumulus

künk water pipe

künye personal data; identification bracelet, identification tag

küp cube **küp kök** cube root

küp large earthenware jar **küplere binmek** to fly into a rage **küpünü doldurmak** to feather one's nest

küpe earring **küpe takmak** to wear earrings

küpeçiçeği fuchsia

küpeşte gunwale, bulwark

kür health cure

kürdan toothpick

küre globe, sphere

kürek shovel; oar **kürek çekmek** to row

kürekçi oarsman, rower

kürekkemiği shoulder blade

küremek to shovel up

küresel spherical

kürk fur

kürkçü furrier **kürkçü dükkânı** furrier's shop

kürkçülük furriery, furring

kürsü podium, pulpit, rostrum; professorship, chair **kürsü başkanı** chairman

kürtaj curetting, curettage

küs offended, peeved

küskü crowbar

küskün offended, sore, sulky

küskünlük sulk, vexation

küsmek to be offended, to sulk, to miff

küspe bagasse, residue

küstah insolent, impertinent

küstahça insolently

küstahlaşmak to start behaving insolently

küstahlık insolence, impertinence **küstahlık etmek** to act insolently

küstümotu mimosa

küsur remainder, odd

küsurat fractions, remainder

küsüşmek not to be on speaking terms

küt blunt, obtuse **küt küt etmek** (heart) to pound

kütle mass

kütleşmek to become blunt

küttedek with a thud

kütük trunk; stump, stub; ledger, register **kütüğe kaydetmek** to enrol in the register **kütük gibi** greatly swollen; dead drunk

kütüklük cartridge-pouch

kütüphane library; bookcase

kütüphaneci librarian

kütür kütür (fruit) crisp, fresh; crunchingly

kütürdemek to make a crashing sound, to crack

kütürdetmek to snap, to crunch

kütürtü crunching sound, crunch

küvet bath-tub; washbasin, sink

L

labada *bitk.* patience dock

labirent labyrinth

laborant laboratory assistant

laboratuvar laboratory, lab

lacivert navy blue, dark blue

laçka slack *laçka olmak* to get slack

lades a bet with a wishbone *lades kemiği* wishbone *lades tutuşmak* to make a bet by pulling a wishbone

ladin spruce

laf word; talk, chat; empty words *laf altında kalmamak* to be quick to retort *laf anlamaz* thickheaded, obstinate *laf aramızda* between us *laf atmak* to make passes at (a girl), to molest *laf dinlemek* to listen to advice *laf ebesi* chatterbox *laf etmek* to gossip *laf işitmek* to be told off *Laf ola beri gele!* Stuff and nonsense! *laf olsun diye* just for the sake of conversation *laf taşımak* to be a talebearer *lafa dalmak* to be lost in conversation *lafa karışmak* to interrupt, to chime in *lafa tutmak* to buttonhole *lafı ağzından almak* to take the words out of sb's mouth *lafı ağzına tıkamak* to shut sb up *lafı çevirmek* to change the subject *lafı ağzında gevelemek* to beat about the bush *Lafı mı olur?* It is not worth mentioning *lafını bilmek* to weigh one's words *lafını esirgememek* not to mince one's words *lafını etmek* to talk about, to mention *lafını kesmek* to interrupt sb *lafla peynir gemisi yürümez* fine words butter no parsnips

lafazan talkative, windy

laflamak to chat away

lağım sewer, drain

lağımcı sewerman

lağvetmek to cancel

lağvolmak to be cancelled

lahana cabbage *lahana turşusu* pickled cabbage

lahit tomb, sarcophagus

lahza instant

laik secular

laikleştirmek to secularize

laiklik secularism, laicism

lakap nickname *lakap takmak* to give a nickname (to)

lakayt indifferent, unconcerned *lakayt kalmak* to be indifferent (to)

lakaytlık indifference, unconcern

lake lacquer; lacquered

lakırdı word, talk *lakırdı etmek* to talk

lakin but, however

laklak chatter, clatter

laktoz lactose

lale tulip

lalettayin whatsoever, any; at random, indiscriminately

lam microscope slide

lama *hayb.* lama; Lama, the Buddhist monk

lamba lamp

lamine laminated

lan bud, buddy, man

lanet curse, damnation; cursed, damned *lanet etmek* to curse, to damn *Lanet olsun!* Damn it!

lanetlemek to curse, to damn

lanetli cursed

langust spiny lobster, langouste

lanse launched *lanse etmek* to launch, to introduce

lapa porridge, mushy *lapa gibi* soft, mushy *lapa lapa* in large flakes

lappadak with a plop

larenjit *hek.* laryngitis

largetto larghetto

larva larva

lastik rubber; tyre, tire

laterna *müz.* barrel organ

latife joke, leg-pull *latife etmek* to joke

latifeci joker

latilokum Turkish delight

Latin Latin *Latin harfleri* Latin characters

Latince Latin language, Latin

laubali saucy, pert, free and easy
laubalileşmek to become saucy
laubalilik sauciness, pertness
lav lava
lavabo washbasin
lavaj washing
lavanta lavender water
lavantaçiçeği lavender
layık worthy of, deserving *layık olmak* to deserve *layığını bulmak* to get one's deserts
layıkıyla properly, duly
layiha proposal, memorandum
Laz Laz
lazer laser
lazım necessary *lazım olmak* to be necessary
lazımlık chamber pot
leblebi roasted chickpeas
legorn *hayb.* leghorn
leğen basin; *anat.* pelvis
leh benefit *lehimde* in my favour *lehinde* in favour of him (her) *lehinde karar vermek* to decide in favour of *lehine* in one's favour
Leh Pole; Polish
lehçe dialect
lehim solder
lehimlemek to solder
lehimli soldered
lejyon legion
leke stain, blot *leke çıkarmak* to remove stain *leke etmek* to stain *leke olmak* to become stained *leke sürmek* to besmirch *leke yapmak* to stain
lekelemek to stain, to soil; to blemish, to taint
lekeli stained, spotted
lekesiz spotless, stainless
lenf lymph
lens lens
leopar leopard
lepiska flaxen, fair
leş carcass *leş gibi kokmak* to stink, to reek

leşkargası hooded crow
levazım supplies, provisions *levazım subayı* commissary officer
levha sign, signboard
levrek sea bass
levye lever; crank
leylak lilac
leylek stork
lezbiyen lesbian
leziz delicious
lezzet taste, flavour *lezzet almak* to find pleasure in
lezzetlenmek to become tasty
lezzetli tasty, savoury
lezzetsiz tasteless
lıkırdamak to gurgle
lıkırtı gurgle
liberal liberal
liberalizm liberalism
libero sweeper
libretto libretto
Libya Libya
Libyalı Libyan
lider leader
liderlik leadership
lif fibre; loofah
lifli fibrous
lig league
likör liqueur
liman harbour, seaport
limanlamak to anchor in a harbour
lime strip *lime lime* in strips
limit *mat.* limit
limitet şirket limited company
limon lemon *limon gibi olmak* to turn pale
limonata lemonade
limoni pale yellow; touchy; bad, sour
limonlu lemon-flavoured
limonluk greenhouse; lemon squeezer
limontuzu citric acid
limuzin limousine
linç lynching *linç etmek* to lynch
linear *mat.* linear
linotip linotype

linyit lignite
lir lyre
lira lira, pound
liret Italian lira
lirik lyrical
lirizm lyricism
lisan language
lisansüstü postgraduate
lise high school, lycée
liseli high school student
liste list
literatür literature
litografya lithography
litre litre, liter
liyakat merit, capacity
liyakatli capable, efficient
liyakatsiz incapable, inefficient
lobi lobby
loca (theatre) box; masonic lodge
lodos southwest wind
logaritma logarithm
logaritmik logarithmic
loğusa woman in child-bed
loğusalık lying-in, confinement
lojistik logistic; logistics
lojman flat/house (provided to employees/workers)
lokal club; local
lokanta restaurant
lokantacı restaurateur
lokavt lockout
lokma morsel
lokmanruhu ether
lokomotif locomotive
lokum Turkish delight
lombar *den.* port
lomboz port-hole
lonca guild
Londra London
Londralı Londoner
lop round and soft *lop et* boneless meat *lop yumurta* hard-boiled egg
lort lord
lostra shoe polish *lostra salonu* shoeshine shop
losyon lotion

loş dim, murky, dark
lotus lotus
lökosit leucocyte
lösemi leukemia
lumbago lumbago
lunapark amusement park
Lübnan Lebanon
Lübnanlı Lebanese
lüfer bluefish
lügat dictionary *lügat paralamak* to use a pompous language
lüks luxury; luxurious *lüks mevki* de luxe class
lüle curl, ringlet, fold; spout
lületaşı meerschaum
lüp windfall *lüp diye yutmak* to gulp down
lüpçü sponger, moocher
lütfen please
lütfetmek to be so kind as to, to deign, to condescend
lütuf favour, kindness
lütufkâr gracious, kind
lüzum necessity *lüzum görmek* to deem necessary
lüzumlu necessary

M

maada besides
maalesef unfortunately
maarif education, instruction
maaş salary *maaş günü* payday
maaşlı salaried
mabet temple
Macar Hungarian
Macarca Hungarian language
Macaristan Hungary
macera adventure *macera aramak* to seek adventure *macera romanı* adventure novel
maceracı adventurer
maceralı adventurous
macun paste; putty
maç match, game, bout

maça spade *maça beyi* jack of spades *maça kızı* queen of spades

maçuna *den.* crane, winch, derrick

madalya medal

madalyon medallion

madam madam

madde matter, substance; article, clause, paragraph

maddeci materialist

maddecilik materialism

maddesel material

maddeten materially

maddi material, physical, corporal

maddiyat material things

madem, mademki since, as, now that

maden mine, mineral; metal *maden işçisi* miner *maden cevheri* mineral ore *maden mühendisi* mining engineer *maden ocağı* mine *maden yatağı* ore-bed

madenci miner

madencilik mining

madeni mineral, inorganic; metallic

madenkömürü coal

madensel mineral; metallic

madensuyu mineral water

madenyünü mineral wool

madik trick *madik atmak* to cheat

madrabaz middleman; cheat, crook

madrabazlık cheating, trickery

maestro *müz.* maestro

mafiş finished

mafsal articulation, joint

mafya Mafia, Maffia

magazin magazine

magma magma

magnezyum magnesium

mağara cave *mağara adamı* caveman

mağaza large store

mağdur wronged; victim, dupe

mağduriyet unjust treatment

mağfiret forgiveness

mağlubiyet defeat

mağlup defeated, overcome *mağlup etmek* to defeat, to overcome *mağlup olmak* to be defeated

mağrur proud, conceited

mağrurluk conceit

mahal place, spot *mahal vermemek* not to give occasion for *mahallinde* on the spot

mahalle quarter, district

mahalli local

maharet skill, dexterity

maharetli skilful, dexterous

maharetsiz unskilful

mahcubiyet shyness

mahcup shy, ashamed *mahcup etmek* to shame, to mortify *mahcup olmak* to be ashamed, to be embarrassed

mahdum son

mahdut limited

mahfaza case, box

mahıv destruction

mahiyet nature, character

mahkeme court *mahkeme kararı* sentence, verdict

mahkûm sentenced, condemned; convict *mahkûm etmek* to condemn, to sentence *mahkûm olmak* to be sentenced, to be condemned

mahkûmiyet sentence, condemnation

mahlep *bitk.* mahaleb

mahluk creature

mahmur sleepy, drowsy

mahmurluk sleepiness, drowsiness

mahmuz spur

mahmuzlamak to spur

mahpus prisoner; imprisoned

mahpushane prison

mahrem secret, private, intimate

mahremiyet privacy, intimacy

mahrum deprived *mahrum etmek* to deprive of

mahrumiyet deprivation *mahrumi-*

yet bölgesi hardship area **mahrumiyet içinde yaşamak** to lead a life of privation, to rough it

mahsuben to the account of

mahsul crop, produce; product

mahsur confined, cut off; stuck **mahsur kalmak** to be stuck (in)

mahsus special, peculiar to; on purpose, deliberately

mahşer the place where people will gather on the Day of Judgement

mahşeri (crowd) tremendous

mahvetmek to destroy

mahvolmak to be destroyed

mahzen cellar, granary

mahzun sad, gloomy

mahzur drawback, objection

mahzurlu disadvantageous, objectionable

maiyet suite, retinue, attendants

majeste majesty

majör *müz.* major

majüskül capital letter

makale article

makam position, office; tune

makara bobbin, reel, spool **makaraya almak** to make fun (of)

makarna macaroni

makas scissors, shears **makas almak** to pinch sb's cheek

makaslamak to scissor; to pinch sb's cheek; to censor (films)

makat anus

makber grave

makbul acceptable, welcome **makbule geçmek** to be welcome

makbuz receipt

Makedonya Macedonia

Makedonyalı Macedonian

maket model

maki bush, scrub

makine machine **makine dairesi** engine room **makine mühendisi** mechanical engineer

makineci mechanic

makineleştirmek to mechanize

makineli having a machine **makineli tüfek** machine-gun

makineyağı lubricating oil, machine oil

makinist engine-driver; mechanic

makrama macramé

makro macro

maksadıyla with the intention of

maksat purpose, intention

maksatlı purposeful

maksatsız purposeless

maksi maxi

maksimum maximum

maktul killed, murdered

makul reasonable, sensible

makyaj make-up **makyaj yapmak** to make up

mal goods, merchandise; property; wealth; cattle; hash, heroin; loose woman **mal bildirimi** declaration of property **mal canlısı** avaricious **mal etmek** to appropriate for oneself; to produce at **mal müdürü** head of the finance office **mal mülk** property, goods **mal olmak** to cost **mal sahibi** owner **malın gözü** tricky, sly; (woman) loose

mala trowel

malak buffalo calf

malarya malaria

Malezya Malaysia

mali financial, fiscal **mali yıl** fiscal year

malik owning, possessing; owner, possessor **malik olmak** to have, to own

malikâne large estate, stately home

maliye finance **Maliye Bakanı** Minister of Finance **Maliye Bakanlığı** Ministry of Finance

maliyeci financier

maliyet cost **maliyet fiyatı** cost price

malmüdürü head of the finance office

malt malt

Malta Malta
maltaeriği loquat
malul invalid, disabled
maluliyet disablement
malum known **malum olmak** to sense, to surmise
malumat information **malumat vermek** to inform **malumatı olmak** to know about
malzeme material, necessaries
mama baby's food
mamafih however, yet
mamul manufactured
mamulat manufactures
mamur prosperous
mamut *hayb.* mammoth
mana meaning **mana vermek** to interpret
manalı meaningful
manasız meaningless
manastır monastery
manav greengrocer, fruiteror; greengrocer's
mancınık catapult
manda mandate
manda water buffalo
mandal clothes-peg, *AE.* clothespin; latch, tumbler
mandalina mandarin, tangerine
mandallamak to peg up, *AE.* to pin up; to latch
mandıra dairy farm
mandolin mandolin
manen morally, spiritually
manevi moral, spiritual **manevi evlat** adopted child
maneviyat morale **maneviyatı bozulmak** to lose morale
manevra manoeuvres **manevra fişeği** *ask.* blank cartridge **manevra yapmak** to manoeuvre
manga *ask.* squad
mangal brazier **mangal kömürü** charcoal
manganez *kim.* manganese
mangır money, dough
mangırsız penniless, broke

mangiz *arg.* money, dough, brass
mâni hindrance, impediment, obstacle **mâni olmak** to prevent, to hinder, to obstruct
mânia obstacle, barrier
manifatura drapery, textiles
manifaturacı draper
manifesto manifest
manikür manicure **manikür yapmak** to manicure
manikürcü manicurist
manita girlfriend, bird, *AE.* chick
manivela lever, crank
mankafa blockheaded, thickheaded
manken model
mankenlik modelling
manolya magnolia
manometre manometer
mansiyon honourable mention
Manş Denizi the English Channel
manşet head-line; cuff
manşon muff
mantar mushroom; fungus; cork **mantar gibi yerden bitmek** to mushroom
mantık logic **mantığa aykırı** against logic
mantıkçı logician
mantıkdışı alogical
mantıki, mantıklı, mantıksal logical, reasonable
mantıksız illogical, unreasonable
mantıksızlık illogicality, unreasonableness
manto coat
manyak maniac
manyakça maniacal; maniacally
manyetik magnetic **manyetik alan** magnetic field **manyetik bant** magnetic tape **manyetik kutup** magnetic pole
manyetizma megnetism
manyeto magneto
manyezi magnesia
manzara view, landscape, panorama

manzaralı having a fine view, scenic

manzum in verse

manzume poem

marangoz joiner, carpenter

marangozluk joinery, carpentry

maraton marathon

maraz disease, illness

marazi pathological, morbid

mareşal marshal

mareşallik marshalship

margarin margarine

marifet skill

marifetli skilled

mariz *arg.* beating, thrashing

marizlemek to beat, to thrash

marj margin

marka make, mark, brand; ticket, counter

markaj (football) marking

markalamak to mark

markalı marked

marke etmek (football) to mark

marki marquis, marquess

markiz marchioness

marley vinyl floor covering

marmelat marmalade

maroken morocco (leather)

marpuç tube of a water-pipe

mars gammon *mars etmek* to gammon, *AE.* to skunk

Mars Mars

marş starter; march; Forward march! *marşa basmak* to press the starter *Marş marş! ask.* Run!; *kon.* Get going!

marşandiz goods train

mart March *Mart kapıdan baktırır, kazma kürek yaktırır ats.* Cast ne'er a clout till May is out.

martaval bunkum, hot air, humbug, baloney *martaval atmak/okumak* to spin a yarn

martavalcı liar, bullshitter

martı sea-gull

martini martini

maruf known, notorious

marul cos lettuce, cos

maruz exposed to *maruz kalmak* to experience, to be exposed to

maruzat representations, petitions

masa table; desk *masa örtüsü* table cloth

masaj massage *masaj yapmak* to massage

masal tale, story; lie, yarn *masal okumak* to spin a yarn *masal anlatmak* to tell a tale

masalcı story teller

masatenisi table tennis, ping pong

masatopu table tennis, ping pong

masif massive

mask mask

maskara buffoon, clown; mascara; frisky, playful *maskara etmek* to make a laughing-stock *maskaraya çevirmek* to make a fool of

maskaralık drollery, buffoonery *maskaralık etmek* to play the fool

maske mask *maskesi düşmek* to show one's true colours

maskelemek to mask

maskeli masked *maskeli balo* masked ball

maskot mascot

maslahat affair, business

maslahatgüzar charge d'affaires

masmavi very blue

mason freemason, mason

masonluk freemason

masör masseur

masraf expense, expenditure, cost *masrafa girmek* to put oneself to expense *masrafa sokmak* to put sb to expense *masraf etmek* to go to expense *masrafı çekmek* to bear the expense *masrafı karşılamak* to cover expenses *masrafını çıkarmak* to pay for itself *masraftan kaçmak* to avoid expense *masraftan kaçmamak* to spare no expense

masraflı expensive
masrafsız without expense
mastar infinitive
mastika mastic
mastürbasyon masturbation
masum innocent
masumiyet innocence
masura bobbin
maşa tongs; cat's-paw, tool *maşa gibi kullanmak* to use sb as a tool *maşası olmak* to be sb's pawn
maşallah May God preserve him from evil!; Wonderful!, Magnificent!
maşrapa mug
mat checkmate *mat etmek* to checkmate *mat olmak* to be checkmated
mat dull, mat
matador matador, bullfighter
matah thing, object
matara canteen, waterbottle
matbaa printing-press, press
matbaacı printer
matbaacılık printing
matbu printed
matbua printed matter
matbuat the Press
matem mourning *matem tutmak* to mourn
matematik mathematics
matematikçi mathematician; mathematics teacher
matemli mournful
materyal material
materyalist materialist
materyalizm materialism
matine matinée
matkap drill, gimlet; auger
matmazel mademoiselle, Miss
matrah tax assessment
matrak joke, fun; droll, funny *matrağa almak* to make fun of *matrak geçmek* to rib, to tease
matris matrix
maun mahogany

maval story, yarn, lie *maval okumak* to tell lies
mavi blue
mavilik blueness
mavimsi bluish
mavna barge, lighter
mavzer Mauser rifle
maya ferment, yeast, leaven
mayalamak to ferment, to leaven
mayalanma fermentation
mayalanmak to ferment
mayalı fermented
mayasıl hemorrhoids, piles
maydanoz parsley
mayhoş sourish, tart
mayhoşluk tartness
mayın *ask.* mine *mayın detektörü* mine detector *mayın gemisi* mine-layer *mayın taramak* to sweep mines *mayın tarama gemisi* mine-sweeper *mayın tarlası* mine-field
mayınlamak to mine
mayıs May
mayısböceği cockchafer, maybeetle
mayi liquid, fluid
maymun monkey, ape *maymun iştahlı* capricious, inconstant
mayna down sails *mayna etmek* to down sails, to haul down
mayo bathing suit, trunks
mayonez mayonnaise
mayonezli dressed with mayonnaise
maytap fireworks
mazeret excuse, apology *mazeret beyan etmek* to make excuses
mazeretli excused
mazeretsiz unexcused
mazgal embrasure
mazgallı embrasured
mazı arborvitae
mazi past, bygone *maziye karışmak* to belong to past days
mazlum wronged, oppressed
mazoşist masochist; masochistic
mazoşizm masochism

mazot diesel oil, fuel oil

mazur excused, excusable *mazur görmek* to excuse, to pardon

mebus deputy, member of Parliament

mecal strength, power *mecali kalmamak* to have no strength left

mecaz figure of speech, trope

mecazi figurative, metaphorical

mecbur compelled, forced, bound *mecbur etmek* to compel, to force *mecbur olmak* to be compelled

mecburen compulsorily

mecburi compulsory, obligatory *mecburi iniş* forced landing *mecburi istikamet* one way

mecburiyet compulsion, obligation *mecburiyetinde kalmak* to be obliged to, to have to

meclis assembly, council

mecmua magazine

mecnun madly in love, love-crazed

mecra watercourse, conduit

Mecusi Zoroastrian, Mazdean

Mecusilik Zoroastrianism

meç (hair) streak, hair-piece

meç rapier, foil

meçhul unknown

meddücezir ebb and flow

medeni civilized, civil *medeni cesaret* moral courage *medeni haklar* civil rights *medeni kanun* civil code, civil law

medenileşmek to become civilized

medenileştirmek to civilize

medeniyet civilization

medeniyetsiz uncivilized

medet help, aid *medet ummak* to hope for help

medrese Moslem theological school, medresseh, madrasa

medya media, mass-media, mass communications

medyum fortune teller; medium

mefhum concept

mefkure ideal

mefruşat furnishings; fabrics

meftun infatuated, fascinated

megafon megaphone

megalomani *ruhb.* megalomania

megaton megaton

megavat *fiz.* megawatt

meğer but, however

Mehmetçik the Turkish Tommy

mehtap moonlight

mehter band of musicians performing military music

mekân place; residence, abode; space

mekanik mechanics; mechanical

mekanize mechanized

mekanizm *fel.* mechanism

mekanizma mechanism

mekik shuttle *mekik dokumak* to shuttle

Mekke Mecca

mektep school

mektup letter

mektuplaşma correspondence

mektuplaşmak to correspond

melamin melamine

melankoli melancholy

melankolik melancholic

melek angel *melek gibi* angelic

meleke faculty, aptitude, bent, knack

melekotu angelica

meleme bleat

melemek to bleat

melez cross-bred, hybrid

melezlemek to cross

melezleşmek to become crossed

melhem ointment

melodi melody

melodram melodrama

melodramatik melodramatic

melon bowler-hat

meltem breeze

melun cursed, damned

memba spring, fountain **memba suyu** spring water

meme breast, nipple, boobs *me-*

meden kesmek to wean *meme emmek* to suckle *meme vermek* to suckle

memeli mammiferous *memeli hayvanlar* mammals

memleket country

memnun glad, happy, pleased *memnun etmek* to please, to satisfy *memnun olmak* to be pleased

memnunluk gladness, pleasure

memorandum memorandum

memur official, employee *memur etmek* to appoint, to commission

memuriyet government job, official post, charge

memurluk official post, charge

menajer manager

mendebur disgusting, slovenly

menderes meander

mendil handkerchief *mendil açmak* to beg

mendirek breakwater, mole

menecer manager

menekşe violet

menekşegülü China rose, Bengal rose

menenjit meningitis

menetmek to forbid

menfaat interest, advantage

menfaatçi, menfaatperest self-seeking

menfi negative

mengene vice; press; clamp

meni sperm, semen

menkıbe legend

menkul movable, transferable *menkul değerler* stocks and bonds *menkul mallar* movable goods

menopoz menopause

mensubiyet relationship

mensucat textiles

mensup belonging to; member

menşe origin

menteşe hinge

menteşeli hinged

mentol menthol

mentollü mentholated

menzil range

mera pasture

merak curiosity; worry, anxiety; hobby, whim, bug *Merak etme!* Don't worry! *merak etmek* to worry, to be curious about sth *merak sarmak* to develop a passion for *merakta bırakmak* to keep sb in suspense

meraklanmak to worry, to be anxious

meraklı curious, inquisitive; fond of, devotee, bug, hound

meraksız indifferent, uninterested

meram intention, aim *meramını anlatmak* to explain oneself

merasim ceremony *merasim kıtası* guard of honour, honour guard

mercan coral

mercanada atoll

mercanbalığı red seabream

mercanköşk marjoram

mercanotu pearlweed

mercek lens

merci reference, recourse

mercimek lentil *mercimeği fırına vermek* to fall in love with

merdane cylinder, roller

merdiven stairs; steps; ladder *merdiven basamağı* step, stair *merdiven parmaklığı* balustrade *merdiven sahanlığı* landing

meret damn

merhaba Hello! Hi! *merhabayı kesmek* to break off with sb

merhabalaşmak to greet one another

merhale stage, phase

merhamet pity, mercy *merhamete gelmek* to become merciful *merhamet etmek* to pity

merhametli pitiful, merciful

merhametsiz merciless, pitiless

merhametsizlik mercilessness, cruelty

merhem ointment, salve
merhum deceased, the late
meridyen meridian
Merih Mars
merinos merino
merkep donkey, ass
merkez centre, center; headquarters; police station *Merkez Bankası* Central Bank
merkezci centralist
merkezcilik centralism
merkezi central *merkezi ısıtma* central heating
merkezileşmek to centralize
merkeziyet centralization
merkeziyetçi centralist
merkeziyetçilik centralism
merkezkaç centrifugal
Merkür Mercury
mermer marble
mermi bullet, projectile
merserize mercerized
mersi thank you
mersin myrtle
mersinbalığı sturgeon
mersiye elegy
mert brave, manly
mertçe bravely
mertebe rank, grade
mertlik bravery
Meryem Ana the Virgin Mary
mesafe distance
mesai efforts, work *mesai saatleri* working hours *mesaiye kalmak* to work overtime
mesaj message
mesane bladder
mescit small mosque
mesel proverb, parable
mesela for example, for instance
mesele problem; matter *mesele çıkarmak* to make a fuss *mesele yapmak* to make a to-do about sth
meshetmek to wipe with the palm of the hand
Mesih Messiah

mesire promenade
mesken dwelling, house
meskûn inhabited
meslek profession, career
mesleki professional
meslektaş colleague
mesnet support, prop
mest drunk; enchanted *mest etmek* to intoxicate; to enrapture *mest olmak* to be intoxicated; to be enraptured
mest light soleless boot
mesul responsible
mesuliyet responsibility
mesuliyetli responsible
mesut happy
meşakkat trouble, hardship
meşakkatli troublesome, difficult
meşale torch
meşe oak
meşgale occupation, activity
meşgul busy *meşgul etmek* to keep busy *meşgul olmak* to be busy (with)
meşguliyet occupation, activity
meşhur famous *meşhur olmak* to become famous
meşin leather
meşru legitimate, lawful *meşru müdafaa* self-defence
meşrubat beverage, drinks
meşrutiyet constitutional government
meşum inauspicious, portentous
met high tide
meta merchandise
metabolizma *biy.* metabolism
metafaz *biy.* metaphase
metafizik metaphysics; metaphysical
metal metal
metalbilim metallurgy
metalurji metallurgy
metamorfoz metamorphosis
metan *kim.* methane
metanet firmness, fortitude *metanet göstermek* to show firmness

metanetli firm, steady
metanetsiz spineless, yielding, weak
metapsişik metapsychical
metastaz metastasis
metazori by force
metelik red cent, bean **meteliğe kurşun atmak** to be stony broke **metelik vermemek** not to care a fig
meteliksiz stony broke, penniless
meteor meteor
meteoroloji meteorology
meteorolojik meteorological
methetmek to praise, to extol
methiye eulogy, panegyric
metil methyl **metil alkol** methyl alcohol
metilen methylene
metin firm, solid
metin text
metodoloji methodology
metodolojik methodological
metot method
metotlu methodic
metotsuz unmethodical
metraj measurement in metres
metre metre, meter **metre kare** square metre **metre küp** cubic metre
metres mistress, keptie **metres tutmak** to keep a mistress
metrik metric **metrik sistem** metric system
metris *ask.* entrenchment, breastwork
metro underground, tube, *AE.* subway
metronom *müz.* metronome
metropol metropolis
metropolit metropolitan
metruk abandoned, deserted
mevcudiyet existence; presence
mevcut existent, existing **mevcut olmak** to exist, to be present
mevduat deposits **mevduat hesabı** deposit account

mevki place; site; position, post; seat, class
Mevla God
mevlit poem depicting the birth and life of Mohammed
mevsim season
mevsimlik seasonal
mevsimsiz unseasonable, untimely
mevzi place, position **mevzi almak** *ask.* to take up a position
mevzu subject, topic
mevzuat the laws, the regulations
mevzubahis in question
meyankökü liquorice root
meydan square, open space **meydana atılmak** to come forward, to offer oneself **meydana atmak** to put forward, to suggest **meydana çıkarmak** to bring out, to bring to light; to reveal, to disclose **meydana çıkmak** to come into view, to appear; to come out, to be revealed **meydana gelmek** to happen, to occur; to come into existence **meydana getirmek** to bring into being, to produce **meydanda** clear, obvious **meydanı boş bulmak** to do what ever he wants in the absence of rivals **meydan muharebesi** pitched battle **meydan okumak** to challenge **meydan vermek** to give an opportunity **meydan vermemek** to avoid, to prevent
meyhane bar, saloon, pub, joint
meyhaneci barkeep, barkeeper
meyil slope, slant; inclination, tendency **meyil vermek** to fall in love with
meyilli sloping, slanting; inclined
meyletmek to incline
meymenetsiz inauspicious, unlucky, sulky, disagreeable
meyve fruit **meyve bahçesi** orchard **meyve suyu** fruit juice **meyve vermek** to fruit

meyveli fruitful, fruited

meyvesiz fruitless

mezar grave, tomb *mezarlık* cemetery, graveyard

mezat auction *mezata çıkarmak* to put up for auction *mezat malı* cheap, ordinary merchandise

mezatçı auctioneer

mezbaha slaughterhouse

meze appetizer, snack, hors d'oeuvre

mezgit whiting

mezhep creed, denomination

meziyet virtue, merit

meziyetli virtuous, meritorious

mezoderm mesoderm

mezon *fiz.* meson

mezosfer mesosphere

mezozoik *coğ.* mesozoic

mezun graduated from; graduate

mezuniyet graduation

mezura tape-measure

mezzosoprano *müz.* mezzosoprano

mıh nail, stud

mıhlamak to nail

mıhlanmak to be nailed; to be nailed to the spot

mıknatıs magnet

mıknatısiyet magnetism

mıknatıslamak to magnetize

mıknatıslı magnetic

mıncıklamak to squeeze and squash, to knead

mıntıka district, zone

mırıldanmak to murmur, to mutter

mırıltı murmur, mutter

mırın kırın etmek to show reluctance

mırnav miaow

Mısır Egypt

mısır maize, *AE.* corn *mısır koçanı* corncob *mısır patlatmak* to pop corn *mısır tarlası* cornfield

Mısırlı Egyptian

mısıryağı corn oil

mısra line (of poetry)

mışıl mışıl soundly *mışıl mışıl uyumak* to sleep soundly

mıymıntı sluggish, slack

mızıka military band

mızıkçılık spoilsport, killjoy *mızıkçılık etmek* not to play the game

mızmız fussy, pernickety, whiny

mızmızlanmak to make a fuss about trifles

mızrak lance, spear

mızrap plectrum

mi *müz.* mi

miço cabin boy

mide stomach *mide bozukluğu* stomach upset *mide bulantısı* nausea *mide bulandırmak* to turn one's stomach *mide iltihabı* gastritis *mide kanaması* gastric bleeding *mideye oturmak* to lie heavy on the stomach

midesiz having bad taste; eating anything

midi midi

midilli pony

midye mussel

migren migraine

miğfer helmet

mihenk touchstone, test

mihmandar host, hostess

mihnet trouble, worry *mihnet çekmek* to suffer

mihrace maharaja, maharajah

mihrap niche in a mosque, mihrab

mihver axis

mika mica

mikado mikado

mikro- micro

mikrobik microbic

mikrobiyoloji microbiology

mikrofilm microfilm

mikrofon microphone

mikrofonik microphonic

mikrometre micrometer

mikron micron

mikroorganizma microorganism

mikrop microbe, germ

mikroplu microbic
mikropsuz sterilized
mikroskop microscope
mikroskopik microscopic
mikser mixer
miktar quantity, amount
mikyas scale
mil mile
mil pivot, axle, axis
miladi of the Christian era *miladi takvim* the Gregorian calendar
milat birth of Christ *milattan önce, MÖ.* before Christ, B.C. *milattan sonra, MS.* after Christ, A.D.
mili- milli
milibar millibar
miligram milligramme
milim millimetre *milimi milimine* exactly
milimetre milimetre
milis militia
militan militant
millet nation, people *Millet Meclisi* the National Assembly
milletlerarası international
milletvekili deputy *milletvekili dokunulmazlığı* parliamentary immunity
milli national *Milli Eğitim Bakanlığı* the Ministry of Education *milli gelir* national income *milli marş* national anthem *Milli Savunma Bakanlığı* the Ministry of Defence *milli takım* national team
millileştirmek to nationalize
milliyet nationality
milliyetçi nationalist
milliyetçilik nationalism
milyar milliard, *AE.* billion
milyarder billionaire
milyon million
milyoner millionaire
mimar architect
mimari architectural; architecture
mimarlık architecture
mimlemek to mark down, to blacklist

mimoza *bitk.* mimosa
minare minaret
minber pulpit (in a mosque)
minder mattress, cushion; wrestling mat
mine enamel
mineçiçeği vervain, verbena
mineral mineral
mineraloji mineralogy
mini mini *mini etek* miniskirt
minibüs minibus
minicik tiny, wee
minik small and nice
minimal minimal
minimini teensy-weensy, tiny
minimum minimum
mink *hayb.* mink
minnacık teeny-weeny, wee
minnet gratitude, indebtedness *minnet altında kalmak* to be under obligation *minnet altında kalmamak* to repay a favour *minnet etmek* to ask a favour, to plead
minnettar grateful, indebted
minnettarlık gratitude, indebtedness
minnoş little darling
minör *müz.* minor
minüskül minuscule
minyatür miniature
minyon petite, slender, small
miraç the Prophet Mohammed's ascent to heaven
miras inheritance, heritage *mirasa konmak* to inherit
mirasçı heir, inheritor
mirasyedi (one) who has inherited a fortune; spendthrift, prodigal
mis musk *mis gibi* fragrant; excellent, proper
misafir guest, visitor *misafir ağırlamak* to entertain a guest *misafir etmek* to put sb up *misafir odası* guestroom *misafireten* as a guest
misafirhane guesthouse

misafirlik visit *misafirliğe gitmek* to pay a visit to; to go on a visit to

misafirperver hospitable

misafirperverlik hospitality

misal example

misil equal, like *misliyle mukabele* retaliation

misilleme retaliation *misillemede bulunmak* to retaliate *misilleme olarak* as a reprisal

misina fishline

misket marble

miskin indolent, bone-lazy, supine

miskinleşmek to become indolent

miskinlik indolence, sluggishness

mistik mystic, mystical

misyon mission

misyoner missionary

mit myth

miting meeting, demonstration *miting yapmak* to hold a public demonstration

mitoloji mythology

mitolojik mythological

mitoz *biy.* mitosis

mitral *anat.* mitral

mitralyöz machine gun

miyar standard; *kim.* reagent

miyav miaow, meow

miyavlamak to miaow, to meow

miyop nearsighted, shortsighted

miyopluk shortsightedness, myopia

mizaç temperament, nature

mizah humour *mizah dergisi* humour magazine

mizahçı humorist

mizahi humorous

mizanpaj page-setting, layout

mizanpli (hair) set

mizansen mise-en-scéne

mobilya furniture

mobilyacı maker/seller of furniture; furniture shop

mobilyalı furnished

moda fashion *moda(da)* in fashion *moda olmak* to be in fashion

modası geçmek to be out of fashion *modası geçmiş* old-fashioned, out of date *modaya uygun* fashionable *modayı izlemek* to follow the fashion

modacı fashion designer, modiste

model model

modellik modelling

modem modem

moderato *müz.* moderato

modern modern

modernize modernized

modernleşmek to become modern

modernleştirmek to modernize

modernlik modernity

modül module

modülasyon modulation

Moğol Mongol; Mongolian

Moğolistan Mongolia

mokasen moccasin

mola pause, break *mola vermek* to halt, to take a break

molekül molecule

moleküler molecular

molla mullah, mollah

molotof kokteyli Molotov cocktail

moloz rubble, debris; *arg.* goodfor-nothing

moment momentum

monarşi monarchy

monarşik monarchic

monarşist monarchist

monarşizm monarchism

monitör monitor

monogami *topb.* monogamy

monografi monograph

monolog monologue

monopol monopoly

monoteist monotheist; monotheistic

monoteizm monotheism

monotip monotype

monoton monotonous

monotonluk monotony

mont coat, jacket

montaj mounting, assembly

montajcı assembler

monte etmek to mount, to assemble, to put together

mor violet, purple

moral morale *moral vermek* to cheer sb up, to reassure *morali bozulmak* to become low-spirited *morali düzelmek* to recover one's morale *moralini bozmak* to get sb down, to demoralize

morarmak to turn purple, to be black and blue

morartı bruise

morartmak to make purple; to make black and blue

moratoryum moratorium

morfem *dilb.* morpheme

morfin morphine

morfinman morphine addict

morfoloji morphology

morfolojik morphologic

morg morgue

morina cod, codfish

morötesi ultraviolet

Mors Morse Mors alfabesi Morse Alphabet

morto dead *mortoyu çekmek* to kick the bucket, to die

moruk *arg.* old man

mosmor deep purple; black and blue all over *mosmor kesilmek* to turn red in the face

mostra sample, pattern

mostralık figurehead; sample, model

motel motel

motif motif

motivasyon motivation

motor engine, motor; motorboat; motorcycle

motorbot motorboat

motorize motorized

motorlu motorized

motorsuz motorless

motosiklet motorcycle

mozaik mosaic

möble furniture

möbleli furnished

möblesiz unfurnished

mönü menu

mösyö Monsieur

muadil equivalent

muaf exempt, freed *muaf tutmak* to exempt (from)

muafiyet exemption

muallak suspended *muallakta* in suspense, in abeyance *muallakta kalmak* to remain in suspense

muamele treatment, conduct; transaction, procedure *muamele etmek* to treat

muamma enigma, mystery

muaşeret social intercourse *muaşeret adabı* etiquette

muavin helper, assistant

muayene examination *muayene etmek* to examine

muayenehane consulting room, surgery

muayyen certain, definite

muazzam enormous, tremendous

mubah permissible, tolerated

mucibince in accordance with

mucip cause, reason

mucit inventor

mucize miracle *mucizeler yaratmak* to work miracles

mucizevi miraculous

muço cabin-boy

mudi depositor

muğlak abstruse, recondite, obscure

muhabbet affection, love *muhabbet etmek* to have a friendly chat *muhabbet tellalı* procurer, pimp

muhabbetçiçeği mignonette

muhabbetkuşu lovebird, budgerigar

muhabere correspondence, communication *muhabere sınıfı ask.* signal corps

muhabir correspondent

muhafaza protection *muhafaza*

altına almak to guard, to protect
muhafaza etmek to keep, to protect, to preserve
muhafazakâr conservative
muhafazakârlık conservatism
muhafız guard, defender *muhafız alayı* troop of guardsmen
muhakeme trial; reasoning *muhakeme etmek* to hear a cause, to judge; to reason
muhakkak certain, sure; certainly
muhalefet opposition *muhalefet etmek* to oppose *muhalefet partisi* the opposition party
muhalif opponent
muhallebi milk pudding *muhallebi çocuğu* milksop, namby-pamby
muharebe battle, war *muharebe meydanı* battlefield
muharip combatant, belligerent
muharrik motive, moving; agitator, instigator
muhasara siege
muhasebe accountancy, book-keeping
muhasebeci accountant
muhatap one spoken to; *tic.* drawee
muhayyel imaginary
muhayyer on approval
muhayyile imagination
muhbir informer
muhit surroundings, environment
muhkem strong, firm
muhtaç needy, dependent, destitute *muhtaç olmak* to be in need of
muhtar autonomous; headman, chief
muhtelif various
muhtemel probable, likely
muhtemelen probably
muhterem respected
muhteşem magnificent, splendid
muhteva contents
muhteviyat contents
muhtıra memorandum

mukabele retaliation, retort, response *mukabelede bulunmak* to return, to repay *mukabele etmek* to retaliate, to reciprocate
mukabil counter; equivalent, counterpart; in response to; in return for
mukadderat destiny, fate
mukaddes holy, sacred
mukavele agreement, contract *mukavele yapmak* to make a contract
mukavemet resistance *mukavemet etmek* to resist *mukavemet göstermek* to show resistance *mukavemet koşusu* long distance race
mukavemetli resisting, strong
mukavemetsiz resistless
mukavva cardboard
mukayese comparison *mukayese etmek* to compare
mukoza mucosa
muktedir capable *muktedir olmak* to be able to
mum candle; wax *mumla aramak* to crave for, to hanker for
mumçiçeği waxflower
mumlu waxed *mumlu kâğıt* stencil
mumya mummy
mumyalamak to mummify
mundar unclean, filthy
munis sociable
muntazam regular; regularly
muntazaman regularly
murakabe inspection, supervision
murakıp inspector, supervisor
murat desire, wish *muradına ermek* to attain one's desire
murdar dirty, filthy
Musa Moses
musahhih proof reader
musallat worrying, pestering *musallat olmak* to worry, to pester
Musevi Jew; Jewish
Mushaf the Koran
musibet calamity, disaster

musiki music
muska amulet, charm
muslin muslin
musluk tap, faucet
muson monsoon
mustarip suffering *mustarip olmak* to suffer
muşamba oilcloth, oilskin
muşmula medlar
muşta brass knuckles
muştu good news
mut happiness
mutaassıp fanatical
mutabakat agreement, conformity
mutabık conforming, agreeing *mutabık kalmak* to agree upon
mutasyon mutation
mutat habitual, usual
muteber esteemed, respected; trustworthy; valid
mutedil moderate; *coğ.* temperate
mutemet fiduciary, paymaster, trustee
mutena select, choice, elaborate
mutfak kitchen *mutfak takımı* set of kitchen utensils
mutlak absolute; absolutely
mutlaka absolutely, certainly
mutlakıyet absolutism; autocracy
mutlu happy, lucky
mutluluk happiness
mutsuz unhappy
mutsuzluk unhappiness
muvafakat consent *muvafakat etmek* to agree, to consent
muvaffak successful
muvaffakıyet success
muvakkat temporary
muvakkaten temporarily
muvazene equilibrium, balance
muvazeneli balanced
muvazzaf *ask.* regular *muvazzaf hizmet ask.* active service *muvazzaf subay* active officer
muvezenesiz unbalanced
muz banana
muzaffer victorious

muzır harmful, detrimental; mischievous
muzırlık harmfulness; mischievousness
muzip teasing, tormenting; mischievous
muziplik teasing, practical joke
mübadele exchange
mübalağa exaggeration *mübalağa etmek* to exaggerate
mübalağacı exaggerator
mübalağalı exaggerated
mübarek holy, sacred; fertile, bountiful; auspicious
mübaşir usher
mücadele struggle, fight, combat *mücadele etmek* to struggle, to fight
mücadeleci combative
mücahit combatant, fighter
mücbir compelling *mücbir sebep* force majeure
mücehhez equipped *mücehhez olmak* to be equipped
mücellit bookbinder
mücerret abstract
mücevher jewel
mücevherat jewellery
mücevherci jeweller
müdafaa defence *müdafaa etmek* to defend
müdafaasız defenceless
müdafi defender
müdahale interference, intervention *müdahale etmek* to interfere, to intervene
müdavim habitué, frequenter
müddet period, duration
müdire directress, manageress
müdür director, manager; headmaster, principal
müdürlük, müdüriyet directorate; directorship
müebbeden forever
müebbet perpetual, eternal; lifelong *müebbet hapis* life imprisonment

müessese establishment, institution, foundation

müessif regrettable, sad

müessir effective, effectual

müeyyide sanction

müezzin muezzin

müfettiş inspector

müfettişlik inspectorship

müflis bankrupt

müfredat details *müfredat programı* curriculum

müfreze *ask.* detachment

müfrit excessive

müftü mufti

mühendis engineer

mühendislik engineering

mühim important

mühimmat *ask.* munitions

mühlet delay, respite, term

mühür seal *mühür basmak* to seal

mühürlemek to seal

mühürlü sealed

mühürsüz unsealed

müjde good news

müjdeci herald, harbinger

müjdelemek to give a piece of good news

mükâfat reward

mükâfatlandırmak to give a reward

mükellef charged, obliged; taxpayer

mükellefiyet obligation, liability

mükemmel perfect, excellent

mükemmelen perfectly

mükemmeliyet perfection

mükerrer repeated, reiterated

mülakat interview *mülakat yapmak* to have an interview (with)

mülayim mild, gentle

mülk property, real estate *mülk sahibi* property owner, landowner

mülkiyet possession, ownership

mülteci refugee

mümbit fertile

mümessil representative, agent

mümessillik agency

mümeyyiz examiner

mümin believer

mümkün possible

mümtaz distinguished

münafık hypocrite, double-dealer

münakaşa argument, dispute *münakaşa etmek* to argue, to dispute

münasebet relation, connection

münasebetiyle on the occasion of

münasebetsiz improper, unseemly; inconsiderate, tactless, impertinent

münasebetsizlik impertinence

münasip suitable, proper *münasip görmek* to see fit, to approve

münavebe alternation *münavebe ile* alternately

münazara debate, discussion

müneccim astrologer

münevver enlightened, intellectual

münferit separate

münhal vacant, empty

münzevi reclusive, hermitic

müphem vague, uncertain

müptela addicted to *müptela olmak* to be addicted to

müracaat application; information desk *müracaat etmek* to apply (to), to consult

müracaatçı applicant

mürdümeriği damson

mürebbiye governess

müreffeh prosperous

mürekkep ink

mürekkepbalığı cuttlefish

mürekkepli inky, having ink *mürekkepli kalem* fountain pen

mürettebat crew

mürettip typesetter, compositor

mürit disciple

müruruzaman *huk.* prescription, limitation

mürüvvet joy felt by parents when they see their child get married, be circumcised etc. *mürüvvetini görmek* to live to see one's children grow up and get married

müsaade permission *müsaade etmek* to permit, to allow

müsabaka competition, contest

müsademe *ask.* clash, skirmish

müsadere confiscation, seizure *müsadere etmek* to confiscate, to seize

müsait suitable, convenient

müsamaha indulgence, tolerance *müsamaha etmek* to indulge, to tolerate

müsamahakâr indulgent, tolerant

müsamahalı indulgent, tolerant

müsamahasız intolerant

müsamere (school) show

müsavi equal

müseccel officially registered *müseccel marka* registered trademark

müsekkin sedative, tranquillizer

müshil purgative, laxative

Müslüman Moslem, Muslim; pious, religious

Müslümanlık Islam

müspet positive

müsrif şpendthrift, prodigal

müstahak deserving, worthy *müstahakını bulmak* to get one's deserts

müstahdem employee, servant

müstahkem fortified

müstahzar preparation

müstakbel future, prospective

müstakil independent

müstebit despotic, tyrannical

müstehcen obscene, smutty, pornographic

müstehcenlik obscenity

müsterih at ease *müsterih olmak* to be at ease

müstesna exceptional, extraordinary; except, excluding

müsteşar undersecretary

müsteşarlık undersecretaryship

müsvedde rough copy, draft *müsvedde defteri* notebook, exercise book

müşahede observation *müşahede altına almak* to place under observation *müşahede etmek* to observe

müşavere consultation

müşavir adviser, consultant

müşerref honoured *müşerref olmak* to be honoured

müşfik kind, tender, compassionate

müşkül difficult, hard

müşkülat difficulties *müşkülat çıkarmak* to raise difficulties

müşkülpesent particular, fastidious, fussy

müştemilat annexes, outhouses

müşterek common, collective, joint *müşterek bahis* pari-mutuel

müşteri customer, buyer, purchaser, client

mütalaa observation, comment, opinion *mütalaa etmek* to examine, to scrutinize

mütareke armistice, truce

müteaddit numerous, many

müteahhit (building) contractor

müteakiben subsequently

müteakip following, subsequent

mütecaviz aggressor

müteessir grieved, sorry *müteessir olmak* to be grieved, to be sorry

mütehakkim domineering, bossy

müteharrik moving, movable; driven by, powered by

mütehassıs specialist

mütehassis moved, touched *mütehassis olmak* to be moved

mütemadi continual, continuous

mütemadiyen continually, continuously

mütemayil inclined

mütercim translator

mütereddit undecided, hesitant

müteselsil uninterrupted; *huk.* joint *müteselsil alacaklılar* joint creditors *müteselsil borçlular*

N

joint debtors *müteselsil mesuliyet* joint liability
müteşebbis enterprising
müteşekkil composed (of)
müteşekkir thankful, grateful
mütevazı humble, modest
müteveccih aimed, directed
müteveffa the deceased
mütevekkil resigned
mütevelli trustee *mütevelli heyeti* board of trustees
mütevellit caused, resulting
müthiş extraordinary, terrible, awful, fearful, amazing, super, terrific
müttefik allied; ally
müvekkil client
müvezzi distributor
müzakere discussion, deliberation, consultation; oral exam *müzakere etmek* to discuss, to debate, to talk over
müzayede auction
müze museum
müzeci museum curator
müzecilik museology
müzelik worth putting in a museum; *kon.* ramshackle, ancient
müzevir sneak, talebearer, telltale
müzevirlemek to sneak, to tell on
müziç troublesome
müzik music
müzikal musical
müzikbilim musicology
müzikbilimci musicologist
müzikçi musician; teacher of music
müzikhol music hall
müzikli musical
müzikolog musicologist
müzikoloji musicology
müziksever music lover
müzisyen musician
müzmin chronic *müzmin bekâr* confirmed bachelor
müzminleşmek to become chronic

na, nah There it is
naaş corpse
nabız pulse *nabzı atmak* to pulsate *nabzına bakmak* to feel sb's pulse *nabzına göre şerbet vermek* to handle sb with tact *nabzını yoklamak* to put out a feeler, to sound sb out
nacak hatchet
naçar helpless
naçiz worthless, insignificant
naçizane humbly
nadas fallowing *nadasa bırakmak* to fallow
nadide rare, curious
nadir rare, scarce; rarely
nadiren rarely, seldom
nafaka *huk.* alimony; subsistence, livelihood
nafile in vain, useless *nafile yere* in vain, uselessly
naftalin naphthalene
nağme tune, melody
nahiye sub-district
nahoş unpleasant
nail who attains/gains/obtains *nail olmak* to attain, to gain
naip regent
nakarat refrain
nakavt knock-out
nakden in cash
nakış embroidery *nakış işlemek* to embroider
nakil transport, transfer; transplanting; narration *nakil vasıtaları* means of transport
nakit ready money, cash
naklen live *naklen yayın* live broadcast
nakletmek to transport, to convey, to transfer; to narrate, to relate
nakliyat transport, freighting, forwarding
nakliyatçı freighter, shipper

nakliye transport, shipping; transport expenses, freight

nakliyeci freighter, shipper

nakşetmek to imprint, to engrave

nal horseshoe *nalları dikmek* to peg out, to croak

nalbant horseshoer, farrier

nalbantlık horseshoeing, farriery

nalbur hardware dealer, ironmonger; hardware store

nalça iron tip (on a boot)

nalın clogs, pattens

nallamak to shoe; *arg.* to kill, to croak

nam name; fame, reputation *nam kazanmak* to become famous

namağlup undefeated

namaz ritual worship, prayer, namaz *namaz kılmak* to perform the namaz *namaz vakti* prayer time

name (love) letter

namert cowardly, despicable

namertlik cowardice, vileness

namına on behalf of, in sb's name

namında called, named

namıyla under the name of

namlu (gun) barrel

namus honour, chastity; honesty

namuslu honourable, chaste; honest

namussuz dishonourable, unchaste; dishonest

namussuzca dishonestly

namussuzluk dishonesty, deceit, unchasteness

namüsait unfavourable

namzet candidate *namzet göstermek* to nominate

nanay *arg.* there isn't

nane mint, peppermint *nane yemek* to make a blunder

naneli (pepper) minty

nanemolla weakling

naneruhu oil of peppermint

naneşekeri peppermint

nanik yapmak to cock a snook at,

to make a long nose

nankör ungrateful, unthankful

nankörlük ungratefulness, ingratitude *nankörlük etmek* to show ingratitude

napalm napalm

nar pomegranate *nar gibi* well toasted/roasted

nara cry, shout *nara atmak* to shout out, to yell

narenciye citrus fruits

nargile water-pipe, hubble bubble, narghile

narh officially fixed price *narh koymak* to set a fixed price

narin slender, slim; delicate, fragile

narinlik slimness, slenderness; delicacy

narkotik narcotic

narkoz narcosis *narkoz vermek* to narcotize

narsisizm narcissism

nasıl how

nasılsa in any case, somehow or other

nasır corn, callus *nasır bağlamak* to become calloused

nasırlaşmak to form a corn

nasırlı calloused, warty

nasihat advice, counsel *nasihat etmek/vermek* to advise *nasihat tutmak* to follow sb's advice

nasip portion, share; destiny, luck *nasip etmek* to vouchsafe *nasip olmak* to be vouchsafed *nasibini almak* to enjoy

natüralist naturalist; naturalistic

natüralizm naturalism

natürel natural

natürist naturist

natürizm naturism

natürmort still life

navlun freight charge for cargo

naylon nylon

naz coquetry, whims; disdain, coyness *naz etmek/yapmak* to feign reluctance *nazı geçmek* to have influence (over) *nazını çekmek* to put up with sb's whims

nazar look, glance; the evil eye; opinion *nazara almak* to take into account *nazar boncuğu* blue bead (worn to avert the evil eye) *nazar değmek* to be affected by the evil eye *Nazar değmesin!* Touch wood! *nazarı dikkatini çekmek* to attract sb's attention into consideration *nazarıyla bakmak* to consider, to regard as

nazaran in comparison to; according to

nazarımda in my opinion

nazari theoretical

nazariye theory

nazarlık amulet, charm

nazım verse

nazır overlooking, facing

nazik kind, polite; delicate, ticklish

nazikane politely

nazikleşmek to become delicate

naziklik politeness; delicacy

nazlanmak to behave coquettishly; to feign reluctance

nazlı spoilt, petted; coquettish, coy

ne what *ne alemde?* How? *ne biçim?* what kind of? *ne çare!* It can't be helped! *ne çıkar?* so what? *ne de olsa* after all *ne demek* what does it mean?; Not at all! *ne demeye?* why (on earth)? *ne denli* how *ne diye?* why (on earth)? *Ne ekersen onu biçersin* As you sow, so shall you reap. *ne gibi?* what sort? *ne güzel!* How nice! *ne haber?* what's the news? *ne haddine?* how would he dare? *Ne hali varsa görsün!* Let him stew in his own juice! *ne hikmetse* heaven knows why *ne için?* what for? why? *ne kadar?* how much?; how *Ne münasebet!* Not by a long chalk! Of course not!

ne oldum delisi parvenu *Ne olur!* Please *ne olur ne olmaz* just in case *ne pahasına olursa olsun* at any cost, at all costs *ne var?* what's the matter? *ne var ki* but *ne var ne yok?* what's the news? *ne vakit?* when? *ne zaman?* when? *ne ... ne* neither ... nor

nebat plant

nebati vegetable, botanical *nebati yağ* vegetable oil

nebi prophet

nebülöz nebula

nebze particle, bit, trace

nece what language

neceftaşı rock-crystal

neci of what trade?

nedamet regret, remorse

neden cause, reason; why? what for? *neden olmak* to cause *nedenini açıklamak* to account for sth

nedeniyle because of, due to

nedenli having a reason

nedense for some reason or other

nedensiz without a reason, causeless

nedime lady-in-waiting

nefaset excellence, exquisiteness

nefer *ask.* private

nefes breath *nefes aldırmamak* to give no rest *nefes almak* to breathe; to catch one's breath *nefes borusu* anat. trachea *nefes darlığı* asthma *nefesi daralmak* to be short of breath *nefesi kesilmek* to be out of breath *nefesini kesmek* to take sb's breath away *nefes nefese* out of breath *nefes nefese kalmak* to get out of breath *nefes vermek* to breathe out

nefesli çalgılar wind instruments

nefis exquisite, delicious

nefis self, essence; one's desires, concupiscence *nefsine düşkün* self indulgent *nefsine uymak* to yield to the flesh, to sin *nefsine yedirememek* to be unable to bring oneself to do sth *nefsini köreltmek* to take the edge off one's desire

nefret hatred, abhorrence, hate *nefret etmek* to hate, to abhor, to loathe *nefret uyandırmak* to arouse hatred

nefretle with hatred

nefrit *hek.* nephritis

nefsi sensual

neft naphtha

negatif negative

nehir river *nehir ağzı* mouth of a river *nehir kenarı* riverside *nehir kıyısı* bank *nehir yatağı* riverbed, channel

nekahet convalescence

nekes stingy, mean

nektar nectar

nem moisture, damp

nemelazımcı indifferent, unconcerned

nemelazımcılık indifference, unconcern

nemlendirici moisturizing, humidifying; moisturizer

nemlenmek to become damp

nemli moist, damp, humid

nemrut cruel, grim, obstinate

nene granny

neolitik neolithic

neon *kim.* neon *neon lambası* neon lamp

neozoik Neozoic

Neptün Neptune

nerde, nerede where *nerede ise, neredeyse* before long, soon

nere what place, what part, whatsoever place

nereden from where, whence

nereli where from *Nerelisiniz?* Where are you from?, Where do you come from?

neresi what place, what part

nereye where, to what place

nergis narcissus

nesil generation

nesir prose

nesne thing, object

nesnel objective

nesnellik objectivity

neşe gaiety, joy *neşesi yerinde olmak* to be in high spirits

neşelendirmek to cheer up, to make cheerful

neşelenmek to grow merry, to cheer up

neşeli cheerful, merry, joyful

neşesiz in low spirits, joyless

neşretmek to spread; to publish

neşriyat publications

neşter lancet

net clear; net *net ağırlık* net weight *net gelir* net income

netameli sinister; accident-prone

netice result, outcome

neticelendirmek to bring to an end

neticelenmek to result in, to come to a conclusion

neticesiz fruitless, useless

nevale food, chow

nevi kind, sort *nevi şahsına münhasır* the only one of its kind

nevir complexion *nevri dönmek* to become angry

nevralji neuralgia

nevrasteni neurasthenia

nevresim sheet of a quilt

nevroloji neurology

nevropat neuropathic

nevroz neurosis

ney reed flute

neyse anyway *neyse ki* luckily, fortunately

neyzen flute player

nezaket politeness

nezaketli polite

nezaketsiz impolite

nezaketsizlik impoliteness

nezaret surveillance, custody; inspection *nezaret altına almak* to take under surveillance

nezaret etmek to superintend, to inspect
nezarethane custodial prison
nezih pure, clean
nezle cold, common cold, catarrh **nezle olmak** to catch (a) cold
nışadır ammonia, sal ammoniac
nice how many, many a; how **nice** **nice** a great many
nicel quantitative
nicelik quantity
niçin why, what for
nifak discord, strife **nifak sokmak** to bring discord into
nihai final, ultimate
nihayet end; at last, finally
nihayetsiz endless, infinite
nihilist nihilist; nihilistic
nihilizm nihilism
nikâh marriage **nikâh dairesi** marriage office **nikâh düşmek** (marriage) to be legally possible **nikâh kıymak** to perform a marriage ceremony
nikâhlı married
nikâhsız unmarried, out of wedlock **nikâhsız yaşamak** to cohabit
nikel nickel
nikotin nicotine
Nil coğ. the Nile
nilüfer water lily
nimbus nimbus
nimet blessing; food, bread
nine granny, grannie
ninni lullaby **ninni söylemek** to sing a lullaby
nirengi triangulation
nisaiye gyn(a)ecology
nisaiyeci gyn(a)ecologist
nisan April
nispet proportion, ratio **nispet vermek/yapmak** to say sth out of spite
nispeten comparatively, relatively
nispetle in comparison (with)
nispetli proportional
nispetsiz disproportional

nispi proportional; relative **nispi temsil** proportional representation
nişan mark, sign; engagement, betrothal; decoration, order; target **nişan almak** to take aim at **nişan koymak** to make a mark **nişan yapmak** to arrange an engagement **nişan yüzüğü** engagement ring **nişanı bozmak** to break off an engagement
nişanlamak to engage, to betroth; to take aim at
nişanlanmak to get engaged (to)
nişanlı engaged; fiancé, fiancée
nişasta starch
nitekim just as, besides
nitel qualitative
niteleme qualification **niteleme sıfatı** descriptive adjective
nitelemek to qualify
nitelendirmek to qualify
nitelik quality
nitelikli qualified
niteliksiz unqualified
nitrat nitrate
nitrik nitric **nitrik asit** nitric acid
nitrogliserin nitroglycerin(e)
nitrojen nitrogen
niyaz entreaty **niyaz etmek** to entreat for
niye why?
niyet intention, intent, purpose **niyet etmek** to intend **niyeti bozuk** having an evil intention
niyetiyle with the intention of
niyetli who has an intention; fasting
nizam order, regularity; law, regulation
nizami regular; legal
nizamiye the regular army **nizamiye kapısı** the main entrance (to a barracks or garrison)
nizamlı regular; legal
nizamname regulation
nizamsız irregular; illegal

Noel Christmas *Noel ağacı* Christmas tree *Noel arifesi* Christmas Eve *Noel Baba* Father Christmas, *AE.* Santa (Claus)

nohut chickpea

noksan deficiency, defect, want; deficient, defective, wanting, lacking

noksanlık deficiency, lack

noksansız complete, perfect

nokta dot, point; speck, spot; full stop, *AE.* period

noktalama punctuation *noktalama işareti* punctuation mark

noktalamak to punctuate; to finish

noktalı punctuated; dotted *noktalı virgül* semicolon

noktasız undotted

nonoş little darling

norm norm

normal normal

normalleşmek to normalize

normallik normality, *AE.* normalcy

Norveç Norway

Norveççe Norwegian

Norveçli Norwegian

not note; (school) mark, grade *not etmek* to note down *not tutmak* to take notes *not vermek* to give marks to; to size up

nota *müz.* note; (diplomatic) note

noter notary (public)

nöbet turn; guard, watch; fit, attack *nöbet beklemek/tutmak* stand guard

nöbetçi sentry, watchman; on duty, on guard *nöbetçi subayı* duty officer

nöbetleşe in turns

nöbetleşmek to take turns

nörolog neurologist

nöroloji neurology

nöron *biy.* neuron

nötr neutral

nötrleşmek to be neutralized

nötrlük neutrality

nötron neutron

Nuh Noah *Nuh'un gemisi* Noah's Ark

numara number; size, number; trick, blind, stall *numara yapmak* to act, to pretend

numaracı faker, phony

numaralamak to number

numaralı numbered

numarasız unnumbered

numune sample, model

numunelik sample

nur light, brilliance *Nur içinde yatsın!* May he rest in peace! *Nur ol!* Bravo! *nur topu gibi* (baby) healthy and beautiful

nurlu shining, bright

nutuk speech, oration *nutuk atmak/çekmek* to sermonize *nutuk vermek* to make a speech

nüfus population, inhabitants *nüfus kâğıdı* identity card, identity certificate *nüfus kütüğü* state register of persons *nüfus memurluğu* Registry of Births *nüfus patlaması* population explosion *nüfus planlaması* family planning *nüfus sayımı* census *nüfus yoğunluğu* population density

nüfusbilim demography

nüfuz influence, hold; penetration *nüfuz etmek* to penetrate; to influence *nüfuz sahibi* influential

nüfuzlu influential

nükleer nuclear *nükleer enerji* nuclear energy *nükleer reaktör* nuclear reactor, atomic reactor *nükleer santral* nuclear power station *nükleer savaş* nuclear war *nükleer silahlar* nuclear arms, nuclear weapons

nükleon nucleon

nüksetmek to relapse, to recur

nükte witticism *nükte yapmak* to make witty remarks

nükteci witty

nükteli witty

nüsha copy; (newspaper, etc.) issue, number

nüve nucleus

nüzul apoplexy, stroke

O

o he; she; it *o anda* at that moment *o gün bugün(dür)* since that day *o halde* then, in that case *o kadar* so ..., so much; that's all *o taktirde* in that case *o taraflı olmamak* to take no notice of

oba large nomad tent; nomad group

obelisk obelisk

obje object, thing

objektif objective

obua *müz.* oboe

obuacı oboist

obur gluttonous, greedy

oburca greedily

oburlaşmak to become gluttonous

oburluk gluttony, greediness

obüs howitzer

ocak cooker, range, oven; fireplace, hearth; quarry, mine *ocağına düşmek* to be at the mercy of *ocağına incir dikmek* to ruin sb's family, to destroy the family of

ocak January

ocakçı chimney sweep; stoker

oda room; chamber *oda hizmetçisi* chamber maid *oda müziği* chamber music *oda orkestrası* chamber orchestra

odacı janitor, servant

odak focus, focal point

odaklamak to focus

odaklanmak to be focused

odun firewood, log

oduncu woodcutter, seller of firewood

odunkömürü charcoal

odunluk woodshed

ofis office

oflamak to breathe a sigh

ofsayt *sp.* offside

ofset ofset (printing) *ofset baskı* offset printing

oğalamak to rub

oğlak kid *Oğlak burcu* Capricorn *Oğlak dönencesi* tropic of Capricorn

oğlan boy; (cards) jack, knave; queen, catemite

oğmak to rub

oğul son; swarm of bees

oğulcuk little son; *biy.* embryo

oğulluk sonship; adopted son

oğulotu balm

oğuşturmak to rub

oh ah! good! *oh çekmek* to gloat over another's misfortunes *oh demek* to have a breather

oha stop! whoa!

ohm ohm *Ohm yasası* Ohm's Law

oje nail polish

ok arrow *ok atmak* to shoot arrows

okaliptüs eucalyptus

okçu archer

okka oke (a weight of 2.8 pounds) *okkanın altına gitmek* to bear the brunt

okkalı heavy; large, big

oklava rolling-pin

okluk quiver

oksijen oxygen *oksijen çadırı* oxygen tent *oksijen maskesi* oxygen mask

oksijenli oxygenic, oxygenous

oksit oxide

oksitlemek to oxidize

okşamak to caress, to pat, to pet; to beat, to trash

oktan octane

oktav octave

okul school *okul arkadaşı* schoolmate, schoolfellow *okul harcı* tuition *okul kaçağı* truant, hooky *okul müdürü* headmaster, principal *okuldan kaçmak* to play truant *okulu asmak* to cut classes *okulu bırakmak* to drop out *okulu kırmak arg.* to cut classes

okulöncesi preschool time; preschool

okulsonrası post-school time; post-school

okuma reading *okuma yazma* reading and writing

okumak to read; to sing

okumamış uneducated

okumuş educated, well-read, learned

okunaklı legible

okunaksız illegible

okunuş way of reading; pronunciation

okur reader

okuryazar literate

okuryazarlık literacy

okutmak to teach, to instruct; *arg.* to dispose of, to sell, to fob off on

okutman lecturer

okutmanlık lectureship

okuyucu reader

okyanus ocean

olabilir possible

olabilirlik possibility

olacak suitable; reasonable; something inevitable *Olacak gibi değil* It's impossible *Olacak iş (şey) değil* It's incredible

olagelmek to go on, to continue

olağan usual, ordinary, common

olağandışı unusual, abnormal

olağanüstü extraordinary; unusual

olamaz impossible

olanak possibility, chance *olanak vermek* to enable

olanaklı possible

olanaksız impossible

olanaksızlık impossibility

olanca utmost, all of

olarak being, as

olası probable, likely, possible

olasılık probability

olay event, incident, case *olay çıkarmak* to kick up a fuss/row *olay yeri* scene

olaylı eventful

olaysız uneventful

oldu all right! okay!

oldubitti fait accompli *oldubittiye getirmek* to confront sb with a fait accompli

oldukça rather, fairly

olgu fact, event

olgucu positivist; positivistic

olguculuk *fel.* positivism

olgun ripe; mature

olgunlaşmak to become ripe; to become mature

olgunlaştırmak to ripen; to mature

olgunluk ripeness; maturity

oligarşi oligarchy

olimpiyat Olympiad *olimpiyat oyunları* (the) Olympic games

olmadık unusual; impossible, unreasonable

olmak to be; to become, to get, to grow; to happen, to take place *olanlar* happenings *olan oldu* what's done is done, it's too late now

olmamış unripe

olmaz no, impossible

olmuş ripe, mature

olsa olsa at most

olsun let it be; never mind! *olsun olsun* at most *olup bitenler* events, happenings

olta fishing-line *olta iğnesi* fish hook *olta yemi* bait

oluk gutter, pipe; groove

oluklu grooved

olumlu positive, affirmative

olumsuz negative

olur possible; all right, okay, OK *olur şey değil* It's incredible *olur olmaz* whatever, any; whoever, anybody *oluruna bırakmak kon.* to let sth ride

oluş state of being or becoming

oluşma formation

oluşmak to come into existence/being; to be formed; to take shape

oluşturmak to form, to constitute

oluşum formation

om ohm

omlet omelette

omur *anat.* vertebra

omurga spine, backbone

omurgalılar *hayb.* vertebrates

omurgasızlar *hayb.* invertebrates

omurilik *anat.* spinal cord

omuz shoulder *omuz omuza* shoulder to shoulder *omuz silkmek* to shrug one's shoulders *omuza vurmak* to shoulder *omuzuna almak* to shoulder

omuzlamak to shoulder

omuzluk epaulette

on ten *on altı* sixteen *on altıncı* sixteenth *on beş* fifteen *on beşinci* fifteenth *on bir* eleven *on birinci* eleventh *on dokuz* nineteen *on dokuzuncu* nineteenth *on dört* fourteen *on dördüncü* fourteenth *on sekiz* eighteen *on sekizinci* eighteenth *on üç* thirteen *on üçüncü* thirteenth *on yedi* seventeen *on yedinci* seventeenth *on para etmez* worthless

ona (to) him; (to) her; (to) it

onamak to approve

onar ten each *onar onar* ten by ten

onarım repair

onarımcı repairman

onarmak to repair, to mend

onay approval, consent, okay, OK

onaylamak to approve, to certify

onaylı approved *onaylı suret* certified copy

onbaşı corporal

onca in his/her opinion, according to him/her; so much, so many

ondalık a tenth; decimal *ondalık hanesi* decimal place *ondalık kesir* decimal fraction *ondalık sayı* decimal number *ondalık sistem* decimal system *ondalık virgülü* decimal point

ondan for that reason; from him/her/it *ondan sonra* then, thereafter

ondülasyon permanent wave

ondüle curled, curly

ongun productive; prosperous; happy; totem

onikiparmakbağırsağı duodenum

onlar they

onlara (to) them

onları them

onlu (cards) the ten

onmak to heal, to recover; to be happy

onmaz, onulmaz incurable

ons ounce

onsuz without him/her/it

onu him, her, it

onun his, her, its *onun için* for that reason, that's why

onunki his, hers

onur honour; self respect; pride *onur vermek* to honour

onurlandırmak to honour

onurlanmak to be honoured

onurlu self respecting, dignified, proud

onursal honorary

onursuz dishonourable, undignified

onursuzluk dishonour

onuruna in honour of *onuruna dokunmak* to hurt sb's pride *onuruna yediremememek* not to be able to stomach

opera opera

operasyon operation

operatör surgeon; operator

operet operetta

optimum optimum

ora that place

oracıkta just over there

orada there *orada burada* here and there

orak sickle

oraları those places

oralı of that place *oralı olmamak* to pay no attention

oramiral vice-admiral

oran proportion, ratio, rate

orangutan orangutan, orangoutang

oranla in proportion (to)

oranlamak to measure, to calculate; to estimate; to compare

oranlı proportioned

oransız badly proportioned

orantı proportion

orantılı proportional

orası that place

oratoryo oratorio

oraya there

ordino delivery order

ordonat *ask.* ordnance

ordövr hors d'oeuvre, appetizer

ordu army; crowd

ordubozan spoil-sport, marplot

orduevi officer's club

ordugâh military camp

organ organ, member *organ nakli* transplantation

organik organic

organizasyon organization

organizatör organizer

organizma *biy.* organism

orgazm orgasm, climax

orgeneral full general

orijinal original

orijinallik originality

orkestra orchestra *orkestra şefi* conductor, maestro

orkide *bitk.* orchid

orkinos tuna fish

orlon orlon

orman forest, wood *orman bekçisi* ranger *Orman Fakültesi* School of Forestry

ormancı forester

ormancılık forestry

ormanlık wooded, covered with trees *ormanlık arazi* timberland

ornitoloji ornithology

orospu prostitute, whore, hustler

orospuluk prostitution

orsa *den.* windward side *Orsa alabanda!* Down with the helm!

orsalamak to hug the wind

orta middle, centre; average, medium; intermediate *orta boy* middle size *orta dalga* medium-wave *orta direk* mainmast; *kon.* middleclass *orta halli* of moderate means *orta karar* moderate *orta malı* common to all; prostitute *orta sınıf* middle class *orta yaşlı* middle aged *ortada bırakmak* to leave sb in the lurch *ortada* in the middle; clear, obvious, apparent *ortada kalmak* to be in a fix *ortadan kaldırmak* to destroy, to remove *ortadan kaybolmak* to disappear *ortaya atılmak* to come forward, to offer oneself; to be put forward *ortaya atmak* to put forward, to bring up, to throw up, to suggest *ortaya çıkarmak* to bring to light; to discover *ortaya çıkmak* to show oneself, to appear; to come out, to be revealed *ortaya koymak* to put forward, to expose

ortaç *dilb.* participle

ortaçağ the Middle Ages; medieval

ortadamar median vein

ortaderi mesoderm

Ortadoğu the Middle East

ortaelçi minister plenipotentiary, minister

ortak partner, associate; common, joint *ortak çarpan mat.* ratio of a geometrical progression *ortak olmak* to become a partner (with); to share

ortakat *mat.* common multiple

ortaklaşa in common, collectively

ortaklık partnership; company,

firm *ortaklık sözleşmesi* deed of partnership

ortakulak middle ear, tympanum

ortakyapım joint production, coproduction

ortakyaşama symbiosis

ortakyönetim coalition

ortalama average *ortalama olarak* on an average

ortalamak to centre

ortalık surroundings, the world around *ortalık ağarmak* (dawn) to break *ortalığı birbirine katmak* to turn the place upside down *ortalık kararmak* (night) to close in *ortalık karışmak* to be upside down *ortalığı toplamak* to tidy up

ortalıkta in sight, around

ortam environment, surroundings; atmosphere

ortanca *bitk.* hydrangea

ortanca middle, middling; middle child of three

ortaokul secondary school, middle school, *AE.* junior high school

ortaöğretim secondary education

ortasıklet middleweight

Ortodoks Orthodox

Ortodoksluk Orthodoxy

ortopedi orthopaedics

ortopedik orthopaedic

oruç fast, fasting *oruç bozmak* to break the fast *oruç tutmak* to fast *oruç yemek* not to observe the fast

Osmanlı Ottoman *Osmanlı İmparatorluğu* the Ottoman Empire

Osmanlıca the Ottoman Turkish language

osurmak to fart, to break wind

osuruk fart

ot grass, herb

otağ, otak pavilion

otel hotel

otelci hotel-keeper

otlak pasture, grassland

otlakçı sponger, parasite

otlakçılık sponging, freeloading *otlakçılık etmek* to sponge on

otlamak to graze, to pasture; to sponge

otluk haystack

oto- auto

oto car, auto

otoban motorway *BE.*, expressway *AE.*, freeway *BE.*

otobiyografi autobiography

otobur *hayb.* herbivorous

otobüs bus; coach *otobüs durağı* bus stop

otogar coach station, bus terminal

otokrasi autocracy

otokritik self-criticism

otomasyon automation

otomat automaton

otomatik automatic *otomatik olarak* automatically

otomatikleştirmek to automatize

otomatikman automatically

otomobil car, auto, motorcar, automobile *otomobil tamircisi* car mechanic

otomotiv automotive

otonom autonomous

otonomi autonomy

otopark *BE.* car park, *AE.* parking lot

otopsi autopsy

otorite authority

otoriter authoritarian

otostop hitchhiking *otostop yapmak* to hitchhike

otostopçu hitchhiker

otoyol motorway, expressway

otsu, otsul herbaceous

oturacak seat

oturak seat; chamber pot

oturaklı well settled, foursquare; sober, dignified; well-chosen, timely

oturma sitting *oturma odası* living room, sitting room

oturmak to sit; to live, to stay; to settle

oturtmak to seat, to place

oturum session, sitting

otuz thirty

otuzar thirty each

otuzuncu thirtieth

ova plain

oval oval

ovalamak to massage, to knead

ovalık grass land

ovmak to rub with the hand, to massage

ovuşturmak to massage, to rub, to knead

oy vote *oy çokluğuyla* by a large majority *oy pusulası* ballot-paper *oy sandığı* ballot box *oy vermek* to vote *oya koymak* to put sth to the vote

oya pinking, embroidery

oyalamak to put sb off, to stall; to amuse, to divert

oyalanmak to dally, to linger, to loiter

oyalı pinked

oybirliği unanimity

oybirliğiyle by a unanimous vote

oylama voting

oylamak to put sth to the vote

oyluk thigh

oylum volume, size

oyma carving, engraving; carved, engraved

oymacı carver, engraver

oymak to carve, to engrave; to bore; *arg.* to punish, to beat, to tell off

oymak tribe, clan; troop of boy-scouts

oymalı caned engraved

oynak playful, frisky; fickle, flirtatious; loose, shifting

oynamak to play; to dance; to fiddle with, to trifle; to move; to be loose; (film, play) to be on

oynaş lover, lovemate

oynaşmak to play with one another; to carry on a love affair

oynatmak (to cause) to play; (to cause) to dance; to move, to stir; to lose one's mind

oysa, oysaki yet, but, however, whereas

oyuk hollowed out; cavity, hollow

oyun play, game; performance; trick; gamble *oyun oynamak* to play a trick on, to deceive *oyun yazarı* playwright *oyuna gelmek* to be deceived

oyunbaz playful, frisky

oyunbozan spoilsport, killjoy

oyunbozanlık being a killjoy *oyunbozanlık etmek* to be a killjoy

oyuncak toy, plaything; laughing-stock, plaything; child's play, cinch

oyuncu player; actor, actress; dancer

oyunculuk acting

oyunlaştırmak to dramatize

ozalit blueprint

ozan poet

ozon *kim.* ozone

Ö

öbek heap, group *öbek öbek* in groups

öbür the other *öbür dünya* the other world *öbür gün* the day after tomorrow

öbürkü, öbürü the other one

öbürleri the other ones

öcü ogre, bogyman

öç revenge *öç almak* to take revenge on *öcünü almak* to revenge

öd gall, bile *ödü kopmak/patlamak* to be frightened to death *ödünü koparmak/patlatmak* to frighten sb out of his wits

ödeme payment *ödeme emri* order of payment *ödeme gücü* solvency *ödemeli (teslim)* cash on delivery (C.O.D.)

ödemek to pay

ödenek appropriation, allowance *ödenek ayırmak* to appropriate funds (for)

ödenti subscription, fee

ödeşmek to settle accounts (with one another)

ödev duty; homework

ödkesesi gallbladder

ödlek cowardly, timid

ödleklik cowardice

ödül prize, award, reward *ödül kazanmak* to win a prize

ödüllendirmek to reward

ödün concession, compensation *ödün vermek* to make concessions

ödünç loan; borrowed *ödünç almak* to borrow *ödünç alan* borrower *ödünç veren* lender *ödünç vermek* to lend, to loan

ödünleme compensation

ödünlemek to compensate

öfke anger, fury, rage

öfkelendirmek to anger, to make angry

öfkelenmek to get angry

öfkeli choleric, hot tempered; angry, furious

öğe element

öğle noon, midday *öğle üstü* around noon *öğle yemeği* lunch *öğleden önce* in the forenoon *öğleden sonra* in the afternoon

öğleyin at noon

öğrenci student, pupil *öğrenci yurdu* students' hostel

öğrenim education, study *öğrenim görmek* to receive education

öğrenmek to learn

öğreti doctrine

öğretici instructive, didactic

öğretim instruction, education

öğretim görevlisi lecturer *öğretim üyesi* professor, assistant professor, lecturer *öğretim yılı* academic year, school year

öğretmek to teach, to instruct

öğretmen teacher, instructor, tutor *öğretmen okulu* teacher's training school

öğretmenlik teacher's profession, teaching

öğün meal

öğünmek to boast, to brag

öğür of the same age, peer; used to, accustomed *öğür olmak* to get used to

öğürmek to retch; to bellow

öğürtü retching

öğüt advice *öğüt vermek* to give advice

öğütlemek to advise, to recommend

öğütmek to grind, to mill

öğütücü diş molar

ökçe heel

ökçeli heeled

ökçesiz heelless

ökse birdlime

ökseotu mistletoe

öksü firebrand, half-burnt piece of wood

öksürmek to cough

öksürük cough

öksüz orphan, motherless *öksüz kalmak* to be orphaned

öksüzlük orphanage

öküz ox; lout, oat, stupid person *öküz gibi bakmak* to stare like a fool

ölçek measure, scale

ölçme measuring

ölçmek to measure *ölçüp biçmek* to consider carefully

ölçü measure; measurement; moderation; (poetry) metre *ölçüsünü almak* to take the measurements of *ölçüyü kaçırmak* to pass the limit, to overdo

ölçülü measured; moderate
ölçüm measure; measurement
ölçüsüz unmeasured; immoderate
ölçüt criterion
öldüresiye to death, ruthlessly
öldürmek to kill, to murder
öldürücü mortal, deadly
ölesiye excessively
ölgün faded, withered
ölmek to die
ölmez immortal, eternal
ölmüş dead, lifeless
ölü dead; dead body, corpse
ölüm death *ölüm cezası* capital punishment, death-penalty *ölüm kalım meselesi* a matter of life or death *ölüm döşeğinde olmak* to be on one's deathbed *ölümü göze almak* to risk one's life *ölümüne susamak* to run into the jaws of death
ölümcül deadly, mortal
ölümlü mortal, transitory
ölümsüz immortal
ölümsüzleştirmek to immortalize
ölümsüzlük immortality
ömür life, existence *ömür boyu maaş* pension for life *ömür boyu hapis* life imprisonment, life sentence *ömür çürütmek* to waste one's life *ömrü vefa etmemek* not to live long enough to
ömürsüz short-lived
ön front *ön ayak olmak* to pioneer, to lead *önde* ahead *önde gelmek* to be in the most important place *önden* from the front *önden çekişli* (car) front-wheel drive *öne* to the front *öne geçmek* to go to the fore *öne sürmek* to put forward, to bring forward *önü alınmak* to be prevented *önümüzdeki* next *önünde* in front of *önüne düşmek* to show sb the way *önüne gelen* anyone, everybody

önünü kesmek to waylay
önalım preemption *önalım hakkı* right of preemption
önce before, ago; first, at first
önceden beforehand, in advance
önceki the former
öncel predecessor
önceleri previously, formerly
öncelik priority
öncü avant-garde; *ask.* vanguard
öncül premise, premiss
öncülük pioneering *öncülük etmek* to pioneer
önder leader, chief
önderlik leadership
öndeyiş *yaz.* prologue
önek prefix
önem importance *önem vermek* to attach importance to
önemli important
önemsiz unimportant
önerge motion, proposal *önerge vermek* to make a motion
öneri proposal, suggestion *öneride bulunmak* to propose, to suggest
önerme proposition
önermek to propose, to suggest, to offer
önerti antecedent
öngörmek to anticipate, to foresee
öngörü foresight, prudence
öngörülü farseeing, prudent
önkol forearm
önlem measure, precaution *önlem almak* to take measures
önlemek to prevent
önleyici preventive
önlük apron
önseçim primary election
önsel a priori
önsezi presentiment, intuition
önsöz preface, foreword
önsözleşme preliminary agreement
önyargı prejudice
önyargılı prejudiced
önyüzbaşı lieutenant commander, senior captain

öpmek to kiss, to smooch

öpücük kiss, smooch *öpücük göndermek* to kiss one's hand to sb

öpüşmek to kiss (each other)

ördek duck

ördekbalığı striped wrasse

ördekbaşı greenish blue

ören ruin

örf custom, convention *örf ve âdet* usage and custom

örfi customary, conventional **örfi idare** martial law, state of siege

örgen organ

örgü knitting; plait, braid

örgülü plaited, braided

örgüt organization

örgütlemek to organize

örgütlenmek to be organized

örgütlü organized

örgütsel organizational

örme knitting; knitted

örmek to knit, to plait

örneğin for example, for instance

örnek sample, pattern, model; example; exemplary *örnek almak* to take sb/sth as one's model *örnek olmak* to be a model, to set an example

örnekle(ndir)mek to give an example of, to illustrate

örs anvil

örselemek to spoil, to batter, to rumple

örtbas hushing up *örtbas etmek* to hush up, to suppress, to conceal

örtmece euphemism

örtmek to cover

örtü cover, wrap

örtülü covered; shut, closed

örtünmek to cover oneself

örümcek spider *örümcek ağı* spider's web, cobweb *örümcek bağlamak* to be covered with cobwebs *örümcek kafalı* old-fashioned, square

örümcekkuşu shrike

östaki borusu *anat.* eustachian tube

öte the farther side; farther, further *öte yandan* on the other hand

öteberi this and that, various things

ötede over there *ötede beride* here and there

öteden from the other side *öteden beri* for a long time

öteki the other *öteki beriki* anybody and everybody

ötleğen *hayb.* warbler

ötmek to sing, to warble

öttürmek to sound, to blow

ötücü singing *ötücü kuş* singing bird, songbird

ötürü because of

övendire ox-goad

övgü praise, panegyric *övgüye değer* praiseworthy

övmek to praise, to extol *övülmeye değer* praiseworthy

övülmek to be praised *övülmeye değer* praiseworthy

övünç pride, self-respect

övüngen boastful, bragging; boaster, braggart

övünmek to boast, to brag, to blow *Övünmek gibi olmasın* I don't mean to boast, but ...

öykü story

öykücü (short) story writer

öykülemek to narrate

öykünmek to imitate

öyle such; so *öyle mi?* Is that so? *öyle olsun!* So be it! *öyle ya* Of course! *öyle yağma yok* Not on your life!

öyleyse if so, then

öz self; essence, kernel; essential, real *öz anne* one's own mother *öz kardeş* full brother/sister *öz Türkçe* pure Turkish

Özbek Uzbek

Özbekistan Uzbekistan

özbeöz real, true, german
özdek matter
özdekçilik *fel.* materialism
özden genuine, true
özdenetim *ruhb.* selfcontrol
özdeş identical
özdeşleşme identification
özdeşleşmek to identify oneself with
özdeştirmek to identify
özdeşlik identity
özdevim automation
özdevinim automatism
özdeyiş aphorism, saying
özdirenç resistivity
özek centre
özel private; personal; special *özel ad dilb.* proper noun *özel ders* private lesson *özel dedektif* private detective *özel hastane* private hospital *özel hayat* private life *özel mülkiyet* private property *özel okul* private school *özel sekreter* private secretary *özel uçak* private plane *özel ulak* express delivery
özeleştiri self-criticism
özellik peculiarity, property, characteristic
özellikle especially, particularly
özen care, pains *özen göstermek* to take pains *özene bezene* painstakingly
özendirmek to encourage, to tempt
özenli painstaking, careful
özenmek to take pains; to ape, to imitate *özenip bezenmek* to take great pains
özensiz careless
özensizlik carelessness
özenti affectation, emulation
özentili affected
özentisiz genuine
özerk autonomous
özerklik autonomy
özet summary, outline, synopsis
özetle in brief, briefly

özetlemek to summarize
özezerlik *ruhb.* masochism
özge other (than)
özgeci altruist
özgecilik altruism
özgeçmiş autobiography, curriculum vitae, CV
özgü peculiar to, proper to
özgül specific *özgül ağırlık* specific gravity *özgül ısı* specific heat
özgülemek to devote
özgün original; authentic, genuine
özgünlük originality
özgür free
özgürce freely
özgürlük freedom, liberty
özgürlükçü liberalist; liberalistic
özgüven self-confidence
özlem longing, yearning; aspiration, desire
özlemek to long for, to miss, to yearn for
özleştirmek to purify
özlü sappy, juicy; pithy, concise, terse
özlük essence, nature; individual, person *özlük işleri* personnel affairs
özne subject
öznel subjective
öznellik subjectivity
özöğrenim self-education
özöğrenimli selfeducated
özsaygı self-respect
özseverlik narcissism
özsu juice, sap
özümleme assimilation
özümlemek to assimilate
özümsemek to assimilate
özür excuse, apology, put-off; defect *özür dilemek* to apologize *özürü kabahatinden büyük* his excuse is worse than his fault
özürlü having an excuse; defective
özürsüz inexcusable; nondefective
özveren self-sacrificing
özveri self-denial, self-sacrifice

özverili self-denying, self-sacrificing

özyaşamöyküsü autobiography

P

pabuç shoe *pabuç bırakmamak* not to be discouraged by *pabucu dama atılmak* to fall into discredit

paça lower part of the trouser leg; trotters *paçaları sıvamak* to gird up one's loins *paçaları tutuşmak* to be in a stew *paçasını kurtarmak* to evade, to elude

paçavra rag *paçavraya çevirmek* to make a mess of, to botch

padavra shingle

padişah (Ottoman) ruler, sultan

padişahlık sultanate; reign

pafta section of a large map

pagan pagan

paganizm paganism

paha price, value *paha biçilmez* priceless *paha biçmek* to estimate a price *pahadan düşmek* to fall in price

pahalanmak to become (more) expensive

pahalı expensive, dear

pahalılaşmak to become (more) expensive

pahalılık expensiveness

pak clean, pure

paket package, parcel *paket etmek* to parcel up, to pack up

paketlemek to parcel up, to pack up

Pakistan Pakistan

Pakistanlı Pakistani

paklamak to clean

pakt pact

pala scimitar

palabıyık long thick and curved moustache

palamar *den.* hawser

palamut *bitk.* valonia oak

palamut *hayb.* bonito

palanga tackle, pulley-block

palas sumptuous building, palace *palas pandıras* helter-skelter

palaska cartridge belt, bandolier

palavra bunk, baloney, humbug *palavra atmak* to shoot the bull, to swagger

palavracı braggart, boaster, blowhard

palaz duckling, squab, gosling

palazlanmak to grow fat; (child) to grow up

paldır küldür headlong, pell-mell

paleontoloji paleontology

paleozoik paleozoic

palet palette; *den.* flippers; caterpillar tread

palmiye palm-tree, palm

palto overcoat

palyaço clown, buffoon

pamuk cotton *pamuk gibi* very soft

pamukçuk *hek.* aphtha, thrush

pamuklu of cotton; cotton cloth

pamuktaş travertine

Panama Panama

Panamalı Panamanian

panayır fair, market *panayır yeri* fairground

pancar beet, beetroot *pancar gibi olmak, pancar kesilmek* to turn as red as a beetroot *pancar şekeri* beet sugar

pancur shutter

panda *hayb.* panda

pandantif pendant

pandispanya sponge cake

pandomima pantomime

panel panel discussion

panik panic *paniğe kapılmak* to be seized with panic *panik yaratmak* to cause a panic

Panislamizm Panislamism

Panislavizm Panslavizm

panjur shutter

pankart banner
pankreas *anat.* pancreas
pankreas *sp.* pancratium
pano panel, notice board
panorama panorama
pansiyon boarding-house, pension
pansiyoncu boarding-house keeper
pansiyoner boarder, lodger
pansuman dressing *pansuman yapmak* to dress (a wound)
panteizm *fel.* pantheism
panter panther, leopard
pantolon trousers
panzehir antidote
panzer panzer
papa Pope
papağan parrot
papalık papacy
papara dish of dry bread and broth; scolding *papara yemek* to get a rocket
papatya daisy
papaz priest, monk; (cards) king *papaza dönmek* (one's hair) to be too long (and untidy) *papaza kızıp oruç (perhiz) bozmak* to cut off one's nose to spite one's face
papazlık priesthood
papirüs papyrus
papyon bow-tie
para money *para babası* moneybags *para basmak* to mint *para biriktirmek* to save money *para birimi* monetary unit *para bozdurmak* to change money *para cezası* fine, penalty *para cüzdanı* wallet, purse *para çekmek* to draw money *para çıkarmak* to issue money *para çıkışmamak* (money) not to suffice *para darlığı* deflation *para dökmek* to spend a lot of money *para etmek* to be worth; to tell, to work *para getirmek* to bring in money *para harcamak* to spend money *para ile değil* very cheap *para kazanmak* to earn

money *para kesmek* to mint; to rake in money *para kırmak* to rake in money *para saymak* to pay *para sızdırmak* to squeeze money out of sb *para tutmak* to save money *para yapmak* to earn money *para yedirmek* to bribe *para yemek* to play ducks and drakes with money; to accept a bribe *paranın üstü* change *parasını sokağa atmak* to throw one's money away *para parayı çeker* money begets money *parasını yemek* to live at sb's expense *paraya çevirmek* to cash in *paraya kıymak* to spare no expense *parayı bayılmak/sökülmek* to shell out *parayı denize atmak* to waste money *Parayı veren düdüğü çalar* He who pays the piper calls the tune.
parabol parabola
parabolik parabolic
paradoks paradox
parafe initialled *parafe etmek* to initial
parafin paraffin
paragöz money-grubber
paragraf paragraph
paraka groundline, setline
parakete multi-hooked fishing line, *AE.* setline; *den.* logline
paralamak to tear to pieces
paralanmak to be broken to pieces; to strain every nerve; to become rich
paralel parallel
paralelkenar parallelogram
paralellik parallelism
paralı moneyed, rich; requiring payment
parametre parameter
paramparça all in pieces *paramparça etmek* to break to pieces *paramparça olmak* to be broken to pieces
paranoya paranoia

paranoyak paranoiac
parantez parenthesis
parasal monetary
parasız penniless, broke; free, gratis
parasızlık pennilessness
paraşüt parachute
paraşütçü parachutist, paratrooper
paratoner lightning conductor
paravan (folding) screen
parazit parasite; atmospherics, interference
parça piece *parça başına* per piece *parça mal* piece goods *parça parça* in pieces *parça parça etmek* to break to pieces *parça parça olmak* to be broken to pieces
parçalamak to break into pieces, to shatter
parçalı in parts, pieced
pardon pardon me, excuse me
pardösü light overcoat
parfüm perfume
parfümeri perfumery
parıl parıl brilliantly, glitteringly *parıl parıl parlamak* to shine brightly
parıldamak to gleam, to glitter, to sparkle
parıltı gleam, glitter, sparkle
parıltılı gleaming, glittering, sparkling
park park; car park, *AE.* parking lot *park etmek* to park
parka parka
parke parquet, parquetry
parkur course, track
parlak bright, shining, brilliant
parlaklık brightness, brilliance
parlamak to shine, to beam; to flare up; to gain distinction, to shine
parlamenter member of parliament, parliamentary
parlamento parliament
parmak finger *parmak atmak arg.*

to goose sb *parmak basmak* to draw attention (to) *parmak hesabı* counting on the fingers *parmak ısırtmak* to astonish *parmak izi* fingerprint *parmak izini almak* to fingerprint sb *parmak kaldırmak* to raise the hand *parmağı olmak* to have a finger in *parmağında oynatmak* to twist sb round one's little finger *parmağını bile kıpırdatmamak* not to move a finger *parmakla göstermek* to point at *parmakla gösterilmek* to be pointed at
parmaklamak to finger
parmaklık railing, balustrade
parodi parody
parola password, watchword
pars leopard
parsa money (collected from on-lookers/listeners) *parsa toplamak* to pass the hat round *parsayı başkası toplamak* sb else to get the benefit
parsel plot, parcel
parsellemek to divide into parcels
parşömen parchment
partal worn out, shabby
parti party; (goods) consignment *parti vermek* to give a party *partiyi kaybetmek* to lose the game
partici partisan
particilik partisanship
partisyon *müz.* score
partizan partisan
partizanlık partisanship
parttaym part-time
pas rust, tarnish *pas tutmak* to rust
pas *sp.* pass *pas vermek* *sp.* to pass; (woman) to give (sb) the glad eye
pasaj arcade; passage
pasak dirt, filth
pasaklı slovenly, dowdy, slipshod

pasaport passport
pasif passive; *tic.* liabilities
paskalya Easter
paslanmak to rust
paslanmaz rustless
paslaşmak *sp.* to pass the ball to each other; *arg.* to give each other the glad eye
paslı rusty
paso pass
paspal slovenly, untidy
paspas doormat
pasta cake, pastry, tart
pastane pastry shop
pastırma pastrami, preserve of dried meat *pastırmasını çıkarmak* to give a good beating (to) *pastırma yazı* Indian Summer
pastil lozenge, pastille
pastoral pastoral
pastörize pasteurized
paşa pasha general
pat thud! whop! *pat diye* with a thud
patak beating, hiding
pataklamak to beat, to thrash
patates potato *patates tava* fried potatoes
patavatsız indiscreet, tactless
paten skate
patent patent, licence
patentli patented
patırdamak to make a knocking noise, to patter
patırtı noise, clatter, patter; tumult, row *patırtı çıkarmak* to kick up a row *patırtıya vermek* to put into confusion
patırtılı noisy, tumultuous
patik bootee
patika path, track
patinaj ice skating; skidding *patinaj yapmak* to skid, to slip *patinaj zinciri* antiskid chain
patiska cambric
patlak burst; puncture *patlak gözlü* goggle-eyed, pop eyed *patlak*

vermek to break out
patlama explosion
patlamak to burst, to explode
patlangaç pop-gun
patlatmak to blow up, to blast, to burst; (blow) to land, to slap
patlayıcı explosive
patlıcan egg-plant, aubergine
patoloji pathology
patolojik pathological
patrik patriarch
patrikhane patriarchate
patron boss, employer
pattadak, pattadan all of a sudden, suddenly
pavyon night club; pavilion
pay share, lot, portion *pay bırakmak* to leave a margin *pay biçmek* to take as an example *pay etmek* to share out *payını almak* to get one's share
payanda prop, support
payda denominator
paydaş partner, shareholder
paydos break, rest *paydos etmek* to stop working, to knock off
paye rank, grade
paylamak to scold
paylaşmak to share
payreks Pyrex
paytak bandy-legged
payton phaeton
pazar market, marketplace *pazara çıkarmak* to put on sale *pazar kurmak* to set up an open market
pazar Sunday
pazarcı seller in a market
pazarlama marketing
pazarlamacı marketing expert
pazarlamak to market
pazarlık bargaining *pazarlık etmek* to bargain
pazartesi Monday
pazaryeri market-place
pazen cotton flannel
pazı biceps, muscle

pazı *bitk.* chard
pazıbent armlet
peçe veil
peçeli veiled
peçete napkin
pedagog pedagogue
pedagoji pedagogy
pedal pedal
peder father
pederşahi *topb.* patriarchal
pediatri paediatrics
pedikür pedicure
pehlivan wrestler
pejmürde shabby, ragged
pek very; hard, firm *pek çok* very much
pekâlâ very good; all right! okay!
pekdoku collenchyma
peki all right! okay!
pekişmek to harden
pekiştirmek to harden, to stiffen
peklik constipation *peklik çekmek* to suffer from constipation
pekmez grape-molasses
peksimet hardtack, ship biscuit
pelerin cape, cloak
pelesenk balsam, balm
pelesenkağacı balsam tree
pelikan *hayb.* pelican
pelin wormwood
pelit acorn, valonia
pelte jelly
peltek lisping *peltek konuşmak* to lisp
pelteklik lisp
peltaleşmek to jelly
pelür onion skin *pelür kâğıdı* onion skin paper
pelüş plush
pembe pink
pembeleşmek to turn pink
pembelik rosiness
pembemsi pinkish
penaltı *sp.* penalty
pencere window
pencüdü a five and a two
pencüse a five and a three

pencüyek a five and a one
pençe paw, claw; (shoe) sole *pençe atmak* to paw, to claw *pençe vurmak, pençelemek* to claw, to paw; to sole (a shoe)
pençeleşmek to grapple (with), to struggle
penguen penguin
peni penny, pence
penis penis
penisilin penicillin
pens pliers; (dress) pleat
pense pliers
pentatlon *sp.* pentathlon
pepe stammering
pepelemek to stammer, to stutter
pepsin *biy.* pepsin
perakende retail *perakende fiyatı* retail price *perakende satın almak* to buy sth retail *perakende satmak* to retail
perakendeci retailer
perçem tuft of hair
perçin clinch bolt, rivet
perçinlemek to rivet, to clench
perçinli riveted, clenched
perdah sheen, finish
perdahlı polished
perdahsız unpolished
perde curtain; screen; (play) act *perde inmek* (eye) to have cataract *perdeyi kapamak* to draw the curtain
perdelemek to curtain, to veil; to conceal
perdeli curtained, veiled
perende somersault *perende atmak* to turn a somersault
performans performance
pergel pair of compasses *pergelleri açmak* to take long steps
perhiz diet *perhiz yapmak* to diet
perhizli on a diet
peri fairy *peri gibi* fairylike
peribacası fairy chimney, earth pyramid, earth pillar
perihastalığı epilepsy; hysteria

perikart pericardium

perili haunted

periskop periscope

perişan perturbed, miserable, ruined; scattered, disordered **perişan etmek** to perturb, to ruin; to scatter **perişan olmak** to become miserable, to be wretched; to be scattered

periyodik periodic; periodical

perma(nant) permanent

permanganat permanganate

permi permit

peroksit peroxide

peron platform

personel personnel, staff

perspektif perspective

perşembe Thursday

peruk, peruka wig

perukalı wigged

pervane propeller, screw

pervasız fearless

pervasızca fearlessly

pervaz cornice, fringe

pes (voice) low, soft **pes demek** to give in, to say uncle **pes etmek** to cry small, to give in **pes doğrusu** that beats all!

pesek (tooth) tartar

peseta peseta

pespaye vulgar, common

pespembe very pink

pestil dried fruit pulp **pestile çevirmek** to tire out **pestili çıkmak** to be tired out **pestilini çıkarmak** to beat sb to a jelly

peş back **peş peşe** one after the other **peşi sıra** behind him, following him **peşinde dolaşmak** to go around with sb **peşinde koşmak** to run after **peşinden gitmek** to go after **peşine düşmek** to pursue **peşine takılmak** to tail after **peşini bırakmak** to stop following

peşin paid in advance, ready; in advance, beforehand **peşin al-**

mak to buy for cash **peşin fiyat** cash price **peşin hüküm** prejudice **peşin para** ready money, cash **peşin satış** cash sale **peşin söylemek** to tell in advance **peşin yargı** prejudice

peşinat advance payment

peşinen in advance, beforehand

peşkir napkin; towel

peşrev overture, prelude

peştemal cloth worn around the waist

petek honeycomb

petrol petroleum, oil **petrol boru hattı** pipeline **petrol bulmak** to strike oil **petrol kuyusu** oil well **petrol rafinerisi** oil refinery

pey earnest money, deposit **pey akçesi** earnest money, deposit **pey sürmek** to make a bid

peyda manifest, visible **peyda etmek** to beget, to create **peyda olmak** to appear, to spring up

peydahlamak to procure

peyderpey step by step, little by little

peygamber prophet

peygamberağacı guaiacum, lignum vitae

peygamberçiçeği cornflower

peygamberlik prophethood, prophecy

peyk satellite

peylemek to book, to engage

peynir cheese

peynirli containing cheese

peyzaj landscape

pezevenk pimp, procurer

pezevenklik procuration **pezevenklik etmek** to pimp, to procure

pezo Peso

pıhtı clot, coagulum

pıhtılaşmak to clot, to coagulate

pılı pırtı junk, traps; belongings

pınar spring

pır whirring, whizzling **pır pır**

etmek to whirr, to whizz
pırasa leek
pırıl pırıl glittering, sparkling; brand-new; very clean
pırıldamak to glitter, to gleam
pırıltı glitter, gleam, sparkle
pırlamak (bird) to flutter; to take to one's heels
pırlanta brilliant
pırtlak bulging
pısırık diffident, pusillanimous
pısırıklık diffidence
pıtırdamak to crackle, to patter
pıtırtı tapping, patter
pıtrak burr
piç bastard *piç kurusu* brat
pide fat bread
pigment pigment
pijama pyjamas
pik cast iron *pik boru* cast iron pipe
pikap record player; pick-up
pike nosedive *pike yapmak* to nosedive
pike piqué
piknik picnic *piknik yapmak* to picnic, to have a picnic
pil battery
pilav pilaf, rice
piliç chicken
pilot pilot
pilotluk pilotage
pim pin
pineklemek to doze, to slumber
pingpong ping-pong
pinti miserly, stingy
pintileşmek to become stingy
pintilik miserliness, stinginess
pipo pipe *pipo içmek* to smoke a pipe
piramit pyramid
pire flea *pire gibi* very agile *pire için yorgan yakmak* to cut off one's nose to spite one's face *pireyi deve yapmak* to make a mountain out of a molehill
pirelendirmek to make suspicious

pirelenmek to become flea-ridden; to smell a rat
pirinç brass
pirinç rice
pirzola cutlet, chop
pis dirty, filthy *pisi pisine* for nothing, in vain *pis pis bakmak* to leer (at) *pis pis gülmek* to grin, to chuckle
pisboğaz greedy
pisi pussy-cat
pisibalığı plaice
piskopos bishop
pislemek to dirty, to soil
pisletmek to dirty, to soil
pislik dirt, filth; dirtiness, filthiness
pissu sewage
pist running track; dance floor; runway
piston piston
pişik prickly heat, heat rash
pişirim amount to be cooked at one time
pişirmek to cook, to bake
pişkin well-cooked, well-done; experienced, hardened
pişkinlik being well-cooked; experience, maturity
pişman regretful, penitent, sorry *pişman etmek* to make sb feel sorry *pişman olmak* to feel sorry, to repent
pişmanlık regret, penitence
pişmek to be cooked; to become experienced, to toughen *pişmiş kelle gibi sırıtmak* to grin like a Cheshire cat
pişti a card game
piton *hayb.* phyton
pitoresk picturesque
piyade infantry, infantryman
piyango lottery *piyango bileti* lottery ticket *piyango çıkmak* to win a lottery
piyanist pianist
piyano piano
piyasa market *piyasaya çıkarmak* to

put on the market *piyasaya çıkmak* to come on the market; to show oneself, to appear *piyasaya sürmek* to throw on the market

piyaz bean salad
piyes play
piyon pawn
plaj beach
plak record
plaka number plate
plaket plate, plaque
plan plan *plan yapmak* to make a plan *plan kurmak* to plan
planet planet
plankton plankton
planlamak to plan
planlı planned
planör glider
plantasyon plantation
planya carpenter's plane
plasenta placenta
plasman investment
plaster plaster
plastik plastic *plastik ameliyat* plastic surgery *plastik sanatlar* the plastic arts
platform platform
platin platinum
plato plateau
platonik platonic
plazma plasma
plevra pleura
pleybek playback
pli pleat, fold
pliyosen pliocene
podyum podium, dais
pofurdamak to snort, to puff *pofur pofur* in great puffs
poğaça flaky pastry
pohpoh flattery
pohpohçu flatterer
pohpohlamak to flatter
poker poker
polarma polarization
polarmak to polarize
polemik polemic

polen pollen
poli- poly-
poliandri *topb.* polyandry
poliçe bill of exchange, draft; insurance policy
polietilen polyethylene
poligami polygamy
poligon gunnery range, artillery range; polygon
polijini *topb.* polygyny
poliklinik polyclinic
polimer *kim.* polymer
polip polyp
polis police; policeman
polisiye detective *polisiye film* detective film *polisiye roman* detective novel
politeizm *topb.* polytheism
politeknik polytechnic
politik political
politika politics; policy *politikaya atılmak* to go into politics
politikacı politician
poliüretan polyurethane
poliyester polyester
Polonya Poland
Polonyalı Polish, Pole
pomat pomade
pompa pump
pompalamak to pump
ponpon pompon, pompom; powder puff
pop pop *pop müzik* pop music
poplin poplin
popo buttocks, butt, bum
popüler popular
pornografi pornography
pornografik pornographic
porselen porcelain
porsiyon portion, helping
porsuk badger
porsumak to shrivel up, to be wizened
portakal orange
portakalrengi orange
portatif portable, movable
porte *müz.* stave

Portekiz Portugal; Portuguese
Portekizce Portuguese
Portekizli Portuguese
portföy wallet, purse
portmanto coat-stand, hallstand
portre portrait
posa sediment, dregs *posasını çıkarmak* to squeeze almost to death
posbıyık having a bushy moustache
post skin, hide *postu deldirmek* to be shot, to be killed *postu kurtarmak* to save one's skin *postu sermek* to outstay one's welcome
posta post, mail; postal service *posta havalesi* postal order, money order *posta kartı* postcard *posta koymak* to cow, to intimidate *posta kutusu* post box *posta pulu* postage stamp *postaya atmak* to post *postayla göndermek* to post
postacı postman
postal combat boot, half boot
postalamak to post
postane post office
postrestant poste restante
poşet small bag
pot crease, pucker; blunder, boner, howler *pot kırmak* to drop a brick, to put one's foot in it
pota crucible, cupel
potansiyel potential
potasyum potassium
potin boot
potpuri *müz.* potpourri
pound pound
poyra (wheel) hub
poyraz northeast wind
poz pose; exposure *poz vermek* to pose for
pozisyon position
pozitif positive
pöf ugh!
pörsük shrivelled up, wizened
pörsümek to shrivel up, to be wiz-

ened
pörtlek (eye) bulging
pösteki sheepskin *pösteki saydırmak* to make sb do a tiresome job *pöstekisini sermek* to beat sb all to pieces
pranga shackles, fetters *prangaya vurmak* to shackle, to fetter
pratik practical; practice
pratisyen general practitioner
prehistorik prehistoric
prehistorya prehistory
prelüd prelude
prens prince
prenses princess
prensip principle
prenslik principality; princedom
pres press
presbitlik presbyopia
prevantoryum sanatorium for the early stages of tuberculosis
prezantabl presentable
prezervatif condom, rubber
prim premium; bonus
primadonna *müz.* prima donna
primatlar *hayb.* primates
printer printer
priz socket, wall-plug
prizma prism
problem problem
prodüksiyon production
prodüktivite productivity
prodüktör producer
profesör professor
profesörlük professorship
profesyonel professional
profesyonellik professionalism
profil profile
program programme, program
programcı programmer
programlamak to program
programlı systematical, programmed
proje project
projeksiyon projection
projektör projector
proletarya proletariat

proleter proletarian
propaganda propaganda *propaganda yapmak* to propagandize
propagandacı propagandist
prosedür procedure
prospektüs prospectus
prostat *anat.* prostate
protein protein
proteinli proteinaceous
Protestan Protestant
Protestanlık Protestantism
protesto protest *protesto çekmek* to make a formal protest *protesto etmek* to protest
protez prosthesis
protokol protocol
proton proton
protoplazma protoplasm
prova fitting; rehearsal; proof *prova etmek* (dress) to try on
provizyon provision
provokasyon provocation
provokatör provocateur
pruva *den.* bow, head
psikanaliz psychoanalysis
psikanalizci psychoanalyst
psikiyatr psychiatrist
psikiyatri psychiatry
psikolog psychologist
psikoloji psychology
psikolojik psychological
psikopat psychopath
psikoterapi psychotherapy
psikoz psychosis
psişik psychic, psychical
puan point *puan almak* to score
puanlamak to grade (a test)
puding pudding
pudra powder
pudralı powdered
pudralık, pudriyer compact, powderbox
pudraşeker castor sugar
puf pouf, poufle, pouff
pufla eider, eider duck
puflamak to puff, to blow
puhu eagle owl

pul stamp; (fish) scale; washer, nut
pulcu seller of stamps; philatelist
pulculuk philately
pullamak to stamp; to ornament with spangles
pullu stamped; scaly
pulluk plough
Pulman Pullman
pulsuz unstamped
puma puma
punç punch
punt appropriate time *punduna getirmek* to find a suitable opportunity
punto size (of type)
pupa stern *pupa yelken gitmek* to go in full sail
puro cigar
pus haze, mist; (on fruit) bloom
pusarmak to get misty
puset pram
puslu hazy, misty
pusmak to crouch down
pusu ambush *pusu kurmak* to lay in ambush *pusuya düşürmek* to trap *pusuya yatmak* to lie in wait
pusula compass *pusulayı şaşırmak* to lose one's bearings
pusula note, memorandum
puşt catamite, fairy; son of a bitch, bastard
put idol; cross *put gibi* as still as a statue *put kesilmek* to be petrified
putperest idolater
putperestlik idolatry
putrel iron beam
püf puff *püf noktası* the weak spot (of sth)
püflemek to blow out, to blow on
püfür püfür gently and coolingly *püfür püfür esmek* to blow gently
pünez drawing pin, thumbtack
püre purée, puree
pürtük knob, protuberance *pürtük pürtük* full of knobs

pürtüklü knobby, rough

pürüz roughness, unevenness; difficulty, hitch

pürüzlü rough, uneven; difficult, knotty

pürüzsüz smooth, even; without a hitch

püskül tassel

püsküllü tasseled *püsküllü bela* a great nuisance

püskürme eruption

püskürmek to spray from one's mouth; (volcano) to erupt

püskürteç atomizer, spray

pütür small protuberance, knob *pütür pütür* full of small protuberances, rough; chapped, cracked

pütürlü rough, shaggy; chapped, cracked

R

Rab God

Rabbim my God

rabıta relation, connection, tie

rabıtalı coherent; regular

rabıtasız incoherent; irregular

raca rajah, raja

racon way, method, procedure; showing off, swagger *racon kesmek* to show off, to swagger

radar radar

radde degree, point

radikal radical

radikalizm radicalism

radyan radian

radyasyon radiation

radyatör radiator

radyo radio

radyoaktif radioactive

radyoaktivite radioactivity

radyoevi broadcasting studio/house

radyografi radiography

radyolog radiologist

radyoloji radiology

radyoskopi radioscopy

radyoskopik radioscopic

radyoterapi radiotherapy

radyum radium

raf shelf *rafa koymak/kaldırmak* to shelve, to postpone

rafadan (egg) soft-boiled

rafine refined, purified

rafineri refinery

rağbet demand; popular approval, popularity *rağbet etmek* to demand, to like *rağbet görmek* to be in demand *rağbetten düşmek* to be no longer in demand

rağmen in spite of, despite

rahat comfort, peace; comfortable; at ease! *rahat durmak* to behave oneself *rahat etmek* to be at ease *rahat vermemek* to bother, to pester *rahat yüzü görmemek* to have no peace *rahatına bakmak* to mind one's own comfort, to see to one's pleasures

rahatça comfortably

rahatlamak to feel relieved

rahatlatmak to relieve, to reassure, to relax

rahatlık comfort, quiet

rahatlıkla easily

rahatsız uncomfortable; ill, unwell; uneasy, anxious *rahatsız etmek* to disturb, to bother, to annoy *rahatsız olmayın!* Don't trouble yourself!

rahatsızlanmak to become ill, to fall ill

rahatsızlık discomfort, illness *rahatsızlık vermek* to disturb, to bother

rahibe nun

rahim uterus, womb

rahip monk; priest

rahle low reading-desk

rahmet God's compassion, clemency; rain

rahmetli the deceased, the late

rahvan ambling; amble
rakam figure, number
raket (in tennis) racket; (in table tennis) bat
rakı (Turkish) raki, arrack
rakım altitude
rakip rival
rakipsiz unrivalled
rakkas pendulum
ralli rally
ramak kalmak almost to happen
ramazan Ramadan, Ramazan
rampa incline, slope, grade
randevu appointment, date *randevu almak* to get an appointment (from/with) *randevu vermek* to make an appointment (with) *randevusu olmak* to have an appointment (with, ile)
randevuevi unlicensed brothel
randıman output, yield
randımanlı productive
ranza bunk, berth
rapor report *rapor vermek* to make a report *rapor yazmak* to draw up a report
raportör reporter
rapsodi *müz.* rhapsody
raptetmek to attach, to fasten
raptiye drawing pin, thumbtack
raptiyelemek to thumbtack
rasat observation
rasathane observatory
rasgele at random, casually, haphazardly *Rasgele!* Good luck!
raspa scraper
raspalamak to scrape
rast getirmek to choose the right time, to watch for the best time; (God) to allow to succeed
rast gitmek to come across, to run into, to encounter
rastık kohl
rastlamak to meet by chance, to come across, to run into, to encounter; to coincide with, to fall on

rastlantı chance, encounter, coincidence
rastlaşmak to chance upon each other
rasyonalist rationalist; rationalistic
rasyonalizm rationalism
rasyonel rational
raşitizm rachitis, rickets
raunt *sp.* round
ray rail, track *raydan çıkmak* to go off the rails *rayına oturmak* to set to rights *rayına girmek* to begin to go smoothly
rayiç market price, current value
razı contented, willing *razı etmek* to persuade, to satisfy *razı olmak* to consent, to agree to
re *müz.* re
reaksiyon reaction
reaktör reactor
realist realist
realizm realism
reçel jam
reçete prescription; recipe
reçine resin
reçineli resinous
redaksiyon redaction
redaktör redactor, editor
reddetmek to refuse, to reject, to turn down
redingot frock coat
redoks redox
refah prosperity, comfort
refakat accompaniment; companionship *refakat etmek* to accompany
refakatçi companion
referandum referendum
referans reference
refleks reflex
reflektör reflector
reform reform
reformcu reformer, reformist
regülatör regulator
rehabilitasyon rehabilitation
rehavet slackness, languor *rehavet çökmek* to feel sluggish

rehber guide; guide book
rehberlik guidance *rehberlik etmek* to guide
rehin pledge, pawn *rehine koymak* to pawn, to pledge
rehinci pawnbroker
rehine hostage *rehine olarak tutmak* to hold as a hostage
reis chief, head
rejim regime; diet *rejim yapmak* to diet
rejisör director
rekabet rivalry *rekabet etmek* to rival, to compete
reklam advertisement *reklamını yapmak* to advertise, to boom
reklamcı advertiser
reklamcılık advertising *reklam acentası* advertising agency
rekolte harvest, crop
rekor record *rekor kırmak* to break a record
rekortmen record-holder
rektör rector, president
rektörlük presidency, rectorship
rektum rectum
rencide hurt, injured *rencide etmek* to hurt
rençper farm-hand; farmer
rende (carpenter's) plane; grater
rendelemek to plane; to grate
rengârenk multicoloured
rengeyiği reindeer
renk colour *renk atmak* to lose colour, to fade *rengi atmak* to turn pale *renk körlüğü* colour blindness *renkten renge girmek* to go all shades of red, to change colour *renk vermemek* not to show one's colours
renklendirmek to add colour; to liven up, to enliven
renklenmek to become colourful; to become more amusing/interesting
renkli coloured; colourful
renksemez achromatic

renkser chromatic
renksiz colourless; nondescript, dull
reorganizasyon reorganization
repertuar repertoire, repertory
replik (theatre) cue
re'sen on one's own account
resepsiyon reception
reseptör receiver
resif reef
resim picture, photograph, drawing, painting; due, duty *resim çekmek* to take a photograph *resim yapmak* to draw, to paint *resmini çekmek* to take a photograph of
resimlemek to illustrate
resimli illustrated, pictorial *resimli roman* comic (strip)
resital *müz.* recital
resmen officially, formally; *kon.* openly, publicly
resmetmek to draw, to picture; to describe, to depict
resmi official; formal *resmi elbise* uniform *resmi gazete* official gazette
resmiyet formality, ceremony; officialism, officiality *resmiyete dökmek* to officialize; to become official in one's tone
ressam artist, painter
restoran restaurant
restorasyon restoration
restore etmek to restore
resul prophet
reşit adult, major
ret refusal, denial
retina retina
retorik rhetoric
reva suitable *reva görmek* to deem proper
revaç demand, request
revaçta in demand *revaçta olmak* to be in demand
revak porch, colonnade
reverans courtesy

revir infirmary; *den.* sickbay
revizyon revision *revizyondan geçirmek* to overhaul
revizyonist revisionist
revü revue
rey vote
reyhan sweet basil
reyon department
rezalet scandal, disgrace *rezalet çıkarmak* to cause a scandal
reze hinge
rezene *bitk.* fennel
rezerv reserve
rezervasyon reservation
rezil vile, scandalous, disgraceful *rezil etmek* to disgrace *rezil olmak* to be disgraced
rezillik disgrace, scandal
rezistans resistance
rezonans resonance
rıhtım quay, wharf
rıza consent, approval *rıza göstermek* to consent
rızk one's daily bread, food *rızkını çıkarmak* to earn daily bread
riayet respect, esteem; obedience *riayet etmek* to respect, to obey
rica request *rica etmek* to ask, to request
ricat retreat *ricat etmek* to retreat
rimel mascara
ring ring
ringa herring
risk risk
riskli risky
ritim rhythm
ritmik rhythmic
rivayet rumour, hearsay *rivayete göre* rumour has it that *rivayet olunmak* to be rumoured
riya hypocrisy
riyakâr hypocritical
riyakârlık hypocrisy
riziko risk
rizikolu risky
robdöşambr dressing-gown
robot robot

rodeo rodeo
Rodos Rhodes
roket rocket *roket atmak* to launch a rocket
rokoko rococo
rol role, part *rol almak* to have a part (in) *rol oynamak, rolü olmak* to play a part in *rolünü oynamak* to act, to play the part of *rol yapmak* to act
rom rum
Roma Rome
Romalı Roman
roman novel
romancı novelist
romans romance
romantik romantic
romantizm romanticism
Romanya Romania
romatizma rheumatism
romatizmalı rheumatic
Romen Roman *Romen rakamları* Roman numerals
rosto roast meat
rot rod
rota ship's course
rotasyon rotation
rozet badge, rosette
rölanti (engine) idling *rölantide çalışmak* to idle *rölantiye almak* to idle
rölativite relativity
röle relay
rölyef relief
römork trailer
römorkör tugboat
Rönesans Renaissance
röntgen X-ray; *arg.* peeping *röntgenini çekmek* to X-ray
röntgenci X-ray specialist; *arg.* peeper
röportaj interview, reporting *röportaj yapmak* to interview
röportajcı interviewer, reporter
röprodüksiyon reproduction
rötar delay
rötarlı delayed

rötuş retouch *rötuş etmek* to retouch

rövanş return match

ruble rouble, ruble

rugbi *sp.* rugby

ruh soul, spirit; essence; energy *ruh çağırma* necromancy *ruh haleti* the psychological condition, mood *ruh hastası* psychopath *ruh hekimi* psychiatrist *ruh hekimliği* psychiatry *ruhu şad olsun* May his soul be happy

ruhani spiritual

ruhban clergy

ruhbilim psychology

ruhbilimci psychologist

ruhbilimsel psychological

ruhi psychological

ruhsal psychological

ruhsat licence *ruhsat vermek* to license

ruhsatlı licensed

ruhsatname permit, licence

ruhsatsız unlicensed

ruhsuz inanimate, lifeless, spiritless

ruj lipstick

rulet roulette

rulman bearing

rulo roll, rouleau

Rum Greek (of Turkish nationality)

Rumca modern Greek

Rumeli European Turkey, Roumelia, Rumelia

Rumen Romanian, Roumanian, Rumanian

Rumence Romanian

rumuz symbol

Rus Russian

Rusça Russian

Rusya Russia

rutubet humidity, dampness

rutubetlenmek to become damp

rutubetli damp, humid

rüçhan priority, preference *rüçhan hakkı* precedence, priority

rüküş comically dressed

rüsum dues, taxes

rüşt majority

rüşvet bribe, pay-off *rüşvet almak* to accept a bribe *rüşvet vermek* to bribe

rüşvetçilik bribery

rütbe rank *rütbe almak* to rise in rank

rüya dream *rüya görmek* to dream, to have a dream *rüya tabiri* interpretation of dreams *rüya gibi* dreamlike

rüzgâr wind, breeze *rüzgâr altı den.* lee side *rüzgâr üstü den.* windward side *Rüzgâr eken fırtına biçer ats.* Sow the wind and reap the whirlwind

rüzgârgülü compass rose

rüzgârlı windy, breezy

S

saadet happiness

saat hour; watch, clock; meter *saat gibi işlemek* to run smoothly *saat kaç?* what's the time? what time is it? *saat kaçta?* at what time? *saat kulesi* clock tower *saat tutmak* (a race) to time *saati kurmak* to wind a watch *saati saatine* punctually

saatçi maker/seller of watches/clocks, watchmaker, watchseller

saatli bomba time bomb

sabah morning; in the morning *sabah akşam* all the time *sabah sabah* early in the morning *sabahın köründe* early in the morning

sabahçı early riser

sabahki morning's

sabahlamak to sit up all night

sabahları in the morning; every morning

sabahleyin in the morning
sabahlık dressing gown
saban plough **saban sürmek** to plough
sabanbalığı fox shark
sabankemiği *anat.* vomer
sabık former, previous, ex
sabıka previous conviction
sabıkalı previously convicted
sabır patience **sabrını taşırmak** to put sb out of patience
sabırla patiently
sabırlı patient
sabırsız impatient
sabırsızlanmak to grow impatient, to champ
sabırsızlık impatience
sabırsızlıkla impatiently
sabit fixed, stationary **sabit fikir** fixed idea **sabit olmak** to be fixed; to be confirmed
sabitleştirmek to fix
sabitlik fixity
sabotaj sabotage **sabotaj yapmak** to sabotage
sabotajcı saboteur
sabote etmek to sabotage
sabretmek to show patience, to be patient **Sabreden derviş muradına ermiş** Everything comes to him who waits.
sabuklama delirium
sabun soap
sabunlamak to soap
sabunlanmak to soap oneself
sabunlu soapy
sabunotu soapwort
sabuntaşı soapstone, steatite
sac sheet iron
sacayağı, sacayak trivet
saç hair **saç bağı** hair-band **saç boyası** hair dye **saç filesi** hair-net **saç kurutma makinesi** hair drier **saç örgüsü** plait **saç saça baş başa gelmek** to come to blows **saçı başı ağarmak** to grow old **saçına ak düşmek** (hair) to turn

grey **saçını başını yolmak** to tear out one's hair **saçını süpürge etmek** (woman) to exert oneself **saçını kestirmek** to have one's hair cut **saçları dökülmek** to lose one's hair
saçak eaves (of a house); fringe
saçakbulut cirrus
saçaklı eaved; fringed
saçkıran alopecia, ringworm
saçma scattering; nonsense, bilge, piffle; buckshot, pellet; nonsensical **saçma sapan konuşmak** to talk nonsense
saçmak to scatter, to strew **saçıp savurmak** to play ducks and drakes with (money), to squander
saçmalamak to talk nonsense, to piffle
saçmalık nonsense
sadaka alms
sadakat faithfulness, loyalty **sadakat göstermek** to show loyalty
sadakatli faithful, loyal
sadakatsiz unfaithful, disloyal
sade simple, plain
sadece only, simply
sadeleşmek to become simple
sadeleştirmek to simplify
sadelik simplicity, plainness
sadet point, subject **sadede gelmek** to come to the point
sadeyağ clarified butter, run butter
sadık loyal, faithful; true, accurate
sadist sadist; sadistic
sadizm sadism
sadrazam Grand Vizier
saf pure, unmixed; ingenuous, naive, gullible
saf row, line **saf saf** in rows
safa *bkz.* **sefa**
safari safari
safha phase
safi pure; net; merely, purely
safir sapphire
safkan purebred, thoroughbred

saflık purity; ingenuousness

safra bile, gall

safran *bitk.* saffron

safsata sophistry, casuistry

safsatacı sophist, casuist

sağ alive *sağ kalanlar* the survivors *sağ kalmak* to remain alive, to survive *sağ kurtulmak* to save one's skin *sağ ol* Thank you! *sağ olmak* to be alive *sağ salim* safe and sound

sağ right *sağ yapmak* (auto) to pull over to the right *sağa* to the right *sağa dönmek* to turn right *sağda* on the right *sağda solda* right and left, everywhere *sağdan* from the right *sağdan gidiniz!* Keep to the right! *sağına soluna bakmak* to look about one *sağı solu olmamak* to chop and change *sağlı sollu* right and left, on both sides

sağalmak to become well, to recover

sağaltıcı curative, healing

sağaltım medical treatment

sağaltmak to cure, to heal

sağanak downpour

sağbeğeni good taste

sağcı rightist

sağcılık rightism

sağdıç (bridegroom's) best man

sağduyu common sense

sağgörü foresight

sağgörülü farsighted

sağı bird excrement

sağım milking; milk-giving animal

sağımlı milch

sağır deaf *sağır etmek* to deafen

sağırlaşmak to grow deaf

sağırlık deafness

sağıryılan adder, viper

sağlam strong, solid, firm; secure, safe, sound; healthy *sağlama bağlamak* to make sure

sağlama *mat.* check, proof

sağlamak to supply, to obtain, to get

sağlamlaşmak to become sound

sağlamlaştırmak to strengthen, to consolidate

sağlamlık solidity, firmness; safety

sağlık health *sağlık görevlisi* government health official *sağlık ocağı* village clinic *Sağlık olsun!* Never mind! *sağlık sigortası* health insurance *sağlığında* while he was alive *Sağlığınıza* To your health! Cheers!

sağlıkbilgisi hygiene

sağlıklı healthy

sağlıksız unhealthy

sağmak to milk

sağmal milk-giving, milch

sağrı rump

saha area, field

sahaf dealer in old books

sahan shallow cooking pan

sahanlık lending; platform

sahi really, truly

sahibe female owner

sahici genuine, real

sahiden really, truly

sahil coast, shore

sahip owner; master *sahip çıkmak* to claim

sahiplik ownership

sahipsiz ownerless; unprotected

sahne stage; scene *sahneye çıkmak* to appear *sahneye koymak* to stage

sahra desert, wilderness *sahra topu* *ask.* field-gun

sahte false, counterfeit, forged, sham, phoney

sahtekâr forger, counterfeiter

sahtekârlık forgery, counterfeiting

sahur meal before dawn

sair other

saka water-carrier

saka, sakakuşu goldfinch

sakağı glanders

sakal beard *sakal bırakmak* to grow a beard *sakalı ele vermek* to al-

low oneself to be led by the nose
sakallı bearded
sakalsız beardless
sakar butterfingered, clumsy, awkward
sakarin saccharine
sakaroz saccharose
sakat disabled, invalid, crippled; unsound, defective
sakatat offals, giblets
sakatlamak to damage, to maim, to cripple
sakatlık impairment, disability, handicap
sakın Mind! Beware! Don't do it!
sakınca drawback, objection
sakıncalı objectionable
sakıngan cautious, prudent
sakınmak to avoid, to abstain (from), to beware (of)
sakız mastic, chewing gum *sakız çiğnemek* to chew gum
sakızkabağı vegetable marrow
sakin calm, quiet; inhabitant
sakinleşmek to calm down
sakinleştirmek to calm down, to soothe
saklamak to hide, to conceal; to mask, to disguise
saklambaç hide-and-seek
saklanmak to hide
saklı hidden; secret
saksağan magpie
saksı flowerpot, vase
saksofon *müz.* saxophone
saksofoncu saxophonist
sal raft
salahiyet authority
salak silly, foolish
salaklık silliness
salam salami
salamandra *hayb.* salamander
salamanje dining room
salamura brine, pickle; pickled
salapurya *den.* small lighter
salata salad
salatalık cucumber

salça tomato sauce
saldırgan aggressive; attacker, aggressor
saldırganlık aggressiveness
saldırı aggression, attack
saldırmak to attack
saldırmazlık nonaggression *saldırmazlık antlaşması* nonaggression agreement
salep salep
salgı secretion
salgılamak to secrete
salgın epidemic
salhane slaughterhouse
salı Tuesday
salık advice *salık vermek* to recommend, to advise
salıncak swing
salınım oscillation
salınmak to sway; to oscillate
salıvermek to let go, to release
salimen safe and sound, safely
salkım bunch, cluster *salkım saçak* hanging down in rags
salkımsöğüt weeping-willow
sallamak to swing, to rock; to shake, to wag, to whisk
sallanmak to swing, to sway, to bob; to linger over, to loiter
sallantı swinging, rocking *sallantıda bırakmak* to leave up in the air
sallapati tactless; tactlessly, carelessly
sallasırt etmek to shoulder
salmak to let go, to loose, to release
salmastra gasket
salon parlour, hall; sitting room
saloz *arg.* stupid
salt mere; merely, solely *salt çoğunluk* absolute majority
saltanat sovereignty, reign *saltanat sürmek* to reign; to live in great splendour
saltık absolute
salvo salvo

salya saliva
salyangoz snail
sam samiel, simoom, simoon
saman straw *saman altından su yürütmek* to act on the sly, to do sth secretly *saman gibi* insipid *saman nezlesi* hay fever
samankâğıdı tracing paper
samankapan amber
samanlık hayloft, barn
samanrengi straw yellow
Samanyolu the Milky Way
samba samba
Sami Semitic
samimi sincere
samimiyet sincerity
samimiyetle sincerely
samimiyetsiz insincere
samimiyetsizlik insincerity
samur sable *samur kürk* sable skin coat
samyeli samiel, simoom
san reputation
sana to you, for you *sana ne?* What's that to you?
sanal virtual *sanal âlem* cyberspace *sanal seks* cybersex
sanat art; trade, craft *sanat eseri* work of art
sanatçı artist
sanatkâr artist; artisan, craftsman
sanatoryum sanatorium
sanatsal artistic
sanayi industry *sanayi devrimi* industrial revolution
sanayileşme industrialization
sanayileşmek to industrialize
sancak flag, standard; starboard side
sancı pain, grips, stitch
sancılanmak to have a pain
sancımak to ache
sandal rowboat
sandalcı boatman
sandalet sandal
sandalye chair
sandık chest, box, coffer

sandıklamak to crate, to box
sandviç sandwich
sanı supposition
sanık accused
saniye second
sanki as if, as though
sanlı famous
sanmak to think, to suppose
sanrı hallucination
sansar marten
sansasyon sensation *sansasyon yaratmak* to cause a sensation
sansasyonel sensational
Sanskrit Sanskrit; Sanskritic
sansür censorship
sansürcü censor
sansürlemek to censor
santigram centigramme
santigrat centigrade
santilitre centilitre
santim centimetre
santimetre centimetre *santimetre kare* square centimetre *santimetre küp* cubic centimetre
santra (football) centre spot
santral telephone exchange, switchboard
santrfor (football) centreforward
santrifüj centrifugal
santur *müz.* dulcimer
sap handle; stem, stalk *sapına kadar* to the core, utterly
sapa out-of-the-way, secluded
sapak turnoff, turning
sapan sling; catapult
saparta broadside
sapasağlam in the pink; quite healthy
sapık perverted; pervert
sapıklık perversion
sapınç deviation; aberration
sapır sapır dökülmek to fall abundantly and continuously
sapıtmak to go off one's head; to drivel, to rave
sapkın perverse, astray
saplama thrusting; stud

saplamak to thrust into, to plunge into

saplanmak to sink into, to be stuck in, to lodge

saplantı fixed idea

sapma deviation

sapmak to turn off into, to swing into; to deviate, to digress

saprofit saprophyte

sapsarı yellow; very pale *sapsarı kesilmek* to turn pale

saptamak to fix, to determine

saptırmak to turn; to deviate

sara epilepsy *sarası tutmak* to have an epileptic fit

saraç saddler

saralı epileptic

sararmak to turn yellow, to turn pale

saray palace; government house

sardalye sardine, pilchard

sardunya geranium

sarf expenditure *sarf etmek* to spend, to expend; to use, to exert

sarfınazar apart from *sarfınazar etmek* to disregard, to overlook

sarfiyat expenses, expenditure

sargı bandage *sargı sarmak* to bandage

sarhoş drunk; boozer *sarhoş etmek* to make drunk, to intoxicate *sarhoş olmak* to get drunk

sarı yellow

sarıağız *hayb.* maigre, shadefish

sarıasma golden oriole

sarıçalı barberry

sarıgöz *hayb.* sargo

sarıhumma yellow fever

sarık turban

sarıkanat medium-sized bluefish

sarılgan *bitk.* climbing

sarılık yellowness; *hek.* jaundice

sarılmak to embrace, to hug; to be surrounded; to be bandaged

sarımsı, sarımtırak yellowish

sarınmak to wrap oneself in

sarısabır *bitk.* aloe

sarısalkım laburnum

sarışın blond, blonde

sarih clear, evident

sarkaç pendulum

sarkık hanging, pendulous, flabby

sarkıntılık molestation *sarkıntılık etmek* to molest

sarkıt stalactite

sarkmak to hang down, to dangle, to droop

sarmak to wrap up, to muffle up, to lap; to wind ... round, to wrap ... around; to appeal to, to interest

sarmal spiral

sarman enormous; yellow cat

sarmaş dolaş in a close embrace *sarmaş dolaş olmak* to be locked in a close embrace

sarmaşan winding

sarmaşık ivy

sarmısak garlic

sarnıç cistern

sarp arduous, precipitous *sarpa sarmak* to become complicated

sarpa sea-bream

sarplaşmak to become steep

sarraf money-changer

sarsak shaky, tottery

sarsılmak to be shaken; to be shocked; to be enfeebled

sarsıntı shake, jolt; earthquake; *hek.* concussion; *ruhb.* shock

sarsıntılı shaky, jolty

sarsıntısız smooth

sarsmak to shake, to jolt; to shock, to shake

sataşmak to tease, to annoy, to taunt; to ask for trouble; to molest

saten satin

sathi superficial, shallow

satı sale *satıya çıkarmak* to put up for sale

satıcı seller, salesman

satıcılık salesmanship

satıh surface

satılık for sale, on sale *satılığa çıkarmak* to put up for sale

satım sale

satın almak to buy

satır line; meat cleaver

satırbaşı paragraph indentation

satış safe *satışa çıkarmak* to put up for sale

satlıcan *hek.* pleurisy

satmak to sell *satıp savmak* to sell all one has

satranç chess *satranç tahtası* chessboard *satranç taşı* piece

Satürn Saturn

sauna sauna

sav assertion, thesis

savaş war, battle

savaşçı combatant, fighter

savaşım struggle *savaşım vermek* to struggle

savaşkan bellicose, warlike

savaşmak to fight, to struggle, to combat

savcı public prosecutor

savcılık attorney generalship

savmak to drive away, to dismiss; to escape from, to avoid

savruk untidy, slapdash, messy

savrulmak to stand aside, to get out of the way

savsaklamak to neglect

savulmak to stand aside **Savulun!** Get out of the way!

savunma defence, defense

savunmak to defend; to advocate, to champion, to maintain

savunmasız defenceless

savurgan prodigal, extravagant

savurganlık prodigality, extravagance

savurmak to throw, to scatter, to hurl, to fling

savuşmak to slip away, to sneak off

savuşturmak to fend off; to avoid, to escape, to evade

saya vamp, shoe-upper

sayaç counter, meter

saydam transparent

saydamlık transparency

saye protection, assistance *sayesinde* thanks to, owing to

sayfa page

sayfiye summer house

saygı respect, esteem, regard *saygı duymak* to respect *saygı göstermek* to show respect *saygılarımla* yours respectfully

saygıdeğer estimable, respected

saygılı respectful

saygın respected, esteemed

saygınlık esteem, prestige, credit

saygısız disrespectful

saygısızca disrespectfully

saygısızlık disrespect, disregard

sayı number; issue, number *sayı saymak* to count

sayıboncuğu abacus

sayıklamak to talk in one's sleep, to rave

sayılı counted; numbered; limited; top-notch

sayım enumeration; census

sayın esteemed, honourable; dear

sayısal numerical

sayısız innumerable, countless

sayışmak to settle accounts with one another

Sayıştay the Government Accounting Bureau

saymaca nominal, arbitrary

saymak to count; to respect; to consider, to regard *sayıp dökmek* to enumerate

sayman accountant

saymanlık accountancy

sayrı sick, ill

sayrılık sickness, disease

sayvan awning, tent

saz rush, reed

saz Turkish guitar; musical instrument *saz şairi* minstrel

sazan carp

seans sitting, session

sebat perseverance *sebat etmek* to persevere

sebatkâr persevering

sebatsız inconstant, fickle

sebebiyet vermek to cause

sebebiyle because of, owing to

sebep cause, reason *sebep olmak* to cause

sebeplenmek to get a share of the pie

sebepsiz without any reason

sebil public fountain; free distribution of water

sebze vegetable

sebzeci greengrocer

seccade prayer rug

secde prostrating oneself (while performing the namaz)

seçenek alternative

seçici selector

seçim election; choice, preference *seçimini yapmak* to make one's choice

seçimle by election

seçkin distinguished, select, choice

seçme choice; select, choice

seçmece by choice, for choice

seçmek to choose, to select, to elect; to distinguish, to discern, to spot

seçmeli elective, optional

seçmen elector, voter *seçmen kütüğü* electoral roll, register of electors

seda sound, voice

sedef mother-of-pearl, nacre *sedef hastalığı* psoriasis

sedefotu rue

sedir *bitk.* cedar

sedir divan, sofa

sedye stretcher

sefa enjoyment, pleasure *sefa bulduk* Thank you! (said in reply to 'welcome!') *sefa geldin(iz)* Welcome! *sefa geldine gitmek* to visit sb in order to welcome him *sefa sürmek* to enjoy oneself, to have a good time *sefasını sürmek* to enjoy sth to the utmost

sefahat dissipation, debauch

sefalet misery, poverty *sefalet çekmek* to suffer privation

sefaret embassy

sefer expedition, journey; time

seferber mobilized for war *seferber etmek* to mobilize *seferber olmak* to be mobilized

seferberlik mobilization

seferi expeditionary

sefertası travelling food box

sefil miserable, poor

sefir ambassador

sefire ambassadress

seğirdim (gun) recoil; footrace

seğirmek to flicker, to twitch

seğirtmek to run, to rush

seher daybreak, dawn

sehpa coffee table, end table; easel

seki tenace, bench, shelf

sekiz eight

sekizer eight each

sekizinci eighth

sekmek to hop; to ricochet, to skim

sekreter secretary

sekreterlik secretariat, secretaryship

seks sex

seksapel sex appeal

seksek hopscotch

seksen eighty

seksener eighty each

sekseninci eightieth

seksi sexy

seksoloji sexology

seksüel sexual

sekte stoppage, interruption *sekte vurmak* to interrupt, to impede

sektör sector

sel flood *sel basmak* to flood

selam greeting, salutation *Selam dur!* Present arms! *selam göndermek* to send one's compliments *selamı sabahı kesmek* to break with *selam söylemek* to

give one's kind regards to *selam*
vermek to greet, to salute
selamet safety, security; healthiness, soundness *selamete çıkmak* to reach safety
selamlamak to greet, to salute
selamlaşmak to greet each other
Selanik Salonica
Selçuklu Seljuk, Seljukian
sele flattish basket; saddle
self predecessor
selektör selector
selenterler coelentera
selfservis self-service
selim *hek.* benign
seloteyp sellotape
selüloit celluloid
selüloz cellulose
selvi cypress
sema sky
semafor semaphore
semaver samovar
semavi celestial
sembol symbol
sembolik symbolic, symbolical
semender *hayb.* salamander
semer packsaddle; pad, stout *semer vurmak* to put a packsaddle (on)
semere fruit *semeresini vermek* to prove fruitful
seminer seminar
semirgin fat and lazy
semirmek to grow fat
semirtmek to fatten
semiyoloji *hek.* semiology
semiz fat, sleek
semizotu purslane
sempati attraction, liking *sempati duymak* to take to, to like
sempatik likable, congenial; *anat.* sympathetic *sempatik sinir sistemi* sympathetic nervous system
sempatizan sympathizer
sempozyum symposium
semptom *hek.* symptom

semt neighbourhood, quarter *semtine uğramamak* to stop going
sen you
senarist scenarist
senaryo scenario, script
senato senate
senatör senator
sence in your opinion
sendelemek to totter, to stagger, to stumble
senden from you
sendika trade union, labour union
sendikacı trade unionist
sendikacılık trade unionism
sendrom *hek.* syndrome
sene year
senelik yearly, annual
senet voucher, security; promissory note *senet vermek* to give sb written certification; to guarantee
senetleşmek to give one another written certifications
senetli certified
senetsiz uncertified
senfoni *müz.* symphony *senfoni orkestrası* symphony orchestra
senfonik symphonic
seni you
senin your
seninki yours
senkronizasyon synchronization
senlibenli free-and-easy, familiar *senlibenli olmak* to hobnob with
sentaks syntax
sentetik synthetic
sentez synthesis
sepet basket *sepet havası çalmak* to give sb the boot
sepetlemek to get rid of, to fire, to sack
sepettopu basketball
sepi tanning
sepici tanner
sepilemek to tan
sera greenhouse

seramik ceramic; ceramics
serap mirage
serbest free **serbest bırakmak** to set free **serbest bölge** free zone **serbest güreş** catch-as-catch-can (wrestling) **serbest meslek sahibi** selfemployed person **serbest nazım** free verse **serbest stil** freestyle **serbest vuruş** (football) free kick
serbestçe freely
serbesti freedom
serbestlik freedom
serçe sparrow
serçeparmak little finger
serdümen quartermaster
sere serpe **yatmak** to sprawl out
seren *den.* yard
serenat serenade
sergi exhibition
sergilemek to exhibit
seri series **seri halinde** in series **seri imalat** mass production **seri numarası** serial number
seri swift, rapid
serifgrafi serigraphy, silk screen
serin cool
serinkanlı cool-headed
serinlemek to become cool
serinletmek to cool
serinlik coolness
serkeş rebellious
serkeşlik rebelliousness
sermaye capital; riches, wealth; prostitute **sermaye koymak** to invest capital
sermayeci, sermayedar capitalist
sermayeli having a capital
sermayesiz without capital
sermek to spread, to lay; to beat down to the ground; to neglect
serpelemek to sprinkle down, to drizzle
serpilmek to be sprinkled; to grow
serpinti drizzle, sprinkle
serpiştirmek (rain) to drizzle, to mizzle; (snow) to spit down; to sprinkle, to scatter
serpmek to sprinkle, to scatter, to strew
sersem stupid, silly; stunned, dazed
sersemlemek to be stunned
sersemletmek to daze, to stun
serseri tramp, vagabond, vagrant; stray
serserilik vagabondage, vagrancy
sert hard, tough; severe, harsh
sertifika certificate
sertleşmek to become hard
sertleştirmek to harden
sertlik hardness, toughness; severity, harshness
serum serum
serüven adventure
serüvenci adventurous; adventurer
serüvenli adventurous
servet riches, wealth
servi cypress
servis service **servis yapmak** to serve food (to); *sp.* to serve the ball
serzeniş reproach **serzenişte bulunmak** to reproach
ses sound, voice; noise **ses çıkarmamak** to shut up **sesini çıkarmamak** to say nothing **sesini kesmek** to shut up **sesini kısmak** to turn down **ses dalgası** sonic wave
sesbilgisi phonetics
sesbilim phonology
seselim resonance
sesgeçirmez soundproof
seslenmek to call out
sesli voiced; aloud **sesli harf** vowel **sesli okumak** to read aloud
sessiz soundless, voiceless; silent, quiet, meek **sessiz harf** consonant
sessizce silently
sessizlik silence
sesteş *dilb.* homophone
set barrier, dam; *sp.* set **set çekmek**

to dike; to hinder, to barricade

sevap good deed *sevaba girmek* to acquire merit in God's sight *sevap işlemek* to acquire merit

sevda love, passion *sevda çekmek* to be passionately in love

sevdalanmak to fall in love (with), to lose one's heart (to)

sevdalı in love

sevecen compassionate, kind

sevgi love

sevgili darling, lover, sweetie

sevi love

sevici lesbian

sevicilik lesbianism

sevimli lovable, congenial, charming

sevimsiz unlikeable, unattractive, charmless

sevinç joy, delight *sevincinden uçmak* to exult, to walk on air

sevinçli joyful, glad

sevindirmek to gladden, to delight, to please

sevinmek to be pleased, to rejoice

sevişmek to love one another; to make love

seviye level

sevk sending, consignment, dispatch; inciting, urging *sevk etmek* to send, to consign, to dispatch; to incite, to urge

sevkıyat consignments; *ask.* dispatch of troops

sevmek to love *seve seve* with pleasure, willingly

seyahat travel, journey, voyage *seyahat acentası* travel agency *seyahat çeki* traveller's cheque *seyahat etmek* to travel

seyahatname book of travels

seyir course, progress; looking at, watching; cruising *seyir defteri* logbook

seyirci spectator, onlooker *seyirci kalmak* not to be involved in, to be a mere spectator *seyirciler* audience

seyis groom

seyrek wide apart; rare; rarely

seyretmek to watch, to see; to move, to sail, to cruise

seyyah traveller

seyyar travelling, itinerant; movable *seyyar satıcı* street hawker, pedlar

sezaryen caesarean operation *sezaryenle doğmak* to be born by caesarean section

sezgi intuition

sezgili intuitive

sezi intuition

sezinlemek to sense, to feel

sezmek to perceive, to sense, to discern

sezon season

sıcacık cosy, cozy

sıcak hot, warm *sıcak renkler* warm colours *sıcak tutmak* to keep warm *sıcağı sıcağına* while the iron is hot

sıcakkanlı warm blooded; friendly, warm-hearted

sıcaklık heat, warmth

sıçan rat, mouse

sıçankuyruğu rat-tailed file

sıçanotu arsenic

sıçmak to defecate, to shit

sıçrama jumping *sıçrama tahtası* springboard

sıçramak to jump, to spring, to leap

sıçratmak to splash, to spatter

sıfat capacity, position; *dilb.* adjective

sıfatıyla in the capacity of

sıfır zero, nought, nil *sıfırdan başlamak* to start from zero

sığ shallow

sığa capacity

sığdırmak to cram in, to jam in, to thrust in

sığınak shelter

sığınık refugee

sığınmak to take shelter, to shelter

sığıntı person whose presence is unwanted, intruder, sponger

sığır cattle *sığır eti* beef

sığırcık starling

sığırtmaç herdsman, drover

sığışmak to squeeze into

sığmak to go into, to fit into

sıhhat health *Sıhhatinize!* To your health!, Cheers! *Sıhhatler olsun!* Good health to you!

sıhhatli healthy

sıhhi hygienic

sıhhiye sanitary matters

sık close, dense, thick *sık sık* often, frequently

sıkacak squeezer

sıkboğaz etmek to keep on at, to rush sb, to importune sb

sıkı fıkı intimate *sıkı fıkı olmak* to be on intimate terms (with)

sıkı tight, firm; strict, rigorous; stingy; trouble, straits *sıkı çalışmak* to work hard *sıkı durmak* to hold fast *sıkı tutmak* to hold tight; to control firmly

sıkıca firmly, tightly

sıkıcı boring, dull

sıkıdenetim censorship

sıkıdüzen discipline

sıkılgan shy, bashful

sıkılganlık shyness

sıkılık tightness, firmness

sıkılmak to be pressed; to be ashamed; to be bored; to be in straits

sıkılmaz shameless

sıkınmak to constrain oneself

sıkıntı boredom; bother, hardship, trouble, distress *sıkıntı çekmek* to have troubles *sıkıntıda olmak* to be in straits *sıkıntı vermek* to annoy, to bother *sıkıntıya düşmek* to be hard up *sıkıntıya gelememek* to be unable to stand the gaff

sıkıntılı troublesome, trying, uneasy

sıkışık tight; close, serried, crowded *sıkışık durumda olmak* to be hardpressed

sıkışmak to be jammed in, to squeeze into; to be in straits; to be taken short; to stick

sıkıştırmak to press, to squeeze

sıkıyönetim martial law

sıkkın annoyed

sıklaşmak to become frequent

sıklet weight

sıklık density; frequency

sıkmak to press, to squeeze; to tighten; to annoy, to bother; to put pressure on

sıla (one's) home, homeplace; reunion *sılaya gitmek* to go home

sımsıkı very tight; tightly

sınai industrial

sınamak to try, to test

sınav examination, exam *sınav vermek* to pass an exam *sınava girmek* to take an exam *sınavda kalmak* to fail in an exam, to flunk

sınıf class; category; classroom *sınıfta çakmak* to flunk *sınıfta kalmak* to fail

sınıflandırma classification

sınıflandırmak to classify

sınır frontier, border *sınır dışı etmek* to deport *sınır koymak* to limit *sınırı geçmek* to cross the frontier

sınırdaş bordering

sınırlama limitation

sınırlamak to border, to limit

sınırlı limited

sınırsız limitless

sıpa donkey foal

sır glaze

sır secret, mystery *sır saklamak/tutmak* to keep (a) secret *sır vermek* to betray a secret *sırra kadem basmak* to vanish into thin air sıra desk; row; line; turn *sıra bek-lemek* to await one's turn *sıra olmak* to be lined up *sıra sıra* in rows *sırası gelmişken* by the way *sırasını savmak* to have done one's turn *sıraya girmek* to line up *sıraya koymak* to put in order

sıraca *hek.* scrofula

sıradağ mountain range

sıradan ordinary

sıralamak to set up in order

sıralı in due order

sırasında when necessary

sırasız untimely, inconvenient, inopportune

Sırbistan Serbia

sırça glass

sırdaş confidant

sırf pure, mere, sheer

sırık pole *sırıkla atlama sp.* pole vault

sırılsıklam *bkz. sırsıklam*

sırım leather thong *sırım gibi* wiry

sırıtkan given to grinning

sırıtmak to grin; (a defect) to show up

sırlamak to glaze; to silver

sırlı glazed

sırma silver thread *sırma saçlı* golden haired

sırnaşık pestering, importunate, saucy

sırnaşmak to pester, to importune

Sırp Serb; Serbian

Sırpça Serbian

sırsıklam soaked to the skin *sırsıklam âşık* head over heels in love

sırt back *sırt çevirmek* to turn one's back on *sırtından geçin-mek* to live at sb's expense *sırtını yere getirmek* to over-come *sırtı yere gelmek* to be overcome *sırt sırta* back to back

sırtlan hyena

sırtüstü on one's back *sırtüstü gelmek* to lie on one's back

sıska puny, skinny

sıtma malaria *sıtmaya tutulmak* to get malaria

sıtmalı malarial

sıva plaster *sıva vurmak* to plaster

sıvacı plasterer

sıvalı plastered

sıvamak to plaster; to roll up, to tuck up

sıvazlamak to stroke, to caress

sıvı liquid, fluid

sıvışmak to slip away, to sneak away

sıyırmak to skin, to graze, to scrape

sıyrık scrape, graze; scraped, grazed

sıyrılmak to be skinned; to get out of, to squeak through, to wriggle out of

sıyrıntı scrapings; scratch

sızdırmak to cause to ooze out; to squeeze (money) out of

sızı ache, pain

sızıltı complaint

sızıntı leakage, ooze

sızlamak to smart, to ache

sızlanmak to complain, to lament; to groan

sızmak to leak, to ooze; to drop into a drunken slumber

si *müz.* ti, te

sicil register *sicile kaydetmek* to enter into the register

sicilli registered

Sicilya Sicily

Sicilyalı Sicilian

sicim string

sidik urine

sidikborusu *anat.* ureter

sidiktorbası *anat.* bladder

sidikyolu urethra

sidikzoru *hek.* dysuria

sif *tic.* c.i.f.

sifilis syphilis

sifon siphon; flush tank

siftah first sale of the day, handsel

siftah etmek to make the first sale of the day

sigara cigarette **sigara içmek** to smoke (a cigarette) **Sigara içilmez!** No smoking! **sigara sarmak** to roll a cigarette

sigorta insurance; fuse **sigorta atmak** (fuse) to blow **sigortayı attırmak** to blow the fuses **sigorta etmek** to insure **sigorta poliçesi** insurance policy **sigorta primi** insurance premium

sigortacı insurer

sigortalamak to insure

sigortalı insured

sigortasız uninsured

siğil wart

sihir magic, sorcery

sihirbaz magician, sorcerer

sihirbazlık magic, sorcery

sihirli bewitched, enchanted; bewitching, enchanting

silah weapon, arm **silah altına almak** to call to arms **Silah başına!** To arms! **silah çatmak** to pile arms

silahlanma armament **silahlanma yarışı** arms race

silahlanmak to arm oneself

silahlı armed **silahlı kuvvetler** armed forces

silahsız unarmed

silahsızlandırma disarmament

silahsızlandırmak to disarm

silahşor musketeer, warrior

silecek bath towel; windscreen wiper

silgi duster; eraser, rubber

silik rubbed out; indistinct, insignificant

silikon silicone

silindir cylinder; roller **silindir şapka** top hat

silindirik cylindrical

silinmek to wipe oneself dry; to wear away

silinmez indelible

silinti erasure

silis silica

silisyum silicon

silkelemek to shake off

silkinmek to shake oneself

silkmek to shake (out)

sille slap, box

silme wiping; full to the brim, brimful

silmek to rub off, to erase, to expunge; to wipe

silo silo

silsile chain, series

siluet silhouette

sima face; personage, figure

simetri symmetry

simetrik symmetric, symmetrical

simge symbol

simgelemek to symbolize

simgesel symbolic, symbolical

simit ring-shaped roll of bread covered with sesame seeds; life buoy

simpozyum symposium

simsar broker; middleman

simsarlık brokerage

simsiyah jet-black

simya alchemy

simyacı alchemist

sin grave, tomb

sinagog synagogue

sincap squirrel

sindirim digestion

sindirmek to digest; to cow, to daunt

sine breast, bosom **sineye çekmek** to take sth lying down

sinek fly; (cards) clubs **sinek avlamak** (shopkeeper) to sit idly (because of no customers)

sinekkapan flycatcher

sinekkaydı (shave) very close

sinekkuşu hummingbird

sineklik fly-whisk

sineksıklet (boxing) feather weight

sinema cinema, movies

sinemaskop cinemascope

sini round metal or wooden tray
sinik cynical; cynic
sinir nerve; sinew *sinir argınlığı* neurasthenia *sinir harbi* war of nerves *sinir hastalığı* neuropathy *sinir hücresi* nerve cell *sinir kesilmek* to become all nerves *sinir sistemi* nervous system *siniri tutmak* to have a fit of nerves *sinirine dokunmak* to get on sb's nerves *sinirleri altüst olmak* to be very upset *sinirleri bozmak* to get on sb's nerves
sinirbilim neurology
sinirce neurosis
sinirdoku neural tissue
sinirkanatlılar neuroptera, ant lions
sinirlendirmek to make nervous, to annoy, to rub sb the wrong way
sinirlenmek to get nervous, to become irritated
sinirli nervous, edgy; quick-tempered
sinirotu *bitk.* ribwort plantain
sinirsel neural, nervous
sinizm cynicism
sinmek to crouch down, to cower; to sink into, to penetrate
sinsi stealthy, sneaky
sinsice stealthily
sinsilik stealthiness
sinüs *anat.* sinus; *mat.* sine
sinüzit sinusitis
sinyal signal
sipahi cavalry soldier
sipariş order *sipariş almak* to receive an order *sipariş etmek/vermek* to order
siper shelter, shield; *ask.* trench
sipsivri very sharp
sirayet contagion *sirayet etmek* (disease) to spread
siren siren
sirk circus
sirke vinegar
sirkülasyon circulation

sirküler circular
sis fog, mist
sisli foggy, misty
sismograf seismograph
sistem system
sistematik systematic
sistemleştirmek to systematize
sistemli systematical
sistemsiz unsystematic
sistit *hek.* cystitis
site housing estate; city-state
sitem reproach *sitem etmek* to reproach
sitil style
sitoplazma *biy.* cytoplasm
sivil civilian, civil
sivilce pimple
sivilceli pimpled, pimply
sivri pointed, sharp *sivri akıllı* eccentric
sivribiber long green pepper
sivrilmek to become pointed; to come into prominence, to distinguish oneself
sivriltmek to make pointed, to sharpen
sivrisinek mosquito
siya *den.* rowing backwards
siyah black
siyahımsı blackish
siyahi black, negro
siyahlık blackness
siyanür cyanide
siyasa diplomacy, politics
siyasal political
siyaset politics
siyasi political, diplomatic
siyatik *hek.* sciatica
siyek *anat.* urethra
Siyonizm Zionism
siz you *siz bilirsiniz* it's up to you, as you like
size to you, for you
sizi you
sizin your
sizinki yours
skandal scandal

skeç sketch
skleroz *hek.* sclerosis
skolastik scholastic
Slav Slav; Slavic
slayt slide
slogan slogan
smokin dinner jacket, tuxedo
soba stove
soda soda water
sodyum sodium
sofa hall, anteroom
sofizm sophism
sofra (dining) table *sofra başında* at the table *sofra örtüsü* tablecloth *sofra takımı* table service *sofraya oturmak* to sit down to a meal *sofrayı kaldırmak* to clear away *sofrayı kurmak* to lay the table
sofu religious, devout; devotee
soğan onion; bulb
soğancık *anat.* medulla oblongata
soğuk cold *soğuk almak* to catch cold *soğuk algınlığı* cold *soğuk damga* embossed stamp *soğuk davranmak* to give sb the cold shoulder *soğuk espri* joke in bad taste *soğuk savaş* cold war *soğuktan donmak* to be frozen to death
soğukkanlı cool-headed, calm
soğukluk coldness; *ruhb.* frigidity; cold sweat, compote
soğumak to get cold, to cool; to take a dislike to, to go off
soğurmak to absorb
soğutmak to cool, to chill; to alienate, to put off
soğutucu cooling, refrigerative
sohbet chat, conversation *sohbet etmek* to have a chat
sokak road, street *sokak çocuğu* street Arab, street urchin *sokak kadını* street walker
sokmak to introduce, to put in, to insert; to let in, to admit; to sting, to bite
sokulgan sociable, friendly, folksy

sokulmak to be inserted in; to insinuate oneself (into), to snuggle up
sokuşturmak to squeeze (into)
sol left *sol yapmak* to steer to the left *sola dön* turn left *solda* on the left *solda sıfır* a mere cypher
sol *müz.* sol
solak left-handed
solaryum solarium
solcu leftist
solculuk leftism
soldurmak to fade, to discolour
solfej *müz.* solfége, solfeggio
solgun pale, faded
solist soloist
sollamak to overtake
solmak to fade, to wither
solmaz (colour) fast, fadeless
solo *müz.* solo *solo yapmak* to solo
solucan worm
soluk breath *soluk aldırmamak* to give no respite *soluk almak* to breathe; to have a rest *soluk borusu* trachea, windpipe *soluk kesici* breathtaking *soluğu kesilmek* to be out of breath *soluğa* out of breath
soluk pale; faded
soluklanmak to take a breather
solumak to pant, to snort
solungaç gill
solunum respiration *solunum aygıtı/sistemi* respiratory system
som *hayb.* salmon
som solid
somun loaf (of bread)
somun nut
somurtkan sulky, sullen
somurtmak to pout, to sulk
somut concrete
somutlaştırmak to concretize
somya spring mattress
son end; last, final *son defa* (for) the last time *son derece* extremely *son kozunu oynamak* to play one's last card *son nefes*

one's last breath **sona ermek** to end, to be over **Sona kalan dona kalır** The early bird catches the worm **sondan bir önceki** next to the last **sonunu düşünmek** to think of the consequences

sonat *müz.* sonata

sonbahar autumn, *AE.* fall

sonda probe, sound; drill

sondaj test bore; sounding **sondaj yapmak** to bore; to sound

sondalamak to sound; to bore

sone *yaz.* sonnet

sonek *dilb.* suffix

sonra after; then, later, afterwards

sonradan later, afterwards **sonradan görme** parvenu, upstart

sonraki following, subsequent

sonrasız eternal

sonsuz endless, infinite

sonsuzlaştırmak to eternalize

sonsuzluk infinity, eternity

sonuç result, outcome, consequence **sonuç çıkarmak** to draw a conclusion

sonuçlandırmak to conclude, to bring to a conclusion

sonuçlanmak to come to a conclusion, to conclude; to result (in, ile)

sonuçsuz fruitless, vain

sonuncu last, final

sonunda in the end, finally

sopa stick, cudgel; beating **sopa atmak** to give a beating (to) **sopa yemek** to get a beating

soprano soprano

sorgu interrogation **sorguya çekmek** to interrogate

sorguç crest

sorgulamak to interrogate

sormak to ask

soru question **soru işareti** question mark

sorumak to suck

sorumlu responsible (for, -den)

sorumluluk responsibility

sorumsuz irresponsible

sorumsuzluk irresponsibility

sorun problem, question, matter

soruşturma investigation

soruşturmak to investigate

sos sauce

sosis sausage

sosyal social **sosyal bilimler** social sciences

sosyalist socialist

sosyalizm socialism

sosyalleşme socialization

sosyete the upper classes, society

sosyoekonomik socioeconomic

sosyokültürel sociocultural

sosyolog sociologist

sosyoloji sociology

sosyolojik sociological

sote sauté

Sovyet Soviet

soy lineage, descent, family; ancestors **soy sop** family, relations **soya çekmek** to take after one's family

soya soybean

soyaçekim heredity

soyadı family name, surname

soyağacı family tree, genealogical tree

soydaş of the same race

soygun robbery

soyguncu robber

soygunculuk robbery

soykırımı genocide

soylu noble

soyluluk nobility

soymak to undress; to rob; to shell, to peel, to shuck **soyup soğana çevirmek** to clean out, to rifle

soysuz of bad race; ignoble

soysuzlaşmak to degenerate

soytarı clown, buffoon

soyunmak to undress oneself

soyut abstract

soyutlamak to abstract

söğüş boiled meat

söğüt willow

sökmek to pull up, to uproot; to take to pieces, to tear ... down; to unsew, to unravel; *arg.* to work, to tell

sökük unravelled, unstitched; rent, tear

sökülmek to come unstitched; to be uprooted; *arg.* to pay up, to shell out

sömestr semester

sömürge colony

sömürgeci colonist

sömürgecilik colonialism

sömürgeleştirmek to colonize

sömürmek to exploit

sömürü exploitation

söndürmek to put out, to extinguish; to turn off, to switch off; to deflate

sönmek to go out

sönük extinguished; dull, lifeless; deflated

sövgü swearword

sövmek to swear, to curse *sövüp saymak* to curse and swear

söylem discourse

söylemek to say, to tell; to pronounce

söylence myth

söyleniş pronunciation

söylenmek to be said; to be told; to be pronounced; to grumble, to mutter

söylenti rumour

söyleşi conversation, chat

söyleşmek to chat, to converse

söylev speech *söylev vermek* to give a speech

söz remark, word; rumour, gossip; promise *söz almak* to begin to speak; to obtain a promise *söz altında kalmamak* to give as good as one gets; to be quick to retort *söz anlamak* to be reasonable *söz aramızda* between you and me *söz dinlemek* to listen to advice, to obey *söz etmek* to talk

about, to mention *söz geçirmek* to make oneself listened to *söz götürmez* beyond doubt, indisputable *söz işitmek* to be told off *söz kesmek* to agree to give in marriage *söz konusu* in question *söz olmak* to be the subject of gossip *söz vermek* to promise *söze karışmak* to interrupt by speaking *sözü ağzına tıkamak* to shut sb up *sözü ağzında gevelemek* to mince one's words *sözü çevirmek* to change the subject *sözü geçmek* to be talked about; to be influential *sözü uzatmak* to be wordy *sözünde durmamak* to break one's word *sözünden dönmek* to go back on one's word *sözünü esirgememek* not to mince one's words *sözünü geri almak* to retract *sözünü tutmak* to keep one's word *sözünün eri* a man of his word

sözbirliği unanimity *sözbirliği etmek* to agree to say/do the same thing, to be unanimous in

sözbölükleri *dilb.* parts of speech

sözcü spokesman

sözcük word

sözcükbilim lexicology

sözde so-called, alleged, would-be

sözdizimi *dilb.* syntax

sözdizimsel syntactic

sözgelimi for example

sözgelişi for example

sözlendirici (film) dubber

sözlendirmek (film) to dub

sözleşme agreement, contract

sözleşmek to agree mutually; to make an appointment

sözlü oral, verbal; engaged; fiancé, fiancée *sözlü sınav* oral exam

sözlük dictionary

sözlükçü lexicographer

sözlükçülük lexicography

sözümona so-called, alleged

spazm spasm
spektroskop spectroscope
spekülasyon speculation
spekülatif speculative
spekülatör speculator
sperm(a) sperm
spiker announcer
spiral spiral; *hek.* loop
spontane spontaneous; spontaneously
spor *biy.* spore
spor sport; sports *spor araba* sports car *spor yapmak* to play sports
sporcu sportsman
sporsever sports fan
sportif sports; sportmanlike
sportoto football pools, pools
sprey spray; sprayer
stadyum stadium
staj apprenticeship, training *staj görmek* to be under training
stajyer trainee, probationer, intern
standart standard
statik static
statü status; statute
statüko status quo
steno shorthand, stenography; stenographer
stenograf stenographer
stenografi stenography
step steppe
stepne spare tyre
stereo stereo
stereofoni stereophony
stereofonik stereophonic
stereoskop stereoscope
steril sterile
sterilizasyon sterilization
sterilize, sterile sterilized *sterilize etmek* to sterilize
sterlin sterling
stetoskop stethoscope
steyşın station wagon
stil style
stoacılık *fel.* stoicism
stok stock *stok etmek* to stock
stokçu hoarder, stockist

stop stop *stop etmek* to stop
stopaj stoppage at source
stoplazma *biy.* cytoplasm
strateji strategy
stratejik strategical
stratosfer stratosphere
stres *hek.* stress
striptiz striptease
stüdyo studio
su water; broth; juice *su almak* (boat) to make water, to leak *su baskını* flood *su basmak* to flood *su cenderesi* hydraulic press *su çekmek* to draw water *su değirmeni* water mill *su dökmek* to make water, to urinate *su geçirmez* waterproof *su gibi bilmek* to know perfectly *su gibi para harcamak* to spend money like water *su götürmez* incontestable, indisputable *su götürür* disputable *su koyuvermek* to overstep the mark, to back on one's word *su perisi* nymph *su sayacı* water meter *su toplamak* to blister *su vermek* to water; (steel) to temper *su yüzüne çıkmak* to come to light *sudan çıkmış balığa dönmek* to be like a fish out of water *sudan ucuz* very cheap *sularında* about, around *suya düşmek* to fall to the ground, to fizzle out, to miscarry *suya sabuna dokunmamak* to avoid meddling *suyunca gitmek* to rub sb the right way *suyunu çekmek* to run out
sual question
sualtı underwater
suare evening performance
suaygırı hippopotamus
subay officer
sucu water seller
sucuk sausage *sucuğunu çıkarmak* to give a good beating; to tire out *sucuk gibi ıslanmak* to be wet through

sucul hydrophile

suç offence, crime *suç işlemek* to commit an offence *suçu bağışlamak* to forgive an offence, to pardon

suçiçeği *hek.* chicken pox

suçlamak to accuse

suçlu guilty *suçlu bulunmak* to be found guilty

suçluluk guilt

suçortağı accomplice

suçsuz innocent

suçsuzluk innocence

suçulluğu common sandpiper

suçüstü in flagrante delicto, red-handed

sudan flimsy, trivial, lame

Sudan the Sudan

Sudanlı Sudanese

suflör prompter

suiistimal abuse, misuse *suiistimal etmek* to abuse, to misuse

suikast conspiracy

suikastçı conspirator

sukabağı white gourd

sukamışı *bitk.* reedmace

sukeleri newt

sukemeri aqueduct

sukut fall

sulak watery

sulama watering; irrigation

sulamak to water; to irrigate

sulandırmak to dilute with water

sulanmak to be irrigated; to become watery; to water; *arg.* to get fresh with

sulh peace *sulh hâkimi* judge of the peace *sulh mahkemesi* court of first instance, minor court

sultan sultan, sultana

sulu watery; juicy; importunate, saucy

suluboya water colour

sulusepken sleet

sumen writing-pad

suna drake

sunak altar

sundurma shed, penthouse

sungur white falcon

suni artificial

sunmak to present, to offer; to perform, to play, to sing

sunturlu severe, awful

sunu offer *sunu ve istem tic.* offer and demand

sunucu compere, emcee

supap valve

sur city wall, rampart

surat face *surat asmak* to make a sour face *suratından düşen bin parça olmak* to pull a long face *suratını buruşturmak* to grimace *surat mahkeme duvarı* brazen-faced, sulky

suratsız sulky; ugly

sure section of the Koran, sura

suret copy; form, shape; manner, way *suret çıkarmak* to make a copy

Suriye Syria

Suriyeli Syrian

susak thirsty

susam sesame

susamak to be thirsty; to thirst for

susamış thirsty

susamuru common otter

suskun taciturn, quiet

susmak to hold one's tongue, to hush, to be quiet *suspus olmak* to keep silent, to be silenced

susta safety catch

sustalı clasp knife, flick knife *sustalı çakı* flick knife, switchblade

susturmak to silence, to hush, to shut up; to gag, to muzzle

susturucu silencer, *AE.* muffler

susuz thirsty; waterless, arid, dry

susuzluk thirst; waterlessness

sutopu water polo

sutyen brassiere, bra

suvarmak to water (animals)

suyılanı grass-snake

suyolu waterline; watermark

suyosunu seaweed

suyuk body fluid, fluid
sübjektif subjective
sübvansiyon subvention
süet suede
süklüm püklüm with one's tail between one's legs, sheepishly
sükse success, hit *sükse yapmak* to make a splash
sükûn, sükûnet calm, quiet
sükût silence *sükût ikrardan gelir* silence gives consent
sülale family line, lineage
sülfat sulphate
sülfürik sulphuric *sülfürik asit* sulphuric acid
sülük leech *sülük gibi yapışmak* to cling like a leech
sülün pheasant
sümbül hyacinth
Sümer Sumerian
sümkürmek to blow one's nose
sümsük sluggish, slothful, uncouth
sümük mucus, snot
sümüklü mucous, snotty; sniveling
sümüklüböcek slug
sümüksü mucous
sünepe sluggish, slovenly
sünger sponge *(üzerine) sünger çekmek* to pass the sponge over sth *sünger gibi* spongy
süngerdoku spongy parenchyma
süngertaşı pumice-stone
süngü bayonet
süngülemek to bayonet
sünnet circumcision *sünnet etmek* to circumcise *sünnet olmak* to be circumcised
sünnetli circumcised
sünnetsiz uncircumcised
Sünnilik Sunnism
süper super *süper benzin* highoctane gasoline
süpermarket supermarket
süprüntü sweepings
süpürge broom
süpürgelik baseboard, mopboard

süpürmek to sweep
sürahi jug, decanter, pitcher
sürat speed
süratle quickly
süratli quick, rapid
sürç stumble *sürçü lisan* slip of the tongue
sürçmek to stumble, to slip; to make a mistake
sürdürmek to keep up, to continue
süre time, period *süresi sona ermek* to expire
süreaşımı prescription, limitation
süreç process
süredurum *fiz.* inertia
süregelen lasting, continual
süregelmek to continue
süreğen chronic
sürek duration; drove *sürek avı* drive
sürekli continuous, permanent
süreksiz transitory, transient
süreli periodical
süresince throughout
süresiz for an indefinite period of time, indefinitely
süreyazar chronograph
sürgü bolt; bedpan; harrow
sürgülemek to bolt; to harrow
sürgülü bolted; sliding *sürgülü cetvel* slide rule
sürgün exile; *hek.* diarrhoea; *bitk.* shoot *sürgün etmek* to banish, to exile *sürgüne göndermek* to send into exile
sürme kohl *sürme çekmek* to tinge with kohl
sürmek to continue, to last; to drive; to exile; to lay on, to spread, to smear; to plough; (life) to lead
sürmelemek to bolt (a door); to tinge with kohl
sürmenaj exhaustion (from overwork)
sürpriz surprise *sürpriz yapmak* to surprise (sb)

sürrealizm surrealism
sürtmek to rub (against); to loiter
sürtük (woman) gadabout; street-walker
sürtünmek to rub oneself (against); to seek a quarrel
sürtüşme conflict, disagreement
sürtüşmek to rub against each other; to disagree, to dispute
sürü herd, flock
sürücü driver; drover
sürüklemek to drag, to trail; to carry with one, to absorb
sürükleyici absorbing, engrossing
sürüm demand, sale
sürümek to drag along
sürümlü in great demand
sürünceme delay *sürüncemede bırakmak* to drag out *sürüncemede kalmak* to be left hanging in the air, to drag on
süründürmek to make crawl; to lead sb a dog's life
sürüngen reptile
sürünmek to creep, to crawl; to rub against; to rub on, to rub in; to vegetate, to rough it, to lead a dog's life
süs ornament, decoration *süsü vermek* to pose as, to pretend to, to pass oneself off as
süsen iris
süslemek to adorn, to decorate, to ornament *süsleyip püslemek* to smarten up
süslenmek to be decorated; to deck oneself out *süslenip püslenmek* to smarten oneself up, to primp, to prink
süslü ornamented, decorated
süsmek to butt, to toss
süspansiyon suspension
süssüz unadorned, plain
süt milk *süt çocuğu* suckling *süt dökmüş kedi gibi* with his tail between his legs *süt gibi* white and clean *süt kuzusu* suckling

lamb, suckling *süt sağmak* to milk *Sütten ağzı yanan yoğurdu üfleyerek yer* ats. Once bitten, twice shy *sütü bozuk* base, ignoble *süt vermek* to suckle, to nurse; (cow) to milk
sütana, sütanne wet nurse
sütbaba fosterfather
sütbaşı cream
sütbeyaz milk-white
sütçü milkman
sütdişi milk tooth, baby tooth
sütkardeş foster brother, foster sister
sütkız foster daughter
sütlaç rice pudding
sütleğen *bitk.* spurge
sütliman dead calm
sütlü milky *sütlü kahve* coffee with milk; white coffee
sütnine wet nurse
sütoğul foster son
sütsüz without milk; untrustworthy, base
süttozu milkpowder
sütun column
süvari rider; cavalryman
süveter sweater
Süveyş Suez **Süveyş Kanalı** the Suez Canal
süzek sprayhead, rose
süzgeç strainer, filter
süzgün languid, languorous
süzmek to strain, to filter; to eye from head to foot, to look attentively
süzülmek to be filtered; to flow, to run; to get thin; to slip into, to creep in

Ş

şablon pattern
şadırvan water tank with a fountain

şafak dawn, daybreak **şafak atmak** to dawn on sb **şafak sökmek** (dawn) to break

şaft shaft

şah (horse) rearing **şaha kalkmak** (horse) to rear

şah shah, king; (chess) king

şahadet witnessing; martyrdom

şahadetname diploma, certificate

şahadetparmağı index finger

şahane magnificent, wonderful

şahdamarı aorta

şaheser masterpiece, masterwork

şahıs person, individual; *yaz.* character

şahin *hayb.* falcon

şahit witness **şahit olmak** to witness

şahitlik witnessing, testifying

şahlanmak (horse) to rear; to fly into a passion

şahmerdan battering-ram

şahsen in person; personally; by sight

şahsi personal, private

şahsiyet personality; individuality

şahsiyetli having a strong personality

şahsiyetsiz characterless

şair poet

şairane poetic, poetical

şaka joke, jest, fun **şaka bir yana** joking apart **şaka değil** it's no joke **şaka etmek** to joke **şaka götürmemek** not to be a joking matter **şaka kaldırmak** to be able to take a joke **şaka olarak söylemek** to say sth in jest **şaka söylemek** to joke **şaka yapmak** to play a joke on sb **şakaya bozmak/dökmek** to turn sth into a joke **şakaya vurmak** to laugh sth off

şakacı joker, person given to joking

şakacıktan as a joke

şakak *anat.* temple

şakalaşmak to joke with one another

şakayık peony

şakımak to warble

şakırdamak to clank, to jingle, to rattle

şakırdatmak to clank, to rattle, to jingle

şakırtı clatter, rattle

şakkadak unexpectedly, all of a sudden

şaklaban buffoon, jester

şaklamak to crack, to snap

şaklatmak to crack, to snap

şakrak jovial, lively, mirthful

şakrakkuşu bullfinch

şakşak slap-stick; applause

şakşakçı toady

şal shawl

şalgam turnip

şalter power switch; circuit breaker

şalvar baggy trousers

şamandıra buoy, float

ªamanizm Shamanism

şamar slap, box on the ear **şamar atmak** to slap **şamar oğlanı** scapegoat

şamata commotion, hubbub, uproar

şamatacı noisy, boisterous

şamatalı noisy

şamdan candlestick

şamfıstığı pistachio nut

şampanya champagne

şampiyon champion

şampiyona championship

şampuan shampoo

şampuanlamak to shampoo

şan glory, fame, reputation **şanına yakışmak** to befit one's dignity

şangırdamak to clink, to crash **şangır şungur** with a crash

şangırtı crash

şanlı glorious, great

şans chance **şans eseri** by chance **şansı olmak** to have a chance **şansı ters gitmek** to have a run of bad luck *şansı yaver gitmek* to be lucky *şansını denemek* to take one's chance

şanslı lucky

şanssız unlucky

şanssızlık misfortune, bad luck

şantaj blackmail, racket, shake-down *şantaj yapmak* to black-mail

şantajcı blackmailer, racketeer

şantiye shipyard; building-site

şantör male singer

şantöz female singer

şanzıman gearbox, shift

şap alum

şapırdamak to smack

şapırdatmak to smack

şapırtı smack

şapka hat

şaplak smack, slap *şaplak atmak* to give a smack

şaplamak to make a smacking noise, to smack

şappadak all of a sudden

şapşal silly, stupid; slovenly, untidy

şarampol shoulder (of a road)

şarap wine

şarapnel shrapnel

şarbon anthrax

şarıldamak to flow with a splashing noise

şarıltı splash, splashing sound

şarj charge *şarj etmek* to charge

şarjör clip

şarkı song *şarkı söylemek* to sing (a song)

şarkıcı singer

şarküteri delicatessen

şarlatan charlatan, quack

şarlatanlık charlatanism, quackery

şart condition, stipulation *şart koşmak* to stipulate *şart olmak* to become inevitable *şartıyla* on condition that

şartlandırmak to condition

şartlı conditional, conditioned

şartsız unconditional, uncondi-

tioned

şaryo carriage

şasi chassis

şaşakalmak to be taken aback

şaşalamak to be bewildered

şaşı cross-eyed, squinting

şaşılası surprising, weird

şaşılık crosseye, squint

şaşırmak to be surprised; to be confused *şaşırıp kalmak* to be at a loss

şaşırtıcı amazing, surprising

şaşırtmak to amaze, to astonish, to surprise; to confuse, to baffle, to floor

şaşkın bewildered, confused, blank; stupid *şaşkına dönmek* to be stupefied *şaşkına çevirmek* to stupefy

şaşmak to be surprised; to deviate

şatafat ostentation, pomp

şatafatlı ostentatious, pompous

şato castle, chateau

şayan worthy, deserving

şayet if

şayia rumour

şebboy wallflower

şebek baboon

şebeke network; (student's) pass

şebnem dew

şecere genealogical tree

şef chief, leader *şef garson* head-waiter

şefaat intercession *şefaat etmek* to intercede

şeffaf transparent

şefkat compassion, affection

şefkatli compassionate, affection-ate

şefkatsiz without affection

şeftali peach

şehir city, town

şehirlerarası interurban; long-distance (telephone call)

şehirli city dweller, townsman

şehit martyr

şehriye vermicelli

şehvani sensual

şehvet sexual desire, lust

şehvetli lustful, sensual

şehzade sultan's son, prince

şeker sugar; sweet, candy; *hek.* diabetes *şeker Bayramı* the Ramadan holiday, the Lesser Bairam *şeker gibi* sweet *şeker hastalığı* diabetes

şekerci confectioner; candyseller; candymaker

şekerkamışı *bitk.* sugar cane

şekerleme candy, goody; nap, doze *şekerleme yapmak* to have a nap

şekerlemek to sugar

şekerleşmek to sugar

şekerli sugared; diabetic

şekerlik sugar bowl

şekerpancarı sugar beet

şekersiz unsugared, unsweetened

şekil form, shape; diagram, illustration *şekil almak* to take shape *şekil vermek* to give a form

şekilci formalist

şekilcilik formalism

şekillendirmek to shape, to form

şekillenmek to take shape

şekilsiz shapeless

şeklen in form

şelale waterfall

şelf shelf

şema diagram, plan

şematik diagrammatic

şempanze chimpanzee

şemsiye umbrella, parasol

şen cheerful, joyful, merry

şenlendirmek to cheer, to enliven

şenlenmek to become cheerful, to cheer up; to be populated

şenlik cheerfulness, merriment; festival

şer evil, wickedness

şerbet sweet drink, sherbet

şerbetçiotu hop

şeref honour *şeref vermek* to honour, to grace

şerefe Cheerio! Cheers!

şerefine in honour of

şereflendirmek to honour, to grace

şerefli honoured, esteemed

şerefsiz dishonest, honourless

şerefsizlik dishonour

şerh explanation

şeriat Islamic law, canonical law

şerif sheriff

şerit ribbon, tape

şeş six *şeşi beş görmek* to get confused

şevk enthusiasm, eagerness *şevke gelmek* to become eager *şevki kırılmak* to be dispirited

şevkle eagerly

şey thing

şeyh sheik(h)

şeytan Satan, devil *şeytan aldatmak* to have nocturnal emissions *şeytan diyor ki* I have a good/half a mind to ... *şeytan gibi* as cunning as a fox *şeytan kulağına kurşun* Touch wood! *şeytan tüyü olmak* to have an attractive personality *şeytana uymak* to yield to temptation *şeytanın bacağını kırmak* to get the show on the road at last

şeytanca devilish; devilishly

şeytani devilish, diabolical

şeytanlık devilment; mischief, trick

şezlong deck chair, chaise longue

şık alternative

şık smart, elegant, chic, high-hat

şıkır şıkır with a clinking noise

şıkırdamak to clink, to jingle

şıkırdatmak to clink, to jingle

şıkırtı clink, jingle

şıllık gaudily dressed woman

şımarık spoiled, saucy

şımarıklık sauciness, impertinence

şımarmak to get spoilt

şımartmak to spoil, to pamper

şıngırdamak to clink, to rattle

şıngırtı clink, rattle

şıp diye quickly, unexpectedly

şıpıdık heelless slipper

şıpırtı splash
şıpsevdi susceptible
şıra grape juice, must
şırak crack!, crash!
şırakkadak all of a sudden
şırfıntı tramp, slut
şırıldamak to splash, to babble
şırıltı splashing, babble
şırınga syringe
şiddet violence; intensity, strength *şiddete başvurmak* to resort to violence *şiddet kullanmak* to use violence
şiddetlendirmek to intensify
şiddetlenmek to become violent; to become intensified
şiddetli violent, impetuous, severe; hard, strong
şifa recovery *şifa bulmak* to recover health *şifa vermek* to restore to health *şifayı kapmak* to fall ill
şifahen orally
şifahi oral, verbal
şifalı healing, curative
şifon chiffon
şifoniyer chiffonier, chest of drawers
şifre code, cipher
şifrelemek to cipher *şifreyi çözmek* to decipher, to decode
şifreli in cipher
ªii Shiite
ªiilik Shiism
şiir poem
şikâyet complaint, grouch *şikâyet etmek* to complain, to grouch
şikâyetçi complainant
şike *sp.* rigging (a game/match/race)
şikeli *sp.* rigged
şilem slam
şilep cargo vessel, freighter
ªili Chile
ªilili Chilean
şilin Shilling
şilt shield

şilte mattress
şimdi now, at present *şimdiye kadar* until now, up to now
şimdiden from now on
şimdiki the present
şimdilik for the present, for the time being
şimşek lightning *şimşek çakmak* (lightning) to flash *şimşek gibi* like lightning
şimşir boxwood
şipşak quickly, in a flash
şiraze headband
şirin charming, pretty, lovely
şirket company, firm
şirpençe carbuncle
şirret bad-tempered, malicious, fractious, quarrelsome
şist schist
şiş spit, skewer; knitting-needle *şiş kebap* shish kebab; roasted meat on skewers
şiş swelling; swollen
şişe bottle
şişelemek to bottle
şişinmek to puff oneself up, to swell with importance
şişirmek to swell, to bloat, to inflate; to exaggerate; to knock off, to scamp, to skimp
şişkin swollen, puffy
şişkinlik swelling, puffiness
şişko fat, fatty
şişlemek to skewer, to spit; *arg.* to stab
şişlik swelling, bulge
şişman fat, obese
şişmanlamak to grow fat, to fatten
şişmanlık fatness, obesity
şişmek to swell, to be inflated, to be distended
şive accent
şizofren schizophrenic
şizofreni schizophrenia
şofben gas heater, geyser
şoför driver; chauffeur *şoför ehliyetnamesi* driving licence

şok shock
şoke shocked
şom ominous, sinister **şom ağızlı** who always predicts misfortune
şort shorts
şose paved road
şoson galoshes
şov show
şoven chauvinist; chauvinistic
şovenizm chauvinism
şöhret fame, reputation, renown
şöhretli famous, renowned
şölen feast, banquet
şömine fireplace
şövale easel
şövalye knight
şövalyelik chivalry
şöyle in this way, like this, like that, thus; this kind of, that kind of, such **şöyle böyle** so so **şöyle dursun** let alone **şöyle ki** in such a way that; as follows **şöylece** in this way, thus
şu that, this **şu günlerde** in these days **şu halde** in that case, then **şu var ki** however, only **şundan bundan konuşmak** to talk of this and that **şunu bunu bilmem** I'm not accepting any excuses! But me no buts! **şunun şurasında** just, only
şua ray
şubat February
şube branch; department, section
şuh coquettish, pert
şuhluk coquettishness, pertness
şunlar those
şûra council
şura that place, this place
şurada there **şurada burada** here and there
şuralarda in these parts
şuraları these places
şuram this part of me
şurup syrup
şut (football) shoot **şut çekmek** to shoot

şuur the conscious, consciousness
şuuraltı subconscious
şuurlu conscious
şuursuz unconscious
şükran gratitude, thanks
şükretmek to thank God; to give thanks (to)
şükür gratitude
şüphe doubt, suspicion; uncertainty **şüphe etmek** to doubt, to suspect **şüphe uyandırmak** to cause suspicion
şüpheci sceptic, suspicious
şüphelendirmek to make ... suspicious
şüphelenmek to doubt, to suspect
şüpheli suspicious; doubtful; uncertain
şüphesiz doubtless, certain; certainly, of course! no doubt!

T

ta even until, even as far as **ta ki** so that, even
taahhüt undertaking, commitment **taahhüt etmek** to undertake
taahhütlü (letter, etc.) registered
taahhütname written contract
taammüden *huk.* with premeditation, intentionally
taammüt *huk.* premeditation
taarruz attack, assault **taarruz etmek** to attack, to assault
taassup fanaticism
tab printing
taba tobacco-coloured
tabak plate, dish
tabak tanner
tabaka layer, stratum; (of paper) sheet; class, group
tabakhane tannery
tabaklamak to tan, to curry
taban sole; base; floor **taban fiyat** the lowest price, minimum price

taban tabana zıt diametrically opposite, antipodal **taban tepmek** to walk a long way **tabanları yağlamak** to take to one's heels

tabanca pistol, gun **tabanca çekmek** to draw one's gun

tabansız soleless; cowardly

tabanvayla on foot **tabanvayla gitmek** to go on foot, to walk

tabela sign, signboard; list of food; car of treatment

tabelacı sign-painter

tabetmek to print

tabi subject, dependent **tabi olmak** to be dependent on **tabi tutulmak** to be subjected to

tabiat nature; character, temperament **tabiatıyla** naturally **tabiat bilgisi** nature study **tabiat kanunu** law of nature

tabiatüstü supernatural

tabii natural; naturally, of course

tabiiyet nationality

tabip doctor, physician

tabir expression, idiom, phrase; (of a dream) interpretation **tabir caizse** if I may put in this way **tabir etmek** to express; to interpret (a dream)

tabla ashtray; circular tray

tabldot table d'hôte

tablet tablet

tablo painting, picture

tabu taboo

tabur *ask.* battalion; line, row, file

taburcu discharged from a hospital **taburcu etmek** to discharge **taburcu olmak** to be discharged

tabure stool, footstool

tabut coffin

tabya *ask.* bastion, redoubt

tacir merchant

taciz annoyance, disturbing, harassment **taciz etmek** to annoy, to bother, to harass

taç crown; corolla; *sp.* touchdown

taç giymek to be crowned

taçlandırmak to crown

taçlı crowned

taçsız uncrowned

taçyaprağı petal

tadım taste, small amount tasted; the sense of taste

tadımlık just enough to taste

tadil modification **tadil etmek** to modify, to amend

tadilat modifications

taflan cherry laurel

tafra conceit, pride

tafsilat details

tafsilatlı detailed

tafta taffeta

tahakkuk realization; verification **tahakkuk etmek** to be realized, to come true

tahakküm domination, oppression **tahakküm etmek** to dominate, to oppress, to tyrannize

tahammül endurance, patience **tahammül etmek** to put up with, to endure, to stand

taharet cleanliness; canonical purification

tahayyül imagination, fancy **tahayyül etmek** to imagine, to fancy

tahdit limitation **tahdit etmek** to limit

tahıl grain; cereal

tahin sesame oil

tahinhelvası halvah, halavah

tahkik investigation **tahkik etmek** to investigate

tahkikat investigations, inquiries

tahkim strengthening, fortification **tahkim etmek** to strengthen, to fortify

tahkir insult, affront **tahkir etmek** to insult, to affront

tahlil analysis **tahlil etmek** to analyse

tahliye evacuation, vacating; release; (cargo) discharge, unloading **tahliye etmek** to evacuate, to vacate; to release, to discharge; (cargo) to discharge, to unload

tahmin estimate, guess **tahmin etmek** to estimate, to guess

tahminen approximately

tahmini approximate

tahribat destruction, devastation

tahrif falsification, distortion **tahrif etmek** to falsify, to distort

tahrifat falsification, alterations

tahrik provocation, incitement, excitation **tahrik etmek** to provoke, to incite, to excite **tahrik edici** provocative

tahrip destruction, devastation, ruining **tahrip etmek** to destroy, to devastate, to ruin

tahriş irritation **tahriş etmek** to irritate

tahsil education, study; (money) collection **tahsil etmek** (money, taxes) to collect; to study **tahsil görmek** to receive an education

tahsilat collection of revenues

tahsildar tax-collector

tahsilli educated

tahsis assignment, allocation, allotment **tahsis etmek** to assign, to allot, to allocate

tahsisat allowance, fund

taht throne **tahta çıkmak** to ascend the throne **tahta geçirmek** to enthrone **tahttan indirmek** to dethrone

tahta board, plank, wood; wooden **tahtadan** wooden **tahtası eksik** having a screw loose, screwy **tahtaya kaldırmak** to call (a student) to the blackboard

tahtakurdu woodworm

tahtakurusu bug, bedbug

tahtalı boarded, planked **tahtalı köy** arg. cemetery **tahtalı köyü boylamak** arg. to kick the bucket, to die

tahvil debenture, bond **tak** knock **tak tak vurmak** to knock repeatedly

tak arch

taka small sailing-boat

takaddüm precedence **takaddüm etmek** to precede

takas clearing; exchange, barter **takas etmek** to clear; to exchange, to barter

takat strength **takati kalmamak** to be exhausted

takatsız exhausted, weak

takdim presentation; introduction **takdim etmek** to present, to offer; to introduce

takdir appreciation; predestination, fate **takdir etmek** to appreciate **takdirini kazanmak** to win sb's approval

takdirde in the event of, if

takdirname letter of appreciation

takdis sanctification **takdis etmek** to sanctify

takı wedding present; jewellery, ornament; dilb. case ending

takılgan plaguing, teasing

takılmak to kid, to josh; to be affixed; to get stuck on, to get snagged on; arg. to frequent, to visit

takım team; gang, band, crew; set, service; suit; ask. platoon **takım taklavat** sag and baggage, the whole push

takımada archipelago

takımyıldız constellation

takınmak to put on, to wear; to assume, to affect

takıntı relation, affair; small debt; subject which a student has flunked; condition

takırdamak to clatter, to rattle

takırtı clatter, rattle

takışmak to quarrel with each other, to squabble

takibat huk. prosecution

takip following, pursuit *takip etmek* to follow, to pursuit

takipçi follower, pursuer

takke skullcap

takla somersault *takla atmak* to turn a somersault

taklit imitation; counterfeit; imitated, counterfeit, sham *taklit etmek* to imitate; to counterfeit

taklitçi imitator; mimic

takma attaching; attached; false *takma ad* nickname *takma diş* false teeth *takma saç* false hair, wig

takmak to affix, to attach, to fix; to wear, to put on; *arg.* to fail, to flunk *takıp takıştırmak* to put on one's best bib and tucker

takmamak *arg.* to have no regard for, not to give a damn

takoz wooden wedge, chock *takoz koymak* to put a wedge

takriben approximately, about

takribi approximate

takrir *huk.* motion, proposal

taksi taxi, *AE.* cab *taksi tutmak* to take a taxi

taksim division *taksim etmek* to divide

taksimetre taximeter

taksirat sins, faults

taksit instalment

taksitle by instalments *taksitle satış* instalment sale

taktik tactics

takunya clog, patten

takvim calendar

takviye reinforcement *takviye etmek* to reinforce

talan pillage, plunder *talan etmek* to pillage, to plunder

talaş wood shavings; sawdust

talebe student, pupil

talep demand *talep etmek* to demand, to request

tali secondary, subordinate

talih luck, good fortune *talih kuşu* good luck *talihi yaver gitmek* to be lucky *talihine küsmek* to curse one's fate

talihli lucky, fortunate

talihsiz luckless, unlucky

talihsizlik bad luck

talim teaching; practice, exercise *talim etmek* to have to eat (the same food)

talimat instructions *talimat vermek* to give instructions

talimatname regulations

talimname field manual

talip desirous, seeking *talip olmak* to put oneself in for, to desire, to seek

talk talc *talk pudrası* talcum powder

taltif gratifying; rewarding *taltif etmek* to gratify; to reward

tam complete, entire, whole; exact, precise, perfect *tam adamına düşmek* to find the very man *tam gelmek* to fit well *tamı tamına* just, exactly *tam üstüne basmak* to hit the nail on the head *tam vaktinde* just in time *tam yetki* full authority *tam yol* full speed

tamah avarice, greed *tamah etmek* to covet, to desire

tamahkâr avaricious, greedy

tamam complete, ready; finished, over; correct, right; all right! OK! *tamam olmak* to end, to be over

tamamen, tamamıyla completely, entirely, fully

tamamlamak to complete, to finish

tamamlayıcı complementary, supplementary

tambur a stringed instrument similar to the mandolin

tamim circular *tamim etmek* to circulate

tamir repair *tamir etmek* to repair, to mend

tamirat repairs
tamirci repairman
tamirhane repair shop
tamlama noun phrase, prepositional phrase
tamlanan *dilb.* noun modified by an adjective or a noun
tamlayan *dilb.* noun modifier **tamlayan durumu** *dilb.* genitive case
tampon bumper, buffer; *hek.* wad, plug **tampon devlet** buffer state
tamsayı *mat.* whole number, integer
tamtakır completely empty
tamtam tom-tom
tan dawn **tan ağarmak** (day) to break, to dawn
tane grain, seed, pip; piece **tane tane** piece by piece **tane tane konuşmak** to speak distinctly, to articulate
tanecik granule
tanelemek to granulate
tangırdamak to clang
tangırtı clang, clatter
tango tango
tanı diagnosis
tanıdık acquaintance
tanık witness **tanık olmak** to witness
tanıklık testimony, witness **tanıklık etmek** to give evidence
tanım definition
tanımak to know; to recognize, to acknowledge **tanımazlıktan gelmek** to pretend not to know
tanımlama definition
tanımlamak to define
tanınmak to be known; to be recognized
tanınmış well-known, famous
tanış acquaintance
tanışık acquaintance
tanışmak to get acquainted (with), to know one another, to meet
tanıştırmak to introduce
tanıtıcı introductory, promotional

tanıtım, tanıtma introduction, presentation; *tic.* promotion
tanıtma to introduce, to represent; to advertise, to promote
tanjant tangent
tank tank
tanker tanker
tanksavar antitank
Tanrı God **Tanrı misafiri** unexpected guest **Tanrı vergisi** gift, talent **Tanrı'nın günü** even blessed day
Tanrıbilim theology
Tanrıbilimci theologian
tanrıça goddess
tanrılaşmak to be deified
tanrılaştırmak to deify
tanrısal divine
tanrıtanımaz atheistic; atheist
tanrıtanımazlık atheism
tansiyon blood pressure **tansiyon düşüklüğü** hypotension **tansiyon yüksekliği** hypertension
tantal *kim.* tantalum
tantana pomp, display
tantanalı pompous
tanyeli zephyr, dawn breeze
tanyeri daybreak, dawn
tanzim putting in order, arrangement; organizing **tanzim etmek** to put in order; to arrange; to organize **tanzim satışı** sale of foodstuffs by a municipality so as to regulate the prices
tanzimat reforms
Tanzimat the political reforms made in the Ottoman State in 1839
tapa stopper, plug; fuse
tapınak temple
tapıncak fetish
tapınmak to worship, to adore
tapmak to worship, to adore
tapon trashy, shoddy
taptaze very fresh
tapu title-deed
tapulamak to register with a title-

deed

taraça terrace

taraf side; place, site *tarafa çıkmak* to take the part (of) to support *taraf tutmak* to take sides

taraflı having sides; supporter

tarafsız impartial

tarafsızlık impartiality

taraftar partisan, supporter *taraftar olmak* to be in favour of

taraftarlık partisanship, partiality

tarak comb; harrow, rake

taraklamak to comb; to harrow, to rake

tarakotu teasel

taramak to comb; to harrow, to rake; to search thoroughly, to comb; to scan, to rake

taranmak to be combed; to be raked; to comb oneself

tarçın cinnamon

taret *ask.* turret

tarh flower-bed; imposition (of a tax)

tarım agriculture

tarımcı agriculturist

tarımsal agricultural

tarif definition; description; recipe *tarif etmek* to describe; to define

tarife tariff; time-table; recipe

tarih history; date *tarih atmak* to date *tarihe geçmek* to make history *tarihe karışmak* to be a thing of the past, to vanish

tarihçe short history

tarihçi historian

tarihi historic; historical

tarihli dated

tarihöncesi prehistory

tarihsel historic; historical

tarihsiz undated

tarikat religious order

tarla field

tarlafaresi vole

tarlakuşu skylark

tartaklamak to manhandle, to harass

tartı weight; weighing; scale, balance *tartıya vurmak* to weigh

tartılı weighed; balanced

tartılmak to be weighed; to weigh oneself

tartışılmaz indisputable

tartışma discussion; argument, dispute

tartışmacı debater

tartışmak to discuss; to argue, to dispute

tartışmalı argumentative, controversial

tartmak to weigh; to balance

tarumar scattered, topsy-turvy *tarumar etmek* to rout, to disarray

tarz manner, way, style

tas bowl, cup *tası tarağı toplamak* to pack bag and baggage

tasa worry, anxiety *tasa çekmek/etmek* to worry *Tasası sana mı düştü?* It's none of your business! Mind your own business!

tasalı anxious

tasasız carefree, lighthearted

tasar plan

tasarçizim design

tasarçizimci designer

tasarı project; draft taw, bill

tasarım imagination, envisagement; design

tasarlamak to plan, to project, to contrive

tasarruf saving, thrift, economy *tasarruf etmek* to save, to economize

tasarruflu economical, thrifty

tasasız carefree, lighthearted

tasavvuf Islamic mysticism, Sufism

tasavvufi mystical, Sufic

tasavvur imagination; idea *tasavvur etmek* to imagine

tasdik affirmation, confirmation; approval, ratification *tasdik etmek* to affirm, to confirm; to ratify

tasdikli certified

tasdikname certificate

tasdiksiz uncertified

tasfiye purification, cleaning; discharge (of the employees); *tic.* liquidation *tasfiye etmek* to purify, to refine; to discharge; to liquidate

tashih correction

taslak draft, sketch *taslak halinde* in draft

taslamak to pretend to, to feign, to fake

tasma collar

tasnif classification *tasnif etmek* to classify

tastamam absolutely complete

tasvip approval *tasvip etmek* to approve *tasvip etmemek* to disapprove

tasvir description, depiction *tasvir etmek* to describe, to depict

taş stone *taş atmak* to make an allusion at sb *taş çıkartmak* to make rings round sb, to surpass *taş devri* stone age *taş gibi* very hard, stony *taş kesilmek* to be petrified *taş taş üstünde bırakmamak* to level with the ground *taşa tutmak* to stone *taşı gediğine koymak* to hit the nail on the head

taşak *arg.* testicle, ball

taşbaskı, taşbasması lithography

taşbebek doll

taşıl fossil

taşıllaşmak to fossilize

taşımacı transporter

taşımacılık transport

taşımak to carry; to transport, to convey

taşınır movable

taşınmaz immovable

taşırmak (to cause) to overflow

taşıt vehicle, conveyance

taşıyıcı carrier; porter

taşkın overflowing; exuberant, rowdy; flood

taşkınlık exuberance, rowdiness

taşkömürü coal

taşküre lithosphere

taşlama stoning; grinding; *yaz.* satire

taşlaşmak to be petrified

taşlı stony

taşmak to overflow, to flood; to boil over, to run over

taşocağı stone quarry

taşpamuğu asbestos

taşra the provinces

taşralı provincial

taşyuvarı lithosphere

taşyürekli stony-hearted, hardhearted

tat taste *tat almak* to taste; to enjoy *tat vermek* to flavour *tadı damağında kalmak* to be unable to forget the delicious flavour of *tadı kaçmak* to lose its taste, to pall *tadı tuzu yok* tasteless *tadına bakmak* to taste *tadında bırakmak* not to overdo *tadını almak* to taste, to enjoy *tadını çıkarmak* to enjoy fully *tadını kaçırmak* to mar, to spoil, to go too far

Tatar Tartar, Tatar

tatarcık sandfly

tatbik application *tatbik etmek* to apply *tatbik sahasına koymak* to put into practice

tatbikat applications; *ask.* manoeuvres

tatbikatta in practice

tatbiki applied

tatil holiday, vacation *tatil etmek* to close temporarily *tatil olmak* to be closed (for a holiday) *tatil yapmak* to take a holiday *tatile çıkmak* to go on a holiday

tatlandırmak to sweeten; to flavour

tatlanmak to sweeten

tatlı sweet *tatlı bela* sweet curse *tatlı dil* soft words *tatlı dilli* soft-spoken **tatlı su** fresh water **tatlıya bağlamak** to settle amicably

tatlılık sweetness; pleasantness

tatlılıkla kindly, gently

tatmak to taste; to experience

tatmin satisfaction **tatmin etmek** to satisfy **tatmin olmak** to be satisfied

tatminkâr satisfactory

tatsız tasteless

tatsızlık insipidity, unpleasantness, disagreeableness

tav proper heat; right moment **tav vermek** to dampen **tavına getirmek** to bring to the right condition

tava frying pan

tavan ceiling **tavan arası** attic **tavan fiyatı** maximum price, ceiling price

taverna tavern

tavır manner, attitude **tavır takınmak** to assume an attitude

taviz concession; compensation **taviz vermek** to compensate

tavla backgammon; stable

tavlamak to anneal; to cheat, to hoodwink; to pick up, to seduce

tavsiye recommendation **tavsiye etmek** to recommend, to advise **tavsiye mektubu** letter of recommendation

tavşan hare, rabbit

tavşandudağı harelip

tavşankanı bright carmine colour; (tea) dark and strong

tavşankulağı bitk. cyclamen

tavuk hen

tavukkarası night blindness

tavus peacock

tay colt, foal

tay counterpoise; equal, peer **tay durmak** (baby) to stand up

tayf spectrum

tayfa crew

tayfun typhoon

tayın ration

tayin appointment; designation **tayin etmek** to appoint; to designate

tayyör tailor-made costume

taze fresh; new, recent **taze fasulye** green beans **taze kan** fresh blood

tazelemek to freshen, to renew

tazelik freshness

tazı greyhound

taziye condolence

tazmin indemnification **tazmin etmek** to indemnify

tazminat indemnity, compensation **tazminat davası** action for damages

tazyik pressure

teamül custom, practice

teati exchange

tebaa subject

tebdil change, alteration **tebdili kıyafet** disguise

tebdilihava change of air

teberru donation **teberru etmek** to donate

tebessüm smile **tebessüm etmek** to smile

tebeşir chalk

tebligat notification

tebliğ notification, communiqué **tebliğ etmek** to notify, to communicate

tebrik congratulation **tebrik etmek** to congratulate

tecavüz attack, aggression; transgression, violation **tecavüz etmek** to attack; to transgress

tecelli manifestation; destiny **tecelli etmek** to be manifested, to appear

tecil delay, postponement **tecil etmek** to postpone

tecim commerce, trade

tecrit separation, isolation **tecrit etmek** to separate, to isolate

tecrübe trial, test; experience **tecrübe etmek** to try, to test

tecrübeli experienced

tecrübesiz inexperienced

teçhiz equipping **teçhiz etmek** to equip

teçhizat equipment

tedarik procurement, preparation **tedarik etmek** to procure, to provide, to prepare

tedarikli prepared

tedariksiz unprepared

tedavi (medical) treatment **tedavi etmek** to treat

tedavül circulation; currency **tedavülde olmak** to circulate **tedavülden kalkmak** to be taken out of circulation **tedavüle çıkarmak** to put into circulation

tedbir measure, step, precaution **tedbir almak** to take measures

tedbirli prudent, cautious

tedbirsiz improvident, incautious

tedhiş terror

tedirgin uneasy, restless **tedirgin etmek** to discompose, to disquiet

tedirginlik uneasiness

tediye payment

tedricen gradually

teessüf regret **teessüf etmek** to regret

teessür sadness, sorrow

tef tambourine

tefeci usurer

tefecilik usury

tefekkür reflection, contemplation

teferruat details

teferruatlı detailed, exhaustive

tefsir commentary **tefsir etmek** to comment

teftiş inspection **teftiş etmek** to inspect

teğet tangent

teğmen lieutenant

teğmenlik lieutenancy

tehdit threat, menace **tehdit etmek** to threaten, to menace

tehir delay, postponement **tehir etmek** to delay, to postpone, to put off

tehlike danger **tehlikeye atılmak** to court danger **tehlikeye atmak** to risk **tehlikeye sokmak** to endanger

tehlikeli dangerous

tehlikesiz without danger

tehlikesizce safely

tek single; alone; only; unique; (number) odd **tek başına** alone **tek mi çift mi?** odd or even? **tek taraflı/yanlı** unilateral, one-sided **tek tek, teker teker** one by one **tek tük** only a few

tekdir scolding, reprimand

tekdüze monotonous

tekdüzelik monotony

teke male goat, he-goat

tekel monopoly **tekeli altına almak** to monopolize

tekelci monopolist

tekelcilik monopolism

teker wheel

tekerkçi monarchist

tekerkçilik monarchism

tekerklik monarchy

tekerlek wheel

tekerleme rigmarole

tekerlemek to roll

tekerlenmek to roll round; to topple over

tekeşlilik monogamy

tekhücreli unicellular

tekil *dilb.* singular

tekin deserted, empty; auspicious

tekir (kedi) tabby; (balık) red mullet

tekke dervish lodge

teklemek to thin out; (piston of the engine) to work singly; *arg.* to stammer, to stutter

teklif proposal, offer **teklif etmek** to propose, to offer

teklifsiz unceremonious, familiar

teklik oneness

tekme kick **tekme atmak** to give a kick **tekme yemek** to get a kick

tekmelemek to kick
tekmil the whole, all
tekne trough; vessel, craft
teknik technique; technical
teknikçi technician
tekniker technician
teknikokul technical school
tekniköğretim technical training
teknisyen technician
teknokrasi technocracy
teknoloji technology
teknolojik technological
tekrar repetition; again *tekrar etmek* to repeat *tekrar tekrar* again and again
tekrarlamak to repeat
tekrarlanmak to be repeated
teksesli *müz.* monophonic
teksif concentration, condensation *teksif etmek* to concentrate, to condense
teksir multiplication; duplication *teksir etmek* to multiply; to duplicate *teksir makinesi* duplicator, mimeograph
tekstil textile
tektanrıcı monotheist; monotheistic
tektanrıcılık monotheism
tektonik tectonics; tectonic
tekzip contradiction, denial *tekzip etmek* to contradict, to deny
tel wire; string; fibre; telegram, cable *tel çekmek* to enclose with wire; to send a wire, to cable *tel örgü* wire fence *tel şehriye* vermicelli
telaffuz pronunciation *telaffuz etmek* to pronounce
telafi compensation *telafi etmek* to compensate
telakki consideration; viewpoint *telakki etmek* to consider, to regard as
telaş hurry, flurry *telaş etmek* to bustle, to be flustered *telaşa düşmek* to get flurried, to take

alarm
telaşçı restless, nervous
telaşlanmak to get flurried
telaşlı flurried, agitated
telaşsız unagitated, calm
telef destruction; waste *telef olmak* to be destroyed, to perish
teleferik cable railway
telefon telephone, phone *telefon etmek* to telephone, to phone, to call (up), to ring (up) *telefon kulübesi* telephone booth *telefon rehberi* telephone directory *telefonu kapatmak* to hang up
telekız call girl
telekomünikasyon telecommunication
teleks telex
telem teletype, teleprinter
telemetre telemeter
teleobjektif teleobjective, telelens
telepati telepathy
teleskop telescope
televizyon television *televizyonda göstermek* to show on television, to televise
telgraf telegram, telegraph *telgraf çekmek* to send a telegram, to telegraph
telif compilation *telif hakkı* copyright *telif hakkı ücreti* royalty
telkin inspiration, suggestion *telkin etmek* to inspire, to inculcate
tellak bath attendant
tellemek to send a telegram, to wire
tellendirmek to smoke
telli wired *telli çalgılar* *müz.* stringed musical instruments
telliturna demoiselle crane
telsiz wireless *telsiz telgraf* wireless telegraph
telsizci wireless operator
telve coffee-grounds
telyazı telegram, telegraph
temas contact *temas etmek* to

touch **temasa geçmek** to get in touch (with, ile)

temaşa show, spectacle

temayül inclination, tendency

tembel lazy

tembelleşmek to grow lazy

tembellik laziness

tembih warning **tembih etmek** to warn

temel foundation, base; main, chief; basic, fundamental **temel atmak** to lay a foundation **temel taşı** foundation stone, cornerstone

temelli having a foundation; well-founded; permanently, for good

temelsiz without foundation; unfounded, groundless

temenni wish, desire **temenni etmek** to wish, to desire

temin assurance; procurement **temin etmek** to assure, to ensure; to procure, to provide

teminat guarantee; security **teminat akçesi** guarantee fund

teminatlı guaranteed, secured

teminatsız insecure, unsecured

temiz clean; virtuous; clear, net **temiz bir dayak atmak** to give a good thrashing **temize çekmek** to make a fair copy **temize çıkarmak** to clear, to acquit **temiz raporu** certificate of good health

temizlemek to clean; to eat up, to polish off, to finish off; *arg.* to kill, to bump off, to rub out

temizlik cleanliness

temkin self-possession, poise

temkinli self-possessed, poised

temmuz July

tempo time, tempo **tempo tutmak** to keep time

temsil representation; performance **temsil etmek** to represent; (play) to present; to symbolize

temsilci representative, agent

temyiz discernment; *huk.* appeal **temyiz etmek** to discern; to appeal **temyiz mahkemesi** court of appeal

ten complexion; flesh, skin

tencere saucepan **Tencere yuvarlanmış kapağını bulmuş** *ats.* Birds of a feather flock together

teneffüs respiration; recess, break **teneffüs etmek** to breathe

teneke tin

teneşir the bench on which the corpse is washed

tenezzül deigning, condescension, lowering oneself **tenezzül etmek** to condescend, to deign

tenha uncrowded, lonely, solitary

tenis tennis **tenis kortu** tennis court

tenkıye *hek.* enema, clyster

tenkit criticism **tenkit etmek** to criticize

tenor tenor

tente awning

tentene lace

tentür *kim.* tincture

tentürdiyot tincture of iodine

tenya tapeworm, taenia

tenzilat reduction of prices

tenzilatlı reduced in price **tenzilatlı satış** sale

teokrasi theocracy

teoloji theology

teorem theorem

teori theory

teorik theoretical

tepe hill; peak, top **tepeden bakmak** to look down on **tepeden tırnağa** from top to toe **tepesi atmak** to fly into a rage **tepesinin tası atmak** to fly into a rage **tepe(si) üstü** head first, headlong

tepecam skylight

tepecik little hill; *bitk.* stigma

tepelemek to tread; to defeat; to give a severe thrashing

tepelidalgıç great crested grebe

tepelitavuk hoatzin
tepetaklak headlong, headfirst
tepi *ruhb.* impulse
tepinmek to kick and stamp
tepişmek to kick one another; to push and shove one another
tepke reflex
tepki reaction
tepkime reaction
tepkimek to react
tepmek to kick; (illness) to relapse; to spurn, to scorn
tepsi tray
ter sweat, perspiration *ter basmak* to break out into a sweat *ter boşanmak* to perspire suddenly *ter dökmek* to sweat
terapi therapy
teras terrace
Terazi (burcu) libra, Balance
terazi balance, scales
terazilemek to balance
terbiye education; training; good manners; seasoning *terbiye etmek* to bring up, to educate, to train; to season *terbiye görmek* to be trained *terbiyesini bozmak* to be rude
terbiyeli good-mannered, polite; flavoured (with a sauce etc.)
terbiyesiz ill-mannered, rude
terbiyesizce rudely, impolitely
terbiyesizlik rudeness *terbiyesizlik etmek* to behave rudely
tercih preference *tercih etmek* to prefer
tercihen preferably
tercihli preferential
tercüman translator, interpreter
tercümanlık work of interpreter *tercümanlık etmek* to act as translator/interpreter
tercüme translation *tercüme etmek* to translate (into)
tere cress
terebentin turpentine
tereci seller of cress *tereciye tere*

satmak to teach one's grandmother to suck eggs
tereddüt hesitation *tereddüt etmek* to hesitate
terek shelf
terementi turpentine
teres *arg.* pimp, procurer
tereyağı butter *tereyağından kıl çeker gibi* very easily
terfi promotion *terfi etmek* to be promoted *terfi ettirmek* to promote
terhis *ask.* discharge, demobilization *terhis etmek* to discharge, to demobilize *terhis olmak* to be discharged *terhis tezkeresi* discharge papers
terilen terylene
terim term
terk abandonment *terk etmek* to abandon, to leave
terki back of a saddle
terkip composition, compound *terkip etmek* to compose, to compound
terlemek to sweat, to perspire
terli sweaty, perspiry
terlik slippers
termal thermal
termik thermic
terminal terminal
terminoloji terminology
termodinamik thermodynamics; thermodynamic
termoelektrik thermoelectric; thermoelectricity
termometre thermometer
termonükleer thermonuclear
termos thermos bottle, flask
termosifon hot-water heater; thermosiphon
termostat thermostat
terör terror
terörist terrorist
terörizm terrorism
ters reverse; opposite; awkward; inverted; upside down; back-

wards; sharp, curt; sharply, curtly; excrement, feces *ters anlamak* to misunderstand *ters gitmek* to go wrong *ters tarafından kalkmak* to get out of the wrong side *ters ters bakmak* to look daggers at

tersane dockyard

tersim drawing

tersine on the contrary *tersine çevirmek* to turn inside out

tersinir reversible

tersinirlik reversibility

terslemek to bite sb's head off, to snap at, to snub

terslik contrariness, setback; peevishness, awkwardness

tersyüz turning inside out *tersyüz etmek* to turn inside out *tersyüz geri dönmek* to return empty-handed *tersyüzüne çevirmek* to send back *tersyüzüne dönmek* to turn back

tertemiz absolutely clean

tertibat arrangement; mechanism, apparatus

tertip arrangement, setup; composition; plot, trick *tertip etmek* to arrange; to organize

tertipçi organizer; planner; conspirator

tertiplemek to organize, to arrange

tertipli well-organized; tidy, neat

tertipsiz disarranged, disorderly, untidy

terzi tailor, dressmaker; tailor's shop

tesadüf chance, coincidence, encounter *tesadüf etmek* to meet by chance, to come across; to coincide with

tesadüfen by chance, by accident

tesadüfi fortuitous, casual, accidental

tescil registration

tescilli registered

tescilsiz unregistered

teselli consolation, comfort *teselli bulmak* to console oneself *teselli etmek* to console, to comfort *teselli mükâfatı* consolation prize

tesir effect, influence *tesir etmek* to act, to affect; to influence, to impress

tesirli effective; impressive

tesirsiz ineffective

tesis establishment, foundation *tesis etmek* to found, to establish

tesisat installation

tesisatçı installer

teskin soothing, tranquilization *teskin etmek* to soothe, to calm, to pacify

teslim delivery; surrender, submission *teslim almak* to take delivery of, to collect *teslim bayrağı çekmek* to strike one's flag, to yield *teslim etmek* to deliver; to admit, to concede *teslim olmak* to surrender, to submit

teslimiyet submission

teslis Trinity

tespih prayer beads, rosary *tespih çekmek* to tell one's beads

tespit fixing *tespit etmek* to fix

test test

testere saw

testerebalığı sawfish

testi pitcher, jug

tesviye levelling, smoothing *tesviye etmek* to level, to smooth

tesviyeci fitter

tesviyecilik fitting

teşbih simile *teşbihte hata olmaz* let it not be misunderstood

teşebbüs attempt; enterprise *teşebbüs etmek* to attempt

teşekkül formation; organization *teşekkül etmek* to be formed; to consist (of, -den)

teşekkür (giving) thanks *teşekkür etmek* to thank *teşekkür ederim!* Thank you!

teşhir exhibition, display **teşhir etmek** to exhibit, to display **teşhir salonu** showroom

teşhirci *ruhb.* exhibitionist

teşhircilik exhibitionism

teşhis identification, recognition; *hek.* diagnosis **teşhis etmek** to identify, to recognize; *hek.* to diagnose

teşkil formation **teşkil etmek** to form, to constitute

teşkilat organization

teşkilatçı organizer

teşkilatlandırmak to organize

teşkilatlanmak to be organized

teşkilatlı organized

teşkilatsız unorganized

teşrif honouring; visit, arrival **teşrif etmek** to honour

teşrifat protocol

teşrifatçı master of the ceremonies

teşriki mesai cooperation

teşvik encouragement **teşvik etmek** to encourage **teşvik edici** encouraging

tetanos *hek.* tetanus

tetik trigger; alert, vigilant **tetikte beklemek** to be on the alert

tetkik study, examination **tetkik etmek** to study, to examine

tevazu humility, modesty

tevcih turning towards; conferring **tevcih etmek** to turn towards; to confer

tevdi entrusting **tevdi etmek** to entrust

teveccüh turning towards; favour, kindness **teveccüh göstermek** to show favour, to be kind (to)

tevekkeli for no reason, for nothing

tevkif arrest **tevkif etmek** to arrest

Tevrat Pentateuch Torah

tevzi distribution **tevzi etmek** to distribute

teyel tacking, basting

teyellemek to tack, to baste

teyp tape recorder **teybe almak** to tape-record, to tape

teyze (maternal) aunt

tez quick, prompt; quickly, promptly **tez canlı** hustling, impetuous, impatient **tez elden** without delay

tez thesis

tezahür appearing **tezahür etmek** to appear

tezat contrast, contradiction **tezata düşmek** to contradict oneself

tezek dried dung

tezgâh counter, workbench; loom

tezgâhlamak to concoct, to hatch

tezgâhtar shop assistant, salesman, saleswoman; *AE.* sales clerk, salesgirl

tezgâhtarlık salesmanship

tezkere note, memorandum; permit, licence; *ask.* discharge papers **tezkere almak** *ask.* to receive one's discharge papers **tezkeresini eline vermek** to give sb his marching orders, to fire

tıbben medically

tıbbi medical

tıbbiye medical school

tıbbiyeli medical student

tıfıl child, kiddie, nipper

tığ crochet-needle **tığ gibi** wiry

tıka basa crammed full **tıka basa doldurmak** to cram full, to stuff **tıka basa yemek** to make a pig of oneself

tıkaç plug, stopper

tıkaçlamak to plug

tıkalı stopped up

tıkamak to stop up, to plug, to stuff; to obstruct, to block

tıkanık stopped up

tıkanıklık stoppage; (traffic) bottleneck, jam

tıkanmak to be stopped up; to lose one's breath

tıkır rattle **tıkırında gitmek** to go like clockwork

tıkırdamak to rattle

tıkırtı rattle, clatter

tıkız plump, dumpy

tıklatmak to tap

tıklım tıklım chock-a-block

tıkmak to cram, to jam

tıknaz plumpish, dumpy

tıknefes short-winded, pursy

tıksırık sneeze (with the mouth shut)

tıksırmak to sneeze

tılsım talisman, charm

tılsımlı enchanted

tımar grooming *tımar etmek* to groom

tımarhane insane asylum, mental hospital *tımarhane kaçkını* nutty, crazy

tınaz haystack

tıngır clinking noise

tıngırdamak to clink

tıngırtı clang, rattle

tınlamak to ring, to resound

tınmak to make a sound

tınmamak to take no notice

tıp medicine

tıpa plug, stopper

tıpatıp exactly

tıpırdamak to patter

tıpırtı patter

tıpış tıpış patteringly *tıpış tıpış gitmek* to patter, to toddle; to go willy-nilly

tıpkı exactly like, just like

tırabzan handrail, banister

tıraş shaving; haircut; *arg.* boring talk, bragging *tıraş bıçağı* razor blade *tıraş etmek* to shave; to cut *tıraş fırçası* shaving-brush *tıraş macunu* shaving cream *tıraş makinesi* safety razor; electric shaver *tıraş olmak* to shave (oneself); to have a haircut

tıraşlı shaved

tıraşsız unshaved

tırıs trot *tırıs gitmek* to trot

tırmalamak to scratch

tırmanmak to climb

tırmık scratch; harrow, rake

tırmıklamak to scratch; to claw

tırnak fingernail; toenail; claw, hoof *tırnak boyası* nail varnish, nail polish *tırnak işareti* inverted commas, quotation marks *tırnaklarını yemek* to bite one's nails

tırnaklamak to scratch; to harrow, to rake

tırpan scythe

tırtık nick, notch

tırtıl *hayb.* caterpillar; caterpillar tread

tıs hiss

tıslamak to hiss

ticaret trade, commerce *ticaret filosu* merchant marine *ticaret gemisi* trader, merchantman *ticaret mahkemesi* commercial court *ticareti yapmak* to deal in *ticaret merkezi* commercial centre *Ticaret Odası* Chamber of Commerce *ticaret yasası* commercial law

ticarethane business, firm

ticari commercial

tifo typhoid fever

tiftik mohair

tifüs typhus

tik tic

tiksindirici loathsome, disgusting

tiksindirmek to sicken, to disgust

tiksinmek to loathe, to abhor

tiksinti disgust, loathing

tilki fox

tim team

timsah crocodile, alligator

timsal symbol

tin soul, spirit

tiner thinner

tinsel spiritual

tip type

tipi blizzard, snowstorm

tipik typical

tipografya typography

tir tir titremek to shake like a leaf

tiraj (of a newspaper) circulation
tirbuşon corkscrew
tire hyphen, dash
tire sewing cotton
tirildemek to quiver, to shiver
tiroit *anat.* thyroid
tirsi *hayb.* shad
tiryaki addict *tiryakisi olmak* to be addicted to
tişört T-shirt
titiz fussy, fastidious, particular
titizlik fussiness, fastidiousness
titizlikle fastidiously
titrek shaky, tremulous
titremek to tremble, to shiver, to quiver
titreşim vibration
titreşmek to tremble, to quake; to vibrate
tiyatro theatre
tiz high-pitched, sharp
tohum seed
tok full; (cloth) thick, close; (voice) deep *tok karnına* on a full stomach *tok olmak* to be full
toka buckle
toka shaking hands *toka etmek* to shake hands
tokalaşmak to shake hands
tokat blow, slap, cuff *tokat atmak* to slap, to cuff *tokat yemek* to be slapped
tokatlamak to slap, to cuff
tokgözlü contented, satiated
tokmak mallet, beetle; doorknocker
tokmakçı *arg.* gigolo
toksin toxin
toksözlü outspoken
tokurdamak to bubble
tokurtu bubble
tokuşmak to collide
tokuşturmak to clink glasses
tolerans tolerance
toleranslı tolerant
toleranssız intolerant
tolga helmet

tomar roll
tombala lotto
tombalak plump, rounded
tombul plump
tomruk heavy log
tomurcuk bud
ton ton; tone
tonaj tonnage
tonbalığı tunny
tonga *arg.* trick *tongaya basmak* to be trapped, to be taken in *tongaya bastırmak* to trap, to take in
tonik tonic
tonilato tonnage
tonoz vault
tonton darling, dear
top ball *top oynamak* to play football *top sürmek* to dribble *topa tutmak* to bombard *topu atmak* to go bankrupt *topu topu* in all, altogether
topaç top, teetotum *topaç çevirmek* to spin a top
topak lump
topal lame, crippled
topallamak to limp
topallık lameness
toparlak round
toparlamak to collect (together); to tidy; to summarize
toparlanmak to be collected (together); to recover oneself; to pull oneself together
topçu artilleryman
topçuluk gunnery
toplaç collector
toplam total
toplama addition *toplama kampı* concentration camp
toplamak to collect, to gather; to pick, to pluck; to convene, to convoke; to sum up; to tidy up
toplanmak to be collected; to gather, to assemble
toplantı meeting
toplardamar vein

toplaşmak to gather together
toplu collected; plump; tidy; collective *toplu konut* housing estate
topluiğne pin
topluluk community; group
toplum society
toplumbilim sociology
toplumbilimci sociologist
toplumsal social *toplumsal ayrım* social discrimination *toplumsal baskı* social repression *toplumsal ilerleme* social progress
toplusözleşme collective agreement
toplutaşıma mass transport
topografya topography
toprak earth, soil; land; country *toprağa vermek* to bury
toptan wholesale; collectively *toptan satış* wholesale trade
toptancı wholesaler
topuk heel
topuz (hair) knob, bun
topyekûn total; totally
toraman robust, sturdy
torba bag *torbada keklik* It's in the bag
torik large bonito
torna lathe
tornacı turner
tornavida screwdriver
tornistan *den.* stern-way *tornistan etmek den.* to go astern
torpido torpedo boat
torpil torpedo; *kon.* pull, influence, backer, supporter *torpil yaptırmak* to pull strings
torpilli having a backer
tortu sediment, dregs, residue
torun grandchild
tos butt *tos vurmak* to butt
tosbağa tortoise
toslamak to butt; to bump, to ram; *arg.* to pay, to shell out
tost toast
tostoparlak quite round

tosun young bull, bullock
totaliter totalitarian
totem totem
toto *sp.* pools
toy *hayb.* bustard
toy inexperienced, raw
toynak hoof
toz dust; powder *toz bezi* dustcloth *toz bulutu* cloud of dust *toz kondurmamak* not to allow anything to be said against *toz koparmak* to raise the dust *toz olmak arg.* to run away *tozu dumana kalmak* to rise clouds of dust; to kick up a dust *tozunu silkmek* to beat out the dust
tozlanmak to become dusty
tozlu dusty
tozluk gaiter
tozşeker granulated sugar
tozutmak to raise a dust
töhmet imputation
tökezlemek to stumble
töre custom, usage
törebilim ethics
törel moral, ethic
tören ceremony
törensel ceremonial
törpü file, rasp
törpülemek to tile, to rasp
tövbe penitence, repentance *tövbe etmek* to forswear, to repent
tövbekâr, tövbeli penitent, repentant
trafik traffic *trafik ışığı* traffic light *trafik işaretleri* traffic signs *trafik polisi* traffic policeman *trafik sıkışıklığı* bottleneck, jam
trafo transformer
trahom trachoma
trajedi tragedy
trajik tragic
traktör tractor
Trakya Thrace
trampa barter, exchange *trampa etmek* to barter, to exchange
trampet side drum, snare drum

trampetçi drummer
tramplen springboard
tramvay streetcar, tram, trolley
transatlantik transatlantic
transfer transfer
transformasyon transformation
transformatör transformer
transfüzyon transfusion
transistor transistor
transit transit
transplantasyon transplantation
trapez trapeze
travers railway sleeper
travma *hek.* trauma
tren train *trene binmek* to get on the train *trenden inmek* to get off the train
trençkot trench coat
treyler trailer
tribün grandstand
trigonometri trigonometry
trigonometrik trigonometric
triko knitted fabric, tricot
trikotaj knitting
trilyon trillion
triptik pass sheet, triptyque
triyo *müz.* trio
trol trawl
troleybüs trolleybus
trombon *müz.* trombone
tromboncu trombonist
trompet trumpet
trompetçi trumpeter
tropik tropic
tropikal tropical
trotuar pavement
tröst trust
tufan flood
tugay *ask.* brigade
tuğ horse-tail
tuğamiral rear admiral
tuğgeneral brigadier general
tuğla brick
tuhaf strange, odd, queer, weird
tuhafiye millinery, drapery
tuhafiyeci draper, milliner
tuluat improvisations *tuluat yap-*

mak to improvise
tulum overalls; bagpipes
tulumba pump
tulumcuk *biy.* utricle
tulumpeyniri cheese encased in a skin
tumturak bombast
tumturaklı bombastic, pompous
Tuna the Danube
tunç bronze
tungsten tungsten
Tunus Tunisia
tur tour; round *tur atmak* to take a stroll
turfanda early (vegetables, fruit)
turist tourist *turist rehberi* tourist guide
turistik touristic(al)
turizm tourism *turizm acentesi* tourist agency
turkuaz turquoise
turna crane *turnayı gözünden vurmak* to hit the jackpot
turnabalığı pike
turne tour *turneye çıkmak* to go on tour
turnike turnstile
turnusol litmus
turnuva tournament, tourney
turp radish *turp gibi* hale and hearty, robust
turşu pickle *turşu gibi* worn-out, exhausted *turşu kurmak* to pickle *turşusu çıkmak* to be worn-out, to be exhausted
turuncu orange (colour)
turunç Seville orange
tuş key (of a piano, etc.)
tutacak pot holder
tutam pinch
tutamak handle, grip
tutanak minutes, record
tutar sum, total
tutarlı coherent, consistent
tutarlık coherence, consistency
tutarsız incoherent, inconsistent
tutarsızlık incoherence, inconsis-

tency
tutkal glue, size
tutkallamak to glue, to size
tutku passion
tutkulu passionate
tutkun in love, smitten with, nuts over
tutmak to hold; to restrain, to bridle; to keep, to retain; to engage, to hire; to back up, to support; to amount; to tally, to agree with
tutsak prisoner, captive
tutsaklık captivity
tutturmak to cause to hold; to insist
tutucu conservative
tutuculuk conservatism
tutuk tongue-tied, stuttering; shy, timid
tutuklamak to arrest
tutuklu arrested; prisoner
tutukluluk detention, imprisonment
tutulmak to be held; to be eclipsed; to fall in love with, to fall for; to catch on, to succeed, to click with
tutum conduct, attitude; thrift, economy
tutumlu thrifty, economical
tutumsuz thriftless, spendthrift
tutunmak to take a hold, to cling; to resist, to hold out
tutuşmak to catch fire, to ignite
tutuşturmak to set on fire, to ignite
tuval canvas
tuvalet water closet, lavatory, toilet; evening dress, toilet *tuvalet kâğıdı* toilet paper *tuvalet masası* dressing table
tuz salt *tuz ekmek* to salt *tuzla buz etmek* to smash to smithereens *tuzla buz olmak* to be smashed to smithereens *tuzu kuru olmak* to have nothing to worry about,

to sit pretty
tuzak trap *tuzağa düşürmek* to entrap *tuzağa düşmek* to fall into a trap *tuzak kurmak* to lay a trap
tuzla saltpan
tuzlamak to salt
tuzlu salted, salty; expensive
tuzluk saltcellar, saltshaker
tuzruhu *kim.* hydrochloric acid
tuzsuz unsalted
tüberküloz tuberculosis
tüccar merchant
tüfek rifle, gun *tüfek atmak* to fire a rifle *tüfek çatmak* to stack arms
tükenmek to be used up, to run out; to become exhausted
tükenmez inexhaustible
tükenmezkalem ball-point pen
tüketici consumer
tüketim consumption
tüketmek to use up, to consume; to exhaust, to tire out
tükürmek to spit
tükürük spit, spittle *tükürük bezleri* salivary glands
tül tulle
tülbent gauze, muslin
tüm whole
tümamiral vice-admiral
tümce sentence
tümdengelim *fel.* deduction
tümel universal
tümen *ask.* division
tümgeneral major-general
tümleç *dilb.* complement
tümlemek to complete
tümler *mat.* complementary *tümler açılar* complementary angles
tümör tumour
tümsek small mound; protuberance
tümtanrıcılık pantheism
tünek perch
tüneklemek to perch
tünel tunnel

tünemek to perch
tüp tube
tür kind, sort; species
türban turban
türbe shrine, tomb
türdeş homogeneous
türedi parvenu, mushroom
türemek to spring up, to appear
türetmek to originate, to produce; to derive
türev derivative
Türk Turk; Turkish
Türkçe Turkish
Türkçesi in plain Turkish
Türkçülük Turkism
Türkistan Turkistan
Türkiye Turkey *Türkiye Cumhuriyeti* the Turkish Republic
Türkmen Turkoman
Türkoloji Turcology
türkü folk song *türkü çağırmak/söylemek* to sing a song
türlü various, diverse; meat and vegetable stew *türlü türlü* all sorts of
tütmek to smoke, to fume
tütsü incense; smoke
tütsülemek to cense; to smoke
tüttürmek to smoke
tütün tobacco *tütün içmek* to smoke (tobacco)
tüvit tweed
tüy feather, down; hair *tüy gibi* as light as a feather *tüyleri diken diken olmak* (hair) to stand on end, to get goose bumps *tüyler ürpertici* hair-raising, horrifying
tüylenmek to grow feathers; to become rich
tüylü feathered
tüymek *arg.* to scram, to flee, to slip away
tüysıklet featherweight
tüysüz unfeathered; beardless, young
tüze jurisprudence, law
tüzel legal; judicial

tüzelkişi corporate body, juristic person
tüzük regulations, statutes
tvist twist

U

ucube freak, monstrosity
ucuz cheap, inexpensive *ucuz atlatmak/kurtulmak* to get off cheap *ucuza* on the cheap *ucuza almak* to get sth on the cheap
ucuzlamak to become cheap
ucuzlatmak to lower the price of
ucuzluk cheapness
uç point, tip; end *uç uca* end to end *uç uca gelmek* to be just enough *ucu bucağı olmamak* to be endless *ucunu kaçırmak* to lose the thread of
uçak aeroplane, airplane, plane *uçak kaçırmak* to skyjack *uçak korsanı* sky-jacker
uçaksavar antiaircraft weapon
uçandaire flying saucer
uçantop volleyball
uçarı unruly, incorrigible
uçkur waistband, waiststring *uçkuruna gevşek* promiscuous
uçlanmak *arg.* to give, to pay, to shell out
uçmak to fly; to evaporate; (colour) to fade; to vanish, to disappear
uçsuz pointless *uçsuz bucaksız* immense, vast
uçucu flying; volatile
uçuçböceği ladybird
uçuk pale, faded; *hek.* blain, bleb; herpes
uçurmak to fly; (wind) to blow; to blow up
uçurtma kite *uçurtma uçurmak* to fly a kite
uçurum precipice, abyss
uçuş flight, flying

uçuşmak to fly about

udi lute player

ufacık tiny, minute **ufacık tefecik** tiny

ufak small **ufak çapta** on a small scale **ufak para** small change **ufak tefek** (person) small and short; unimportant **ufak ufak** in small pieces; *arg.* slowly

ufaklık smallness; small change; kid, boy

ufalamak to break up, to crumble

ufalmak to become smaller; to shorten, to shrink

ufarak somewhat small, smallish

uflamak to say "oof" **uflayıp puflamak** to keep saying "oof"

ufuk horizon

uğrak much frequented place, resort

uğramak to drop in, to stop by, to stop off; to call, to call at, to call in; to experience, to undergo

uğraş occupation, job; struggle

uğraşı occupation

uğraşmak to strive, to struggle

uğraştırmak to make sb struggle (with), to raise difficulties

uğuldamak to hum, to buzz

uğultu hum, buzz

uğur good luck **uğur getirmek** to bring good luck **uğurlar olsun!** Have a good trip!

uğur purpose, aim **uğruna** for the sake of

uğurböceği ladybird

uğurlamak to see sb off

uğurlu lucky, auspicious

uğursuz inauspicious, ill-omened

uğursuzluk bad luck, ill-omen

ukala wiseacre, know-it-all

ulak courier, messenger

ulam category

ulamak to join, to add

ulan hey! hi! man alive!

ulaşım communication, transport

ulaşmak to reach

ulaştırma communication **Ulaştırma Bakanlığı** Ministry of Communications

ulaştırmak to communicate, to transport

ulema theological scholars

ulu great

ululamak to extol, to exalt

ulumak to howl

uluorta rashly, recklessly

ulus nation, people

ulusal national

ulusallaştırmak to nationalize

ulusçu nationalist

ulusçuluk nationalism

uluslararası international

umacı ogre, bugaboo

ummadık unexpected

ummak to hope; to expect, to count on

umuduyla in the hope of

umulmadık unexpected

umum the public; general, universal

umumi general, public

umumiyet generality

umumiyetle in general

umur concern, minding **umurumda değil!** I don't care! I don't give a damn!

umursamak to care, to heed

umursamamak not to care, to be indifferent to

umursamaz indifferent

umursamazlık indifference

umut hope, expectation **umut etmek** to hope **umudunu kesmek** to give up hope of **umut vermek** to give hope to **umudunu kırmak** to destroy a person's hopes, to frustrate, to disappoint

umutlandırmak to give hope, to encourage

umutlanmak to be hopeful

umutlu hopeful

umutsuz hopeless

umutsuzluk hopelessness, despair

umutsuzluğa düşmek to sink into despair **umutsuzluğa düşürmek** to drive to despair **umutsuzluğa kapılmak** to abandon oneself to despair

un flour **un ufak olmak** to be broken into pieces

unlamak to flour

unlu floury

unsur element

unutkan forgetful

unutkanlık forgetfulness

unutmabeni *bitk.* forget-me-not

unutmak to forget

unutulmaz unforgettable

unvan title

upuzun very long, very tall

ur tumour

urağan hurricane

Uranüs Uranus

uranyum uranium

urgan rope

us reason, intelligence **usa vurmak** to reason

usanç boredom **usanç getirmek** to be bored **usanç vermek** to bore, to disgust

usandırmak to bore, to sicken

usanmak to become bored, to be fed up (with)

usare sap, juice

usçu rationalist; rationalistic

usdışı irrational

uskumru mackerel

uskur propeller, screw

uslanmak to become sensible, to listen to reason

uslu well-behaved, docile, sensible **uslu durmak** to keep quiet **uslu oturmak** to sit still

ussal rational

usta master workman; foreman; clever, skilful

ustabaşı foreman

ustaca skilfully, cunningly

ustalık mastery, skill

ustura razor

usturmaça fender, padding

usul method, system; procedure **usul usul** slowly, gently

usulsüz unmethodical; irregular

usulsüzlük irregularity

uşak male servant; boy, child

utanacak shameful

utanç shame **utancından yerin dibine geçmek** to feel cheap, to feel like 30 cents

utandırmak to make ashamed, to embarrass, to wither

utangaç shy, timid

utangaçlık shyness

utanmak to be ashamed, to feel ashamed; to blush

utanmaz shameless, impudent

utanmazlık shamelessness, impudence

utku victory, triumph

uvertür *müz.* overture

uyak rhyme

uyandırmak to awake, to wake; to arouse, to excite

uyanık awake; wide awake, sharp

uyanmak to wake up; to be aroused

uyaran stimulant

uyarı warning

uyarıcı stimulus

uyarınca in accordance with

uyarlama adaptation

uyarlamak to adapt

uyarmak to warn; to stimulate; to excite

uydu satellite

uydurma making up, fabrication; made-up, invented

uydurmak to invent, to fabricate

uydurmasyon invention, fable; made-up, invented

uyduruk made-up, invented

uygar civilized

uygarlaşmak to be civilized

uygarlık civilization

uygulama application; practice **uygulamaya koymak** to put into

practice
uygulamak to apply
uygulamalı applied, practical
uygulayım technics
uygun appropriate, fit; suitable; proper; (fiyat) reasonable *uygun bulmak/görmek* to see fit (to) *uygun gelmek* to suit
uygunluk suitability, fitness
uygunsuz inappropriate, unsuitable; improper, indecorous
uygunsuzluk unsuitability, unfitness; impropriety
Uygur Uighur
uyku sleep *uyku basmak* to feel very sleepy *uyku gözünden akmak* to be very sleepy *uyku hapı* sleeping pill *uyku sersemliği* drowsiness *uyku tutmamak* to be unable to get to sleep *uykusu açılmak* (one's sleepiness) to pass off *uykusu ağır* heavy sleeper *uykusu gelmek* to feel sleepy *uykusu hafif* light sleeper *uykusu kaçmak* to lose one's sleep *uykusunu almak* to sleep the night through *uykuya dalmak* to fall asleep
uykucu late riser, sleepyhead
uykulu sleepy, drowsy
uykusuz sleepless
uykusuzluk sleeplessness, insomnia
uyluk thigh
uymak to fit, to suit; to agree with, to hew, to harmonize; to adapt oneself, to suit oneself; to follow, to listen to
uyruk subject, citizen
uyrukluk citizenship, nationality
uysal docile, easygoing, compliant, flexible
uysallık docility, compliance
uyuklamak to doze, to drowse, to slumber
uyum harmony; accord
uyumak to sleep, to kip

uyumlu harmonious
uyumsuz inharmonious
uyuntu indolent, lazy
uyurgezer sleepwalker, somnambulist
uyurgezerlik somnambulism
uyuşmak to become numb; to reach an agreement, to come to terms
uyuşmazlık disagreement
uyuşturmak to numb; to deaden; to anaesthetize
uyuşturucu narcotic *uyuşturucu madde* narcotic drug
uyuşuk numb, insensible; indolent, bovine
uyuşukluk numbness; indolence
uyutmak to send to sleep; to deceive, to fool
uyuz scabies, itch; mangy, scabby; sluggish, indolent *uyuz etmek* to irritate *uyuz olmak* to have the itch; to become irritated
uyuzböceği itch mite
uyuzotu scabious
uz good, fine; skilful; appropriate, fitting
uzaduyum telepathy
uzak far, distant, remote, off; distant place *uzak akraba* distant relative *uzak durmak* to keep away from *uzağı görmek* to have foresight *Uzaktan davulun sesi hoş gelir* Distance lends enchantment to the view
Uzakdoğu Far East
uzaklaşmak to go away
uzaklaştırmak to take away, to send away
uzaklık distance; remoteness
uzamak to grow longer, to lengthen
uzanmak to stretch oneself out; to extend, to stretch
uzantı extension, prolongation
uzatma extension, prolongation; lengthening, protraction

uzatmak to extend, to stretch, to prolong; to lengthen, to elongate, to protract *uzatmıyalım* in short

uzatmalı prolonged

uzay space *uzay elbisesi* space suit *uzay geometri* solid geometry *uzay kapsülü* space capsule *uzay mekiği* space shuttle

uzayadamı spaceman, astronaut

uzaygemisi spaceship, spacecraft

uzgörür farseeing, farsighted

uziletişim telecommunication

uzlaşma agreement, understanding

uzlaşmak to come to an agreement, to come to terms

uzlaşmaz intransigent

uzlaşmazlık intransigence, disagreement

uzlaştırma conciliation *uzlaştırma kurulu* conciliation commission

uzlaştırmak to reconcile, to conciliate

uzluk skill, ability

uzman specialist, expert

uzmanlaşmak to specialize (in)

uzmanlık speciality, expertness

uzun long *uzun araç* long vehicle *uzun atlama* long jump *uzun boylu* tall *uzun çizgi* dash (-) *uzun dalga* long wave *uzun hikâye* long story *uzun sözün kısası* in short *uzun uzadıya* in great detail *uzun uzun* at length

uzunçalar long play

uzuneşek leapfrog

uzunluk length

uzuv organ, limb

Ü

ücra out-of-the-way, remote

ücret pay, wage; fee, charge; cost, price

ücretli paid, salaried

ücretsiz unpaid; free

üç three *üç aşağı beş yukarı* approximately *üç buçuk atmak* to shake in one's shoes

üçboyutlu three dimensional

üçdüzlemli trihedral

üçgen triangle

üçkâğıt swindling, trick *üçkâğıda getirmek* to deceive, to dupe

üçkâğıtçı crook, swindler

üçlü (playing card) the three; *müz.* trio; ternary

üçteker three-wheeler; tricycle

üçüncü third *Üçüncü Dünya Ülkeleri* Third World

üçüncül tertiary

üçüz triplet

üfleç nozzle, blowpipe

üflemek to blow; to blow out

üfürmek to blow, to puff

üfürük exhaled breath

üfürükçü quack who claims to cure by breathing

üğrüm nutation

üleşmek to go shares, to divide

üleştirmek to share out, to distribute

ülke country; kingdom

Ülker the Pleiades

ülkü ideal

ülkücü idealist

ülkücülük idealism

ülküleştirmek to idealize

ülser ulcer

ültimatom ultimatum

ültraviyole ultraviolet

ümit hope *ümit etmek* to hope *ümit vermek* to give hope *ümidini kesmek* to give up hope of

ümitlendirmek to fill with hope

ümitlenmek to be hopeful

ümitli hopeful

ümitsiz hopeless

ümitsizlik hopelessness, despair *ümitsizliğe kapılmak* to give way to despair

ümmet community, people *ümmeti Muhammet* the Moslems

ümük throat

ün fame, reputation, renown *ün kazanmak/salmak* to become famous; to acquire fame

üniforma uniform

ünite unit

üniversite university

ünlem interjection

ünlemek to cry out

ünlü famous; *dilb.* vowel

ünsüz unknown; *dilb.* consonant

Ürdün Jordan

Ürdünlü Jordanian

üre urea

üreme reproduction *üreme organları* genitals

üremek to reproduce; to multiply, to increase

üremi uremia

üreteç generator

üretici producer; productive

üretim production *üretim araçları* means of production

üretken productive

üretkenlik productiveness

üretmek to produce; to breed, to raise

ürkek timid, fearful *ürkek ürkek* timidly

ürkmek to be scared, to start, to flinch, to wince

ürküntü sudden fright, panic

ürkütmek to frighten

ürolog urologist

üroloji urology

ürpermek to shudder, to shiver

ürperti shudder, shiver

ürtiker *hek.* urticaria

ürümek to howl, to yowl, to bay

ürün product

üs base; *mat.* exponent

üslup style, manner

üst upper part, top; outside surface; clothing, dress; body; (money) remainder, change; upper, uppermost *üst baş* clothes *üste* in addition *üste vermek* to give in addition *üstesinden gelmek* to overcome, to cope with *üstü kalsın!* Keep the change! *üstü kapalı* covert, veiled *üstü kapalı söylemek* to hint *Üstüme iyilik sağlık!* Good heavens! *üstünde* on, over *üstünden atmak* not to take over the the duty, to get rid of *üstüne* about, on; onto, on, over *üstüne almak* to lay the blame on *üstüne basmak* to emphasize, to hit the nail on the head *üstüne bir bardak soğuk su iç!* You can whistle for it! *üstüne düşmek* to be very interested in *üstüne gitmek* to force, to press (sb to do sth) *üstüne kalmak* to be saddled with *üstüne oturmak* to appropriate, to pocket *üstüne titremek* to fuss over *üstüne toz kondurmamak* to consider above blame *üstüne tuz biber ekmek* to rub salt in the wound, to be the last straw *üst üste* one on the top of the other; one after the other, successively *üstüne varmak* to keep on at sb; to attack *üstüne yatmak* not to give back, to appropriate

üstat master, expert

üstbitken epiphyte

üstçavuş *ask.* staff sergeant

üstçene upper jaw

üstderi epidermis

üstdil metalanguage

üstdudak upper lip

üsteğmen first lieutenant

üstelemek to dwell on, to insist; to recur, to relapse

üstelik furthermore, moreover, in addition

üstenci contractor

üstgeçit flyover, *AE.* overpass

üstsubay senior officer

üstübeç white lead
üstün superior **üstün gelmek** to surpass, to exceed **üstün olmak** to be superior to **üstün tutmak** to prefer
üstünkörü superficial; superficially
üstünlük superiority **üstünlük derecesi dilb.** the comparative (degree) **üstünlük duygusu/kompleksi** superiority complex
üstüpü oakum, tow
üstyapı superstructure
üşengeç lazy, slothful
üşengeçlik laziness, sloth
üşenmek to be too lazy to
üşümek to be cold
üşüşmek to flock together, to crowd
üşütmek to catch cold; to go off one's head
üşütük nutty, crazy
ütopya utopia
ütü iron; crease
ütülemek to iron, to press
ütülü ironed
üvendire ox-goad
üvey step **üvey ana** stepmother **üvey baba** stepfather **üvey evlat** stepchild **üvey kardeş** stepbrother, stepsister **üvey kız** stepdaughter **üvey oğul** step-son **üvey evlat muamelesi yapmak** to ill-treat, to treat unfairly
üvez rowan, rowanberry
üye member
üyelik membership
üzengi stirrup
üzengikemiği stirrup bone, stapes
üzere just about to; (in order) to; on condition of
üzeri top; outer surface; clothing, attire; body; (money) remainder, change
üzgün unhappy, sad
üzmek to upset, to distress
üzücü upsetting, distressing

üzülmek to be upset, to be sorry
üzüm grape **üzüm asması** grapevine **üzüm salkımı** bunch of grapes
üzüntü sorrow, sadness
üzüntülü unhappy, sad
üzüntüsüz trouble-free, carefree

V

vaat promise **vaat etmek** to promise **vaatte bulunmak** to make a promise; to promise
vaaz sermon **vaaz etmek** to preach
vacip necessary
vade due date, fixed term **vadesi geçmek** to be overdue **vadesi gelmek/dolmak** to fall due **vadesini uzatmak** to prolong a term
vadeli having a fixed term **vadeli hesap/mevduat** time deposit **vadeli satış** forward sale
vadesiz having no fixed term **vadesiz hesap/mevduat** current account, *AE.* checking account
vadi valley
vaftiz baptism **vaftiz etmek** to baptize
vagina, vajina vagina
vagon railway car, railway wagon **vagon restoran** wagon restaurant, dining car
vah vah What a pity!
vaha oasis
vahdet unity
vahim grave, serious
vahim groundless fear
vahşet atrocity, savage
vahşi savage, wild; brutal
vahşice wild, brutal; barbarously, brutally
vahşileşmek to become wild
vahşilik savageness; brutality
vaiz preacher

vaka event
vakar dignity, gravity
vakfetmek to devote, to dedicate
vakıf (pious) foundation
vâkıf aware, knowing
vaki happening, taking place **vaki olmak** to happen, to take place
vakit time **vakit geçirmek** to pass the time **vakit kaybetmek** to lose time **vakit kazanmak** to play for time **Vakit nakittir** ats. Time is money **vakit öldürmek** to kill time **vaktini almak** to take sb's time
vakitli timely **vakitli vakitsiz** at all sorts of times
vakitsiz unseasonable, premature, untimely
vaktinde on time
vakur dignified, grave
vakvak duck
vale (cards) knave, jack
valf valve
vali governor
valide mother
valilik governorship
valiz suitcase
vallahi by God! I swear it's so!
vals waltz **vals yapmak** to waltz
vampir vampire
vana valve
vanilya vanilla
vantilatör fan
vapur steamer, steamship; ship
var existent, available; there is, there are **var etmek** to create **varı yoğu** all that he has **var ol!** May you live long! **var olmak** to exist, to be
varagele den. pass-rope
varda Keep clear! Make way!
vardiya shift, relay; watch **vardiyalı çalışmak** to work in relays
vargel shaper
varış arrival
varil barrel, cask
vâris heir, inheritor

varis varicose vein, varix
varlık existence, presence; riches, wealth **varlık göstermek** to make one's presence felt **varlık içinde yaşamak** to live in easy circumstances
varlıklı wealthy
varlıksız needy
varmak to arrive (at), to get to, to reach
varolmak to exist, to be
varoluş existence, being
varoluşçuluk existentialism
varoş suburb
varsayım hypothesis
varsayımlı hypothetical
varsaymak to suppose
varyant variant
varyasyon variation
varyete variety show
vasat average
vasıf quality
vasıflandırmak to qualify
vasıflı qualified, skilled
vasıfsız unqualified, unskilled
vasıta means; vehicle
vasıtasıyla by means of
vasi guardian; executor
vasiyet will, testament **vasiyet etmek** to bequeath
vasiyetname written will
vaşak lynx
vat watt
vatan motherland, fatherland, native country
vatandaş fellow countryman, citizen, compatriot
vatandaşlık citizenship
vatansever patriot; patriotic
vatanseverlik patriotism
vatansız stateless
vatka pad
vay Oh! Woe! **vay canına** by heaven! **vay vay** ey, Well, well!
vazelin vaseline
vazetmek to preach
vazgeçirmek to dissuade, to deter

vazgeçmek to give up, to quit, to abandon

vazife duty, task

vazifeli in charge; on duty

vazifeşinas dutiful

vaziyet position, situation

vazo vase

ve and

veba plague, pestilence

vebal sin

vecibe obligation

vecit ecstasy, rapture

veciz terse, laconic

vecize saying, maxim

veda farewell **veda etmek** to say farewell (to)

vedalaşmak to say good-bye to each other

vefa loyalty, faithfulness

vefakâr/vefalı faithful, loyal

vefasız disloyal, faithless

vefat death, decease **vefat etmek** to die, to decease

vejetaryen vegetarian

vekâlet attorneyship, procuration **vekâlet etmek** to represent, to deputize, to substitute **vekâlet vermek** to give the procuration

vekâleten by proxy

vekâletname power of attorney, proxy**vekil** representative, agent

vektör *mat.* vector

velet child, brat **veledi zina** bastard

velhasıl in short

veli guardian, protector; saint

veliaht heir to the throne

velinimet benefactor

Venüs Venus

veraset inheritance

verecek debt

verecekli debtor

verem tuberculosis

veremli tuberculous

veresiye on credit, on the cuff

vergi tax, duty; gift, talent **vergi beyannamesi** tax return **vergi mükellefi** tax-payer **vergi tahsil-**

darı tax collector **vergiye tabi** taxable

vergilendirmek to tax

veri datum

verici transmitter

verim output, yield, production

verimli productive

verimlilik productivity

verimsiz fruitless

verimsizlik fruitlessness

veriştirmek to swear at, to vituperate

verkaç *sp.* pass and run, one-two

vermek to give, to hand

vermut vermouth

vernik varnish

verniklemek to varnish

veronika veronica

vesaire etcetera

vesait means, ways

vesayet guardianship, executorship

vesika document

vesile means, cause; opportunity, occasion

vestiyer cloakroom

vesvese anxiety, misgiving

vesveseli scrupulous, apprehensive

veteriner veterinarian

veto veto **veto etmek** to veto

veya, veyahut or

vezin metre, meter

vezir vizier, vizir; (chess) queen

vezne cashier's desk, treasury

veznedar treasurer, cashier

vıcık sticky, gooey

vınlamak to buzz

vırlamak to nag

vırvır tiresome talk **vırvır etmek** to nag

vız buzz **vız gelmek** to be a matter of indifference **vız gelir tıns gider** I don't give a damn

vızıldamak to buzz, to hum

vızıltı whiz, buzz

vızır vızır continuously

vızlamak to buzz, to hum

vicdan conscience **vicdan azabı** the

pangs of conscience, remorse
vicdanlı conscientious
vicdansız remorseless, unscrupulous
vida screw
vidalamak to screw
video video; video player; video recorder
videoteyp videotape
Vietnam Vietnam
Vietnamlı Vietnamese
vikont viscount
vilayet province, vilayet
villa villa
vinç crane, winch
viraj curve, bend
viran devastated, ruined
virane ruin
virgül comma
virtüöz virtuoso
virüs virus
viski whisky
vişne morello cherry
vitamin vitamin
vites gear *vites değiştirmek* to shift gears *vites kolu* gear lever, *AE.* gear shift *vites kutusu* gearbox *viteste* in gear
vitray stained-glass
vitrin shop window; display cabinet
viyak squawk *viyak viyak* squawking
viyaklamak to squawk
viyola *müz.* viola
viyolin violin
viyolonist violinist
vize visa
vizite doctor's fee; medical visit
vizon mink
volan flywheel
vole volley *vole vurmak* to volley
voleybol volleyball
volkan volcano
volkanik volcanic
volt volt
volta *den.* fouling of a cable; *arg.*

pacing back and forth *volta atmak* to pace back and forth
voltaj voltage
votka vodka
vuku occurrence, event *vuku bulmak* to happen, to occur
vukuat events, incidents; police case, crime
vurdumduymaz thick-skinned
vurgu stress, accent
vurgulamak to stress, to emphasize
vurgulu stressed, accented
vurgun struck on, smitten, sweet on; booty, scoop, killing *vurgun vurmak* to make a killing, to pull a deal
vurguncu profiteer, speculator
vurgunculuk profiteering
vurgusuz unstressed
vurmak to hit, to strike, to knock; to shoot; (shoe) to pinch
vurucu striking, hitting; hitter **vurucu güç** striking power
vuruntu knock, detonation
vuruş blow, hit, stroke
vuruşkan combative
vuruşmak to strike one another, to have a fight
vücut body *vücut bulmak* to come into existence *vücuda getirmek* to bring into being, to create

Y

ya ... ya ... either ... or ...
ya yes, of course; but what if
yaban wilderness; stranger *yabana atmak* to sniff at, to sneeze at
yabanarısı wasp
yabancı foreigner; stranger; foreign *yabancı dil* foreign language *yabancı düşmanlığı* xenophobia *yabancı gelmemek* to ring a bell *yabancısı olmak* to be a stranger

to
yabancıl exotic
yabancılaşma estrangement, alienation
yabancılaşmak to estrange oneself
yabandomuzu wild boar
yabangülü shrub rose, dog rose
yabanıl primitive; wild
yabani wild, untamed
yabankazı wild goose, greylag
yabankedisi wildcat
yabanördeği wild duck, mallard
yabansı strange, weird
yabansımak to find strange
yabanturpu horseradish
yâd remembrance **yâd etmek** to remember
yad strange **yad elde** in a foreign land, away from home
yadırgamak to find strange
yadigâr souvenir
yadsımak to deny, to gainsay
Yafa Jaffa **Yafa portakalı** navel orange
yafta label
yağ oil, fat, butter; grease **yağ bağlamak** to put on fat **yağ çekmek** to butter sb up, to flatter, to toady **yağ sürmek** to butter (bread) **yağ tulumu** fatty **yağdan kıl çeker gibi** as easy as falling off a log
yağcı seller of oil/butter; toady, softsoaper, apple-polisher
yağcılık flattery
yağdanlık oil-can
yağış rain
yağışlı rainy
yağışsız dry, arid
yağız swarthy, dark
yağlamak to oil, to grease, to lubricate
yağlı oily, fatty, greasy; lucrative, profitable
yağlıboya oil paint
yağma booty, loot **yağma etmek** to plunder; to loot, to pillage

yağma yok Sold again! Nothing doing!
yağmacı plunderer, pillager
yağmak to rain
yağmalamak to pillage, to plunder
yağmur rain **yağmurdan kaçarken doluya tutulmak** to jump out of the frying pan into the fire **yağmur yağmak** to rain
yağmurkuşu golden plover
yağmurlu rainy, wet
yağmurluk raincoat, mackintosh
yağmursuz without rain, dry
yağsız oilless; butterless; greaseless
yağyakıt fuel oil
yahni ragout, fricassee
yahu See here! Look here!; on earth
Yahudi Jew; Jewish
Yahudilik Jewishness; Judaism
yahut or
yak yak
yaka collar; shore, side **yaka paça** by the head and ears, by force **yaka silkmek** to be fed up (with) **yakası açılmadık** unheard-of **yakasına yapışmak** to collar, to badger **yakayı ele vermek** to be caught **yakayı kurtarmak** to escape, to evade
yakacak fuel
yakalamak to catch, to seize
yakamoz phosphorescence
yakarış entreaty
yakarmak to entreat
yakasız collarless
yakı plaster, cautery
yakıcı burning; caustic
yakın near **yakın akraba** close relative, near relation
yakında, **yakınlarda** near; soon, recently
yakından closely
Yakındoğu Near East
yakınlık closeness **yakınlık göstermek** to behave warmly, to be

friendly
yakınmak to complain
yakınsak *mat.* convergent
yakışık suitability *yakışık almak* to be suitable
yakışıklı handsome, comely
yakışıksız unsuitable, unbecoming
yakışmak to suit, to become
yakıştırmak to regard sth as suitable; to ascribe, to impute
yakıt fuel
yaklaşık approximate *yaklaşık olarak* approximately
yaklaşım approach
yaklaşmak to come near, to approach
yakmak to burn, to light; (light) to turn on
yakut ruby
yalabık sparkling
yalak trough
yalama worn *yalama olmak* to be worn
yalamak to lick
yalan lie; false, untrue *yalan söylemek* to lie, to tell lies *yalanını çıkarmak* to show up sb's lies
yalancı liar; false, counterfeit *yalancı çıkarmak* to belie, to contradict
yalancıktan in pretence
yalandan in pretence *yalandan yapmak* to pretend
yalanlamak to deny, to contradict
yalapşap superficially, perfunctorily
yalaz flame
yalçın steep, precipitous
yaldız gilding
yaldızlamak to gild
yaldızlı gilt
yalı waterside residence
yalım flame; blade
yalın simple *yalın durum dilb.* nominative case
yalınayak barefooted

yalınkat flimsy, weak; superficial
yalınkılıç drawn sword
yalıtım insulating
yalıtmak to isolate, to insulate
yalnız alone, lonely; only, solely
yalnızlık loneliness
yalpa rollingg, lurching *yalpa vurmak* to roll, to lurch
yalpak friendly
yalpalamak to roll, to lurch
yaltak, yaltakçı fawning, cringing
yaltakçılık flattery, fawning
yaltaklanmak to fawn (on), to toady (to)
yalvarmak to beg, to implore
yama patch *yama vurmak* to put a patch (on)
yamaç slope, side
yamak assistant, apprentice
yamalamak to patch
yamalı patched
yamamak to patch; to pin on, to palm off (on)
yaman excellent, smart, crack
yanmanmak to be patched on; to foist oneself on
yampiri crabwise
yampiri crabwise
yamuk bent, crooked; *mat.* trapezium
yamulmak to become crooked
yamyam cannibal
yamyamlık cannibalism
yamyassı very flat
yan side *yan bakmak* to look askance *yan çizmek* to shirk, to evade *yan gözle bakmak* to look askance; to look at hostilely *yan hakemi* linesman *yan ödeme* fringe benefits *yan ürün* by-product *yanına almak* to take into one's service *yanına bırakmamak* not to leave unpunished, to get even *yan yana* side by side
yanak cheek
yanardağ volcano
yanardöner shot, chatoyant

yanaşık adjacent

yanaşma approaching; hireling

yanaşmak to draw near, to approach; to draw up alongside; (ship) to dock; to be willing (to), to incline

yanaştırmak to bring sth near to; to draw up alongside

yandaş partisan, supporter

yandaşlık partisanship, support

yangı inflammation

yangılanmak to become inflamed

yangın fire *yangın bombası* incendiary bomb *yangın çıkarmak* to start a fire *yangına körükle gitmek* to add fuel to the flames *yangını söndürmek* to put out the fire

yanık burnt; burn *yanık kokmak* to smell of burning

yanılgı mistake, error

yanılmak to make a mistake, to be mistaken

yanılmaz infallible

yanıltıcı misleading

yanıltmaca fallacy

yanıltmak to lead into error

yanıt answer

yanıtlamak to answer

yani that is, namely

yankesici pickpocket

yankı echo

yankıla(n)mak to echo

yanlamasına sideways

yanlış mistake; incorrect, wrong *yanlış kapı çalmak* to bark up the wrong tree

yanlışlık mistake

yanlışlıkla by mistake

yanmak to burn, to be on fire; (plant) to be blighted; to be ruined; (bulb) to blow

yansımak to be reflected

yansıtıcı reflector

yansıtmak to reflect

yansız impartial, neutral

yansızlık impartiality, neutrality

yantümce subordinate clause, dependent clause

yapağı wool

yapay artificial

yapayalnız all alone

yapı building, construction; structure

yapıbilim morphology

yapıcı maker; builder; constructive

yapılabilirlik feasibility

yapım making, building, manufacture; production

yapımcı maker, producer

yapımevi factory, workshop

yapısal structural

yapışıcı sticky

yapışık stuck on, joined together

yapışkan sticky, adhesive; pertinacious, importunate

yapışkanlık stickiness; pertinacity

yapışmak to stick, to adhere; to stick to, to hang on

yapıştırıcı adhesive

yapıştırmak to stick on, to fasten, to attach

yapıt work (of art/literature etc)

yapıtaşı building stone

yapma doing, making; artificial, false; sham, feigned

yapmacık artificial, affected, put on; affectation

yapmacıksız sincere, cordial

yapmak to do, to make; to build, to construct

yaprak leaf; sheet (of paper) *yaprak dolması* stuffed vine-leaves

yaptırım sanction

yapyalnız all alone

yâr lover *yâr olmak* to assist

yar precipice

yara wound, injury *yarası olan gocunsun* if the cap fits wear it

Yaradan Creator

yaradılış creation; nature, temperament

yaralamak to wound, to injure

yaralanmak to be wounded

yaralı wounded, injured

yaramak to be of use; to do good, to benefit

yaramaz useless; naughty, mischievous

yaramazlık uselessness; naughtiness; misbehaviour **yaramazlık etmek** to misbehave

yaranmak to curry favour (with), to cozy up (to)

yarar advantage, profit, use

yararlanmak to profit, to benefit, to utilize

yararlı useful **yararlı olmak** to help, to benefit

yararsız useless

yarasa bat

yaraşmak to be fit, to suit, to become

yaratıcı creative; creator

yaratıcılık creativeness

yaratık creature

yaratmak to create; to cause, to occasion

yarbay lieutenant-colonel

yarda yard

yardakçı accomplice

yardakçılık complicity

yardım help, assistance, aid **yardım etmek** to help, to assist, to aid

yardımcı helper, assistant **yardımcı fiil** auxiliary verb

yardımlaşmak to help one another

yardımsever benevolent, charitable

yaren friend

yarenlik chat **yarenlik etmek** to have a chat

yargı judgement

yargıç judge

yargılamak to try, to judge

Yargıtay Supreme Court of Appeal

yarı half; *sp.* half time **yarıda bırakmak** to interrupt, to discontinue **yarıda kalmak** to be left half-finished **yarı yarıya** fifty-fifty **yarı yolda** half-way **yarı yolda bırakmak** to leave in the lurch

yarıcı share-cropper

yarıçap radius

yarık split; crack, fissure, split

yarıküre hemisphere

yarılamak to be half-way through; to half finish

yarılmak to split

yarım half **yarım ağızla** half-hearted **yarım saat** half an hour **yarım yamalak** perfunctory; incompletely, inadequately

yarımada peninsula

yarımay half-moon, crescent

yarımgün part-time

yarımküre hemisphere

yarın tomorrow **yarın akşam** tomorrow night **yarın sabah** tomorrow morning

yarınki of tomorrow

yarısaydam semitransparent

yarış race **yarış etmek** to race

yarışma competition, contest

yarışmacı competitor, contestant

yarışmak to race, to compete, to contest

yarıyıl semester

yarma splitting; cleft, fissure; *ask.* breakthrough **yarma şeftali** freestone peach

yarmak to split, to cleave, to chop; *ask.* to break through

yas mourning **yas tutmak** to be in mourning

yasa law

yasadışı illegal

yasak prohibition, ban; prohibited, forbidden **yasak etmek** to forbid, to prohibit

yasaklamak to forbid, to prohibit

yasal legal, lawful

yasallaştırmak to legalize

yasama legislation

yasamak to make laws

yasemin jasmine

yaslamak to prop, to lean

yaslanmak to lean against

yaslı in mourning
yassı flat
yastık pillow, cushion; pad **yastık yüzü** pillowcase, pillow slip
yaş age *yaşına başına bakmadan* regardless of his age *yaşını başını almak* to be old *yaş günü* birthday *yaşını göstermek* to look one's age *kaç yaşındasın?* How old are you?
yaş damp, moist, wet; tear *yaş dökmek* to shed tears *yaş tahtaya basmak* to be cheated
yaşadık We are in luck!
yaşam life
yaşamak to live; to experience
yaşamöyküsü biography
yaşantı experience
yaşarmak to moisten, to water
yaşatmak to cause to live, to revive; to keep alive, to keep up
yaşdönümü (women) menopause; (men) andropause
yaşıt of the same age
yaşlanmak to age, to grow old
yaşlı aged, old
yaşlık wetness
yaşlılık old age
yaşmak veil
yat yacht
yatak bed; den, lair; bearing *yatağa düşmek* to take to one's bed *yatak odası* bedroom *yatak örtüsü* counterpane, coverlet *yatak takımı* set of bedding
yatakhane dormitory
yataklı having beds *yataklı vagon* sleeping car
yatalak bedridden
yatay horizontal
yatık leaning to one side
yatılı boarding; boarder *yatılı okul* boarding school *yatılı öğrenci* boarder
yatır saint
yatırım investment *yatırım yapmak* to invest in

yatırımcı investor
yatırmak to put to bed; to lay down
yatışmak to calm down, to cool down
yatıştırıcı calming, soothing
yatıştırmak to calm, to soothe
yatkın apt, inclined, predisposed
yatkınlık aptness, inclination, predisposition
yatmak to go to bed, to kip down, to flop; to be in bed; to lie (down); to lie flat
yatsı time about two hours after sunset
yavan (food) plain, dry; insipid, tasteless
yavaş slow; (voice) low, soft; slowly *yavaş yavaş* slowly
yavaşça slowly, gently
yavaşlamak to slow down
yaver aide-de-camp
yavru young
yavuklu betrothed, engaged; darling
yavuz good, excellent
yay bow; spring; arc **Yay (burcu)** Sagittarius
yaya pedestrian, walker *yaya geçidi* zebra crossing *yaya kaldırımı* pavement, sidewalk
yayan on foot *yayan gitmek* to go on foot
yaygara clamour, uproar, outcry *yaygarayı basmak* to make a great to do about nothing
yaygaracı noisy, clamorous, brawling
yaygı ground cloth
yaygın widespread, common
yaygınlaşmak to spread, to become common
yayık churn
yayılmcı imperialist; imperialistic
yayılmcılık imperialism
yayılmak to spread; to be spread abroad; to graze, to browse
yayım publication

yayımcı publisher
yayımlamak to publish; to broadcast
yayın publication
yayınbalığı sheatfish
yayınevi publishing house
yayınım, yayınma diffusion
yayla plateau, tableland
yaylanmak to spring, to bounce; *arg.* to go away, to take a powder
yaylı having springs, springy
yaylım spreading *yaylım ateşi* volley
yaymak to spread
yayvan broad and shallow
yaz summer *yaz kış* in summer and winter *yaz saati* summer time
yazar writer, author
yazarlık authorship
yazgı destiny
yazı writing; article; destiny *yazı dili* literary language *yazı kâğıdı* writing paper *yazı makinesi* typewriter *yazı mı tura mı?* Heads or tails? *yazı tura* toss-up *yazı tura atmak* to toss up *yazı tahtası* blackboard
yazıcı scribe, secretary
yazıhane office
yazık pity, shame; what a pity! *yazıklar olsun sana!* Shame on you!
yazılı written; destined; written examination
yazılım software
yazım spelling, orthography
yazın in summer
yazın literature; in summer
yazışma correspondence
yazışmak to correspond
yazıt inscription
yazlık summer resort
yazma writing; manuscript; handwritten
yazmak to write
yazman secretary, clerk

yedek spare, extra *yedek parça* spare part *yedekte sp.* on the bench *yedek(te) çekmek* to tow
yedeksubay reserve officer
yedi seven
yedinci seventh
yedirmek to cause to eat, to feed
yedişer seven each
yegâne unique
yeğ better, preferable *yeğ tutmak* to prefer
yeğen nephew, niece
yeğlemek to prefer
yeis despair
yek one
yeknesak monotonous
yekpare in one piece
yekûn sum, total
yel wind *yel değirmeni* windmill *yel gibi* fast, quickly *yel yeperek* in a great hurry
yele mane
yelek waistcoat, vest
yelken sail *yelken açmak* to hoist sails *yelkenleri indirmek* to lower sails *yelkenleri suya indirmek* to knuckle under, to sing small
yelkenli sailboat
yelkovan minute-hand (of a clock/watch)
yellemek to fan
yellenmek to break wind, to fart
yelpaze fan
yeltenmek to try, to attempt
yem fodder, feed; bait
yemek food; meal; dish, course *yemek borusu* esophagus; bugle-call for food *yemek listesi* menu *yemek seçmek* to be choosy in eating *yemek yemek* to eat
yemek to eat; to spend; to consume *yiyecekmiş gibi bakmak* to glower at *yiyip içmek* to eat and drink
yemekhane dining hall
yemekli with food

yemeni hand-printed scarf

yemin oath **yemin etmek** to swear, to take an oath **yeminini bozmak** to break one's oath

yeminli under oath

yemiş fruit **yemiş vermek** to bear fruit

yemişçi fruiterer

yemlemek to feed; to bait

yemlik manger, trough; nose-bag; bribe

yemyeşil very green

yen sleeve; cuff

yenge affinal aunt, uncle's wife; sister-in-law, brother's wife

yengeç crab **Yengeç (burcu)** Cancer **Yengeç dönencesi** Tropic of Cancer

yeni new; recent; newly, recently, just **yeni baştan** over again

yeniay new moon, crescent

Yeniçeri Janissary

yeniden again

yenidünya the Japanese medlar, loquat

Yenidünya the New World, America

yenik defeated **yenik düşmek** to be defeated

yenilemek to renew

yenileşmek to become new; to be modernized

yenileştirmek to renovate; to modernize

yenilgi defeat **yenilgiye uğramak** to suffer defeat, to get a beating

yenilik newness, novelty

yenilikçi reformist

yenilmek to be eaten; to lose

yenilmez invincible

yenir edible

yenişmek to beat one another

yeniyetme teenager

yenmek to defeat; to be eaten; to conquer; to beat; to master, to subdue

yepyeni brand-new, crisp

yer place, space; ground, floor; earth; seat; situation; position **yer açmak** to make room for **yer almak** to take part in **yer etmek** to leave a mark; to make an impression **yer tutmak** to reserve a place; to occupy a place **yer vermek** to give place to **yerden göğe kadar** very much **yere inmek** to land **yerin dibine geçmek** to feel like 30 cents **yerinde** in its place; appropriate, timely **yerin kulağı var** walls have ears **yerinde saymak** to mark time; to make no progress **yerine** instead of, in place of **yerine geçmek** to substitute, to replace **yerine getirmek** to carry out, to fulfil, to perform **yerine koymak** to replace to substitute; to take sb for **yerini tutmak** to substitute for **yerle bir etmek** to level

yeraltı underground **yeraltı geçidi** underground passage

yerbilim geology

yerbilimci geologist

yerçekimi gravitation, gravity

yerel local **yerel seçim** local election

yerelması Jerusalem artichoke

yerey terrain

yerfıstığı peanut

yergi satire

yerinmek to feel sad; to be sorry for, to repent

yerkabuğu crust of the earth

yerleşik established, settled

yerleşme, yerleşim settlement

yerleşmek to settle in; to settle oneself in

yerleştirmek to settle; to place

yerli native; local **yerli malı** home product **yerli yerinde** in its proper place **yerli yersiz** in season and out of season

yermek to run down, to disparage, to decry; to satirize

yermeli pejorative
yermerkezli geocentric
yermeşesi wall germander
yersakızı bitumen
yersarsıntısı earthquake
yersel terrestrial
yersiz homeless; out of place, irrelevant, untimely
yersolucanı earthworm
yeryuvarlağı terrestrial globe
yeryüzü the earth's surface, world
yeşermek to green
yeşil green **yeşil biber** green pepper **yeşil ışık** green light
Yeşilay the Green Crescent
yeşilbaş wild duck, mallard
yeşilimsi greenish
yeşillenmek to become green; to get fresh with, to molest
yeşillik greenness; greens; meadow
yeşim jade
yetenek aptitude, ability, gift, capacity
yetenekli talented, gifted, capable
yeteneksiz inefficient, incapable
yeter sufficient, enough
yeterince sufficiently
yeterli adequate, sufficient
yeterlik adequecy, efficiency, proficiency
yetersiz insufficient, inadequate, inefficient
yetersizlik insufficiency, inadequacy, inefficiency
yeti faculty, power
yetim orphan
yetimhane orphanage
yetimlik orphanage
yetinmek to be contented with
yetişkin grown-up, adult
yetişmek to reach; to catch; to be enough; to be brought up; to grow **Yetişin!** Help!
yetişmiş grown-up, mature
yetiştirici producer, breeder
yetiştirmek to grow, to raise; to breed; to bring up

yetke authority
yetki authority, power **yetki vermek** to give power, to authorize
yetkili authorized; competent; authority
yetkin perfect
yetkinlik perfection
yetmek to be enough, to suffice
yetmiş seventy
yetmişinci seventieth
yevmiye daily pay, day's wages
yezit scamp, devil
yığılmak to be heaped up, to bank up, to accumulate; to crowd together; to fall in a faint
yığın heap, pile, mass; lot, set
yığınak *ask.* concentration
yığınla in heaps
yığıntı accumulation, heap
yığışmak to crowd together
yığmak to pile (up), to heap (up)
yıkamak to wash
yıkanmak to be washed; to wash oneself, to have a bath, to bathe
yıkıcı destructive
yıkık fallen down, broken, ruined
yıkılış ruin, fall
yıkılmak to be destroyed; to fall down, to collapse
yıkım ruin; disaster
yıkıntı ruins, debris
yıkmak to destroy, to ruin, to demolish; to overthrow, to subvert
yıl year
yılan snake
yılanbalığı eel
yılancık *hek.* erysipelas
yılankavi spiral, winding
yılbaşı the New Year
yıldırım thunderbolt, lightning **yıldırım çarpmış** struck by lightning **yıldırım telgrafı** urgent telegram **yıldırımla vurulmuşa dönmek** to be thunderstruck
yıldırımlık, **yıldırımkıran,** **yıldırımsavar** lightning rod
yıldırmak to daunt, to cow

yıldız star; ace **yıldız falı** astrology, astromancy **yıldızı parlamak** to be lucky, to boom **yıldızları barışmak** to get along well with each other

yıldızçiçeği dahlia

yıldızkarayel north-north-west wind

yıldızlı stary; starred

yıldızpoyraz north-north-east wind

yıldızyağmuru meteoric shower

yıldönümü anniversary

yılgı phobia, terror

yılgın daunted, cowed

yılışık obtrusive, saucy, sticky

yılışmak to grin unpleasantly, to behave smarmily

yıllanmak to grow old, to age

yıllarca for years

yıllık annual, yearly; ... years old; yearly salary; yearbook, annual

yılmak to be daunted, to dread

yılmaz undaunted

yıpranmak to wear out; to fray, to frazzle

yıpratıcı exhausting, wearing

yıpratmak to wear out

yırtıcı rapacious, ferocious **yırtıcı hayvan** beast of prey

yırtık torn, rent; shameless, forward **yırtık pırtık** in rags

yırtınmak to shout at the top of one's voice; to strain even nerve, to wear oneself out

yırtmaç slit

yırtmak to tear, to rend

yiğit brave, courageous

yiğitçe bravely

yiğitlik bravery, courage **yiğitliğe leke sürmemek** to save one's face

yine (once) again; nevertheless, still

yineleme repetition

yinelemek to repeat

yirmi twenty **yirmi yaş dişi** wisdom tooth

yirminci twentieth

yirmişer twenty each

yitik lost

yitirmek to lose

yiv groove; chamfer

yivli grooved; chamfered

yiyecek food

yiyici corrupt, sharp

yobaz fanatic, bigot

yobazlık fanaticism, bigotry

yoga yoga

yoğun thick, dense; intensive

yoğunlaşmak to become dense

yoğunlaştırmak to condense

yoğunluk density, thickness

yoğurmak to knead

yoğurt yoghurt, yogurt

yok there is not; non-existent, absent, lacking **Yok canım!** You don't say! **Yok devenin başı!** Impossible!, Incredible! **yok etmek** to annihilate, to destroy, to exterminate, to remove **yok olmak** to be annihilated, to disappear, to vanish **yok pahasına** dirt cheap **yok yere** without reason

yoklama quiz; roll-call

yoklamak to finger, to grope, to search, to grabble; to try, to test; to examine, to inspect

yokluk absence, non-existence; poverty

yoksa otherwise, if not, or

yoksul poor, needy

yoksullaşmak to grow poor

yoksulluk poverty, neediness

yoksun deprived of, devoid of **yoksun bırakmak** to deprive of

yokuş ascent, slope **yokuş aşağı** downhill **yokuş yukarı** uphill **yokuşa sürmek** to make difficulties

yol road, way, street; method, manner; means, medium; stripe **yol açmak** to open a road; to make way for; to bring about, to give rise to, to cause **yol almak** to advance, to proceed; to get up speed **yol göstermek** to show the way, to guide **yol kesmek** to waylay **yol vermek** to make way for; to discharge, to dismiss **yola çıkmak** to set out, to start out **yola gelmek** to come to reason; to come round **yola getirmek** to chasten, to bring to reason **yoluna** for the sake of, for **yoluna girmek** to come right **yoluna koymak** to put right **yolunda** all right, well **yolunda gitmek** to go like clockwork **yolunu bulmak** to find a way (out); to make an illicit profit **yolunu kaybetmek** to lose one's way **yolunu şaşırmak** to go astray

yolcu passenger, traveller; goner

yolculuk travel, journey, voyage

yoldaş fellow traveller; companion, friend; comrade

yollamak to send, to dispatch, to forward

yollanmak to be sent; to set off, to advance, to head

yollu having roads; striped; (woman) loose

yolluk travelling expenses; provisions for a journey

yolmak to pluck, to pull out; to tear out, to uproot

yolsuz roadless; unlawful, irregular; flat broke, penniless

yolsuzluk irregularity, malpractice

yoluyla by way of, via; by means of, through; properly, duly

yonca clover, trefoil

yonga chip

yontma chipping, cutting; chipped, cut **yontma taş** dressed stone **yontma taş çağı** paleolithic age

yontmak to chip, to cut

yontulmak to be chipped; to learn manners

yontulmamış uncut; unrefined, rough

yordam agility; method, way

yorga jogtrot

yorgan quilt **yorgan iğnesi** quiltingneedle

yorgun tired, weary **yorgun argın** dead tired **yorgun düşmek** to be tired out

yorgunluk tiredness, fatigue **yorgunluktan canı çıkmak** to be worn out with fatigue

yormak to interpret; to tire, to weary

yortu Christian feast

yorulmak to get tired, to be tired

yorum comment, commentary; interpretation **yorum yok** No comment!

yorumcu commentator

yorumlamak to comment; to interpret

yosma coquette, vamp

yosun moss

yosunlanmak to get mossy, to moss

yosunlu mossy

yozlaşmak to degenerate

yön direction; aspect, side **yön vermek** to direct

yönelim inclination; tropism

yönelmek to tend, to incline; to go towards

yöneltmek to direct towards; to aim, to point (at)

yönerge instructions, directive

yönetici administrator, manager; executive, managing

yöneticilik administration

yönetim direction, administration, management **yönetim kurulu** board of directors

yönetmek to direct, to administer; to manage, to run

yönetmelik regulations, statutes

yönetmen director

yönlendirmek to direct, to orient

yöntem method

yöntembilim methodology

yöntemli methodic, methodical
yöre environs, vicinity, neighbourhood
yöresel local
yörük nomad
yörünge orbit
yudum sip, gulp, sup
yudumlamak to sip, to sup
yufka thin layer of dough *yufka yürekli* softhearted, tenderhearted
Yugoslav Yugoslav
Yugoslavya Yugoslavia
Yugoslavyalı Yugoslavian
yuha boo, hoot *yuha çekmek* to boo, to hoot
yuhalamak to boo, to hoot
yukarda above; upstairs
yukardaki above; above-mentioned
yukardan from above
yukarı upper part, top; up, upwards, above *yukarı çekmek* to hike up, to hitch up
yulaf oats
yular halter
yumak ball
yummak (eyes) to close; (fist) to clench
yumru lump, bump
yumruk fist; blow
yumruklamak to hit with the fist
yumulmak (eye) to shut, to close; to attack, to fall on, to wade into
yumurcak brat, urchin, kid
yumurta egg *yumurta akı* the white of an egg *yumurta sarısı* yolk
yumurtalık egg-cup; ovary
yumurtlamak to lay eggs; to invent, to blurt out
yumuşacık very soft
yumuşak soft, mild, tender *yumuşak başlı* docile, tractable
yumuşakça mollusc
yumuşamak to become soft, to soften; to relent, to mellow
Yunan Greek

Yunanca Greek
Yunanistan Greece
Yunanlı Greek
yunmak to wash oneself
yunusbalığı dolphin, porpoise
yurt native land, country, home; student dormitory, hostel
yurtsever patriotic; patriot
yurtseverlik patriotism
yurtsuz homeless
yurttaş fellow countryman, compatriot citizen
yurttaşlık citizenship *yurttaşlık bilgisi* civics
yusufçuk turtledove; dragonfly
yusyuvarlak very round
yutkunmak to swallow, to gulp
yutmak to swallow
yutturmak to cause to swallow; to make believe, to sell; to fob off on
yuva nest; home; den, lair; day nursery, kindergarten; socket *yuva bozmak* to break up a home *yuva kurmak* to build a nest; to set up a home *yuvasını yapmak* to teach sb a lesson *yuvasını yıkmak* to break up sb's marriage
yuvar corpuscle
yuvarlak round, spherical; globe, sphere; ball *yuvarlak hesap* even account *yuvarlak sayı* round number
yuvarlaklık roundness
yuvarlamak to roll; to roll up; to gulp down
yuvarlanmak to roll; to roll over, to tumble *yuvarlanıp gitmek* to rub along
yüce high, lofty, exalted
yücelik height, loftiness
yücelmek to become high
yüceltmek to exalt
yük burden, load, cargo *yük hayvanı* pack animal *yükünü tutmak* to feather one's nest *yükünü*

boşaltmak to unload, to unship
yüklem predicate
yüklemek to load, to burden; to impute, to attribute
yüklenmek to be loaded; to take upon oneself, to assume
yüklü loaded; pregnant
yüksek high; superior; (voice) loud **yüksek atlama** high jump **yüksek basınç** high pressure **yüksek sesle okumak** to read aloud **yüksekten atmak** to boast, to bluster **yüksekten bakmak** to look down upon
yükseklik height, altitude
yüksekokul institution of higher education, college
yükseköğrenim higher education
yükseköğretim higher instruction
yükseliş ascent, rise
yükselmek to go up, to rise, to ascent
yükseltmek to raise, to boost; to elevate, to uplift; to promote, to advance
yüksük thimble
yüküm obligation
yükümlü bound, liable
yükümlülük liability, obligation
yün wool; woollen
yünlü woollen, woolly
yürek heart; courage, guts **yürek istemek** to take a lot of nerve **yüreği ağzına gelmek** to have one's heart in one's mouth **yüreği kabarmak** to feel nauseated **yüreğine inmek** to be struck with great fear **yürekler acısı** heartbreaking
yüreklendirmek to hearten, to encourage
yürekli plucky, brave
yüreksiz faint-hearted, cowardly
yürekten sincerely, hearty
yürümek to walk; to succeed, to work **yürüyen merdiven** moving stairs, *AE.* escalator

yürürlük validity **yürürlüğe girmek** to come into force **yürürlükte olmak** to be in force **yürürlüğe konulmak** to be put into effect **yürürlüğe koymak** to bring into force
yürütme carrying out, execution **yürütme gücü** executive power **yürütme kurulu** executive council
yürütmek to cause to walk; to carry out, to execute; *arg.* to walk off with, to pilfer, to filch
yürüyüş march, walk
yüz face; surface; impudence, cheek **yüz bulmak** to be spoilt by **yüz bulunca astar ister** if you give him an inch, he will take a mile **yüz çevirmek** to turn away from **yüz göz olmak** to be too familiar with **yüz kızartıcı** shameful, dishonourable **yüz suyu hürmetine** out of respect to, for the sake of **yüz tutmak** to tend, to begin **yüz vermek** to countenance, to spoil **yüz vermemek** to keep sb at arm's length, to give sb the cold shoulder **yüz yüze gelmek** to come face to face with, to meet **yüze çıkmak** to come to the surface; to show up, to manifest itself **yüze gülmek** to feign friendship **yüzü gülmek** to be happy **yüzü kızarmak** to blush, to flush **yüzü olmamak** not to dare, not to have the face to **yüzünden düşen bin parça olmak** to pull a long face **yüzüne gözüne bulaştırmak** to make a bungle of, to bollix up **Yüzünü gören cennetlik** You're a sight for sore eyes **yüzüne gülmek** to feign friendship **yüzüne karşı** to sb's face **yüzünü buruşturmak** to make a sour face **yüzünü güldürmek** to make happy

yüz hundred
yüzbaşı captain
yüzde percentage *yüzde on* ten per cent *yüzde yüz* a hundred per cent; definitely
yüzdelik percentage, commission
yüzdürmek to sail, to float
yüzer floating *yüzer havuz* floating dock
yüzer hundred each
yüzergezer amphibious
yüzey surface
yüzeysel superficial, shallow
yüzgeç fin
yüzkarası disgrace, black sheep
yüzlemek to rub sb's nose in it, to rub in it
yüzlerce hundreds of
yüzleşmek to be confronted with one another
yüzleştirmek to confront
yüzme swim, swimming *yüzme havuzu* swimming pool *yüzmeye gitmek* to go for swimming
yüzmek to skin, to flay
yüzmek to swim; to float
yüznumara lavatory, toilet
yüzölçümü *mat.* area
yüzsüz cheeky, brassy, impudent
yüzsüzlük impudence
yüzücü swimmer
yüzük ring *yüzüğü geri çevirmek* to break off an engagement
yüzükoyun prone, face downwards *yüzükoyun yatmak* to lie face downwards
yüzükparmağı ring finger
yüzüncü hundredth
yüzünden because of, due to
yüzüstü face downwards *yüzüstü bırakmak* to leave sth unfinished; to leave sb in the lurch *yüzüstü kalmak* to be left unfinished
yüzyıl century
yüzyıllık one hundred years old, centennial

Z

zaaf weakness
zabıt minutes, record *zabıt tutmak* to take minutes, to write down a report
zabıta police
zaçyağı sulfuric acid
zafer victory *zafer kazanmak* to win a victory
zafiyet weakness
zağanos large owl
zağar hound, hunting dog
zahire stock of grain *zahire ambarı* granary
zahmet trouble, pains, bother *zahmet çekmek* to suffer trouble *zahmet etmek* to take pains, to bother, to trouble *zahmete sokmak* to put sb to trouble *zahmet vermek* to trouble
zahmetli troublesome, painful
zahmetsiz easy
zahmetsizce easily
zakkum oleander
zalim cruel; tyrant
zalimlik cruelty
zam addition, rise, *AE.* raise
zaman time; period, epoch, era; *dilb.* tense *zamanında* at the right time *zaman kazanmak* to gain time, to buy time *zaman öldürmek* to kill time *zaman zaman* from time to time, occasionally *zamana uymak* to keep up with the times
zamanaşımı *huk.* prescription
zamanla in the course of time
zamanlama timing
zamanlamak to time
zamanlı timely
zamansız untimely
zamazingo gadget, thingamabob; *arg.* mistress, kept woman

zambak lily
zamir pronoun
zamk gum, glue
zamklamak to gum
zampara woman chaser, woman-izer, lecher
zamparalık running after women **zamparalık etmek** to run after women, to womanize
zan supposition, surmise; suspicion
zanaat craft, trade
zanaatçı craftsman
zangır zangır rattlingly **zangır zangır titremek** to tremble like an aspen leaf
zangırdamak to rattle, to clatter
zangırtı rattle
zangoç verger
zannetmek to think, to suppose
zapt restraining; seizure; conquest **zapt etmek** to hold back, to re-strain; to seize; to conquer
zar dice **zar atmak** to throw dice
zar membrane, film
zar zor hardly, barely
zarafet elegance, grace
zarar damage, harm, injury **zarar etmek** to lose money; to make a loss **zarar görmek** to be dam-aged **zararına satmak** to sell at loss **zararı yok!** Never mind! **zarar vermek** to damage, to harm, to injure
zararlı harmful **zararlı çıkmak** to end up a loser
zararsız harmless
zarf envelope; *dilb.* adverb
zarfında during, within
zarflamak to put into an envelope
zargana garfish, garpike
zarif elegant, graceful
zariflik elegance
zarkanatlılar hymenoptera
zart zurt bluster **zart zurt etmek** to bluster
zaruret necessity; poverty **zaruret halinde** in case of necessity

zaruri necessary
zat person individual **zatı âlileri** your exalted person
zaten, zati as a matter of fact; besides, already
zatürree *hek* pneumonia
zavallı poor, miserable
zayıf weak, feeble; thin
zayıflamak to grow weak; to be-come thin
zayıflık weakness, thinness
zayi lost **zayi etmek** to lose **zayi olmak** to be lost
zayiat losses, casualties **zayiat vermek** to suffer casualties
zebani demon (of hell)
zebella huge man, strapper
zebra zebra
Zebur the Psalms of David
zedelemek to bruise, to contuse
zefir zephyr
zehir poison
zehirlemek to poison
zehirli poisonous
zehirsiz non-poisonous
zekâ intelligence
zekât alms
zeki intelligent, clever, shrewd
zelzele earthquake
zemberek spring
zemheri coldest time in winter
zemin ground; background **zemin katı** ground floor
zencefil ginger
zenci negro
zengin rich, wealthy
zenginleşmek to become rich
zenginlik riches, wealth; richness
zeplin zeppelin
zerdali wild apricot
Zerdüşt Zoroaster
zerk injection **zerk etmek** to inject
zerre atom, particle, bit **zerre ka-dar** in the slightest degree
zerrin jonquil
zerzevat vegetables
zerzevatçı vegetable seller

zevk pleasure, delight, fun *zevk almak* to enjoy, to find pleasure in *zevk için* for fun *zevk vermek* to give pleasure *zevkini çıkarmak* to enjoy sth to the full *zevkten dört köşe olmak* to be as happy as lark, to be as happy as Larry

zevklenmek to take pleasure; to make fun of

zevkli enjoyable, tasteful

zevksiz tasteless; unpleasant, boring, dull

zevzek silly, talkative

zevzeklik boring chatter, silly behaviour

zeytin olive

zeytinlik olive grove

zeytinyağı olive oil

zıbarmak to die; to sleep

zıbın wadded jacket for a baby

zıkkım poison

zıkkımlanmak to stuff oneself with, to eat

zılgıt dressing down, scolding *zılgıt yemek* to be told off, to be dressed down

zımba punch

zımbalamak to punch

zımbırdatmak to twang, to strum

zımbırtı twang; thingamabob, thingy, doohickey

zımnen indirectly, implicitly

zımpara emery *zımpara kâğıdı* emery paper, sandpaper

zımparalamak to sandpaper, to emery

zındık atheist

zıngırdamak to rattle, to clatter

zıngırtı rattling noise, rattle

zınk diye suddenly, with a jolt *zınk diye durmak* to come to an abrupt stop

zıpçıktı parvenu, upstart

zıpır cracked, loony, wild

zıpkın harpoon

zıpkınlamak to harpoon

zıplamak to jump, to bounce

zıpzıp marble

zırdeli raving mad

zırh armour

zırhlı armoured

zırıldamak to clatter continuously, to grumble; to weep continuously, to blubber

zırıltı continuous clatter; squabble, wrangle

zırlamak to bawl, to weep, to blubber

zırnık yellow arsenic, orpiment; the smallest bit *zırnık (bile) koklatmamak* not to give (even) a smallest bit

zırt pırt at any time whatsoever

zırva foolish talk, nonsense, bunkum, bullshit

zırvalamak to talk nonsense

zıt contrary, opposite *zıttına gitmek* to rile

zıtlık contrariness

zıvana tenon *zıvanadan çıkmak* to fly into a rage *zıvanadan çıkarmak* to infuriate

zibidi oddly dressed; crazy, screwy

zifaf entering the nuptial chamber *zifaf gecesi* wedding night *zifaf odası* nuptial chamber

zifir deposit in a pipe stem; dark

zifiri pitch-black *zifiri karanlık* pitch-dark

zifos splash of mud *zifos atmak* to slander, to spatter

zift pitch

ziftlemek to pitch

ziftli coated with pitch

zihin mind, intelligence; memory *zihni karışmak* to be confused *zihnini bulandırmak* to make one suspicious *zihnini karıştırmak* to confuse *zihnini kurcalamak* to strain one's mind, to worry *zihnini bir şeyle bozmak* to be obsessed by *zihinde tutmak* to bear in mind *zihin yor-*

mak to rack one's brains *zihin yorgunluğu* mental fatigue

zihinsel mental

zihnen mentally

zihniyet mentality

zikzak zigzag *zikzak yapmak* to zigzag

zikzaklı zigzagging

zil bell

zilzurna blind drunk

zimmet debt *zimmetine geçirmek* to embezzle, to peculate

zina adultery

zincir chain *zincire vurmak* to chain

zincirleme successive *zincirleme kaza* pileup

zindan dungeon

zinde active, alive, energetic

zira because, for

ziraat agriculture

zirai agricultural

zirkon zircon

zirve summit, top, peak

zirzop crazy, loony, screwy

ziyade more, much; excessive *ziyade olsun* Thank you!

ziyadesiyle largely, excessively

ziyafet feast, banquet *ziyafet vermek* to give a feast

ziyan loss, damage, harm *ziyan etmek* to waste *ziyanı yok* Never mind!

ziyaret visit *ziyaret etmek* to visit

ziyaretçi visitor

ziynet ornament

Zodyak zodiac

zom dead drunk, blotto

zonklamak to throb

zoolog zoologist

zooloji zoology

zor difficult, hard; difficulty; obligation, compulsion; force, strength; barely, hardly *zor gelmek* to be difficult for *zor kullanmak* to use force *zora gelememek* to be unable to with-

stand hardship *zora koşmak* to raise difficulties *zorun ne?* What's the matter with you? What do you want? *zorunda kalmak* to have to, to be obliged to *zoru zoruna* with great difficulty

zoraki forced

zoralım confiscation

zorba violent, despotic; extortioner, bully, bruiser

zorbalık bullying, bruising *zorbalık etmek* to bully

zorbela with great difficulty

zorla by force *zorla almak* to usurp *zorla girmek* to break in

zorlamak to force; to compel, to coerce, to oblige

zorlaşmak to grow difficult

zorlayıcı coercive, compelling

zorlu powerful, forceful; difficult, hard

zorluk difficulty *zorluk çıkarmak* to make things difficult

zorlukla with difficulty

zorunlu necessary, obligatory

zorunluk necessity, obligation

zula hiding place, cache

zulmetmek to oppress, to tyrannize

zulüm persecution, cruelty, tyranny

zücaciye glassware

züğürt penniless, broke *züğürt tesellisi* cold comfort

züğürtleşmek to become penniless

züğürtlük pennilessness

zührevi venereal *zührevi hastalıklar* venereal diseases

zülüf sidelock, earlock

zümre group, party, class

Zümrüdüanka phoenix

zümrüt emerald

züppe dandy, snob; snobbish, snobby

züppelik foppishness, snobbery

zürafa giraffe

zürriyet progeny, offspring

DÜZENSİZ FİİLLER (Irregular Verbs)

Infinitive	Past Tense	Past Participle
abide	abided (abode)	abided (abode)
arise	arose	arisen
awake	awoke	awoken
backbite	backbitten	backbitten
backslide	backslid	backslid
be	was/were	been
bear	bore	borne
beat	beat	beaten
become	became	become
befall	befell	befallen
beget	begot	begotten
begin	began	begun
behold	beheld	beheld
bend	bent	bent
beset	beset	beset
bespeak	bespoke	bespoke, bespoken
bestride	bestrode	bestridden
bet	bet, betted	bet, betted
bid	bade (bid)	bidden (bid)
bind	bound	bound
bite	bit	bitten
bleed	bled	bled
bless	blessed	blessed, blest
blow	blew	blown (blowed)
break	broke	broken
breed	bred	bred
bring	brought	brought
broadcast	broadcast	broadcast
browbeat	browbeat	browbeaten
build	built	built
burn	burnt, burned	burnt, burned
bust	bust, busted	bust, busted
buy	bought	bought
cast	cast	cast

catch	caught	caught
chide	chided, chid	chided, chid, chidden
choose	chose	chosen
cleave	cleaved, cleft, clove	cleaved, cleft, cloven
cling	clung	clung
come	came	come
cost	cost	cost
countersink	countersank	countersunk
creep	crept	crept
crow	crowed	crowed
cut	cut	cut
deal	dealt	dealt
dig	dug	dug
dive	dived (AE. dove)	dived
do	did	done
draw	drew	drawn
dream	dreamt, dreamed	dreamt, dreamed
drink	drank	drunk
drive	drove	driven
dwell	dwelt	dwelt
eat	ate	eaten
fall	fell	fallen
feed	fed	fed
feel	felt	felt
fight	fought	fought
find	found	found
flee	fled	fled
fling	flung	flung
floodlight	floodlighted, floodlit	floodlighted, floodlit
fly	flew	flown
forbear	forbore	forborne
forbid	forbade, forbad	forbidden
forecast	forecast(ed),	forecast(ed)
foresee	foresaw	foreseen
foretell	foretold	foretold
forget	forgot	forgotten
forgive	forgave	forgiven
forsake	forsook	forsaken

forswear	forswore	forsworn
freeze	froze	frozen
gainsay	gainsaid	gainsaid
get	got	got (AE. gotten)
gild	gilded	gilded
gird	girded, girt	girded, girt
give	gave	given
go	went	gone
grind	ground	ground
grow	grew	grown
hamstring	hamstringed, hamstrung,	hamstringed, hamstrung
hang	hung (hanged)	hung (hanged)
have	had	had
hear	heard	heard
heave	heaved, hove	heaved, hove
hew	hewed	hewed, hove
hide	hid	hidden
hit	hit	hit
hold	held	held
hurt	hurt	hurt
inlay	inlaid	inlaid
input	input, inputted	input, inputted
inset	inset	inset
interweave	interwove	interwoven
keep	kept	kept
ken	kenned, kent	kenned
kneel	knelt, (AE. kneeled)	knelt, (AE. kneeled)
knit	knitted (knit)	knitted (knit)
know	knew known	
lay	laid	laid
lead	led	led
lean	leant, leaned	leant, leaned
leap	leapt, leaped	leapt, leaped
learn	learnt, learned	learnt, learned
leave	left	left
lend	lent	lent
let	let	let

lie	lay	lain
light	lighted, lit	lighted, lit
lose	lost	lost
make	made	made
mean	meant	meant
meet	met	met
miscast	miscast	miscast
misdeal	misdealt	misdealt
mishear	misheard	misheard
mishit	mishit	mishit
mislay	mislaid	mislaid
mislead	misled	misled
misread	misread	misread
misspell	misspelt, misspelled,	misspelt, misspelled
misspend	misspent	misspent
mistake	mistook	mistaken
misunderstand	misunderstood	misunderstood
mow	mowed	mown, mowed
outbid	outbid	outbid
outdo	outdid	outdone
outfight	outfought	outfought
outgrow	outgrew	outgrown
output	output, outputted	output, outputted
outrun	outran	outrun
outsell	outsold	outsold
outshine	outshone	outshone
overbid	overbid	overbid
overcome	overcame	overcome
overdo	overdid	overdone
overdraw	overdrew	overdrawn
overeat	overate	overeaten
overfly	overflew	overflown
overhang	overhung	overhung
overhear	overheard	overheard
overlay	overlaid	overlaid
overpay	overpaid	overpaid
override	overrode	overridden
overrun	overran	overrun

oversee	oversaw	overseen
overshoot	oversoht	overshot
oversleep	overslept	overslept
overtake	overtook	overtaken
overthrow	overthrew	overthrown
partake	partook	partaken
pay	paid	paid
plead	pleaded, (AE. pled)	pleaded, (AE. pled)
prepay	prepaid	prepaid
prove	proved	proved (AE. proven)
put	put	put
quit	quit, quitted	quit, quitted
read	read	read
rebind	rebound	rebound
rebuild	rebuilt	rebuilt
recast	recast	recast
redo	redid	redone
rehear	reheard	reheard
remake	remade	remade
rend	rent	rent
repay	repaid	repaid
rerun	reran	rerun
resell	resold	resold
reset	reset	reset
resit	resat	resat
retake	retook	retaken
retell	retold	retold
rewrite	rewrote	rewritten
rid	rid	rid
ride	rode	ridden
ring	rang	rung
rise	rose	risen
run	ran	run
saw	sawed	sawn (AE. sawed)
say	said	said
see	saw	seen
seek	sought	sought
sell	sold	sold

send	sent	sent
set	set	set
sew	sewed	sewn, sewed
shake	shook	shaken
shear	sheared	shorn, sheared
shed	shed	shed
shine	shone (shined)	shone (shined)
shit	shitted, shat	shitted, shat
shoe	shod	shod
shoot	shot	shot
show	showed	shown, showed
shrink	shrank, shrunk	shrunk
shrive	shrived, shrove	shrived, shriven
shut	shut	shut
sing	sang	sung
sink	sank	sunk
sit	sat	sat
slay	slew	slain
sleep	slept	slept
slide	slid	slid
sling	slung	slung
slink	slunk	slunk
slit	slit	slit
smell	smelt, smelled	smelt, smelled
smite	smote	smitten
sow	sowed	sown, sowed
speak	spoke	spoken
speed	sped (speeded)	sped (speeded)
spell	spelt, spelled	spelt, spelled
spend	spent	spent
spill	spilt, spilled	spilt, spilled
spin	spun	spun
spit	spat (AE. spit)	spat (AE. spit)
split	split	split
spoil	spoilt, spoiled	spoilt, spoiled
spread	spread	spread
spring	sprang	sprung
stand	stood	stood
stave	staved (stove)	staved (stove)

steal	stole	stolen
stick	stuck	stuck
sting	stung	stung
stink	stank, stunk	stunk
strew	strewed	strewed, strewn
stride	strode	stridden
strike	struck	struck
string	strung	strung
strive	strove	striven
sublet	sublet	sublet
swear	swore	sworn
sweep	swept	swept
swell	swelled	swollen, swelled
swim	swam	swum
swing	swung	swung
take	took	taken
teach	taught	taught
tear	tore	torn
tell	told	told
think	thought	thought
thrive	thrived, throve	thrived
throw	threw	thrown
thrust	thrust	thrust
tread	trod	trodden, trod
unbend	unbent	unbent
underbid	underbid	underbid
undercut	undercut	undercut
undergo	underwent	undergone
underlie	underlay	underlain
underpay	underpaid	underpaid
undersell	undersold	undersold
understand	understood	understood
undertake	undertook	undertaken
underwrite	underwrote	underwritten
undo	undid	undone
unfreeze	unfroze	unfrozen
unsay	unsaid	unsaid
unwind	unwound	unwound
uphold	upheld	upheld

upset	upset	upset
wake	woke	woken
waylay	waylaid	waylaid
wear	wore	worn
weave	wove (weaved)	woven (weaved)
wed	wedded, wed	wedded, wed
weep	wept	wept
wet	wet, wetted	wet, wetted
win	won	won
wind	wound	wound
withdraw	withdrew	withdrawn
withhold	withheld	withheld
withstand	withstood	withstood
wring	wrung	wrung
write	wrote	written

ÜLKELER

Ülke	Uyruk (Dil)
Afghanistan /efgeni'sta:n/ Afganistan	**Afghan** /'efgen/ Afganlı
Albania /el'beynıı/ Arnavutluk	**Albanian** /el'beyniın/ Arnavut (Arnavutça)
Algeria /el'cıırıı/ Cezayir	**Algerian** /el'cıırıın/ Cezayirli
Argentina /a:cın'ti:nı/ Arjantin	**Argentinian** /a:cın'tiniın/ Arjantinli
Australia /ostreylıı/ Avustralya	**Austrlian** /ostreyliın/ Avustralyalı
Belgium /'belcım/ Belçika	**Belgian** /'belcın/ Belçikalı
Bermuda /bı'myu:dı/ Bermuda	**Bermudan** /bı'myu:dın/ Bermudalı
Bolivia /bı'livıı/ Bolivya	**Bolivian** /bı'livıın/ Bolivyalı
Brazil /brı'zil/ Brezilya	**Brazilian** /brı'zilıın/ Brezilyalı
Bulgaria /bal'geırıı/ Bulgaristan	**Bulgarian** /bal'geırıın/ Bulgar (Bulgarca)
Canada /'kenıdı/ Kanada	**Canadian** /kı'neydiın/ Kanadalı
Chad /çed/ Çad	**Chadian** /'çediın/ Çadlı

Chile /'çili/
Şili

Chilean /'çilıın/
Şilili

China /'çaynı/
Çin

Chinese /çay'ni:z/
Çinli

Cuba /'kyu:bı/
Küba

Cuban /'kyu:bın/
Kübalı

Cyprus /'sayprıs/
Kıbrıs

Cypriot /'siprııt/
Kıbrıslı

Denmark /'denma:k/
Danimarka

Danish /'deyniş/
Danimarkalı (Danca)

Egypt /'i:cipt/
Mısır

Egyptian /i'cipşın/
Mısırlı

England /'inglınd/
İngiltere

English /'ingliş/
İngiliz (İngilizce)

Ethiopia /i:ti'oupıı/
Etyopya

Ethiopian /i:ti'oupıın/
Etyopyalı

Finland /'finlınd/
Finlandiya

Finn /fin/, **Finnish** /'finiş/
Finli (Fince)

France /fra:ns/
Fransa

French /frenç/
Fransız (Fransızca)

Germany /'cö:mıni/
Almanya

German /'cö:mın/
Alman (Almanca)

Ghana /'ga:nı/
Gana

Ghanaian /ga:'neyın/
Ganalı

Greece /gri:s/
Yunanistan

Greek /gri:k/
Yunan (Yunanca)

Guatemala /gwa:tɪ'ma:lı/
Guatemala

Guatemalan /gwa:tɪ'ma:lın/
Guatemalalı

Holland /'holınd/
Hollanda

Dutch /daç/
Hollandalı (Flemenkçe)

Hungary /'hangıri/
Macaristan

Hungarian /han'geıriın/
Macar (Macarca)

India /'indıı/
Hindistan

Indian /'indıın/
Hintli

Indonesia /indı'ni:zıı/
Endonezya

Indonesian /indı'ni:zıın/
Endonezyalı

Iran /i'ra:n/
İran

Iranian /i'reynıın/
İranlı

Irak /i'ra:k/
Irak

Iraqi /i'ra:ki/
Iraklı

Ireland /'ayılınd/
İrlanda

Irish /'ayıriş/
İrlandalı

Israel /'izreyl/
İsrail

Israeli /iz'reyli/
İsrailli

Italy /'itıli/
İtalya

Italian /i'telıın/
İtalyan

Japan /cı'pen/
Japonya

Japanese /cepı'ni:z/
Japon (Japonca)

Jordan /'co:dın/
Ürdün

Jordanian /co:'deynıın/
Ürdünlü

Kenya /'kenyı/
Kenya

Kenyan /'kenyın/
Kenyalı

Korea /kı'rıı/
Kore

Korean /kı'rıın/
Koreli

Kuwait /ku'weyt/
Kuveyt

Kuwaiti /ku'weyti/
Kuveytli

Lebanon /'lebının/
Lübnan

Lebanese /lebı'ni:z/
Lübnanlı

Libya /'libyı/
Libya

Libyan /'libyın/
Libyalı

Luxemburg /'laksımbö:g/
Lüksemburg

Luxemburger /'laksımbö:gı/
Lüksemburglu

Malaysia /mı'leyzıı/
Malezya

Malaysian /mı'leyzıın/
Malezyalı

Mexico /'meksikou/
Meksika

Mexican /'meksikın/
Meksikalı

Netherlands /'nedılındz/
Hollanda

Dutch /daç/
Hollandalı (Felemenkçe)

New Zealand /nyu: 'zi:lınd/
Yeni Zelenda

New Zealander /nyu: 'zi:lındı/
Yeni Zelendalı

Nicaragua /nikı'regyuı/
Nikaragua

Nicaraguan /nikı'regyuın/
Nikaragualı

Nigeria /nay'cıırıı/
Nijerya

Nigerian /nay'cıırıın/
Nijeryalı

Norway /'no:wey/
Norveç

Norwegian /no:'wi:cın/
Norveçli (Norveççe)

Pakistan /pa:ki'sta:n/
Pakistan

Pakistani /pa:ki'sta:ni/
Pakistanlı

Palestine /'pelıstayn/
Filistin

Palestinian /pelı'stiniın/
Filistinli

Panama /'penıma:/
Panama

Panamanian /penı'meyniın/
Panamalı

Paraguay /'perıgway/
Paraguay

Paraguayan /perı'gwayın/
Paraguaylı

Peru /pı'ru:/
Peru

Peruvian /pı'ru:viın/
Perulu

Philippines /'filipi:nz/
Filipinler

Philippino /fili'pi:nou/
Filipinli

Poland /'poulınd/
Polonya

Polish /'pouliş/
Leh (Lehçe)

Portugal /'po:çugıl/
Portekiz

Portuguese /po:çu'gi:z/
Portekizli (Portekizce)

Romania /ru:'meyniı/
Romanya

Romanian /ru:'meyniın/
Rumen (Rumence)

Russia /'raşı/
Rusya

Russian /'raşın/
Rus (Rusça)

Saudi Arabia /saudi ı'reybiı/
Suudi Arabistan

Saudi /'saudi/
Suudi Arabistanlı

Scotland /'skotlınd/
İskoçya

Scottish /'skotiş/
İskoç

Senegal /seni'go:l/
Senegal

Senegalese /senigı'li:z/
Senegalli

Singapore /singı'po:/
Singapur

Singaporean /singı'po:riın/
Singapurlu

Somalia /sı'ma:lıı/
Somali

Somali /sı'ma:li/
Somalili (Somalice)

South Africa /saut 'efrikı/
Güney Afrika

South African /saut 'efrikın/
Güney Afrikalı

Spain /speyn/
İspanya

Spanish /'speniş/
İspanyol (İspanyolca)

Sri Lanka /sri:'lenkı/
Sri Lanka

Sri Lankan /sri:'lenkın/
Sri Lankalı

Sudan /su:'dan/
Sudan

Sudanese /su:dı'ni:z/
Sudanlı

Sweden /'swi:dın/
İsveç

Swedish /'swi:diş/
İsveçli (İsveççe)

Switzerland /'switsılınd/
İsviçre

Swiss /swis/
İsviçreli

Syria /'sirıı/
Suriye

Syrian /'sirıın/
Suriyeli

Taiwan /tay'wa:n/
Tayvan

Taiwanese /tayvı'ni:z/
Tayvanlı

Thailand /'taylend/
Tayland

Thai /tay/
Taylandlı (Tayca)

Tunisia /tyu:'nizıı/
Tunus

Tunisian /tyu:'nizıın/
Tunuslu

Turkey /'tö:ki/
Türkiye

Turkish /'tö:kiş/
Türk (Türkçe)

Uganda /yu:'gendı/
Uganda

Ugandan /yu:'gendın/
Ugandalı

United States of America /ı'merıkı/
Amerika Birleşik Devletleri

Uruguay /'yuırıgway/
Uruguay

Venezuela /veni'zweylı/
Venezuela

Vietnam /vyet'nem/
Vietnam

Wales /weylz/
Galler

Yemen /'yemın/
Yemen

Yugoslavia /yu:gou'sla:vıı/
Yugoslavya

Zambia /'zembıı/
Zambiya

American / ı'merıkı/
Amerikalı

Uruguayan /yuırı'gwayın/
Uruguaylı

Venezuelen /veni'zweylın/
Venezuelalı

Vietnamese /vyetnı'mi:z/
Vietnamlı (Vietnamca)

Welsh /welş/
Galli

Yemeni /'yemıni/
Yemenli

Yugoslavian /yu:gou'sla:vıın/
Yugoslav

Zambian /'zembıın/
Zambiyalı